10 ANOS DA LEI DAS ORGANIZAÇÕES CRIMINOSAS

10 ANOS DA LEI DAS ORGANIZAÇÕES CRIMINOSAS
ASPECTOS CRIMINOLÓGICOS, PENAIS E PROCESSUAIS PENAIS

COORDENADORES: Daniel de Resende Salgado, Fábio Ramazzini Bechara e Rodrigo de Grandis

DIRETOR ALMEDINA BRASIL: Rodrigo Mentz
EDITORA JURÍDICA: Manuella Santos de Castro
EDITOR DE DESENVOLVIMENTO: Aurélio Cesar Nogueira
ASSISTENTES EDITORIAIS: Larissa Nogueira e Letícia Gabriella Batista
ESTAGIÁRIA DE PRODUÇÃO: Laura Roberti

DIAGRAMAÇÃO: Almedina
DESIGN DE CAPA: FBA

ISBN: 9786556278889
Julho, 2023

Dados Internacionais de Catalogação na Publicação (CIP)
(Câmara Brasileira do Livro, SP, Brasil)

---

10 Anos da Lei das Organizações Criminosas :
aspectos criminológicos, penais e processuais
penais / coordenação Daniel de Resende Salgado,
Fábio Ramazzini Bechara, Rodrigo de Grandis.
-- 1. ed. -- São Paulo : Almedina, 2023.
Vários autores.
Bibliografia.
ISBN 978-65-5627-888-9
1. Crime organizado - Brasil 2. Crime organizado -Legislação - Brasil 3. Criminalidade - Aspectos sociais I. Salgado, Daniel de Resende. II. Bechara, Fábio Ramazzini. III. Grandis, Rodrigo de.

23-153346 CDU-343.232(81)

Índices para catálogo sistemático:

1. Brasil : Crime organizado : Direito penal
343.232(81)

Aline Graziele Benitez - Bibliotecária - CRB-1/3129

Este livro segue as regras do novo Acordo Ortográfico da Língua Portuguesa (1990).

EDITORA: Almedina Brasil
Rua José Maria Lisboa, 860, Conj.131 e 132, Jardim Paulista | 01423-001 São Paulo | Brasil
www.almedina.com.br

10 ANOS DA LEI DAS ORGANIZAÇÕES CRIMINOSAS

ASPECTOS CRIMINOLÓGICOS, PENAIS E PROCESSUAIS PENAIS

2023

Daniel de Resende Salgado
Fábio Ramazzini Bechara
Rodrigo de Grandis
Coordenadores

ALMEDINA

SOBRE OS COORDENADORES

Daniel de Resende Salgado

Mestre em processo penal pela USP. Ex-secretário de pesquisa e análise do gabinete do Procurador Geral da República. Ex-membro auxiliar do CNMP. Ex-conselheiro do Conselho Penitenciário do Estado de Goiás. Membro fundador do ID-i (Instituto de Direito e Inovação). Procurador da República.

Fábio Ramazzini Bechara

Professor dos Programas de Graduação e Pós-Graduação Stricto Sensu da Universidade Presbiteriana Mackenzie. Promotor de Justiça em São Paulo.

Rodrigo de Grandis

Doutor e Mestre em Direito Penal (USP). Professor do curso de mestrado profissional da Escola de Direito FGV/SP. Professor Titular do Programa de pós-graduação em Direito da Uninove. Professor de Direito Penal e Processual Penal da PUC/SP. Procurador da República.

SOBRE OS AUTORES

Adriano Teixeira
Professor do Mestrado Profissional – Linha Direito Penal Econômico – da FGV Direito São Paulo. Doutor e mestre (LL.M) em Direito pela Ludwig-Maximilians-Universität München (Munique Alemanha). Consultor e advogado.

Ana Flávia Messa
Doutora em Direito Público pela Faculdade de Direito da Universidade de Coimbra, Portugal. Doutora em Direito do Estado pela Faculdade de Direito da Universidade de São Paulo. Mestre em Direito Político e Econômico pela Universidade Presbiteriana Mackenzie. Membro da Academia Paulista de Letras Jurídicas (APLJ) e do Conselho Científico da Academia Brasileira de Direito Tributário (ABDT). Professora da Universidade Presbiteriana Mackenzie. Investigadora do Centro de Investigação em Justiça e Governação (JusGov – Universidade do Minho, Portugal). Investigadora do Centro Mackenzie de Estudos Avançados em Políticas de Integridade (CEMAPI) Professora Convidada do Curso de Especialização em Direito do Estado da Universidade Estadual de Londrina. Árbitra e Advogada.

Andréa Walmsley Soares Carneiro
Doutora e mestra em ciência criminais pela Universidade Federal de Pernambuco. Professora do programa de pós-gradução em direito da Faculdade Damas. Procuradora da República. Ex-Promotora de Justiça do estado de Pernambuco. Ex-Procuradora Federal.

Daniel de Resende Salgado
Mestre em processo penal pela USP. Ex-secretário de pesquisa e análise do gabinete do Procurador Geral da República. Ex-membro auxiliar do CNMP. Ex-conselheiro do Conselho Penitenciário do Estado de Goiás. Membro fundador do ID-i (Instituto de Direito e Inovação). Procurador da República.

Douglas Fischer
Mestre em Instituições de Direito e do Estado pela PUCRS, Professor de Direito Penal e Direito Processual Penal. Procurador Regional da República na 4ª Região, membro do MPF desde 10.6.1996. Site jurídico: www.temasjuridicospdf.com Instagram: @professordouglasfischer

Eduardo Pelella
Procurador Regional da República. Mestre em Direito.

Everton Luiz Zanella
Doutor em Direito Processual Penal e Mestre em Direito Penal, ambos pela Pontifícia Universidade Católica de São Paulo (PUC/SP). Professor da Faculdade de Direito e Membro do Conselho de Ensino, Pesquisa e Extensão (CEPE) da Universidade Presbiteriana Mackenzie (UPM). Professor na graduação, mestrado e doutorado da Faculdade Autônoma de Direito (FADISP). Professor e membro do Conselho Curador do CEAF-ESMP (Centro de Estudos e Aperfeiçoamento Funcional – Escola Superior do Ministério Público). Professor convidado dos cursos de pós-graduação da Escola Paulista de Direito (EPD) e da Escola Paulista da Magistratura (EPM). Parecerista do Conselho Internacional de Estudos Contemporâneos em Pós-Graduação – CONSINTER (Juruá Editorial).

Fábio Ramazzini Bechara
Professor dos Programas de Graduação e Pós-Graduação Stricto Sensu da Universidade Presbiteriana Mackenzie. Promotor de Justiça em São Paulo.

Felipe Longobardi Campana
Doutorando e mestre pela Faculdade de Direito da Universidade de São Paulo. Especialista em Direito Penal Econômico pela Escola de Direito de

São Paulo da FGV. Bacharel em Direito pela Faculdade de Direito da Universidade Presbiteriana Mackenzie. Assistente acadêmico na Escola de Direito de São Paulo da FGV.

Fernanda Regina Vilares
Mestre e Doutora em Processo Penal pela Faculdade de Direito da USP, Pós-Doutoranda em Direito Penal Econômico pela Escola de Direito da Fundação Getúlio Vargas, Procuradora da Fazenda Nacional, Professora da FGVLaw.

Glaucio Roberto Brittes de Araújo
Doutor em Direito Penal pela USP. Mestre em Direito Penal pela PUC/SP. Pós doutor no programa de direitos humanos da Faculdade de Direito de Coimbra. Possui graduação em Direito pela Universidade de São Paulo e pós-graduação em Direito Público pela EPM. Professor de Direito Penal e coordenador da pós-graduação de processo penal na Escola Paulista da Magistratura. Docente em mestrado da Enfam (Escola Nacional de Formação e Aperfeiçoamento de Magistrados). Professor Convidado da UNICSUL. Palestrante convidado para eventos da Escola Superior do Ministério Público SP, PUC SP, Mackenzie, UNINOVE e outras instituições de ensino. Juiz de Direito Criminal. Foi Juiz instrutor no Supremo Tribunal Federal. Parecerista da revista do CNJ e da Revista de Direito da Saúde Comparado da Unisa. Juiz Formador da EPM. Autor dos livros "Imputação de autoria e participação em organizações criminosas" e "Crimes contra as licitações no código penal", além de diversos artigos de direito penal e de processo penal.

Gustavo Badaró
Professor Titular de Direito Processual Penal da Faculdade de Direito da USP. Advogado Criminalista e Consultor Jurídico.

Helena Regina Lobo da Costa
Professora Associada da Faculdade de Direito da Universidade de São Paulo. Mestre, Doutora e Livre-Docente em Direito Penal pela Faculdade de Direito da Universidade de São Paulo. Advogada.

Humberto Barrionuevo Fabretti
Doutor e Mestre em Direito Político e Econômico pela Universidade Presbiteriana Mackenzie. Graduado pela Faculdade de Direito da Universidade Presbiteriana Mackenzie. Professor de Criminologia, Direito Penal e Direito Processual Penal na Graduação da Faculdade de Direito da Universidade Presbiteriana Mackenzie. Professor Pesquisador Permanente do Programa de Mestrado e Doutorado da Faculdade de Direito da Universidade Presbiteriana Mackenzie. Pesquisador Líder do Grupo de Pesquisa (CNPq) "Segurança Pública e Cidadania". Advogado Criminalista.

Ivan Candido da Silva de Franco
Doutor em Direito Processual Penal pela Faculdade de Direito da Universidade de São Paulo.

João Daniel Rassi
Doutor em Direito Processual Penal pela USP. Doutor e Mestre em Direito Penal pela USP. Advogado.

João Santa Terra Junior
Doutorando em Direito Penal na Universidade de Salamanca/Espanha. Mestre em Direito Penal pela Universidade de São Paulo, Largo São Francisco. Professor de Direito Penal, Política Criminal e Processo Penal em graduações e pós-graduações. Promotor de Justiça no Ministério Público do Estado de São Paulo. Integrante do GAECO (Grupo de Atuação Especial de Combate ao Crime Organizado) de 2007 a 2017. Membro Auxiliar no Conselho Nacional do Ministério Público (CNMP). Autor de obras jurídicas.

Luis Fernando de Moraes Manzano
Doutor e Mestre em Direito Processual pela FADUSP. Promotor de Justiça do GAECO de São Paulo.

Luiz Fernando Bugiga Rebellato
Promotor de Justiça do Grupo de Atuação Especial de Combate ao Crime Organizado (GAECO). Graduado em Direito pela Pontifícia Universidade Católica de São Paulo (PUC-SP). Doutorando e mestre em Direito Processual Penal pela Faculdade de Direito do Largo São Francisco (USP).

Marcos Zilli
Professor Doutor de Direito Processual Penal nos cursos de graduação e de pós-graduação da Faculdade de Direito da Universidade de São Paulo.

Mario Alves Medeiros
Mestre em Direito pela Universidade Católica de Brasília. MBA em Gestão Pública pela FGV. Especialista em Processo pela Universidade Estadual do Sudoeste da Bahia. Ex-Promotor de Justiça. Procurador da República.

Pedro Luís de Almeida Camargo
Mestrando em Direito Processual Penal pela USP. Especialista em Obtenção, Interpretação e Valoração da Prova pela Universidade de Salamanca. Advogado.

Pierpaolo Cruz Bottini
Advogado. Professor de Direito Penal da Universidade de São Paulo.

Raecler Baldresca
Juíza Federal em São Paulo, Doutora em Direito Processual Penal e Mestre em Direito das Relações Sociais pela PUC/SP, onde leciona. Coordenadora do Núcleo de Inovação da Justiça Federal de São Paulo – iJuspLab.

Reynaldo Soares da Fonseca
Ministro do Superior Tribunal de Justiça e Professor da Universidade Federal do Maranhão, em colaboração técnica na Universidade de Brasília. Professor da UNINOVE. Pós-Doutor pela Universidade de Coimbra, Doutor pela Faculdade Autônoma de São Paulo, Mestre pela Pontifícia Universidade Católica de São Paulo e Bacharel pela UFMA.

Ricardo Andrade Saadi
Mestre e doutor em Direito Político e Econômico pela Universidade Presbiteriana Mackenzie. Delegado na Polícia Federal.

Rodrigo Capez
Mestre e Doutor em Direito Processual Penal pela Faculdade de Direito da Universidade de São Paulo (USP). Exerceu as funções de Juiz Auxiliar e Juiz Instrutor no Supremo Tribunal Federal (2014-2018) e de Juiz Auxiliar

da Presidência do Conselho Nacional de Justiça (2018-2022). Juiz de Direito (TJSP). Diretor dos cursos de Pós-Graduação em Direito da Universidade Nove de Julho (UNINOVE).

Rodrigo de Grandis
Doutor e Mestre em Direito Penal (USP). Professor do curso de mestrado profissional da Escola de Direito FGV/SP. Professor Titular do Programa de pós-graduação em Direito da Uninove. Professor de Direito Penal e Processual Penal da PUC/SP. Procurador da República.

Ryanna Pala Veras
Procuradora da República em São Paulo. Mestre e doutora em direito penal pela PUC/SP. Master in Criminal Justice Policy na London School of Economic (LSE).

Thiago Baldani Gomes De Filippo
Professor de Direito Penal e de Direito Processual Penal da Universidade Presbiteriana Mackenzie. Professor da Pós-Graduação em Direito Processual Penal da Escola Paulista da Magistratura. Doutor em Direito Penal pela Universidade de São Paulo. Mestre em Direito Comparado pela Samford, Cumberland School of Law. Mestre em Ciência Jurídica pela Universidade Estadual do Norte do Paraná. Juiz de Direito do Tribunal de Justiça de São Paulo.

Vicente Greco Filho
Procurador de Justiça de São Paulo Aposentado. Professor Titular da Faculdade de Direito da USP Aposentado. Advogado. Link Lattes: http://lattes.cnpq.br/1491696938723507; ORCID: https://orcid.org/0000-0002-1317-8006.

Vladimir Aras
Professor de Ciências Criminais e direito internacional da UFBA e do IDP. É membro do Ministério Público desde 1993. Mestre em Direito Público (UFPE). Doutorando em Direito (UniCeub). Especialista MBA em Gestão Pública (FGV). Membro fundador do Instituto de Direito e Inovação (ID-i). Editor do site jurídico www.vladimiraras.blog.

NOTA DA COORDENAÇÃO

O advento da Lei n. 12.850/2013, denominada Lei das Organizações Criminosas, que ora completa 10 anos, foi um marco de referência para o enfrentamento à criminalidade organizada no Brasil, não somente porque internalizou a Convenção de Palermo (Convenção das Nações Unidas contra o Crime Organizado Transnacional), mas principalmente porque o texto aprovado reflete a intensa e múltipla contribuição da academia e das instituições que integram o sistema de justiça criminal brasileiro.

Tratou-se, em suma, de uma mudança paradigmática no campo criminológico, penal e processual penal, a provocar inúmeras reflexões críticas.

Partindo dessas premissas, esta coletânea, ao tempo em que viabilizou, sob variadas perspectivas, algumas discussões sobre as nuances da lei, buscou resgatar a trajetória do processo de construção e sedimentação normativa, revelada pelo prefácio da Dra. Sandra Valle, pessoa que teve um papel determinante, tanto na elaboração do texto da Convenção de Palermo, quanto nas articulações que antecederam sua a ratificação pelo Brasil no ano de 2004.

A obra reúne professores, advogados, juízes, delegado de polícia federal e membros do Ministério Público reconhecidos pela excelência intelectual e pela seriedade profissional, cujas carreiras e contribuições foram e são essenciais para o desenvolvimento dos debates sobre o enfrentamento ao crime organizado no Brasil.

Os textos produzidos para a presente coletânea exploram os temas atuais de forma analítica, densa e inovadora, sustentando-se na melhor doutrina nacional e estrangeira, a partir das lições apreendidas, mas com olhos às expectativas futuras sobre a política de prevenção e repressão às organizações criminosas; as tipologias penais e as correlações com a legislação comum e especial; os meios de obtenção de prova e as medidas cautelares; a cooperação interinstitucional e internacional.

Registramos o nosso reconhecimento e profundo agradecimento a Adriano Teixeira, Ana Flávia Messa, Andréa Walmsley Soares Carneiro, Douglas Fischer, Eduardo Pelella, Everton Luiz Zanella, Felipe Longobardi Campana, Fernanda Regina Vilares, Glaucio Roberto Brittes de Araújo, Gustavo Badaró, Helena Regina Lobo da Costa, Humberto Barrionuevo Fabretti, Ivan Candido da Silva de Franco, João Daniel Rassi, João Santa Terra Junior, Luis Fernando de Moraes Manzano, Luiz Fernando Bugiga Rebellato, Marcos Zilli, Mario Alves Medeiros, Pedro Luís de Almeida Camargo, Pierpaolo Cruz Bottini, Raecler Baldresca, Reynaldo Soares da Fonseca, Ricardo Andrade Saadi, Rodrigo Capez, Ryanna Pala Veras, Thiago Baldani Gomes De Filippo, Vicente Greco Filho e Vladimir Aras que generosamente contribuíram para que conseguíssemos estruturar esta obra neste momento em que a Lei das Organizações Criminosas completa seu decênio.

Estendemos a nossa gratidão à Editora Almedina que, desde o primeiro momento, compreendeu a importância da proposta, o ineditismo da abordagem e a excelência dos autores.

Desejamos a todos uma boa leitura!

Outono de 2023.

Daniel de Resende Salgado
Fábio Ramazzini Bechara
Rodrigo de Grandis

PREFÁCIO

Escrever prefácio pode ser considerado um dos melhores métodos de aprendizado. São preciosas as reflexões aqui propostas com base na lei ou na jurisprudência mais atualizada. Os autores deste livro podem se orgulhar da contribuição que trazem ao aperfeiçoamento do sistema de justiça criminal brasileiro.

Além de me permitir a atualização nessa área temática de crime organizado, leva-me a relembrar, com certo saudosismo, como teve origem a Lei n. 12.850, de 2 de agosto de 2013.

Já em novembro de 2000, a Convenção das Nações Unidas contra o Crime Organizado Transnacional foi aprovada pela Assembleia-Geral da ONU. Também conhecida como a convenção de Palermo, ali estava o Brasil na capital da Sicília para assiná-la, já que o nosso país havia participado ativamente das discussões técnicas, desde o esboço inicial apresentado pelo governo polonês, em Varsóvia.

Comecei a trabalhar em Viena, em agosto de 1999 com o Prof. Pino Arlacchi, então diretor executivo do Escritório das Nações Unidas sobre Drogas e Crimes (UNODC). Terminado seu mandato, pedi ao saudoso amigo Prof. Damásio de Jesus que organizasse sua visita ao Brasil na certeza de que o debate nacional seria enriquecido, pois conhecia, como poucos, a máfia italiana e as melhores práticas internacionais aprendidas nos seus anos de ONU.

Graças ao bom destino, quem foi chamado para essa tarefa, foi o dedicado e competente Prof. Fabio Ramazzini Bechara, que capitaneou com sucesso toda a trajetória dessa empreitada. Agendou-se uma reunião na Câmara dos Deputados para o Prof. Arlacchi que, ao insistir na rápida ratificação da Convenção de Palermo, também urgia pela necessidade de uma lei que a domesticasse. Uma proposta legislativa começou o processo (Lei do Senado nº 150, de 2006) que culminou com a Lei nº 12.850, de 2013, razão por que os especialistas nesta área comemoram uma década de sua existência e refletem sobre sua aplicação.

Já em 1995, o então Ministro de Justiça Nelson Jobim havia dado os primeiros passos para legislar sobre o crime organizado com a Lei nº 9.034. Nela se procurava legitimar uma série de medidas já utilizadas pela Polícia Federal na investigação, tais como escuta telefônica e operação controlada, instrumentos esses já previstos na Convenção da ONU contra as Drogas. Essa lei introduziu também a "colaboração espontânea", permitindo a redução de um a dois terços da pena para aquele que ajudasse a "levar ao esclarecimento de infrações penais e de sua autoria". Revogada expressamente pela Lei n. 12.850, este instituto, tão essencial na persecução penal do crime organizado, foi minunciosamente regulamentado. Ademais, trouxe a definição de crime transnacional organizado, indo além do escopo da convenção, para cobrir até mesmo as organizações terroristas. Nas negociações em Viena, a inserção do crime de terrorismo encontrou resistência por não se encaixar na concepção de delinquência transnacional organizada, já que o terrorismo não tem o "objetivo de obter, direta ou indiretamente, vantagem de qualquer natureza".

Como exige a delinquência transnacional organizada, este livro examina a dinâmica da sociedade e a necessidade de acompanhar o processo evolutivo que levou ao direito penal internacional. Hoje as regras estão consolidadas nas convenções internacionais que discutiram à exaustão os conceitos necessários para uniformizar o entendimento do que constitui crime transnacional organizado e seus métodos de investigação.

Nesse contexto, somos presenteados com material de qualidade e utilidade para a reflexão. Os autores, todos com grande experiência na prática e na academia, fazem uma leitura crítica e construtiva do arcabouço legal desta área temática, abordando não só análise comparada internacional, mas também jurisprudência doméstica predominante.

Na presente análise, os autores dissecam com precisão, entre outros temas, a definição de crime organizado e sua relação com outros tipos penais que ainda permanecem no nosso Código Penal e nas legislações específicas (drogas, seres humanos, terrorismo); a colaboração premiada e a homologação judicial do acordo; a infiltração policial; a cooperação interinstitucional e o compartilhamento responsável das informações; o afastamento de sigilos.

A extensa lista de soluções e problemas já apresentados com a sua década de vigência não me autoriza ir muito além. Talvez, a título de reflexão eu ouse oferecer mais adiante algumas ideias neste prefácio.

Antes, porém, não queria deixar de expressar a minha admiração pelos organizadores deste livro. Esta tarefa envolve paixão, determinação e uma vontade inquebrável de não deixar impunes as ações da delinquência transnacional organizada.

Não me estenderei em elogios a Fabio Bechara, de quem me tornei grande amiga, pois sei que iria além do necessário e poderia gerar suspeição. Desnecessário dizer que os organizadores dispensam apresentação, pois a vida professional dos três já os qualifica, mas quero registrar o exaustivo trabalho de Daniel de Resende Salgado, procurador da República, que participou de investigações de grande importância no Brasil sobre grupos criminosos organizados, lavagem de dinheiro e corrupção. Participa ativamente na construção dessa agenda no país. Igualmente importante tem sido a incansável atuação de Rodrigo de Grandis, procurador da República, que conduziu investigações de repercussão nacional e internacional sobre a atuação de organizações criminosas, crimes financeiros, corrupção e lavagem de dinheiro.

Ambos foram representantes do Ministério Público Federal na Estratégia Nacional de Combate a Corrupção e a Lavagem de Dinheiro – Enccla, cuja atuação foi essencial para o aprimoramento da cooperação internacional em matéria penal, bem como para o desenvolvimento dos temas prioritários na agenda global. Todos os três possuem inúmeros trabalhos publicados.

Para voltar às reflexões, vale lembrar que a espinha dorsal da Convenção de Palermo é a cooperação internacional em matéria penal com inúmeras disposições a respeito da extradição e da assistência jurídica mútua. Como o Brasil não tem uma lei específica para regulamentar a cooperação internacional, a assistência judiciária recíproca acabou ficando órfã, já que a extradição ganhou equivocada guarida na Lei de Estrangeiros. Perdeu-se a oportunidade de traduzir para o direito interno os trintas dispositivos contidos no art. 18 da convenção. Neles seriam discutidos e estabelecidos os aspectos internacionais que regem a matéria, as poucas causas que justificam sua denegação, a dupla criminalização, o confisco e perdimento de bens, bem como a administração de bens produtos do crime. Na mesma lei poderiam estar os dezessete dispositivos relativos à extradição, previstos no art. 16 da convenção, para que se trouxessem para o direito interno todas as nuances dos temas acordados pela comunidade internacional.

Outro ponto que merece atenção é o uso das convenções e de seus protocolos como base legal para a extradição e assistência jurídica mútua. Quando se elaborou este texto internacional a ideia era a de que os países não mais precisariam negociar tratados bilaterais para cobrir os crimes nela já previstos, a menos que a relação bilateral fosse tão delicada e complicada que assim o exigisse. Ao se adotar a convenção e seus protocolos como base legal, evita-se também um problema comum encontrado com os países de "common law". Eles não aceitam o pedido de extradição com base na reciprocidade, somente com base em tratado bilateral ou internacional. Como exemplo posso citar o notório caso de Ronald Biggs, em que o Brasil ficou como vilão, ganhando a fama de oferecer refúgio a criminosos, quando na verdade, àquela época, a Inglaterra não havia pedido a sua extradição, exatamente por não ter tratado de extradição com o Brasil. Veio a pedir muitos anos mais tarde, depois de finalmente haver negociado um tratado bilateral, mesmo sabendo que a extradição seria denegada, obviamente por prescrição.

Para corroborar essa tendência, vale ressaltar a adesão recente de vários países à Convenção de Budapeste, sobre crimes cibernéticos, como bom exemplo de que a comunidade internacional está mais pragmática, utilizando-se dos instrumentos jurídicos já existentes, como base legal para a cooperação internacional em matéria penal.

O papel da autoridade central tratada no art. 18 (13 e 14) da convenção de Palermo também poderia ser detalhado, já que cada país é obrigado a registrá-la junto ao Secretário Geral da ONU, bem como as línguas em que serão aceitos os pedidos de cooperação. A autoridade central é quem representa os países junto à Conferência das Partes para avaliar como um determinado Estado Parte está combatendo o crime transnacional organizado.

Concordo com todos que insistiram na necessidade de capacitação contínua para todos os operadores de direito que agem nesta área, desde o policial até o juiz competente da decisão final.

Como o aprendizado retarda o envelhecimento, acho que a tarefa se torna agradável e muito agradeço os autores e organizadores pela oportunidade de aprender ao prefaciar esta valiosa obra.

São Paulo, julho de 2023

Sandra Valle
Ex-chefe de gabinete de Pino Arlacchi – Diretor Executivo do UNODC e secretária nacional de Justiça do MJ (1994-1999).

SUMÁRIO

PARTE I
ASPECTOS GERAIS E ABORDAGEM CRIMINOLÓGICA SOBRE AS ORGANIZAÇÕES CRIMINOSAS

CAPÍTULO 1
PASSADO, PRESENTE E FUTURO DA LEI DE ORGANIZAÇÃO CRIMINOSA: O QUE APRENDEMOS?

Raecler Baldresca

1. Introdução

Ao inserir a cooperação entre os povos no rol de princípios que regem as relações do Brasil com outros países, a Constituição Federal de 1988 antecipou a necessidade de solucionar de forma conjunta os diversos conflitos de alcance internacional, que de maneira inédita se estabeleceram nas últimas décadas.

Especialmente na área criminal, os acordos internacionais firmados no final do século passado e início deste milênio têm sido responsáveis pela grande transformação que o sistema de justiça está experimentando. Não fosse a articulação entre os países no sentido de fazer frente à criminalidade organizada, transnacional e tecnológica, os indicadores de segurança pública no Brasil seriam ainda mais preocupantes.

Na esteira dessa nova ordem mundial foi firmada em 2003 a Convenção das Nações Unidas contra o Crime Organizado Transnacional – conhecida como a Convenção de Palermo – trazendo os pilares fundamentais sobre os quais se estruturou a Lei 12.850/13 promulgada há dez anos.

Na mesma linha dos principais acordos de cooperação internacional em matéria penal, a Convenção de Palermo ostentou uma nova configuração em que territorialidade e soberania foram apresentadas sob a perspectiva da integração, a partir da qual se buscou harmonizar a legislação entre os países, internalizando princípios e regras, com o objetivo de estabelecer diretrizes comuns.

Dentre as principais características que essa formatação revela estão a uniformidade de definições e a padronização de procedimentos que deveriam ser observados pelos países quando da incorporação dos institutos na legislação interna, alinhando crimes, penas e protocolos.

Destaca-se também a troca de informações entre agências de segurança e órgãos de inteligência, a realização de capacitação cruzada e formação contínua, a assistência judiciária recíproca para obtenção de provas e cumprimento de decisões, além da previsão de instrumentos especiais de investigação voltados para a apuração das atividades realizadas pela criminalidade organizada e transnacional.

Sob o aspecto preventivo, registre-se o incentivo para a criação de órgãos interinstitucionais de monitoramento e de controle no âmbito interno e externo, a fim de garantir o cumprimento das finalidades previstas no acordo e as regras nele estipuladas.

A partir dessa moldura foi editada a Lei nº 12.850/13, que pela primeira vez trouxe institutos voltados para o controle de uma criminalidade não mais individual e localizada, mas sim, estruturada e multifacetária, inaugurando um sistema processual diferenciado, cujos avanços, problemas, caminhos e desafios serão examinados a seguir.

2. As conquistas

Inspirado nos modelos europeus, o sistema de justiça criminal brasileiro foi construído sobre fundamentos que visavam a reprimir a criminalidade individual e localizada que predominou até a primeira metade do século XX.

Essa concepção partia do pressuposto de que a prática delitiva era uma atividade realizada por apenas uma pessoa, admitindo-se, excepcionalmente, sua realização por um grupo reunido, ainda assim, em caráter eventual e com objetivos políticos.

Tanto que o primeiro estatuto penal brasileiro a inserir norma relativa à associação de delinquentes foi o Código Criminal do Império de 1830, que trouxe tipos penais que incriminavam a reunião de pessoas para a prática de determinadas condutas, e ainda assim, apenas de cunho político, não havendo nada próximo sequer à ideia de associação criminosa nos moldes do que há na atualidade. Da mesma forma, o Código Penal dos Estados Unidos do Brasil (Decreto n. 847, de 11.10.1890) manteve as figuras que criminalizavam a reunião de pessoas para a prática de determinadas condutas de natureza política.

Apenas com a edição do atual Código Penal (Decreto-Lei n. 2.848, de 07.12.1940) é que surgiu pela primeira vez um tipo penal específico para envolver a reunião de agentes para a prática de diversos crimes, de qualquer espécie, de cunho estável e permanente. Durante muito tempo o crime de associação criminosa previsto no artigo 288 foi o único tipo penal com essa característica e apenas com a Lei nº 12.850/13 houve a definição completa do que consistiria uma organização criminosa e a previsão de crimes relacionados a essa atividade.[1]

É possível sustentar que a Lei nº 12.850/13 foi responsável por inserir em nosso ordenamento jurídico, de forma consistente, uma resposta às condutas daqueles que se associassem de forma estruturalmente ordenada e organizada, caracterizada pela divisão de tarefas, com a finalidade de obter vantagem de qualquer natureza, mediante a prática de crimes com penas maiores de quatro anos ou de caráter transnacional.[2]

Entretanto, mais do que prever crimes e penas, a lei que trata das organizações criminosas trouxe um verdadeiro sistema processual diferenciado, que foi construído para enfrentar uma criminalidade não mais individual e localizada, mas sim, coletiva e realizada em diversos locais, muitas vezes ao mesmo tempo, com alcance para além das fronteiras físicas existentes entre os países.

De fato, a Lei nº 12.850/13 sistematizou um conjunto de instrumentos de investigação capazes de alcançar essa criminalidade que atua de forma mais sofisticada e exige outras habilidades dos órgãos de persecução penal.

Nesse contexto, a legislação permitiu a complementação dos meios de prova tradicionais – testemunhas, reconhecimentos, perícias – por meios extraordinários, que priorizam ações de inteligência, análise de

[1] O crime previsto no artigo 288 era denominado quadrilha ou bando até a alteração promovida pela Lei n. 12.850/13.

[2] Apesar das leis nº 9.034/95, nº 10.217/01 e nº 12.694/12 terem tratado do instituto da organização criminosa anteriormente, apenas após a Lei nº 12.850/13 é que houve a plena definição do crime, detalhamento sobre a investigação criminal, os meios de obtenção da prova, as infrações penais correlatas e o procedimento criminal a ser aplicado.

dados e uso de ferramentas tecnológicas, favorecendo o rastreio de ativos financeiros para atingir a atividade delinquencial em seus pontos mais sensíveis.

A atividade investigativa tornou-se mais elaborada e passou a contar com dispositivos desenvolvidos especialmente para superar os obstáculos impostos pela própria estrutura das organizações criminosas, as quais, independentemente do modelo adotado, possuem configuração destinada a dificultar a identificação de seus membros e dos crimes por eles praticados.

Com efeito, a colaboração premiada, a captação ambiental de sinais, a ação controlada, o afastamento de sigilos, a infiltração policial e a cooperação interinstitucional são meios de obtenção de prova previstos na Lei nº 12.850/13, que conseguem avançar sobre a hermética proteção que a própria estrutura das organizações criminosas oferece. Trata-se de instrumentos desenvolvidos para superar as dificuldades que a hierarquia, a disciplina e a coesão da organização asseguram, permitindo penetrar no núcleo privativo dos grupos delinquenciais, identificar seu funcionamento e os integrantes da cúpula, responsáveis pela tomada de decisões estratégicas do grupo, bem como rastrear movimentações financeiras de forma inteligente.

Também ações de articulação entre os órgãos de segurança nacionais e estrangeiros ganharam protagonismo na medida em que permitiram o planejamento das iniciativas de enfrentamento ao crime e a localização do produto obtido onde quer que esteja, ainda que fora dos limites territoriais entre os estados e países.

Considerando que o objetivo principal das organizações é a racionalização da atividade criminosa para aumentar a lucratividade e reduzir o risco do negócio, não é preciso um longo caminhar para constatar sua relação com os crimes de lavagem de dinheiro e terrorismo, além dos delitos tradicionalmente praticados, como tráfico de pessoas, de drogas e de armas, corrupção, entre outros.

Nesse ponto, merece destaque a previsão legal de cooperação entre instituições e órgãos federais, distritais, estaduais e municipais na busca de provas e informações[3], bem como com autoridades estrangeiras[4], replicando e confirmando os dispositivos contidos na Convenção de Palermo.

[3] Artigo 3º, VIII, da Lei nº 12.850/13.

[4] Artigo 9º da Lei nº 12.850/13.

Especialmente quanto à cooperação no âmbito internacional, destaca-se a Força-Tarefa de Ação Financeira Contra a Lavagem de Dinheiro – GAFI – e o Gabinete das Nações Unidas contra a Droga e o Crime – UNODC – que busca auxiliar os Estados Membros de diversas formas.

No âmbito interno, merece registro o trabalho desenvolvido pela Estratégia Nacional de Combate à Corrupção e à Lavagem de Dinheiro – ENCCLA – que é uma das principais redes de articulação interinstitucional brasileira para promover políticas públicas e soluções voltadas para esta espécie de criminalidade. Além dela, há o Departamento de Recuperação de Ativos e Cooperação Jurídica Internacional – DRCI – subordinado ao Ministério da Justiça, que tem atuação na recuperação de ativos e funciona como órgão de ligação entre diversas instituições para o enfrentamento da corrupção, lavagem de dinheiro e crime organizado transnacional.

As atividades dos referidos órgãos foram substancialmente incrementadas a partir da lei que trata do combate às organizações criminosas, eis que a ampliação da investigação também permitiu o acesso a dados e informações até então desconhecidos, que abasteceram a rede internacional de enfrentamento ao crime.

Nesse ponto, o compartilhamento de informações proporcionado pela cooperação jurídica e o auxílio das novas ferramentas tecnológicas, que facilitaram sobremaneira a comunicação, foram indispensáveis para que forças-tarefas pudessem rastrear o fluxo financeiro das organizações, obter provas concretas das atividades ilícitas e localizar ativos.

Não é por acaso, portanto, que na última década foram deflagradas diversas operações policiais, que de maneira inédita, proporcionaram a identificação de grupos criminosos e seu *modus operandi*, além de repatriar recursos localizados no exterior.

Contudo, em que pese o importante avanço obtido pelo Brasil após a edição da Lei nº 12.850/13 e sua posição destacada no cenário internacional, sobretudo porque é signatário de diversos acordos multilaterais na área de prevenção ao crime e justiça criminal, estando inserido na rede global de combate ao crime organizado, há pontos relevantes que merecem atenção e sobre os quais ainda é preciso construir soluções que garantam maior eficiência ao sistema de justiça criminal e assegurem a aplicação da lei penal aos casos concretos.

3. Alguns problemas

Se de um lado a utilização de novos instrumentos de investigação e a profissionalização dos agentes de persecução penal ampliaram o campo probatório e aprofundaram a gama de elementos obtidos, a complexidade da apuração também foi alargada, trazendo mais obstáculos sob o ponto de vista processual e sua efetividade, qual seja, a aplicação da lei penal aos violadores das normas penais vigentes.

Não é por outro motivo que questões até então pacificadas pela jurisprudência pátria passaram a ser revistas e, algumas vezes, reformuladas, como ocorreu em relação aos requisitos para a condução coercitiva ou quanto ao início de cumprimento de pena após a confirmação da condenação em segunda instância.

Existem dois pontos, porém, que merecem atenção especial, sobretudo em face das consequências que produzem e da capacidade de inviabilizar a aplicação da lei penal. O primeiro refere-se à própria caracterização do crime diante do quanto alcançado pela investigação e o segundo refere-se às regras de competência jurisdicional.

Sob o ponto de vista da interpretação do direito material, existe um problema de fundo que exige reflexão. Trata-se do equívoco de buscar a adequação ao tipo penal previsto no artigo 1º da Lei nº 12.850/30 mesmo em situações em que ocorre a atuação de um grupo criminoso associado de forma habitual, porém, sem as características de uma organização criminosa.

É certo que a imprecisão conceitual de crime organizado que existiu até o advento da Lei nº 12.850/13 e a ausência de dados objetivos sobre a criminalidade são fatores preponderantes para que se atribua a uma associação criminosa os padrões de atuação alcançados pelas organizações. Contudo, trata-se de institutos bastante distintos e a substituição de um por outro ou a interpretação fática equivocada da tipificação do fato podem contribuir para que a norma penal perca sua efetividade.

Com efeito, como já foi destacado, apenas com a Lei nº 12.850/13 foi possível se obter a definição legal de organização criminosa e durante muito tempo a atuação desses grupos confundiu-se com as atividades realizadas por quadrilhas de criminosos.

De outro lado, o conhecido crime de quadrilha ou bando previsto no artigo 288 do Código Penal foi alterado para associação criminosa, trazendo modificações importantes quanto ao número de sujeitos ativos exigidos para a caracterização do crime e quanto à substituição da figura qualificada por duas causas de aumento de pena. A alteração implicou na redução do número mínimo de integrantes da associação (de quatro para três pessoas) e houve supressão da qualificadora existente "se a quadrilha ou bando é armado" com a inclusão de causas de aumento de pena se a associação é armada ou se houver participação de criança ou adolescente.

Em 2012 houve também a inclusão do artigo 288-A na lei penal que trouxe o crime de constituição de milícia privada, que prevê a pena de 4 (quatro) a 8 (oito) anos de reclusão para quem constituir, organizar, integrar, manter ou custear organização paramilitar, milícia particular, grupo ou esquadrão com a finalidade de praticar qualquer dos crimes previstos no Código Penal.

Antes disso, ainda, a Lei nº 11.343/2006 já havia inserido no ordenamento jurídico brasileiro o crime de associação para o tráfico, prevendo a pena de reclusão de 3 (três) a 10 (dez) anos, além de multa, quando associarem-se duas ou mais pessoas para o fim de praticar, reiteradamente ou não, os crimes de tráfico de drogas nas diversas modalidades previstas na lei.

Há, portanto, ao menos quatro tipos penais semelhantes envolvendo a criminalidade praticada por um grupo de pessoas: a) o crime de fazer parte de organização criminosa, em que há a reunião de indivíduos de forma estruturada e caracterizada pela divisão de tarefas, com objetivo de obter vantagem, mediante a prática de infrações penais cujas penas máximas sejam superiores a quatro anos, ou que sejam de caráter transnacional; b) o crime de fazer parte de milícia privada, consistente em organização paramilitar, milícia particular, grupo ou esquadrão com a finalidade de praticar crimes; c) o crime de quadrilha ou bando, atualmente denominado associação criminosa, em que há a reunião de agentes com a intenção de praticar infrações penais de forma estável e com caráter permanente; e d) o crime de associação para o tráfico, em que o agrupamento criminoso, também de forma estável e permanente, pretende a prática dos crimes de tráfico de drogas.

Em face das próprias características das infrações penais mencionadas, é possível concluir que o número de casos envolvendo os crimes de quadrilha ou bando/associação criminosa e de associação para o tráfico deveria ser muito maior do que a quantidade de casos relacionados às organizações criminosas, posto que estes últimos seriam mais específicos e exigiriam uma forma mais sofisticada de atuação por parte dos delinquentes.

Consequentemente, também demandariam maior empenho dos órgãos de persecução penal no sentido de aprofundar as investigações para identificar os integrantes do grupo criminoso, em especial do núcleo de decisão, sua forma de atuação, o fluxo financeiro e os recursos obtidos com suas operações ilícitas, tudo a fim de atingir a organização como um todo e obstruir suas atividades.

Contudo, a análise dos números de casos criminais em tramitação nos últimos anos revela que há mais feitos relativos aos crimes previstos na lei que trata das organizações criminosas do que delitos de quadrilha ou bando e associação criminosa, conforme informações da Base Nacional de Dados do Poder Judiciário – DataJud[5].

Instituída pela Resolução nº 331/2020 do Conselho Nacional de Justiça como fonte primária de dados do Sistema de Estatística do Poder Judiciário, a Base Nacional de Dados do Poder Judiciário – DataJud é responsável pelo armazenamento centralizado dos dados processuais relativos a todos os processos físicos ou eletrônicos, públicos ou sigilosos de todos os Tribunais do país. As informações obtidas pelo DataJud podem ser usadas "*para estudos e diagnósticos do Poder Judiciário a fim de contribuir com a construção e acompanhamento de políticas públicas, otimizar as rotinas de trabalho com a unificação de sistemas, promover integração de dados entre entes públicos, além de conferir maior transparência ao Poder Judiciário*".

E de acordo com as informações do painel de dados do Poder Judiciário, atualmente há mais feitos em tramitação sobre os crimes previstos na Lei de Organização Criminosa do que casos relativos aos crimes de Quadrilha ou Bando/Associação Criminosa (artigo 288 do CP), conforme quadro resumo abaixo que traz o quantitativo dos últimos anos[6]:

[5] Base Nacional de Dados do Poder Judiciário – DataJud – Conselho Nacional de Justiça – disponível em https://www.cnj.jus.br/sistemas/datajud/. Acesso em janeiro/2023.

[6] Disponível em https://painel-estatistica.stg.cloud.cnj.jus.br/estatisticas.html. Acesso em janeiro/2023.

ASSUNTO	2020	2021	2022
Crime de Associação para o Tráfico	40541	40271	20076
Crime de Quadrilha ou Bando + Crime de Associação Criminosa	10887	10010	5375
Crimes da Lei de Organização Criminosa	10622	14164	8751

Fonte: DataJud / Painel de Estatística

Esses números estão em conformidade com os dados da Justiça Federal da 3ª Região – que exerce jurisdição sobre as Seções Judiciárias dos Estados de São Paulo e Mato Grosso do Sul – em que nos últimos anos foram distribuídos mais casos relativos aos crimes da Lei de Organização Criminosa do que aqueles previstos no artigo 288 do Código Penal, conforme demonstrativo abaixo:

ASSUNTO	2015	2016	2017	2018	2019	2020	2021	2022
Art. 288, CP	525	430	380	417	302	213	186	180
ORCRIM	19	18	16	46	84	187	207	261

Fonte: TRF da 3ª Região / Estatística

O quadro mostra que nos últimos anos tem sido maior a quantidade de processos relativos às organizações criminosas do que dos crimes de quadrilha ou bando/associação criminosa, previstos no artigo 288, do Código Penal. De fato, seria até justificável um aumento destes últimos em razão do advento da Lei nº 12.850/13, mas o que chama atenção é a inversão que passou a ocorrer nos últimos anos, sobretudo considerando que o crime da Lei de Organização Criminosa exige muito mais requisitos do que o crime previsto no Código Penal.

A análise dos números revela uma possível falha no sistema e permite concluir pela possibilidade de que os órgãos de persecução penal estejam tratando grupos delinquenciais menos sofisticados como organizações criminosas, atribuindo-lhes hierarquia, divisão de tarefas e estrutura mais elaborada.

Outra possibilidade é que, mesmo nos casos em que efetivamente exista uma organização criminosa em atuação, as investigações não estão sendo suficientemente aprofundadas a ponto de atingir os integrantes detentores do poder de decisão e do controle das ações da organização criminosa.

Assim, enquanto o sistema de justiça estaria alcançando apenas os membros dos escalões inferiores, que rapidamente são substituídos por outros indivíduos, os chefes das organizações seriam poupados e continuariam com suas atividades. Essa é a razão pela qual os grupos criminosos não têm sido afetados de forma contundente, apesar de haver inúmeros inquéritos policiais, ações penais e prisões de indivíduos relacionados aos crimes previstos na Lei nº 12.850/13.

Em que pese o empenho dos órgãos de polícia judiciária e dos membros dos Ministérios Públicos, os números indicam a necessidade de maior atenção no aprofundamento das investigações e na adequação típica das infrações penais para envolver nos processos todos aqueles indivíduos que seriam essenciais para a continuidade das atividades da organização.

O segundo aspecto que merece registro refere-se à dificuldade de identificação do juízo competente para o processo e julgamento dos diversos crimes que envolvem as atividades das organizações criminosas. De fato, sob o ponto de vista processual, um dos principais problemas é a interpretação das regras de competência, eis que os crimes praticados por organizações criminosas, por sua própria natureza, apresentam ligações com diversas infrações penais e seus agentes, demandando análise de causas de conexão e continência, bem como da consequente reunião e separação de processos.

É bem verdade que a Operação Lava Jato e outras ações policiais de grande porte ofereceram inúmeras oportunidades para que os Tribunais aprofundassem o debate sobre esses assuntos, definindo diversas questões, dentre as quais se destaca o alcance da colaboração premiada em face dos critérios para a fixação da competência e os limites da prevenção.

Remanesce, porém, o desafio de compatibilizar a aparente contradição existente entre evitar a reunião de todas as causas conexas gerando os maxiprocessos, que podem comprometer a duração razoável do processo e inviabilizar a aplicação da lei penal e, ao mesmo tempo, impedir a pulverização dos feitos criminais em diversos juízos diferentes a ponto de dificultar a análise das características da organização criminosa, seu funcionamento e a prática delituosa de seus membros, especialmente da cúpula que detém o poder de decisão.

É interessante notar que apesar de se tratar de tema fundamental, responsável pelos maiores debates na jurisprudência atualmente, a interpretação das regras sobre competência jurisdicional nos casos envolvendo organizações criminosas, em geral, ocorre apenas em relação ao caso concreto, não trazendo orientações que possam ser utilizadas para situações futuras.

Parte do problema decorre do fato de que as regras sobre competência estão distribuídas em todo o ordenamento jurídico brasileiro, havendo dispositivos na Constituição Federal, nas Constituições dos Estados, no Código de Processo Penal, na legislação militar e eleitoral e mesmo nas leis de organização judiciária estaduais, o que impõe o enfrentamento de aparente conflito de normas a cada situação sob análise.

Além disso, a complexidade que envolve os crimes praticados por organizações criminosas e a aceleração das mudanças nas relações sociais impõem uma dinâmica especial e contribuem para que o tema da interpretação das regras de competência jurisdicional seja um dos mais difíceis de enfrentar, não sendo por outro motivo que as principais operações policiais dos últimos anos trataram desse assunto e apresentaram decisões até então inéditas.

Por outro lado, é preciso conciliar essa nova ordem de conflitos com a mínima previsibilidade das decisões judiciais. Daí a necessidade de serem revistas as estratégias utilizadas para uma realidade já ultrapassada, a partir das novas situações impostas e tendo em vista as informações obtidas nos bancos de dados disponíveis.

Foi o que ocorreu quando houve o exame do impacto das discussões acerca da competência na Justiça Federal de São Paulo, onde havia ocorrido a especialização de algumas unidades jurisdicionais para processo e julgamento das organizações criminosas, bem como para crimes financeiros e lavagem de dinheiro.

De fato, a especialização foi uma das iniciativas adotadas pelo Poder Judiciário a fim de aprimorar o controle dessa espécie de delitos a partir da concentração de esforços, de recursos públicos e de informações que possibilitassem uma atuação mais efetiva. Acreditava-se, com razão, que a especialização garantiria maior qualidade e celeridade na prestação jurisdicional, especialmente quanto aos delitos de maior complexidade, em que há formas sofisticadas de atuação e um maior número de agentes envolvidos.

Contudo, a última década foi marcada por intensas modificações na legislação penal e processual penal, as quais afetaram sobremaneira a atividade jurisdicional na área criminal e provocaram intensos debates na comunidade jurídica. Ademais, a implementação do sistema judicial eletrônico e a realização dos atos processuais a distância também impactaram o funcionamento das varas criminais, o que exigiu uma reavaliação das diretrizes adotadas.

Nesse passo, se em um primeiro momento a especialização trouxe avanços, passados dez anos da Lei nº 12.850/13, observou-se que a ampliação e a profundidade empregada nas investigações também aumentaram as discussões sobre competência, em especial quando foi analisada a quantidade de redistribuição de feitos internamente em uma mesma subseção, conforme revelou estudo realizado pelo Tribunal Regional Federal da 3ª Região.

Segundo foi apurado, os números de redistribuição de feitos envolvendo especificamente as varas especializadas correspondiam ao dobro da quantidade relativa às varas comuns, o que ilustra o impacto do debate sobre competência na celeridade da tramitação desses processos.

E para além do efeito na tramitação, com situações que frequentemente necessitavam de decisões de instâncias superiores, a discussão sobre competência promoveu, muitas vezes, a cisão dos processos, o que poderia gerar decisões conflitantes e, principalmente, comprometer a própria formação da convicção do magistrado, que passava a conhecer apenas parte da atividade criminosa sob julgamento.

Note-se que, mesmo quando a questão da competência é tratada de forma secundária e colateral, a decisão que define o órgão jurisdicional competente para apreciar o caso pode afetar o resultado da aplicação da lei penal ao final do processo, sobretudo quando se considera o tempo decorrido para que todas as instâncias se manifestem e a possibilidade de ocorrer a perda do direito de punir por parte do Estado.

Todos esses aspectos revelam a necessidade de que os órgãos de administração da justiça revisem periodicamente as estratégias adotadas a fim de evitar que o debate processual sobre competência assuma protagonismo nos processos criminais mais complexos, comprometa a celeridade e, em última análise, impeça a atividade jurisdicional de alcançar sua finalidade.

4. Caminhos possíveis

Assim como ocorre com toda estrutura que modifica e é modificada pela dinâmica das relações sociais, o fenômeno do crime organizado deve ser considerado como um organismo vivo, que se adapta às mudanças no ambiente, aprimora sua atuação, enfrenta as adversidades e busca sobreviver.

Daí que, ao longo da história, as organizações criminosas foram alterando sua estrutura e passaram a assumir características que permitissem a continuidade de suas atividades e a preservação de seus objetivos, mesmo diante das intensas transformações sociais.

No Brasil, em um primeiro momento, a maior parte das organizações criminosas atuava sob o modelo tradicional piramidal, construído para aumentar a lucratividade da atividade ilícita, expandir a atuação em determinado território e, ao mesmo tempo, proteger a chefia. Essa estrutura verticalizada possuía o ápice ocupado por um pequeno grupo que compunha o núcleo de decisão e controlava o poder, havendo escalões inferiores até a base mais larga, em que figuravam os membros executores e mais próximos da atividade criminosa.

Contudo, com o aprimoramento das forças de segurança no controle dessa criminalidade diferenciada, especialmente com a utilização dos instrumentos de investigação trazidos pela Lei nº 12.850/13, os grupos delinquenciais passaram a adquirir outros atributos mais adequados para desafiar os órgãos de persecução penal. Adotando o modelo horizontalizado, as organizações passaram a se apresentar sob a forma de clãs ou comitês de negócios, atuando de maneira independente, porém, combinada. Nesse modelo chamado de rede, o grupo criminoso se vale da cooperação com outras unidades e prestadores de serviços eventuais, atuando por meio de células, o que garante um maior controle das informações sobre seu funcionamento e a blindagem de seus integrantes.

E ainda nesse processo de aprimoramento, vale registrar o surgimento de novos modelos de organização criminosa, tais como o empresarial, em que se busca o aumento do proveito econômico do crime e a redução do risco da atividade. Nessa modalidade, os grupos criminosos inspiram-se nos preceitos que regem os negócios lícitos e se apresentam como empresas legítimas, mas voltadas para atividades ilegais.

O processo de adaptação dos grupos criminosos organizados tem sido tão eficiente que atualmente mesmo os crimes tradicionais apresentam alguma conexão com as principais facções que atuam no Brasil e no exterior. Um exemplo disso é o grande mercado criado a partir do furto de aparelhos celular, no qual não há apenas a venda dos equipamentos em feiras informais, mas também ocorre a extração das informações bancárias neles contidas por grupos especializados e a negociação dos dados para que um número infindável de fraudes seja cometido.

Todo esse panorama aponta que, da mesma forma que os grupos criminosos, os órgãos persecutórios também precisam ser submetidos à contínua atualização para avançar no controle dessa criminalidade diferenciada. Mais que isso, é importante que considerem os dados oferecidos pelos diversos sistemas eletrônicos existentes para orientar seus procedimentos, priorizando as ações de inteligência para corrigir rapidamente as rotas inicialmente traçadas em face do aprimoramento realizado pelas organizações.

Nesse ponto as ferramentas tecnológicas continuam sendo os grandes instrumentos de combate ao crime, especialmente quanto ao rastreamento dos fluxos financeiro e de comunicação das organizações, porque permitem a análise das informações e a construção de estratégias mais sólidas.

Não há mais espaço para ações isoladas diante do grau de sofisticação que as organizações criminosas têm apresentado. Estabelecida a ineficiência dos critérios tradicionais criados e dirigidos para a delinquência individual, há que se enfrentar o problema de maneira global, com a utilização de capacidades e instrumentos diferenciados para produzir uma resposta coordenada e efetiva.

A partir de um processo analítico, no qual são mapeados os mercados do crime organizado, os locais de operação, as esferas de influência e as relações de grupos de organizações que atuam em rede, é possível ser desenvolvido um plano de ação mais amplo e que considere a dinâmica das atividades ilícitas.

Segundo o manual de ferramentas estratégicas sobre o crime organizado do ONUDC – *United Nations Office on Drugs and Crime* – publicado em 2021[7], a análise estratégica do crime organizado deve envolver ao menos três dimensões: a) compreender seus motivadores estruturais e ambientais, ou seja, os fatores que lhe permitem se enraizar e ganhar apoio na sociedade; b) mapear seus mercados, em especial os diferentes setores, bens, serviços, facilitadores e infraestruturas que constituem a

[7] Disponível em https://www.unodc.org/unodc/en/organized-crime/tools-and-publications.html. Acesso em janeiro/2023.

economia do crime; e c) abranger os grupos criminosos organizados envolvidos, incluindo a sua estrutura, atividades e relações de cooperação e concorrência com outros grupos localizados dentro e fora do país.

O documento elaborado pelo escritório das Nações Unidas especializado em Drogas e Crimes ainda destaca a necessidade de se compreender a economia política do crime organizado e o planejamento das ações para antecipar suas consequências, devendo ser considerados quatro princípios fundamentais: PREVENIR a infiltração do crime organizado nas comunidades, na economia e nas instituições políticas; PERSEGUIR grupos de crime organizado e seus ganhos ilícitos para obstruir sua economia; PROTEGER pessoas vulneráveis e vítimas; PROMOVER parcerias e cooperação em todos os níveis – local, nacional e internacional – bem como com instituições públicas e privadas, entes governamentais e a sociedade civil.

A complexidade do fenômeno da criminalidade organizada e o dinamismo com que se adapta a novas situações exigem que sejam desenvolvidas estratégias que considerem suas características específicas. Daí que a investigação não pode ser interrompida quando alcança apenas os membros periféricos da organização, as regras de competência devem ser examinadas à luz do conjunto de ações delituosas praticado e não de maneira especializada e afastada do contexto geral da prática criminosa. Além disso, é imprescindível que sejam estabelecidos mecanismos para coletar e analisar as informações existentes nos diversos bancos de dados disponíveis, a fim de monitorar tendências, identificar padrões e especialmente monitorar resultados para avaliar o impacto das medidas eventualmente adotadas.

Em última análise, é preciso se considerar que essa espécie de criminalidade é totalmente diferente daquela para a qual o sistema de justiça foi moldado, sendo necessário um olhar para o futuro para conseguir enfrentá-la.

5. Novos desafios e um olhar adiante

A complexidade dos problemas da atualidade é tão evidente e a compressão espaço/tempo proporcionada pela revolução tecnológica tão relevante, que a ideia de priorizar o planejamento de ações e a elaboração de estratégias mais amplas de enfrentamento ao crime organizado precisam sempre considerar a dinâmica social e o estado de contínua transformação desse fenômeno.

Sob o ponto de vista jurídico, a visão estratégica pode auxiliar no reconhecimento de institutos superados e na criação de novas balizas que orientem a interpretação para os casos futuros, minimizando discussões processuais que podem prejudicar a duração razoável do processo.

Sob o aspecto operacional, a construção de uma estratégia articulada com diversos órgãos envolvidos na investigação pode contribuir para alcançar os núcleos decisórios das organizações criminosas e o produto dos crimes praticados, a partir da coleta e análise de dados referentes aos fluxos financeiros ilícitos, permitindo a descapitalização dos delinquentes e a desarticulação dos grupos.

Mas o maior desafio que se apresenta será o combate às organizações criminosas dedicadas à prática dos crimes cibernéticos ou que se valem do espaço cibernético para a prática de crimes, seja porque o ingrediente da tecnologia acrescenta uma multiplicidade de elementos ainda desconhecidos, seja ainda porque os delinquentes podem escalar em qualidade e quantidade os resultados lesivos.

De outro lado, o ambiente virtual permite o acesso a uma quantidade maior de evidências, posto que as operações ficam registradas e, na maior parte das vezes, podem ser rastreadas, apontando o caminho percorrido pelo criminoso e sua organização. Daí que a atividade de persecução penal da próxima década exigirá intensa capacitação dos agentes policiais para compreender as ferramentas tecnológicas e a dinâmica dos crimes praticados. O trabalho será marcado pela intensa cooperação internacional e pelo compartilhamento de conhecimento sobre áreas que até pouco tempo eram reservadas aos especialistas.

A busca dos ativos financeiros continua sendo o objetivo mais eficiente no combate à criminalidade organizada eis que compromete o fluxo de caixa das facções e sempre traz elementos contundentes de prova de autoria dos crimes praticados. Contudo, o surgimento de formas mais sofisticadas de ocultar e transferir valores exigirá que se considere a multidisciplinariedade da investigação, sendo essencial, por exemplo, a compreensão do funcionamento do mercado de criptoativos e o domínio das formalidades que envolvem a coleta de evidências digitais, apenas para mencionar os temas mais espinhosos do momento.

Em relação aos criptoativos, recentemente houve a edição da Lei nº 14.478/22, que dispõe sobre diretrizes a serem observadas na prestação de serviços de ativos virtuais e na regulamentação das prestadoras de serviços que os envolvem, havendo vários pontos sobre os quais a comunidade jurídica precisa debater, tanto sobre o aspecto do direito material – como a tipificação de crimes – quanto do direito processual – como sua forma de apreensão, guarda e negociação por parte dos órgãos públicos.

Nesse ponto o desafio consiste em distinguir a atividade regular de negociação de ativos da atividade ilícita realizada por criminosos, especialmente porque as características que revestem os serviços relativos aos criptoativos permitem um amplo espectro de atuação por parte das organizações criminosas.

No campo dos crimes cibernéticos ainda se aguarda a finalização do processo legislativo de adesão do Brasil à Convenção sobre o Crime Cibernético – conhecida como Convenção de Budapeste – que criminaliza condutas, traz normas para investigação e produção de provas eletrônicas, além de facilitar a cooperação internacional.[8]

A Convenção uniformiza a terminologia relativa a sistemas informáticos e dados informáticos, prevê crimes relacionados ao acesso indevido à dispositivos e também quanto ao conteúdo difundido por meio de um sistema, com especial atenção à pornografia infantil, além de trazer regras de preservação de dados informáticos, bem como acesso a eles em tempo real.

Ocorre que as organizações criminosas já identificaram a internet como o espaço ideal para alcançar seus dois principais objetivos: escalar a lucratividade obtida com a atividade ilícita e, ao mesmo tempo, garantir a impunidade que a distância e o anonimato conseguem oferecer.

Não é por acaso, portanto, que se verificou o aumento exponencial da quantidade de crimes cibernéticos e a profissionalização dos criminosos, muitos deles com profundo conhecimento da tecnologia, que conseguem praticar fraudes bancárias, compartilhar material contendo pornografia infantil ou atacar sistemas eletrônicos de instituições públicas e privadas com a exigência de pagamento de resgate.

A adesão do Brasil à Convenção de Budapeste será um passo importante para que se reproduza o efeito obtido com a Convenção de Palermo, permitindo-se a uniformização de procedimentos de investigação, a

[8] O Congresso Nacional aprovou o texto da Convenção sobre o Crime Cibernético, celebrada em Budapeste, pelo Decreto Legislativo nº 37/2021.

consolidação da cooperação internacional, a troca de informações entre os países e a capacitação dos profissionais para evitar que as organizações criminosas dominem o espaço cibernético e aumentem sua atuação.

Enquanto isso não ocorre, vale atentar para os protocolos de coleta de evidências digitais já existentes, tais como o Procedimento Operacional Padrão da Secretaria Nacional de Segurança Pública do Ministério da Justiça (POP SENASP/MJ), que estabelece metodologia para realização de perícia informática forense envolvendo exames em mídia de armazenamento computacional, em equipamentos computacionais portáteis, em local de informática e na *internet*.

De qualquer forma, a nova dinâmica que se estabeleceu em relação à atuação das organizações criminosas exige uma forma diferenciada de apuração e de desenvolvimento do processo judicial para que seja garantida a efetividade ao direito de punir do Estado, impondo sanção àquele que violou a norma penal e impedindo a continuidade das atividades do grupo criminoso organizado.

Não basta neutralizar apenas um agente individualmente, ainda que pertença a uma rede criminosa. Sob o ponto de vista da investigação, é preciso avançar no conhecimento sobre sua forma de atuação, suas relações e estrutura para só então, após amealhar um conjunto robusto de provas, deflagrar determinada operação. Sob o ponto de vista do exercício da jurisdição, é preciso superar o debate casuístico sobre as regras de competência, firmar orientações sólidas para casos futuros e considerar que o desmembramento de causas, na maior parte das vezes, compromete a compreensão do funcionamento das organizações criminosas e do papel de seus integrantes.

Passados dez anos do advento da Lei nº 12.850/13, a tarefa fundamental é aprender com os erros cometidos e enfrentar os novos desafios de maneira diferenciada, com os olhos voltados para o futuro.

CAPÍTULO 2
A EVOLUÇÃO DA LEI 12.850/13: REFLEXÕES SOBRE A DINÂMICA DAS INTERVENÇÕES LEGISLATIVAS NO BRASIL E NA ITÁLIA PÓS LAVA JATO E MÃOS LIMPAS

EDUARDO PELELLA

1. Introdução

Com muita honra recebi o convite para expender algumas breves considerações acerca das transformações operadas na Lei 12.850/13 em comemoração aos 10 anos de sua vigência. A tarefa a mim atribuída foi a de esboçar reflexões acerca das alterações legislativas operadas após o advento e os desdobramentos da operação Lava Jato em paralelo à experiência italiana pós Mãos Limpas.

As aproximações entre os fenômenos brasileiro e italiano são frequentemente realçados na literatura nacional[1] e estão presentes no imaginário coletivo como uma espécie de efeito *Orloff*, na expressão jocosa, e hoje *cringe*, dos economistas das décadas de 80 e 90, que designava as aproximações entre os processos que ocorriam na Argentina e no Brasil sucessivamente[2].

[1] V, por todos: CHEMIN, Rodrigo. **Mãos limpas e lava jato: a corrupção se olha no espelho.** Porto Alegre: CDG, 2017.

[2] Para uma explicação sobre o conteúdo da expressão v. https://g1.globo.com/mundo/blog/helio-gurovitz/post/2019/06/06/o-efeito-orloff-esta-de-volta.ghtml. Obviamente aqui não

De fato, as semelhanças entre o que ocorreu lá e cá são notáveis e vão além do sucesso ou não das investigações e dos seus resultados práticos traduzidos em condenações ou recuperações de bens e valores subtraídos ou, ainda, dos eventuais insucessos judiciais e revezes no âmbito político. Muito provavelmente, essas semelhanças não são casuais, embora não haja evidências categóricas de que tenha ocorrido deliberado transplante normativo, mas decorrem de similaridades sócio-culturais e condicionantes estruturais comuns a ambos os países.

Uma cronologia detalhada, com as sucessivas inflexões normativas e políticas ocorridas nos dois países em cotejo com o avanço das investigações, tendo como pano de fundo a análise aprofundada dos dois sistemas jurídicos, é uma ideia instigante para um trabalho de fôlego, que obviamente escapa do escopo de uma obra como a presente.

Diversamente, nas próximas linhas o objetivo, mais modesto, será o de traçar um rápido paralelo entre as duas experiências, verificando como alterações sistemáticas introduziram os pressupostos legais e *ambientais* para o início das investigações em ambos os países, com particular enfoque no advento da Lei 12.850/13 e sua alteração mais profunda, operada pela Lei 13.964/19, que representa a síntese da reação institucional de caráter legislativo às consequências da operação Lava Jato.

Em resumo, procurarei demonstrar que, no caso brasileiro, o advento da Lei 12.850/13 coincide com o início das investigações e a alteração operada pelo pacote anticrime obvia o seu ocaso.

Ênfase especial será dada a um aspecto intermédio entre esses dois marcos temporais que, a meu ver, estrema as experiências brasileira e italiana: o papel central que o Supremo Tribunal Federal desempenhou na dinâmica dos fatos.

Diferentemente do que ocorreu com as Cortes Superiores italianas, o STF esteve diretamente envolvido em grande parte das investigações e foi chamado originariamente a decidir sobre aspectos essenciais e conformadores do próprio sistema da Lei 12.850/13, especialmente no âmbito das colaborações premiadas e seus desdobramentos.

se faz referência ao efeito Orloff que na física designa um fenômeno que ocorre em materiais magnéticos quando são expostos a temperaturas extremamente baixas, próximas do zero absoluto (-273,15°C). Esse efeito foi descoberto pelo físico russo *Sergei Orloff* em 1939, e consiste na mudança da direção da magnetização de um material quando resfriado a uma temperatura muito baixa.

Assim, é impossível compreender todo o arco de acontecimentos ocorridos a partir do ano de 2014 até a presente data sem que se proceda a uma verificação acurada da oscilação jurisprudencial e político-institucional do sistema de justiça como um todo, e particularmente do STF

Daí decorre que grande parte das alterações legislativas operadas pelo chamado *pacote anticrime* na Lei 12.850/13 é resultado da atuação direta do STF em casos ligados à operação Lava Jato.

O artigo será dividido em duas partes. Na primeira, analiso como reformas legislativas de conteúdo garantista lançaram as bases, tanto no Brasil como na Itália, para a deflagração das investigações. Na segunda, discuto como o processo de *restauração da política* nos dois países, apesar de semelhantes na aparência, tomaram caminhos distintos em virtude de condicionamentos dos próprios sistemas e como isso impactou na alteração da Lei 12.850/13.

2. As origens e o paradoxo. As alterações normativas *garantistas* na Itália e no Brasil que deram as bases ao início das investigações.

Na década de 90, o escândalo *Mani Pulite* abalou a democracia italiana ao expor a corrupção sistemática na política, que envolvia o pagamento de enormes somas a título de vantagens indevidas a agentes do estado, desvio de recursos públicos, compra de votos e clientelismo. Isso minou a transparência, participação popular, igualdade e Estado de Direito. O caso teve um impacto duradouro nas relações entre política e judiciário, influenciando o sistema político italiano até os dias atuais.

Embora a Itália tenha tido a oportunidade de reformar o sistema após a eclosão do caso e seus desdobramentos, a corrupção ainda persiste no país, como demonstrado pelos episódios mais recentes conhecidos como *Mosè*[3], *Expo*[4] e *Mafia Capitale 2014*[5].

[3] O "Caso *Mosè*" é um escândalo de corrupção que envolveu a construção do sistema de diques móveis *Mosè* (Moisés) para proteger Veneza das inundações periódicas. O escândalo explodiu em 2014, quando foi descoberta uma organização criminosa que operava dentro da comissão de licitação para a concessão do projeto. Os membros da organização criminosa foram capazes de influenciar a licitação e assumir o controle do projeto Mosè, cujo custo foi inicialmente previsto em 1,6 bilhão de euros, mas acabou custando mais de 5 bilhões. Ao longo das investigações, vários políticos, funcionários públicos, empresários e membros da organização criminosa foram presos. Entre as pessoas envolvidas no escândalo estava o prefeito de Veneza *Giorgio Orsoni*, que renunciou em 2014 após ser preso, e o ex-ministro dos Transportes *Altero Matteoli*. O julgamento do caso *Mosè* ainda está em andamento e muitos

VANNUCCI[6] observa, a propósito, em texto publicado mais de duas décadas após o início das investigações, que o escândalo *Mani Pulite* teve um efeito *darwiniano* sobre a política italiana e suas manifestações corruptas. Os protagonistas aprenderam com suas práticas ilícitas, aprimoraram-nas e perceberam que, apesar dos esforços de combate à corrupção na Itália, podem retomar os negócios como de costume. *Infelizmente, muitas das medidas tomadas têm sido ineficazes, com algumas até promovendo atividades corruptas e protegendo os interesses da classe governante, em vez de realmente combater a corrupção.*[7]

dos acusados foram condenados por corrupção e outros crimes relacionados ao escândalo. O caso *Mosè* é considerado um dos maiores escândalos de corrupção na história recente da Itália e levantou muitas preocupações sobre corrupção em grandes projetos públicos e na gestão de fundos públicos. Além disso, o projeto *Mosè* recebeu muitas críticas por seus custos excessivos e pela eficácia limitada em proteger Veneza das inundações.

4 O "Caso *Expo*" é um escândalo de corrupção que envolveu a *Expo* 2015 em Milão, a grande exposição universal que ocorreu na cidade italiana entre maio e outubro de 2015. O escândalo foi descoberto durante as investigações sobre a gestão dos fundos da *Expo*, o que levou à prisão de vários funcionários públicos e empresários. Em particular, a investigação revelou a existência de uma ampla rede de corrupção e má conduta entre políticos, funcionários públicos e empresários que haviam cometido uma série de crimes, incluindo fraude fiscal, corrupção e lavagem de dinheiro. Durante as investigações, vários funcionários públicos de alto escalão foram investigados, incluindo o comissário único da *Expo*, *Giuseppe Sala*, que mais tarde se tornou prefeito de Milão. Além disso, muitas empresas envolvidas na realização da *Expo*, incluindo grandes empresas como a *Siemens*, foram acusadas de corrupção e outros crimes.

5 O "Caso *Mafia Capitale*" é um escândalo de corrupção que abalou a cidade de Roma, na Itália, e envolveu a organização mafiosa local conhecida como *Banda della Magliana*. O escândalo foi descoberto em 2014, após uma extensa investigação da polícia que revelou uma vasta rede de corrupção envolvendo políticos, funcionários públicos e membros da máfia. A investigação revelou que a *Banda della Magliana* havia infiltrado agências governamentais e empresas de construção para influenciar a distribuição de contratos públicos e beneficiar empresas ligadas à máfia. Além disso, os investigadores descobriram que a máfia havia estabelecido um sistema de extorsão de dinheiro de empresas que faziam negócios com o governo. O escândalo levou a várias prisões de funcionários públicos e empresários envolvidos no esquema de corrupção. Entre os envolvidos no caso estavam políticos de alto escalão, como o então prefeito de Roma, *Ignazio Marino*, e o presidente da região de Lazio, *Nicola Zingaretti*.

6 VANNUCCI, Alberto. Expo, perché i corrotti a volte, (quasi sempre) ritornano. **Il Fatto Quotidiano**, 9 mai. 2014. Disponível em http://www.ilfattoquotidiano.it/2014/05/09/expo-perche-i-corrotti-a-volte-quasi-sempre-ritornano/978138/. Acesso em: 14 mar. 2023.

7 VANNUCCI, Alberto. The controversial legacy of 'Mani Pulite': a critical analysis of italian corruption and anti-corruption policies. **Bulletin of Italian Politics** Vol. 1, N.. 2, 2009,

De toda forma, a Itália hoje ocupa atualmente o 41º lugar no índice de percepção da corrupção (2022)[8] bem atrás dos demais países europeus com estrutura social e PIB semelhantes, se bem que muito à frente do Brasil, que ocupa a modesta 94ª posição empatado com a Argentina e a Etiópia.

Retomando o ponto de partida, o início das investigações que levaram ao escândalo *Mani Pulite* em 1992 foi influenciado por uma série de fatores, incluindo aspectos políticos, sociais, econômicos e jurídicos, todos considerados pelos comentadores daquele período histórico[9].

No entanto, em relação ao âmbito normativo, é relevante saber se houve alguma alteração significativa no sistema jurídico italiano que tenha contribuído para a mudança de comportamento do judiciário em relação ao que Pizzorno chama de *controle da virtude política*[10].

Orlandi[11] apresenta uma análise detalhada sobre o perfil do processo penal italiano no pós-guerra, dividindo-o em três fases distintas.

O primeiro período (1944-1961) foi marcado pela reconstrução após a guerra, com duas propostas principais para reformar o *Codice di Procedura Penale*: uma propunha a substituição do código de 1930, considerado uma expressão do regime caduco, pelo código liberal de 1913; a outra, menos radical, buscava uma reforma parcial do *Código Rocco* para adequá-lo ao novo clima democrático.

O segundo (1962-1989) foi caracterizado pelo *boom* econômico e por rápidas transformações sociais, incluindo o surgimento de novas formas

pp. 233-64. Disponível em https://www.gla.ac.uk/media/Media_140182_smxx.pdf. Acesso em 14 mar. 2023.

8 https://transparenciainternacional.org.br/ipc/. Acesso em 14 mar. 2023.

9 V. por exemplo, Barbacetto, Gianni; Gomez, Peter; Travaglio, Marco. **Mani Pulite. La vera storia, 20 anni dopo**. Milano: Chiarelettere, 2012 e Orlandi, Renzo. Operazione Mani Pulite" e seu contexto político, jurídico e constitucional. In **Revista da Academia Brasileira de Direito Constitucional**. Curitiba, 2016, vl. 8, n. 15, Jul.-Dez. p. 378-405. Disponível em https://abdconst.com.br/revista16/operazioneRenzo.pdf. Acesso em 14 mar. 2023.

10 Pizzorno, Alessandro. **Il potere dei giudici. Stato democratico e controllo della virt.** Laterza: Roma-Bari, 1998.

11 Orlandi, Renzo. Diritti individuali e processo penale nell'italia repubblicana. **Revista Brasileira de Direito Processual Penal**, vl. 2(1), 2016, pp. 7–41, pp. 16 e ss. https://doi.org/10.22197/rbdpp.v2i1.15. Disponível em https://revista.ibraspp.com.br/RBDPP/article/view/15/36. Acesso em 14 mar. 2023.

de criminalidade. Durante esse período, uma nova geração de juristas surgiu, influenciada pela jurisprudência da *Corte Costituzionale* e com foco na proteção dos direitos fundamentais. Esse período foi marcado por um movimento em direção a uma reforma radical e orgânica do *Codice. E' questo un periodo che, sulla spinta del potente messaggio esistenzialistico e antiformalistico dell'ultimo Carnelutti, si apre all'idea di una riforma radicale del codice di rito penale. Il messaggio sarà raccolto dai giovani autori dell'epoca, in particolare da Franco Cordero, che diventerà un alfiere della riforma processuale in senso adversary.*

O terceiro período (1989-presente) é caracterizado pela implementação do novo *Codice di Procedura Penale*, que incorpora muitas das reformas propostas durante o segundo período, incluindo um sistema mais adversarial e proteções mais fortes para os direitos individuais. Este período é caracterizado por uma forte instabilidade política e uma crise de legitimidade da magistratura. Sempre segundo ORLANDI[12], este terceiro período pode ser dividido em quatro fases: o "triênio experimental" (até 1992); "a era das Mãos Limpas", de 1992 a 1997; "a era do processo justo", de 1997 a 2001; e "a era da obsessão pela segurança e abertura ao espaço jurídico europeu", de 2001 até os dias atuais.

Partindo dessa periodização, ILLUMINATI[13], que é antes de tudo um severo crítico da forma de condução das investigações e dos caminhos técnicos trilhados pela processualística penal italiana nos anos 90, aponta que, paradoxalmente, foi a entrada em vigor do à época *nuovo Codice di Procedura Penale* em outubro de 1989 que abriu caminho para *Mani Pulite.*

Segundo ele, o processo penal italiano a partir daquele momento parecia caminhar linearmente para um sistema de natureza acusatória, mais conectado aos reclamos da moderna processualística, abandonando a tradição inquisitória e pouco democrática que havia informado a vigência do sistema anterior. Mas, prossegue, o progresso na justiça penal não acontece de forma linear e racional, mas de forma descontínua e muitas vezes pendular. E destaca que a construção de um perfil

[12] ORLANDI, Renzo. Diritti individuali...*op. cit.*, 2016, p. 28 e ss.

[13] ILLUMINATI, Giulio. I riflessi della stagione di "Mani Pulite" sulla procedura penale degli anni novanta. In: NEGRI, Daniele; PIFFERI, Michele (ed.). **Diritti individuali e processo penale nell'Italia repubblicana**. Milano: Giuffrè, 2010. pp. 277-283. Disponível em: http://hdl.handle.net/11585/112143. Acesso em: 14 mar. 2023. P. 280 e ss.

processual penal verdadeiramente acusatório foi fundamental para o início das investigações.

Isso envolveu o deslocamento da responsabilidade pela obtenção dos elementos preliminares para as mãos da acusação, substituindo a anterior sistemática de excessivo protagonismo judicial, também na fase investigatória.

No entanto, um problema crucial foi o período de acomodação entre os dois sistemas sucessivos, que coincidiu com o início das investigações de Mani Pulite.

Em suas palavras *l'aspetto singolare, se non paradossale, è che è proprio il nuovo codice a consentire numerosi successi investigativi, favoriti da un uso spregiudicato degli strumenti forniti al pubblico ministero inquirente. Il nuovo codice, se forzato al di là degli scopi dichiarati e perseguiti da chi lo aveva ideato, veniva a conferire in realtà all'accusa un potere enorme.*

O fenômeno observado por Illuminati parece ter tido paralelo no Brasil, valendo, obviamente, também por aqui, a mesma observação quanto à multiplicidade de fatores que podem ser alinhados como indutores da origem das investigações.

Com efeito, a entrada em vigor da Lei 12.850/13, não por acaso ocorrida menos de um ano antes do início das investigações da operação Lava Jato perante o juízo federal da 13ª Vara de Curitiba, marca o ponto de chegada do processo de aperfeiçoamento sistemático do sistema acusatório brasileiro em tema de combate ao crime organizado.

Como se sabe, o primeiro diploma normativo brasileiro que pretendeu tratar do tema foi a Lei 9.034/95 que dispunha sobre a utilização de meios operacionais para a prevenção e repressão de ações praticadas por organizações criminosas. Aquele diploma definia no seu capítulo I as ações praticadas por organizações criminosas e dos meios operacionais de investigação e prova, definindo em seu art. 1º, ainda que erroneamente, o que seria organização criminosa, definição posteriormente revista pela Lei 10.217/01.

Segundo Cernicchiaro[14], cuidava-se de intervenção legislativa diretamente inspirada na legislação italiana antimafia, especialmente a Lei 1646/82 que introduziu o art. 416, bis ao Código Penal peninsular.

[14] Cernicchiaro, Luiz Vicente Cernicchiaro e COSTA JR, Paulo José da. **Direito penal na Constituição.** 3. ed. rev. e ampliada. São Paulo: Revista dos Tribunais, 1995.

O sistema ali previsto, contudo, ao menos na parte relativa aos instrumentos de investigação, era marcadamente inquisitivo, prevendo, inclusive, um anacrônico modelo parcial de investigação judicial, que foi declarado inconstitucional pelo STF no bojo da ADI 1570/DF[15]. Os debates havidos no curso do julgamento de mérito da ADI, especialmente nos votos orais dos Ministros SEPÚLVEDA PERTENCE e NELSON JOBIM, bem situam a questão e as visões divergentes que pautaram aquela assentada:

> *O SENHOR MINISTRO SEPÚLVEDA PERTENCE – Senhor Presidente, no julgamento liminar, comecei o meu voto pedindo vênias à douta maioria, já formada no sentido do indeferimento da medida cautelar. Hoje, para gáudio meu, só tenho, embora o lamentando, de pedir vênia ao meu caríssimo amigo, Ministro Carlos Velloso. No julgamento liminar, comece: por dizer (lê voto na ADIn 1.517 — Medida Liminar): "A mim me bastariam os argumentos do Professor Luiz Flávio Gomes, aos quais a inicial se reporta." E, hoje, também, não tenho dúvida em endossar outros doutrinadores, a exemplo da Mestra Ada Pellegrini Grinover, citados no parecer do eminente ex-Procurador-Geral da República. Continuei: "Por outro lado, a manifesta inconstitucionalidade, a meu ver, não está em função da explicitude da regra de padrão perante a qual se deva concluir pela invalidade da norma." Aqui, então, se argumentara não haver, na Constituição, nenhuma norma explícita dizendo que juiz não investiga, promotor não julga e delegado faz inquérito. Respondi: "Ao contrário, ouvimos muito falar os doutos, em suas dissertações teóricas, que os princípios são mais importantes que as normas. E creio estar poucas vezes tão manifesta a violação do devido processo legal do que no retrocesso desta lei" – e friso retrocesso – em relação ao que é uma conquista de muitos séculos de evolução do processo penal, a desvinculação do juiz, não da colheita de provas, mas da investigação criminal." Permito-me uma breve observação ao voto elogiiente e inteligente, como sói, do Ministro Carlos Velloso. Segundo Sua Excelência, o processo se publicizou no sentido de abolir o juiz absolutamente passivo e dar-lhe função mais ativa, mesmo na instrução da causa. Isso é de absoluta precisão no tocante ao processo civil. No processo penal, com todas as vênias, a evolução histórica deu-se em sentido inverso: o que se tinha outrora era o juiz-inquisidor: "todo juiz é procurador", lembrou o Ministro Celso*

[15] Integra disponível em https://redir.stf.jus.br/paginadorpub/paginador.jsp?docTP=AC&docID=385546. Acesso em 14 mar. 2023.

de Mello. E, paulatinamente, se foi liberando o juiz da função de acusar e, consequentemente, da colheita preliminar de provas, para resguardar-lhe a condição de terceiro imparcial. Dizia eu, no voto liminar: "O que se estabelece neste malsinado dispositivo é o "juiz investigador". O seu § 2º é manifesto: Art. 3º........ § 2º — O juiz, pessoalmente, fará lavrar auto circunstanciado da diligência, relatando as informações colhidas oralmente e anexando cópias autênticas dos documentos que tiverem relevância probatória, podendo, para esse efeito, designar uma das pessoas referidas no parágrafo anterior como escrivão 'ad hoc" ." (sic) "Vale dizer, o juiz, ante uma massa bruta de documentos que ele vai pesquisar, na Receita Federal, num banco, seja lá onde for, selecionará os documentos que lhe parecerem de relevância probatória. Está restabelecido o juízo inquisitorial."

O SENHOR MINISTRO NELSON JOBIM – Isto faz o Ministério Público hoje: tem apenas a função acusatória, e manda para o jornal, para Folha de São Paulo.

O SENHOR MINISTRO SEPÚLVEDA PERTENCE – Se manda para o jornal, é outro problema.

O SR. MINISTRO CARLOS BRITTO – Não é pelo receio do abuso que se proíbe o uso.

O SR. MINISTRO CARLOS BRITTO – É a lógica do sistema.

O SENHOR MINISTRO NELSON JOBIM – Não há lógica.

O SENHOR MINISTRO SEPÚLVEDA PERTENCE – Não tenho a pretensão de convencer o Ministro Carlos Velloso. O meu computador falhou, dessa forma não posso continuar a acompanhar o meu voto na medida cautelar. Digo apenas que, ao me referir à evolução histórica, não no sentido de aumentar os poderes instrutórios do juiz, mas, ao contrário, de diminuí-los, a meu ver, de modo absoluto na fase investigatória, na fase pré-processual, não pretendi elidir, no processo stricto sensu, eventuais iniciativas do juiz na instrução. Não estamos perante um juiz absolutamente neutro, pelo menos, na nossa versão de processo acusatório, que não é a do puro processo acusatório anglo-saxão, em que se tem, idealmente, o juiz totalmente passivo. De forma que não se afasta a constitucionalidade de iniciativas do juiz de aprofundamento ou complementação da prova no curso do processo, como foram os exemplos aqui citados da inspeção pessoal de pessoas ou coisas. Com essas observações, não tenho a menor dúvida em acompanhar o voto de Vossa Excelência, Sr. Presidente, e saudar a sua vinda para nossa banda.

SENHOR MINISTRO NELSON JOBIM – Senhor Presidente, insisto na manifestação do Ministro Sepúlveda Pertence – e a agradeço –, no sentido de preservar esse fundamentalismo que, às vezes, se encontra em determinada doutrina e é completamente fora da realidade quando da afirmação fundamentalista da absoluta transparência. Poderia levar, em nível risível, à comunicação da parte de que seu telefone será grampeado a partir do dia 20 de janeiro às três horas da tarde. E se poderá julgar inconstitucional, ou uma falta da preservação do devido processo legal, se não for comunicada a hora do grampeamento telefônico – para citar o exemplo dado anteriormente. Quero lembrar ao Ministro Celso de Mello o seguinte: o que se passa nessa legislação é exatamente uma transição entre a tentativa dos velhos instrumentos de perseguição criminal do crime individual para o crime organizado. Darei um exemplo, introduzido depois de 2001: à época, na Câmara dos Deputados, foi rejeitada lei a respeito da infiltração dos agentes de polícia. Os fundamentalistas do Direito Penal não admitiam, em hipótese alguma, essa infiltração nas organizações criminosas. Havia, então, uma capacidade incrível desses personagens, no discurso irrealista do processo investigatório, de empurrar a polícia para a ilegalidade. Lembre-se Sua Excelência de que, antes da existência desse tipo de norma, toda vez que a polícia implodia o "bunker" de uma organização criminosa, alguém fugia. Era exatamente um informante. Precisamos ter a lucidez de compreender que em determinado tipo de ilícito são absolutamente inadequados os instrumentos tradicionais que vêm de um fundamentalismo acadêmico, que não tem nada a ver com a realidade histórica e com a responsabilidade do Estado com a perseguição da organização criminosa. Tenho absoluta tranquilidade em relação aos instrumentos de perseguição processuais que dizem respeito ao crime individual. Na verdade, estamos em um momento de transição.

O SENHOR MINISTRO SEPÚLVEDA PERTENCE – Aliás, esse vício de tratar os fenômenos de massa como se fossem individuais não pára no processo penal. Veja Vossa Excelência a discussão sobre a proposta de súmula vinculante.

O SENHOR MINISTRO NELSON JOBIM – Exatamente. Neste caso – faço uma confissão, não há memória –, essa lei decorreu de um projeto de lei elaborado pelos deputados Michel Temer e Miro Teixeira, em 1989, decorrente de um grupo criado pela comissão de justiça da época, para tratar dos crimes organizados. O projeto outorgava, autorizado pelos juízes, esse tipo de investigação. Mas houve uma reação, naquele momento, contra o Ministério Público, contra a polícia, porque a maioria da Câmara não aceitava outorgar esse tipo de poder ao Ministério Público, nem à Polícia, daí porque acabou saindo para o juiz. Essa foi a razão histórica de ter acontecido. Sou absolutamente contrário ao processo de instrução, como também às atividades investigatórias do Ministério Público, desde que as mesmas atividades sejam dadas à defesa; o mesmo "status" de requisição que o Ministério Público deseja nas investigações seja assegurado à defesa. Se a defesa não tiver esse poder, junto ao poder investigatório parcial do acusador – e foi dito que o juiz não deve investigar porque não pode se parcializar; evidentemente, está-se presumindo que o Ministério Público será sempre parcial no sentido de colher somente prova acusatória. Asseguraremos à defesa os mesmos tipos de preceito, aí poderemos entrar em um entendimento. Caso contrário, o "due process of law", a que Sua Excelência se refere, é somente para o Ministério Público.

Em total consonância com a premissa fixada neste julgamento, é de se observar que o sistema normativo brasileiro foi se aperfeiçoando, o que pode ser observado especialmente com a paulatina entrada na ordem do dia das discussões legislativas do instituto da colaboração premiada. Mais do que a previsão do instituto em si, importa verificar como a sucessão normativa foi também aqui, como falado acima em relação ao caso italiano, deslocando o baricentro das responsabilidades/prerrogativas da fase pré-processual da figura do juiz para o Ministério Público.

A disciplina normativa da colaboração premiada originou-se no Brasil com a publicação da Lei nº 8.072, em 25 de julho de 1990, conhecida como Lei dos Crimes Hediondos. A lei introduziu a possibilidade de colaboração em duas de suas disposições, e foi aplicada apenas a crimes cometidos por quadrilha ou bando, no caso de extorsão mediante sequestro ou crimes hediondos, tortura, tráfico de drogas e terrorismo. A legislação permitia uma redução de pena de um a dois terços para o colaborador.

Posteriormente, a Lei nº 9.269, publicada em 2 de abril de 1996, modificou a disposição relacionada ao crime de extorsão mediante sequestro, permitindo a redução da pena de um a dois terços para qualquer participante em caso de colaboração, mesmo que não houvesse formação de quadrilha ou bando.

Em maio de 1995, foi publicada a já mencionada Lei nº 9.034, que permitia a redução de um a dois terços da pena, em virtude de colaboração espontânea do réu, para crimes cometidos em casos de crime organizado se a colaboração levasse à elucidação das infrações penais e de seus autores.

Foi seguida pela Lei nº 9.613, de março de 1998, que previu benefícios ao colaborador, incluindo a redução da pena, a possibilidade de se iniciar o cumprimento de pena em regime aberto e a substituição da prisão por pena restritiva de direitos ou até mesmo a extinção da punibilidade relativamente aos delitos de lavagem ou ocultação de bens, direitos e valores.

A Lei nº 9.807, de julho de 1999, estabeleceu a possibilidade de o juiz conceder o perdão e a consequente extinção da punibilidade para o acusado que, sendo réu primário, houvesse colaborado efetiva e voluntariamente com a investigação e o processo criminal, desde que tal colaboração resultasse na identificação de outros coautores ou partícipes da ação criminosa, na localização da vítima com sua integridade física preservada, ou na recuperação total ou parcial do produto do crime.

Por fim, a Lei nº 12.683, de julho de 2012, alterou a Lei nº 9.613/98 e estabeleceu que a pena poderia ser reduzida de um a dois terços e cumprida em regime aberto ou semiaberto, permitindo ao juiz abster-se de impô-la ou substituí-la a qualquer momento por restritiva de direitos, se o autor, coautor ou partícipe colaborasse espontaneamente com as autoridades, fornecendo informações que levassem à investigação de infrações penais, à identificação dos autores, coautores e partícipes, ou à localização dos bens, direitos ou valores objeto do crime.

Todas essas previsões normativas têm em comum o aspecto de centralizar na figura do juiz a concessão dos benefícios legais. Nenhuma delas, portanto, estabelecia o caráter *negocial* do instituto a colocar em relevo o papel dos órgãos de persecução penal, em especial do Ministério Público, na fase de obtenção de provas.

Foi precisamente a Lei 12.850/13 que o fez, sistematizando o instituto e fornecendo o instrumental necessário para a atuação dos órgãos de persecução, afastando o juiz da atividade pré-homologatória em sintonia com a moderna processualística de caráter garantístico.

Tal como na Itália se deu com a alteração normativa estrutural e observada por Illuminati e Orlandi, esta guinada alterou substancialmente o perfil da persecução penal e indubitavelmente influiu decisivamente para a escalada das investigações.

Como se verá no capítulo seguinte, foi exatamente a utilização dos institutos especiais voltados à obtenção da prova na fase pré-processual, notadamente a colaboração premiada, que fizeram grande diferença sistemática, seja pela redefinição da atividade acusatória que provocaram, seja pela sua interação com outros pontos do ordenamento, como as regras de prerrogativa de foro, o que foi determinante para o assentamento das regras de competência no âmbito das investigações complexas diretamente perante o STF.

3. Os caminhos da restauração da política na Itália e no Brasil após os escândalos de corrupção. O conflito entre a política e a justiça. As intervenções legislativas resultantes e as peculiaridades de cada sistema.

No item anterior estabeleci aquilo que me parece uma importante aproximação estrutural/normativa que ajuda a compreender a deflagração dos processos de investigações no Brasil e na Itália, separados entre si por cerca de duas décadas. Tratei, portanto, de um aspecto que entendo essencial à gênese dos casos a partir de um recorte muito preciso relativo a alterações da dinâmica dos sistemas processuais dos dois países, apontando aqui e lá marcos específicos que parecem ter funcionado como pontos de inflexão sistemática.

Cabe agora verificar como se deu nos dois países o processo de expansão e retraimento dos resultados práticos das maxi-investigações e como isso pode ser explicado a partir das peculiaridades dos sistemas jurídicos dos dois países.

A desorganização das funções tradicionais reservadas ao Poder Judiciário e à política levou a um problema grave que afeta a vida política de ambos os países.

Segundo Pizzorno[16], tendo em mira a realidade italiana mas com óbvias similitudes ao caso brasileiro, a expansão dos poderes atribuídos ao judiciário e a transformação do tradicional sistema representativo das democracias liberais maduras se devem a um processo de transformação que atingiu a estrutura do estado, a sociedade e a natureza da legislação.

O surgimento de partidos políticos que questionam o papel do Parlamento e a emergência de uma esfera pública livre e pluralista levaram a uma política programática, em que os partidos se tornam *portadores de programas* destinados a reorganizar a sociedade por meio de uma nova legislação mais ampla. Curiosamente, essa expansão legislativa levou a um aumento das funções do judiciário. O Parlamento perdeu suas funções originais em favor de um governo cada vez mais protagonista na vida institucional e política, com a mídia tendo um papel central no debate público. E, por outro lado, o legislativo tem cada vez menos protagonismo em várias de suas funções típicas, especialmente no controle dos atos do governo. O judiciário intervém, aqui, para compensar essa

[16] Pizzorno, A. **Il Potere dei giudici...** *op. cit.*,1998.

debilidade sistemática do legislativo, exercendo o controle da legalidade e da moralidade da política, enquanto esta política se demitiu de sua tarefa de autodepuração. Isso resultou em um conflito aberto entre as duas esferas pela redefinição do espaço de poder reservado a ambas.

Pizzorno afirma que não é possível excluir completamente a corrupção e a má gestão na política, mas é possível limitar seu impacto por meio de mecanismos de controle e responsabilidade. Segundo ele, a *virtude* na política não pode ser garantida unicamente pela lei e pela atuação de *enforcement* das instâncias judiciais, mas deve ser cultivada pela sociedade civil, pelas instituições e pela mídia, que devem atuar como "vigilantes" para garantir a transparência e responsabilidade das instituições. Além disso, Pizzorno destaca a importância da educação cívica e da participação ativa dos cidadãos para uma democracia saudável e robusta.

Tanto na Itália quanto no Brasil, houve uma inicial expansão da esfera de atuação judicial, seguida por uma onda de retomada de espaço da política. Em comum a ambas as realidades, é indiscutível que o cerne do problema é a definição dos espaços de poder reservados à esfera política e judiciária e os conflitos daí gerados. No entanto, enquanto na Itália o movimento de inflexão teve como principal arena de embates o parlamento, no Brasil isso ocorreu no âmbito do próprio judiciário, especialmente no Supremo Tribunal Federal.

No caso da Itália, são muito bem conhecidas e valoradas historicamente as iniciativas legislativas tomadas a partir dos desdobramentos da operação Mãos Limpas[17].

Em termos gerais pode-se afirmar que entre o início das investigações e ao menos até o final da primeira década deste século, mesmo com as sucessões de governo de diferentes matizes que caracterizam a história italiana, a tendência foi constante no sentido de impor limites à atuação judicial em relação à política. Alguns eventos merecem destaque.

[17] Um elenco das intervenções legislativas incidentes a partir do início das investigações em forma de tabela é fornecido por Manca, Valeria. **Da "Mani Pulite" alla legge 190/2012**: analisi critica delle principali riforme anticorruzione. 2016. 193 f. Monografia (Especialização) – Curso de Scienze Delle Pubbliche Amministrazioni, Scienze Politiche, Università di Pisa, Pisa, 2016. Disponível em: https://etd.adm.unipi.it/t/etd-02252016-192806/. Acesso em: 14 mar. 2023. pp. 54-57.

O primeiro deles foi a tentativa de *solução política* (*il colpo di spugna*) para as investigações através da edição do que ficou conhecido como *Pacchetto Conso*. Segundo Manca[18]:

> *Il «pacchetto Conso» (...) contiene infatti la depenalizzazione del finanziamento illecito ai partiti, (ovvero il reato prevalentemente contestato ai politici corrotti), con effetto retroattivo, quindi esteso anche agli inquisiti di "Mani Pulite", che da illecito penale si trasforma in semplice infrazione amministrativa, punibile con una sanzione che prevede la restituzione, fino al triplo, delle tangenti ottenute e l'interdizione dai pubblici uffici da tre a cinque anni; inoltre, a occuparsi di tale illecito non saranno più i giudici ma un'apposita commissione di vigilanza, istituita ad hoc. Il patteggiamento, inoltre, viene esteso anche alla corruzione e concussione, con sconti di pena fino ad un terzo e evitando il carcere, concordando condanne inferiori ai tre anni, (soglia limite per la quale è previsto l'affidamento ai servizi sociali); stesso trattamento anche per chi paga le tangenti. La reazione di fronte a quello che passerà alla storia come «colpo di spugna»* non si *fa attendere. Da un lato i magistrati del pool, i quali dopo essere stati chiamati in causa da Amato e Conso, che dichiarano che «la soluzione politica»* è *stata così delineata in base alle richieste dello stesso pool, si sentono in dovere di smentire pubblicamente, mediante comunicato per bocca del procuratore Francesco Saverio Borrelli, le parole del capo del governo e del suo Guardasigilli: "Abbiamo appreso che la cosiddetta 'soluzione politica' sarebbe stata giustificata sulla base delle nostre dichiarazioni. Come magistrati abbiamo il dovere inderogabile di applicare le leggi dello Stato quali che esse siano (...). Non 26 consentiamo però a nessuno di presentare come da noi richieste, volute o approvate, le iniziative in questione. Governo e Parlamento sono sovrani, (...) ci auguriamo che ciascuno si assuma davanti al popolo italiano le responsabilità politiche delle proprie scelte senza farsi scudo del nostro operato e delle nostre opinioni. Riteniamo che... il risultato delle modifiche legislative approvate sarà la totale paralisi delle indagini e l'impossibilità di accertare fatti e responsabilità (...)." (Barbacetto, Gomez, Travaglio 2012, p.107) Dall'altra,* è *ancora una volta la reazione dell'opinione pubblica, o meglio del c.d. "popolo dei fax", che fa sentire tutta la sua disapprovazione, mediante, appunto, continui fax inviati alle redazioni dei quotidiani. Il giorno successivo, l'allora capo dello Stato, Oscar Luigi Scalfaro, dichiara che non firmerà il decreto, a causa di un vizio di forma. In realtà, di lì a poco, esattamente il 17 e il 18 aprile di*

[18] Manca, Valeria. **Da "Mani Pulite**...*op. cit.* 2016, pp. 25-26.

> *quell'anno, si svolgeranno otto referendum che, oltre all'introduzione di un nuovo sistema elettorale, il maggioritario, consentono alla popolazione di esprimere il proprio giudizio sul finanziamento pubblico ai partiti: risultato, il 90,3% dei votanti si esprime contro. È la fine del governo Amato.*

Realizadas novas eleições segundo critério majoritário que vinha de ser aprovado em referendo, saiu vencedora a coalizão de centro-direita encabeçada por *Silvio Berlusconi* que chegou, assim, à sua primeira passagem como *Premier*.

O programa apresentado na campanha eleitoral pela coalizão mimetizou o que se podia extrair do anseio moralizante da sociedade em relação à política coincidente com o ápice da popularidade da operação Mãos Limpas.

O governo formado imediatamente hipotecou apoio ao trabalho da *magistratura*[19] de Milão chegando a convidar dois dos seus integrantes para compor o Conselho de Ministros[20].

Em pouco tempo, contudo, o novo governo passou a emitir sinais em sentido contrário. Entraram em pauta temas nevrálgicos como a separação de carreiras da magistratura e a reforma do Conselho Superior da Magistratura com a intenção de aumentar a influência política em seu interior.

Logo a seguir, três decretos-lei foram aprovados, um dos quais previa anistia para casos de evasão fiscal e outro um perdão para empresas envolvidas no sistema de corrupção.

A medida mais controversa, contudo, foi o terceiro dos decretos, o chamado Decreto *Biondi* ou "salva-ladrões" (*salvaladri*), que substituía a prisão preventiva por prisão domiciliar para crimes como corrupção e financiamento ilegal de campanhas eleitorais, limitando-a apenas aos casos de homicídio e crimes associativos, como a máfia e o terrorismo. A edição do Decreto – no mesmo dia em que a Itália vencia a Bulgária pela semifinal da Copa de 1994 – provocou protestos de magistrados e da opinião pública, mas, ainda assim, produziu efeitos em relação a

[19] O termo aqui é utilizado no sentido italiano compreendendo os exercentes das funções do Ministério Público.

[20] *Antonio di Pietro* e *Piercamillo Davigo* foram convidados a fazer parte do governo em 1994. Ambos refutaram o convite.

alguns dos investigados. Os magistrados do *pool*[21] ameaçaram renunciar se o decreto fosse confirmado e, finalmente, o governo o retirou, o que levou à sua não conversão em Lei.

Durante o governo seguinte, de caráter técnico e que tinha como *Premier Lamberto Dini*, são dignas de nota as inspeções à Procuradoria de Milão, conduzidas pelo Ministro da Justiça *Filippo Mancuso*. Tais medidas foram justificadas, em tese, por supostas irregularidades na condução das investigações e sobre o que era chamado à época de *manette facili*[22]. A atitude do *Guardasigilli*[23] foi criticada pelo próprio Presidente *Oscar Luigi Scalfaro*, e considerada uma violação das garantias da magistratura previstas no art. 107 da Constituição, o que levou à renúncia de *Mancuso*.

As eleições de 1996 marcaram o início do predomínio de coalizões de centro-esquerda por três períodos sucessivos (até 2001), primeiro sob a liderança de *Romano Prodi*, seguido por *Massimo D'Alema* e, por fim, por *Giuliano Amato*.

Uma vez mais, o tema principal da campanha, em 1996, foi exatamente a agenda anticorrupção. As propostas do governo eleito previam a unificação dos crimes de concussão e corrupção, a implementação da *Legge Merloni*[24] e a criação de uma Autoridade para a prevenção da corrupção, seguindo o modelo do *pool* de Milão. Em setembro de 1996, foi criada a primeira Comissão Especial Anticorrupção na Câmara dos

[21] Grupo de *magistrati* encarregado das investigações.

[22] *O termo "manette facili" se refere ao uso indiscriminado de medidas cautelares, como a prisão preventiva, contra os acusados, principalmente em casos de crimes graves, como a corrupção. O uso excessivo das algemas não estaria destinado tanto para proteger a sociedade, mas para fins midiáticos e políticos. Na Itália, o debate sobre as manette facili foi particularmente acirrado durante o período das investigações sobre corrupção nas décadas de 1990 e 2000.*

[23] Como também é conhecido o Ministro da Justiça na Itália.

[24] *A Legge Merloni, Lei nº 109 de 1994, trata da reforma da administração pública. Seu nome deriva do então ministro da Função Pública Franco Merloni. A lei introduziu uma série de normas destinadas a simplificar e tornar mais eficiente a organização e o funcionamento da administração pública, especialmente por meio da redução da burocracia e da otimização dos recursos humanos e instrumentais. Entre as principais inovações introduzidas pela lei Merloni estão a simplificação dos procedimentos administrativos, a introdução do chamado "orçamento por programas", a instituição do "comitê único de garantia" para transparência e ética na administração pública, e a possibilidade de usar novas tecnologias para a gestão de serviços públicos.*

Deputados, composta por deputados do governo e da oposição, apoiada por um Comitê de Estudos, o chamado Comitê dos Três Sábios[25].

Contudo, os governos de centro-esquerda dos anos 90 acabaram por se render ao conflito entre a política e a magistratura. A agenda anticorrupção foi abandonada e paulatinamente houve uma inflexão coincidente com os anseios de autopreservação da classe política. Exemplificativamente, é o governo de então, ignorando a deliberação popular expressa no referendo de 1993, que reintroduz o financiamento público do sistema partidário sob a forma de contribuição voluntária, através da Lei nº 2 de 1997.

Posteriormente, com o amplo apoio do bloco de oposição, foi aprovada a lei 234/1997, que modificou o artigo 323 do *Codice Penale* que trata do crime de *abuso di ufficio* para suprimir a referência ao abuso "não patrimonial" e reduziu a pena de cinco para três anos de prisão, o que teve impacto significativo na persecução penal dos crimes com a absolvição de investigados em muitos processos em andamento.

É também dessa época a controversa modificação do art. 513 do *Codice di Procedura Penale*. A regra estabelecia que as declarações dos réus/investigados durante as investigações preliminares não poderiam ser consideradas válidas para efeito de condenação se não fossem confirmadas em juízo.

Segundo Manca[26]:

> *In sostanza, se l'imputato di un reato chiama in causa, nelle sue dichiarazioni rese in fase preliminare, una persona accusata di un illecito che è in qualche modo collegato a quello dell'imputato, e non riespone poi quelle accuse in occasione del processo a carico dell'accusato, non sottoponendosi neanche all'interrogatorio circa le sue dichiarazioni da parte dei difensori dell'accusato, quelle dichiarazioni non possono essere considerate valide in sede di processo. Saranno considerate tali, ai fini dell'accusa, solo se l'indagato in questione, richiamato dai Pm, si presenta in*

[25] Grupo de estudos criado na Itália em 1996 para ajudar a combater a corrupção. Foi composto por três estudiosos – Franco Ferrarotti, Luciano Guerzoni e Paolo Sylos Labini – e foi estabelecido para apoiar a primeira Comissão Especial Anticorrupção na Câmara dos Deputados. O comitê era responsável por estudar e apresentar propostas para a luta contra a corrupção e ajudou a desenvolver algumas das políticas anticorrupção do governo italiano da época.

[26] Manca, Valeria. **Da "Mani Pulite**...*op. cit.* 2016, pp. 36-37.

> *aula confermando quanto già precedentemente dichiarato. Di fatto, però questo non si verificherà, poiché spesso l'imputato sceglierà la via del silenzio (avvalendosi della facoltà di non rispondere) o non presentandosi in aula, con conseguente assoluzione dell'imputato. Dietro un valido principio garantista, come quello del giusto processo e del contraddittorio e, più in generale, un diritto fondamentale riconosciuto dalla Convenzione europea dei diritti dell'Uomo, si nasconde in realtà l'ennesimo tentativo, riuscito, di una classe politica troppo attenta ad autoassolversi, ma anche, in questo modo, ad autoaccusarsi senza troppa vergogna. La conferma di quello che è il vero scopo della riforma, arriva proprio dalle conseguenze della legge in questione: l'assoluzione di personaggi di spicco nelle indagini "Mani Pulite". Tuttavia, in seguito alle critiche di diversi esponenti della magistratura, che solleveranno una palese questione di illegittimità costituzionale della legge, la Corte Costituzionale, con sentenza 361/1998, dichiarerà l'incostituzionalità del nuovo art. 513 c.p.p."*

Em reação à atuação da *Corte Costituzionale*, na prática, o mencionado art. 513 foi em seguida *constitucionalizado* por meio da Legge Costituzionale nº 2/1999 que estabelece, no ponto que interessa que: *Il processo penale è regolato dal principio del contraddittorio nella formazione della prova. La colpevolezza dell'imputato non può essere provata sulla base di dichiarazioni rese da chi, per libera scelta, si è sempre volontariamente sottratto all'interrogatorio da parte dell'imputato o del suo difensore.*

O ano de 2001 marca o início da era chamada *Berlusconi-bis*. Vannucci[27] sobre esse preciso momento histórico afirma:

> *A symbolic 'dividing line' can be drawn with the national elections of May 2001, won by the centre-right coalition led by Silvio Berlusconi, who has been indicted for crimes of corruption on several occasions. From then on, a contrasting tendency became predominant. A number of measures, often tailored on an ad hoc basis to the judicial needs of the Prime Minister, were passed to restrain and weaken the impact of the judicial investigation of corruption. Media and public attention was diverted towards different issues, while the political class began systematically to condemn corruption investigations as a form of politically biased intrusion of the judicial authorities in the political realm, a realm which by definition must be excluded from its influence. The need for anti-corruption policies completely*

[27] Vannucci, Alberto. The controversial legacy...*op. cit.*, 2009, p 250.

> *disappeared from public debate and was eradicated from the political agenda. At the present 'Italy does not have a coordinated anti- corruption programme. No methodology is currently in place to estimate the efficiency of anticorruption measures specifically targeting public administration' (Greco, 2009: 28). Anti-corruption measures have therefore been restricted to the sphere of investigation and punishment (with all the resulting limits and drawbacks in terms of institutional conflict). There has been no significant modification of the regulatory framework. The declining interest of newspapers and other media analysed in the second section, testifies to the success of this 'strategy of displacement'.*

Dentre as inúmeras intervenções legislativas deste período, destaco a chamada *Legge Cirami*. No resumo de MANCA[28], em um único artigo, a Lei trouxe importantes alterações aos arts. 45, 47, 48 e 49 do *Codice di Procedura Penale (...) introducendo, in particolare, tra i casi di rimessione dei processi in altra sede, quello del «legittimo sospetto» (c.d. legittima suspicione), che chiama in causa la terzietà e l'imparzialità del giudice.*

O efeito prático das alterações foi o de promover o deslocamento da competência de processo e julgamento de alguns casos de Milão para Brescia a pedido do *Premier* e de alguns coimputados.

Em 2003 foi aprovado o *"Lodo Maccanico-Schifani"*, que passa a impor causa obstativa ao processo e julgamento, até o fim do mandato, das quatro mais altas autoridades do Estado, incluindo o próprio *Premier*. A lei foi declarada inconstitucional pela *Corte Costituzionale* em 2004, por violação do princípio da igualdade e do direito à defesa. Regra semelhante foi introduzida em 2008 pelo chamado *Lodo Alfano*, já no curso do 3º mandato de *Berlusconi* (após o triênio do governo *Romano Prodi-bis)*, também considerada inconstitucional pela *Corte Costituzionale* em 2009.

Digna de nota, por fim, foi também a lei *ex Cirielli* de 2005, que modificou o *Codice Penale* em matéria de prescrição, causando uma redução nos prazos extintivos da punibilidade.

No Brasil não faltam pontos de aparente convergência com o roteiro italiano acima resumido. Por aqui também algumas iniciativas legislativas, exitosas ou não, podem ser elencadas como resultantes do conflito entre a política e os órgãos encarregados da persecução a partir dos des-

[28] MANCA, Valeria. **Da "Mani Pulite...***op. cit.*, 2016, p. 43.

dobramentos das investigações iniciadas em 2014. Aponto, nessa linha, alguns exemplos ilustrativos.

Em 30.11.2016, na madrugada do dia seguinte ao trágico acidente aéreo que vitimou a equipe de futebol da Chapecoense[29], a Câmara dos Deputados procedeu à votação do pacote legislativo conhecido como 10 medidas de combate à corrupção. O texto, que pretendia promover alterações positivas em relação ao tema, teve sua redação profundamente alterada e, dentre outros pontos, passou a prever regras mais benéficas quanto ao regime de prescrição penal e propunha alterar a redação original do projeto no ponto que criminalizava o caixa 2 como delito autônomo e anistiar crimes anteriores de mesma espécie com efeito muito semelhante ao pretendido na Itália pelo *Decreto Conso*. A votação acabou sendo anulada posteriormente pelo STF[30].

Em outra tentativa malograda, a Câmara dos Deputados acabou por não aprovar a PEC 5/21 que alterava sensivelmente a dinâmica e a composição do Conselho Nacional do Ministério Público com a declarada intenção de ampliar a interferência política no órgão[31].

Por outro lado, um exemplo de modificação efetivamente realizada foi a edição da Lei nº 13.869/2019 que define crimes de abuso de autoridade cometidos por agentes públicos, incluindo autoridades judiciárias e policiais. Apesar de ter sua tramitação justificada por uma necessária atualização quanto à disciplina conferida pela Lei nº 4.898, de 9 de dezembro de 1965, os debates acerca da nova legislação foram totalmente condicionados pela necessidade de contenção de eventuais excessos cometidos pelos membros do Ministério Público e do Judiciário[32].

Na mesma esteira foi aprovada a Lei 14.230/21 que altera sensivelmente o microssistema relativo à responsabilização por improbidade administrativa, mudanças que incidiram em inúmeros feitos de natureza cível ajuizados a partir das investigações da operação Lava Jato. O alcance

[29] Situação semelhante à do Decreto Biondi de 1994 em relação ao desvio de atenção da opinião pública.

[30] https://www.poder360.com.br/congresso/stf-anula-votacao-das-10-medidas-contra-a-corrupcao-leia-a-decisao/. Acesso em 14 mar. 2023.

[31] https://www.cnnbrasil.com.br/politica/camara-dos-deputados-vota-proposta-que-altera-composicao-do-cnmp/. acesso em 14 mar. 2023.

[32] https://veja.abril.com.br/politica/plenario-do-senado-aprova-lei-sobre-abuso-de-autoridade/. Acesso em 14 mar. 2023.

da nova Lei foi, contudo, limitado pelo STF nos julgamentos do ARE 843989[33], ADI 7236[34] e ADIs 7042 e 7043[35].

Mas, em termos gerais, pode-se afirmar que entre 2014 e 2019, ano da edição da Lei 13.964, não houve significativas mudanças estruturais do ponto de vista legislativo no sistema de persecução penal brasileiro.

No campo jurisprudencial, contudo, provavelmente esse lustro foi o mais agitado da história da processualística penal brasileira e o centro normativo da tensão estava precisamente na discussão acerca de aspectos da Lei 12.850/13.

Com efeito, não é preciso gastar as poucas linhas à disposição para relembrar as imensas consequências do início das investigações da Operação Lava Jato e seus desdobramentos.

Em sua origem, contudo, a operação era mais um exemplo de investigação complexa em curso perante o 1º grau de jurisdição com seus desdobramentos naturais perante as demais instâncias a partir das impugnações de praxe.

No entanto, a partir do ajuizamento da RCL 17.623/PR ocorreu uma alteração substancial no andamento das investigações por vezes esquecida ou subvalorizada.

Naqueles autos, o empresário *Paulo Roberto Costa*, preso à época, pretendia reconquistar sua liberdade e a pronúncia de nulidade dos atos até então praticados pelo juízo de base. Alegou, em síntese, que *o decurso das investigações naquele juízo usurpava a competência desta Corte prevista no art. 102, I, b, da Constituição da República, porque entre seus alvos constavam integrantes do Congresso Nacional.* A liminar foi inicialmente concedida[36] e depois revista pelo Min. Relator.

Ao final, apesar de pontualmente terem sido considerados válidos os atos praticados pelo juízo de 1ª grau, a partir deste caso específico,

[33] Decisão disponível em https://portal.stf.jus.br/jurisprudenciaRepercussao/verAndamentoProcesso.asp?incidente=4652910&numeroProcesso=843989&classeProcesso=ARE&numeroTema=1199. Acesso em 14 mar. 2023.

[34] Decisão disponível em https://www.stf.jus.br/arquivo/cms/noticiaNoticiaStf/anexo/ADI7236CautelarLeideImprobidade.pdf. Acesso em 14 mar. 2023.

[35] Decisão disponível em https://portal.stf.jus.br/processos/downloadPeca.asp?id=15356193685&ext=.pdf. Acesso em 14 mar. 2023.

[36] Decisão liminar disponível em https://www.conjur.com.br/dl/teori-manda-soltar-todos-presos.pdf. Acesso em 14 mar. 2023.

o STF reafirmou sua jurisprudência no âmbito daquelas investigações no sentido de que *não caberia ao juízo de origem, ao se deparar com indícios da participação de parlamentar federal em crimes, determinar a cisão das investigações e ordenar a remessa à Suprema Corte apenas da apuração relativa ao detentor de foro privilegiado, sob pena de usurpação da competência da Corte* (Capez[37]).

Deste ponto em diante a dinâmica dos eventos se alterou radicalmente. O desenrolar das investigações trouxe à tona o envolvimento potencial dc diversos detentores de foro por prerrogativa de função perante o STF, o que provocou o deslocamento de inteiros nacos da investigação para a supervisão direta da Suprema Corte.

Como decorrência dessa premissa fixada, o STF passou a se considerar competente também para homologar os acordos de colaboração premiada propostos e celebrados no curso das investigações pois, nas palavras de Capez[38]:

> *(...)por se tratar de um meio de obtenção de prova (art. 3º, I, da Lei nº 12.850/13), quando houver notícia, no acordo de colaboração, de crimes praticados por titular de prerrogativa de foro, a sua homologação caberá ao tribunal competente para a respectiva ação penal, sob pena de usurpação de competência. Dessa feita, não compete ao juízo de primeiro grau essa homologação, ainda que, até então, o colaborador, sem prerrogativa de foro, fosse o único investigado. Assim é que todas as colaborações premiadas relativas à denominada operação "lava-jato" que indiquem a participação de parlamentares federais têm sido homologadas monocraticamente pelo Relator, o Ministro Teori Zavascki (confira-se, v.g., a Pet. nº 5.245/DF, DJe de 1º/2/16), sem necessidade de sua submissão ao colegiado, por força do art. 21, I e II, do Regimento Interno do Supremo Tribunal Federal.*

A partir desse entendimento e com o andamento frenético das investigações, o STF tornou-se verdadeiro *juízo ordinário* de desdobramentos extremamente complexos do ponto de vista técnico e factual, proce-

[37] Capez, Rodrigo. O acordo de colaboração premiada na visão do Supremo Tribunal Federal. **Cadernos Jurídicos.** São Paulo, ano 17, n. 44, Julho-Setembro/2016, pp. 117-130. Disponível em https://bdjur.stj.jus.br/jspui/bitstream/2011/107653/acordo_colaboracao_premiada_capez.pdf. Acesso em 14 mar. 2023.

[38] Capez, Rodrigo. **O acordo de colaboração**...*Op cit.*

dendo à homologação de acordos que envolviam multiplicidade de fatos e questões jurídicas.

Este fenômeno é notável por mais de um ângulo.

Primeiramente, a Corte, mesmo não sendo vocacionada para tal tarefa diretamente, demonstrou uma impressionante capacidade de oferecer respostas tempestivas às demandas apresentadas.

E, paradoxalmente, nos casos de investigações complexas e *multitudinárias*, a intervenção do STF ainda na fase de homologação dos acordos provocou um efeito estabilizador em relação a possíveis conflitos entre juízos distintos competentes para o processo e julgamento dos fatos tratados no âmbito das colaborações, o que resultou em aceleração do andamento das investigações como um todo.

Mas o que é mais relevante do ponto de vista funcional, é que o STF viu-se abruptamente transformado em intérprete praticamente autêntico das disposições da Lei 12.850/13, especialmente quanto ao tema dos acordos de colaboração premiada, disposições essas que ao tempo do ajuizamento da RCL 17.623/PR tinham menos de um ano de vigência, desenvolvendo em breve período uma copiosa e minudente jurisprudência acerca dos temas versados na Lei.

Em situações normais, o papel reservado à Corte deveria ter sido o de revisor de decisões das instâncias inferiores e fixador de grandes teses a partir do paulatino assentamento dos entendimentos emanados pelos mais diversos juízos, em casos que envolvessem todos os tipos de criminalidade organizada e não apenas os relacionados à corrupção política e correlatos.

Esta consideração, a meu ver, diferencia notavelmente as experiências brasileira e italiana.

Primeiro porque o papel das Cortes Superiores de lá, no caso dos desdobramentos da Operação Mãos Limpas, não encontra nenhuma semelhança com este reservado aqui ao STF em virtude da extensão entre nós da regra do foro por prerrogativa de função. Ao contrário, a literatura italiana aponta como uma das razões do enfraquecimento do élan das investigações precisamente o dilatado tempo de tramitação dos feitos entre as instâncias do sistema judiciário.

E, segundo, porque ajuda a explicar em muito a hiperatividade da política italiana em sua produção de normas que incidissem sobre o andamento das investigações e a relativa passividade da mesma atividade por aqui.

Enquanto lá a política se contrapôs à chamada *magistratura ordinaria*, aqui o envolvimento direto do STF com as investigações funcionou como elemento inibidor de tal atividade.

Não que por lá não tenha havido conflitos entre o Parlamento e a Corte Costituzionale. ILLUMINATI[39] recorda com propriedade da disputa bastante tensa acerca da modificação do art. 513 do *Codice* considerada inconstitucional pela *Corte* e a posterior reação do Parlamento com a emenda à *Costituzione* que alterou o art. 111.

Mas, por aqui, apenas em 2019 foi alterada a Lei 12.850/13, com ênfase justamente no âmbito do disciplinamento da colaboração premiada. E grande parte dos dispositivos alterados e acrescidos decorrem da atividade interpretativa autêntica da Suprema Corte naquele intenso lustro antes mencionado.

E também não é casual que o refluxo dos resultados práticos dos desdobramentos das investigações – motivado por inúmeras concausas jurídicas e políticas que serão objeto de copiosos debates pelos próximos anos – por aqui tenha coincidido com um movimento *pendular* da Suprema Corte, que se tornou paulatinamente mais refratária às iniciativas dos órgãos de persecução penal, inclusive refluindo em entendimentos anteriormente fixados no curso das próprias investigações e que embasaram seu prosseguimento ou, ainda, estabelecendo regras e padrões processuais não previstos em lei.

Assim, foi o STF fixou o entendimento no sentido de que em *havendo pedido expresso da defesa no momento processual adequado (art. 403 do CPP e art. 11 da Lei 8.038/90), os réus têm o direito de apresentar suas alegações finais após a manifestação das defesas dos colaboradores, sob pena de nulidade*[40], com incidência nos processos em curso, regra que só foi positivada pelo advento do § 10-A do art. 4º da Lei 12.850/13 inserido pela lei 13.964/19.

Igualmente, em julgamento por apertada maioria, a Corte fixou nos autos do INQ 4435[41] a competência para processo e julgamento pela Justiça Eleitoral dos delitos conexos ao previsto no art. 350 do Código Eleitoral, *sempre que houver menção a crime dessa espécie, seja na descrição*

[39] ILLUMINATI, Giulio. **I riflessi della stagione**...*op. cit.* p. 282-283.

[40] STF, Tribunal Pleno, **HC 166.373/PR**, Rel. para o Acórdão Min. Alexandre de Moraes, j. 30/11/2022, ainda sem publicação.

[41] Acórdão disponível em https://portal.stf.jus.br/processos/downloadPeca.asp?id=15340866408&ext=.pdf. Acesso em 14.03.2023.

feita pelo órgão acusatório a respeito da suposta conduta ilícita, seja nas decisões oriundas dos órgãos jurisdicionais. O Min. Luís Roberto Barroso, à época presidente do tribunal Superior Eleitoral, na oportunidade percebeu os efeitos da decisão aos processos em curso e observou:

> *(...) Portanto, Presidente, acho que não fará bem ao País que nós transfiramos, depois de anos de sucesso no enfrentamento da corrupção, uma estrutura que está dando certo e funcionando para uma estrutura que absolutamente não está preparada para isso. Porém, se esta for a decisão do Tribunal, a Ministra Rosa e eu cuidaremos de dar as condições da Justiça Eleitoral cumprir bem esse papel.*

Mas o exemplo mais acabado do que aqui se constata, é o que anota o Min. Edson Fachin na decisão monocrática tomada no HC 193.726/PR[42] que trata da extensão da competência da 13ª Vara Federal de Curitiba/PR e da alteração de entendimento da própria Suprema Corte a respeito, minuciosamente historiado pelo Relator com especial referência ao quanto decidido na QO no INQ 4130[43], Rel. Min. Dias Toffoli, onde o Min. Gilmar Mendes, vencido no ponto, asseverou que:

> *Senhor Presidente, temos que apreciar a competência para supervisão de investigação oriunda da Operação Lava Jato nesta Corte e a competência para processar e julgar desdobramento de investigação dela decorrente em primeira instância.* ***Como nós sabemos, essa não é uma questão neutra ou meramente técnica. Em verdade, é de grande relevo. Do contrário, nem estaria havendo essa disputa no próprio âmbito do Tribunal Pleno. No fundo, o que se espera é que processos saiam de Curitiba e não tenham a devida sequência em outros lugares. É essa a expectativa. É bom que se diga em português claro para que não iludamos ninguém.*** *(...) Estamos diante de uma investigação em que cada novo crime descoberto permite o desdobramento em outras investigações. A pura e simples divisão das investigações não permitiria o acompanhamento do contexto, relegando ao fracasso qualquer esforço sério de persecução. É grande a responsabilidade da Corte ao fazer esta opção. Podemos estar comprometendo a própria persecução criminal. Não preocupa a distribuição de processos no âmbito*

[42] Inteiro teor disponível em: https://www.stf.jus.br/arquivo/cms/noticiaNoticiaStf/anexo/HC193726ED.pdf. Acesso em 14 mar. 2023.

[43] Acórdão disponível em https://redir.stf.jus.br/paginadorpub/paginador.jsp?docTP=TP&docID=10190406. Acesso em 14.03.2023.

da Corte, mas espalhar processos para Uberaba, São Paulo, Cuiabá, a partir do critério do local onde foi praticado um ou dois fatos, certamente estará contribuindo para o grau de precisão que se quer.

4. Conclusão

O estudo comparativo entre a realidade brasileira e a italiana no âmbito do combate à corrupção possui, como visto acima, potencial enorme para análises sob diferentes aspectos da conjuntura atual brasileira e o que se pode esperar para os próximos anos.

No caso italiano, passaram-se 30 anos desde a eclosão dos acontecimentos e a relação entre a política e a justiça continua até hoje condicionada decisivamente pelos debates em torno dos rumos da operação.

De fato, por lá, a persistência da corrupção tem raízes profundas a partir de uma combinação de fatores econômicos, sociais, culturais, políticos e jurídicos e nesse espaço de tempo, a estrutura de incentivos econômicos para o engajamento em atividades ilícitas não mudou significativamente.

Durante quase duas décadas, não houve intervenção significativa para o incremento da atividade de combate à corrupção e o risco corridos pelos agentes envolvidos em atividades ilícitas permaneceu notavelmente baixo em relação aos ganhos auferidos.

Por outro lado, durante todo esse período, os sucessivos governos não foram capazes de oferecer uma agenda consistente que contemplasse a necessidade de combate à corrupção e houve significativo retrocesso no tema da independência da magistratura.

Apenas na segunda década deste século pode-se notar uma leve inversão de tendência, motivada em grande parte pelos compromissos assumidos pelo Estado italiano na ordem internacional, especialmente a partir da edição da chamada *Legge Severino*[44] em 2012. Foram, portanto, pelo menos 20 anos de predominante paralisia (na melhor das hipóteses) na tarefa de aperfeiçoamento institucional do combate à corrupção.

A utilidade de reflexões como a presente reside precisamente em um aspecto: o de prevenir a repetição do padrão experimentado pela Itália no Brasil.

[44] Texto completo disponível em https://www.altalex.com/documents/leggi/2014/04/15/testo-unico-delle-disposizioni-in-materia-di-incandidabilita-cd-legge-severino. Acesso em 14 mar. 2023.

No momento em que escrevo estas linhas, passaram-se menos de 10 anos desde a eclosão das investigações da Operação Lava Jato. E, tal qual se verifica na Itália, com a diferença de duas décadas, o debate público também está amplamente condicionado pelo ocorrido de 2014 para cá.

Para escapar da armadilha da paralisia que se esconde insidiosamente por detrás das intermináveis querelas entre os que defendem os supostos méritos e deméritos deste período, é preciso ter a capacidade de refletir desapaixonadamente sobre os limites nem sempre pacíficos entre a política e o judiciário e oferecer respostas racionais às questões daí advindas em nome do interesse público e, desta forma, contribuir para o aprimoramento das instituições.

CAPÍTULO 3
CRIME ORGANIZADO E CORRUPÇÃO – UM PARALELO ENTRE A EXPERIÊNCIA ITALIANA E A BRASILEIRA

GLAUCIO ROBERTO BRITTES DE ARAÚJO

1. Introdução

Cumpre, preliminarmente, delimitar o objeto de nosso estudo, a fim de conhecer suas transformações e tendências, o que é indispensável para refletir, em seguida, sobre os instrumentos mais adequados atualmente para combater fenômeno assaz preocupante para as sociedades locais e a comunidade internacional, mas sempre sem descuidar do equilíbrio entre eficiência da ingerência estatal e fiel observância dos direitos fundamentais. Assim sendo, após discorrer sobre os conceitos de criminalidade organizada, traçar breve escorço histórico de sua evolução e fazer referências às principais características em paralelo das máfias italianas e da principal organização criminosa brasileira, pretendemos aproveitar as experiências oferecidas pelas autoridades e estudiosos daquele país e cogitar da readequação das estratégias dos poderes constituídos, sobretudo perante a corrupção organizada e seus efeitos deletérios para o Estado Democrático de Direito.

RODRIGUEZ[1] reconhece que o termo "criminalidade organizada" pode despertar confusão ou imprecisão, assim como a expressão "corrupção",

[1] RODRIGUEZ, Laura Zuniga. **Criminalidad organizada y sistema de derecho penal.** Contribucion a la determinacion del injusto penal de organizacion criminal. Granada: Ed. Comares, 2009, p. 27.

demandando identificação de variações empíricas do fenômeno complexo nas diferentes realidades, depois de uma aproximação sociológica sobre aspectos que se repetem de maneira geral. Comparar e classificar seria essencial para compreensão, o que buscaremos fazer nos capítulos seguintes, para que soluções propostas não sejam impróprias ao objeto de análise. Embora alguns especialistas entendam inviável e indesejável um conceito geral, até porque cada sociedade no seu imaginário representa fatos distintos para aquelas expressões, concordamos com a necessidade de um tipo epistemológico (não ontológico) e funcional, ao passo que meras definições legais são delimitações artificiais e instáveis que não podem condicionar a definição do objeto pelas ciências sociais. A despeito da distinção entre criminalidade organizada, corrupção e terrorismo, entendemos que uma organização criminosa pode e normalmente recorre a algum desses dois expedientes ou a ambos para atingir seus objetivos. Com efeito, enquanto o criminólogo busca causas e características do fenômeno, úteis para prevenção, os operadores do direito se debruçam sobre a repressão. E se se almeja política criminal alternativa à lei penal, deve-se optar por uma definição extrapenal. Urge distinguir a criminalidade organizada de sociedades criminais vetustas daquelas com estrutura do tipo empresarial no modelo capitalista de produção da Idade Moderna, pressuposto do mercado ilícito.

Tal corte metodológico e epistemológico já facilita muito a tarefa de identificação empírica dos principais elementos que interessarão à tipificação legal e à implementação de políticas criminais alternativas, num esforço completo e integral de repressão e prevenção. Quando adiante falarmos da corrupção como sucedâneo da violência em algumas organizações e da importância da lavagem de dinheiro, estaremos diagnosticando meios que fortalecem a criminalidade organizada nesses novos moldes. De fato, ela seguiu as tendências de profissionalização, interação, complexidade, divisão de trabalho, internacionalização e globalização das atividades humanas para maximizar seus benefícios. A penalização das coletividades, todavia, remonta àquelas simplesmente hostis ao poder estabelecido, tendo exigido inovações sucessivas. De qualquer modo, a criminalidade organizada deve se configurar pela forma de atuar e não pelos delitos que programa, pois esses estão sob o alcance de política criminal própria. Ademais, não obstante a resistência teórica de alguns doutrinadores, pressupomos que o bem jurídico tutelado é autônomo, consistente na paz pública ou segurança coletiva, que independe da execução das infrações fins. O potencial lesivo da existência e adesão a uma organização criminosa já legitima a ingerência penal.

A União Europeia no Documento Enfopol 161-Rev 3[2], a propósito, estabeleceu 11 indicadores, alguns verificados mais recentemente, para se concluir pela presença do crime organizado: mais de duas pessoas, suspeita de cometimento de delito grave, animo de lucro, distribuição de tarefas, permanência, controle interno, atividade internacional, violência, uso de estruturas comerciais ou de negócios, lavagem de dinheiro e pressão sobre poder público, devendo concorrer ao menos seis (obrigatórias as três primeiras), os quais consideramos de fato indispensáveis, mas somados sempre à estabilidade. E até mesmo a descrição normativa deve ser fiel à realidade, com auxílio da criminologia e da sociologia, sob pena de a tipificação e os métodos excepcionais de persecução se destinarem a fenômeno diverso daquele que se pretende combater.

Carneiro e Bechara[3] enfatizam a diversidade de métodos ilícitos e flexibilidade do crime organizado, além do poder crescente de agentes não estatais. Na análise do fenômeno por vezes parte-se das atividades ilícitas, outras da estrutura da organização, enquanto o conceito de vínculos criminalmente exploráveis tem a vantagem de incluir os agentes híbridos, que atuam também nas atividades lícitas ou transitam de uma para a outra em diferentes momentos. Questão igualmente importante diz com a mudança de escala da organização: no primeiro modelo (revolucionário) parte de quadrilhas, passa por dominação de um território ou atividade, chega a uma maior complexidade e desenvolve relações parasitárias com o Estado e a sociedade até superar fronteiras, como ocorreu com a máfia italiana em NY e o cartel de Cali. No segundo modelo, grupos políticos de Estados fracos exploram atividades ilícitas em conluio com criminosos, inclusive para autopreservação no poder, mediante campanhas financiadas por estes. No terceiro, as redes locais estabelecem relações transnacionais, compartilhando recursos e operações, incentivadas por processos econômicos e tecnológicos. Conhecê-las é importante para intervir no estágio inicial de expansão.

[2] Rodriguez, Laura Zuniga. **Criminalidad organizada**...*op. cit.*, 2009, pp. 58-60.

[3] Carneiro, Leandro; Bechara, Fabio. O impacto no Brasil dos mercados ilícitos globais e do crime transnacional. In: Pereira, Eliomar da Silva e outros (coord.). **Criminalidade organizada: investigação, direito e ciência**. São Paulo: Almedina, 2017, pp. 80-82.

O portfólio de negócios ilícitos das organizações na Europa, inclui hoje, por exemplo, operações com crédito de carbono e no Mercosul, além de grupos especializados com conexões em países distintos para desmonte de veículos roubados. Ainda segundo Carneiro e Bechara[4], o primeiro caminho para diagnóstico da atuação das organizações criminosas é desvendar sua estrutura e seus aspectos funcionais, como nas iniciativas nos EUA contra as máfias; e o segundo é focar as atividades ilícitas e externalidades para novos modelos de operação e articulação das forças de segurança, aperfeiçoando sistemas de inteligência e informação. No Brasil, outrossim, foi perceptível a intensificação de roubos de caixas eletrônicos com explosivos e armas, que também são alugados para criminosos de fora de São Paulo, sob a égide do PCC; de crimes eletrônicos; da lavagem de capitais, inclusive em postos de combustíveis; do refino e grandes depósitos de cocaína; e da imigração ilegal, que fomenta a mão de obra para tais atividades, a formação de gangues e o trabalho escravo. Enfim, concordamos com tal perspectiva no sentido de que esse dinamismo da atividade criminosa exige constante conhecimento pelo sistema de justiça criminal.

É cediço que a expansão do "Primeiro Comando da Capital" para outras unidades da federação e países, sobretudo Paraguai e Bolívia, foi consagrada pelo art. 12 do novo estatuto, quando, em 2011, previu que o PCC não tem limite territorial; que os batizados independem da cidade e que devem seguir a disciplina e a hierarquia. Com efeito, o secretário de um Estado, como observam Bechara e Carneiro[5], não terá meios suficientes para o enfrentamento de um problema tão complexo, assim como os reflexos de atividade ilícitas globais exigem ações internacionais e não apenas normas. Citados autores destacam a importância da flexibilização das ideias de soberania, inclusive do direito constitucional, para observância dos direitos humanos e compromissos internacionais, e de ordem pública nacional, cunhada contra agressões externas, para uma homogeneidade de procedimentos entre os países. Concluem que alianças também ocorrem entre organizações criminosas transnacionais, fomentando a infiltração em negócios lícitos, cooptação do poder político e corrupção. Comungamos da ideia de que, além da eficiência na

[4] Carneiro, Leandro; Bechara, Fabio. O impacto no Brasil... *op. cit.*, 2017, pp. 83-88.

[5] Carneiro, Leandro; Bechara, Fabio. O impacto no Brasil... *op. cit.*, 2017, pp. 107/111.

persecução e repressão, é essencial reduzir a demanda por bens ilícitos, ampliar instituições internacionais e regionais de polícia, zelar pela inteligência para se antecipar àqueles movimentos estratégicos do crime e implementar práticas anticorrupção.

O objetivo seguinte desse breve trabalho é analisar ainda a importância que a corrupção tem atualmente para a criminalidade organizada, inclusive em detrimento do aperfeiçoamento da reação estatal à atuação de seus grupos. Segundo Werner[6], corrupção é fenômeno multifacetado, com redes difusas e múltiplos atores. Contempla eixos interpretativos: prevenção e repressão com viés normativo; ético/moral fundado na criminologia; e teorias comportamentais da escolha racional e da ação planejada. Pode fazer a democracia ser substituída pela cleptocracia. Elege meios de assegurar proventos dos ilícitos e a impunidade dos membros. Passa pela avaliação de custos e benefícios individual e coletiva (sistêmica). No modelo tradicional da criminalidade organizada, as máfias são fundadas nos valores da honra e do silêncio para legitimação e manutenção da organização sob o comando de um chefe. Aproveita-se da demanda por bens ou serviços ilegais, como ocorreu sob a égide lei seca dos EUA entre 1919 e 1933, mas também se infiltra nos mercados lícitos. Werner[7] assevera que, para Abadinsky, as máfias não possuem objetivos políticos, têm organização hierarquizada, formam subcultura, agregam novos membros, usam da força ou corrupção para impunidade, buscam especialização de atividades e o monopólio de algumas, além de contarem com regras. Alguns elementos sofreram reformulação nos anos 90, quando a corrupção passou a integrar a análise de riscos e as redes difusas substituíram as monopolistas. O membro passa a gozar de reconhecimento pelos pares nos crimes de colarinho branco, marcados ainda pela aparência de legalidade, pela confusão entre público e privado, pela lavagem de dinheiro e pelo poder político exercido justamente contra direitos fundamentais. Assim, configuram-se estruturas ordenadas (difusas e não hierarquizadas), visando exploração racional de mercados ilícitos e vantagem, mormente economicamente auferível, além de dimensão supranacional.

[6] Werner, Guilherme. Cleptocracia: corrupção sistêmica e criminalidade organizada. In: Pereira, Eliomar da Silva e outros (coord.). **Criminalidade organizada:** investigação, direito e ciência. São Paulo: Almedina, 2017, pp. 17-22.

[7] Werner, Guilherme. Cleptocracia: corrupção...*op. cit.*, 2017, pp. 23-28.

A corrupção, por sua vez, não é variável implícita das leis de mercado, comportando desde Aristóteles a ideia de degeneração de um estado de virtude para o de vício ilegítimo e do bem comum para o interesse particular. Nesse contexto, a monarquia decai para tirania, a aristocracia para oligarquia. Werner[8] lembra que o suborno já era conhecido do Egito Antigo; o peculato, a corrupção *strictu sensu* e o abuso de autoridade eram punidos severamente na Grécia Antiga. Tal perversão dos valores também poderia ocorrer na vida privada. Na ética a Nicomaco não importa se o cidadão é ruim, mas se sua conduta é boa para o mundo. Assim é o desvio de critérios na decisão política ou na improbidade, sem relação com a pobreza. Nesse ponto, realçamos que está ligada justamente aos crimes de colarinho branco, cometidos pelos mais privilegiados, geralmente de forma organizada, assim como a criminalidade de massa, comumente praticada pelos marginalizados, também pode contar com organização. E o problema ganha complexidade, quando um grupo, originariamente voltado para delitos comuns, passa a atuar no mercado lícito, no subsistema financeiro, como na lavagem de dinheiro, no administrativo, como em licitações, e no político, como na eleição de membros ou simpatizantes. Nessa seara, a corrupção é mais eficiente do que a violência ou intimidação e os mafiosos ganham status de "colarinho branco", otimizando os ganhos e a expansão da organização criminosa.

Para Oliveira Jr[9], uma teoria minimamente adequada do crime organizado deve conceber o criminoso como agente racional. Identifica as organizações criminosas, histórica e sociologicamente, com a atuação de uma empresa, sendo que o mercado ilícito seguiria as mesmas leis dos mercados em geral. Invoca, então, a "anomia" de Merton, conceito para o estado contrário ao da ordem social, em que a sociedade não teria capacidade de fornecer códigos compartilhados para sustentar redes de comportamento previsíveis. Haveria um desequilíbrio ou tensão entre os objetivos culturalmente consolidados e os meios institucionais para os indivíduos alcançá-los. As regras formais seriam apenas algumas das referências para escolhas individuais e, assim, certas condições sociais

[8] Werner, Guilherme. Cleptocracia: corrupção...*op. cit.*, 2017, pp. 29-33.

[9] Oliveira Jr, Almir de. A análise da criminalidade organizada e incremento das atividades de inteligência policial. In: Pereira, Eliomar da Silva e outros (coord.). **Criminalidade organizada:** investigação, direito e ciência. São Paulo: Almedina, 2017, pp. 115-121.

poderiam conduzir à infração disseminada. A desigualdade, portanto, e não a pobreza, seria relevante para o ingresso na organização, motivado pela impossibilidade de atingir aqueles objetivos por recursos legais.

Compartilhamos da opinião de que o incremento das perspectivas de sucesso pessoal e de consumo, a ideia de que as classes privilegiadas também recorreram a métodos ilícitos e a descrença no funcionamento das instituições contribuem para esse fenômeno. Oliveira Jr[10] ainda menciona a teoria da associação diferencial de Sutherland e Cressy para destacar a interação com os pares que permite a aprendizagem das atividades criminosas, tendo em vista a intensidade e frequência da exposição a atitudes e valores do grupo. Por isso, também conferimos importância aos elementos estabilidade e gregarismo dessas organizações, que precisam "socializar" seus integrantes. Por fim, o autor não despreza as abordagens econômicas, que vislumbram no crime uma atividade desse jaez, racional, embora ilegal, onde a percepção dos custos e benefícios é diferenciada.

2. As máfias italianas

Depois de breve panorama sobre a complexidade do fenômeno da criminalidade organizada e de sua relação com as infrações reunidas sob a rubrica da corrupção, confrontaremos características das máfias italianas e as da principal organização criminal brasileira, contemplando a corrupção como um de seus métodos de ação, para refletir sobre as soluções de política criminal que foram recomendadas para aquele país e que poderiam aqui surtir efeito, sobretudo para evitar a expansão dos ataques ao interesse público e aos pilares do Estado Democrático de Direito. Conforme ensinamentos de Pellegrini e Costa Jr[11], que tivemos oportunidade de expor em livro específico sobre autoria e participação em organizações criminosas, a Cosa Nostra contava com estrutura piramidal; critérios seletivos de seus membros, mediante solenidades e garantia de lealdade, reforçadas após as colaborações de alguns com a Justiça; unidade e homogeneidade, com grande capacidade de compor dissídios entre seus membros e de evitar guerras entre suas famílias;

[10] Oliveira Jr, Almir de. A análise da criminalidade...*op. cit.*, 2017, pp. 122-126.

[11] Pellegrini, Angiolo; Costa Junior, Paulo Jose da. **Criminalidade organizada**. 2 ed. São Paulo: Atlas, 2008, pp. 06-09.

projeto de acúmulo de poder e de neutralização dos óbices por meio da corrupção ou da violência; e infiltração no campo político e empresarial, embora comum o fato de as investigações alcançarem somente os executores de cada delito. Foi decisiva, então, a mudança de estratégia de combate para concentrá-lo nas alianças políticas e interesses financeiros da organização. Com o ingresso no tráfico de estupefacientes no início dos anos 70, a máfia tornara-se "empreendedora", movida por uma cultura empresarial, conquistara internacionalização, conexão com outros grupos, proporcionando novas bases operacionais, relações com o circuito financeiro e bancário e penetração também em atividades legais. Um núcleo estável (inclusive em número) de homens de honra, com filiação formal, não se preocupava com o monopólio do ilícito, mas com lucro, sendo comum a alta incidência de microdelinquência nas regiões sob seu controle. Conviviam a militância e o pragmatismo, inclusive mediante aplicação de recursos espúrios em setores legais, elevando a liquidez e influência política e proporcionando, em contrapartida, acesso a recursos públicos, impunidade e outras vantagens. Pensamos que o PCC adotou estratégia parecida, ao admitir coexistência do seu comando sobre o tráfico de drogas, com a respectiva lavagem de dinheiro, e de mero poder disciplinar, conferindo relativa autonomia para associações na execução de outros delitos.

Pellegrini e Costa Jr[12] explicam que as vicissitudes daquelas organizações italianas se cruzaram com as das terroristas e subversivas, como reação contra as condenações do maxiprocesso, contra a eficácia das investigações – muito em razão de delações – e contra o rigor das prisões, buscando desestimular a repressão, mudar a opinião pública perante o ataque a alvos simbólicos, com risco para vidas humanas, inclusive inocentes, e reafirmar a liderança dos chefes detidos. Nesse ponto, identificamos tal emprego do terror também na fase em que o PCC promoveu os conhecidos ataques de 2001 e 2006.

Com relação ao grupo Ndrangheta, ante sua infiltração na sociedade, o número de homicídios diminuiu, enquanto de roubos e tráfico aumentou[13], algo parecido com o que se viu nas cadeias e periferias sob

[12] Pellegrini, Angiolo; Costa Junior, Paulo Jose da. **Criminalidade organizada**...*Ob. cit.*, 2008, pp. 17-19.

[13] Pellegrini, Angiolo; Costa Junior, Paulo Jose da. **Criminalidade organizada**...*Ob. cit.*, 2008, pp. 30-35.

influência do PCC, quando assumiu o controle dos conflitos internos e o interesse na criminalidade de massa. Em ambas verificamos, ademais, uma fragmentação com preservação de um órgão decisório no vértice, evitando-se os efeitos nefastos de eventuais delações na estrutura piramidal. A organização calabresa priorizava extorsões e contrabando de cigarros, mas, após a primeira guerra da máfia, avançou sobre grandes obras e financiamentos públicos até firmar coligações com expoentes da criminalidade nacional, o que reforça a preocupação com movimentos semelhantes no nosso país. Após o ingresso de seus chefes na maçonaria, ocorre integração, ao invés de contraposição à sociedade civil, além da busca por legitimação, incrementando oportunidades de ganhos e impunidade. Reservada e elitista, ficou quase invisível para instituições, conferindo privilégios aos chefes. Com a morte de Stefano, o território foi dividido e a *malavita* comum passou a ter de pagar tributo aos respectivos grupos, algo parecido com a "cebola" no caso brasileiro. Na fase da Cosa Nuova, os representantes das famílias compuseram as duas câmaras de controle, que se reuniam em cúpula para salvaguardar alianças, inclusive com Cosa Nostra e Camorra, para prevenir colaborações, mediante compartimentos sem acesso a conhecimentos de outros, para traçar estratégia comum de combate aos inimigos e intervir em vinganças de sangue. Esta cúpula e compartimentação por especialidades de ilícitos são perceptíveis também em organizações brasileiras. Atuando como empresa, mormente na diversificação de atividades e criação de filiais em outras regiões e no exterior, sobretudo por causa da migração, a Ndrangueta precisou contar com especialidade e coordenação, além de violência e corrupção, o que afetou os métodos de investigação e incrementou o número de sequestros de bens, sobretudo onde havia facilidades para determinada espécie de delitos[14].

Na Nuova Sacra Corona Unita, por sua vez, sobressaíam o efeito intimidatório de sua estrutura; os contatos com a América e as vantagens oferecidas pelo mar, inclusive para controle de migração e tráfico; as relações promíscuas entre máfia e servidores, permitindo a dissolução de 90 conselhos comunais; a intensificação de conexões internacionais e o uso de menores (como no tráfico de drogas e prostituição pela Camorra),

[14] PELLEGRINI, Angiolo; COSTA JUNIOR, Paulo Jose da. **Criminalidade organizada**...*Ob. cit.*, 2008, pp. 36-46.

que ganhavam menos e eram testados para ingresso formal oportuno[15]. A degradação socioeconômica facilitou, igualmente no Brasil, o recrutamento de "soldados" por organizações criminosas.

Segundo SMITH[16], devido às condições precárias de vida no início do sec. XX, muitos sicilianos de famílias mafiosas migraram para NY e se dedicaram, no início, à falsificação de moeda, de passaportes e documentos de imigração, seguindo-se os negócios irregulares com álcool, quando passou a ser proibido. Compatriotas agrupavam-se naturalmente para defesa de seus negócios e contra grupos de outra etnia, formando gangues e milícias. A máfia capilarizou-se em outros setores das sociedades, como nas indústrias e sindicatos, apoiando as reivindicações dos trabalhadores e, concomitantemente, oferecendo proteção aos industriais para que greves não adquirissem grandes dimensões, em troca de valores altos de ambos os lados. No Brasil, entendemos que os marginalizados também tendem a se agrupar, inclusive para atividades ilícitas; que o litoral também favoreceu a criação de rotas de tráfico, sobretudo de drogas para a Europa; e que as milícias cariocas recorreram à penetração em comunidades, também sob pretexto de proteção, extorquindo moradores e taxando suas atividades laborativas. Notamos, assim, semelhanças entre conjunturas favoráveis à expansão de tais organizações criminosas. Ainda conforme lição de SMITH, a Cosa Nostra americana resolvia conflitos internos e ocupava-se, principalmente, do narcotráfico e da reciclagem, corrompendo autoridades. À época da proibição do álcool, aliás, a polícia já não conseguia atuar na prevenção e repressão. Cargas eram roubadas e os territórios comandados por determinado grupo eram invadidos por outro. O exercício do poder disciplinar no PCC e as guerras entre traficantes na periferia do RJ replicam alguns aspectos daquele estado de coisas.

Como se percebe, as máfias sempre se aproveitaram das demandas por bens ilícitos, da cooptação de marginalizados na sociedade, da lavagem de dinheiro, da ineficiência estatal e da corrupção, contando com lideranças temidas e admiradas e disseminando violência no meio social,

[15] PELLEGRINI, Angiolo; COSTA JUNIOR, Paulo Jose da. **Criminalidade organizada**...*Ob. cit.*, 2008, p. 44-53.

[16] SMITH, Jo Durden. Mafia: **L'Histoire complète du rime organisé. Champs-sur-marne,** França: Nouvelle Édition, 2011, pp. 57-61.

nos conflitos com rivais e polícia, embora internamente mantivessem disciplina e coesão. Tais fatores serão observados também na evolução do PCC, sintetizada adiante.

A propósito da complexidade do fenômeno, segundo Domenico Gozzo[17], na Itália existiram redes criminosas que influenciaram o desenvolvimento da vida institucional e, a partir de uma perspectiva do cotidiano de baixo das relações entre aristocracias criminosas e poder de plantão, a Cosa Nostra tornou-se uma máquina de acumular dinheiro (meio) e poder (fim mais relevante). Assim, a arrecadação extorsiva seria mais uma manifestação da influência sobre a vida econômico-social siciliana do que mera coleta de moeda, presente na exigência junto aos "externos" de ajuda para presos e de serviços, como lavagem de capitais e abrigo para armas. Selava um pacto de solidariedade, tornando os operadores econômicos cúmplices da vida interna da associação. Neutralizava, por conseguinte, as normas democráticas, como a de proteção constitucional da liberdade de iniciativa econômica privada, naquele território. O segundo meio de arrecadação consistia nos empreendimentos econômicos, quando investia em empresas amigas, com subvenções provenientes de caixa dois, eliminando a livre concorrência.

Os empresários favorecidos pela proteção, pela garantia de crescimento e por outros atores ligados à organização reputavam vantajoso pagar uma "taxa", o que explicaria, por exemplo, a vitória de empresas mafiosas em concorrências públicas de aterros e fornecimento de material de construção. A formação dessas oligarquias afetava ainda a vida do trabalhador. Cita-se ainda como subespécie a contratação de obras públicas marcada pela importância qualitativa e prestígio social dos envolvidos, mediante destinação de taxa de 3% do valor da empreitada para a organização, que visava mais o exercício do poder das relações institucionais do que a acumulação de riquezas.

Ademais, o apoio da Cosa Nostra em uma disputa eleitoral era decisivo, sendo retribuído justamente por aquelas contratações, comprometendo a democracia e a livre dialética polícia. Fala-se então em

[17] Gozo, Domenico. A vida cotidiana da Cosa Nostra, a arrecadação de dinheiro e o desmantelamento das regras da Constituição italiana. In: Maierovitch, Walter; Dino, Alessandra (org.). **Novas tendências da criminalidade transnacional mafiosa**. São Paulo: Ed. Unesp, 2010, pp. 253-259.

organizações paródicas, onde a violação das normas não corresponde a uma diminuição do status do transgressor, como seria normal em qualquer outra, e o poder local é exercido em favor do mafioso e não do eleitor. Por fim, as demais atividades criminosas, como tráfico e roubos, facilitavam o recrutamento de adeptos, além de propiciarem arrecadação.

Todavia, Gozo[18] reconhece que, nos anos 90, tal máfia foi afetada pela intervenção da magistratura e Forças da Ordem, com a prisão dos chefes, substituídos por regentes temporários, após o trabalho iniciado por Falcone e Borsellino, passando a preponderar a arrecadação extorsiva, o estímulo à denúncia pelas vítimas, o abalo na confiança no poder e na impunidade. A ação repressiva afetou ainda os "empresários" e políticos ligados à máfia. Reduzido o perigo para a vida democrática e econômica do país, remanesceria aquele que representava para ordem pública, sobretudo em virtude da necessidade de se dedicar à criminalidade de massa. Gozo[19] destaca, contudo, o risco de sua regeneração na emergência de camadas médias (e não na base ou na cúpula), dadas as dificuldades para investigações sobre os "colarinhos brancos". Seu diagnóstico revela ainda a subsistência de uma atuação paramafiosa desses empresários conluiados e administradores amigos, ante a perda de destaque da máfia "militar" com a ascensão de criminosos de baixo escalão recrutados açodadamente. Assim, a persecução que recai sobre tais elementos e não os da máfia econômica é pouco produtiva, permitindo-lhes ainda gastar em momentos de crise até que os mafiosos de peso da velha guarda saiam da prisão. Com efeito, jamais se pode subestimar o perigo de reconstituição do tecido social da organização. E guardadas as devidas proporções, essas advertências são úteis para prevenção e repressão das brasileiras.

Pellegrini[20] ensina que a máfia é um sistema sociocultural e uma organização criminosa, motivo pelo qual deve ser combatida em duas frentes: a criminal, mediante instrumento repressivo, e cultural, com a proposta de um modelo alternativo. Conhecer suas características, no nosso sentir, é importante para compreender o que a fez um sistema

[18] Gozo, Domenico. A vida cotidiana...*op. cit.*, 2010, pp. 259-261.

[19] Gozo, Domenico. A vida cotidiana...*op. cit.*, 2010, pp. 262-264.

[20] Pellegrin, Stefania. **Mafia e Antimafia.** Tese: Alma Mater Studiorum Universita di Bologna, Bologna, 2014, pp. 12-22.

eficiente e duradouro que conseguiu resistir aos ataques do Estado, até mesmo mediante legislação considerada avançada, embora tardia. Trata-se de saber quais elementos permitem sua evolução, crise, regeneração e adaptação. O fenômeno das máfias é analisado tradicionalmente por várias perspectivas: criminológica, sociocultural, antropológica e psicológica. As diversas ciências dialogam entre si para propor uma visão multidisciplinar que permita também analisar a predisposição de instrumentos para preveni-lo e combatê-lo.

Considerando sua complexidade, parte-se do elemento ontológico para se observar que os mafiosos são empreendedores da proteção contra perigos que representam, mediante contraprestação. Intimidam e protegem suas vítimas, ao mesmo tempo, fornecendo como garantia o potencial de violência que podem desenvolver e não a confiança. Ainda no escólio de Pellegrini[21], a fonte de risco é o próprio segurador e paga-se – não para receber algo em troca – mas apenas para exercer o direito de usufruir um bem ou serviço oferecido em caso de necessidade. Trata-se de fenômeno que, em nosso país, podemos vislumbrar no controle de favelas e comunidades carentes por traficantes ou por milicianos, no domínio de presídios por facções que auxiliam detentos e familiares e em situações análogas. Sob tais aspectos, identificamos mais algumas semelhanças com as máfias italianas, mas sem prejuízo de algumas nuances, como o grau inferior de ingerência no âmbito da política, da economia formal e dos valores culturais.

3. Características peculiares do PCC

Para traçar um paralelo entre as máfias italianas e as organizações criminosas brasileiras, é preciso conhecer a estrutura, modo de funcionamento, evolução e estratégias também dessas últimas, sobretudo para concluir se desenvolvem a criminalidade mafiosa ou de outra espécie, para gestar políticas de repressão e de prevenção adequadas, aproveitando as experiências exógenas, no que forem aplicáveis, e para diagnosticar os reflexos no fenômeno da corrupção. Nunes Dias[22] observa que o PCC, além de regular conflitos, é fonte de articulação de crimes e

[21] Pellegrin, Stefania. **Mafia e Antimafia**...*op. cit.*, 2014.

[22] Dias, Caldeira Nunes. **Hegemonia nas prisões e monopólio da violência**. São Paulo: Saraiva, 2013, pp. 278-280.

criminosos, tendo desenvolvido ainda mecanismos particulares, inclusive de autocontrole. E embora apresente um discurso de legitimação que ressalta o caráter igualitário e democrático, tem rígida hierarquia, que subtrai dos estratos inferiores conhecimento das dinâmicas do núcleo, e disciplina que transborda o meio prisional. Ao realizar a distribuição de drogas diretamente, o grupo se fortaleceu financeira e politicamente, exercendo controle sobre as biqueiras e comunidades locais, mas propiciando novas redes de sociabilidade e homogeneização de normas, práticas e valores. O mundo do crime é constituído como um ordenamento social específico, contíguo e simultâneo ao oficial.

Consoante escólio de Karina Biondi[23], com o crescimento da população prisional, o partido ganhou força e, sob o comando de Marcola, profissionalismo, rentabilidade com ilícitos e disciplina. Para ingresso formal como "irmão", o criminoso depende de destaque, como ajuda em fugas, da indicação de dois membros, de eventual desempenho como primo na faxina e de humildade. Como a legitimidade decorre da oposição ao sistema, a institucionalização dessas relações evitou delações individuais em troca de favores. Prestigiam-se, ademais, os criminosos profissionais em detrimento dos "noias", os quais podem sofrer da interdição do acesso às drogas até a ruptura, se mentirem ou usarem o nome do partido em seu benefício. Introjeta-se a ideia de que, ao invés de tratamento desigual, cuida-se de consequência do próprio comportamento e mera cobrança de ajuste. Alega-se que a vigilância pelos próprios presos, transparência e autocomposição substituem, atualmente, ameaças e privilégios. Perante quem refuta a transcendência e o poder do PCC de moldar comportamentos, ponderamos que a impessoalidade na transmissão e cumprimento de "salves" é evidência de que é um aparato de poder, assim como o poder coercitivo e a atribuição de funções reservadas à cúpula, o automatismo e a fungibilidade. Ademais, mera retórica da igualdade não exclui a hierarquia e os privilégios. Não há, enfim, democracia real e a liberdade de aderir não é de não ter obrigações. Não ser proibido, mas ter consequência, é raciocínio circular.

[23] Biondi, Karina. Junto e misturado. **Uma etnografia do PCC.** São Paulo: Terceiro nome, 2017, p. 54.

Biondi[24] critica ainda a comparação do PCC, por alguns sociólogos, a empresas ou estado (paralelo), invocando os "corres" violentos privados e o discurso do cumprimento digno da pena. A estratégia teria mudado do temor para propaganda. Discordamos dessa opinião de que o partido seria um processo em movimento e não propriamente uma organização criminosa. Limita-se à motivação propalada para seu surgimento nas cadeias, desprezando a importância da inovação da dinâmica interna e dos novos líderes, enfatizada pela própria autora, inclusive na implementação de células e de profissionalização na busca por vantagens ilícitas. E não pensamos que o ente funciona apenas por obra dos irmãos, que visa somente manter a paz entre os ladrões e declarar guerra contra a polícia abusiva. Da afirmação de que as estratégias na execução de um projeto podem variar, como rebelião e fuga, e até não existir ("meter o louco"), não se extrai que sua atividade seja amadora e não organizada. Biondi reconhece, aliás, que igualdade cede à liberdade, porque somente alguns poderiam fugir e os improvisos, quando previsíveis, seriam adotados estrategicamente. Não compartilhamos da ideia de que tais fatores são incompatíveis com organizações.

Além de estatuto, funções especializadas, disciplina e poder punitivo, o PCC privilegia os mercados ilícitos, agora até mesmo internacionalmente, o que tem despertado indagações sobre sua classificação como cartel. E da estrutura do tipo piramidal, em que os inferiores se reportavam diretamente ao superior imediato, passou-se a um modelo celular, mais complexo. Outrora, consoante lição de Dias[25], embora houvesse atividades de rua em prol do Comando e doação de parte do lucro de particulares por obrigação moral, as ações não tinham caráter institucional, não sendo realizadas em nome da organização por subalternos, e os recursos ficavam em poder dos generais, não havendo uma contabilidade profissional independente. E a despeito do lema "Paz, Justiça e Liberdade" e da descentralização, o PCC permaneceu ancorado em bases hierárquicas, mas com focos de poder, adquirindo, as zonas de influência, alguma autonomia, mormente operacional, embora subsista a sintonia geral final para questões e decisões mais importantes. Dias[26]

[24] Biondi, Karina. Junto e misturado. **Uma etnografia do PCC**...*op. cit.*, 2017, pp. 54 e seguintes.

[25] Dias, Caldeira Nunes. **Hegemonia nas prisões**...*op. cit.*, 2013, pp. 281-321.

[26] Dias, Caldeira Nunes. **Hegemonia nas prisões**...*op. cit.*, 2013, p. 406.

reitera que a crescente interdependência social das funções contribuiu para evitar o risco, presente nas antigas máfias, de traição ao chefe e divisão da empresa, além da apropriação por poucos dos lucros. O orgulho de liderar e superar privações do regime disciplinar diferenciado, a propósito, conferiu à Penitenciária de Presidente Bernardes o nome de Parque dos Monstros, servindo como exemplo de força e frieza para a "massa" e estímulo ao sentimento de maior valor do "nós" em relação a quem está fora. Para a autora, essa nova figuração social, portanto, enredou o poder estatal, a par ausência de credibilidade das instituições do sistema de justiça criminal, consolidando a regulação de conflitos pelo Comando que reduziram as vinganças privadas e homicídios.

4. Poder político e corrupção

Depois de analisar alguns aspectos importantes da dinâmica de surgimento e funcionamento das máfias e do PCC, forçoso encetar algumas reflexões sobre as relações com o Estado e instituições da sociedade para estabelecer algumas conclusões provisórias sobre semelhanças e singularidades, inclusive para enfrentamento do fenômeno da corrupção desenvolvida nessa seara. Pellegrini[27] lembra que a máfia reivindica independência perante o poder do Estado, mas se nutre deste, usa seu aparato e cria relação funcional, sendo simplicista, portanto, considerá-la anti Estado por ser fenômeno multifacetário. Diagnostica como segunda dimensão do fenômeno, conexa à anterior, a criação de ligação e convergência de interesses com os aparelhos estatais, controlando a formação da representação e das instituições político-administrativas, além de eleições de sindicatos e parlamentares. Esta dinâmica exige alargamento da norma sancionatória da troca de votos por dinheiro para contemplar outros escambos. Cumpre reconhecer, ainda, uma zona cinzenta entre o lícito e o ilícito, onde são protagonistas profissionais que desenvolvem atividades legais.

As características acima referidas, no Brasil, são mais evidentes na criminalidade institucional e empresarial, onde a corrupção substitui a violência, como se viu no 'mensalão" e na "lava jato", do que na criminalidade mafiosa ou de rede. Vale dizer, esse método das máfias, mais difuso, inclusive sobre o poder político, foi empregado por organizações

[27] Pellegrini, Stefania. **Mafia e Antimafia**...*op. cit.*, 2014, p. 08.

criminosas formadas por agente públicos e empresários, ao passo que o PCC se dedicou mais à corrupção policial e de servidores do sistema de justiça criminal, sem prejuízo das investidas pontais mais recentes para ocupar alguns postos nos poderes constituídos. Parece-nos que, embora dotada dos principais elementos da mafiosa, agregados à descentralização celular ou em rede, a criminalidade desenvolvida pelo partido não alcançou o mesmo nível de infiltração no Poder Público e de visibilidade em variegados setores da sociedade. As milícias, por sua vez, nessa empreitada, até mesmo por sua origem e natureza, ganharam espaço relevante em eleições e órgão públicos de municípios do Rio de Janeiro, sem abdicarem das estratégias de intimidação e de violência na obtenção de vantagens econômicas.

MENDIETA[28] elege o crime organizado e a corrupção política como principais riscos aos Estados Democráticos, sendo mais trágica ainda a união dos dois fenômenos em prol de espaços de impunidade. Alguns grupos, com tentáculos transnacionais, aliás, gozam de proteção política e social nos países de origem. SALAZAR[29] acrescenta que a falta de oportunidade nos Estados para jovens na vida laboral permite a formação de exércitos de reserva para negócios das organizações criminosas e terroristas. Ressalta que há, por outro lado, grupos com acesso privilegiado aos negócios da corrupção, em setores delegados pelos Estados, como resíduos tóxicos, motivo pelo qual destacamos a importância crescente da tutela penal das licitações. MARIO SPINELLI[30] destaca o quase consenso na literatura sobre a referência da corrupção a atos nos quais o poder público é usado para benefícios pessoais, contrariando regras. Lembra que são identificadas duas grandes agendas: a de perspectiva funcionalista nos anos de 1950, que trata a corrupção como óbice à modernização, e aquela baseada na teoria da escolha racional a partir da década de 1990, com ênfase nas preferências individuais dos agentes

[28] MENDIETA, Manuel Villoria. Crimen Organizado y corrupción: causas y consecuencias. **Documento de Seguridad y Defensa**, n. 48, Madrid: Ministério de Defesa, abril, 2012, p. 75.

[29] SALAZAR, Bernardo Pérez. *Crimen Transnacional y escenarios de globalización*. **Revista Criminalidad.** Polícia Nacional de Colômbia DIJIN. pp. 100-105.

[30] SPINELLI, Mario. Mecanismos de prevenção e controle da corrupção: o aprimoramento do sistema de integridade corporativa da Petrobrás. In: AMBOS, Kai; ZILLI, Marcos; MENDES, Paulo de Souza (coord.). **Corrupção. Ensaios sobre a operação lava jato.** São Paulo: Marcial Pons, Cedpal, 2019 pp. 251-260.

políticos que buscam maximizar sua renda dentro ou fora das regras de conduta. A primeira relaciona o fenômeno ao subdesenvolvimento e mau funcionamento do sistema político, enquanto a segunda destaca o fator econômico, depois do hiato nos anos 70, em que a literatura prestigiava os fatores culturais e morais. Temos que nenhuma das abordagens é exauriente e que se completariam na explicação e identificação das causas principais a combater. Ressalvada a opinião de que a corrupção incrementaria até mesmo a modernização, agilizando a burocracia e facilitando a atividade privada, as demais são úteis na compreensão integral dos problemas postos, ainda que passíveis de críticas pontuais.

Assim, a relação verificada com o subdesenvolvimento não é de exclusividade e automatismo. Nos países subdesenvolvidos, com controles institucionais menos aperfeiçoados, valores democráticos pouco arraigados e avidez por recursos escassos, as conjunturas são mais favoráveis para a disseminação da corrupção, o que não conduz à ilação de que nos países desenvolvidos ela não esteja presente. Do mesmo modo, o utilitarismo no contexto econômico não é inexorável na causação do fenômeno, se o nível de cumprimento de regras e fiscalização é alto, embora de fato seja essencial entre as concausas a análise entre o custo, como a possibilidade de sanção, e benefícios econômicos propiciados pelo desvio. Além de se referir à perspectiva personalista, lembra que a institucional enfatiza três elementos realmente importantes: o poder discricionário decorrente de autorização legal ou de imprecisão dos conceitos das normas; as vantagens econômicas a ele associadas; e o sistema legal/judicial de baixa detecção ou penalização. SPINELLI[31] destaca o conceito de *accountability*, como obrigação do governo de prestar contas para a sociedade, a fim de evitar distorções nas atividades dos agentes públicos. O controle daqueles fatores vislumbrados na origem do fenômeno e a implementação de mecanismos para otimizar a eficácia da supremacia do interesse público sobre o privado, sem restringi-los às eleições, são, em nossa opinião, realmente, decisivos para reverter as tendências de contaminação do tecido social e para preservar as instituições, sobretudo quando tal criminalidade é organizada e reage rapidamente às estratégias de combate. Por conseguinte, as medidas devem afetar também o setor privado, como, por exemplo, os programas de *compliance*,

[31] SPINELLI, Mario. Mecanismos de prevenção...*op. cit.*, 2019, pp. 261-276.

eventual reestruturação organizacional, aprimoramento da governança corporativa, o desenvolvimento e difusão de códigos de ética e de conduta, treinamentos, diligências de integridade na formação dos quadros e aperfeiçoamento de canais de denúncia.

Chiesa[32], aduz que o "crime de colarinho branco" representa por exclusão aquele que não é das ruas, da criminalidade comum, embora esse também possa ser encomendado pela classe superior aos marginais ("santuários"), sem que passe a ter a especificidade morfológica daquele. Como bem pondera, contudo, já não seriam exclusividade de uma classe média da administração pública e de empresas, dada a ambiguidade de muitas profissões, como médicos e engenheiros, que passam a agir mais como titulares de atividades autônomas. Salienta ainda que as organizações criminosas não se valem somente de colaboradores externos, sendo cada vez maior o número de integrantes que cometem crimes típicos de colarinho branco, além da possibilidade de despertar interesse para aquelas, o desenvolvimento dessas novas espécies delitivas. Com efeito, consideramos que tal hipótese é compatível com o dinamismo do crime organizado, rompendo a identidade açodada que se fazia com a criminalidade de massa. Ademais, a corrupção, inclusive privada, é extremamente útil nessa seara, complementando a gama de crimes de colarinho branco, em razão dos controles normalmente exercidos pelo Estado ou pela sociedade civil sobre esses âmbitos funcionais. Por isso, qualquer corte na compreensão desses fenômenos seria meramente metodológico, já que para o combate eficiente as estratégias devem contemplar todas essas dimensões enfatizadas: a preocupação com as organizações criminosas, com a corrupção e com os demais crimes de colarinho branco, sem abandonar aquela tradicional com a criminalidade comum de massa. Não são fenômenos estanques, a despeito do apelo ao clamor público, mediante linguagem assaz simbólica, que possam despertar, isoladamente. De toda forma, as observações de Chiesa somente corroboram nossa preocupação com a resistência à tipicidade material de colaborações externas, observado seu grau de culpabilidade, diante da complexidade do fenômeno do crime organizado e da pene-

[32] Chiesa, Nando Dalla. Os crimes de colarinho branco. Perspectivas de pesquisa. In: Maierovitch, Walter; Dino, Alessandra (org.). **Novas tendências da criminalidade transnacional mafiosa.** São Paulo: Ed. Unesp, 2010, pp. 75-92.

tração de seus tentáculos no tecido social. Rechaçar condições favoráveis a essa cooptação de colaborações variegadas para a organização é desafio maior do que a simples penalização indiscriminada dos atores identificados na cadeia de causalidade do fenômeno.

DINO[33] já observava que as máfias italianas Ndrangheta, Cosa Nostra e Camorra passaram a revelar interesse diferente pelos contextos internacionais, adaptando-se a sistemas mais flexíveis de rede e cujas fronteiras com a licitude são menos evidentes. Para SCARPINATO[34] a leniência italiana, inclusive cultural, com a corrupção sistêmica e a máfia, ao contrário do que ocorreu na Inglaterra e na França, não foi superada pela tradição da moralidade pública, da prestação de contas e da seleção rigorosa dos agentes públicos. Assim como a sujeição a quem tem poder, entendemos que essas características culturais referidas são encontradas também na história brasileira, como por exemplo nas noções de homem cordial cunhadas por Buarque de Holanda, e da impunidade como privilégio social. O autor destaca, ainda, a progressiva difusão do método mafioso entre os colarinhos brancos, desde a violência até a corrupção, como obra da própria classe dirigente, pouco controlável com instrumentos usuais de polícia, além das inovações legislativas para impunidade, incluindo legalização de conflitos de interesses, substituição do provimento de funções conforme mérito pelo discricionário de confiança, a perda dos anticorpos para esses males no nível constitucional.

PEPINO[35] enfatiza zonas cinzentas, onde as organizações criminosas e atores legais trocariam serviços e promoveriam mutuamente suas atividades, além do interesse no exercício da violência pelo Estado. Eis aqui mais uma dimensão do fenômeno que de fato merece atenção. No Brasil, guardadas as devidas proporções, nas milícias, que não deixam de ser organizações criminosas na essência, embora tipificadas de

[33] DINO, Alessandra. O crime dos poderosos e os riscos para a democracia. In: MAIEROVITCH, Walter; DINO, Alessandra (org.). **Novas tendências da criminalidade transnacional mafiosa**. São Paulo: Ed. Unesp, 2010, pp. 55-69.

[34] SCARPINATO, Roberto. Crimes de colarinho branco. In: MAIEROVITCH, Walter; DINO, Alessandra (org.). **Novas tendências da criminalidade transnacional mafiosa**. São Paulo: Ed. Unesp, 2010, pp. 97-115.

[35] PEPINO, Livio. Poderes ocultos, criminalidade e instituições. In: MAIEROVITCH, Walter; DINO, Alessandra (org.). **Novas tendências da criminalidade transnacional mafiosa**. São Paulo: Ed. Unesp, 2010, pp. 237-250.

forma autônoma, encontramos esse ponto de contato com integrantes oriundos da força estatal e com exercício ilegal de funções com repercussão para o interesse público. Com efeito, como vimos, a predisposição desses grupos organizados é de ocupar variegados espaços no seio social, fortalecendo suas raízes e fragilizando as bases do Estado Democrático de Direito. Assim, no mundo ideal para seus fins, dominariam atividades econômicas, assegurando o proveito ilícito pela lavagem, cooptariam valores culturais, infiltrar-se-iam nas instituições e se aproximariam da força estatal.

Para PLANAS[36] a sociedade pós industrial não se caracteriza apenas pelo risco mas por necessidades de cooperação e divisão funcional, com incremento das consequências lesivas. A interdependência dá lugar à situação em que a proteção dos bens jurídicos depende mais de condutas positivas (controle de riscos) por parte de terceiros. Segundo VALIANTE[37], o indivíduo externo, cuja conduta não está prevista na originária *fattispecie* incriminadora, pode concorrer como instigador, facilitador e apoiador em geral. PADOVANI[38] defende a plausibilidade sistemática de uma atividade de participação que seja relevante para se qualificar como concursal, mas não tanto para integrar a conduta associativa. Segundo GEMMA GUALDI[39], para cometer crime associativo não é preciso que o concorrente preste contribuição insubstituível e imprescindível, mas é suficiente que seja efetiva, se traduza em aporte causal para a realização dos escopos da organização. Pode ser modesta, mas não irrelevante. VISCONTI[40] recorda que, para o juiz Falcone, a conivência e colusão de pessoas inseridas em instituições públicas poderiam eventualmente realizar condutas de facilitação do poder mafioso, tão mais perigosas quanto

[36] PLANAS, Ricardo Robles. **La participacion em el delito: fundamento y limites**. Madrid: Marcial Pons, 2003, p. 10.

[37] VALIANTE, Mario. Banda armata e numero dei partecipanti. **Rivista Italiana di Diritto e Procedura Penale**. v.29, 1986, p. 454.

[38] PADOVANI, Tullio. Il concorso dell'associato nei delitti-scopo. **Rivista Italiana di Diritto e Procedura Penale**. v. 41, 1998, pp. 761-772.

[39] GUALDI, Gemma. Il concorso eventuale nel reato di associazione per delinquere, con parti colare riferimento alla figura del difensore. In: **Rivista Italiana di Diritto e Procedura Penale**. v. 32, 1989, pp. 297-301.

[40] VISCONTI, Costantino. Il concorso esterno nell'associazione mafiosa: profili dogmatici ed esigenze politico criminale. **Rivista Italiana di Diritto e Procedura Penale**. v. 38, 1995, pp. 1303-1313.

mais tortuosas, que se subsumiriam, a título concursal (participação), ao delito de associação mafiosa. Além do necessário controle mais extenso sobre uma entidade criminológica articulada e caracterizada por múltiplas e complexas relações com a realidade circunstante, interessava a alta taxa de ubiquidade da criminalidade mafiosa na sociedade civil (penetração) de modo a criar uma periculosidade superior a qualquer outra realidade delinquencial, inclusive terrorismo. Este encontrava atitude geral hostil da opinião pública, enquanto perante a máfia havia uma escassa consciência de sua natureza e dimensão, além de incapacidade de alteração no nível de valores e comportamentos da subcultura mafiosa, contra a qual apenas depois cresceu gradualmente a sensibilidade social, com repercussão na linguagem e na reprovabilidade moral e, em seguida, penal da "contiguidade à máfia".

Segundo Werner[41], na abordagem conceitual político econômica, importam oportunidades e incentivos econômicos para práticas corruptas em virtude de duas variáveis: o ganho da atividade ilícita e as consequências incapacitantes e dissuasórias (aqui se trata do custo econômico e não moral para a escolha). Para parceiros e intermediários, os riscos do acordo e da participação do agente público estão relacionados com a regulamentação, o grau da intervenção do Estado e a discricionariedade da autoridade, já que variáveis sociais e culturais estariam na fase anterior. O nível de corrupção seria medido pela soma da posição monopolista na decisão e da discricionariedade na alocação de recurso, subtraída da soma do grau de transparência das instituições e do controle e responsabilização dos funcionários públicos. A disseminação minimiza barreiras morais, o fenômeno passa a sistêmico e frequente (não esporádico), invertendo-se a lógica, confiando-se na escolha ilícita e estigmatizando-se a honestidade negativamente. Na corrupção estrutural, a cooperação é condicional, enquanto na sistêmica alcança terceiros e divisão de tarefas em redes difusas.

5. Conclusão

Preliminarmente, reputamos complementares e não excludentes todas as abordagens teóricas da criminalidade organizada, em suas diferentes vertentes, sem ficar adstrita, portanto, à institucional ou empresarial,

[41] Werner, Guilherme. Cleptocracia: corrupção...*op. cit.*, 2017, pp. 17-74.

quando se trata de compreender a corrupção como método. Embora demande meios específicos de enfrentamento, esse vínculo tanto pode estar presente em esquemas criminosos de colarinho branco, como se viu na lava jato, no mensalão e nos cartéis de licitações de grandes obras públicas, como na exploração de mercados ilícitos por organizações mais dedicadas à criminalidade comum de massa, no plano operacional junto aos órgãos de segurança pública, mas sobretudo quando intensifica sua atuação internacional.

Nesse contexto, as experiências no combate às máfias italianas serão úteis, desde que compreendidas as diferenças em relação ao PCC, mormente pelo fato de que passou a criar células sem acesso a informações estratégicas gerais, dificultando a quebra do pacto de silêncio mafioso, e não logrou obter, no nosso sentir, a conivência generalizada e aquele grau de penetração em todos os setores da sociedade, inclusive Administração, política e mercados lícitos, onde vicejaram mais as organizações brasileiras com características um tanto distintas (de colarinho branco). Isso explicaria, em parte, como alguns meios de investigação, como as colaborações premiadas, mostraram-se mais eficazes na elucidação de esquemas criminosos estabelecidos entre políticos e empresários do que na apuração dos crimes do PCC, onde imperam a disciplina, os tribunais do crime e a estrutura em rede.

Embora o conceito de criminalidade organizada implique alguma escolha epistemológica para fins de política criminal, discordamos dos autores que identificam o PCC com uma facção ou processo de socialização em curso. Não convence o argumento retórico da autodeclarada antropologia pós-social, que invoca a noção de transcendência na imanência para asseverar que, por ser produtor de disposições e com capacidade de agregar em sintonia, preservando sua autonomia, o PCC não poderia ser propriamente uma organização. A propósito, partindo do conceito de sociedade disciplinar de Foucalt, da singularização da pena, da concepção do corpo como unidade, da disciplina como tecnologia do poder, da prisão como remédio para os problemas que criou, do indivíduo como ficção e da inexistência de poder sem resistência, BIONDI[42] vislumbra no lema "juntos e misturados" o processo de "desindividualização", como no respeito à mulher do irmão pela interdição e não pela

[42] BIONDI, Karina. Junto e misturado. **Uma etnografia do PCC**...*op. cit.*, 2017.

sacralidade dela. Os fragmentos do indivíduo se misturariam no coletivo e a dimensão política incluiria tarefas divididas e cumpridas, sem revelar autoridade, mas consoante o ideal da igualdade. Enfatiza o comando acima de todos, que para nós não deixa de advir da cúpula de uma hierarquia, no caso em apreço, já que não é abstrato, mas exercido concretamente por indivíduos. Tal posição subestima, ademais, a perspectiva de vantagem econômica pessoal, embora admita que muitas vezes está presente também.

A satisfação de liderar, a reputação e benefícios indiretos, inerentes ao ser humano, já infirmam essa noção de plena e abstrata igualdade a nortear e manter coeso o grupo. Não há como negar que o "sintonia" tem funções estratégicas e valor para o ente distinto daquele conferido ao "soldado". O compartilhamento das decisões – aliás, horizontal em certo nível intermediário ou superior – não refuta o fato de que a maioria delas não participa. Coibir atitude isolada apenas reforça a ideia de que há hierarquia e organização. O discurso de Marcola de que o grupo simboliza o sistema é ideológico, com pretensão de fortalecimento, legitimação e propaganda do poder do partido, e não necessariamente representa a realidade, empiricamente testada. O consenso é figura retórica e já foi recurso de linguagem para justificar variegados ataques. A contradição entre liderar e operar em nome do partido não nos convence, tanto que são avaliadas aptidões típicas de liderança para preenchimento daqueles postos. Liderar pode ser em nome e para o grupo, sem excluir peremptoriamente hierarquia e ordem, como pretende a autora. A força transcendente da "mistura" não rechaça o exercício de um comando. De uma premissa correta (desindividualização e força do partido, como na vedação de cobrança de dívida pessoal externa, do "mundão", na cadeia) extrai uma conclusão equivocada (não há hierarquia, mas igualdade).

Para Biondi[43], a socialidade vem da força transcendente, não anterior, mas em construção, também com base nas relações entre presos e não apenas do grupo com estes, em conflito com o imanente ("juntos e misturados"), coexistindo surgimento do irmão e a desindividualização. Questionamos essas conclusões, inclusive de que ninguém se sente obrigado, pois contrária à própria força normativa das regras criadas pela

[43] Biondi, Karina. Junto e misturado. **Uma etnografia do PCC**...*op. cit.*, 2017.

cúpula e aos julgamentos do tribunal do crime. Pressupõe uma liberdade plena que é fictícia e um movimento espontâneo de adesão e funcionamento ilusório. Ademais, o grupo não é mera abstração, mas realidade concreta, passível de sofrer desarticulações e até ser dissolvido, como revela a história de grupos análogos.

O aparato de poder, em nossa opinião, permite justamente esse funcionamento automático e estável, que independe das pessoas que ocupam provisoriamente posições de liderança. E tais características não rechaçam o respeito e temor ao chefe maior, cujo poder não é contestado, coexistindo com aparentes democracia e igualdade internas, pois a delegação de competências é limitada e a última palavra em questões estratégicas continua sendo da cúpula. O compartilhamento de decisões com "generais", aliás, não exclui a semelhança com o "pai da horda" na visão freudiana, assim como a divisão de funções e áreas no ente coletivo somente corrobora a complexidade da estrutura, sobretudo quando em rede e células, limitando o acesso de líderes inferiores a informações de outros e dados sensíveis sob os cuidados dos superiores, como ocorre nas mais sofisticadas organizações criminosas. Negar-lhe tal natureza parece-nos acatar uma imagem distorcida e rudimentar do grupo, sobretudo quando ocupa espaços a cargo do Estado em comunidades e prisões, cria e altera regras e códigos, realiza e executa julgamentos, mantém atividade financeira rentável, mediante esquemas sofisticados de lavagem de dinheiro, estabelece contatos com outras organizações, inclusive externas, preserva opção entre enfrentamento, como nos ataques terroristas de 2001 e 2006, e convívio paralelo com o poder estatal, coopta e exerce poder sobre cidadãos de diferentes origens. Ora, somente uma coletividade organizada pode atuar permanentemente desse modo no seio social.

Igualmente, não comungamos da posição de SHIMIZU[44] no sentido de que cuidar-se-ia de mera facção e não de uma organização, pois presentes os elementos da criminalidade organizada vislumbramos pelos pactos internacionais, pela doutrina, pela jurisprudência e pela literatura multidisciplinar. Assim, não podem dissociar o PCC completamente do

[44] SHIMIZU, Bruno. **Solidariedade e gregarismo nas facções criminosas**: um estudo criminológico à luz da psicologia das massas. Tese (Mestrado em Direito) – Faculdade de Direito da Universidade de São Paulo. São Paulo, 2011.

modelo mafioso, embora algumas diferenças relevantes sejam notadas, como a ausência da raiz familiar e da ostentação nas relações com poder político e econômico, a descentralização de decisões e operações, na gestão Marcola, a mobilização da comunidade carcerária como bandeira contra o descaso do Estado, o uso da contenção da violência mais como capital político do que método extorsivo, entre outras. A capilaridade das máfias na economia e a extorsão dos seus operadores e até mesmo dos demais cidadãos estão mais evidentes em outra organização criminosa, qual seja, a milícia, que conta com os mesmos elementos essenciais, embora tipificada autonomamente pelo nosso legislador.

Destarte, se definimos, com acerto, no que constitui o PCC, resta destacar as singularidades importantes para compreender em que medida as experiências do combate às máfias italianas podem ser aproveitadas, sobretudo para o enfrentamento da corrupção. Igualmente, tal tarefa nos permite compreender o espectro amplo de tipicidade, corretamente adotado pela Lei 12.850/13, a evolução e as conquistas de sua aplicação na última década ao partido e a grupos congêneres. O legislador, contudo, não pode ficar inerte perante o dinamismo da criminalidade, sendo imperioso o ininterrupto apoio da sociologia e da criminologia para identificar as mudanças e tendências da organização para formulação de política criminal eficaz e eventual revisão das normas incriminadoras e das técnicas de investigação apropriadas.

Por fim, é cediço que o conhecimento e enfrentamento das organizações criminosas é essencial no combate à corrupção por ter se tornado sistêmica, desenvolvida por redes difusas. Impõe-se ainda o aperfeiçoamento dos meios, tanto de investigação criminal (atividade reativa a cargo da polícia judiciária na persecução da materialidade e autoria de infrações ocorridas) como de inteligência (proativa e com capacidade crítica e analítica de boa quantidade e qualidade de informações compartilhadas pelos órgãos de segurança pública, sobretudo, para prevenção contra a criminalidade organizada). Aprofundar as reflexões sobre a história da criminalidade organizada e experiências relevantes obtidas na luta por sua desarticulação, sobre a importância de uma legislação que se volte para todas suas vertentes, sobre a necessidade de ajustes nas tarefas de prevenção e repressão é imprescindível para garantir a eficácia de um diploma especial tão esperado quanto necessário, como a Lei 12830/13, sem prejuízo do diálogo com as demais normas do sistema penal, mormente atinentes à corrupção, em sentido lato.

CAPÍTULO 4
A CRIMINALIDADE ORGANIZADA COMO FUNDAMENTO PARA A SEDIMENTAÇÃO DA EXPANSÃO DO DIREITO PENAL

João Santa Terra Junior

1. Delimitação de Política Criminal.

Política Criminal corresponde à produção de conhecimento destinado à valoração crítica, à criação e à modificação do Direito Penal, e também ao auxílio à dogmática jurídico-penal. Para tanto, sedimenta-se em diversas premissas, não apenas técnico-jurídicas, mas, principalmente, políticas em sentido amplo, destinadas em especial à determinação das condutas que devem ser definidas como infrações penais (ou seja, para a criação das normas penais incriminadoras), bem como à eleição dos meios hábeis e eficazes para a prevenção das práticas criminosas encontrados em diversos âmbitos jurídicos e extrajurídicos, penais e não penais.[1]

Para a compreensão do papel da política criminal é preciso afastar as conotações pejorativas concernentes ao atual emprego do termo "política". Política, do grego *politikos*, deriva da compreensão de como ocorria

[1] Optou-se pela compreensão da polícia criminal como uma das espécies de ciências destinadas à construção do conhecimento necessário à estruturação do Direito Penal, e, nessa seara, apresenta-se uma conceituação abrangente, ressaltando, contudo, a existência de divergências doutrinarias relacionadas tanto ao conceito de política criminal, como ao seu caráter de ciência independente, conforme lição de Luzón Peña (Peña, Luzón. **Lecciones de Derecho Penal**. 3. ed. Valencia: Tirant lo Blanch, 2016, p. 32), professor espanhol que adota a mesma linha de entendimento externada no texto acima.

a direção e a organização da pólis (cidade-estado). Portanto, trata-se do exercício da atividade vinculada à gestão, à administração, à organização e à tomada de decisões pelos poderes constituídos em um Estado. No aspecto formal e constitucional, a política deriva, portanto, do exercício das atividades típicas dos órgãos centrais representativos dos poderes constituídos. Ademais, pode ser empregado o termo de maneira informal e em analogia ao exercício de um poder em determinado espaço físico, sendo comum, por exemplo, afirmar "controle político paralelo" para representar o domínio social exercido por organizações criminosas em áreas periféricas urbanas.

A política criminal refere-se, portanto, ao exercício do poder de decisão quanto às estratégias que o Estado adota para a delimitação da atuação do Direito penal, suas hipóteses de intervenção e a amplitude de abrangência qualitativa e quantitativa da tutela penal. Inserem-se no âmbito político-criminal decisões do Poder Legislativo a respeito da existência de lesão a um bem jurídico e se essa lesão merece a proteção do Direito penal; sendo positivas essas respostas, o resultado será a criação de uma norma penal incriminadora, e, para ela, há outras decisões político-criminais a serem alcançadas, como a respeito da exata definição da conduta a ser proibida pela norma, a espécie de sanção penal que recairá pela sua transgressão, a quantidade abstrata de pena a ser prevista em tal regramento punitivo e quais serão os mecanismos de persecução disponíveis ao Estado para o seu enfrentamento. Em sentido oposto, as conclusões a respeito de descriminalizações de condutas também decorrem do exercício da política criminal, hipóteses nas quais o poder central, analisando os padrões de condutas e os valores sociais, entende que a tutela penal não é mais necessária para a resolução do conflito. Também as decisões a respeito de incremento ou de diminuição de sancionamento para condutas que já são consideradas infrações penais inserem-se no âmbito da política criminal.

Alocam-se, portanto, no contexto político-criminal, as hodiernas reflexões a respeito do incremento da repressão estatal às práticas delituosas, temática correspondente à expansão do Direito Penal.

2. Concepções político-criminais decorrentes do Direito penal liberal.

Nas últimas décadas os bancos acadêmicos foram tomados por teses e discussões demonstrativas das mazelas da aplicabilidade do Direito penal, com especial relevo para a principal concretude da tutela criminal: a aplicação da pena privativa de liberdade. Tais reflexões emanam, principalmente, da compreensão de Direito penal liberal, representativa da reação ao desvirtuado emprego, para fins ilegítimos, dessa que é a mais potente espécie de tutela estatal.

De fato, o Direito penal insere-se em um sistema político de Estado e caracteriza-se pela função reguladora de condutas por meio da imposição de sanções àquelas que transgridam esperados padrões sociais de atuação, isso a partir da existência de normas postas por um centro de poder. Representa, portanto, um meio de controle social formal. Ocorre que o controle social por um poder central pode ser materializado como consequência de distintas motivações, as quais, ao longo da história, em diversos momentos se apresentaram dissociadas dos anseios dos tutelados e destinadas à manutenção no poder de representantes ilegítimos e não democráticos. Nesse contexto, a doutrina nos remete ao estudo dos caracteres embrionários das formas de resolução das atividades criminosas na sociedade, e conclui pela identificação de um fundamento comum para aquela ilegítima aplicação da pena às condutas ofensivas, qual seja, a vingança,[2] impulsionada por distintos fundamentos de repressão ao delito, aos quais se identificam as denominadas "fases da vingança": privada,[3] divina[4] e pública[5]. Violência excessiva, resoluções interpes-

[2] "Esta era a ideia do Direito penal na era da vingança: tomar para si, a satisfação de ter submetido o infrator à uma sanção que o fizesse pagar pelo cometido e ao mesmo tempo satisfazer o prejudicado, dando-lhe a sensação de estar vingado" (Rudá, Antônio Sólon. **Breve história do Direito Penal e da Criminologia: do primitivismo criminal à era das Escolas Penais.** Rio de Janeiro: Lumen Juris, 2013, p. 59).

[3] Explicam Ferré Olivé Paz e Oliveira Brito, com base nos ensinamentos de Fraz Von Liszt, que nesse contexto destacava-se a chamada "vingança de sangue", a vingança da família ou *gens*, representado no direito e dever dos parentes do morto ou do lesado dirigir-se contra os parentes (*Sippe*) do autor como típica dívida de sangue (Ferré Olivé, Juan Carlos, *et. al.* **Direito Penal Brasileiro: parte geral: princípios fundamentais e sistema**. 2. ed. São Paulo: Saraiva, 2017, p. 122).

[4] A satisfação da divindade que teria sido ofendida pela conduta do agressor passa a ser o motivo da aplicação vingativa da sanção, o que Fragoso denominou de "expiação religiosa" (Fragoso, Heleno Claudio. **Lições de Direito Penal – Parte Geral**. 3. ed. Rio de Janeiro: Forense, 1994, p. 26).

[5] Identificada principalmente nos estados absolutistas, a denominação "pública" decorre de o fundamento da aplicação da pena repousar em ilegítimos interesses daqueles que estavam no exercício do poder.

soais, revides exorbitantes e desproporcionalidade entre o "crime" e a "pena" foram os traços identificadores dessa tenebrosa fase da humanidade.

O período humanitário, centrado nos ideais iluministas, circunscreveu a imprescindível reação às trevas do período absolutista e trouxe ao Direito penal seus hodiernos elementos de sustentação e fundamentação, em especial a dignidade da pessoa humana, o Estado de Direito e a separação dos poderes. As premissas de compreensão do moderno Direito penal estão, portanto, umbilicalmente ligadas à mutação do sistema político para o Estado liberal. Como consequência, o repúdio à violência,[6] ao emprego da tutela estatal criminal para a ilegítima manutenção no poder de representantes não democráticos, bem como a compreensão de que a intervenção estatal punitiva deve ser mínima em prol da preservação das liberdades individuais, são conclusões fincadas naquela reação que marcou o surgimento do denominado liberalismo, as quais identificam o Direito penal liberal.

A partir desse raciocínio foram desenvolvidas análises criminológicas críticas ao Direito penal embasadas em constatações de disfuncionalidades na sua aplicabilidade (em especial pelo etiquetamento de indivíduos), pelas quais foi alcançada, até mesmo, a conclusão pela sua abolição. Nesse sentido, Eugenio Raúl Zaffaroni chega a sustentar que o abolicionismo penal seria a proposta político-criminal mais original e radical dos últimos anos em razão da perda de legitimidade do sistema penal, este que seria, na verdade, representativo de uma falsa solução aos conflitos sociais.[7] Ocorre que as propostas abolicionistas

[6] Ainda que, segundo Paulo Queiroz corretamente explique, seja indissociável a violência do Direito penal: "Note-se mais que, formal e materialmente, o direito penal é ele mesmo uma forma de violência (prisões, penas, medidas de segurança, legítima defesa) que se pressupõe justa e necessária relativamente às violências que regula e combate (os crimes), de modo que o direito penal é violência – nem sempre legítima – a serviço do controle da violência – nem sempre ilegítima. O direito penal é assim uma espada de duplo fio, porque é lesão de bens jurídicos para proteção de bens jurídicos (Franz von Liszt). A violência não é, pois, algo estranho ou extrínseco ao direito, mas inerente à ideia e à realidade mesma do direito" (Queiroz, Paulo. **Curso de direito penal: parte geral**. 10. ed. Salvador: Juspodivm, 2014, p. 31).

[7] Zaffaroni, Eugenio Raúl. **Em busca das penas perdidas: a perda de legitimidade do sistema penal**. 5. ed. Tradução de Vania Romano Pedrosa e Amir Lopez da Conceição. Rio de Janeiro: Revan, 2014, pp. 98-103.

foram fortemente rechaçadas pela maioria da doutrina, taxadas de utópicas e dissociadas da realidade fática da sociedade atual. Nesse ponto, pode ser citado, por todos, o entendimento de LUIGI FERRAJOLI, o qual, depois de assegurar que o pensamento abolicionista somente teria contexto em uma sociedade selvagem (despida de ordem e pautada na lei do mais forte) ou em uma sociedade disciplinar (pacificada e com conflitos controlados e resolvidos, ou prevenidos por meios ético-pedagógicos interiorizados ou de onisciência social), concluiu que a proposta abolicionista é estéril, por evitar as questões mais específicas relacionadas à deslegitimação do Direito penal e desvalorizar a orientação garantista, sem oferecer uma contribuição à solução dos árduos problemas relacionados ao controle do poder punitivo.[8]

De outro lado, identificam-se movimentos de deslegitimação do Direito penal pautados por reflexos da teoria marxista da luta de classes, que afirmam que o Direito penal da atualidade não trata de proteger bens jurídicos gerais, nem valores éticos básicos, mas, serve de instrumento à classe privilegiada para explorar as classes subalternas. Por todos, NILO BATISTA, após assegurar que a pena privativa de liberdade ostenta funções ocultas ou não declaradas de cobertura ideológica, de reprodução de criminalidade, de controle coadjuvante do mercado de trabalho, de reforço protetivo à propriedade privada, bem como de manutenção do controle sobre as classes sociais dominadas e os opositores políticos, afirma que esses efeitos sociais não declarados da pena representam uma espécie de "missão secreta" do direito penal, norteada pelos interesses da classe dominante e pela interferência da desigual-

[8] FERRAJOLI, Luigi. **Direito e razão: teoria do garantismo penal**. Tradução de Ana Paula Zomer Sica, Fauzi Hassan Choukr, Juarez Tavares e Luiz Flávio Gomes. 2. ed. São Paulo: Revista dos Tribunais, 2006, pp. 230-234. Claus Roxin, em artigo escrito no final da década de 1990, com temática relativa a projeções futuristas para o Direito penal, assegurou que o abolicionismo não conseguiria acabar com o futuro do direito penal (ROXIN, Claus. Tem futuro o direito penal? Tradução de Luís Greco. In: FRANCO, Alberto Silva; NUCCI, Guilherme de Souza (Org.). **Direito Penal**, Volume I. São Paulo: Revista dos Tribunais, 2010, p. 569-589, p. 572). E Winfried Hassemer afirma que "à medida em que os abolicionistas querem *abolir o Direito Penal em geral*, eles se tornam perigosamente ingênuos" (HASSEMER, Winfried **Introdução aos Fundamentos do Direito Penal**. Tradução de Pablo Rodrigo Alflen da Silva. Porto Alegre: Sergio Antonio Fabris Editor, 2005, p. 431) e que "esta espécie de abolicionismo quer exorcizar o diabo com o belzebu" (HASSEMER, Winfried **Introdução aos Fundamentos**...*op. cit.*, 2005, p. 432).

dade social, já que algumas classes sociais não seriam chamadas a participar da eleição dos bens jurídicos a serem tutelados, do que decorreria uma política criminal elitista e seletiva.[9]

Contudo, como já repisado em outro trabalho,[10] e com reforço argumentativo da função penal protetiva aos direitos fundamentais declarada pela maioria da doutrina, esse raciocínio não pode prevalecer. De fato, inequivocamente nossa sociedade é composta por condutas que, de maneira grave, ofendem a diversos valores que são de reconhecida relevância, isso, contudo, independentemente da classe social do seu titular, e a sociedade não aceita que tais lesões sejam ignoradas e não censuradas. Nesse contexto, a obrigação de tutela não decorre da vontade de uma parcela dominante da sociedade, e sim da necessidade de preservação dos caracteres integrantes do ser humano. Decorre dos ideais do próprio Direito penal liberal a inadmissão da autotutela nessa seara, estando consagrado, nas Constituições democráticas, que a resolução de tais conflitos deve ocorrer por um terceiro estatal desinteressado, sendo um dos mecanismos de tutela eleito para tanto a imposição de sanções, no exercício do direito de punir, decorrente do Direito penal. Assim, se o Estado detém o monopólio da tutela criminal, e se há a consagração em textos constitucionais da garantia de defesa dos direitos fundamentais, é certo concluir que, em hipóteses de riscos de ofensas a bens jurídicos por terceiros, há o correlato direito à manutenção da segurança, tarefa de imposição obrigatória, portanto, ao Estado. Por tal raciocínio, há lógica legitimação para a concepção protetiva do Direito penal.[11] [12]

[9] Batista, Nilo. **Introdução crítica ao direito penal brasileiro**. 9. ed. Rio de Janeiro: Revan, 2004, pp. 111-116.

[10] Santa Terra Júnior, João. **PCC a organização criminosa Primeiro Comando da Capital: dos aspectos criminológicos, constitucionais e político-criminais à análise dogmático-penal da responsabilidade dos integrantes e colaboradores.** Belo Horizonte: Editora Dialética, 2021, pp. 227-229.

[11] Com relação à aceitação da função protetiva do Direito penal, o próprio Nilo Batista afirma que prevalece entre autores brasileiros o entendimento de que o fim do Direito penal é a defesa de bens jurídicos e que estes seriam definidos a partir dos valores sociais, dos interesses do corpo social, de uma consciência social, da cultura de determinada época e de determinado povo (citando entendimentos de Aníbal Bruno, Heleno Fragoso, Damásio E. de Jesus, Francisco de Assis Toledo, Júlio F. Mirabete, Brito Alves e Mayrink, todos amparados pelo fim do Direito penal como a defesa de bens jurídicos, defesa da sociedade, defesa dos valores sociais, proteção dos valores da vida comunitária e regulação da convivência humana Batista, Nilo. **Introdução crítica**... *op. cit.*, 2004, pp. 114-115).

3. O garantismo e a proteção integral aos direitos fundamentais.

Reconhecendo-se no Estado Brasileiro feições liberais e sociais, é possível concluir a respeito de uma dupla imposição constitucional para a outorga dos direitos fundamentais: a proibição de excesso no exercício de atividades estatais repressivas, necessária à evitação de desmedidas interferências nas liberdades individuais, e a proibição de inação em face das lesões ocasionadas por terceiros a bens jurídicos reconhecidos pela ordem constitucional, almejando a garantia de proteção a direitos fundamentais ofendidos em tal contexto.

Nesse sentido é materializada a doutrina da dupla face da proteção aos direitos fundamentais pelo Estado, representada por dois princípios que se completam: da proibição de excesso (*Übermaßverbot*) e da proibição ou da vedação da proteção deficiente ou insuficiente (*Untermaßverbot*).

Pelo primeiro princípio (proibição de excesso) identifica-se uma das faces das garantias constitucionalmente outorgadas aos indivíduos, consagradoras da não invasão desmedida nas liberdades individuais pelo exercício das prestações estatais, representadas por um conjunto de preceitos constitucionais que limitam ou mesmo, em determinadas hipóteses, negam a atuação do Estado. São, assim, garantias de negação (o "garantismo negativo").

Já o segundo princípio (proibição ou vedação da proteção deficiente ou insuficiente) corresponde à imposição da obrigação de agir ao Estado para a proteção aos direitos fundamentais, no caso do Direito penal, proteção aos direitos lesados pelas práticas das infrações penais. Sendo a dignidade da pessoa humana fundamento de constituição do Estado Democrático de Direito da República Federativa do Brasil (artigo 1º, III, da Constituição), e sendo inequívoco que as práticas criminosas causam

[12] Deve-se ressaltar, contudo, que as teorias abolicionistas, enquanto no exercício do papel crítico ao Direito penal, são hábeis à sua depuração para o maior respeito aos direitos fundamentais, servindo à evolução dos processos de expressão de poder pela tutela criminal, de análise da sua legitimação e em prol do estabelecimento de limites. Imputa-se, por exemplo, aos ideais abolicionistas (moderados), aspectos reveladores da necessária intervenção judiciária para combater a indignidade no âmbito carcerário (consagrados no julgamento, pelo Supremo Tribunal Federal, da Arguição de Descumprimento de Preceito Fundamental 347, que reconheceu como um "estado de coisas inconstitucional" as mazelas do sistema prisional brasileiro), bem como o início do movimento em prol das medidas alternativas ao cárcere e da evitação da instauração do processo penal, que tiveram como principal marco internacional as conhecidas *regras de Tóquio*.

lesões às diversas feições da dignidade humana, é conclusão lógica a obrigação de o Estado agir para evitar as ações delituosas ou para restabelecer a ordem social em virtude do abalo por elas gerado, ou seja, para conceder segurança (artigo 5º, *caput*, da Constituição) aos indivíduos. Ademais, como visto acima, no atual estágio de evolução do Estado de Direito Brasileiro, a resolução dos conflitos ocasionados pelas infrações penais é relegada aos órgãos estatais, de maneira que a inação ou a ineficiência do Estado nessa seara representa clara desproteção à sociedade ofendida pelas condutas de terceiros em seus direitos fundamentais (inclusive, as liberdades individuais lesadas pelas condutas delituosas). Nesse sentido, por decorrer de normas constitucionais que determinam uma proatividade estatal, representam garantias positivas (o "garantismo positivo").

Essa construção doutrinária[13] estrutura-se pela aplicação do princípio da proporcionalidade no tocante à apreciação dos limites e deveres de atuação estatais, que revela não somente a preocupação com a vedação ao excesso, mas, o efetivo reconhecimento da obrigatoriedade de resguardo da máxima efetividade dos direitos fundamentais do cidadão. A proporcionalidade desponta-se, portanto, como parâmetro de política criminal para a delimitação e a legitimação do próprio Direito penal. A delimitação ocorre no momento da eleição dos bens jurídicos a serem protegidos e da modelagem das normas penais incriminadoras, tanto com a indicação da conduta punível, quanto da sanção penal adequada

[13] Nesse sentido: Tavares, André Ramos. **Curso de direito constitucional.** 12. ed. São Paulo: Saraiva, 2014, p. 388; Feldens, Luciano. **A Constituição Penal: a dupla face da proporcionalidade no controle de normas penais.** Porto Alegre: Livraria do Advogado Editora, 2005; Feldens, Luciano. **Direitos Fundamentais e Direito Penal – a Constituição Penal.** 2. ed. Porto Alegre: Livraria do Advogado Editora, 2012, pp. 100-101; Fischer, Douglas. O que é garantismo (penal) integral? In: Calabrich, Bruno; Fischer, Douglas; Pelella, Eduardo (Org.). **Garantismo Penal Integral: questões penais e processuais, criminalidade moderna e a aplicação do modelo garantista no Brasil.** 3. ed. Salvador: Juspodivm, 2015, pp. 30-77; Gonçalves, Luiz Carlos dos Santos. **Mandados Expressos de Criminalização e a Proteção de Direitos Fundamentais na Constituição Brasileira de 1988.** Belo Horizonte: Fórum Ed./IBEC, 2007; Flach, Michael Schneider. Mandados de criminalização, tutela penal e Constituição. **Revista Jurídica da Escola Superior do Ministério Público de São Paulo.** São Paulo, v. 7, p. 17-44, 2015, p. 22; Streck, Maria Luiza Schäfer. **Direito penal e Constituição: a face oculta da proteção dos direitos fundamentais.** Porto Alegre: Livraria do Advogado Editora, 2009, p. 165; Pacelli, Eugênio; Callegari, André. **Manual de direito penal: parte geral.** São Paulo: Atlas, 2015, p. 16.

a ela. E a legitimação advém da própria legalidade estrita (artigo 5º, XXXIX, da Constituição, e artigo 1º, do Código Penal), já que, para a atuação protetiva estatal pela tutela criminal é imprescindível a existência de lei penal incriminadora prévia à prática da infração penal, sendo esse o primeiro filtro de proporcionalidade decorrente da política criminal. Ademais, omissões do Estado nesse âmbito são hábeis a ocasionar o desamparo a direitos fundamentais e a proteção deficiente a eles, como reconhecido pelo Supremo Tribunal Federal no julgamento da ação direta de inconstitucionalidade por omissão 26, de relatoria do Ministro Celso de Mello, e do mandado de injunção 4733, de relatoria do Ministro Edson Fachin.[14]

O garantismo, doutrina propalada no Brasil a partir dos estudos de Luigi Ferrajoli em sua obra *Direito e Razão*,[15] pauta-se na obrigação estatal de o Estado garantir ao ser humano o necessário para o resguardo da sua dignidade, isso por meio de um sistema de garantias constitucionais.

Conforme explica Douglas Fischer, ainda que a teoria garantista de Ferrajoli tenha sido inicialmente moldada para a proteção aos direitos individuais, é possível, atualmente, interpretar o sistema constitucional de garantias de proteção aos direitos fundamentais de maneira ampla e integral:

> Concordamos plenamente que, *como uma primeira aproximação*, a teoria garantista – cujo marco histórico fundamental *inicial* foi, efetivamente, a obra *Direito e Razão* de Luigi Ferrajoli e o movimento integrado por ele e outros magistrados na Italia – tem como pressuposto a proteção dos direitos fundamentais *individuais* (denominados *direitos de primeira geração*) estabelecidos precipuamente na Constituição da República. Todavia, "*garantismo penal*" (melhor seria falar apenas em "garantismo") – pelo menos em nossa ótica e, segundo compreendemos, também na de Ferrajoli, notadamente em dias atuais, com a evolução do pensamento – não é não pode ser (mais) um marco teórico calcado *exclusivamente* na premissa sintetizada acima. Louvamos e defendemos

[14] STF, Tribunal Pleno, **ADO 26/DF**, Rel. Min. Celso de Mello, j. 13/06/2019, DJe. 06/10/2020; STF, Tribunal Pleno, **MI 4733/DF**, Rel. Min. Edson Fachin, j. 13/06/2019, DJe. 29/06/20202.

[15] Ferrajoli, Luigi. **Direito e razão**... *op. cit.*, 2006.

> abertamente a efetiva proteção dos *direitos* fundamentais *individuais*, mas não se pode olvidar (e aqui um dos pontos a destacar pelas omissões doutrinárias e jurisprudenciais em nosso sistema) que a ordem jurídico-constitucional prevê outros direitos (não se olvide dos *coletivos* e *sociais*), também deveres (que igualmente são pouco considerados doutrinária e jurisprudencialmente no Brasil), e está calcada em inúmeros princípios e valores que *não* podem ser esquecidos ou relegados se a pretensão é efetivamente fazer uma compreensão *sistêmica* e *integral* dos comandos da Carta Maior.[16] (itálicos originais).

E, de fato, decorre dos próprios ensinamentos de FERRAJOLI a afirmação concernente à existência de duas espécies de garantias no seio de um Estado de direito liberal e social (como é o brasileiro): as *garantias liberais negativas* e as *garantias sociais positivas*. Explica que as Constituições atuais reconhecem outros direitos fundamentais ao lado dos tradicionais direitos de liberdades, que podem ser chamados "sociais" ou "materiais", e são "*direitos a* (ou *expectativas* de comportamentos alheios) que devem corresponder a *obrigações* (ou deveres públicos de fazer)". Assim, assegura que a noção liberal de Estado de Direito deve ser alargada para incluir também a figura do Estado vinculado por obrigações além de vedações. FERRAJOLI também assegura que "os dois tipos de garantias e os correspondentes modelos de Estado não se excluem entre si" e podem existir em Estados que, ao menos no âmbito normativo, são liberais e sociais, por enunciarem e garantirem direitos fundamentais a prestações negativas e, também, a prestações positivas que são, igualmente, direitos fundamentais.[17]

No âmbito específico criminal, ALESSADRO BARATTA, sem desprezar a possível ocorrência de desvirtuamentos no emprego do Direito penal para a proteção de grupos políticos e socialmente mais fortes, em defesa de um direito penal de proteção aos direitos fundamentais daqueles mais débeis, explica que o Direito penal da Constituição deve ser concebido pela perspectiva de uma política integral de proteção aos direitos, definida não apenas no sentido negativo, como limite do sistema punitivo, mas, também, como garantismo positivo, de prestação de proteção

[16] FISCHER, Douglas. O que é garantismo...*op. cit.*, 2015, p. 32.

[17] FERRAJOLI, Luigi. **Direito e razão**... *op. cit.*, 2006, pp. 794-796.

e segurança a todos os direitos, em especial contra agressões provenientes de determinadas pessoas. Isso em razão de a insegurança urbana decorrente de comportamentos delituosas demandar não apenas a necessidade de proteção diante da criminalidade, mas, também, a necessidade de os indivíduos estarem e sentirem-se garantidos no exercício de todos os próprios direitos.[18]

A partir dessas premissas compreendemos que deve ser construída uma política criminal destinada à completude no alcance da outorga da dignidade da pessoa humana, com a aceitação da ampla proteção aos direitos fundamentais materializada por um garantismo integral, em especial diante de inequívocas hipóteses de enorme potencialidade lesiva a bens jurídicos, como é o caso da atuação da criminalidade organizada.

4. A irrefreável expansão do Direito penal.

A partir das premissas acima postas é possível afirmar que a política criminal sob a égide do Estado Democrático de Direito deve, obrigatoriamente, ser moldada para a consagração da integral segurança aos direitos fundamentais, almejando a concretização daquela dupla face protetiva negativa e positiva. Significa dizer que, de um lado, as decisões políticas do Estado no tocante às inovações do ordenamento jurídico criminal reclamam rígido respeito a todos os filtros decorrentes da análise funcionalista para a comprovação da efetiva necessidade da intervenção da tutela penal, isso para evitar desmedidas ingerências estatais nas liberdades individuais. Já pela outra face, deve ser considerado que, superada essa inicial análise e atestada a concreta necessidade da intervenção penal, é obrigação do Estado agir político-criminalmente em prol da efetiva proteção aos direitos fundamentais lesados pelas condutas ilícitas.

Esse raciocínio é imprescindível para a compreensão a respeito do incremento quantitativo e qualitativo da intervenção punitiva estatal nas últimas décadas, ou seja, a temática da expansão do Direito penal. Considerando que o Direito corresponde a um "dever-ser" que não

[18] Baratta, Alessandro. La política criminal y el derecho penal de la Constitución: nuevas reflexiones sobre el modelo integrado de las ciencias penales. Traduzido do italiano por Marianela Pérez Lugo e Patrícia Chiantera. In: Franco, Alberto Silva; Nucci, Guilherme de Souza (Organizadores). **Direito Penal.** vl. 1. São Paulo: Editora Revista dos Tribunais, 2010, pp. 33-62, pp. 57-59.

pode estar dissociado do "ser", a moldura normativo-penal, representada pela existência, principalmente, das normas penais incriminadoras e dos dispositivos legais relativos aos instrumentos de persecução criminal, deve guardar plena relação com o contexto social que se propõe a regular e a proteger. E, considerando que a sociedade passou por radicais transformações nas últimas décadas impulsionadas por plúrimas fontes, é reclamado um estudo analítico das opções político-criminais para concluir se houve, por elas, o acompanhamento das mutações sociais experimentadas.

Ainda que não seja possível desprezar o êxito de movimentos criminológicos que levaram à adoção de medidas alternativas ao cárcere e ao próprio processo penal, assim como propiciaram a aceitação da justiça negociada hábil à evitação da demanda criminal judicial e, em consequência, da aplicação da pena privativa de liberdade,[19] é uníssono na doutrina a constatação da denominada expansão do Direito penal. Afirma-se, no plano político-criminal, que nas últimas décadas houve uma expansão tanto quantitativa, quanto qualitativa, com o surgimento de mais normas penais incriminadoras (em especial com a criminalização de condutas ofensivas a bens jurídicos difusos), o incremento do sancionamento de condutas ilícitas, a aceitação da antecipação da punição para o risco de lesão (crimes de perigo, delitos de mera conduta e responsabilização penal de condutas tentadas), as inovações relativas aos meios de persecução criminal e a adoção de novas técnicas de imputação destinadas ao alargamento da responsabilidade.

Diversas são as críticas ao hodierno caráter expansionista do Direito penal, adjetivado de "simbólico", "midiático", "demagogo" e "de emergência", "demasiadamente alargado" e "orientado pelo medo e pela insegurança". Tal expansão seria pautada por um "Direito penal do risco"

[19] De fato, não se pode desconsiderar que correspondem a opções político-criminais aquelas que materializam medidas alternativas ao processo e ao cárcere, as quais geraram efeito contrário à referida expansão. E, no Brasil, diversas foram as opções político-criminais nesse sentido nas últimas décadas: penas restritivas de direitos alternativas à privação da liberdade, suspensão condicional da pena, composição de danos civis, transação penal, suspensão condicional do processo, colaboração premiada, e, recentemente, o acordo de não persecução penal, que contou com enorme alargamento das hipóteses de seu cabimento, estabelecendo a possibilidade do benefício para infrações penais com pena mínima inferior a quatro anos, praticadas sem violência ou grave ameaça.

defensivo da ordem social, orientado pela opinião pública punitivista, sendo, assim, meramente efêmero e sem racionalidade normativa, representado pela incorporação da tutela penal de bens jurídicos universais ou coletivos, pelo incremento de condutas puníveis identificadas pelos delitos de perigo abstrato, pelo uso de regulamentos e normas de categorias inferiores mais hábeis à atuação intervencionista, bem como pelas premissas do denominado "direito penal do inimigo".[20]

Se é certo que pressões populares e midiáticas punitivistas representam enormes combustíveis para o poder político deixar a sua inércia em prol de inovações normativo-criminais, também é inequívoco que a modernidade trouxe uma humanidade com profundas mutações quanto ao modo de vida social, fatores que geraram intensos efeitos nas obrigações estatais destinadas ao atendimento aos anseios protetivos individuais e coletivos. De fato, no âmbito dos atuais Estados de "Bem-Estar Social" ou "Estados-Providência"[21], houve potencialização das exigências sociais de maior intervenção estatal protetiva, inclusive por meio da tutela penal, aos interesses coletivos postos em maior risco, isso em decorrência do reconhecimento, pela sociedade hodierna, do aumento quantitativo e qualitativo dos riscos, que é diretamente proporcional à sensação de insegurança.

[20] Nesse sentido: exauriente pesquisa de diversas fontes doutrinárias é encontrada na doutrina de Alexandre Rocha Almeida de Moraes (MORAES, Alexandre Rocha Almeida de. **Direito penal racional:** propostas para a construção de uma teoria da legislação e para uma atuação criminal preventiva. Curitiba: Juruá, 2016, pp. 124-136 e 175-178 – especificamente sob o manto de um "Direito penal do risco" representativo de uma "emergência penal"); com críticas a respeito desse Direito penal expandido, orientado pelo "risco, medo e segurança", "de emergência", "simbólico" e "midiático": CALLEGARI, André Luís e WERMUTH, Maiquel Ângelo Dezordi. **Sistema Penal e Política Criminal**. Porto Alegre: Livraria do Advogado Editora, 2010; Ana Elisa Liberatore Silva Bechara (Discursos de emergência e política criminal: o futuro do direito penal brasileiro. **Revista da Faculdade de Direito da Universidade de São Paulo**, v. 103, pp. 411-436, jan./dez. 2008, p. 422) agrega a influência da mídia e dos interesses populistas políticos às causas do surgimento do "Direito penal de emergência".

[21] São aqueles pautados por missões constitucionais alargadas para a outorga de garantias de vida para além da simples sobrevivência, com a concessão de tutelas em prol da preservação da qualidade de vida. Estudo a respeito da relação entre o Direito penal e o tipo de Estado no qual ele se insere pode ser encontrado em: MORAES, Alexande Rocha Almeida de. **Direito penal racional**... *op. cit.*, 2016, pp. 40-58.

Nesse sentido, escorado nas premissas de que a expansão do Direito penal é uma realidade concreta e irreversível, e que há, atualmente, maior exigência social de proteção estatal, Jesús María Silva Sánchez[22] afirma serem causas impulsionadoras dessa expansão, além dos afirmados novos riscos decorrentes da complexidade da sociedade pós-moderna (ocasionados, em especial, pela massiva circulação de informações e pelas novas técnicas de produção), também o crescimento da sensação de insegurança (potencializada pelas novas tecnologias da comunicação e pelo sensacionalismo midiático); o descrédito das instâncias de proteção diversas da penal; a atuação dos "gestores atípicos da moral" (que clamam pela intervenção criminal em searas específicas não reconhecidas anteriormente como passíveis de intervenção); o aumento dos sujeitos passivos, a identificação social com a vítima e a vitimização social em face da "criminalidade dos poderosos"; a realidade da integração supranacional; bem como a influência da globalização econômica, política, cultural, das comunicações e dos transportes.

Não há dúvida, portanto, que a expansão do Direito penal representa um multifacetado fenômeno de política criminal responsável pelo aumento da aplicabilidade repressiva, correspondendo ao crescente uso dos mecanismos punitivos para a pacificação social, com o consequente incremento da tipificação criminal de condutas, algumas delas relacionadas a setores da vida comunitária até há pouco alheios à intervenção penal. Ocorre que Silva Sánchez explica que a expansão não é necessariamente representativa de um "direito penal de emergência" ou "simbólico", uma vez que, a partir de uma detalhada análise da sociedade pós-industrial, conclui que a base da expansão é o aumento da demanda criminal em razão da complexificação do mundo moderno, da globalização, das demandas criminais internacionais, do surgimento de novas condutas e novos conflitos sociais. O Direito penal mínimo somente seria possível no contexto de um Estado mínimo; e, no atual "Estado-providência", com a outorga constitucional de maiores deveres prestacionais ao Estado e o reconhecimento de diversos objetos passíveis de tutela estatal (inclusive de natureza difusa e coletiva), a instrumentalização do Direito penal é uma necessidade para conceder as correspondentes garantias de proteção.

22 Silva Sánchez, Jesús Maria. **La Expansión del Derecho Penal**: aspectos de la Política criminal en las sociedades postindustriales. 3. ed. ampl., Buenos Aires: Editorial IBdeF, 2011.

Sob tal raciocínio é que será escorada a conclusão pretendida neste escrito: que a influência das mutações sociais nas mais complexas e potencialmente lesivas formas de criminalidade (em especial a organizada) ocasionaram um exponencial incremento das mazelas aos direitos fundamentais e, como consequência, houve a resposta do Estado, por meio da expansão do Direito penal, almejando a proteção dos titulares de tais direitos lesados.

5. O incremento das ações da criminalidade organizada por fatores sociais modernos e o consequente aumento das mazelas aos direitos fundamentais.

Dentro de uma realidade moderna moldada por diversas mutações sociais, apresenta-se como lógica a conclusão quanto à certeza de também o contexto criminológico ter sido marcado por modificações sensíveis. Esse raciocínio, obviamente, decorre da premissa de a infração penal ser um fato social. Assim, se a sociedade se transformou, em consequência, as relações interpessoais mudaram, entre elas aquelas configuradoras dos ilícitos.

Como acima afirmado, as mutações sociais das últimas décadas trouxeram maior insegurança coletiva e individual, novos riscos e novas maneiras de ofensas a direitos fundamentais. Se projetada essa realidade no contexto da criminalidade de grupo, a conclusão é a exponencial potencialização das ações vulnerantes aos bens jurídicos. Isso em razão de a singular conformação humana da criminalidade plurissubjetiva, por si só, já representar maior probabilidade de alcance dos desideratos ilícitos. De fato, é notório que sempre que um ser humano se une a outro há nítido incremento da probabilidade de juntos alcançaram o intuito perseguido, se comparado com a atuação meramente individual.

Entre os apontados fatores responsáveis pela expansão do Direito penal, a macrocriminalidade foi sensivelmente impactada pela globalização (especificamente no plano da transnacionalidade econômica e financeira), pela revolução tecnológica e pela evolução dos meios de comunicação e de informação.[23] Disso decorreu o aprimoramento dos

[23] A respeito dos impactos desses fatores na criminalidade hodierna vale repisar explicação da Comissão Europeia em comunicado sobre a estratégia de segurança da União Europeia para os anos de 2020 a 2025: "A globalização, a livre circulação e a transformação digital

meios de empreendimento das práticas delituosas pelos agrupamentos ilícitos, com aumento humano quantitativo (com mais pessoas empregadas nas atividades delituosas) e qualitativo (com o recrutamento de agentes com maior nível de profissionalização); com o intenso emprego de técnicas operacionais escusas; e com o incomensurável uso dos meios de comunicação para a imediata circulação das informações responsáveis pela estruturação e pelo engendramento das práticas criminosas, o estabelecimento das rotinas funcionais dos integrantes do grupo, bem como a manutenção da hierarquização da linha de comando. E, como consequência:

> adveio a certeza de maior efetividade no alcance das finalidades ilícitas dessa espécie de agrupamento de pessoas, ou, por outras palavras, foram constatados mais crimes realmente concretizados, maior presteza e exatidão no atingimento dos resultados almejados, e, em consequência, maiores danos a bens jurídicos constitucionalmente protegidos.[24]

Em profundo estudo constitucional a respeito da segurança, o professor José Julio Fernández Rodríguez, da Universidade de Santiago de Compostela, lembrando a hodierna atuação das facções criminosas brasileiras (Primeiro Comando da Capital e Comando Vermelho), assegura que nos últimos anos houve incremento da problemática relativa à criminalidade organizada em decorrência da sua transformação, tornando-se, atualmente, transnacional e flexível, com enorme capacidade de adaptação e de ação hábil a debilitar aos Estados e a rebaixar a qualidade da democracia, bem como de alterar a percepção cidadã quanto aos deveres cívicos. Afirma, ainda, que as organizações criminosas con-

continuam a trazer prosperidade, a tornar as nossas vidas mais fáceis e a estimular a inovação e o crescimento. Mas estes benefícios comportam riscos e custos. Podem ser manipuladas pelo terrorismo, pela criminalidade organizada, pelo tráfico de drogas e pelo tráfico de seres humanos, que constituem ameaças diretas aos cidadãos e ao nosso modo de vida europeu. Os ciberataques e a cibercriminalidade continuam a aumentar. As ameaças à segurança estão, por outro lado, a tornar-se mais complexas: valem-se das potencialidades do trabalho transfronteiriço e da interconectividade; exploram a indefinição das fronteiras entre o mundo físico e o mundo digital; aproveitam-se dos grupos vulneráveis e das divergências sociais e económicas" (disponível em EUR-Lex – 52020DC0605 – EN – EUR-Lex (europa.eu), acesso em 13.11.2022).

[24] Santa Terra Júnior, João. **PCC a organização criminosa**... *op. cit.*, 2021, p. 237.

taram com o auxílio da tecnologia para ganharem eficácia e ampliarem suas funções e capacidades, e que as suas ações geram uma cultura criminal que contraria o interesse comum que dificulta o avanço democrático nas sociedades em que se enraízam, habitualmente ocasionando a corrupção e a lavagem de dinheiro. Relembra, ainda, que o legislador espanhol destacou a relevância do fenômeno da criminalidade organizada no preâmbulo da Ley 8/2011, de 28 de abril, que estabelece medidas para a proteção das infraestruturas críticas, ao elencar o crime organizado como um dos novos riscos à segurança nacional, em grande medida ocasionado pela globalização.[25]

Flávio Cardoso Pereira, de maneira contundente, afirma que a delinquência organizada, caracterizada pela alta sofisticação e logística empresarial, representa "nos dias de hoje um desafio sem precedentes a ser enfrentado pelos órgãos de persecução criminal e, por que não dizer, pela própria comunidade internacional". Assegura que um dos "efeitos perversos" da globalização foi o desenvolvimento, "com dimensões que não possuem precedentes, de uma criminalidade internacional", "global" ou "globalizada", marcada pela proliferação das atividades ilícitas e o incremento na intensidade e alcance das suas ameaças. Ademais, também imputa como causas para essa expansão da criminalidade para o patamar global o desenvolvimento tecnológico dos meios de comunicação e o aumento das transações bancárias internacionais, acrescentando, ainda, a reafirmação do tráfico de drogas como um mercado internacional sólido e atrativo, em especial após o final da Guerra Fria.[26]

Se a globalização e a tecnologia foram, nas últimas décadas, fatores imprescindíveis à sociedade, em especial para a geração de comodidades, oportunidades, empregos e riquezas, com razão os citados autores ao constatarem que também impactaram de maneira crucial a criminalidade.

No contexto das organizações criminosas, o desenvolvimento de meios globais de escoamento de produtos e de prestação de serviços, a consolidação de mercados consumidores mundiais, bem como a trans-

[25] Fernández Rodríguez, José Julio. **Seguridad(es) en un futuro incierto (un estudo jurídico constitucional).** 1 ed. Pamplona: Thomson Reuters Aranzadi, 2020, p. 64-65.

[26] Pereira, Flávio Cardoso. **Crime organizado e sua infiltração nas instituições governamentais.** São Paulo: Editora Atlas, 2015, pp. 26-28.

nacionalidade econômica e financeira, são algumas das consequências da globalização que possibilitaram que as atividades ilícitas por elas perpetradas transcendessem o âmbito de um pequeno território ou mesmo de um único país. Assim como a atuação empresarial lícita hoje não encontra barreiras físicas ou continentais, o mesmo ocorre com a atividade criminosa organizada. Nesse palco, ainda, não pode ser esquecida a constante influência dos paraísos fiscais para a ocultação internacional do capital ilícito angariado com o empreendimento delituoso organizado.

Quanto às tecnologias, foi no plano das comunicações e do fluxo de informações que ocorreu a principal avalanche de inovações que intensamente impactaram a criminalidade organizada, sendo que, atualmente, já identificamos uma segunda onda revolucionária responsável pelo surgimento das novas tecnologias da informação e da comunicação (NTIC).

De início, a maior revolução tecnológica das comunicações foi, sem dúvida, a solidificação social da desnecessidade de aproximação física para a transmissão da informação ao interlocutor. Com os aparelhos celulares, a *internet* e os aplicativos de comunicação instantânea, eclodiram as comunicações virtuais e imediatas, o que possibilitou o alcance, pelas organizações criminosas, do almejado distanciamento físico entre os executores das atividades delituosas e aqueles responsáveis pelo comando dos grupos criminosos, tão necessário para a blindagem das identidades destes. Houve, ainda, a possibilidade da dinamização da composição humana das organizações criminosas, que atualmente podem ser integradas por quem esteja nas mais remotas partes do globo, dada a imediatidade para a manutenção do contato virtual entre os seus integrantes.[27] Destaca-se, também, o emprego da criptografia nos

[27] Exemplo de favorecimento à expansão das atividades da criminalidade organizada em razão das tecnologias da comunicação e da informação identifica-se no alastramento das atividades delituosas das facções criminosas brasileiras para fora do ambiente no qual suas cúpulas se encontram recolhidas, ou seja, os cárceres, motivado principalmente pelo surgimento da telefonia móvel. Demonstração da correlação entre a evolução tecnológica das comunicações e o desenvolvimento organizacional do Primeiro Comando da Capital encontra-se em: Santa Terra Júnior, João. **PCC a organização criminosa...** *op. cit.*, 2021, pp. 136-167. Ademais, tamanha foi a constatação do favorecimento das tecnologias da informação e da comunicação no empreendimento delituoso das organizações criminosas, que a legislação espanhola passou a prever, como causa de aumento de pena para os delitos de participação em organização criminosa e em grupo criminoso, a disponibilidade, por tais ilí-

meios de comunicação, o qual, se de um lado garante a imprescindível segurança à intimidade e à privacidade dos usuários lícitos, no plano da persecução criminal é capaz de gerar a ocultação das identidades dos interlocutores e, em consequência, entraves à responsabilização dos atores da delinquência organizada.

Ademais, as novas tecnologias da comunicação e da informação, como as redes privadas virtuais (*virtual private network* – VPN) usadas para a manutenção de comunicações e acessos ocultos a ambientes virtuais, o fluxo de informações pela *deep web* (composta por domínios não indexados, ou seja, não encontrados em buscadores comuns) e pela *dark web* (a camada mais oculta da *deep web* em razão do emprego de criptografia extremamente complexa, da alteração de *proxy* e de navegadores com distribuição de acesso), bem como a potencialização do manejo da inteligência artificial (*machine learning*), do *big data*, da IOT (internet das coisas), do *blockchain* (cadeia de blocos) e do 5G, levaram à criminalidade organizada a um patamar inimaginável no tocante à vulneração dos bens jurídicos e à estruturação da anonimização das identidades dos componentes dos agrupamentos delituosos.[28]

Sendo certo, portanto, que as mutações sociais das últimas décadas realmente propiciaram um fértil ambiente para a estruturação e a solidificação da expansão da criminalidade organizada, houve, em consequência, a potencialização das suas ações ilícitas, do que decorreu um exponencial abalo na ordem jurídica, no regime democrático e na tutela dos direitos fundamentais. Assim, a delinquência organizada hodierna consubstancia-se, sem dúvida, em uma das maiores fontes de produção de ofensas aos bens jurídicos. Nesse sentido, Daniel Sansó-Rubert Pascual, depois de identificar elementos conformadores da criminalidade organizada que embasam a sua potencialidade lesiva

citas associações de pessoas, de meios tecnológicos avançados de comunicação ou de transporte que, por suas características, resultem especialmente aptos a facilitar a execução dos delitos ou a impunidade dos culpáveis (artigo 570 *bis*, 2, c; artigo 570 *ter*, 2, c, do Código Penal da Espanha).

[28] "Se calcula que sólo en Europa están activas alrededor de tres mil seiscientas asociaciones criminales jerárquicamente estructuradas y que proyectan sus actividades ilícitas en numerosos paises, gracias al uso de las nuevas tecnologias aplicadas a las telecomunicaciones e internet" (Aboso, Gustavo Eduardo. **Criminalidad Organizada y Derecho Penal.** Buenos Aires/Montevideo: Editorial Bdef, 2019, p. 4).

(a sua força intimidatória, a sua capacidade regulatória dos mercados e o êxito da economia criminal decorrente, a sua conotação transnacional e a influência expansiva das suas subculturas delitivas),[29] assegura que essa espécie de delinquência é responsável por uma plêiade de ameaças "assimétricas" ou "de quarta geração", que vulneram tanto a segurança e a resposta jurídico penal, como também o domínio social, a legitimidade institucional, a defesa da nação, a democracia, o exercício dos direitos e das liberdades fundamentais, a gestão política e, por extensão, o Estado de Direito e o sistema democrático constitucional.[30]

6. Reflexos da realidade da criminalidade organizada na expansão do Direito penal.

A partir das premissas postas, ou seja, (i) que compete ao Estado a integral tutela dos direitos fundamentais, tanto na vertente da proibição do excesso (negativa), quanto na vedação da proteção insuficiente (positiva), (ii) que as mutações ocorridas na sociedade moderna demandaram o irrefreável aumento quantitativo e qualitativo da tutela penal, (iii) que essa intervenção criminal estatal decorre do dever constitucional de outorga da segurança aos bens jurídicos de maior valia na sociedade, (iv) que as mutações sociais impactaram vertiginosamente o empreendimento delituoso organizado, ampliando a dimensão das suas ações ilícitas, (v) que a criminalidade organizada é, na atualidade, uma das maiores fontes de vulneração aos direitos fundamentais, e (vi) que as organizações criminosas hodiernas possuem atuação transnacional,

[29] Sansó-Rubert Pascual, Daniel. **Democracia sin democracia: el escudo constitucional frente al poder del crimen organizado.** 1 ed. A Coruña: Editorial COLEX, 2022, pp. 73-99. Como constou em comunicado da Comissão Europeia sobre a Estratégia da União Europeia para a União da Segurança, de 24 de julho de 2020 (disponível em https://eur-lex.europa.eu/legal-content/PT/TXT/?qid=1596452256370&uri=CELEX%3A52020DC0605, acesso em 13.11.2022; e notícia do sítio eletrônico da União Europeia disponível em https://ec.europa.eu/commission/presscorner/detail/pt/ip_20_1379, acesso em 13.11.2022), mais de cinco mil grupos de criminalidade organizada foram investigados na Europa em 2017 (o que representou um aumento de cinquenta por cento em relação a 2013), e são enormes os custos econômicos e pessoais das ações da criminalidade organizada, estimando-se que a perda econômica derivada dela e da corrupção represente entre 218 e 282 mil milhões de euros por ano (em termos de Produto Interno Bruto – PIB, de acordo com relatório da Europol *"Does crime still pay?" – Criminal asset recovery in the EU*, 2016).

[30] Sansó-Rubert Pascual, Daniel. **Democracia sin democracia...** *op. cit.*, 2022, pp. 101-102.

sendo objeto de preocupação de plúrimos órgãos estatais internacionais, é possível alcançar a seguinte conclusão: para assegurar a proteção à sociedade a política criminal mundial não poderia se quedar inerte, sendo dela reclamada uma resposta normativa proporcional ao tamanho das ações ofensivas perpetradas pela delinquência organizada.

Tomando por base a proporcionalidade para o balizamento das ações de política criminal, é fácil constatar que os mecanismos de enfrentamento à criminalidade existentes no século passado não eram hábeis à contenção da atual danosidade social ocasionada não apenas pela pluralidade de ofensas materiais a bens jurídicos, como, também, pelo enorme abalo social emanado da potencialidade lesiva a direitos fundamentais gerado pela mera existência de um grupo criminoso organizado. Houve a necessidade de evolução da legislação repressiva mundial para fazer frente à complexidade estrutural e organizacional da atual macro delinquência, com a criação de novos mecanismos de investigação em prol da descoberta dos meios de execução das suas finalidades ilícito-associativas e das identidades de seus membros, e com o estabelecimento de métodos de imputação de responsabilidade penal condizentes à tal realidade criminológica. Como assegura LAURA ZUÑIGA RODRÍGUEZ, centrada na premissa da proporcionalidade e na postura de diferenciação da intervenção penal em função da danosidade social dos comportamentos, não é possível propor uma intervenção penal mínima diante de uma forma de criminalidade tão daninha para a sociedade como é a delinquência organizada.[31]

Imputa-se ao fenômeno mafioso o estopim para o início da mobilização internacional para o desenvolvimento de estudos para a compreensão da atuação dos agrupamentos de pessoas estruturados para práticas delitivas, o que foi realizado a partir da segunda metade do século passado em congressos da Organização das Nações Unidas. Por meio de tais discussões duas premissas passaram a ser fincadas: a certeza das intensas mutações nas formas de prática de delitos pela criminalidade de grupo, e a imprescindibilidade de regulamentações normativas uníssonas quanto

[31] ZUÑIGA RODRÍGUEZ, Laura. Modelos de política criminal frente a la criminalidad organizada: entre eficacia y garantías. **Revista Brasileira de Ciências Policiais**. Brasília, v. 11, n. 1, p. 133-180, jan./abr. 2020, p. 160. Disponível em: https://periodicos.pf.gov.br/index.php/RBCP/article/view/700. Acesso em 14.11.2022.

ao enfrentamento a tal delinquência, isso no tocante a todos os Estados por ela afetados.[32] Assim, em dezembro de 1990, pela resolução 45/108, a Assembleia Geral da ONU criou o Programa das Nações Unidas de Prevenção ao Crime e de Justiça Criminal, pelo qual foi constituída a Comissão de Prevenção do Crime e Justiça Criminal, vinculada ao Conselho Econômico da ONU (ECOSOC), que elegeu a criminalidade organizada como pauta prioritária.

Como resposta internacional a gravíssimos acontecimentos da época, ou seja, retaliações da máfia contra as forças públicas, em especial aquelas que ocasionaram, em 1992, os homicídios de Paolo Borsellino e Giovanni Falcone, Magistrados (com funções de Ministério Público) ícones no enfrentamento às ações mafiosas, a Itália foi palco do surgimento dos primeiros documentos internacionais destinados à adoção de medidas obstativas à expansão e à diversificação das organizações criminosas: a Declaração Política de Nápoles e o Plano de Ação Global contra o Crime Organizado ("Declaração de Nápoles" - resolução 49/159, de 23 de dezembro de 1994), que foram resultado da Primeira Conferência Mundial sobre o Crime Organizado Transnacional, ocorrida em Nápoles, em novembro de 1994; e a Convenção contra o Crime Organizado Transnacional, adotada pela Assembleia Geral da Organização das Nações Unidas por intermédio da Resolução 55/25, de 15 de novembro de 2000 (somente promulgada no Brasil em 12 de março de 2004, pelo decreto 5.015), assinada em Palermo.

A Convenção de Palermo foi um marco normativo internacional composto por um conjunto principiológico mínimo para a padronização do enfrentamento às organizações criminosas, norteado pelo fomento ao fortalecimento da cooperação entre os Estados em prol da prevenção e do enfrentamento eficaz às ações da criminalidade organizada tanto no âmbito interno das nações, como nos planos regional e internacional. Assim, os Estados signatários comprometeram-se a realizar a interiorização das normas da Convenção nas suas legislações nacionais, o que impulsionou verdadeira expansão do Direito penal interno das

[32] Conclusão alcançada a partir da constatação de que a atuação das organizações criminosas passou a ser transnacional, de maneira que as ameaças por elas ocasionadas replicavam em diversos territórios, o que demandava a necessidade de unicidade na compreensão daquele fenômeno criminológico em busca de soluções preventivas e repressivas.

Nações. Entre as normas da Convenção de Palermo impositivas de obrigações com reflexo direto no aumento da intervenção penal nos Estados signatários, em prol do combate às organizações criminosas, é possível destacar: a determinação da obrigatoriedade de criação, pelos Estados-parte, de normas penais incriminadoras para a punição da participação em grupo criminoso organizado, da lavagem de dinheiro, da corrupção e da obstrução da justiça; a obrigatoriedade da responsabilização da pessoa jurídica utilizada nas ações da delinquência organizada; a imposição de obrigação, aos Poderes Legislativos, de estabelecimento de sanções que levassem em conta a gravidade dos crimes indicados na Convenção, bem como a fixação de prazos maiores de prescrição para o início do processo, em especial na hipótese de o infrator evitar a administração da Justiça; e a determinação de adoção de efetivas medidas para o confisco de bens que fossem produtos de infrações penais (ou que correspondessem aos valores e aos rendimentos desses produtos) ou instrumentos empregados ou destinados à prática dos crimes previstos na Convenção.[33]

Após o advento da Convenção de Palermo o mundo foi abalado por atentados terroristas que impulsionaram ainda mais a expansão do Direito penal. As ações das organizações criminosas terroristas foram elevadas à categoria de principal fonte de insegurança nas sociedades e passaram a ser pauta político-criminal mundial, com a edição de diversas resoluções do Conselho de Segurança da ONU[34] que tinham como uma das metas o convencimento dos Estados ao recrudescimento do

[33] Não se pode olvidar que a Convenção contra o Crime Organizado Transnacional contou, ainda, com Três Protocolos complementares que trouxeram mais premissas responsáveis pela expansão do Direito penal: o **Protocolo para Prevenir, Reprimir e Punir o Tráfico de Pessoas, especialmente de Mulheres e Crianças**, que apresentou a primeira definição global acordada sobre tráfico de pessoas; o **Protocolo contra o Tráfico de Migrantes por Terra, Mar e Ar**, que trouxe a primeira definição global de contrabando de migrantes e objetivou prevenir e combater tal crime; e o **Protocolo contra a Fabricação e o Tráfico Ilícito de Armas de Fogo, suas Peças e Componentes e Munições**, que objetivou a prevenção e o enfrentamento a tal crime por meio de obrigações assumidas pelos Estados-parte referentes à adoção de medidas para marcação e rastreamento de armas de fogo, para o controle da fabricação e distribuição lícitas delas baseadas em autorizações governamentais, e para a tipificação penal relacionada à fabricação e ao tráfico ilegal dessas armas.

[34] Por exemplo, as resoluções: 1368, 1373, 1377, de 2001; 1438, 1440, 1450 e 1452, de 2002; 1455, 1456, 1465 e 1516, de 2003; 1526, 1530, 1535 e 1566, de 2004; 1611, 1617, 1618, 1624 e 1631; e, mais recentes, 2133 e 2178, de 2014. Disponíveis em https://www.un.org/security-council/content/resolutions-adopted-security-council-2005, acesso em 14.11.2022.

enfrentamento a tal criminalidade. Como consequência, houve profundos impactos nas disposições legais internacionais e na interiorização de medidas para a segurança interna, com o surgimento de figuras normativas incriminadoras para a punição dos atos terroristas, do seu financiamento e da sua incitação, bem como da participação em grupos terroristas.

A interiorização das disposições da Convenção de Palermo no solo brasileiro foi tardia. Somente em 2012 veio a primeira definição normativa a respeito de organização criminosa, no artigo 2º, da lei 12.694, e, apenas em 2013, com a lei 12.850 (lei das organizações criminosas), surgiu a primeira tipificação penal incriminadora do delito de organização criminosa. Também nesta lei 12.850/2013 foi prevista a tipificação penal incriminadora da prática da obstrução à justiça em investigação relativa à organização criminosa.

No tocante ao combate à lavagem de dinheiro, tão imprescindível no contexto do enfrentamento à criminalidade organizada, ainda que o Brasil tenha sido signatário da Convenção de Viena de 1988 (assinada e internalizada em 1991), somente em 1998, com a lei 9613, adveio a norma penal incriminadora tipificando tal conduta, porém, em descompasso com as premissas internacionais, tendo ocorrido sua revisão pela lei 12.683/2012, com a extinção do rol dos crimes antecedentes, o incremento na severidade das punições e o aumento dos integrantes do grupo dos obrigados a efetuarem comunicações de operações suspeitas ao órgão de inteligência financeira (COAF-UIF).

Com relação ao terrorismo, a regulamentação normativa para o inciso XLIII, do artigo 5º, da Constituição de 1998, surgiu somente em 2016, com a lei 13.260, com a tipificação incriminadora da sua prática, bem como as tipificações penais das condutas de participação em organização terrorista ou auxílio a ela, de realização de atos preparatórios terroristas, de recrutamento, transporte e fornecimento de munições ou treinamento para pessoas responsáveis pela prática de atos terroristas, de entrega ou recebimento de serviços, bens, valores ou ativos destinados à prática dos crimes previstos em tal lei de terrorismo e de financiamento de pessoa ou grupo terrorista. Ademais, a lei brasileira sobre o terrorismo estabeleceu medidas judiciais assecuratórias de bens, direitos e valores do investigado pelos crimes nela previstos.

E, quanto às medidas persecutórias para a constrição de bens e valores da criminalidade organizada, também tardias foram as interiorizações das disposições da Convenção de Palermo. Em 2012, a lei 12.694 normatizou a possibilidade de adoção de medidas assecuratórias quanto aos bens ou valores equivalentes do investigado ou do acusado, bem como a possibilidade de decretação da perda de bens ou valores equivalentes ao produto ou proveito do crime quando estes não forem encontrados ou se estiverem localizados no exterior (promovendo modificações no artigo 91, do Código Penal); ademais, trouxe, para o Código de Processo Penal (inserindo o artigo 144-A), disposições concernentes à decretação da alienação antecipada para preservação dos bens sempre que estiverem sujeitos a qualquer grau de deterioração, ou quando houver dificuldade para sua manutenção. E, mais recentemente, com a lei 13.964/2019, inovou a legislação pátria com a previsão do confisco alargado (inserindo o artigo 91-A ao Código Penal), ou seja, a possibilidade de, na sentença criminal condenatória para crime com pena máxima cominada superior a seis anos de reclusão, o juiz decretar a perda, como produto ou proveito do crime, dos bens relativos à diferença entre o valor do patrimônio do condenado e aquele que seja compatível com o seu rendimento lícito; e esta lei também estabeleceu a obrigatoriedade de declaração de perda de instrumentos utilizados para a prática de crimes por organizações criminosas e milícias, ainda que não ponham em perigo a segurança das pessoas, a moral ou a ordem pública, nem ofereçam sério risco de serem utilizados para o cometimento de novos crimes.

7. Conclusão.

Os exemplos de inovações legislativas acima apresentados atestam que, nas últimas décadas, houve consenso global a respeito da imprescindibilidade de expansão do Direito penal em decorrência da preocupação mundial com as incomensuráveis mazelas ocasionadas pela dinamização das atuações das organizações criminosas. Esse alerta internacional com a insegurança social gerada pela criminalidade organizada permanece mesmo após mais de duas décadas do advento da Convenção de Palermo, como reforçado, por exemplo, na estratégia de segurança da União Europeia para os anos de 2020 a 2025,[35] com propostas de enfrenta-

[35] Disponível em https://eur-lex.europa.eu/legal-content/PT/TXT/?qid=1596452256370&uri=CELEX%3A52020DC0605, acesso em 15.11.2022.

mento, tanto no âmbito físico como no digital (virtual), consubstanciadas, principalmente, em plano de ações contra a clandestina migração para a minimização do tráfico de seres humanos, na estruturação de programas para o combate aos tráficos de drogas e de armas de fogo, na detecção de ameaças híbridas terroristas e do crime organizado, no incremento da cibersegurança e na sedimentação da necessidade de reforço da legislação relativa à segurança nas fronteiras.

Nesse contexto, portanto, reafirma-se o quanto acima exposto, que a criminalidade organizada moderna é, de fato, uma das mais relevantes fontes de impulsionamento para o aumento quantitativo e qualitativo da intervenção protetiva estatal por meio do Direito penal. Tal conclusão não significa admitir que a tutela penal deva ser a única via posta à disposição do Estado para a proteção dos direitos fundamentais lesados pela criminalidade organizada. Não há dúvida que a intervenção criminal sempre será tardia, virá após a prática da infração penal e a geração da ofensa ao bem jurídico, e que, em regra, não atua nas causas do fenômeno criminal. Porém, isso não retira a sua imprescindibilidade, por corresponder a uma tutela de contenção ao desenvolvimento dessa ilícita atuação extremamente danosa, bem como de dissuasão para os seus autores. Ocorre que, para a efetiva redução das drásticas ofensas sociais ocasionadas pela criminalidade organizada é imprescindível a conjugação da efetiva tutela penal de contenção e dissuasão com a adoção, pelo Estado, de medidas preventivas e extrapenais (sociais, econômicas e culturais), nos moldes da terceira via de política criminal proposta por LAURA ZUÑIGA RODRIGUEZ[36], que seja distanciada tanto da ideia de combate a um inimigo, como das premissas monoculares garantistas capazes de levaram à ausência de ações repressivas contra a criminalidade organizada.

[36] ZUÑIGA RODRÍGUEZ, Laura. Modelos de política criminal... *op. cit.*, 2020, pp. 152-162. Esse modelo política-criminal, que parte da premissa da imprescindibilidade tanto da tutela penal para o enfrentamento à criminalidade organizada, como do emprego, pelo Estado, de medidas extrapenais proativas de prevenção, foi o norte das conclusões apresentadas para a minimização das exponenciais mazelas sociais ocasionadas pelas delituosas ações da maior facção criminosa brasileira, o Primeiro Comando da Capital, em: SANTA TERRA JÚNIOR, João. **PCC a organização criminosa**... *op. cit.*, 2021, pp. 349-361.

Procurou-se, portanto, com esse trabalho, demonstrar que:

- a política-criminal corresponde à função estatal de estruturação e delimitação do emprego do Direito penal na sociedade por meio do exercício do poder de decisão quanto às suas hipóteses de intervenção, a eleição dos bens jurídicos a serem protegidos e a amplitude da abrangência qualitativa e quantitativa da tutela penal, sendo que nela se insere, portanto, a temática da expansão do Direito penal;
- em face da existência, na sociedade hodierna, de enorme quantidade de lesões ocasionadas por terceiros a interesses de reconhecida valia para o ser humano, bem como da atestada ineficácia de tutelas estatais distintas da criminal para a materialização da pacificação social em tais hipóteses, não há como dar guarida aos movimentos de deslegitimação do Direito penal que concluem pela necessidade da sua abolição;
- decorre do sistema constitucional brasileiro a obrigatoriedade de o Estado proteger de maneira integral os direitos fundamentais, tanto por mecanismos de controle contra os excessos, do próprio Estado, em intervenções desmedidas nas liberdades individuais (princípio da proibição do excesso estatal), quanto pela exigência de uma postura proativa para a outorga de segurança, aos titulares daqueles direitos, em casos de terceiros, por condutas criminosas, causarem eminentes riscos de lesões ou efetivas ofensas a eles (princípio da vedação da proteção deficiente);
- em face das inequívocas hipóteses de lesões a bens jurídicos decorrentes da atuação da criminalidade organizada, uma proposta de política criminal nessa seara que seja pautada por premissas constitucionais deve ser centrada na intervenção estatal em prol do alcance da máxima efetividade dos direitos fundamentais, materializada por um garantismo integral norteado pela proporcionalidade;
- nas últimas décadas diversos fenômenos ocasionaram profundas mutações no comportamento social, as quais acarretaram substancial aumento dos riscos de danos aos valores fundamentais da sociedade e revelaram novas maneiras de serem efetivamente lesados os maiores direitos dos seres humanos;

- considerando que a moldura normativo-penal deve guardar plena relação com o contexto social ao qual terá incidência, com o aumento dos riscos e das lesões aos bens jurídicos, a consequência lógica foi a irrefreável expansão da intervenção penal estatal protetiva;
- também nas últimas décadas o mundo experimentou exponencial aumento das ações danosas da criminalidade organizada, a qual se beneficiou, principalmente, da globalização e da revolução tecnológica das comunicações e das informações para sedimentar a transnacionalidade das suas ilícitas atividades;
- como reação à expansão desse fenômeno criminológico, movimentos internacionais eclodiram e resultaram no surgimento de documentos internacionais consagradores da imprescindibilidade do emprego da tutela penal para o efetivo enfrentamento à delinquência organizada (com destaque para a Convenção contra o Crime Organizado Transnacional, assinada em Palermo, na Itália), que previram a obrigatoriedade de os Estados signatários promoverem modificações nas legislações internas, representativas de uma maior intervenção do Direito penal nessa seara;
- como consequência, portanto, do exponencial incremento da danosidade social ocasionada pelas organizações criminosas, a política criminal do Brasil (signatário da Convenção de Palermo) também foi marcada pela expansão do Direito penal, com o surgimento (tardio) de leis criando novos tipos penais incriminadores, aumentando o sancionamento para integrantes de grupos criminosos e estabelecendo novos instrumentos persecutórios para a desmobilização estrutural e financeira da delinquência organizada;
- por fim, ainda que seja certo que a tutela penal não seja a única via hábil ao enfrentamento das mazelas ocasionadas pelas organizações criminosas, cabendo a ela serem conjugadas medidas preventivas extrapenais, em prol da efetiva proteção integral aos direitos fundamentais, deve-se reconhecer que a expansão do Direito penal foi necessária para fazer frente ao avanço da criminalidade organizada, a qual é capaz de corromper todas as estruturas sociais e debilitar as instituições democráticas do Estado.

CAPÍTULO 5
ORGANIZAÇÕES CRIMINOSAS: ASPECTOS CRIMINOLÓGICOS

Ryanna Pala Veras

1. Introdução

Este breve estudo pretende realçar alguns aspectos importantes da criminologia que surgiram com a criminalização das organizações criminosas. Embora tal nomenclatura tenha sido mundialmente consolidada, no âmbito da criminologia o seu conceito está longe de ser homogêneo, e, consequentemente, várias questões de ordem prática emergem deste fato. Da mesma forma, as leis penais que buscam definir as organizações criminosas necessariamente enfrentam essa questão. Tal dilema não é inédito pois, já ocorreu, por exemplo, na definição dos crimes do colarinho branco, noção que surgiu da sociologia e buscou ser compreendido pelo direito penal em função da sua relevância. Também é notório que mesmo hoje ainda não há um consenso sobre seu conceito jurídico.

Como mencionou Michael Levi não há "*um gene de organização criminosa cujo DNA seja nossa tarefa revelar*"[1]. Tendo isso em mente, será feita uma breve síntese da evolução do pensamento criminológico na modernidade, para que se analise como alguns aspectos das organizações criminosas foram abordados pela criminologia no campo das ideias. Serão

[1] Levi, Michael. Organized Crime and Terrorism *in* Maguire, Mike, Morgan, Rod & Reiner, Robert. **The Oxford Handbook of Criminology.** Oxford: Oxford University Press, 2007.

expostas algumas teorias da criminologia contemporânea que abarcam as organizações criminosas, tanto da perspectiva etiológica (causas do crime), quanto do paradigma da reação social (respostas do sistema penal ao crime).

Mais do que conclusões irrefutáveis, o objetivo de trazer elementos da criminologia para o centro das discussões das organizações criminosas no advento dos dez anos da Lei 12.850, é conscientizar os operadores do direito da sua relevância na perpetuação de padrões de seleção de fatos e rotulação, ou na mudança da forma como o fenômeno do crime organizado é encarado. Cabe a cada um dos agentes da persecução penal, com todos os elementos disponíveis, se questionar qual seu objetivo na atividade persecutória e agir, dentro de sua discricionariedade, da melhor forma a concretizar um direito mais justo, humano e eficiente.

A criminologia estuda o crime de um ponto de vista não normativo. Sua característica principal é a interdisciplinariedade, tem-se estudos do campo da psicologia, filosofia, sociologia, história, entre outros. Por isso, costuma-se questionar se ela seria mesmo uma ciência autônoma. Costuma estudar o crime como um fenômeno histórico/cultural, produzido na sociedade e pela ação de indivíduos. E, dessa forma, fica impossível conceber uma criminologia pura, única e que dê conta de explicar todos os crimes.

2. O crime organizado na dogmática

A organização criminosa não foi especificamente um objeto de estudo da criminologia tradicional. De fato, é possível afirmar que o crime cometido de forma coletiva e em certo grau de organização sempre existiu historicamente. José Paulo Baltazar Júnior menciona os contrabandistas e o bandoleirismo espanhol dos séculos XVII e XVIII, e até mesmo o cangaço brasileiro do começo do século XX[2]. Erick Hobsbawm, ao estudar esses grupos afirmou que *"resistem a obedecer, estão fora do alcance do poder e, portanto, rebeldes potenciais. Na verdade, a palavra bandido provém do italiano bandito, que significa homem banido, posto fora da lei seja por que razão for, ainda que não surpreende que os proscritos se transformassem facilmente em ladrões"*[3].

[2] Baltazar Júnior, José Paulo. **Crime Organizado e Proibição da Insuficiência**. Porto Alegre: Livraria do Advogado, 2010, p. 98-100.

[3] Hobsbawn, Eric. **Bandidos**. Rio de Janeiro: Paz e Terra, 2000, p. 26.

Entretanto, o crescente interesse por estudo dessa forma mais organizada de se praticar delitos se deu com o fortalecimento da máfia italiana e sua expansão nos Estados Unidos no século XX. A máfia italiana existe desde o século XIX, na Sicília, num cenário de desordem, disputa de poder e violência no pós-feudalismo. Posteriormente, no século XX, a máfia se instalou nos Estados Unidos por intermédio de imigrantes italianos e passaram a explorar mercados ilícitos de bebidas e drogas.

Na segunda metade do século XX, com o fortalecimento do mercado do tráfico de drogas, foi notório o crescimento dos cartéis colombianos, como os de Madelin e Cali, e organizações em todos os continentes como a Yakuza no Japão, as Tríades na China e o Comando Vermelho no Brasil por exemplo.

Como consequência ao crescente fenômeno de controle de mercados ilegais pelo crime organizado com o aumento de seu lucro, seu poder, e a transnacionalidade de sua atuação, a comunidade internacional buscou uma forma de criar um tipo específico para a organização criminosa, além de se coordenar para combatê-lo.

Foi nesse contexto que, em 15 de novembro de 2000, foi aprovada pela Assembleia Geral da ONU a Convenção das Nações Unidas contra o Crime Organizado Transnacional, também conhecida como a Convenção de Palermo, que normatizou aspectos relevantes do tema e visou a possibilitar a atuação conjunta e coordenada dos países signatários no tocante à criminalidade organizada.[4]

No seu art. 5º, a Convenção de Palermo estabeleceu o compromisso de os países signatários criminalizarem a participação em grupo criminoso organizado. Além disso, em seu artigo 2º, *a)*, conceituou grupo criminoso organizado como "*grupo estruturado de três ou mais pessoas, existente há algum tempo e atuando concertadamente com o propósito de cometer uma ou mais infrações graves ou enunciadas na presente Convenção, com a intenção de obter, direta ou indiretamente, um benefício econômico ou outro benefício material*".

De fato, o conceito de organização criminosa capaz de abarcar todas as peculiaridades do fenômeno ao redor do mundo é tarefa extremamente complexa. Muito se discutiu na doutrina a respeito de quais

[4] A Convenção de Palermo entrou em vigor no Brasil em 29 de maio de 2003, por meio do Decreto Legislativo nº 231 e foi ratificada pelo Brasil em 12 de maio de 2004 pelo Decreto 5.015.

seriam os elementos essenciais e quais os elementos facultativos para defini-la. Por fim, chegou-se a um consenso de que os elementos essenciais seriam: a participação de mais de duas pessoas; a permanência no tempo ou estabilidade (ou seja, não existe apenas para o cometimento de um crime isolado), propósito central de lucro ou poder (exclui as organizações terroristas), o cometimento de infrações graves. Por esta razão, tais características foram as escolhidas para a elaboração do conceito da Convenção de Palermo.

Existem também, para a doutrina, elementos facultativos ou opcionais que, embora não estejam presentes em todas as organizações criminosas, são características presentes nelas com frequência e que reforçam a sua existência. São eles os principais: sistema de disciplina e controle ou hierarquia, especialização ou divisão de tarefas, uso de violência ou outros meios de intimidação, estrutura empresarial ou comercial, envolvimento de lavagem de dinheiro, atuação além das fronteiras nacionais, influência na política, no setor público, na mídia e na economia.[5]

No Brasil, a primeira lei a tratar especificamente sobre o crime organizado foi a Lei 9.034/95, que se destinava a disciplinar a utilização de meios operacionais para a prevenção e repressão de ações praticadas por organizações criminosas.[6] Essa lei, embora tenha tratado de aspectos da investigação, optou por não definir organização criminosa, e, ainda, a equiparou com quadrilha ou bando (art. 288, do CP), o que gerou mais incertezas do que avanços. Segundo Tigre Maia "*não se criou, pois, qualquer requisito adicional dependente de integração hermenêutica pelos operadores do direito para determinar-se a presença de uma organização criminosa: bastará – tão somente – a presença dos requisitos tradicionalmente exigíveis para o crime descrito no art. 288 do CP desde que associados a efetiva prática de ao menos um crime.*"[7]

Muito embora o Brasil tenha assinado e ratificado a Convenção de Palermo, a ausência de um tipo penal que definisse a organização

[5] Newburn, Tim. **Criminology**. Devon: Wilian Publishing, 2007, p. 406.

[6] Até então havia apenas o crime de quadrilha ou bando previsto no art. 288, do Código Penal, que prevê "*associarem-se três ou mais pessoas, para o fim específico de cometer crimes*", ou seja, essa definição carece do elemento de estabilidade e permanência, essencial à organização criminosa. Entretanto, por ser mais genérico, abrangia os sujeitos de organização criminosa antes da criação de tipo específico.

[7] Maia, Rodolfo Tigre. **O Estado Desorganizado Contra o Crime Organizado**. Rio de Janeiro: Lumen Juris, 1997, p. 56.

criminosa persistiu até 02 de agosto de 2013, quando foi promulgada a Lei 12.850. Tal lei, que revoga a Lei 9034/95, logo em seu artigo 1º, §1º estabeleceu o seguinte conceito: "*Considera-se organização criminosa a associação de quatro ou mais pessoas estruturalmente ordenada e caracterizada pela divisão de tarefas, ainda que informalmente, com objetivo de obter, direta ou indiretamente, vantagem de qualquer natureza, mediante a prática de infrações penais cujas penas máximas sejam superiores a quatro anos, ou que sejam de caráter transnacional*". A lei também estabeleceu a pena de três a oito anos a quem "*promover, constituir, financiar ou integrar, pessoalmente ou por interposta pessoa, organização criminosa*".

Portanto, a partir do advento da Lei 9034/95, passou a existir o tipo específico de organização criminosa no direito brasileiro. Seguindo o exemplo da Convenção de Palermo ele absorveu os elementos essenciais e acrescentou alguns considerados facultativo pela doutrina: 1) a associação de quatro ou mais pessoas (pluralidade de pessoas – obrigatório); 2) estruturalmente ordenada e caracterizada pela divisão de tarefas, ainda que informalmente (especialização de tarefas – facultativo), 3) com objetivo de obter, direta ou indiretamente, vantagem de qualquer natureza (propósito central de lucro ou poder – obrigatório), 4) mediante a prática de infrações penais cujas penas máximas sejam superiores a quatro anos (propósito central de lucro ou poder–obrigatório), 5) ou que sejam de caráter transnacional (atuação além da fronteira nacional –facultativo). Portanto, o fato é que ao criar esse tipo penal, todos estes elementos nele presentes se tornaram obrigatórios no Brasil para o reconhecimento da existência de organização criminosa. Ou seja, criou-se um conceito mais restrito do que o da Convenção de Palermo.

3. Escola Clássica

A criminologia tal como a concebemos hoje teve início no final do século XVIII. Nesta época se inaugura a chamada Modernidade. Obviamente, o direito penal existe desde que o homem se organizou em sociedade. Entretanto, por muito tempo, o crime foi encarado do ponto de vista sobrenatural, como uma manifestação demoníaca, ou, sob a ótica moral e religiosa, como um comportamento pecaminoso.

O abandono da concepção metafísica e a secularização do estudo do crime se deu no final do século XVIII, sob influência da filosofia iluminista, com a chamada Escola Clássica. Embora ainda não exista como uma ciência propriamente[8], a criminologia, encontrou seu maior expoente da época em Cesare Bonesana, o Marquês de Beccaria, que em 1764 publicou a consagrada obra "*Dos delitos e das penas*". Nesta obra, reflete sobre a questão "por que os homens cometem crimes?" Sofre influência do iluminismo e dos autores contratualistas que estavam em ascensão neste período.

Para Beccaria, e demais autores de influência clássica[9], o homem era dotado de livre-arbítrio e age de forma racional, com controle sobre suas condutas. Sua ação criminosa é produto da liberdade de decisão sobre o cálculo entre as vantagens e os riscos em realizar o comportamento desviante. Desse modo, a pena deveria representar um mal que superasse as vantagens que a prática do delito traria ao autor. Isso significa que a finalidade da pena é tanto de prevenção tanto geral como especial. Isso porque para o autor do crime, a pena deveria ser uma consequência danosa que superasse (sem exagero) o benefício da ação criminosa. E para a sociedade em geral, tal pena deveria estar prevista em lei anterior, escrita, pública e clara. Da mesma forma, o processo deveria ser célere e público para que não se perdesse de referência o crime ao qual se relaciona.

Tem-se assim que muitos destes postulados estão na base de toda a dogmática (que pressupõe a capacidade dos indivíduos) e as teorias retributivas (no tocante à proporção) e preventivas (geral e especial) da pena. Formam a base teórica do direito penal brasileiro, inclusive o código penal e a lei de organização criminosa.

Dessa forma, a criminalização de condutas tem importância central na política criminal pois para o homem racional a pena representa um mecanismo de coerção e contenção de condutas criminosas. A Escola Clássica constituiu o principal arcabouço teórico para o surgimento da prisão como pena e da sua cominação como forma de se aferir a gravidade proporcional das condutas criminalizadas. Necessariamente, nesse sentido, o funcionamento neutro e célere do sistema de persecução é pressuposto da efetividade destes preceitos.

[8] O termo *criminologia* foi empregado pela primeira vez pelo antropólogo francês PaulTopinard em 1879.

[9] Jeremy Bentham, Francesco Carrara, Paul Johan Feuerbach, entre outros, posteriormente, desenvolveram teorias com a mesma concepção clássica.

Portanto, embora a Escola Clássica não tenha se ocupado propriamente do estudo de organizações criminosas, seus pressupostos é que permeiam a dogmática e a política criminal até os dias de hoje. Consequentemente, a decisão de se criar um crime autônomo para a organização criminosa funda-se na crença de uma maior reprovação dessa conduta e na expectativa de preveni-la de acordo com o entendimento do homem racional, desencorajando-o a realizá-la.

4. Escola Positiva

A Escola Positiva surgiu no final do século XIX e fez oposição à perspectiva da Escola Clássica, em um período de mudanças sociais conduzidas pela Revolução Industrial. Foi influenciada pelo desenvolvimento das ciências naturais, principalmente da teoria da evolução de Charles Darwin. Assim como ocorria com os demais fatos naturais, para a escola positiva, há um determinismo no comportamento humano. Ou seja, se a mesma situação fosse reproduzida em condições idênticas, seu resultado seria inevitavelmente o mesmo. Era preciso apenas descobrir o que determinava a ocorrência do comportamento criminoso. Seus principais autores foram Cesare Lombroso, Enrico Ferri e Raffaele Garófalo.

Lombroso publicou em 1876 a obra "*O homem delinquente*". Sob influência de Darwin que via nas características hereditárias um fator preponderante na evolução das espécies, Lombroso defendia que esse fator de previsibilidade do comportamento humano estaria em anomalias biológicas que permitiam a manifestação de características de antecessores primitivos, o que denominava atavismo. Passou a vida pesquisando a anatomia de criminosos para encontrar quais traços que levavam a cometer uma espécie de crimes.

Portanto, a Escola Positiva negava o livre arbítrio pois entendia que o homem estava sujeito à força de sua mente. Diferente da visão clássica, não haveria na pena a possibilidade de causar um temor que impedisse o comportamento criminoso. Seja qual for a razão que leva o homem a agir, esta não é a busca de prazer ou vantagem, mas algo a ser revelado e comprovado cientificamente (fatores genéticos, ambientais, biológicos). Consequentemente, a pena deveria ser uma defesa da sociedade, e as pessoas identificadas com a característica de criminoso deveriam ser neutralizadas (tratadas ou isoladas, quando não houvesse tratamento) como medida de segurança. Defendia Lombroso que tais medidas poderiam ser aplicadas por médicos em vez de juízes.

O maior legado deixado pela Escola Positiva nas legislações atuais e na dogmática foi o conceito de inimputabilidade por doença mental e, nesses casos, a aplicação de medidas de segurança com tratamento e isolamento de indivíduos em substituição a penas. Estão presentes também no momento em que se considera a personalidade do agente como fator a ser considerado na fixação da pena e mesmo na crença da prisão como mera forma de classificação e isolamento de indivíduos perigosos. Portanto, é possível afirmar que as duas teorias coexistem na nossa dogmática e legislação contemporâneas. A base é da Escola Clássica mas a metodologia e, em determinados pontos, como a medida de segurança, tem-se a visão da Escola Positiva.

Na política criminal, a Escola Positiva enfatiza a defesa da sociedade, ou seja, a necessidade de se identificar, rotular e neutralizar indivíduos perigosos para que não cometam mais delitos. Buscam penas de longa duração, com função meramente incapacitante (ou até que cesse a periculosidade, caso seja possível), e até mesmo a pena de morte em caso em que os indivíduos não possam ser adaptados à sociedade.

Mesmo que tais concepções não constem do discurso oficial da dogmática, muito desses pensamentos sobre o criminoso e a pena foram recebidos pela sociedade leiga com bastante entusiasmo. A visão de que homens nascem com diferentes tendências baseado em critérios genéticos e étnicos serão muitas vezes a marca do preconceito pelo qual organizações criminosas serão associadas a tendência de grupos étnicos (no caso da máfia italiana ou cartéis colombianos) ou grupos periféricos (situados em favelas ou comunidades carentes). Esses preconceitos costumam afetar toda uma categoria de pessoas da mesma origem criando um negativo estigma social que se observa nos dias de hoje, numa forma revisitada, como se analisará adiante.

5. Antecedentes da Sociologia Criminal

Na metade do século XX, os trabalhos de sociólogos como Alexandre Lacassagne, Gabriel Tarde e Émile Durkheim começaram a tratar, ainda que de forma secundária a questão do crime na sociologia. Entretanto, devido ao predomínio da Escola Positiva italiana nesta época essa expansão foi contida.

A corrente que se desenvolveu nesse período foi a chamada sociologia do consenso. Baseava-se na presunção de que a sociedade era um organismo estável, equilibrado, fechado em si mesmo e tendente à conservação. Toda sociedade se sustentava com base no consenso de seus membros em torno de valores comuns tidos como relevantes para toda a coletividade. No mesmo sentido, a sociedade (estrutura maior) era formada de um conjunto de estruturas (sistemas educacional, jurídico, cultural, familiar, religioso etc.) que atuavam de forma harmônica, cada um com sua função específica dentro do todo.

Émile Durkheim, em suas três obras publicadas na última década do século XX – "*Da divisão do trabalho social*", "*As regras do trabalho sociológico*" e "*O suicídio*" tratou apenas de forma passageira a questão do crime na sociedade. Sua principal contribuição foi a de entender o crime como um fato funcional para a existência da sociedade, e não uma patologia social. Isso significa que em toda sociedade existe crime, e numa determinada proporção, ele constitui um fator funcional pois fortalece os valores sobre os quais se funda a sociedade. Afirmava Durkheim: "*Não existe nenhuma sociedade em que não haja alguma forma de criminalidade. (...) Não há dúvida de que o próprio crime pode apresentar formas anormais, é o que acontece quando, por exemplo, atinge taxas exageradas.*"[10]

Quando um crime é cometido, o sistema penal se mobiliza para responder a este comportamento, e, dessa forma, o valor que este protege se reforça na comunidade. Ao contrário, quando a sociedade passa a não responder a uma conduta criminosa, temos que esta provavelmente está caindo em desuso e o valor que protege já não é relevante para os membros da comunidade.

Nesse sentido, pode-se dizer que o crime na forma organizada sempre existiu e integrou as mais diversas sociedades historicamente. Ele se apresenta em formas diversas e constitui um fenômeno social. Entretanto, quando começa a se expandir de forma anormal, causando maior perturbação nos valores estabelecidos por consenso na sociedade, surge uma pressão maior pela sua persecução, como o que se iniciou no fim do século XX. Dessa forma, ocorre com as organizações criminosas. Cresce, então, o interesse em criminalizá-las e atuar de forma coordenada no cenário internacional, como se tem observado recentemente.

[10] Durkheim, Émile. **As Regras do Método Sociológico**. 3ª ed. São Paulo, Nacional, 1963, pp. 60-61.

6. O surgimento da Sociologia Criminal como disciplina

A primeira teoria de sociologia criminal que surgiu foi a chamada Escola de Chicago. Foi na Universidade de Chicago que a sociologia foi criada como disciplina. A Universidade de Chicago foi fundada em 1891 e seu departamento de sociologia em 1892. Foi influenciada pela expansão da industrialização e por todas as mudanças no espaço urbano que ela gerou. Foi um período de grande crescimento urbano, êxodo rural e imigração.

Esse espaço urbano em crescimento foi o objeto de estudo das primeiras teorias sociológicas. Ele também será o cenário para o crescimento de organizações criminosas, geralmente associadas a determinadas etnias, como gangues e máfias, consequência de vultoso processo de imigração ocorrido no período. O sociólogo Robert Park sustentava que a cidade poderia ser estudada como um sistema ecológico, comparável aos sistemas ecológicos de plantas e animais selvagens. Alegava que os sociólogos deveriam adentrar nos bairros e descobrir o que lá se passava para compreender o fenômeno criminal.

Ernest Burgess em sua obra "*The Growth of the City*", de 1925, afirmou que a cidade crescia de forma centrífuga, na forma de círculos concêntricos. Cada área representava uma zona com características específicas.

Clifford Shaw e Henry Mckay em sua obra "*Juvenile Delinquence and Urban Areas*", de 1942, utilizando as zonas de Burgess os dados estatísticos da criminalidade nas zonas representadas pelos círculos concêntricos e constataram que havia uma predominância da criminalidade na zona II. Esta área, portanto, era a que mais favorecia à criminalidade, e, segundo Shaw e Mckay o que causava esse fenômeno era a desorganização social, ou seja, um rompimento entre as instituições oficiais da sociedade e a comunidade que ali vivia. Ou seja, na zona II as famílias eram desestruturadas, as escolas desorganizadas, o atendimento religioso escasso e o lazer quase inexistentes – tudo isso junto a uma diversidade de culturas trazidas pelas ondas imigratórias. Devido a esta fraca conexão com as estruturas sociais e o contato com criminosos mais experientes, estas zonas eram mais suscetíveis ao desenvolvimento de atividades criminosas. Algumas das teorias que fundamentam o surgimento de organizações criminosas como gangues e máfias, vão tomas essa concepção como premissa.

Nessas áreas, em que há ausência de uma estrutura social organizada, foram onde se desenvolveram, de forma mais acentuada, as gangues e máfias. Pois, encontraram condições para se expandir, tais como a presença de imigrantes não integrados, falta de empregos atraentes para todos, além da exploração de mercados ilícitos como álcool, prostituição e narcóticos.

Edwin Sutherland, baseado nessas ideias, desenvolveu a teoria da Associação Diferencial, que buscou compreender como ocorria o processo de aprendizagem do comportamento criminoso nessas áreas com maior criminalidade. Sutherland substituiu a nomenclatura "*desorganização social*" por "*organização social diferenciada*", que era um termo menos valorativo para fins de estudo. A teoria basicamente propunha que, como qualquer tipo de comportamento, o comportamento criminal é aprendido na interação entre as pessoas, comunicado entre grupos, e, inclusive, entre gerações.

A teoria da Associação Diferencial entende que o comportamento criminoso é transmitido por meio de técnicas, racionalizações e atitudes em grupos de referências (família, escola, amigos). Segundo Sutherland "*a maioria das comunidades são organizadas para o comportamento criminoso e contra o comportamento criminoso, e nesse sentido a taxa de criminalidade é a expressão da organização diferencial de um certo grupo*".[11]

A política criminal desenvolvida pela Escola de Chicago coloca o foco no ambiente criminogênico ao invés do homem criminoso. Dessa forma, a mudança das características locais que fazem surgir as condições favoráveis ao surgimento e expansão de atividades criminosas. Da mesma forma, para estas teorias, ocorre no tocante ao problema específico das organizações criminosas, pois estas se nutrem da falta de organização social e pessoas desintegradas em bairros mais pobres. Embora ainda tenha abordado o problema de maneira superficial, o mérito dessas teorias é levar a política criminas para além da lei e da atividade persecutória como tradicionalmente era feito. Isso mostra mais um importante aspecto do complexo fenômeno da criminalidade e, especificamente, da criminalidade organizada.

[11] Jacoby, Joseph E. Jacoby. **Classics of Criminology**. Long Grove: Weveland, 2004, p. 274.

7. A Teoria da Anomia

Muitas foram as teorias sociológicas que emergiram nessa época a partir dos estudos da Universidade de Chicago, tais como as teorias das Técnicas de Neutralização, Subculturas Criminais, teorias do Controle. Entretanto, a teoria que alcançou maior amplitude e que resume bem a visão da época, é a Teoria da Anomia, de ROBERT K MERTON.

Sua primeira versão surgiu em 1938, com a publicação do artigo *"Social Structure and Anomie"*, e, posteriormente, foi sofrendo adaptações. MERTON partia do princípio de que o crime é um fato normal a qualquer sociedade, e, que somente taxas anormais de criminalidade seriam sintomas de uma patologia social, uma disfuncionalidade (como já era defendido por DURKHEIM). Como ocorre com as anteriores, a teoria foi elaborada para o estudo da criminalidade comum de natureza patrimonial. Entretanto, pode-se aplicá-la também para a criminalidade organizada.

A Teoria da Anomia busca revelar como algumas estruturas sociais exercem pressão sobre determinados indivíduos para praticarem delitos. Ou seja, tenta entender porque em certo contexto de pressão das estruturas sociais, o crime se torna uma resposta natural e até mesmo previsível. Para isso, Merton identificou dois elementos fundamentais que podiam ser encontrados em todas as sociedades: as metas culturais e os meios institucionais. As metas culturais são os propósitos, interesses legítimos que movem os membros de uma sociedade. Já os meios institucionais são os métodos aceitáveis de se alcançar tais metas. Portanto, quando há uma dissociação entre meios e metas, ocorre o estado de anomia na sociedade, ou seja, uma pressão para violação das normas, baseada na busca das metas sem que se siga os meios adequados socialmente.

Nas primeiras décadas do século XX, houve relevantes transformações na economia americana com o desenvolvimento da indústria onde antes preponderava a atividade rural. Com isso, surgiram as grandes cidades, com seu crescimento acelerado, o êxodo rural e a imigração, todos buscando alcançar o sucesso financeiro, prometido pelo neoliberalismo. Segundo MERTON, o que se via nessa época era uma pressão para ser bem-sucedido financeiramente enquanto as oportunidades eram escassas. Essa situação gerou uma tensão para a violação de normas, para que tal objetivo fosse obtido de outras formas, e, portanto, surge espaço para busca da meta por caminhos desaprovados socialmente.

Da mesma forma, esse cenário favoreceu o fortalecimento das máfias no período que terminavam por acolher força de trabalho imigrante que não encontrava oportunidades de trabalho na economia formal. Afirma MERTON, citando DANIEL BELL que "*os quadrilheiros, de 'gangster mobsters' de modo geral, eram imigrantes ou filhos de imigrantes e que o crime, na medida que o padrão demonstrou, era o caminho de acesso para uma posição social na vida norte-americana.*"[12]

Para MERTON não havia uma política criminal capaz de alterar essa realidade se não houvesse uma mudança dos valores que nutrem a sociedade capitalista neoliberal. De fato, pode-se até pensar em medidas que ampliem as oportunidades de as pessoas alcançarem seus objetivos de maneira lícita nesse sistema, com uma maior integração cultural e social de forma geral. Entretanto, como assevera MERTON "*quando os italianos tinham a experiência de uma ou duas gerações de vida norte-americana, descobriram que os caminhos mais evidentes na grande cidade, para chegar aos farrapos da riqueza, já estavam ocupados pelos judeus e irlandeses*"[13]

É certo que nessa época a concepção de crime organizado utilizada, é o que JOSÉ PAULO BALTAZAR JÚNIOR chama de paradigma mafioso tradicional, ou seja, "*organização criminosa com efetivo domínio territorial, fortemente hierarquizada, dotada até mesmo de uma comissão dirigente, como um verdadeiro sindicato de ladrões, a exercer o monopólio sobre certos mercados ilegais, com ingresso de modo ritualístico e pretensões de lealdade feudal, integrada essencialmente por estrangeiros.*"[14] Esse paradigma se popularizou na literatura e nos filmes, e ainda hoje existe, embora ao lado de outras formas de organização como a de rede, a empresarial e até mesmo aquelas instaladas dentro do poder público.

Toda as teorias criminológicas, chamadas etiológicas, existentes até então, foram condensadas num conjunto de medidas de política criminal denominada Nova Defesa Social, que norteou o direito penal do período pós-Guerra e que encontra-se presente na base do direito penal e da política criminal vigentes na maior parte dos países ocidentais até os dias de hoje. Trata-se de um sistema que busca aliar o conhecimento até então desenvolvido sob a óptica humanista. Segundo Marc Ancel:

[12] MERTON, Robert K. **Sociologia: Teoria e Estrutura**. São Paulo: Mestre Jou, 1968, p. 269.
[13] MERTON, Robert K. **Sociologia: Teoria e Estrutura**. São Paulo: Mestre Jou, 1968, p. 269.
[14] BALTAZAR JÚNIOR, José Paulo. **Crime Organizado...**, *op. cit.*, 2010, p. 103.

"A Defesa Social conduz assim à promoção de uma Política Criminal que atribui uma importância particular à prevenção de crime e tratamento de delinquentes"[15]. É esse sistema que ainda prevalece no discurso oficial do direito penal brasileiro que posteriormente veio a ser contestado pela Criminologia Crítica.

8. *Labeling Approach* e o paradigma da Reação Social

Na década de 1960, ganhou força uma nova perspectiva de análise do fenômeno criminal. Até então a criminologia buscava compreender as causas do crime e se fundavam no modelo de sociedade fundada com base no consenso em torno de determinados valores tido como mais relevantes para a sociedade. Eram as chamadas teorias etiológicas da criminologia. Elas descreviam o funcionamento da sociedade e das estruturas sociais, investigavam as causas da criminalidade e buscavam soluções dentro deste próprio sistema, sem exercer um juízo crítico sobre ele.

Entretanto, neste período começaram a surgir estudos que criticavam as estatísticas, e a partir daí contestavam as bases do sistema penal. Isso porque se percebeu que as os dados sobre os quais de baseavam os estudos da criminologia não refletiam a criminalidade real mas sim eram o produto da forma de atuação das agências que exerciam a atividade persecutória estatal e estas tinham suas regras para selecionar e definir o fatos que, por fim, seriam definidos como crime.

Dessa forma, sociólogos como Howard Becker, Edwin Lemert e Edwin Schur, entre outros, começaram a produzir estudos que se voltavam a compreender os mecanismos de funcionamento do sistema penal e a sua influência no perfil das ações que integravam as estatísticas oficiais. E foi justamente por estudar os mecanismos de rotulação de ações como criminosas, essa perspectiva foi chamada de *Labeling Approach* ou Teoria do Etiquetamento.

A obra de referência do *Labeling Approach* na criminologia foi "*The Outsiders*" de Howard K. Becker. Nela, o autor busca estudar o crime como produto da definição das agências oficiais de reação social, e, o desvio secundário como uma criminalidade consequente da imposição do rótulo de criminoso em um indivíduo. Quanto ao primeiro aspecto

[15] Ancel, Marc. **A Nova Defesa Social**. Rio de Janeiro: Forense, 1972, p. 17.

Becker considerava o crime como o resultado de duas etapas: a elaboração de normas que descrevem tipos penais e a aplicação destas normas aos indivíduos na sociedade, definindo-os como criminosos. Para ele, em ambas as etapas existem diversos elementos valorativos que influenciam a atividade das pessoas encarregadas de elaborar e aplicar a lei. Portanto, tal atividade não é neutra e deve também ser estudada pela criminologia para que melhor se compreenda em quais condutas e em que pessoas recai com mais frequência os rótulos de crime e criminoso.

Becker afirma quc "*considcrando que o crime é, entre outras coisas, uma consequência das respostas de outros para um ato praticado por um indivíduo, os estudiosos do crime não podem presumir que estão lidando com uma categoria homogênea quando se estuda uma pessoa rotulada como criminosa. Não podem sequer afirmar, com certeza, que tal pessoa cometeu um crime porque o sistema é falho*"[16] Portanto, a criminologia a partir de então passou também a estudar o funcionamento do sistema penal.

No mesmo período verificou-se o desenvolvimento da chamada sociologia do conflito. Trata-se de um modelo oposto ao então predominante da sociologia do consenso. Para a sociologia do conflito, toda sociedade está submetida a um contínuo processo de transformação. Ademais, toda sociedade reflete, em todos os aspectos, pontos de diferenças e conflitos. Nesse cenário, o que torna uma sociedade estável não é o consenso entre seus membros, mas sim, a coerção de alguns dos seus membros (geralmente a minoria) sobre os demais (maioria). Esse domínio pode se dar de várias maneiras.

Ralf Dahendorf resume a sociologia do conflito em quatro proposições: "*1) Toda sociedade está em todos os pontos submetida a um contínuo processo de transformação; 2) Toda sociedade reflete, em todos os aspectos, pontos de diferenças e conflitos. O conflito é onipresente; 3) Todo elemento de uma sociedade contribui para a sua desintegração e sua mudança; 4) Toda sociedade se baseia na coerção de alguns de seus membros sobre os demais.*"[17] Desse modo, é certo que existe uma natureza histórica em toda sociedade. E, o domínio de uma classe sobre outra expressa-se principalmente por meio do direito. Portanto, o conflito é o elemento estrutural da sociedade, pois o equilíbrio

[16] Jacoby, Joseph E. **Classics of Criminology**... *op. cit.*, 2004, p. 317.

[17] Dahendorf, Ralf. **Class and Class Conflict in Industrial Society**. Stanford: Stanford University Press, 1959, p. 162.

não existe. Um grupo politicamente influente elege seus valores e promove a elaboração de leis penais com base neles (proteção de seus bens jurídicos).

Nesse sentido, o direito penal, portanto, torna-se um instrumento do grupo dominante para estabelecer seu controle sobre os demais membros da sociedade. Portanto, o conflito está presente não só na elaboração das leis penais, mas também em todas as etapas da persecução penal. Foi, assim, que, com base neste conjunto teórico que a criminologia passou a adotar o paradigma da reação social, ou seja, o estudo do processo de criminalização e os valores que o norteiam, desde a elaboração das leis, seleção de indivíduos, até os efeitos da rotulação de criminoso nos indivíduos e a reincidência que tal rótulo favorece. No fim das contas, o próprio sistema penal, que deveria ressocializar as pessoas, produz um efeito contrário, ou seja, cria mais criminalidade por meio do estigma que a definição de criminoso gera no conceito social e pessoal de um indivíduo.

Nesse período, começa a ocorrer uma separação entre e criminologia e a política criminal. Isso porque até então os estudos criminológicos andavam ao lado da política criminal, que era quase sempre influenciada por seus estudos. A questão criminal não ocupava o centro das discussões populares e não havia tanta preocupação da população leiga nas decisões tomadas na esfera política neste campo. Entretanto, no período pós-Segunda Guerra em que prevaleceu o crescimento econômico, a solidariedade internacional e o Estado de Bem Estar Social (Welfare State), o mundo entrou em crise com o aumento do desemprego, a elevação da população e o desenvolvimento e expansão do uso da tecnologia.

Portanto, enquanto a criminologia avançava para o estudo do processo de criminalização, dos efeitos nocivos da rotulação e da necessidade de se identificar os interesses que estavam por trás da atividade persecutória, a busca de soluções diferenciadas aos desvios puníveis; a política criminal, em virtude da crise do Estado de Bem Estar Social, adotava um tom de crítica das políticas públicas de intervenção social em razão do seu custo e aparente ineficácia em face do declínio da economia mundial. O aumento das estatísticas da criminalidade e da sensação generalizada de insegurança levou este tema ao centro do debate político, gerando crescente interesse da mídia e da sociedade como um todo.

Além disso, também começam a se expandir as organizações criminosas para o tráfico de drogas e o seu combate por meio de políticas incriminadoras tradicionais, inclusive com foco mais nos produtores e comerciantes do que consumidores, começa a mobilizar a comunidade internacional. Segundo SALO DE CARVALHO *"passa a ser gestado, nesse incipiente momento de criação de instrumentos universais de repressão, o modelo médico-sanitário-jurídico de controle dos sujeitos envolvidos com drogas, fundado no duplo discurso que estabelecerá a ideologia da diferenciação. A principal característica deste discurso é traçar a distinção entre consumidor e traficante, ou seja, desde o interior da lógica de diferenciação, entre o doente e o delinquente."*[18]

Com a ascensão do tráfico internacional de drogas, este começa a ser tomado como modelo para o estudo de organização criminosa, que passa a adotar o chamado paradigma empresarial, que, segundo JOSÉ PAULO BALTAZAR JÚNIOR *"representa justamente uma racionalização da atividade criminosa, assim como a empresa pretende, mediante organização a racionalização da atividade econômica"*[19] O tráfico de drogas, dessa forma, começava a se estruturar como um dos negócios mais lucrativos da época. E todo esse cenário trouxe novamente a organização criminosa como objeto de interesse da criminologia e da dogmática.

9. Criminologia Crítica

A criminologia crítica foi de fato a primeira escola criminológica que desenvolveu as ideias trazidas pelo *Labeling Approach* e pela sociologia do conflito. Se desenvolveu principalmente no fim dos anos 1960 e início dos anos 1970 e permanece até os dias atuais como a principal fonte do discurso contestador do sistema penal. Basicamente atribui um conteúdo ao conflito social trazido pela sociologia do conflito, este entendido como um conflito determinado pelas relações econômicas, ou seja, trata-se de uma interpretação marxista.

Dessa forma, o conflito que caracteriza toda sociedade traduz-se numa superestrutura de natureza econômica, do modo de produção capitalista, cuja finalidade é a manutenção do *status quo*: a desigualdade social e a concentração de riqueza nas mãos dos detentores dos meios

[18] CARVALHO, Salo de **A Política Criminal de Drogas no Brasil**. Rio de Janeiro: Lumen Juris, 2006, p. 10.

[19] BALTAZAR JÚNIOR, José Paulo. **Crime Organizado**...*op. cit.*, 2010, p. 110.

de produção. A partir desta premissa, os estudiosos buscam desconstruir o discurso da dogmática oficial e buscam revelar as funções latentes ou reais do direito penal nesse contexto.

Muitos dos estudos que influenciaram o desenvolvimento foram os críticos do sistema prisional. Rusche e Kirchheimer[20], já em 1939, já defendiam que a prisão era a forma de punição que surgiu com o sistema capitalista pois integrava-se na sua lógica. Outro estudo penitenciário que chegou a conclusão semelhante foi o de Melossi e Pavarini[21], que entendeu que a prisão só poderia ser compreendida de acordo com o capital e trabalho assalariado. Isso porque a prisão era a responsável por absorver a massa de pessoas não incorporada pelo mercado de trabalho, que se tornavam vadios ou delinquentes, e discipliná-los para o trabalho assalariado.

Entretanto, o estudo penitenciário que exerceu maior influência no pensamento criminológico foi o de Michel Foucault, principalmente na obra "*Vigiar e Punir*", de 1975. Nela, é analisado e desconstruído todo o discurso oficial referente às funções da prisão. Segundo Foucault, as prisões reproduzem a estrutura de classes de uma sociedade desigual. O rótulo de criminoso e a pena eram predominantemente aplicados a indivíduos das classes mais baixas, enquanto os mais ricos e poderosos quase não ingressavam no sistema penal. Para o autor, a prisão nunca cumpriu a função de reeducar e reinserir pessoas condenadas na sociedade, mas sim era um mecanismo de seleção de determinadas pessoas marginalizadas e disciplina, mantendo-as sob seu controle.

Portanto, os trabalhos desenvolvidos no âmbito da Criminologia Crítica buscavam mostrar o quanto o discurso oficial do direito penal era irreal diante da realidade e tentavam revelar quais as reais forças impulsionavam o processo de criminalização e influenciavam os agentes que atuavam no sistema. Certamente, no Brasil esses trabalhos não puderam ser mais desenvolvidos em razão do regime militar vigente que cerceava críticas mais contundentes a atuação estatal.

[20] Rusche, Georg e Kirchheimer, Otto. **Punição e Estrutura Social**. Rio de Janeiro: Revan, 2004.

[21] Melossi, Dario e Pavarini, Massimo. **Cárcere e Fábrica**: a origem do sistema penitenciário (sec. XVI-XIX). Rio de Janeiro: Revan, 2006.

Embora dotado de um realismo até então inexistente na criminologia, em termos de política criminal, não havia propostas simples no campo da política criminal, pois, sem reformas estruturais na economia do poder, dificilmente seria possível haver algum efeito no sistema punitivo. Dessa forma, aquela separação entre a criminologia e a política criminal que já havia se iniciado, se tornou mais evidente nesta fase. Enquanto a criminologia se aprofundava no estudo das contradições do direito penal, a política criminal, pressionada pela crise do Estado de Bem Estar Social, caminhava para um discurso mais conservador.

No tocante às organizações criminosas, a criminologia prosseguia com as críticas à forma como se dava a criminalização do tráfico de drogas com o advento da Lei 6368/76 e a difusão da ideia do traficante como o inimigo a ser eliminado e o consumidor como doente a ser tratado. Foi nessa lei também que tipificou-se a associação para o crime de tráfico como crime autônomo. No cenário internacional, as organizações criminosas foram fortemente combatidas, novamente com o foco nos países produtores e rotas de drogas ao invés dos consumidores. No sentido contrário, a criminologia crítica propunha a descriminalização de condutas, a redução do direito penal, o abolicionismo e a expansão de alternativas como a justiça restaurativa; por considerar tais opções menos nocivas do que o direito penal no enfrentamento de questões de origem social.

10. Criminologia e a Pós-Modernidade

Embora a Criminologia Crítica tenha sido recebida com entusiasmo no meio acadêmico, no âmbito do direito penal e da política criminal, o discurso de rigor penal a partir dos anos 1980 experimentou forte apoio popular, impulsionado pela sensação de medo e insegurança, e, assim, seguiu caminho oposto ao que propunha a criminologia predominante no período. Desse modo, houve ambiente propício a criminalização e persecução de organizações criminosas de forma mais enfática.

Esse movimento de retorno ao rigor iniciou-se no fim dos anos 1970 com o chamado Realismo de Esquerda que foi uma tentativa de criminólogos antes adeptos da Criminologia Crítica (que chamavam de Idealismo de Esquerda) de encontrar a saída para os problemas apontados pelos críticos dentro do próprio sistema penal. Para isso, houve a retomada de alguns princípios antes afastados pelos críticos. De fato, foi uma alternativa aos discursos conservadores que estavam em expansão e ganhavam prestígio na sociedade. Seu manifesto mais influente foi a obra "*What is to be done about Law and Order?*", de 1984, de JOCK YOUNG e JOHN LEA em que sintetizam suas ideias. Segundo YOUNG e LEA "*O realismo de esquerda, como seu nome indica é de esquerda na avaliação que faz do delito e de suas causas, pois esse é visto como um produto endêmico da natureza patriarcal e de classes das sociedades industriais avançadas. (...) É realista no sentido em que tenta ser fiel à realidade em que se apresenta o delito (...) analisar com realismo as possibilidades de intervenção e sobretudo compreender o campo social em que vivemos*"[22].

Por outro lado, nos anos 1990, com uma forte pressão política por soluções de curto prazo, houve uma releitura da Teoria Clássica, que deu margem às chamadas teorias neoclássicas, que buscavam revitalizar a neutralidade ideológica com foco em transformar ambientes e prevenir ataques, mais do que atuar na consciência dos indivíduos. São exemplos a teoria da *Rational Choice*, que com base no pensamento dos indivíduos de custos e benefícios, visam a atuar no momento da decisão de cometer o crime, colocando-se obstáculos ou criando-se desincentivos para que o evento continue a ocorrer. Segundo DEREK CORNICH e RONALD CLARCKE "*essa perspectiva reconhece, como fazem as teorias econômicas e comportamentais, a importância do incentivo, isto é, das recompensas e punições, e assim o papel do aprendizado na carreira criminal*"[23].

A teoria da *Routine Activity* embora tenha surgido em 1979 com COHEN E FELSON, ganhou prestígio nos anos 1990, neste cenário de releitura do classicismo. Segundo eles, para se prevenir o crime, bastava delimitar as suas características específicas, e, a partir daí, buscar reduzir as oportunidades para que o evento crime ocorra, ou seja, agentes motivados, alvos potenciais e ausência de guardiões. Essas são as peças de uma equação que podem ser manipuladas para gerar dificuldade para que o evento crime ocorra. Afirma FELSON "*Ofensores são apenas um dos elementos do crime, e talvez nem seja o mais importante*"[24].

[22] LEA, John & YOUNG, Jock, **Que hacer con la ley e orden?** Buenos Aires: Editores Del Puerto, 2001, p. 5.

[23] CORNISH, Derek B. & CLARKE, Ronald V. **The Reasoning Criminal: rational choice perspectives on offending.** New Brunswick: Transaction Publishers, 1986, p. 6.

[24] FELSON, Marcus. **Crime and Everyday Life.** Thousand Oaks: Pine Forge, 1998, p.73.

Além das escolas neoclássicas e sua neutralidade, emergiram também no fim do século XX as chamadas Teorias Conservadoras ou Novo Realismo de Direita. São teorias que embora minoritárias no meio acadêmico, alcançaram expressão em face do sensacionalismo com que as questões criminais têm sido tratadas. Tais escolas negam a existência de causas remotas para o crime, relacionadas a questões sociais ou políticas. Pressupõem o autor de crime como um predador, um indivíduo nocivo, dotado de pobreza moral que o leva a violar a lei sem temor às consequências. Justificam intervenções direcionadas a controlar criminosos e potenciais criminosos sem a intenção de recuperá-los de alguma forma.

Nesse mesmo sentido, a teoria do *Crime and Human Nature* de Richard Herrnstein e James Wilson veem na suposta leniência do judiciário e na permissividade do Estado de Bem Estar Social a causa do aumento da criminalidade pois para eles o crime tinha apenas uma dimensão genética e social. Genética, quando o autor de crime já nascia com características anômalas de comportamento, que dificultavam na sua socialização e observância de normas. E social, quando a família falhava na educação dos indivíduos. Segundo Wilson e Herrnstein "*alguns indivíduos são mais propensos a se tornar criminosos do que outros (...) ou seja, existe alguma conexão entre o estado biológico de ser jovem do sexo masculino e como este jovem tem sido tratado pela família, amigos e pela sociedade com o comportamento criminoso.*"[25]

Da maneira semelhante, a obra de William Bennett, John Dilulio e Ronald Waters chamada *Body Count*, de 1996, ligava a pobreza moral com a existência de crimes, e, em especial, a existência de superpredadores, que eram figuras popularem em narrativas policiais, que habitavam o imaginário da população leiga. Para eles, essa pobreza moral era oriunda de falta de aprendizado na infância que os deixavam insensíveis à dor alheia. Nesse cenário, eram facilmente conduzidos para a criminalidade. Entendem que a prisão tem uma função importante que é deter pessoas que não possuem recuperação, e que, somente essa mensagem de rigor pode conter tais pessoas de cometer delitos.

[25] Wilson, James & Herrnstein, Richard J. **Crime and Human Nature**. New York: The Free Press, 1985, p. 69.

Por fim, existe a teoria das *Broken Windows* de JAMES Q. WILSON e GEORGE KELLING que, a partir da experiência de janelas quebradas em bairros de diferentes perfis, concluíram que é a presença de vigilância, policiamento nas ruas que determina a reação das pessoas. E consequentemente, com a repressão de pequenas infrações (prostituição, tráfico, pequenos furtos), as grandes infrações (máfias e demais organizações criminosas de maior vulto) também seriam reduzidas. Foi tal teoria que fundamentou a política de tolerância zero em Nova Iorque nos anos 1990 e que terminou por ganhar prestígio mundial.

Em resumo, dentre as teorias que vem ganhando mais expressão na criminologia desde o final do século XX até os dias de hoje (mesmo as ditas de esquerda) tendem a adotar posturas mais conservadoras, defendendo a expansão do direito penal e o fortalecimento do Estado Polícia, principalmente no tocante a crimes como o de organizações criminosas. Ou seja, mesmo sem evidências sobre sua eficácia no controle da criminalidade, as medidas punitivas foram revitalizadas, as penas dos crimes têm sido constantemente elevadas e aos poucos uma política de Lei e Ordem vem se estabelecendo com o apoio popular.

Tais políticas foram implantadas no Reino Unido[26] e nos Estados Unidos dos anos 1990[27], e mesmo sendo de elevado custo financeiro e humano e pouca efetividade, contam com apoio popular e passam a impressão ao público que alguma coisa está sendo feita. Foram tais medidas as responsáveis pela superpopulação carcerária nos Estados Unidos e a maior população carcerária da Europa, no caso do Reino Unido.

No Brasil, essa o aumento da criminalidade e principalmente da sensação de insegurança fez com que muitas das medidas de rigor pregadas pela política de Lei e Ordem tenham sido apoiadas pela população

26 Em 1993, o *Home Secretary* do Reino Unido, Mike Howard, tornou popular a sua declaração de que as prisões funcionam (*prison works*), tempos depois do seu próprio governo ter declarado que as prisões eram "um meio caro de fazer pessoas ruins se tornarem piores."

27 A política de Lei e Ordem surgiu nos anos 1970, com Richard Nixon e guerras às drogas (*war on drugs*), o estabelecimento de sentenças com penas altas e pré-fixadas (*mandatory sentences*), aliadas ao controle de populações-alvo. Mesmo com a entrada dos democratas no poder nos anos 1990, as políticas de rigor continuaram a se expandir com adoção da *Three strikes you are out* (prisão perpétua na terceira infração) e sentenças com penas mínimas obrigatórias (*mandatory minimun sentences*), além da redução dos períodos de progressão de regime e hipóteses de livramento condicional, entre outras medidas.

leiga, das mais diversas classes sociais. Desse modo, há um predomínio de discursos de maior severidade tanto na criminalização como nas penas previstas para as condutas que mais causam temor na sociedade, bem como uma pressão para maior policiamento e aprisionamento de acusados. E, certamente, este tem sido o pensamento preponderante que tem acompanhado a evolução da persecução do crime de organização criminosa. Inclusive, no recente episódio dos atos antidemocráticos que culminaram na invasão e depredação das sedes dos três poderes na capital federal, a resposta imediata da política criminal foi o encarceramento de pessoas, o fortalecimento das polícias e uma pressão por medidas de rigidez penal, mormente em relação ao crime de fazer parte de organização criminosa.

Como se pôde notar, esse caminho da austeridade, numa medida mais ou menos acelerada, é o que têm adotado a maior parte dos países na atualidade. Não é mera coincidência que a criminologia tenha sido relegada a um local secundário tanto nos cursos de direito quanto nos concursos públicos. Prosseguir com discussões a respeito da ineficácia do direito penal e de métodos alternativos para solução de problemas sociais, parece, no momento, não causar interesse na população em geral e nos formuladores de política criminal. Entretanto, mesmo sem ainda haver consenso na criminologia a respeito de como se enfrentar de forma eficiente as causas do crime e as deficiências da persecução penal, é importante que a criminologia prossiga com seus estudos e seja incentivada a isso de modo a encontrar soluções com menor custo humano que tenham mais eficiência em conter a escalada da criminalidade e do medo na sociedade em geral.

CAPÍTULO 6
LEI DAS ORGANIZAÇÕES CRIMINOSAS E TEORIA DA APRENDIZAGEM SOCIAL: UMA ABORDAGEM CRIMINOLÓGICA

Mário Alves Medeiros

1. Introdução

Já faz mais de um século que os operadores do direito vêm se ocupando quase que integralmente apenas com o estudo da dogmática, isto é, do sistema orgânico e hierarquizado de normas jurídicas e dos problemas em torno da sua interpretação, integração e aplicação. Criminologia, sociologia e antropologia jurídica foram relegadas a segundo plano, o que vem gerando dificuldades para o desenvolvimento científico do direito.

Neste texto nos propomos a expor como uma teoria criminológica pode ser utilizada para analisar e avaliar normas jurídicas, notadamente algumas das que compõem a Lei nº 12.850/2013, cognominada Lei das Organizações Criminosas. Para tanto, foi selecionada a teoria da aprendizagem social do comportamento desviante ou criminoso, que vem sendo desenvolvida pelo criminólogo norte-americano Ronald L. Akers desde fins da década de 60 do século passado, a partir da fusão de princípios da psicologia comportamental de B. F. Skinner com a teoria da associação diferencial de Edwin H. Sutherland.

A escolha da teoria da aprendizagem social se deve ao fato dela deter todos os predicados de uma boa teoria científica: consistência, escopo bem definido, parcimônia, falseabilidade, validade empírica e utilidade. Desses predicados, impressiona, sobretudo, a validade empírica. Com efeito, a teoria da aprendizagem social do comportamento criminoso é uma das mais frequentemente testadas em criminologia, sendo aquela mais fortemente apoiada em dados empíricos[1]. Em um artigo de meta-nálise, PRATT e colaboradores listam nada menos que 133 estudos empíricos publicados entre 1974 e 2003 que testaram a teoria[2]. Muito embora os principais testes tenham sido conduzidos nos Estados Unidos, pesquisas realizadas em outros países corroboraram os seus achados, o que indica o seu caráter transcultural[3].

Na primeira parte do capítulo, a teoria da aprendizagem social, sua origem e os seus postulados serão apresentados. Também será exposto o mecanismo com o qual ela explica a progressão criminosa, desde a produção inicial até a estabilização de padrões de comportamento desviante ou criminosos, bem como as condições que tornam possíveis a sua cessação ou substituição por comportamento lícito.

Na segunda parte do capítulo, os elementos da teoria serão correlacionados com determinados pontos da Lei das Organizações Criminosas, vendo-se como eles podem ser validados a partir desse marco teórico, conquanto muito provavelmente o legislador dele não tivesse conhecimento.

Antes de se iniciar a exposição, um alerta deve ser feito. Embora a teoria da aprendizagem social do comportamento criminoso possa ser vista como uma teoria legitimadora da intervenção penal, isso seria verdade apenas na medida em que ela seja encarada não como endossadora de algum modelo específico de intervenção penal, sequer do norte-americano. De fato, AKERS tece severas críticas, por exemplo, à pena capital[4]. Ademais, como já discorrido amplamente

[1] COCHRAN, John K. et al. Using structural equations to model Akers' social learning theory with data on intimate partner violence. **Crime & Delinquency**, v. 63, 2015, p. 2.

[2] PRATT, Travis C. *et al.* The empirical status of social learning theory: a meta-analysis. **Justice Quartely**, v. 27, 2009.

[3] AKERS, Ronald L. **Social learning and social structure: a general theory of crime and deviance.** New Brunswick: Transaction Publishers, 2010, p. 115.

[4] AKERS, Ronald L.; RADELET, Michael L. Deterrence and the death penalty: the views of the experts. **The Journal of Criminal Law & Criminology**. Chicago: Northwestern University School of Law, v. 87, n. 1, pp. 1-16.

alhures[5], a teoria da aprendizagem social do comportamento criminoso referenda amplamente – e com bases conceituais mais sólidas – diversas das reivindicações garantistas. Realmente, muito além de reconhecer a possibilidade e legitimidade do controle coercitivo do comportamento humano em determinadas situações, os fundamentos behavioristas da teoria desnudam muitas das limitações dessa mesma espécie de controle e encorajam a busca de alternativas, sobretudo das fundadas em reforçamento positivo.

2. A teoria da aprendizagem social do comportamento criminoso ou desviante

O ponto de partida do desenvolvimento da teoria da aprendizagem social do comportamento criminoso ou desviante é a famosa teoria da associação diferencial, apresentada por Edwin H. Sutherland (1883-1950) em 1939, na terceira edição do seu livro "Principles of Criminology".

Sutherland formula nove proposições que comunicam, em síntese, a ideia de que o comportamento criminoso é fruto de um processo de aprendizagem que envolve os mesmos mecanismos que levam ao desenvolvimento do comportamento consentido, e que surge a partir da interação com indivíduos a quem se confere prestígio e importância. Esse processo de aprendizagem abrangeria desde as técnicas de cometimento de delitos até a racionalização ou justificação do comportamento.

Ainda segundo Sutherland, quando no meio social em que a pessoa vive há mais "definições" favoráveis à infração da lei do que "definições" favoráveis ao comportamento consentido, surgiria um código valorativo distinto do legal, que passa a ter autoridade normativa e a ser objeto de aprendizagem. Esse fenômeno ocorreria não apenas em espaços marginalizados da sociedade, mas também no ambiente corporativo. Embora convencido do acerto da ideia central da teoria, Ronald Akers pensa que ela não desenvolve de modo suficientemente claro o processo mediante o qual o comportamento criminoso é aprendido e tampouco provê meios para realização de experimentos capazes de validar empiricamente as suas proposições. Em verdade, essas constatações são com-

[5] Medeiros, Mario. **Individualização da pena: uma abordagem criminológica**. Columbia: Kindle Direct Publishing, 2022.

partilhadas com vários seguidores de SUTHERLAND, que desde fins dos anos 50 vêm apresentando propostas de reformulação ou estratégias para testar os postulados da teoria da associação diferencial[6]. RONALD AKERS e ROBERT BURGESS juntaram-se a esses esforços em 1966, com a publicação do influente artigo "A differential association-reinforcement theory of criminal behavior", propondo, basicamente, a integração da teoria da associação diferencial com todo o conjunto de achados de SKINNER, que explicam o comportamento humano a partir das consequências da sua interação com o ambiente que o circunda, e que formam o corpo teórico da análise comportamental ou, como é também conhecido, do behaviorismo.

No referido artigo, os postulados de SUTHERLAND são reformulados um a um, de modo a deixar claro que a aprendizagem se faz mediante os processos de aquisição, manutenção e extinção do comportamento expostos pelo behaviorismo[7]. Mais tarde, a partir de meados dos anos 70 e já trabalhando sozinho, AKERS abandonou a técnica de exposição da teoria mediante a formulação de postulados, acrescentou ideias advindas do behaviorismo social de ALBERT BANDURA e aumentou o escopo da teoria, defendendo a sua aptidão para explicação não apenas do comportamento criminoso, mas de qualquer comportamento desviante, como, por exemplo, o uso e abuso de drogas[8]. Assim, deixou de lado a nomenclatura "teoria da associação diferencial-reforço do comportamento criminoso" em proveito do nome pelo qual ela é atualmente conhecida: teoria da aprendizagem social do comportamento criminoso ou desviante.

O que AKERS propugna é, de modo sintético, que a probabilidade de envolvimento em comportamentos criminosos ou desviantes é aumentada – e a probabilidade de atuação em conformidade com as normas é diminuída – quando: a) o indivíduo se associa diferencialmente com outros que cometam, modelam e apoiam violações de normas sociais ou legais; b) o comportamento violador é diferencialmente reforçado em

[6] MEDEIROS, Mario; AGUIAR, J. C. A teoria da aprendizagem social do comportamento criminoso. **Revista Brasileira de Ciências Criminais**, v. 184, 2021, pp. 282-283.

[7] BURGESS, Robert L.; AKERS, Ronald L. A differencial association-reinforcement theory of criminal behavior. **Social Problems**, v. 14, n. 2, 1966.

[8] AKERS, Ronald L. **Social learning and social structure: a general theory of crime and deviance**. New Brunswick: Transaction Publishers, 2010.

relação ao comportamento consentido pelas normas; c) o indivíduo é mais exposto ou observa mais modelos desviantes do que consentidos; d) as suas próprias definições aprendidas são favoráveis ao cometimento de atos criminosos ou desviantes[9].

São, portanto, elementos-chave da teoria da aprendizagem social do comportamento criminoso ou desviante: a associação diferencial; o reforço diferencial; a imitação e as definições. Como será exposto mais adiante, tais elementos não são estanques. Na realidade, eles interferem uns nos outros, de modo que, por exemplo, as maiores e mais importantes fontes de reforço diferencial são as associações diferenciais.

Antes de explicar de modo individualizado os elementos-chave, é muito importante observar que não se trata, de modo algum, de uma teoria determinística. Com efeito, a relação de incremento do comportamento criminoso ou desviante em função da presença dos elementos é sempre e somente probabilística.

2.1. A associação diferencial

A teoria da aprendizagem social do comportamento criminoso incorpora a ideia de associação diferencial, tal como formulada por SUTHERLAND.

Associações diferenciais são determinadas interações estabelecidas entre indivíduos, com pessoas em relação às quais eles conferem prestígio e importância, buscando manter intimidade e proximidade. Ao contrário do que uma leitura apressada pode levar a crer, as associações diferenciais não se estabelecem apenas em gangues formadas nos espaços degradados do ambiente urbano. Qualquer grupo pode propiciar o estabelecimento de uma associação diferencial, inclusive aqueles formados nos extratos médios e altos, como, por exemplo, em sociedades mercantis ou organizações de profissionais liberais.

As associações que ocorrem mais cedo, duram mais, ocupam mais tempo e envolvem outras pessoas com quem se tem as relações mais importantes, terão maior efeito sobre o comportamento criminoso ou lícito[10]. A isso se chama princípio da prioridade, e ele põe em relevo as associações diferenciais formadas na própria família do indivíduo. De fato, a família é a responsável pela socialização inicial, proporcio-

[9] AKERS, Ronald L. **Social learning...**, *op. cit.*, 2010, p. 51.
[10] AKERS, Ronald L. **Social learning...**, *op. cit.*, 2010, p. 64.

nando modelos e treinamento por recompensas e punições. Assim, a associação, o reforço, a modelagem e a exposição a comportamentos e definições desviantes no seio familiar, durante a infância, têm efeitos diretos e seletivos sobre as associações e o comportamento criminoso posterior.

Em relação às associações diferenciais formadas entre jovens e adolescentes, AKERS observa não ser correto o lugar comum da pressão dos pares, ou seja, daquela imagem que povoa o imaginário coletivo, representando o garoto ingênuo e medroso compelido ao desvio em função de ameaças de ostracismo ou de exposição ao ridículo pelos seus colegas e amigos. Embora isso possa ocorrer marginalmente, em geral o processo é mais sutil e diáfano, não sendo onipresente ou mesmo irresistível[11].

Para AKERS, o caráter central da associação diferencial reside no fato de ela, a um só tempo, proporcionar a exposição do indivíduo a definições culturalmente transmitidas e individualmente adotadas; prover modelos comportamentais a serem imitados; controlar quais recompensas e punições estão disponíveis e são ligadas a comportamentos desviantes ou consentidos. Assim ocorre porque os resultados recompensadores ou punitivos de determinado comportamento dependem fundamentalmente da medida com a qual eles são definidos como bons, desejáveis, necessários, importantes ou aprovados pelos associados.

Portanto, a teoria da aprendizagem social preconiza que associações diferenciais nas quais o comportamento criminoso ou desviante é positivamente apreciado precedem a adoção desse comportamento pelo indivíduo com muito maior frequência do que a situação inversa, ou seja, o estabelecimento da associação somente após os envolvidos já terem separada e individualmente incorporado os comportamentos criminosos ou desviantes ao seu repertório.

2.2. Reforço diferencial

Reforço diferencial exprime a relação entre as recompensas e punições que decorrem ou se seguem ao comportamento.

Segundo propugna a teoria da aprendizagem social, a abstenção, a persistência ou a desistência da prática de atos criminosos ou desviantes

[11] AKERS, Ronald L. **Social learning...**, *op. cit.*, 2010, pp. 65-66.

é decorrência da frequência, quantidade e probabilidade de recompensas e punições que se percebe estarem ligadas ao comportamento[12].

Nesse ponto, Akers acolhe, com pequenas adaptações, todas as leis da análise comportamental descobertas por Skinner e seus colaboradores. De modo sintético – em atenção aos limites da presente exposição – pode-se afirmar que a tese central do behaviorismo, retida pela teoria da aprendizagem social, é que a probabilidade de que um determinado ato seja praticado ou repetido aumenta quando ele é recompensado, por exemplo, com prêmios, dinheiro, alimento, encorajamento, prestígio etc. Esse processo é denominado de reforçamento positivo. Todavia, esse mesmo efeito de aumento da probabilidade da prática ou repetição de um ato também acontece quando ele possibilita ao agente evitar uma consequência que lhe seria aversiva e aconteceria na ausência do ato. Trata-se do reforçamento negativo. Por outro lado, o comportamento tende a ser inibido, reduzido ou extinto caso tenha por consequência uma punição. A punição pode ser positiva, quando se consubstancia em uma consequência dolorosa ou desagradável associada ao comportamento; ou negativa, quando a consequência for a supressão de um reforço positivo (recompensa). Veja-se que, em todos esses casos, os termos "positivo" e "negativo" não exprimem uma apreciação qualitativa, mas simplesmente indicam que o comportamento é seguido da adição ou remoção de determinado elemento estimulador.

A teoria da aprendizagem enfatiza que o reforço diferencial é eminentemente social. Assim, ele abarca as reações diretas das pessoas presentes na realização de um ato e toda a gama de recompensas tangíveis e intangíveis valorizadas. Mesmo recompensas bastante simbólicas podem ser importantes, casos nos quais os seus efeitos de reforço vêm do cumprimento de metas ideológicas, religiosas, políticas etc. Para Akers, ainda quando o indivíduo age solitariamente, o seu comportamento é mediado pela presença implícita ou simbólica de outras pessoas[13].

Marginalmente, a teoria da aprendizagem acolhe a possibilidade da atuação de reforços não-sociais como, por exemplo, a excitação (sexual ou não) causada pela representação antecipada da ação desviante. Mesmo nesses casos, segundo Akers, tanto a experiência quanto a interpre-

[12] Akers, Ronald L. **Social learning...**, *op. cit.*, 2010, p. 66.

[13] Akers, Ronald L. **Social learning...**, *op. cit.*, 2010, pp. 70-71.

tação das sensações por ela causadas como prazerosas costumam ser socialmente mediadas[14].

Importante observar que, segundo o princípio da correspondência ("matching law"), o comportamento responde não à proximidade temporal ou espacial com o reforço, mas sim à correlação quantitativa entre ambos. Dessa forma, o comportamento mais frequente e fortemente reforçado é escolhido e praticado em exclusão aos que lhe são alternativos. Tal regra atende à dificuldade de se isolar em um ambiente natural unidades de resposta-reforço[15].

É no elemento do reforço diferencial que a teoria da aprendizagem contempla a noção de autocontrole, que ultimamente tem ganhado muita relevância e se tornou a base de uma das mais influentes correntes criminológicas contemporâneas[16]. AKERS observa que os sistemas de controle social recompensam e punem comportamentos desde a infância do indivíduo, com a finalidade de promover a sua socialização. Cuida-se do processo pelo qual se aprende – com a família, escola e outros grupos – por meio de reforço e punição, o que é certo ou errado dizer e fazer em determinados contextos. À medida em que a socialização avança, os indivíduos desenvolvem autocontrole. Eles aprendem a se conformar às expectativas, dominando o próprio comportamento sem a imposição direta e consistente de sanções sociais[17]. Isso seria feito por meio do autorreforço, é dizer, do sutil mecanismo de reforçamento ou punição do comportamento pelo seu próprio agente, em decorrência da satisfação, superação ou frustração das suas expectativas ou padrões[18].

Há todo um acervo de conhecimentos angariados pelo behaviorismo skinneriano cujo poder explicativo é incorporado pela teoria da aprendizagem social, como por exemplo, as descobertas a propósito dos

[14] AKERS, Ronald L. **Social learning**..., *op. cit.*, 2010, p. 72.

[15] AKERS, Ronald L. **Social learning**..., *op. cit.*, 2010, p. 69.

[16] Trata-se da teoria do autocontrole, surgida a partir da publicação, em 1990, do livro "A general theory of crime", por MICHAEL R. GOTTFREDSON e TRAVIS HIRSCHI. Em uma resenha da obra, AKERS expôs as afinidades das ideias nela esposadas com a sua teoria da aprendizagem, explicando porque o seu modelo tem maior potencial explicativo (AKERS, Ronald. L. Self-control as a general theory of crime. **Journal of Quantitative Criminology**. New York: Plenum Publishing Corporation, 1991, v. 7, n. 2, pp. 201-211).

[17] Nesse particular, AKERS se afasta do behaviorismo radical e acolhe uma proposição do behaviorismo social de ALBERT BANDURA.

[18] AKERS, Ronald L. **Social learning**... *op. cit.*, 2010, pp. 72-75.

chamados esquemas de reforço ou as limitações do controle do comportamento por meio da administração de reforços negativos e punições, em contrapartida às potencialidades do controle do comportamento por meio da administração de reforçadores positivos. Esse conjunto de saberes tem proporcionado instigantes debates de enorme alcance filosófico e social[19], com importância central para o direito[20].

2.3. Imitação

Esse elemento foi cxtraído do behaviorismo social de Albert Bandura, mais especificamente da noção de modelação[21] do comportamento.

Modelação é o processo de aprendizagem a partir da observação e imitação do comportamento de outros indivíduos. Os observadores tendem a imitar comportamentos se os modelos são admirados, recebem reforços, dão sinais de prazer, ou estão em um ambiente no qual a imitação é reforçada[22].

A modelação ocorre mais na aquisição de um novo comportamento. Marginalmente, ela pode ser importante para a manutenção ou modificação de um comportamento que já integra o repertório do indivíduo[23].

Afastando-se um pouco das proposições de Sutherland[24], Akers sustenta que a imitação pode ocorrer a partir da exposição a padrões de comportamento exibidos na mídia (televisão, cinema, música, jogos de videogame etc.). Para ele, a prioridade, duração, frequência e intensidade da exposição a comportamentos desviantes expostos na mídia podem sobrepujar as relações contrárias em grupos primários, menos

[19] Baum, William M. Compreender o behaviorismo. 3. ed. São Paulo: Artmed, 2019. Sindman, Murray. Coerção e suas implicações. São Paulo: Livro Pleno, 2009. Skinner, Burrhus Frederic. Para além da liberdade e da dignidade. Lisboa: Edições 70, 2000.

[20] Aguiar, Julio Cesar de. **Teoria analítico-comportamental do direito**. Porto Alegre, Nuria Fabris, 2017.

[21] Não confundir com o conceito de modelagem do comportamento, elaborado pelo behaviorismo skinneriano, e que diz respeito ao processo incremental que visa à incorporação ou cessação de um comportamento por meio da administração deliberada de reforçadores ou punidores.

[22] Aguiar, João Serapião. Aprendizagem observacional. **Revista de Educação PUC – Campinas**, v.3, n. 5, novembro de 1998.

[23] Akers, Ronald L. **Social learning...**, *op. cit.*, 2010, p. 75.

[24] Sutherland, Edwin H.; Cressey, Donald R. **Criminology**. Philadelphia: J. B. Lippincott Company, 1978, p. 81.

frequentes, intensas e duradouras. Esses efeitos, todavia, tendem a ser mais fracos que aqueles decorrentes da interação pessoal, sendo mais relevantes quando combinados com o condicionamento dessensibilizante (por exemplo, de comportamentos violentos), situação na qual contrariam definições negativas e fornecem definições adicionais neutralizantes e positivas[25].

2.4. Definições e estímulos discriminativos

Por definições, a teoria da aprendizagem social do comportamento criminoso ou desviante faz referência aos mecanismos de racionalização que qualificam um ato como certo ou errado, bom ou ruim, aceitável ou inaceitável, justificável ou injustificável.

Há definições que favorecem a eclosão e manutenção do comportamento criminoso: são as positivas e as neutralizadoras. As positivas tornam o comportamento moralmente desejável ou inteiramente aceitável. As neutralizadoras justificam o comportamento ou lhe fornecem desculpas, atuando frequentemente de modo episódico, ou seja, o comportamento é visto como algo indesejável, mas, dada a situação particular, é justificável, escusável, necessário ou tolerável. Exemplo típico, mencionado por Akers, é fornecido por aqueles indivíduos que acreditam firmemente que é moralmente errado furtar e que as leis que sancionam as condutas correlatas devem ser obedecidas, mas, ao mesmo tempo, veem pouco problema na utilização de drogas recreativas e racionalizam a conduta de violar as leis que interditam o seu consumo[26].

Também são definições neutralizadoras os discursos de isenção de responsabilidade ou desengajamento moral do tipo "eu não posso fazer nada, nasci assim"; "ele mereceu"; "todo mundo tem um defeito"; "eu estava bêbado e não sabia o que estava fazendo"[27]. Outras fórmulas são lembradas por Anitua[28], com base nos trabalhos de Sykes e Matza: elas podem envolver a condenação dos que condenam ("são todos uns hipócritas", "os juízes e os policiais são corruptos"); a negação da con-

[25] Akers, Ronald L. **Social learning...**, *op. cit.*, 2010, p. 76.

[26] Akers, Ronald L. **Social learning...**, *op. cit.*, 2010, p. 78.

[27] Akers, Ronald L. **Social learning...**, *op. cit.*, 2010, p. 80.

[28] Anitua, Gabriel Ignacio. **Histórias dos pensamentos criminológicos**. Rio de Janeiro: Revan, 2008, p. 507.

dição de ilícito ("não fiz nada realmente de mau", "a proibição não tem sentido, pois trata-se de algo sem importância"); ou a remissão a instâncias superiores ("não podia decepcionar os meus amigos", "me mandaram fazer")[29].

As definições positivas e neutralizadoras são aprendidas com maior frequência por meio de reforço positivo e imitação, no âmbito de associações diferenciais que incorporam valores conflitantes com os convencionais. Portanto, a exposição às definições compartilhadas é um elemento essencial (embora não seja o único) no processo de aquisição e internalização das próprias definições. Como exemplo frequente dessa interrelação, pode-se citar a neutralização da sonegação fiscal em determinados seguimentos profissionais ou econômicos.

Cumpre relembrar que, assim como acontece com as demais variáveis da teoria, as definições não operam de modo determinístico. Na realidade, elas atuam de modo probabilístico e incremental[30].

Do ponto de vista do jargão behaviorista, as definições são estímulos discriminativos, ou seja, sinalizações que indicam que certos comportamentos são apropriados e recompensáveis, ou inapropriados e provavelmente serão punidos de alguma forma. Outros estímulos que cumpram essa mesma função também são contemplados pela teoria. Assim, quanto mais os estímulos presentes em uma dada circunstância são iguais ou semelhantes àqueles presentes em uma situação na qual um comportamento foi reforçado, maior será a probabilidade de que ele se repita[31].

[29] Zaffaroni, de modo parecido, alude às seguintes técnicas de neutralização: a) negação da própria responsabilidade (são as circunstâncias que me fizeram assim, eu não o escolhi; foi a minha mãe castradora; foi o meu pai inflexível; a sociedade me fez assim); b) negação do dano (não me arrependo de nada; eles têm muito mais grana; não é tão grave; havia ofendido a minha mãe); c) negação da vítima (foi ele que me agrediu; eu apenas me defendo; são uns desqualificados); d) condenação dos condenadores (a polícia é corrupta; na escola sou mal tratado; meu pai é intolerante; os juízes são uns hipócritas); e) apelação a lealdades superiores (não posso deixar meus amigos sozinhos; não posso faltar aos meus amigos; tenho que lhes dar cobertura). Algumas dessas técnicas seriam comumente utilizadas por agentes públicos que cometem crimes em nome do Estado, como torturas e desaparecimentos forçados (Zaffaroni, Eugenio Raul. **La cuestión criminal**. Buenos Aires: Planeta, 2015, pp. 139-140).

[30] Akers, Ronald L. **Social learning...**, *op. cit.*, 2010, p. 83.

[31] Akers, Ronald L. **Social learning...**, *op. cit.*, 2010, pp. 84-85.

2.4. A progressão e a cessação do comportamento criminoso

A partir da concepção da aprendizagem social como um processo no qual a probabilidade de iniciação ou repetição do ato desviante decorre da história de aprendizagem individual e do conjunto de contingências de reforço e estímulos discriminativos, Akers constrói cinco hipóteses acerca do processo típico de progressão criminosa ou desviante[32]. Essas hipóteses, que foram posteriormente corroboradas em uma série de estudos[33], são as seguintes:

> 1ª hipótese: A produção ou inibição dos atos desviantes iniciais decorre da relação estabelecida entre associações pretéritas e presentes, definições, imitação de modelos desviantes, bem como do equilíbrio antecipado de reforços em situações particulares.
>
> 2ª hipótese: Os efeitos dessas variáveis continuam presentes na repetição dos atos desviantes, embora a imitação se torne menos importante do que foi inicialmente.
>
> 3ª hipótese: Após a iniciação, reforçadores sociais, não-sociais[34] e punições afetam a probabilidade de os atos virem ou não a ser repetidos e em qual frequência.
>
> 4ª hipótese: Não apenas o comportamento manifesto, mas também as definições a ele favoráveis ou desfavoráveis são afetados pelas consequências positivas e negativas dos atos iniciais. Na medida em que eles são mais recompensados do que os comportamentos alternativos, as definições favoráveis serão fortalecidas e as definições desfavoráveis serão enfraquecidas, de modo que se tornará mais provável a repetição do comportamento desviante nas mesmas circunstâncias.

[32] Akers, Ronald L. **Social learning...**, *op. cit.*, 2010, p. 53.

[33] Akers, Ronald L. *et al.* Social learning and deviant behavior: a specific test of a general theory. **American sociological review**, v. 44, 1979. Akers, Ronald L *et al.* Social learning theory and alcohol behavior among the elderly. **The Sociological Quarterly**, v. 30, n. 4, 1989. Boeringer, Scot B.; Shehan, Constance; Akers, Ronald L. Social contexts and social learning in sexual coercion and agression: assessing the contribution of fraternity membership. **Family Relations**, v. 40, n. 1, 1991.

[34] Como as reações fisiológicas incondicionadas ou os efeitos orgânicos da ingestão de drogas ou álcool.

> 5ª hipótese: A progressão do comportamento desviante em direção a padrões mais frequentes e sustentáveis, em lugar da sua cessação ou redução, é promovida na medida em que o reforço, a exposição a modelos desviantes e a definições favoráveis à violação de normas[35] não são contrabalançados por sanções negativas formais ou informais e definições favoráveis ao cumprimento das normas.

Em resumo, pode-se afirmar que a progressão para padrões de comportamento criminoso reiterado ocorre quando a associação diferencial, os reforços, a exposição a modelos desviantes e as definições não são compensados por associações conformes, definições e sanções negativas ou outras consequências aversivas.

Uma vez aprendido, o comportamento criminoso tende a ser resistente à mudança. No entanto, a teoria da aprendizagem social propugna que ele é passível de modificação pelos mesmos processos por meio dos quais foi adquirido[36]. Trata-se de uma tarefa certamente complexa e que envolve – muito além da simples punição – a aprendizagem de comportamento alternativo lícito e de definições a ele favoráveis, primordialmente por meio de reforçamento positivo. As potencialidades, limitações e desafios desse processo de aprendizagem são amplamente tratadas em outra obra, para a qual remete-se o leitor[37].

3. Aprendizagem social e as organizações criminosas

A organização criminosa estruturada é a forma quintessencial da associação diferencial. É bem verdade que, como já se insistiu, uma associação diferencial pode se estabelecer em diversos grupos sociais, inclusive na família. Também é verdade que associações entre delinquentes que

[35] Embora a teoria não proponha que as definições favoráveis à violação da lei sempre precedem e não sejam afetadas pela prática do ato criminoso, Akers afirma que a probabilidade da prática do ato aumenta (por imitação ou reforço) na ausência de reflexão acerca do seu conteúdo moral. Ademais, o indivíduo pode usar definições neutralizadoras retrospectivamente, para desculpar ou justificar o ato, mesmo sem tê-las considerado antes; entretanto, na medida em que tais justificativas ou escusas têm sucesso para mitigar sanções negativas ou autopunição, elas se tornam reforços para a repetição de atos desviantes posteriores (Akers, Ronald L. **Social learning...**, *op. cit.*, 2010, p. 54).

[36] Akers, Ronald L. **Social learning...**, *op. cit.*, 2010, p. 161.

[37] Medeiros, Mario. **Individualização da pena...** *op. cit.*, 2022.

não atendem aos requisitos para serem tecnicamente conceituadas como organizações criminosas[38] são mais comuns e podem conformar uma associação diferencial. Entretanto, a maior estabilidade, a estruturação e a clareza de objetivos da organização criminosa fazem delas ambiente privilegiado para observação do funcionamento de uma associação diferencial e dos demais elementos da teoria da aprendizagem social do comportamento criminoso. Com efeito, as organizações criminosas tendem a adquirir enorme ascensão sobre os seus integrantes, proporcionando quase que integralmente as suas fontes de reforço, padrões de imitação e definições.

O controle sobre as fontes de reforçamento positivo do indivíduo assegura às organizações o seu caráter prioritário. Esses reforços são de uma ampla gama, indo do óbvio proveito material dos delitos e apoio financeiro às famílias dos membros presos ou mortos, às recompensas mais intangíveis, como o encorajamento e a conferência de prestígio ou de conforto emocional.

Por outro lado, a observação, pelos integrantes da organização, dos efeitos reforçadores do comportamento dos indivíduos que estão em posição de liderança, dá ensejo à criação de modelos de imitação, com implicações potencializadas pelo provimento massivo de definições positivas e neutralizadoras do comportamento criminoso.

Os integrantes das organizações criminosas são expostos, portanto, a modelos comportamentais e definições bem particulares, sendo reforçados ou punidos na medida em que os adotam ou deles se afastam. O código próprio de valores que tem autoridade normativa sobre os membros da organização e disciplina as recompensas e punições mais evidentes, em determinadas situações chega ao requinte de ser fixado em textos escritos que tomam de empréstimo a forma das regras jurídicas[39].

[38] Nos termos do art. 1º, §1º, da Lei nº 12.850/2013, "Considera-se organização criminosa a associação de 4 (quatro) ou mais pessoas estruturalmente ordenada e caracterizada pela divisão de tarefas, ainda que informalmente, com objetivo de obter, direta ou indiretamente, vantagem de qualquer natureza, mediante a prática de infrações penais cujas penas máximas sejam superiores a 4 (quatro) anos, ou que sejam de caráter transnacional.".

[39] Como acontece com as célebres organizações criminosas "Comando Vermelho" e "Primeiro Comando da Capital": <https://www.correiobraziliense.com.br/cidades-df/2022/09/5038456-estatuto-do-comando-vermelho-e-encontrado-dentro-de-cela-de-presidio-leia.html>, acesso em 29/10/2022; <https://faccaopcc1533primeirocomandoda

3.1. A Lei nº 12.850/2013 e a teoria da aprendizagem social do comportamento criminoso

Para os que acolhem os postulados da teoria da aprendizagem social do comportamento criminoso, considerado o caráter paradigmático das organizações criminosas e, portanto, o seu enorme potencial deletério, a criação de um estatuto repressivo próprio, inclusive com a instituição de meios especiais de investigação, é algo positivo. A Lei nº 12.850/2013 cumpre esse papel e ataca elementos centrais da aprendizagem, estabelecimento e continuidade do comportamento criminoso. O faz de modo interessante para o presente estudo, pois procura atuar tanto por meio da punição quanto do reforçamento positivo, sendo o equilíbrio entre esses dois modos de controle comportamental justamente o meio possível para modificação do comportamento desviante ou para sua substituição por comportamento alternativo lícito. É por esse prisma que foram selecionados alguns pontos da lei para discussão.

3.1.1. *Penas mais severas*

> Art. 2º **Promover, constituir, financiar ou integrar, pessoalmente ou por interposta pessoa, organização criminosa**:
>
> Pena – reclusão, de 3 (três) a 8 (oito) anos, e multa, sem prejuízo das penas correspondentes às demais infrações penais praticadas.
> [...]
> § 3º A **pena é agravada** para **quem exerce o comando**, individual ou coletivo, da organização criminosa, ainda que não pratique pessoalmente atos de execução.
> § 4º **A pena é aumentada** de 1/6 (um sexto) a 2/3 (dois terços):
> I – se há **participação de criança ou adolescente**;
> [...]

Como enfatizado alhures, à luz da teoria da aprendizagem social, são enormes as limitações do controle punitivo do comportamento cri-

capital.org/regimentos/estatuto_do_primeiro_comando_da_capital_faccao_pcc_1533/>, acesso em 29/10/2022.

minoso[40]. Nada obstante, ainda segundo os pressupostos da teoria, ele é socialmente necessário e deve ser dotado de um certo nível de aversividade, capaz de influir no balanceamento do reforço diferencial[41]. Essa diretriz justifica a previsão de punição para aqueles que promovam, constituam, financiam ou integram uma organização criminosa, de modo autônomo em relação aos delitos por ela praticados (art. 2º). Ademais, pelas razões já expostas, do ponto de vista da teoria faz sentido que essa punição seja mais severa que aquela reservada a associações menos estruturadas ou apenas transitórias (associação criminosa e coparticipação).

Interessante notar a previsão de aumento de pena para aqueles que comandam a organização criminosa (art. 2º, §3º) ou quando ela contar com a participação de criança ou adolescente (art. 2º, §4º, I). Em ambos os casos, o tratamento mais severo pode ser justificado com aportes da teoria da aprendizagem social. Em relação aos líderes da organização, o seu papel de proeminência na criação de associações diferenciais e no provimento de padrões de imitação, de reforço diferencial e de defini-

[40] Não há aqui espaço para desenvolvimento do tema, conquanto ele seja bastante instigante. Tecnicamente, o controle punitivo enfrenta grandes dificuldades decorrentes da ineficiência, para modelagem do comportamento, das consequências postergadas ou percebidas de modo vago e impreciso; das chamadas armadilhas de reforço (propensão do comportamento a ser controlado pelas consequências imediatas ou de curto prazo); da resistência à modificação dos comportamentos reforçados de modo intermitente; da propensão à sua restauração após o afastamento da punição; dos subprodutos indesejáveis (agressividade, desengajamento pessoal, rigidez intelectual, superstições, compulsões e psicopatologias) (Medeiros, Mario. **Individualização da pena**...*op. cit.*, 2022, pp. 94-104).

[41] Como exposto alhures, a despeito das limitações apresentadas na nota anterior, o controle coercitivo segue sendo largamente empregado por três razões primordiais: imediaticidade da consequência, eficácia independente de privação e facilidade no arranjo das contingências. De fato, a punição é eficaz para a imediata interrupção do comportamento indesejado, mais simples de administrar que a sua alternativa (criação de contingências de reforçamento positivo) e é a única opção atualmente existente para comportamentos graves, que precisam cessar e não são passíveis de rápida modificação por outro meio. Nesses casos, o controle coercitivo exerce a função de autodefesa e contracontrole de comportamentos igualmente coercitivos e socialmente lesivos. O conflito que se estabelece entre os problemas e a imprescindibilidade do controle coercitivo reforça a importância de se levar a sério os vetores da proporcionalidade, legalidade e fragmentariedade (Medeiros, Mario. **Individualização da pena**...*op. cit.*, 2022, pp. 105-114).

ções favoráveis ou neutralizantes do comportamento criminoso, justifica a maior censura[42].

Quanto à participação de crianças e adolescentes na organização, ela é especialmente nociva em razão do princípio da prioridade, ou seja, da maior importância que têm as associações formadas mais cedo pelo indivíduo, para a modelagem do seu comportamento. Além disso, o reforço diferencial proporcionado pela organização interfere fortemente no processo de socialização da pessoa e no desenvolvimento do seu autocontrole, conforme exposto mais acima[43].

3.1.2. *Limitação de benefícios*

> Art. 2º [...]
>
> § 9º O condenado expressamente em sentença por integrar organização criminosa ou por crime praticado por meio de organização criminosa **não poderá progredir de regime de cumprimento de pena ou obter livramento condicional ou outros benefícios prisionais se houver elementos probatórios que indiquem a manutenção do vínculo associativo.**

A Lei nº 12.850/2013 prevê que o indivíduo condenado por integrar organização criminosa não poderá progredir de regime de cumprimento de pena ou obter livramento condicional ou outros benefícios prisionais se houver elementos probatórios que indiquem a manutenção do vínculo associativo. O ponto está envolto na intensa polêmica a respeito dos propósitos da execução penal e dos aspectos passíveis de sindicabilidade na progressão de regime e concessão de benefícios[44]. O que

[42] De um modo geral, a censura à escolha de se associar diferencialmente e, sobretudo, ao papel exercido pelo indivíduo na associação diferencial, pode ser juridicamente traduzida na circunstância judicial da "conduta social", que orienta o juiz na fixação da pena-base (Medeiros, Mario. **Individualização da pena**...*op. cit.*, 2022, pp. 127-130).

[43] Acerca da possibilidade de análise pelo juiz, quando da individualização da pena, do autocontrole sob a rubrica da circunstância judicial da "culpabilidade", conferir Medeiros, Mario. **Individualização da pena**...*op. cit.*, 2022, pp. 118-120.

[44] Para uma resenha de todo o processo histórico que levou à atual crise na individualização da pena, mostrando-se como ela é paradoxalmente causada pela convergência de ideologias penais conflitantes, conferir Medeiros, Mario; Aguiar, J. C; Cordeiro, Nefi. A individua-

se pode dizer nos limites deste trabalho, é que a teoria da aprendizagem social concede suporte à defesa da análise do mérito do preso para obtenção de benefícios. Ela não será centrada na prognose de não-recidiva, mas justamente na avaliação da preservação de associações diferenciais e definições atinentes ao crime que levou a pessoa ao cárcere, além do engajamento e desempenho nos programas de ressocialização que lhe foram oferecidos[45]. Assim, partindo-se desse marco teórico, a opção do legislador mostra-se bastante acertada.

3.1.3. *Colaboração premiada*

> Art. 4º O juiz poderá, a requerimento das partes, conceder o perdão judicial, reduzir em até 2/3 (dois terços) a pena privativa de liberdade ou substituí-la por restritiva de direitos **daquele que tenha colaborado efetiva e voluntariamente com a investigação e com o processo criminal**, desde que dessa colaboração advenha um ou mais dos seguintes resultados:
>
> I – **a identificação dos demais coautores e partícipes da organização criminosa** e das infrações penais por eles praticadas;
>
> II – **a revelação da estrutura hierárquica e da divisão de tarefas da organização criminosa**;
>
> [...]
>
> § 5º Se a colaboração for **posterior à sentença**, a pena poderá ser reduzida até a metade ou será admitida a progressão de regime ainda que ausentes os requisitos objetivos.

lização da pena na encruzilhada entre o neorretribucionismo e o garantismo. **Revista de Estudos Criminais**, v. 82, 2022, pp. 149-169.

[45] Em verdade, a teoria da aprendizagem social proporciona uma nova visão do ideal ressocializador, centrada no uso de reforçamento positivo para ataque aos elementos que explicam o comportamento criminoso. Veja-se que, de modo muito significativo, os poucos casos de sucesso que se conhece em matéria de reabilitação carcerária convergem com os achados da teoria (MEDEIROS, Mario. **Individualização da pena**...*op. cit.*, 2022, pp. 156-171).

> [...]
>
> § 7º Realizado o acordo na forma do § 6º deste artigo, serão remetidos ao juiz, para análise, o respectivo termo, as declarações do colaborador e cópia da investigação, devendo o juiz ouvir sigilosamente o colaborador, acompanhado de seu defensor, oportunidade em que **analisará os seguintes aspectos na homologação**:
>
> [...]
>
> IV – **voluntariedade da manifestação de vontade**, especialmente nos casos em que o colaborador está ou esteve sob efeito de medidas cautelares.
>
> § 18. O acordo de colaboração premiada pressupõe que o colaborador **cesse o envolvimento em conduta ilícita** relacionada ao objeto da colaboração, sob pena de rescisão.

Atuando na chave do reforçamento positivo para rompimento da associação diferencial, tem-se o mecanismo da colaboração premiada. Perceba-se como, visto desse prisma, ele é justificado de partida, ficando a descoberto as censuras de índole moralista que por vezes lhe são dirigidas. Aliás, não há como resistir à observação de que essas censuras renunciam à visão universalista dos valores éticos para defender o valor particular da preservação da coesão de uma associação diferencial.

Do ponto de vista behaviorista, consentâneo com a teoria da aprendizagem social, a colaboração premiada funciona como um reforço positivo que atua em paralelo com a punição, buscando interferir no balanceamento do reforço diferencial que sustenta a preservação do vínculo associativo. Não à toa, ao minudenciar os resultados buscados com a colaboração, o legislador principia e finda por relacionar fatos que nada mais significam que o rompimento da associação diferencial (art. 4º, I e II; §18). Esse objetivo é perseguido mesmo na execução penal, fase na qual, ao lado das já mencionadas limitações para obtenção de benefícios, admite-se a celebração de colaboração premiada (art. 4º, §5º).

Costuma-se enfatizar a necessidade de voluntariedade na colaboração, elemento reforçado nas alterações feitas pela Lei nº 13.964/2019 na Lei nº 12.850/2013, mais concretamente em seu art. 7º. Para além da evidente leitura garantista do requisito, pode-se acrescentar que, caso se acolha o rompimento da associação diferencial e, sobretudo, das definições favoráveis ou neutralizantes, como objetivos da intervenção penal, deve-se também reconhecer a impossibilidade de sua obtenção sem ou contra a vontade do indivíduo[46].

3.1.3.1. *A "personalidade do colaborador"*

> Art. 4º
>
> [...]
>
> § 1º Em qualquer caso, **a concessão do benefício levará em conta a personalidade do colaborador**, a natureza, as circunstâncias, a gravidade e a repercussão social do fato criminoso e a eficácia da colaboração.

A Lei nº 12.850/2013 vincula a concessão do benefício, dentre outros elementos, à análise da "personalidade do colaborador". A observação da personalidade do réu ou sentenciado é frequentemente reclamada pelo legislador (*v.g.*, CP, art. 44, II; art. 59; art. 67; art. 71, parágrafo único; art. 77, II; LEP, art. 5º; art. 9º; art. 180, III), sendo objeto de severas censuras por grande parte da literatura especializada, que aponta a indevida invasão à interioridade, privacidade ou intimidade da pessoa[47]. Essa crítica não faz muito sentido para a teoria da aprendizagem social. Com efeito, para o behaviorismo que lhe dá sustentação, a personalidade de um indivíduo consiste em padrões de comportamento justificados pelas contingências às quais ele esteve submetido ao longo de sua vida[48]. A personalidade agressiva, por exemplo, seria apenas um padrão frequente de respostas agressivas em diversos contextos similares,

[46] Braithwaite, John; Pettit, Phillip. **No sólo su merecido.** Buenos Aires: Siglo Vientiuno, 2015, pp. 68 e 85. Rodrigues, Anabela Miranda. **A determinação da medida da pena privativa de liberdade.** Coimbra: Coimbra Editora, 1995, pp. 70-73 e 82.87.

[47] Barros, Carmen Silva Moraes. **A individualização da pena na execução penal.** São Paulo: RT, 2001, p. 123. Queiroz, Paulo. **Direito Penal: parte geral.** 3. ed. São Paulo: Saraiva, 2006, p. 370. Zaffaroni, Eugenio Raul; Pierangeli, José Henrique. Manual de direito penal brasileiro. 4. ed. São Paulo: RT, 2002, p. 830.

[48] Banaco, Roberto Alves. et al. Psicopatologia. In: Hübner, Maria Martha Costa; Moreira, Márcio Borges. **Temas clássicos da psicologia sob a ótica da análise do comportamento.** Rio de Janeiro: Guanabara Koogan, 2012. p. 152.

produto da constituição genética do indivíduo e das contingências de reforçamento às quais ele esteve exposto[49]. Ela não é a causa do comportamento, sendo na realidade inferida do próprio comportamento[50]. É, portanto, um elemento observável sem necessidade de qualquer invasão à interioridade do agente.

Para uma abordagem consentânea com a teoria da aprendizagem social, a análise de personalidade que o juiz poderia fazer se limita às definições esposadas pelo indivíduo que são pertinentes aos fatos sob apreciação. Tomemos como exemplo uma das variantes de personalidade mais frequentemente invocadas – e criticadas – para justificar a maior censura ao réu: a personalidade voltada para o crime, desajustada ou distorcida[51]. Na realidade, o que essas fórmulas ocultam – e é intuído por muitos como importante elemento relacionado à conduta criminosa – é a presença de definições capazes de torná-la certa, boa, desejável ou aceitável. Ora, como as definições são fruto de aprendizagem por meio de contingências de reforço[52], pode-se esperar e desejar a sua modificação ou extinção quando forem socialmente inaceitáveis. Não se trata de devassar o espírito do indivíduo, mas sim de observar o ambiente, comportamentos e reforçadores verbais ligados à conduta criminosa[53].

Em tema de colaboração premiada, portanto, pode o juiz, ao perquirir da personalidade do colaborador, avaliar a persistência de definições favoráveis ou neutralizantes do comportamento criminoso.

4. Conclusão

A teoria da aprendizagem social do comportamento criminoso ou desviante é uma das mais influentes teorias criminológicas da atualidade[54]. Os seus elementos-chave são a associação diferencial, o reforço diferen-

[49] Baum, William M. **Compreender o behaviorismo**. 3. ed. São Paulo: Artmed, 2019, p. 37. Skinner, Burrhus Frederic. **Sobre o behaviorismo**. 10. ed. São Paulo: Cultrix, 2019, p. 35.

[50] Skinner, Burrhus Frederic. **Para além da liberdade e da dignidade**. Lisboa: Edições 70, 2000, p. 18.

[51] Costa, Álvaro Mayrink. Execução penal. Rio de Janeiro: GZ, 2016, p. 85.

[52] Akers, Ronald L. **Social learning**...*op. cit.*, 2010, pp. 80-81 e 84.

[53] Medeiros, Mario. **Individualização da pena**...*op. cit.*, 2022, pp. 122-126.

[54] Sellers, Christine S.; Cochran, John K.; Winfree Jr., Thomas. Social learning theory and courtship violence: an empirical test. In: Akers, Ronald L.; Jensen, Gary F. **Social learning theory and the explanation of crime**. New York: Routledge, 2017, p. 109.

cial, a imitação, as definições e estímulos discriminativos. Dentre esses elementos, a posição central é ocupada pela associação diferencial, ambiente no qual os demais componentes operam e interagem.

As organizações criminosas podem ser consideradas a forma acabada de uma associação diferencial, sendo, portanto, local privilegiado para observação dos elementos da teoria da aprendizagem social em plena atividade. Com isso, fica clara a utilidade do confronto do tratamento normativo levado a efeito pela Lei nº 12.850/2013 com os postulados da teoria.

Como visto, a opção por criminalizar a conduta de promoção, constituição, financiamento ou integração de organização criminosa, com a previsão de penas significativamente severas, é referendada pela teoria da aprendizagem social. De igual modo, a teoria é compatível com o tratamento mais rigoroso conferido àqueles que exercem o comando das organizações, ou para os envolvidos em organizações que contam com a participação de crianças e adolescentes. A limitação de benefícios, como a progressão de regime ou obtenção de livramento condicional, também é condizente com os achados da teoria da aprendizagem social, que se contrapõem à atual tendência de automatismo na execução penal. Por outro lado, os fundamentos behavioristas da teoria encorajam a construção de alternativas ao controle coercitivo do comportamento, sobretudo as baseadas em reforçamento positivo. O instituto da colaboração premiada pode ser visto sob esse prisma, descortinando-se uma nova visão acerca de suas potencialidades. Igualmente inovadora é a visão, proporcionada pela teoria, acerca da "personalidade" do acusado ou do condenado, elemento muito invocado pela legislação penal e presente na Lei nº 12.850/2013. Vista a personalidade como padrão observável de comportamento, deixam de ser justificáveis os temores de invasão à intimidade.

Essa pequena amostra do emprego de uma teoria criminológica para avaliação de um texto normativo espera-se ser capaz de demonstrar não apenas os méritos da teoria e da norma analisada, mas, sobretudo, o erro que é limitar-se o jurista ao estudo da dogmática.

PARTE II
ASPECTOS PENAIS AO ENFRENTAMENTO DO CRIME ORGANIZADO

CAPÍTULO 7
A SOCIEDADE GLOBAL DE RISCOS, OS NOVOS PARADIGMAS DO DIREITO PENAL E O CRIME ORGANIZADO – UMA ANÁLISE REFLEXIVA DOS TIPOS PENAIS DE ORGANIZAÇÃO CRIMINOSA E DOS DEMAIS DELITOS ASSOCIATIVOS

ANA FLÁVIA MESSA
EVERTON LUIZ ZANELLA

1. Dinâmica evolutiva da sociedade: reflexos no direito penal

A satisfação da necessidade social de segurança[1] é obtida pela organização e proteção estabelecidas pelo Direito[2] e pelo Estado[3]. De acordo

[1] "La seguridad es otro de los valores de gran consideración, por cierto, de importancia básica porque la certeza de saber a que atenerse, es decir, la certeza de que el orden vigente a de ser mantenido aún mediante la coacción, da al ser humano la posibilidad de desarrollar su actividad, previendo en buena medida cuál será la marcha de su vida jurídica" (GARRONE, J. A. Dic. **Juríd.** Abeledo-Perrot, T. III, Bs. As. 1987).

[2] "A segurança é a razão do Direito" (CAVALCANTI FILHO, Theophilo. **O Problema da Segurança no Direito.** São Paulo: RT, 1964); "O objetivo do Direito é a paz" (IHERING, Rudolf Von. **A luta pelo Direito.** Tradução Pietro Nassetti. 2. ed. São Paulo: Martin Claret, 2008). "O direito é, portanto, uma ferramenta que fornece as condições necessárias para vida interativa em sociedade e para realização de valores morais inquestionáveis como a liberdade e a justiça" (SUMMERS, Robert S. **Lon Fuller.** Stanford: Stanford University Press, 1984); 22 "O Direito tem dupla vocação: a de proporcionar segurança a uma sociedade e a de fazer imperar a justiça em suas relações. Como se pode observar, se, por um lado, o

com o contexto histórico e o processo evolutivo, os anseios sociais por segurança mudam, sofrendo variação temporal e espacial, devendo o Direito[4] e o Estado promoverem adequação às mudanças, com respostas aos problemas e necessidades estruturais da vida do indivíduo e do grupo compatíveis no horizonte do presente e futuro, para que haja o estabelecimento do equilíbrio, justiça e bem-estar.

Embora vocacionado para estabilidade e permanência, em face da exigência social de um mínimo de certeza e estabilidade na sociedade, o Direito não é eterno, embora o direito concebido até meados do século XX tenha assumido feição de algo autônomo do tempo e limitado ao seu aspecto normativo.

A ideia de eternidade na perspectiva jurídica ao considerar o direito como um modelo fundamental da vida em grupo, indiferente ao tempo, apesar de acolhida pelo jusnaturalismo antigo e moderno, e incrementada sob os auspícios do positivismo jurídico, não se revela compatível ao mundo histórico-cultural em que se insere, o qual, por sua vez, exige uma leitura construída por meio do consenso social, linguístico e progressivo na solução de problemas[5].

anseio de justiça é profundo e tem movido toda a evolução do Direito, é certo que, desde as sociedades primitivas, a necessidade de segurança, que nos vem do próprio instinto, tem precedência lógica e cronológica, pois sem ela nenhuma ordem poderia sequer existir." (NETO, Diogo de Figueiredo Moreira. **Mutações do direito público**. Rio de Janeiro: Renovar, 2006).

3 "À segurança, a par da liberdade e da paz pública, é encarada como uma das tarefas mais complexas e prioritárias dos Estados democráticos" (PARREIRA, Luis Newton – Tardes de Queluz. A Guarda face aos desafios do ambiente de segurança do século XXI. **Revista Pela Lei e Pela Grei**. n. 92, 2011, p. 63).

4 "Segurança na teoria jurídica significa garantia, proteção, estabilidade de situação ou pessoa em vários campos" (SILVA, José Afonso da. Democracia. segurança e garantismo. **Notícia do Direito Brasileiro**. Brasília. n.7, 2000, pp 163-174); "...segurança não é imutabilidade, pois esta é própria da morte. Avida, esta, rege-se pelo movimento, que é próprio de tudo que vive. A sociedade, como o direito que nela e para ela se cria, é movível. O que se busca é a segurança do movimento." (ROCHA, Carmen Lúcia Antunes. O princípio da coisa julgada e o vício da inconstitucionalidade. In **Constituição e Segurança Jurídica**: direito adquirido, ato jurídico perfeito e coisa julgada. Belo Horizonte: Fórum, 2004).

5 "Se, porém, aceitarmos a proposta de que a avaliação das doutrinas deve basear-se na progressividade e na efetividade quanto à solução de problemas da tradição de pesquisa com que estão associadas, estaremos comprometidos com a ideia de que a História intelectual deve ser um ingrediente indispensável de qualquer situação de escolha racional" (LAUDAN,

A dinâmica evolutiva da sociedade[6] traz reflexos na compreensão das características do Direito Penal[7] no século XXI. Constatam-se mudanças qualitativas que exigem uma reformulação dos esquemas teóricos com os quais se apreendem e transmitem os fenômenos jurídico-criminais, descobrindo novos horizontes de análise.

São várias as mudanças ocorridas no cenário jurídico-criminal nos últimos tempos[8]: o surgimento dos bens jurídicos supraindividuais, a

Larry. **O progresso e seus problemas**: rumo a uma teoria do conhecimento científico. Tradução Roberto Leal Ferreira. São Paulo: Editora Unesp, 2011, p. 273).

[6] Para regular a convivência entre os homens, estabelecem-se normas vinculantes que devem ser respeitadas pelas pessoas enquanto membros da comunidade. O acatamento dessas normas é uma condição indispensável para a convivência em sociedade. A ordem jurídica e o Estado não são, por conseguinte, mais que um reflexo ou superestrutura de uma determinada ordem social incapaz, por si mesma, de regular a convivência de um modo organizado e pacífico. Na medida em que a ordem social seja autossuficiente, poderemos prescindir da ordem jurídica e do Estado (Muñoz Conde, Francisco. **Direito penal e controle social**. Tradução de Cintia Toledo Miranda Chaves. Rio de Janeiro: Forense, 2005).

[7] "...o Direito, entre as outras ciências sociais, tem o caráter distintivo do ser, como a língua, não só parte integrante mas também espelho integral da vida social" (Tarde, G. **Les Transformations Du Droit**. Paris: Berg, 1994).

[8] a) a ineficiência do Estado em executar políticas públicas básicas, o que acentua os índices de criminalidade; b) a ineficiência do Estado em fiscalizar e executar adequadamente o sistema penitenciário, o que vem ensejando a mitigação do Direito Penal clássico, com a adoção do Direito de segunda velocidade (mitigação da pena de prisão e adoção de penas alternativas, como substituição ao pesado custo do sistema carcerário e fiscalizador), o que, ademais, vem contribuindo para o aumento da reincidência; c) o aumento da sensação subjetiva de insegurança da população, em virtude do avanço tecnológico dos meios de comunicação (hoje, com a televisão, internet etc., se sabe em São Paulo de um crime de latrocínio ocorrido há alguns minutos no subúrbio do Rio de Janeiro, aumentando a sensação de insegurança coletiva). Isso tudo agravado pela forma sensacionalista com que a mídia antecipa julgamentos e veicula notícias – como um autêntico produto de mercado4 ; d) uma sociedade marcada pelo risco, em decorrência dos avanços da tecnologia (novos meios de transportes, de comunicação etc.), incrementando, na legislação penal, novos tipos de perigo abstrato e omissivos impróprios como respostas aparentemente adequadas para evitar tais riscos; e) aumento considerável da demanda penal, diante da tutela dos interesses difusos e coletivos e outros decorrentes das 'novidades' da era pós-industrializada (econômicos, de informática, etc.); f) globalização econômica que vem intensificando as desigualdades sociais e incrementando no Direito, novos conceitos, com novos tipos penais, com o abandono de consagradas figuras, tudo em nome da eficiência econômica; g) a utilização do Direito Penal como instrumento para soluções aparentemente eficazes a curto prazo, mediante o fisiologismo de políticos que acabam hipertrofiando o sistema penal, criando uma colcha de retalhos legislativa incongruente e despropositada; h) o desprestígio de outras instâncias

criação de inúmeros tipos de perigo abstrato e normas penais em branco, a responsabilização penal das pessoas jurídicas, o desenvolvimento das tecnologias de informação e comunicação[9], e a globalização. Tais mudanças colocam, obrigatoriamente, na agenda da discussão a releitura de parâmetros comportamentais da sociedade, tendo em vista a inadequação da "dogmática jurídica clássica"[10] às novas realidades jurídico-penais.

Com efeito, face ao descompasso entre a realidade contemporânea e o instrumental jurídico-criminal criado para os séculos XIX e XX, surge necessidade de refletir sobre como o Direito Penal enfrentará os novos desafios. Nas palavras de HESPANHA[11], "... *não se pode ignorar que estamos hoje perante um direito realmente diferente daquele para o qual foi construída a dogmática jurídica corrente*".

para a solução de conflitos que poderiam ser, a princípio, retirados da tutela do Direito Penal (como o Direito Administrativo)5 ; i) o considerável aumento do descrédito da população nas instituições e na possibilidade de mudança a curto prazo que, acentuadas pela crise do próprio homem, vem fomentando a criação de 'Estados paralelos', à margem da ordem jurídica posta, aumentando e fortalecendo organizações criminosas, proliferando a justiça 'pelas próprias mãos' (linchamentos, grupos de extermínio etc.), desmobilizando os movimentos sociais e desarticulando os mecanismo de resistência à miséria etc (CAMPILONGO, Celso Fernandes. **O Direito na Sociedade Complexa**. Apresentação e ensaio de Raffaele De Giorgi. São Paulo: Max Limonad, 2000).

[9] DOMINGUEZ LUIS, José Antonio. El derecho de información administrativa: información documentada y transparencia administrativa. **Civitas: Revista Española de Derecho Administrativo**. Madrid, n. 88, out./dez. 1995.

[10] Não é possível defender o dogmatismo na ciência jurídica, que considera a norma jurídica como algo dado e imobilizado, pois tal situação é incompatível com a dinamicidade do conhecimento científico, e com o influxo determinante dos aspectos axiológicos e críticos no estudo do direito. A adoção do termo da dogmática foi com o sentido de ramo da ciência jurídica que estuda as normas jurídicas vigentes em uma determinada comunidade. O uso das aspas é justificado, pois tal expressão reúne dois termos antagônicos. No estudo do direito as normas só possuem sentido quando conectados com os fatos e os valores (KAUFMANN, Arthur. **Filosofia del derecho**. Tradução de Luis Villar Borda e Ana Maria Montoya. Bogotá: Universidad Externado de Colômbia, 2002; MARQUES NETO, Agostinho Ramalho. **A ciência do direito: conceito, objeto, método**. Rio de Janeiro: Renovar, 2001; MARÍN, Rafael Hernández. **Introducción a la teoría de la norma jurídica**. Madrid: Marcial Pons, 2002).

[11] HESPANHA, Antônio Manuel. **Pluralismo Jurídico e Direito Democrático**. São Paulo: Annablume Editora, 2013.

2. Sociedade global de riscos e mudança de paradigmas no direito penal

2.1. Sociedade de risco[12], modernidade reflexiva e o direito penal

No contexto da dinâmica evolutiva da sociedade e da lógica de redes viabilizando uma crescente complexidade das interações e modelos imprevisíveis de desenvolvimento, da globalização econômica e do consumismo decorrente do capitalismo de mercado, surgem novos riscos[13] e, por consequência, a incerteza, com a carência de critérios suficiente-

[12] "(...) a sociedade de risco, novo paradigma da era industrial tardia, fruto dos excessos cometidos por uma evolução "a todo custo" têm sido causadores de uma Pandora de riscos que se podem definir como invisíveis, incalculáveis, potencialmente ilimitados (tanto espacial como temporariamente, como ainda quanto ao círculo de afectados), insusceptíveis de construir objecto seguro, que esbatem fronteiras tanto físicas (leia-se geográficas) como culturais – provocando uma espécie de igualdade na diferença entre todos aqueles que conosco partilham da aventura da vida, provocaram, e têm a tendência a provocar, sentimento de insegurança, incerteza e medo das pessoas e nas organizações (...)." (Fernandes, Paulo Silva. **Globalização, "sociedade de risco" e o futuro do direito penal**: panorama de alguns problemas comuns. Coimbra: Almedina, 2001).

[13] O risco, dessarte, é modalidade secularizada de construção do futuro. Já que a perspectiva de risco torna plausíveis pontos de vistas diferentes da racionalidade, na condição de que estes sejam capazes de rever os próprios pressupostos operativos e na condição de que haja tempo para efetuar esta revisão, esta perspectiva é típica da sociedade moderna. E, então, ainda que seja vivido como fatalidade, o risco é uma aquisição evolutiva do tratamento das contingências que, se exclui toda a segurança, exclui também todo o destino. Como modalidade de vínculo com o tempo, o risco se diferencia, por um lado, do direito (que fixa os pressupostos que permitem a orientação das próprias expectativas no futuro), e, por outro lado, diferencia-se também da economia (que determina as modalidades de acesso aos bens) (Giorgi, Raffaele de. **Direito, democracia e risco**. Vínculos com o futuro. Porto Alegre: Fabris, 1998); Os riscos que havia anteriormente eram riscos pessoais, contudo os riscos na "sociedade reflexiva" ultrapassam as realidades individuais e até mesmo as fronteiras territoriais e temporais de tal maneira que se forem produzidos em uma região podem afetar outras. De modo que a produção e a distribuição dos riscos determinantes no mundo contemporâneo geram a impossibilidade de escapar de suas consequências. Esta "sociedade mundial do risco" (*Weltrisikogesellschaft*) trata-se, portanto, de uma sociedade catastrófica, na medida em que caracteriza pelo surgimento de catástrofes nucleares, de desastres genéticos, de crises financeiras ou ameaças terroristas globais, e cuja reflexividade torna maior parte dos aspectos da atividade social suscetíveis à revisão crônica à luz de novas informações ou conhecimentos (Silva, Pablo Rodrigo Aflen da. Aspectos críticos do direito penal na sociedade de risco. **Revista Brasileira de Ciências Criminais**, São Paulo, n. 46, p. 79, janeiro/fevereiro de 2004).

mente sólidos para a definição de padrões de orientação de condutas[14]. O sociólogo alemão ULRICH BECK[15] chama a nossa sociedade contemporânea[16] de sociedade global do risco[17], uma verdadeira "caixa de pandora" que promove o crescente e contínuo processo de liberação aleatória de "novos riscos" que redundam no retorno da incerteza, da imprevisibilidade e da insegurança, em suas dimensões cognitiva e normativa[18].

As situações imponderáveis, contingentes e aleatórias cresceram progressivamente, deixando de haver espaço para as certezas do passado dentro da dinâmica da modernidade. É o que o sociólogo britânico ANTONY GIDDENS chama de crise de controle, como perda do domínio sobre o mundo em virtude do surgimento de perigos novos.

[14] "(....) uma primeira característica do direito penal na sociedade de risco, qual seja, a desorganização dos argumentos lógicos e legitimadores das decisões do próprio sistema (SALVADOR NETTO, Alamiro Velludo. **Tipicidade Penal e Sociedade de Risco**. São Paulo: Quartier Latin, 2006).

[15] BECK, Ulrich. **Sociedade de Risco**: rumo a uma outra modernidade. São Paulo: Editora 34, 2010.

[16] "A Idade Contemporânea vai do final da Revolução Francesa até os dias atuais. Caracteriza-se pelo progresso científico, desenvolvimento de novas tecnologias e, no período mais recente, pelo aparecimento dos novos riscos". (GOMBRICH, Ernst Hans. **Breve história do mundo**. São Paulo: Martins Fontes, 2001).

[17] "Os riscos sempre dependem de decisões: é dizer, pressupõem decisões. Surgem da transformação da incerteza e dos perigos em decisões (e exigem a tomada de decisões, que, a sua vez produz riscos).". (BECK, Ulrich. **Sociedade de Risco**...*op. cit.*, 2010).

[18] A teoria da sociedade mundial do risco parece nascer com a percepção social dos riscos tecnológicos globais e de seu processo de surgimento até então despercebido. É uma teoria política sobre as mudanças estruturais da sociedade industrial e, ao mesmo tempo, sobre o conhecimento da modernidade, que faz com que a sociedade se torne crítica de seu próprio desenvolvimento. Em suma, a teoria da reflexividade engloba uma abordagem acerca do processo de confrontação entre os efeitos da modernização e as bases da sociedade industrial e, também, sobre como a sociedade industrial se vê como sociedade do risco e como ela se crítica e se reforma. A partir do momento em que os riscos tecnológicos são reconhecidos como riscos derivados de decisões humanas, os centros de tomada de decisões e as leis do progresso tecnológico e científico tornam-se questões políticas. Também ingressam na agenda política os temas ligados aos mecanismos de controle e distribuição dos riscos, particularmente, a questão da ineficiência dos mecanismos atuais e da busca de novas alternativas (MACHADO, Marta Rodriguez de Assis. Edmund Mezger e o Direito Penal do nosso tempo. São Paulo: **Revista de Direito da Fundação Getúlio Vargas**, v. 1, n. 1, mai. 2005).

Os riscos na modernidade reflexiva partem da consciência de ausência de limites e de segurança, num contexto de transformação[19], e se fundam nas reflexões críticas acerca do esgotamento dos paradigmas instituídos e construídos pela modernidade ocidental. A pós-modernidade, ao produzir rupturas e introduzir novas definições axiológicas, trouxe não apenas reflexão crítica e criteriosa nas relações do indivíduo, da sociedade e do Estado, mas também uma procura ainda não exaurida de referenciais possíveis para reestruturação da vida e do projeto social.

O paradigma da modernidade como princípio articulador do pensamento linear de causa-efeito mostra-se insuficiente para lidar com os paradoxos de um mundo complexo. Seus conceitos e métodos articulados no referencial tradicional funcionam com um instrumental incompatível com a pretensão moderna e hegemônica de uma cultura universal, e fundamento na indeterminação e descontinuidade de modelos e projetos de vidas desnecessariamente circunscritas[20].

A crise do paradigma moderno nos mostra a necessidade de reformulação de suas premissas epistemológicas, seja por oposição, com a ruptura de seus parâmetros, seja por uma continuidade remodelada da modernidade[21]. As forças que nos levam às crises trazem em si as sementes da renovação.

O universo do risco, diante das modificações contemporâneas processadas, foi ampliado, com o aumento da criminalidade[22], em especial

[19] A ideia moderna da racionalidade global da vida social e pessoal acabou por se desintegrar numa miríade de mini-racionalidades ao serviço de uma irracionalidade global inabarcável e incontrolável. É possível reinventar as mini-racionalidades da vida de modo a que elas deixem de ser partes de um todo e passagem a ser totalidades presentes em múltiplas partes. É esta a lógica de uma possível pós-modernidade de resistência (SANTOS, Boaventura de Sousa. **Pela mão de Alice**: o social e o político na pós-modernidade. 2. ed. São Paulo: Cortez, 1996).

[20] "(...) há uma notável mutação na sensibilidade, nas práticas e nas formações discursivas que distingue um conjunto pós-moderno de pressupostos, experiências e proposições do de um período precedente". (HUYSSEN, Andreas. "Mapping the postmodern". **New German Critique** 33, pp. 5-52. *The Independent*, 28/5/87).

[21] HARVEY, David. **Condição pós-moderna**. São Paulo: Loyola, 1992.

[22] "O crime é um dos sintomas da emergência dessa sociedade global e que, ao mesmo tempo, permite compreender a sua evolução: não só do ponto de vista das ameaças que se espreitam (com a filtração da criminalidade nos centros de decisão políticos, econômicos e financeiros), mas também porque se adaptam às novas formas de socialização. A nova criminalidade é também expressão desse novo modelo de organização social para que tendem

a criminalidade organizada. Em decorrência, a humanidade se vê confrontada pela necessidade de ter que refletir sobre um potencial de ameaça tradicionalmente inimaginável e que desafia categorias até então utilizadas para o pensamento e a ação.

O ambiente descrito, impulsionado pela globalização, caracterizado por uma visível alteração do âmbito e dos conteúdos das referências teóricas, em função de um processo evolutivo contínuo e inacabado, que considere a variabilidade no conhecimento e conceba um repensar multidimensional experimenta novas modalidades de criminalidade que ultrapassam as fronteiras dos Estados nacionais[23].

Neste contexto, conexo com a coordenada assinalada, um dos sintomas da nova criminalidade aponta para a reconfiguração do papel e das funções do crime organizado, com nítido aprimoramento, em termos de organização administrativa interna, técnicas de expansão e lucratividade, assumindo feições até então apenas imaginadas e aplicáveis em grandes empresas.

Se os riscos fazem parte da condição humana, seu gerenciamento ou controle, de forma planejada e sistêmica através de procedimentos estruturados, é essencial para que os indivíduos consigam conduzir o desenvolvimento de suas relações e sobreviver num mundo em constante transformação e crescente competitividade[24].

as sociedades contemporâneas." (Rodrigues, Anabela Miranda. Globalização, democracia e crime. In: Costa, José de Faria; Silva, Marcos Antonio Marques da (coords.). **Direito penal especial, processo penal e direitos fundamentais**: visão luso-brasileira. São Paulo: Qualiter Latin, 2006); Fala-se abundantemente em "criminalidade moderna", que abrangeria a criminalidade ambiental internacional, criminalidade industrial, tráfico internacional de drogas, comércio internacional de detritos, onde se incluiria a delinquência econômica ou criminalidade de "colarinho branco". Essa dita "criminalidade moderna" tem uma dinâmica estrutural e uma capacidade de produção de efeitos incomensuráveis, que o Direito Penal clássico não consegue atingir, diante da dificuldade de definir bens jurídicos, de individualizar culpabilidade e pena, de apurar a responsabilidade individual ou mesmo de admitir a presunção de inocência e o in dubio pro reo (Bitencourt, César Roberto. **Direito Penal**. Ed. Saraiva, 7. ed., 2007).

[23] Machado, F.D.A. Direito e Política na Emergência Penal: uma análise crítica à flexibilização de direitos fundamentais no discurso do Direito Penal do inimigo. In: **Revista de Estudos Criminais**. Porto Alegre, ano 9, nº 34, p. 69-92, jul./set. 2009a, p.70.

[24] A sociedade precisa dispor de meios eficientes e rápidos que possam reagir ao simples perigo, ao risco, deve ser sensível a qualquer mudança que possa desenvolver-se e trans-

2.2. A Mudança de paradigmas: continuidade e descontinuidade do processo da construção do direito penal

Perante o universo das alterações referidas no ponto anterior, conclui-se pela formação com nitidez de um ambiente de riscos, incertezas[25] e mudanças significativas, inclusive de paradigmas[26] construídos pela modernidade ocidental[27], trazendo novos ares em sua organização e valores, com repercussão imediata no âmbito do Direito Penal, provocando reflexões e a necessidade de posturas novas diante de opções e variações num contexto de complexidade e dinamicidade[28].

formar-se em problemas transcendentais (Bitencourt, César Roberto. **Direito Penal**...*op. cit.*, 2007).

[25] "Científico é o saber que se sabe precário, que não se julga absoluto, que sabe ter de expor com plausibilidade a fundamentação de tudo que se afirma. Leis científicas, por definição, são temporárias. Serão refutadas. A refutação só prova que determinadas teses foram científicas enquanto foram críveis, plausíveis, para nós." (Carvalho Netto, Menelick de & Scotti, Guilherme. **Os direitos fundamentais e a (in) certeza do direito**: a produtividade das tensões principiológicas e a superação do sistema de regras. Belo Horizonte: Fórum, 2011).

[26] Paradigmas são instrumentos de compreensão da realidade, gerados num contexto histórico, científico e social, que possibilitam previsibilidade no sentido de funcionamento e planejamento da vida das pessoas em sociedade. Os paradigmas jurídicos são construções teóricas estruturantes que funcionam como padrão ou modelo ordenador das relações sociais. Com a evolução e as novas exigências, os paradigmas construídos transformam-se em insatisfações teóricas, pois o pensamento jurídico tem por finalidade reduzir a incerteza do direito. A conscientização e a concretização dos paradigmas jurídicos permitem a compreensão da realidade e do sistema jurídico, gerando a possibilidade de análise crítica com debates e sugestões, características de um processo evolutivo. É caminhar de um conhecimento de regulação para um conhecimento por emancipação.

[27] Bittar, Eduardo Carlos Bianca. O direito na pós-modernidade. **Revista Sequência**, n. 57, pp. 131-152, dez. 2008.

[28] Os organismos biológicos têm limites espaciais e temporais bem precisos; seu patrimônio se define por valores de normalidade que oscilam apenas dentro de margens de tolerância determináveis empiricamente. Diversamente, os sistemas sociais podem se afirmar em um ambiente de extrema complexidade variando os seus elementos sistêmicos, seus padrões de normalidade, ou ambos ao mesmo tempo, a fim de alcançar um novo nível de auto-sustentação. Porém, quando um sistema se conserva variando tanto os seus limites, seu patrimônio, a sua identidade acaba se tornando imprecisa. Uma tal alteração do sistema pode ser concebida como aprendizagem e mudança, ou como processo de dissolução e quebra: não pode ser determinado com certeza se foi formado um novo sistema ou se apenas houve a regeneração do antigo (Habermas, Jürgen. **O Discurso Filosófico da Modernidade**. São Paulo: Martins Fontes, 2000).

Após um período caracterizado na crença do progresso e nos ideais iluministas, vive-se a partir da segunda metade do século XX numa condição histórica pós-moderna[29] de incertezas e riscos, com a desconstrução de princípios e valores construídos na modernidade e ausência de projeto do futuro. A realidade atual é regida por uma narrativa do inconstante[30] combinada com a evolução tecnológica, a revolução digital e a globalização, no contexto de transição[31] e busca de nova estrutura social.

Uma ponderação reflexiva sobre as etapas mais recentes do processo de evolução do Direito Penal conduz-nos à conclusão de que há uma transformação nas categorias básicas do pensamento criminal sobre a sua funcionalidade e as modalidades de sua intervenção no espaço social. Nesse contexto, o Direito Penal deve apresentar soluções adaptáveis à essa nova identidade, em cumprimento à sua missão de pacificação social, para a proteção dos bens penais juridicamente relevantes.

A mudança de paradigmas no Direito Penal é originada da constatação de que a teoria científica é dinâmica, e traduzida num processo de construção de novas formas de pensar e entender a realidade, e superação de outros modelos de racionalidade. Essas mudanças encontram-se de tal forma imbricadas nas estruturas sociais que se torna necessário, considerar a atividade do cientista sob o influxo de fatores sociais, externos ao conhecimento científico, sem descurar da causalidade intrínseca do domínio interno da ciência.

[29] "Na noção de uma não-história é que o pensamento pós-moderno procura se estabelecer enquanto ruptura com o moderno." (MENEZES, P. **A Crise do Passado**. São Paulo: Experimento, 1994); "O pós-moderno sem dúvida traz ambiguidades. É isso que ele propõe: a prudência como método, a ironia como crítica, o fragmento como base e o descontínuo como limite [...] (SEVCENKO, Nicolau. O enigma pós-moderno. In: OLIVEIRA, Roberto Cardoso de (org.). **Pós-modernidade**. Campinas: Editora da UNICAMP, 1987).

[30] "O rótulo genérico abriga a mistura de estilos, a descrença no poder absoluto da razão, o desprestígio do Estado. A era da velocidade. A imagem acima do conteúdo. O efêmero e o volátil parecem derrotar o permanente e o essencial. Vive-se a angústia do que não pode ser e a perplexidade de um tempo sem verdades seguras. Uma época aparentemente pós-tudo: pós-marxista, pós-kelseniana, pós-freudiana." (ADEODATO, João Maurício. ***Ética & Retórica***. Para uma teoria da dogmática jurídica. São Paulo: Saraiva, 2009, p. 353).

[31] "O mundo é "um" em certo sentido, mas radicalmente cindido por desigualdades de poder em outro. E um dos traços mais característicos da modernidade é a descoberta de que o desenvolvimento do conhecimento empírico não nos permite, por si mesmo, decidir entre diferentes posições de valor" (GIDDENS, A. **As Conseqüências da Modernidade**. São Paulo: Edunesp, 1991).

O cientista lida com uma "estrutura organizada" de riscos já existentes e com situações da vida real que são reconhecidas como problemas nessa estrutura[32] e, a partir dá constrói e contrasta explicações, formulando teorias e práticas[33]. O conhecimento científico é estruturado com dados de teorias reflexivas num contexto histórico-social. Com a dinâmica evolutiva, o pensamento científico passa por mudanças que geram novos modelos explicativos de ver o mundo, de explicar o novo e de olhar para o passado.

John Gray já alertava que a história não é progresso ou declínio, mas ganhos ou perdas recorrentes[34]. O avanço do conhecimento ao nos guiar no mundo da vida, possibilitando o debate em torno dos seus problemas reais, gera novas perspectivas para a compreensão e explicação de certos aspectos da realidade.

2.3. Transição paradigmática no direito penal e o controle dos riscos

Bordoni abre passagem para a reflexão sobre a transição paradigmática quando relata que a modernidade retirou suas promessas, e que a pós-modernidade as subestimou e até zombou delas. A visão da modernidade em crise de Bordoni articula-se com a de Bauman quando afirma que as promessas ficaram imunes às ondas cruzadas da história, sendo abandonadas estratégias favorecidas, assim como modelos de "boa sociedade" eventualmente concebidos para coroar o esforço de persegui-los de forma resoluta e fiel[35].

A caracterização e a consequente definição dos contornos dos novos paradigmas do Direito Penal[36] experimentam novas modalidades de cri-

[32] Popper, Karl. **A lógica da pesquisa científica**. São Paulo: Cultrix, 2011, p. 23.

[33] Popper, Karl. **La miséria del historicismo**. Madrid: Alianza, 1973, p. 45.

[34] Gray, John. **Cachorros de palha**: reflexões sobre humanos e outros animais. Tradução Maria Lucia de Oliveira. Rio de Janeiro: Record, 2005, p. 169.

[35] Bauman, Zygmunt & Bordoni, Carlo. **Estado de Crise**. Tradução Renato Aguiar. Rio de Janeiro: Zahar, 2016, pp. 9-75.

[36] – a deliberada política de criminalização; – as frequentes e parciais alterações pelo legislador da Parte Especial do Código Penal através de leis penais especiais, com intensificação dos movimentos de descodificação; 68 – a proteção funcional dos bens jurídicos, com preferência para os bens difusos, forjados muitas vezes de forma vaga e imprecisa; – a ampla utilização da técnica dos delitos de perigo abstrato, com uma relativização do conceito de bem jurídico-penal; – o menosprezo ao princípio da lesividade ou ofensividade; – o uso do Direito Penal como instrumento de "política de segurança", em contradição com sua natureza

minalidade, em especial da criminalidade organizada, com seus pressupostos criminológicos e suas orientações político-criminais. A transição paradigmática no sistema penal decorre da ausência de respostas concretas da doutrina jurídica para os problemas sociais complexos da sociedade de risco e outras formas dc criminalidade organizada.

No contexto da sociedade de risco, a associação de vontades livres e conscientes, dirigidos a um objetivo comum ilícito, com base em uma hierarquia e divisão de tarefas, possuindo como mote o raciocínio da alta lucratividade com baixo custo e investimento recuperável a curto prazo, podendo contar com a corrupção de agentes público[37], assiste à diluição da narrativa de "controlabilidade" do mundo e a obsolescência dos arranjos institucionais sociais e políticos conhecidos até então, sem que novas tecnologias e instituições sejam capazes de amenizar esta insegurança.

Diante dos novos desafios impostos por essa realidade em mudança, é importante destacar a necessidade de adaptação e ao aperfeiçoamento da dogmática e das técnicas penais à necessidade de controle e contenção dos novos riscos. O Direito Penal deve abandonar seu plano simbólico, assumindo, neste cenário, o potencial de possibilitar solução técnica-instrumental e valorativa na criação da legitimidade dos comportamentos, tanto os que devem ser seguidos, como os que devem ser suportados[38].

subsidiária e fragmentária; – a transformação funcionalista de clássicas diferenciações dogmáticas (autoria e participação, consumação e tentativa, dolo e imprudência etc.) fundadas na imputação objetiva e subjetiva do delito, inclusive porque a imputação individual acaba constituindo obstáculo para a eficácia da nova política criminal de prevenção; – a responsabilidade penal da pessoa jurídica; 69 – o endurecimento da fase executiva da pena, inclusive por meio de inconstitucionais medidas provisórias; 70 – a privatização e terceirização da Justiça (Gomes, Luiz Flávio. Bianchini, Alice. **O Direito Penal na Era da Globalização**. São Paulo: Revista dos Tribunais, Série As Ciências Criminais no Século XXI, v. 10, 2002).

[37] Cunha. **Danilo Fontenele Sampaio.** Criminalidade Organizada: antigos padrões, novos agentes e tecnologias. Disponível em : https://journals.openedition.org/pontourbe/1752. Acesso em : 15 de janeiro de 2023.

[38] "Não é infrequente que a expansão do Direito Penal se apresente como produto de uma espécie de perversidade do aparato estatal, que buscaria no permanente recurso à legislação penal uma (aparente) solução fácil aos problemas sociais, deslocando ao plano simbólico (isto é, ao da declaração de princípios, que tranquiliza a opinião pública) o que deveria resolver-se no nível da instrumentalidade (proteção efetiva)." (Sánchez, Jesús-María Silva. **A expansão do direito penal: aspectos da política criminal nas sociedades pós-indus-**

Neste sentido, Brittes de Araújo explica que "as organizações criminosas constituem fenômeno muito mais complexo e dotado de concretude, que demanda intervenção penal para proteção eficiente (e suficiente), pelo Estado, de bens jurídicos dotados de raízes constitucionais, como a paz pública e o direito à segurança. Tutela, por conseguinte, direitos fundamentais contra os ataques de particulares. Mais do que legítima, a proteção nesta seara otimiza princípios albergados na Carta Magna"[39].

2.4. Sociedade de riscos, criminalidade organizada e a expansão do direito penal

O surgimento desses novos riscos, como o avançar da criminalidade moderna, faz surgir a necessidade de políticas de expansão do direito penal. Neste contexto, interessa-nos enfatizar três características essências desta expansão do direito penal: a) a conjugação da globalização e o surgimento das novas tecnologias no desenvolvimento de novas formas de criminalidade; b) sob o mote do "combate da criminalidade" a incriminação progressiva de determinadas condutas mais lesivas à ordem pública; c) a necessidade de funcionar não apenas como instrumento eficaz de prevenção e combate à criminalidade, mas também como mecanismo protetor dos direito e garantias fundamentais, em harmonia às novas realidades jurídico-penais.

Com a expansão do direito penal surge a necessidade de uma a dilatação do campo de abrangência das normas, para que a criminalidade e os novos riscos possam ter o necessário respaldo dos ditames impostos pelo Estado Constitucional. Uma das formas de expressão do expansionismo foi a criação do tipo penal de organização criminosa (artigo 2º da Lei nº 12.850/2013) e de algumas outras figuras que tipificam associações de pessoas para a prática de delito, como a associação para o tráfico de drogas e a formação de milícias privadas.

triais. Tradução de Luiz Otávio de Oliveira Rocha. Série "as ciências criminais no século XXI", v. 11, São Paulo: Editora Revista dos Tribunais, 2002).

[39] Brittes de Araújo, Gláucio Roberto. **Imputação de autoria e participação em organizações criminosas**. Curitiba: Juruá, 2020, p. 83.

3. Fenômeno da criminalidade organizada[40]

3.1. Atributos essenciais da criminalidade organizada

A caracterização e consequente definição dos contornos da criminalidade organizada passam pelo próprio entendimento das suas qualidades essenciais, das quais passaremos a analisar:

(a) **Complexidade estrutural:** a organização criminosa tem regras próprias de atuação, um propósito previamente definido e um caráter alterável no tempo e espaço e um esquema criminoso articulado, dotado de profissionalização e estrutura aparelhada;

(b) **Divisão orgânica hierárquica:** a organização é estruturada em níveis dispostos de acordo com a posição ocupada pelo agente e o grau de seu comprometimento com o sucesso da atividade-fim. Há um chefe[41] responsável pelo planejamento e estruturação do grupo, detendo efetivo poder de comando para fins de definição do momento e modo de execução das diferentes atividades criminosas empreendidas, sujeitando a atuação dos demais membros do grupo à sua direta subordinação[42].

[40] A criminalidade organizada constitui antes de tudo (é este, como disse já, o seu ponto de partida) um fenómeno social, económico, político, cultural, fruto da sociedade contemporânea; de tal modo significativo na vida dos povos e das pessoas que não pôde deixar de apelar para a sua consideração pelo direito. Em consequência, é um fenómeno – neste aspecto, análogo a tantos outros: a criminalidade terrorista, a criminalidade política, a criminalidade econômico-financeira... – que clama pela sua relevância jurídico-penal a múltiplos e decisivos propósitos (Figueiredo Dias, Jorge de. A criminalidade organizada: do fenómeno ao conceito jurídico-penal. In: **Revista Brasileira de Ciências Criminais**, n. 71, mar. – abr. 2008, pp. 11- 30).

[41] Interessante observar que atualmente há organizações que atuam em paradigma de rede, fenômeno no qual se perde, ao menos em parte, consoante Baltazar Junior, a figura do líder é substituída pela figura do "facilitador" (*criminal contact broker* ou *mittelsmann*), que é um indivíduo bem relacionado e com boa articulação perante indivíduos e grupos especialistas em determinadas ações. O facilitador promove a intermediação dos contatos e o entrelaçamento entre pessoas e entre grupos criminosos (Baltazar Junior, José Paulo. **Crime organizado e proibição de insuficiência**. Porto Alegre: Livraria do Advogado, 2010. p. 108). O facilitador, que evidentemente é bem remunerado pelos seus serviços, poderá juntar pessoas em grupos; grupos menores em grupos maiores, ou até mesmo duas ou mais organizações criminosas preexistentes em organismos ainda maiores e mais perigosos (Zanella, Everton Luiz. **Infiltração de agentes e o combate ao crime organizado** – Análise do Mecanismo Probatório Sob o Enfoque da Eficiência e do Garantismo. Curitiba: Juruá, 2020, p. 37).

[42] A Organização das Nações Unidas, no documento Results of a pilot survey of forty selected organized criminal groups in sixteen countries, elaborado em setembro de 2002,

(c) **Divisão funcional:** cada membro da organização tem sua tarefa, o que demonstra a existência da especialização de funções; há uma divisão clara de atribuições; em geral uma pessoa fica responsável pela contabilidade da organização; outra por repassar as determinações do comando aos demais integrantes do grupo e, assim por diante.

(d) **Divisão territorial:** é comum que a organização domine as atividades criminosas em determinada área. É evidente que determinadas organizações, mais articuladas e poderosas, crescem ao longo dos anos e acabam estendendo seu domínio territorial, ampliando suas fronteiras.

(e) **Estreitas ligações com o poder estatal[43]:** a organização criminosa exige ingerência (corrupção de agentes estatais) ou gerência nas instituições do Estado, assumindo o controle do poder estatal em conformidade com os seus interesses. Com sua organização complexa e estratégias, abalam a estrutura do Estado, aproveitando-se de suas deficiências. Existem, inclusive, organizações criminosas de paradigma endógeno (ou institucional) que são aquelas que nascem dentro do Estado para a prática de crimes contra a Administração Pública, sendo caracterizadas por agrupamentos de indivíduos para fraudar licitações e/ou praticar desvios de dinheiro ou bens públicos.

(f) **Atos de extrema violência e poder de intimidação:** a arbitrariedade no uso da força física contraria valores e princípios constitu-

indicou cinco tipologias de organização criminosa, dentre as quais: a) Hierarquia padrão (Standart hierarchy)– hierarquia simples dentro de um grupo, com forte sistema interno de disciplina) Hierarquia regional (Regional hierarchy) – grupos hierarquicamente estruturados, com fortes linhas internas de controle e disciplina, mas com relativa autonomia para componentes regionais; c) Hierarquia agrupada (Clustered hierarchy) – quando uma parte dos grupos criminosos estabelecem um sistema de coordenação e controle, indo do leve ao forte, em suas várias atividades; d) Grupo central (Core group): grupos relativamente organizados mas levemente desestruturados, circundado e auxiliado, em muitos casos, por uma rede de indivíduos engajados em atividades criminosas; e) Rede Criminosa (Criminal network) – uma rede fluída e esparsa de indivíduos, normalmente portadores de habilidades especiais que constituem, constante e progressivamente, séries de projetos criminosos. Disponível em: www.unodc.org/pdf/crime/publications/Pilot_survey.pdf. Acesso em: 15 de janeiro de 2023.

[43] " Não é apenas uma organização bem-feita, não é somente uma organização internacional, mas é, em última análise, a corrupção da Legislatura, da Magistratura, do Ministério Público, da Polícia, ou seja, a paralisação estatal no combate à criminalidade " (...). (HASSEMER, Winfried. Segurança pública no estado de direito. Tradução de Carlos Eduardo Vasconcelos. **Revista Brasileira de Ciências Criminais**, São Paulo, Janeiro/março de 1994, nº 5, p. 63).

cionais atinentes à concretização dos direitos humanos, gerando terror, insegurança e a disseminação de crimes violentos e cruéis. Os atos de violência são característicos, sobretudo das organizações mais tradicionais, de paradigma mafioso, as quais exercem a violência e a intimidação contra seus concorrentes e, principalmente, contra testemunhas e agentes de investigação e repressão, para a manutenção da "Lei do Silêncio". Podemos citar como exemplo os homicídios do juiz Giovanni Falcone e do Procurador Paolo Borsellino, em 23 de maio de 1992, praticados pela máfia *Cosa Nostra* Siciliana[44].

(g) Intuito do lucro ilícito ou indevido: com a busca de vantagens há por consequência a maximização de benefícios;

(j) Detentora de um poder econômico elevado: com o seu poder empresarial estabelecem mercado, conquistam nichos, buscam vantagens e criam uma contabilidade racional;

(k) Capacitação funcional: os membros são recrutados, orientados, treinados e incumbidos de realizar tarefas em prol da organização criminosa; Não é qualquer pessoa que é aceita para compor os quadros das associações criminosas, sendo comum o ingresso de novos integrantes somente após uma "apadrinhamento" por integrantes já antigos da organização.

(l) Capacidade de fraudes diversas e clandestinidade: uso de disfarces e simulações. As organizações criminosas fazem uso de negócios e atos lícitos para camuflar seus negócios e lucros escusos. Há conexões ocultas com quadros oficiais da vida comunitária. É comum o "uso de empresas fictícias e sócios irreais para a prática das ações ilícitas – que se misturam às lícitas, dificultando muito o rastreamento dos valores decorrentes dos crimes"[45]. Nas organizações de caráter empresarial (ou seja, agrupamentos de pessoas para cometimento de crimes econômicos em geral) esta capacidade é ainda maior, havendo sofisticado mecanismo de evasão de divisas e lavagem de dinheiro.

(m) Caráter transnacional: a forte conexão local, regional, nacional e internacional, com grande força de expansão, já que o crime

[44] MENDRONI, Marcelo Batlouni. **Crime organizado**: aspectos gerais e mecanismos legais. 3.ed. São Paulo: Atlas, 2009. p. 292-293.

[45] ZANELLA, Everton Luiz. **Infiltração de agentes**...*op. cit.*, 2020, p. 155.

organizado se tornou globalizado, representando um ameaça à paz e à estabilidade social[46];

(n) **Modernidade:** uso de meios tecnológicos modernos, inclusive recursos de informática para dar celeridade às comunicações e operações da organização;

(o) **Danosidade social de alto vulto:** não só pela pluralidade de agentes, mas também pelo *modus operandi* da organização consubstanciado no uso de armas, violência e corrupção;

(p) **Associação estável e permanentes com planejamento e sofisticação de meios:** as condutas dos membros da organização criminosa devem ser convergentes para realização do intento criminoso com a consequente obtenção do lucro e poder. É uma associação que reúne agentes que agem em conjunto para facilitar e agilizar execução do crime. As reuniões são constantes ou periódicas, em que há comunhão de interesses, com a interdependência entre os seus membros na tomada das decisões e na efetivação das operações ilícitas;

(q) **Impessoalidade da organização:** a organização não revela sua composição, até para que com a clandestinidade possa ter suas operações e funcionamento preservados;

(r) **Criminalidade difusa:** as vítimas são pessoas indeterminadas ligadas entre si por circunstâncias de fato.

Antes do advento da Lei nº 12.850/2013 a existência de organização criminosa era aferida a partir da constatação das características doutrinariamente estabelecidas. Com o surgimento da referida lei, surge o crime organizado praticado pela organização criminosa, tomando por base a definição legal em vigência para este tipo de associação[47].

[46] "... o crime organizado possui uma textura diversa: tem caráter transnacional na medida em que não respeita as fronteiras de cada país e apresenta características assemelhadas em várias nações..." (Franco, Alberto Silva. Um difícil processo de tipificação. Disponível em: https://www.ibccrim.org.br/noticias/exibir/1594/. Acesso em: 20/03/2015).

[47] Lei 12850/13: Art. 1º. Esta Lei define organização criminosa e dispõe sobre a investigação criminal, os meios de obtenção da prova, infrações penais correlatas e o procedimento criminal a ser aplicado. § 1º Considera-se organização criminosa a associação de 4 (quatro) ou mais pessoas estruturalmente ordenada e caracterizada pela divisão de tarefas, ainda que informalmente, com objetivo de obter, direta ou indiretamente, vantagem de qualquer natureza, mediante a prática de infrações penais cujas penas máximas sejam superiores a 4 (quatro) anos, ou que sejam de caráter transnacional.

3.2. Delito de organização criminosa na lei nº 12.850/13: elemento de segurança jurídica[48]

Na tipificação autônoma do delito de organização criminosa surgiram dois posicionamentos: a) o primeiro favorável à proteção dos indivíduos de atos arbitrários do poder estatal, já que as intervenções do Estado no direito dos cidadãos podem ser muito pesadas e, às vezes, injustas[49]; b) o segundo critica a tipificação, diante da amplitude do fenômeno da criminalidade organizada[50].

O art. 2º da Lei nº 12.850/2013 tipificou as condutas de *promover, constituir, financiar ou integrar, pessoalmente ou por interposta pessoa, organização criminosa*, estabelecendo pena de reclusão de 3 a 8 anos, sem prejuízo das penas correspondentes às demais infrações praticadas.

O termo "organização criminosa" caracteriza-se pela:

> Associação de 4 (quatro) ou mais pessoas, estruturamente ordenada, com divisão de tarefas, com objetivo de obter vantagem de qualquer natureza, mediante prática de infrações penais com penas máximas superiores a 4 anos, ou de caráter transnacional (art. 1º, § 1º, da Lei 12.850/2013).

[48] "A segurança é uma necessidade humana básica, considerada uma das principais causas da própria existência do Direito. Se a existência do ordenamento jurídico decorre da necessidade humana de segurança, não há como conceder um ordenamento em que ela não esteja presente... enquanto a concretização da segurança é causa final do Direito, a necessidade da segurança é sua causa eficiente." (Martins, Ricardo Marcondes. Efeitos dos vícios do ato administrativo. **Temas de Direito Administrativo 19**. São Paulo: Malheiros, 2008).

[49] Stein, Torstein. A segurança jurídica na ordem legal da República Federal da Alemanha. **Cadernos Adenauer**, Rio de Janeiro, n. 3, 2000. (Acesso à Justiça e Cidadania. Fundação Konrad Adenauer Stiftung.

[50] "as possibilidades infinitas de características, métodos e meios de ação das associações de malfeitores tornam impossível a redação de um tipo penal fechado que sirva de modelo para cobrir todos os elementos constitutivos da máscara das societas sceleris. Esse projeto é inviável até mesmo com o recurso a um tipo penal aberto, porque a organização criminosa é um meio utilizado para assegurar o bom êxito da empreitada ilícita e a obtenção de dividendos financeiros, políticos ou de outra natureza. Demarcar em um modelo de fattispecie astratta os elementos configuradores da quadrilha ou bando seria o mesmo que (tentar) definir a infindável variedade de meio para a prática de um homicídio!" (Dotti, René Ariel. A organização criminosa é uma forma qualificada do concurso de pessoas. In: **Boletim do IBCCrim**, São Paulo, n. 198, maio, 2009).

Portanto, teremos conceitualmente uma organização criminosa quando um número mínimo de 4 (quatro) integrantes reunirem-se, de forma estável, para o cometimento de delitos com pena máxima superior a 4 anos ou que sejam de caráter transnacional (que extrapolem as fronteiras territoriais de nosso país), com "estrutura ordenada" e "divisão de tarefas". Isso significa que deve haver um grau razoável de organização, aparelhamento e durabilidade, com planejamento das atividades, objetivos comuns e divisão das atividades de cada um dos integrantes, ainda que de maneira informal. Destarte, os membros da organização possuem papéis definidos dentro da estrutura montada, funcionando similarmente a uma "empresa do crime").

A lei não exigiu a existência de hierarquia ou uma estrutura piramidal, embora esta seja muito comum, como descrevemos acima ao tratar das características de uma organização criminosa.

Por fim, a organização buscará obter vantagem de qualquer natureza. Conforme ensinamentos de Nucci, "A organização sempre almejará lucros, proveitos. Esses, como regra, são de natureza econômica, porém podem, excepcionalmente, ser de natureza diversa, como "uma disputa de poder, conquista de votos, ascensão a cargo ou posto etc."[51].

O preceito secundário do crime (pena em abstrato) expressa que se trata de um tipo penal autônomo, cuja objetividade jurídica é a proteção da paz pública, tal qual o art. 288 do Código Penal (associação criminosa). E, assim como este último, terá suas penas aplicadas em concurso material com os delitos praticados pela organização criminosa, dada a diversidade de condutas e de momentos consumativos, bem como o fato de que atentam contra diferentes bens jurídicos.

O § 1º do art. 2º prevê, com a mesma pena do *caput*, os comportamentos de *impedir ou embaraçar, de qualquer forma, a investigação de infração penal relativa à organização criminosa*. Trata-se da chamada "obstrução da justiça", preocupando-se o legislador também com aquelas condutas praticadas pela organização criminosa com a finalidade específica de obstar ou dificultar as ações investigativas e repressivas dos órgãos públicos de controle, como a Polícia Judiciária ou o Ministério Público.

São previstas as seguintes majorantes de pena: aumento até a ½ (metade) se no bojo da atuação da organização criminosa houver emprego

[51] Nucci, Guilherme de Souza. **Leis penais e processuais penais comentadas**. v. 2. 8. ed. Rio de Janeiro: Forense, 2014. p. 713.

de arma de fogo (§ 2º); de 1/6 (um sexto) até 2/3 (dois terços) se existir participação de criança ou adolescente; participação de funcionário público[52]; destinação do produto ou proveito da infração penal ao exterior; conexão com outras organizações criminosas; e a transnacionalidade da organização (§ 4º).

A pena dos crimes será agravada (2ª fase da dosimetria da pena) para aqueles agentes que exercerem o comando, individual ou coletivo, da organização criminosa, mesmo que não pratique, pessoalmente, atos de execução (§ 3º). Trata-se de medida importante não só para punir mais gravemente as lideranças, mas principalmente para deixar manifesto que agentes podem responder criminalmente por exercer o domínio da organização, independentemente de praticar os crimes diretamente.

Se a organização criminosa for armada ou tiver armas à sua disposição, seus líderes iniciarão o cumprimento da pena em estabelecimento penal de segurança máxima, nos termos do § 8º do artigo 2º, incluído pela Lei nº 13.964/2019[53].

4. A organização criminosa e "delitos associativos" no direito penal brasileiro[54]

Há um conflito (apenas) aparente entre a norma do art. 2º da Lei nº 12.850/2013 com ao menos outros 5 (cinco) tipos penais: artigos 288

[52] § 5º Se houver indícios suficientes de que o funcionário público integra organização criminosa, poderá o juiz determinar seu afastamento cautelar do cargo, emprego ou função, sem prejuízo da remuneração, quando a medida se fizer necessária à investigação ou instrução processual. Veremos em capítulo próprio. § 6º A condenação com trânsito em julgado acarretará ao funcionário público a perda do cargo, função, emprego ou mandato eletivo e a interdição para o exercício de função ou cargo público pelo prazo de 8 (oito) anos subsequentes ao cumprimento da pena. § 7º Se houver indícios de participação de policial nos crimes de que trata esta Lei, a Corregedoria de Polícia instaurará inquérito policial e comunicará ao Ministério Público, que designará membro para acompanhar o feito até a sua conclusão".

[53] Referida norma legal também inseriu o § 9º ao artigo 2º da Lei, com a seguinte redação: "O condenado expressamente em sentença por integrar organização criminosa ou por crime praticado por meio de organização criminosa não poderá progredir de regime de cumprimento de pena ou obter livramento condicional ou outros benefícios prisionais se houver elementos probatórios que indiquem a manutenção do vínculo associativo".

[54] Os tipos penais associativos, como forma de tutela penal antecipada, são sempre nebulosos, indeterminados, a fim de serem preenchidos conforme o caso apresentado. A adoção de tal técnica dá lugar a graves problemas de interpretação, cuja implicação é a falta de certeza

e 288-A, ambos do Código Penal, art. 35 da Lei nº 11.343/2006, art. 2º da Lei nº 2.889/1956, e art. 3º da Lei nº 13.260/2016.

4.1. Associação criminosa (art. 288 do Código Penal)

O crime do art. 288 do Código Penal (denominado de "associação criminosa" desde a entrada em vigor da Lei nº 12.850/2013, que alterou em parte sua redação e também seu *nomen iuris* – o anterior era "quadrilha ou bando") dispõe:

> *"Associarem-se três ou mais pessoas, para o fim específico de cometer crimes: pena – reclusão de 1 a 3 anos"*[55].

A descrição exige a presença de apenas 3 (três) pessoas (e não 4, como a organização criminosa); objetivo de praticar qualquer crime (e não crime com pena máxima superior a 4 anos), e – a maior diferença – não exige a mesma ordenação nem a divisão de tarefas.

A associação criminosa não é um mero concurso eventual de pessoas, ela exige certa estabilidade de seus integrantes. Todavia, na organização a estabilidade é bem maior, pois deve haver máxima estruturação, distribuição arranjada de afazeres e, na maioria das vezes, hierarquia ou comando.

Portanto, o crime de organização criminosa contém todos os elementos mínimos do art. 288 do Código Penal e mais alguns específicos, que o tornam mais grave e mais amplo (por isso seu preceito secundário traz balizas de penas superiores). Logo, entendemos que a associação criminosa é crime subsidiário à organização criminosa.

e a desigualdade no tratamento judicial dado individualmente. E tudo isso é feito em nome de uma suposta efetividade do ordenamento. Por efetividade, no Estado de direito, entretanto, deve-se entender o esforço do legislador de respeitar a imposição racional e coerente de clareza na formulação das incriminações, de forma a respeitar os princípios fundamentais desse modelo de Estado (CASTANHEIRA, Beatriz Rizzo. Organizações criminosas no direito penal brasileiro: o estado de prevenção e o princípio da legalidade estrita. In: **Revista Brasileira de Ciências Criminais**, n. 24, out. – dez. 1998, p. 99-124).

[55] Pena será de 3 a 6 anos de reclusão quando a associação tiver como finalidade a prática de crimes hediondos e tortura, conforme art. 8º da Lei 8072/1990. A lei dos crimes hediondos também estabelece esta sanção quando o objetivo da associação for o tráfico ilícito de entorpecentes ou o terrorismo, mas nesse aspecto a lei está tacitamente revogada pelas Leis 11.343/2006 e 13.260/2016, normas especiais que preveem a associação para o tráfico e a organização terrorista.

Subsidiária é a norma que descreve um grau menor de violação de um mesmo bem jurídico, de forma que a infração definida pela subsidiária, por ser de menor gravidade, é absorvida pela norma principal (ou primária). A figura típica subsidiária (no caso, o crime do art. 288 do Código Penal) está contida na principal (no caso, o crime do art. 2º da Lei nº 12.850/2013).

Há uma relação continente (todo) e conteúdo (parte), de forma que os integrantes de uma organização criminosa respondem pelo crime mais grave da Lei especial, que absorve o crime associativo do Código Penal.

4.2. Milícia privada e grupos de extermínio (art. 288-A do Código Penal)

O crime de organização criminosa também não se confunde com o delito do art. 288-A do Código Penal:

> *Constituir, organizar, integrar, manter ou custear organização paramilitar, milícia particular, grupo ou esquadrão com a finalidade de praticar qualquer dos crimes previstos no Código penal – pena: reclusão de 4 a 8 anos (acrescentado pela Lei 12.720/2012).*

Parece-nos que o delito do art. 288-A do Código Penal, que igualmente tutela a paz pública, é um crime especial em relação à tipificação de organização criminosa (e também de associação criminosa), porquanto seus autores[56] constituem grupos ou milícias privadas, com estabilidade e durabilidade, para exercerem finalidades que são próprias, peculiares deste tipo de estrutura.

Organização paramilitar é uma organização formada por civis que se espelham numa estrutura militar, ou seja, procuram reproduzir uma tropa, sem de fato sê-la, com o escopo de cometer delitos do Código Penal.

Milícia particular, nas palavras de Sanches Cunha, é um "grupo de pessoas, civis ou não, tendo como finalidade devolver a segurança retirada das comunidades mais carentes, restaurando a paz. Para tanto, mediante coação, os agentes ocupam determinado espaço territorial.

[56] A Lei é silente sobre o número mínimo de agentes para a configuração do tipo penal. Pensamos que o número mínimo é o de 3 (três) pessoas, tal como no artigo 288.

A proteção oferecida neste espaço ignora o monopólio estatal de controle social, valendo-se de violência e grave ameaça"[57].

"Grupo ou esquadrão" é o grupo de extermínio, ou seja, a associação de agentes para a prática de homicídios (chacinas).

Portanto, temos no art. 288-A do Código Penal grupos estáveis formados com objetivos próprios que os diferem de uma associação criminosa comum (art. 288 do Código Penal). Para Rogério Greco, há, sempre, o dolo específico de se cometer crimes típicos de milícias, como homicídio, lesão, extorsão, sequestros e ameaças[58].

A aplicação da figura típica do art. 288-A do Código Penal decorre, pois, do princípio da especialidade em comparação com os crimes do art. 2º da Lei nº 12.850/2013 ou do art. 288 do Código Penal, os quais não trazem finalidades próprias (exceto, no primeiro, a busca de vantagem, mas ainda assim sem possuir como meta o cometimento de ilícitos específicos).

Especial é a norma que possui elementos iguais ou similares aos da lei geral e mais alguns, denominados especializantes. No caso do art. 288-A do Código Penal, a especialidade está no objeto peculiar dos grupos de extermínio ou milícias.

Portanto, os integrantes das milícias privadas ou "esquadrões da morte" respondem exclusivamente pelo crime do art. 288-A do Código Penal, delito associativo especial, com pena mais severa, diante da maior reprovabilidade oriunda do escopo de tais associações.

4.3. Associação para o tráfico ilícito de drogas (art. 35, caput, da Lei nº 11.343/06)

Também não podemos confundir o crime de organização criminosa com o delito de associação para o tráfico (art. 35 da Lei nº 11.343/2006 – Lei de Drogas), o qual prevalece sobre o tipo penal do art. 2º da Lei nº 12.850/2013 em razão da adoção, novamente, do critério de especialidade, porquanto ele molda a associação, de forma estável, de duas ou mais pessoas para a prática do tráfico de drogas.

[57] SANCHES CUNHA, Rogério. **Manual de Direito Penal**. 5.ed. Salvador: Jus Podivm, 2013, p. 687.

[58] GRECO, Rogério. **Curso de Direito Penal – parte especial**. v. 3. 10.ed. Rio de Janeiro: Impetus, 2013. p. 230.

Temos, assim, novamente, uma finalidade própria, particular: o comércio ou a distribuição de entorpecentes.

Este crime, embora exija uma união de apenas duas pessoas, sem a estrutura solidificada de uma organização criminosa, possui pena mais grave, de 3 a 10 anos de reclusão. A justificativa para tanto é que, além de afrontar a paz pública, a associação tem a potencialidade de também atingir a saúde pública, dados os efeitos danosos das drogas comercializadas ou distribuídas.

4.4. Associação para a prática de genocídio (art. 2º da Lei nº 2.889/56)

Se três ou mais pessoas estiverem unidas, com alguma estabilidade, com o objetivo de perpetrar os crimes de ódio estabelecidos no art. 1º da Lei 2.889/1956 (genocídio)[59], teremos o enquadramento da conduta no art. 2º desta mesma norma legal (associação para o genocídio), cuja pena é de metade da sanção cominada aos crimes praticados (rol do art. 1º).

Igualmente este crime prevalece em razão do princípio da especialidade, porque estamos diante de um vínculo associativo de pessoas com uma finalidade bastante específica, que é a de promover a destruição total ou parcial de um grupo nacional, étnico, racial ou religioso. Temos, aqui, vínculo de pessoas unidas ideologicamente pelo ódio a grupos de pessoas de nacionalidade, etnia, raça ou religião diferentes. São crimes de intolerância, que afrontam a concepção de Democracia.

A associação genocida é de sonora gravidade, razão pela qual o legislador impõe, para o fato de se associar (com a finalidade espúria), uma reprimenda de metade da pena dos crimes praticados pelo grupo. Exemplificativamente, se os genocidas se associarem para matar membros de um grupo, eles responderão por homicídio qualificado – pena de 12 a 30 anos de reclusão – em concurso material com a associação

[59] Art. 1º Quem, com a intenção de destruir, no todo ou em parte, grupo nacional, étnico, racial ou religioso, como tal: a) matar membros do grupo; b) causar lesão grave à integridade física ou mental de membros do grupo; c) submeter intencionalmente o grupo a condições de existência capazes de ocasionar-lhe a destruição física total ou parcial; d) adotar medidas destinadas a impedir os nascimentos no seio do grupo; e) efetuar a transferência forçada de crianças do grupo para outro grupo; será punido: Com as penas do art. 121, § 2º, do Código Penal, no caso da letra a; Com as penas do art. 129, § 2º, no caso da letra b; Com as penas do art. 270, no caso da letra c; Com as penas do art. 125, no caso da letra d; Com as penas do art. 148, no caso da letra e.

para o genocídio, cuja pena, neste caso, variará de 6 a 15 anos de reclusão (metade do homicídio qualificado).

4.5. Organização terrorista (art. 3º da Lei nº 13.260/16)

Por derradeiro, quem promover, constituir, integrar ou prestar auxílio a organização que busque praticar atos de terrorismo, responderá com pena de 5 a 8 anos de reclusão e multa (art. 3º da Lei nº 13.260/2016). Trata-se, mais uma vez, da adoção do princípio da especialidade, uma vez que os integrantes de um grupo terrorista possuem um objetivo específico.

A doutrina majoritária não inclui o grupo terrorista como espécie de organização criminosa[60]. Isto se explica pelo fato de que as organizações criminosas (no sentido estrito do termo) atuam sempre visando uma vantagem ilícita, como regra de natureza econômica, ao passo que o grupo terrorista tem escopos de naturezas política, religiosa, ideológica ou étnica.

Assim, o grupo terrorista não se associa com a finalidade de obter lucros ou ganhos aos seus integrantes (como fazem as organizações criminosas), mas, sim, para abalar estruturas estatais, por meio de ataques e de ações violentas ou intimidadoras.

É claro que os grupos terroristas precisam ter fontes de rendas e por isso praticam atividades criminosas lucrativas como subtrações, extorsões e sequestros. A diferença é a destinação do produto ou proveito destes crimes para financiar seus atentados à ordem pública.

Pimentel da Silva, em densa análise sobre o que chama de terrorismo contemporâneo (iniciado a partir da década de 1980), verbaliza que extremistas utilizam de uma visão deturpada da religião para justificar ações que espalham medo e terror globalizado e descentralizado, atuando com células em todos os continentes. Exemplifica com a existência dos movimentos islâmicos que espalham o terror com o objetivo

60 Em sentido contrário, o posicionamento de Rogério Sanches Cunha, o qual, ao sustentar a possibilidade de que integrantes de organizações criminosas podem ser incluídos no regime disciplinar diferenciado (RDD), considera que organização terrorista é espécie de organização criminosa: numa interpretação sistemática, entendemos que organização terrorista nada mais é do que uma forma especial de organização criminosa, sendo passível de sanção disciplinar da espécie RDD (Sanches Cunha, Rogério. **Pacote anticrime**. Salvador: JusPodivm, 2020, p. 361).

de retaliar a influência ocidental sobre o mundo mulçumano, sendo os responsáveis por diversos ataques (através de indivíduos suicidas e homens-bombas) ao redor do planeta nos últimos anos[61].

Em comum, as organizações criminosas e os grupos terroristas têm a organização, o planejamento, a hierarquia entre seus membros, a estabilidade e a reiteração de seus crimes[62].

Apesar da significativa diferença de objetivos, a Lei nº 12.850/2013, com a redação dada pela Lei nº 13.260/2016, identificando muitos pontos em comum e captando a igual (ou maior) periculosidade social dos grupos terroristas, equiparou-os às organizações criminosas para fins penais, conforme o art. 1º, § 2º, II:

> *§ 2º Esta lei se aplica também: [...]*
> *II – às organizações terroristas, entendidas como aquelas voltadas para a prática dos atos de terrorismos legalmente definidos (redação dada pela Lei 13.260/2016).*

Desta maneira, podemos concluir que organização terrorista é uma associação de quatro ou mais pessoas, estruturalmente ordenada – pois este é o conceito dado para "organização" no § 1º da Lei nº 12.850/2013 – com o fim de praticar atos de terrorismo. Frisa-se que neste ponto diferencia-se da organização criminosa, a qual visa à prática de crimes com penas superiores a 4 anos e almeja vantagem de qualquer natureza.

Terrorismo, consoante art. 2º da Lei 13.260/2016, é a prática, por um ou mais indivíduos, de determinadas condutas (previstas no § 1º) por "*razões de xenofobia, discriminação ou preconceito de raça, cor, etnia e religião*", com "*a finalidade de provocar terror social ou generalizado, expondo a perigo pessoa, patrimônio, a paz pública ou a incolumidade pública*".

A Lei nº 13.260/2016, além de conceituar terrorismo, também tipificou as condutas específicas de *praticar atos de terrorismo*: usar ou ameaçar usar explosivos, gases tóxicos, substâncias químicas ou nucleares capazes de causar danos ou destruição em massa; sabotar o funcionamento ou apoderar-se do controle de meios de comunicação, meios de trans-

[61] SILVA, William Barbosa Pimentel da. **O terrorismo do crime organizado**. Leme/SP: JH Mizuno, 2020, p. 35-40.

[62] BALTAZAR JUNIOR, José Paulo. **Crime organizado**...*op. cit.*, 2010. p. 121.

porte ou de quaisquer instituições, instalações ou serviços públicos ou privados; atentar contra a vida ou integridade de pessoa (art. 2º, § 1º), *promover, constituir, integrar ou prestar auxílio a organização terrorista* (art. 3º), *realizar atos preparatórios do terrorismo* (art. 5º) e *financiar o terrorismo* (art. 6º). Todas as condutas são crimes equiparados aos hediondos, inafiançáveis e insuscetíveis de graça e anistia (art. 5º, LXIV, da Constituição Federal e art. 17 da Lei nº 13.260/2016).

O supracitado ar. 3º tipifica, especificamente, o crime de organização terrorista, com pena de reclusão dc 5 a 8 anos (mais grave que a organização criminosa), sem prejuízo dos atos de terrorismo por ela praticados, cujas penas são aplicadas em concurso material.

Por fim, o art. 16 da Lei 13.260/2013 previu, de forma expressa, a possibilidade de se aplicar, nas investigações, processos e julgamentos de integrantes de organizações terroristas, os mecanismos probatórios disponibilizados na Lei nº 12.850/2013, como a colaboração premiada, a infiltração de agentes, a captação ambiental e a ação controlada.

CAPÍTULO 8
O QUE É INTEGRAR UMA ORGANIZAÇÃO CRIMINOSA? UMA REFLEXÃO EM TORNO DOS MODELOS DE IMPUTAÇÃO AO CRIME ASSOCIATIVO APÓS 10 ANOS DA LEI N. 12.850/13

Adriano Teixeira
Felipe Longobardi Campana

1. Introdução

Passados dez anos de vigência da Lei de Organização Criminosa (12.850/13), é possível afirmar que se trata de uma lei que, no dito popular, "pegou". Imputações e condenações pelo crime de organização criminosa e, sobretudo, a utilização das medidas investigativas previstas na lei fazem parte do cotidiano da Justiça brasileira, especialmente da Justiça Federal. Esse desenvolvimento não é especificidade do Brasil, senão insere-se no contexto internacional[1] de recrudescimento do combate à criminalidade organizada-empresarial.[2]

[1] Argumentando que os delitos de organização são fruto do movimento de internacionalização do Direito penal, cf. Santiago Cordini, Nicolás. Delitos de organización: los modelos de '*conspiracy*' y 'asociación criminal' en el Derecho interno y en el Derecho internacional. **Revista Derecho Penal y Criminología**, vl. 38, n. 104, pp. 75-120, jan./jun., 2017, p. 79-80.

[2] Nesse sentido, destaca Silva Sánchez, Jesús-María. La "intervención a través de organización", ¿una forma moderna de participación en el delito? In. Cancio Meliá, Manuel. Silva Sánchez, Jesús-María. **Delitos de organización**. Montevideo: B. de F., 2008, p. 89 e Ziffer, Patrícia. El delito de Asociación ilícita frente al 'derecho penal en expansión'. In.

Todavia, o manejo da Lei ainda gera ainda algumas dúvidas e perplexidades. Empregou-se, com razão, muita energia à compreensão e ao aperfeiçoamento dos institutos processuais-penais previstos na Lei, como, sobretudo, o da colaboração premiada (art. 3-A ss., Lei 12.850/13). Relativa pouca atenção foi despendida, porém, às questões de direito material, concernentes aos limites do próprio crime do art. 2º, caput, que proíbe penalmente a conduta de *"promover, constituir, financiar ou integrar, pessoalmente ou por interposta pessoa, organização criminosa"*. A fixação dos contornos do tipo penal revela-se tarefa ainda mais importante, pois o tipo penal é o núcleo em torno do qual gravita todo o arcabouço jurídico da Lei, nomeadamente os excepcionais meios de investigação e de obtenção de prova (arts. 3º e ss.) e dos crimes[3] ocorridos durante a atividade investigativa (art. 2º, §1º e arts. 18 e ss.).[4]

CANCIO MELIÁ, Manuel. POZUELO PÉREZ, Laura (Coords.). **Política criminal en vanguardia**. Inmigración clandestina, terrorismo, criminalidad organizada. Navarra: Thomson Civitas, pp. 495-515, 2008, p. 495. Sobre a relação entre criminalidade empresarial e o injusto autônomo de associação/organização criminosa, ver ESTELLITA, Heloisa; GRECO, Luís. Empresa, quadrilha (art. 288 do CP) e organização criminosa. Uma análise sob a luz do bem jurídico tutelado. ***Revista Brasileira de Ciências Criminais***, São Paulo, v. 19, n. 91, p. 393-409, jul./ago. 2011, pp. 404-405; DE GRANDIS, Rodrigo. Criminalidade empresarial e organizações criminosas. Reflexões sobre os pontos de atrito e os pontos comuns. In. SILVEIRA, Renato de Mello Jorge. RASSI, João Daniel (org.). **Estudos em homenagem a Vicente Greco Filho**. 1. ed. São Paulo: LiberArs, pp. 575-600, 2014, p. 594.

[3] Sobre o crime de obstrução de justiça, cf. FELDENS, Luciano. TEIXEIRA, Adriano. **O crime de obstrução de justiça. Alcance e limites do art. 2º, inciso 1º da lei 12.850/2013**. São Paulo: Marcial Pons, 2020.

[4] O tipo penal que criminaliza delitos associativos na Alemanha, por exemplo, é pouco aplicado, gera poucas condenações, mas fundamenta o manejo de medidas de investigação mais intrusivas, como interceptação telefônica etc. (OSTENDORF, Heribert. § 129 StGB. In. KINDHÄUSER, Urs. NEUMANN, Ulfrid. PAEFFGEN, Hans-Ullrich (Orgs.). **Strafgesetzbuch**, 5. ed., Baden-Baden: Nomos, 2017, Nm. 9; VON HEINTSCHEL-HEINEGG, Bernd. § 129 StGB. In. **BeckOK StGB**, 55. ed., 2022, Nm. 3 e SILVA SÁNCHEZ, Jesús-María. La "intervención... *op. cit.*, 2008, p. 91 – trad. livre). No mesmo sentido, Cancio Meliá aponta que, nos delitos associativos, manifesta-se uma relação dialética: *"as necessidades policiais exercem – através da política – sua influência sobre o Direito penal material; as criminalizações, uma vez estabelecidas, dão lugar a atividades de investigação policial"* (CANCIO MELIÁ, Manuel. El injusto de los delitos de organización: peligro y significado. In. CANCIO MELIÁ, Manuel. SILVA SÁNCHEZ, Jesús-María. **Delitos de organización**. Montevideo: B. de F., 2008, pp. 23-24 – trad. livre). Próximo, ZIFFER, Patrícia. El delito... *op. cit.*, 2008, pp. 513-514. Esse fenômeno também é comum no Brasil, com a diferença de que, aqui, além de todas as intervenções policiais justificadas pela investigação de uma organização criminosa, também se aplica rotineiramente

Uma das questões de direito material ainda carente de maior esclarecimento[5] é a que nos propomos a investigar neste breve estudo: *o que significa "integrar" uma organização criminosa?* Dessa indagação derivam-se outras três, que serão retomadas ao longo de todo o artigo: O mero pertencimento formal à organização realiza o tipo penal do art. 2º, *caput*? Aquele que participa isoladamente da execução de um crime-fim pode ser também responsabilizado penalmente por integrar a organização? Quem pratica condutas periféricas, como o financiamento, a promoção ou a instigação à filiação, ou quem pratica condutas constitutivas, poderão ser responsabilizados pelo crime associativo?

Para ilustrar o problema colocado, imagine-se o seguinte caso hipotético: cinco indivíduos se associaram com o objetivo de praticar fraudes licitatórias e crimes de corrupção ativa, a partir da atividade de grande empresa de engenharia. Desses cinco indivíduos, "A" é o responsável por montar toda a organização fiscal e contábil paralela (à oficial da empresa), que financiará o pagamento das vantagens indevidas. "B" é responsável pelo preenchimento de planilhas de controle dos valores que são pagos aos funcionários públicos. "C" é quem realiza os contatos e se aproxima dos funcionários públicos, além de realizar as ofertas e promessas de pagamento. "D", entusiasta do livre mercado, acredita que o pagamento de vantagens para funcionários públicos para ganhar licitações e conseguir contratos administrativos é uma forma justa de atuar e, ao ficar sabendo da organização, a ela se filia e, inclusive, publica textos em suas redes sociais defendendo o fim da licitação como forma de contratar com a Administração Pública. "E" tem como função entregar os documentos das licitações de que a empresa participará. Há ainda "F", diretor da empresa, que só instigou "A" e "B" a constituírem essa organização paralela como forma de firmarem mais contratos administrativos e ganharem importância dentro da empresa. Seria possível atribuir res-

o tipo penal associativo. Portanto, fica ainda mais evidente a importância de buscar legitimidade à atribuição de responsabilidade penal, delimitando as fronteiras entre o típico e o atípico.

[5] Cancio Meliá destaca que os crimes de organização, enquanto fruto da tensão de uma política criminal expansionista, apresentam formulações típicas amplas, razão pela qual *"está claro que uma interpretação delimitadora dos preceitos se impõe com especial urgência"* (Cancio Meliá, Manuel. El injusto...*op. cit.*, 2008, p. 26 – trad. livre).

ponsabilidade penal pelo crime de organização criminosa do art. 2º da Lei n. 12.850/13 aos seis indivíduos?

Pretendemos abordar e responder a essa pergunta analisando os diferentes modelos de atribuição de responsabilidade penal em crimes de organização e mostrando suas repercussões dogmáticas (abaixo n. 2) e tomar posição fundamentada pelo melhor modelo (abaixo n. 3). Na sequência, buscamos demonstrar que o debate ainda não ocupa o merecido espaço na literatura e jurisprudência nacionais e que seu desenvolvimento traria ganhos importantes na solução de casos concretos (abaixo n. 4).

2. Modelos de atribuição de responsabilidade nos crimes de organização

Os denominados crimes de organização ou delitos associativos são aqueles que proíbem condutas de associação entre pessoas com o objetivo de praticar crimes (os "crimes-fim")[6], diferenciando-se quanto à estrutura da associação[7] e/ou ao tipo de crime que buscam praticar[8]. Não se pode negar que esses crimes são peculiares em comparação com o protótipo do crime que produz lesão ou perigo a bem jurídico individual, pois as condutas de formação e integração da organização precedem às condutas de preparação ou de participação em crimes concretos[9].

[6] Silva Sánchez destaca que o fenômeno social da criminalidade organizada pode ser juridicamente tratado de três formas: (i) pela tipificação dos crimes mais característicos dessa forma de criminalidade; (ii) pela previsão de uma agravante ou causa de aumento de pena para os crimes cometidos em contextos de organização e (iii) pela tipificação dos chamados *"delitos de pertencimento a uma associação para delinquir ou bem mediante novos tipos de pertencimento a organização criminosa"* (Silva Sánchez, Jesús-María. La "intervención... *op. cit.*, 2008, p. 88 – trad. livre). Conceito próximo adota Espinosa Ceballos, Elena Marín. La responsabilidad criminal de los miembros de una organización o de un grupo criminal (arts. 570 bis y 570 ter CP): ¿Un problema de autoría y participación o de tipicidad? **Revista Electrónica de Ciencia Penal y Criminología**, vl. n. 24-25, pp. 1-32, 2022, p. 14. Essa terceira forma é o que aqui se está denominando de delitos associativos.

[7] Por exemplo, o art. 288 do Código Penal, que exige uma associação de 3 (três) ou mais pessoas, e o art. 288-A do Código Penal, que exige que a organização seja *"paramilitar, milícia particular, grupo ou esquadrão"*.

[8] Por exemplo, o art. 35 da Lei n. 11.343/06, que exige o fim de praticar os crimes de tráfico de drogas, e o art. 3º da Lei n. 13.260/16, que exige que a organização seja terrorista.

[9] Cancio Meliá, Manuel. El injusto...*op. cit.*, 2008, pp. 15-16. O autor afirma que seriam situações de *"pré-preparação ou proto-preparação"* (Cancio Meliá, Manuel. El injusto...*op. cit.*,

Os delitos de organização fazem, assim, parte do fenômeno da *antecipação da tutela penal*[10].

Os crimes de organização surgem como solução político-criminal para as dificuldades de imputação dos "crimes-fim" praticados no seio de associações criminais, no marco das tradicionais regras de atribuição de autoria no direito penal[11]. A aplicação das categorias clássicas do concurso de agentes, que se orienta pelo princípio da autorresponsabilidade[12], não raro conduz a resultados insatisfatórios no âmbito de delitos praticados a partir de associações. É comum que os "chefes" sequer contribuam efetivamente para ou saibam dos pormenores dos "crimes--fim", que ficam à cargo de membros subalternos, meros executores. Em muitas oportunidades, portanto, não é possível punir (como autores) os membros do alto escalão, o que faz com que recaia a responsabilidade penal apenas sobre os funcionários de rasa patente na organização.

Assim, em que pese o amplo debate sobre as diferentes soluções, desenvolvidas dentro das regras vigentes de autoria e participação, para atribuir responsabilidade penal aos membros do alto escalão das organizações (que aqui não pode ser exposto e analisado em detalhes)[13], a tipificação autônoma dos delitos associativos é uma solução político criminal para a adequada responsabilização destes membros, sem esgarçar as tradicionais categorias do concurso de agentes[14].

2008, p. 16). Próximo, Ziffer, Patrícia. El delito... *op. cit.*, 2008, pp. 499-500. Sobre o contexto político-criminal de surgimento desses tipos penais, cf. Pastor Muñoz, Nuria. Abordagem dos delitos de posse e dos delitos de pertencimento. Trad. Humberto Souza Santos. In. Lobato, José Danilo. Saad-Diniz, Eduardo. Falcone, Andrés (Orgs.). **Delitos de posse: drogas, porte de armas e pornografia**. São Paulo: LiberArs, pp. 57-68, 2016, p. 58-60.

[10] Cf. fundamentalmente Jakobs, Günther. Kriminalisierung im Vorfeld einer Rechtsgutsverletzung, **Zeitschrift für die gesamte Strafrechtswissenschaft**, vl. 97, 1985, p. 751 e ss.

[11] Sobre isso, cf. Espinosa Ceballos, Elena Marín. La responsabilidad... *op. cit.*, 2022, p. 05 e ss.

[12] Sobre a estrutura do concurso de agentes, cf. Greco, Luís. Teixeira, Adriano. Autoria como realização do tipo: uma introdução à ideia de domínio do fato como fundamento central da autoria no direito penal brasileiro. In. Greco, Luís. *et al.* **Autoria como domínio do fato**: estudos introdutórios sobre o concurso de pessoas no direito penal brasileiro. São Paulo: Marcial Pons, 2014, pp. 47–80.

[13] Para um panorama das diferentes posições e as respectivas objeções, cf. Roxin, Claus. Problemas de autoría y participación en la criminalidad organizada. **Revista penal**, n. 2, pp. 61-66, 1998 e Espinosa Ceballos, Elena Marín. La responsabilidad... *op. cit.*, 2022, pp. 06-11.

[14] Nesse sentido, Espinosa Ceballos, Elena Marín. La responsabilidad... *op. cit.*, 2022, p. 11. Entre nós, destaca essa problemática Prado, Luiz Regis. Associação criminosa – organi-

Contudo, razões pragmáticas de político-criminal não são suficientes para fundamentar a legitimidade da incriminação, tampouco fazem desaparecer os problemas dogmáticos do próprio tipo penal,[15] como o da imputação do crime autônomo de organização criminosa às pessoas que mais ou menos proximamente interagem com a associação[16]. Antes de analisar especificamente os modelos que buscam estabelecer critérios para a imputação do crime de organização criminosa (abaixo 2.2), convém brevemente repisar a discussão a respeito fundamento de legitimação dos delitos de organização ou, em outras palavras, sobre o bem jurídico tutelado pela proibição penal[17].

2.1. O bem jurídico dos delitos de organização

Existem basicamente duas correntes sobre qual o bem jurídico tutelado pelos tipos penais de organização[18-19]. A primeira entende que esses crimes protegem um bem jurídico de natureza coletiva, como a "paz pública" ou a "segurança"[20-21]. Segundo essa corrente, uma vez que a

zação criminosa (Lei 12.850/2013). **Revista dos Tribunais**, vol. 938, pp. 241-297, dez., 2013, p. 254-255.

15 Reconhecendo que o pragmatismo tem se tornado mais importante que a dogmática nestes crimes, cf. Santiago Cordini, Nicolás. Delitos de... *op. cit.*, 2017, p. 80 e Ziffer, Patrícia. El delito... *op. cit.*, 2008, p. 498.

16 Nesse sentido, cf. Espinosa Ceballos, Elena Marín. La responsabilidad... *op. cit.*, 2022, pp. 11-12. Reconhecendo a importância dessa discussão, Ziffer, Patrícia. El delito... *op. cit.*, 2008, p. 515.

17 Próximo, Cancio Meliá, Manuel. El injusto...*op. cit.*, 2008, p. 16.

18 Nesse sentido, cf., por todos, Estellita, Heloisa; Greco, Luís. Empresa... *op. cit.*, 2011, pp. 398-399;

19 Cancio Meliá destaca uma terceira vertente, mais antiga, para a qual o bem jurídico tutelado pelos crimes de organização seria o correto exercício do direito de associação, de modo que sua marca distintiva estaria no exercício abusivo, ilegal, desse direito (Cancio Meliá, Manuel. El injusto...*op. cit.*, 2008, p. 30 e pp. 35-36).

20 Adotam essa vertente, entre nós, Greco Filho, Vicente. **Comentários à Lei de Organização Criminosa.** Lei n. 12.850/2013. São Paulo: Saraiva, 2014, p. 26; Nucci, Guilherme de Souza. **Organização criminosa.** 4 ed. Rio de Janeiro: Forense, 2019, p. 27; Prado, Luiz Regis. Associação... *op. cit.*, 2013, p. 253. Masson, Cleber. Marçal, Vinícius. **Crime organizado.** 4 ed., rev., atual. e ampl. São Paulo: Método, 2018, p. 68; Silva, Eduardo Araújo da. **Organizações criminosas:** aspectos penais e processuais da Lei nº 12.850/13. 2 ed. São Paulo: Atlas, 2015, p. 28; Baltazar Jr, José Paulo. **Crimes federais.** 11 ed. São Paulo: Saraiva, 2017, p. 1256. Na literatura estrangeira, cf. Espinosa Ceballos, Elena Marín. La responsabilidad... *op. cit.*, 2022, p. 11. Dentro desta vertente, alguns autores aludem ao aspecto *subje-*

existência da associação ou da organização já lesiona o bem jurídico, tratar-se-ia de crimes de lesão. A segunda vertente, por outro lado, entende que os tipos penais dos crimes associativos tutelam os mesmos bens jurídicos que poderão vir a ser lesionados pelos crimes-fim, porém de forma antecipada. A ideia por trás dessa concepção é que a existência da associação ou da organização, por si só, apresenta especial potencialidade de colocar em perigo concreto ou de lesionar bens jurídicos[22].

Ambas as vertentes são alvo de críticas. A primeira vertente é criticada porque a maior parte dos bens jurídicos coletivos postulados são, na realidade, *falsos bens jurídicos coletivos*, pois não podem ser violados sem que também um bem jurídico individual o seja[23-24]. A partir disso,

tivo desses bens, ou seja, aos sentimentos da população a respeito da segurança, enquanto que outros tratam do aspecto *objetivo*, isto é, de uma situação objetiva-externa de segurança como sinônimo de não ocorrência de crimes (Sobre essa dualidade, cf. Cancio Meliá, Manuel. El injusto...*op. cit.*, 2008, pp. 43-44 e pp. 57-60).

[21] Cancio Meliá parte das duas características principais da organização, sua *dimensão coletiva* e seu *significado* para determinados valores jurídico-políticos, e entende que os delitos de organização tutelam um bem jurídico coletivo específico, que é o poder de coação estatal, isto é, o uso da força estatal (Cancio Meliá, Manuel. El injusto...*op. cit.*, 2008, p. 60 e p. 74). Em que pese o ganho em concretude e na limitação do conceito de organização criminosa, a posição do autor se mostra muito restritiva para explicar a disciplina legal atual do ordenamento brasileiro, pois exige sempre que a atuação delitiva da organização envolva um caráter violento. A mesma crítica é feita por Rosas Oliva, a respeito do ordenamento espanhol (Rosas Oliva, Juan Ignacio. **La participación en una organización delictiva como tipo penal autónomo. Una aproximación a su injusto y tipificación en España**. 2015. Tese (Doctorado en Derecho) – Universidad Autónoma de Madrid, Madrid, 2015, pp. 172-173). Cancio Meliá contra-argumenta que a *práxis* espanhola se limita a aplicar o tipo a casos de organizações violentas (Cancio Meliá, Manuel. El injusto...*op. cit.*, 2008, p. 77). Porém, esse contra-argumento não é, nem de longe, aplicável à realidade brasileira.

[22] Estellita, Heloisa; Greco, Luís. Empresa... *op. cit.*, 2011, pp. 400-401; Silva Sánchez, Jesús-María. La "intervención... *op. cit.*, 2008, p. 99; Gil Gil, Alicia. La expansión de los delitos de terrorismo en España a través del delito de pertenencia a organización terrorista. In. Ambos, Kai. Malarino, Ezequiel. Steiner, Christian (Eds.). **Terrorismo y Derecho Penal**. Bogotá: Konrad Adenauer, pp. 331-364, 2015, p. 339; Montenegro, Lucas. Os delitos de organização no Direito brasileiro: Projeto de Lei anticrime não contribui para maior clareza e solidez da nossa legislação. **JOTA**. Coluna Penal em Foco, 2019, p. 05.

[23] Sobre o conceito de falsos bens jurídicos coletivos e os critérios de postulação, cf. Greco, Luís. Existem critérios para a postulação de bens jurídicos coletivos? In. Machado, Marta Rodriguez de Assis. Püschel, Flavia Portella (Orgs.). **Responsabilidade e pena no Estado democrático de direito**: desafios teóricos, políticas públicas e o desenvolvimento da democracia. São Paulo: FGV Direito SP, 2016, p. 440 e ss. Tratando especificamente sobre a paz

perde-se a referência do que verdadeiramente se protege, resultando em duas consequências: (i) não se sabe se a conduta lesiona ou não o bem jurídico, não exigindo requisitos específicos para a conduta típica, e permite que se esconda a antecipação da incidência penal[25] e (ii) com a afirmação fictícia de que a conduta lesiona o bem jurídico, permite-se a cominação de penas graves, escondendo sua desproporcionalidade[26].

A segunda vertente é criticada porque não identifica um verdadeiro bem jurídico a ser tutelado, mas sim acaba tutelando todos os bens jurídicos protegidos penalmente pelo ordenamento[27]. Ademais, se o objetivo é proteger bens jurídicos antecipadamente, quanto mais se antecipar, mais eficiente será a proteção[28], o que implicaria na antecipação ilimitada da incidência do Direito penal para um estágio anterior à lesão, e também ao perigo, do bem jurídico[29].

Por conta dessas críticas e da possível insuficiência de encontrar legitimidade para os delitos de organização, há quem advogue uma terceira, que é, na realidade, uma declaração de resignação. Os delitos associativos "justificar-se-iam" enquanto marca de um direito penal de exceção,

pública como falso bem jurídico, pois não passa no denominado teste da *não especificidade*, cf. Estellita, Heloisa; Greco, Luís. Empresa... *op. cit.*, 2011, pp. 399-400.

24 Cancio Meliá aponta para uma indeterminação dos conceitos dos bens jurídicos, o que poderia levar a uma criminalização ilimitada (Cancio Meliá, Manuel. El injusto... *op. cit.*, 2008, p. 45). No mesmo sentido, Gil Gil, Alicia. La expansión...*op. cit.*, 2015, p. 336.

25 Silva Sánchez, Jesús-María. La "intervención... *op. cit.*, 2008, p. 104-105. Próximos Estellita, Heloisa; Greco, Luís. Empresa... *op. cit.*, 2011, p. 400.

26 Sobre a possibilidade de justificar facilmente penas mais severas e, no mais das vezes, desproporcionais a partir da postulação de bens jurídicos coletivos, cf. Greco, Luís. "Princípio da ofensividade" e crimes de perigo abstrato – Uma introdução ao debate sobre o bem jurídico e as estruturas do delito. **Revista Brasileira de Ciências Criminais.** n. 49, pp. 89-147, 2004, p. 112-113.

27 Cancio Meliá, Manuel. El injusto...*op. cit.*, 2008, p. 40-41.

28 Cancio Meliá afirma: *"se a função perseguida se identifica, em tradição utilitarista, única e exclusivamente com a evitação fática de futuros delitos..., 'o meio é livre'* (Cancio Meliá, Manuel. El injusto...*op. cit.*, 2008, p. 54 – trad. livre).

29 Jakobs, Günther. Criminalización en el estadio previo a la lesión de un bien jurídico. Trad. Enrique Peñarada Ramos. In. Jakobs, Günther. **Estudios de Derecho Penal**. Madrid: UAM Ediciones, pp. 293-324, 1997, pp. 294-295. A vantagem dessa vertente está em deixar claro que os delitos de organização configuram uma antecipação do Direito Penal e, por consequência, um problema em termos de legitimidade. Nesse sentido, Cancio Meliá, Manuel. El injusto...*op. cit.*, 2008, p. 51. Sobre essa vantagem para todos os crimes de perigo abstrato, cf. Greco, Luís. Princípio... *op. cit.*, 2004, p. 113.

ou seja, enquanto estiverem limitados a atingir determinados indivíduos, qualificados como inimigos por não apresentarem um mínimo de segurança cognitiva no cumprimento das normas[30]. Essa via, contudo, reúne uma série de problemas do ponto de vista do Estado de Direito, problemas estes que já foram amplamente discutidos no longuíssimo – e muitas vez malconduzido – debate acerca do Direito Penal do inimigo[31]. Essa posição implica ainda numa falsa dualidade: ou se admite um direito penal de exceção ou se deve declarar que os crimes associativos são ilegítimos[32]. Acreditamos que a melhor saída é a adoção de um entendimento normativamente correto a respeito do conteúdo de injusto dos crimes de organização, acompanhado do estabelecimento coerente e cuidadoso de critérios de imputação[33].

A nosso juízo, mostra-se essencialmente correto o entendimento segundo o qual os delitos associativos tutelam os bens jurídicos dos crimes-fim de forma antecipada. A antecipação da tutela penal, por meio da proibição de condutas ainda distantes da lesão ao bem jurídico, deve ser vista, é verdade, com cautela no marco de um Direito Penal liberal. No entanto, em determinadas circunstâncias, sob determinados pressupostos, ela é não somente necessária, mas também legítima[34]. Os crimes

[30] Nesse sentido, cf. Jakobs, Günther. Derecho penal del ciudadano y Derecho penal del enemigo. Trad. Manuel Cancio Meliá. In. Jakobs, Günther. Cancio Meliá, Manuel. **Derecho penal del enemigo**. Madrid: Civitas, 2003, pp. 38-42. Ao adotar a explicação do direito penal do inimigo, o autor alemão modificou sua posição anterior, segundo a qual a legitimidade dos delitos de organização estava no fato de infringirem *"normas de flanqueio, cuja missão é garantir as condições de vigência das normas principais"* (Jakobs, Günther. Criminalización... *op. cit.*, 1997, pp. 314 e pp. 317-318). Sobre a posição anterior, cf. Cancio Meliá, Manuel. El injusto...*op. cit.*, 2008, pp. 45-51; p. 55 e p. 73 e ss.). Sobre a modificação, cf. Silva Sánchez, Jesús-María. La "intervención... *op. cit.*, 2008, p. 92-93. Próximo à posição anterior de Jakobs, cf. Pastor Muñoz, Nuria. Abordagem dos... *op. cit.*, 2016, p. 64; Ziffer, Patrícia. El delito... *op. cit.*, 2008, p. 501 e ss. e Rosas Oliva, Juan Ignacio. La participación... *op. cit.*, 2015, pp. 171-177.

[31] Em sentido contrário, Greco Filho, Vicente. **Comentários à Lei**... *op. cit.*, 2014, p. 11.

[32] Sobre essa solução binária, cf. Silva Sánchez, Jesús-María. La "intervención... *op. cit.*, 2008, pp. 93-94. Apontando para a perda de força da posição que defende a ilegitimidade dos delitos de organização, Cancio Meliá, Manuel. El injusto...*op. cit.*, 2008, p. 18.

[33] Também adota essa postura, Cancio Meliá, Manuel. El injusto...*op. cit.*, 2008, pp. 24-25.

[34] Uma tentativa de sistematização nos oferece Greco, Luís. A criminalização no estágio prévio: um balanço do debate alemão, **Revista do Instituto de Ciências Criminais**, v. 5., n. 1, p. 11 ss., 2020.

de perigo abstrato formam um exemplo de antecipação de tutela legítima – com razão, a crítica generalista a respeito de sua ilegitimidade/inconstitucionalidade não convenceu[35]. Ademais, na hipótese do crime de organização criminosa ou de organização terrorista, a antecipação da tutela justifica-se pelo elevado risco de cometimento de crimes que a própria existência da organização representa. Esse risco provém da dinâmica estabelecida com a estrutura funcional da organização e da consequente redução do sentimento de responsabilidade pessoal e de inibição para o cometimento de crimes por parte dos membros. A estrutura coletiva facilita sobremaneira a prática de crimes pelos agentes individuais, que apenas se colocam como peça de uma engrenagem de um empreendimento com vida própria e independente[36]. Além disso, associações ou organizações criminosas em sentido estrito não possuem qualquer função legítima, ou seja, a proibição penal de sua existência e funcionamento não atinge qualquer direito ou liberdade legítimos. Não há um direito a constituir uma instituição cuja função primária é violar o direito[37]. Nesse ponto, marca-se a diferença fundamental entre a incriminação de organizações e outros casos de antecipação da tutela penal que tangenciam a esfera de privacidade e intimidade do cidadão, como certos delitos de posse[38].

2.2. Os modelos de atribuição de responsabilidade penal nos crimes de organização

Entende-se por *modelos de atribuição de responsabilidade* aqueles que buscam responder *quando* e *sob quais requisitos* é possível atribuir responsabilidade penal a um indivíduo pela conduta de outros em um crime associativo. É inegável que o *injusto* dos delitos associativos está diretamente relacionado a uma dimensão institucional-coletiva que é conferida à formação de determinadas organizações/associações de

[35] Greco, Luís. "Princípio... *op. cit.*, 2004, p. 123.

[36] Stein, Ulrich. Greco, Luís. § 129. In. Wolter, Jürgen *et al* (org.). **Systematischer Kommentar Strafgesetzbuch,** Colônia: Carl Heymanns Verlag, 9 a ed., 2019, Nm. 4. Em sentido próximo De Grandis, Rodrigo. Criminalidade empresarial...*op. cit.*, 2014, p. 581.

[37] Montenegro, Lucas. Os delitos... *op. cit.*, 2019, p. 05.

[38] Sobre o critério da "necessidade de respeito à esfera nuclear de privacidade ou de autonomia" para legitimidade de criminalizações no estágio prévio à lesão do bem jurídico Greco, Luís. A criminalização... *op. cit.*, 2020, p. 26 ss.

indivíduos[39]. Tais associações ou organizações são caracterizadas pelos seguintes elementos: *pessoal*, que é a junção de quantidade mínima de pessoas; *organizacional*, que diz respeito à estrutura de constituição estável dessa organização ou associação, sendo que sua complexidade pode ser maior ou menor; *temporal*, que é o caráter de permanência no tempo; e *volitivo*, que diz respeito à submissão da vontade individual dos membros a uma vontade coletiva, relacionada ao cometimento de crimes[40]. Assim, enquanto dotadas dessa dimensão institucional, superam a mera junção esporádica de indivíduos e formam verdadeiro estado antijurídico; coautoria não é o mesmo que associação ou organização criminosa.

Ambas as abordagens a respeito do conteúdo de injusto dos crimes associativos não prescindem, pois, da dimensão coletiva do delito. Contudo, no marco de um Direito Penal liberal do fato, é inarredável para a responsabilização pelo crime de organização que se identifique uma contribuição individual mínima e que se explique como essa contribuição se conecta ao injusto coletivo consubstanciado na existência e no funcionamento da organização[41]. Posto de maneira mais simples: como é possível responsabilizar um indivíduo pela conduta dos demais ou do coletivo? Na busca de uma resposta, pode-se identificar, basicamente, dois modelos: o *modelo de transferência* e o *modelo individual*[42]. Analisemos cada um deles na sequência.

[39] Essa importância é marcada por Estellita, Heloisa; Greco, Luís. Empresa... *op. cit.*, 2011, pp. 402-403 e também por Silva Sánchez, Jesús-María. La "intervención... *op. cit.*, 2008, p. 94-95.

[40] Para o crime de organização criminosa (art. 2º da Lei n. 12.850/13), esses elementos decorrem da própria definição disposta no art. 1º, §1º da mesma lei. Sobre os elementos, cf. Montenegro, Lucas. Os delitos... *op. cit.*, 2019, p. 06-07 e Nucci, Guilherme de Souza. **Organização**... *op. cit.*, 2019, p. 18-21. Para outros crimes associativos, cf. Estellita, Heloisa. ***Criminalidade de empresa, quadrilha e organização criminosa***. Porto Alegre: Livraria do Advogado, 2008, pp. 17-24. No direito espanhol, cf. Espinosa Ceballos, Elena Marín. La responsabilidad... *op. cit.*, 2022, pp. 20-22.

[41] Silva Sánchez deixa clara a possibilidade de aplicação do modelo de transferência com a adoção de ambas as vertentes (Silva Sánchez, Jesús-María. La "intervención... *op. cit.*, 2008, p. 105).

[42] Silva Sánchez, Jesús-María. La "intervención... *op. cit.*, 2008, p. 101-102; De Grandis, Rodrigo. Criminalidade empresarial...*op. cit.*, 2014, p. 583.

2.2.1. *Modelo de atribuição de responsabilidade por transferência*

O modelo de atribuição de responsabilidade penal por *transferência* é aquele que, partindo da organização criminosa como sistema de injusto permanente para a paz e/ou segurança pública ou para bens jurídicos protegidos pelos crimes-fim, responsabiliza o indivíduo pela assunção permanente de uma função, papel ou competência dentro dessa organização[43]. Para esse modelo, o elemento coletivo da organização não se resume ao incremento da periculosidade de condutas concretas de autores individuais[44], mas sim representa um sistema de injusto próprio, um verdadeiro *"autor coletivo"*, que tem importância social autônoma[45]. Não é importante a conduta concreta e individual praticada por um sujeito[46], mas sim a *"personalidade própria das organizações enquanto sistemas de injusto constituídos"*[47]. A partir da *personalidade coletiva* da organização, o injusto praticado coletivamente transfere-se automaticamente ao indivíduo que aceitar exercer qualquer função dentro da organização. Todos que participam, de qualquer maneira, do injusto coletivo são igualmente responsabilizados pelo crime[48].

[43] Nesse sentido, cf. Cancio Meliá, Manuel. El injusto...*op. cit.*, 2008, pp. 63-64 e Rosas Oliva, Juan Ignacio. La participación... *op. cit.*, 2015, p. 201 e ss. Sobre o conceito do modelo de transferência, cf. Silva Sánchez, Jesús-María. La "intervención... *op. cit.*, 2008, p. 102.

[44] Sobre essa crítica, cf. Cancio Melia, Manuel. El injusto... *op. cit.*, p. 62.

[45] Cancio Meliá, Manuel. El injusto...*op. cit.*, 2008, p. 62 e ss. e Rosas Oliva, Juan Ignacio. La participación... *op. cit.*, 2015, p. 201. Próximo, Estellita, Heloisa; Greco, Luís. Empresa... *op. cit.*, 2011, p. 403.

[46] Cancio Meliá, por exemplo, após chamar a atenção para a peculiaridade do elemento coletivo dos crimes de organização, afirma que nessas associações penalmente ilícitas os autores individuais *desaparecem* (Cancio Meliá, Manuel. El injusto...*op. cit.*, 2008, p. 29). No mesmo sentido, cf. Rosas Oliva, Juan Ignacio. La participación... *op. cit.*, 2015, p. 181. Estellita e Greco afirmam que o injusto da organização só estará presente quando existir uma estrutura que *"possibilite a persecução de finalidades criminosas com independência da vontade individual dos membros da organização"* (Estellita, Heloisa; Greco, Luís. Empresa... *op. cit.*, 2011, p. 403).

[47] Cancio Meliá, Manuel. El injusto...*op. cit.*, 2008, p. 63 – trad. livre.

[48] Cancio Meliá, Manuel. El injusto...*op. cit.*, 2008, pp. 71-72. Rosas Oliva afirma: *"... a responsabilidade de membros e colaboradores da organização delitiva é dependente da existência do injusto sistêmico, injusto que é atribuível àqueles, em virtude da contribuição pessoa que prestam à existência do coletivo, o que constitui além disso um injusto individual que converge com o injusto coletivo"* (Rosas Oliva, Juan Ignacio. La participación... *op. cit.*, 2015, p. 201 – trad. livre). Próximo, Espinosa Ceballos afirma que, nos delitos associativos, *"... o que se castiga é o formar parte dela, é dizer, o*

De acordo com esse modelo, a manifestação de e o mero aceite em participar da organização, isto é, o simples pertencer, já são suficientes para punir o indivíduo pelo delito associativo[49]. Trata-se, portanto, de *"um delito de adesão ou de pertencimento em sentido estrito"*[50].

Retomando o caso-guia mencionado na introdução, em que cinco indivíduos se associam com o objetivo de praticar fraudes licitatórias e crimes de corrupção, o modelo de transferência permitiria a atribuição de responsabilidade penal não só ao "A" e ao "B", mas também ao "D", apesar deste somente se filiar à organização e comungar de ideias parecidas.

Entre os defensores desse modelo, há quem apresente algumas nuances. Cancio Meliá, por exemplo, exige a necessidade de que a conduta do membro da organização não se limite a uma primeira integração, mas sim que ocorra *"uma atualização clara e permanente do pertencimento"*[51]. Rosas Oliva, por sua vez, faz exigência parecida, no sentido de que o membro deve *"contribuir à concretização do injusto sistêmico da organização... por sua participação na mesma e não por mera adesão"*[52]. Essas posturas, ao que parece, excluiriam a atribuição de responsabilidade ao "D" no caso-guia. Mantém-se, todavia, a característica comum do modelo de que basta a condição de membro, ainda que sempre renovada ou como participação na organização, para punição pelo delito associativo.

Esse modelo é questionável por permitir perigosa aproximação a um direito penal do autor (ou ao menos com um direito penal não preocupado com uma conduta individual), pois a responsabilidade penal pelo crime associativo surge do mero fato de ser membro da organização e não pelo que sua conduta representa ou aporta ao coletivo[53]. O indivíduo não precisa sequer praticar uma conduta ativa interna nessa associação antijurídica ou uma conduta idônea para seus fins e, muito

pertencer à organização ou ao grupo criminoso..." (Espinosa Ceballos, Elena Marín. La responsabilidad... *op. cit.*, 2022, p. 12 – trad. livre).

49 Espinosa Ceballos, Elena Marín. La responsabilidad... *op. cit.*, 2022, p. 72-73.

50 Silva Sánchez, Jesús-María. La "intervención... *op. cit.*, 2008, p. 102.

51 Cancio Meliá, Manuel. El injusto...*op. cit.*, 2008, p. 84 – trad. livre.

52 Rosas Oliva, Juan Ignacio. La participación... *op. cit.*, 2015, p. 202 – trad. livre.

53 Silva Sánchez, Jesús-María. La "intervención... *op. cit.*, 2008, p. 103. Contra essa crítica, partindo de sua concepção, cf. Pastor Muñoz, Nuria. Abordagem dos... *op. cit.*, 2016, pp. 63-64.

menos, uma conduta que seja perigosa ao bem jurídico tutelado, bastando que se disponha a ser membro[54]. Ademais, resta praticamente impossível distinguir entre a figura do membro da organização e do favorecedor externo[55-56].

2.2.2. *Modelo de atribuição de responsabilidade individual (ou por "fato próprio")*

O modelo de atribuição de responsabilidade individual, por outro lado, é aquele que estabelece como critério para a responsabilidade do indivíduo uma contribuição concreta à organização, ao injusto coletivo[57]. Nesse modelo, portanto, o aspecto coletivo da associação/organização não é um *injusto* em si que será transferido aos indivíduos, mas sim um *objeto* sobre o qual recai a conduta injusta do indivíduo, tornando-a penalmente relevante.

Silva Sánchez inicia a construção do modelo de atribuição pela responsabilização penal do membro da organização pelo crime-fim, por meio do que denominou de *"intervenção por meio da organização"*. Para o autor, a organização criminosa modifica a relação de cada indivíduo com o crime-fim. Mais especificamente, ela permite que se modifiquem os pressupostos clássicos de imputação dos crimes-fim (o caráter direto da contribuição e o conhecimento das circunstâncias[58]). Assim, as condutas dos membros da organização que, isoladamente e de acordo com as regras tradicionais de concurso de agentes, não poderiam ser classificadas nem como autoria nem como participação no crime-fim (por ausência

[54] Silva Sánchez, Jesús-María. La "intervención... *op. cit.*, 2008, pp. 104-105. Próximo, Santiago Cordini, Nicolás. Delitos de... *op. cit.*, 2017, p. 103-104.

[55] Sobre essa intensa discussão no direito italiano, cf. Vero, Giancarlo. I reati associativi nell'odierno sistema penale. **Rivista italiana di diritto e procedura penale**, vl. 41, pp. 385-413, 1998, p. 411 ss.; Sessa, Antonino. Associazione di tipo mafioso e contiguità delituosa: profili dommatici e di politica criminale. In. Moccia, Sergio (org.). **Criminalità organizzata e risposte ordinamentali**: tra eficcienza e garanzia, Napoli: Edizioni Scientifiche Italiane, 1999, p. 175 ss., 187, 194 ss.

[56] Esse problema fica evidente quando os autores não conseguem distinguir o mero filiado à organização do favorecedor externo. Ver, por todos, Rosas Oliva, Juan Ignacio. La participación... *op. cit.*, 2015, pp. 297 e ss.

[57] Silva Sánchez, Jesús-María. La "intervención... *op. cit.*, 2008, p. 105. No mesmo sentido, Gil Gil, Alicia. La expansión...*op. cit.*, 2015, p. 339.

[58] Silva Sánchez, Jesús-María. La "intervención... *op. cit.*, 2008, p. 111.

de nexo causal, dolo etc), com a "intervenção" da organização, passam a ser vistas como contribuições puníveis[59].

A organização criminosa, com suas características acima delineadas, teria a capacidade de "atualizar" e "concretizar" a contribuição, antecipada e abstrata, dada pelo membro para o momento da execução do crime-fim[60]. Assim, seria possível falar em participação punível do membro da organização, mesmo que, no momento de sua contribuição, ele não soubesse quando, quem, contra quem e qual seria o crime[61], desde que o delito venha a ser efetivamente praticado por terceiro[62]. Trata-se, portanto, de uma adaptação das regras de concurso de agentes ao contexto das organizações criminosas[63].

A mesma ideia permite fundamentar a responsabilidade penal pelos delitos associativos enquanto figuras típicas autônomas[64]. As características da organização criminosa – que "atualizam" a contribuição para o crime-fim – também permitem que as condutas de favorecimento abstratas e antecipadas dos membros sejam punidas *"enquanto tais e antes que a organização os tenha projetado sobre os fatos delitivos concretos"*[65]. Portanto, serão consideradas condutas típicas dos crimes associativos aquelas que se apresentem como (no mínimo) uma contribuição antecipada e

[59] Silva Sánchez, Jesús-María. La "intervención... *op. cit.*, 2008, p. 108 e p. 111.

[60] Silva Sánchez, Jesús-María. La "intervención... *op. cit.*, 2008, p. 108. O autor destaca que a organização é capaz de *"garantir a sobrevivência do risco criado por um membro"* e *"garantir a conexão desse risco com o gerado pelos intervenientes em um fato delitivo concreto"* (Silva Sánchez, Jesús-María. La "intervención... *op. cit.*, 2008, p. 108 – trad. livre).

[61] Silva Sánchez, Jesús-María. La "intervención... *op. cit.*, 2008, p. 109. A respeito do dolo dessa conduta, Silva Sánchez afirma que pode ser um dolo alternativo – Silva Sánchez, Jesús-María. La "intervención... *op. cit.*, 2008, p. 109, nota de rodapé n. 179.

[62] Nos termos da dogmática da participação e do art. 31 do Código Penal brasileiro, que realize um crime ao menos tentado.

[63] Silva Sánchez, Jesús-María. La "intervención... *op. cit.*, 2008, p. 111.

[64] Silva Sánchez, Jesús-María. La "intervención... *op. cit.*, 2008, p. 115.

[65] Silva Sánchez, Jesús-María. La "intervención... *op. cit.*, 2008, p. 113 – trad. livre. Também Gil Gil, Alicia. La expansión...*op. cit.*, 2015, pp. 339 e 345. Ziffer também destaca que a associação/organização, enquanto estrutura, é capaz de apresentar novo significado à contribuição individual dos membros, pois apresenta um aparato de apoio permanente à comissão de delitos e contém a dinâmica especial que acontece em grupos, de diminuir a responsabilidade pessoal (Ziffer, Patrícia. El delito... *op. cit.*, 2008, p. 502).

abstrata à prática dos crimes-fim da organização[66]. O critério para determinação da tipicidade do crime associativo é, portanto, o seguinte: a contribuição no seio da organização precisa ser tal que, se a execução do crime-fim tivesse se iniciado naquele momento, pudesse ser considerada participação punível naquele delito[67]. A responsabilidade penal pelo crime associativo corresponde, pois, à punibilidade autonomizada da *participação tentada* em crimes-fins por meio de organização[68]. Uma concepção próxima defende ZIFFER, que afirma: *"O ilícito da associação ilícita consiste, portanto, na prestação de um aporte a uma agrupação com fins delitivos, cujas consequências ficam fora da capacidade de controle do autor"* [69].

Esse modelo de imputação acaba por *limitar* o alcance do tipo penal dos crimes associativos, em comparação com o modelo de transferência antes analisado. Assim, o aceite e a participação passiva ou mero pertencer à organização não realizam o tipo penal associativo, da mesma forma que a participação *ad hoc* na execução dos crimes-fim[70].

No caso-guia apresentado na introdução, portanto, nem todos os cinco indivíduos seriam responsáveis penalmente pelo crime de organização criminosa. "A", com a organização contábil e fiscal capaz de financiar as vantagens indevidas, e "B", com a organização dos pagamentos, contribuíram, abstrata e antecipadamente, para a prática dos crimes-fim de corrupção passiva. Vale dizer, tanto os valores quanto a contabilidade serão "atualizados" no momento da execução do crime de corrupção. Logo, a eles é possível atribuir responsabilidade penal. Por outro lado, "C" e "E", por só executarem/participarem dos crimes-fim, não realizaram contribuições atualizáveis. Suas condutas se limitam à execução de um crime-fim. "D", por sua vez, ao se filiar, não contribui para a exe-

[66] SILVA SÁNCHEZ, Jesús-María. La "intervención... *op. cit.*, 2008, p. 113. Próximo, cf. Também GIL GIL, Alicia. La expansión...*op. cit.*, 2015, p. 339 e pp. 345-347 e SANTIAGO CORDINI, Nicolás. Delitos de... *op. cit.*, 2017, p. 104.

[67] SILVA SÁNCHEZ, Jesús-María. La "intervención... *op. cit.*, 2008, pp. 115-116.

[68] SILVA SÁNCHEZ, Jesús-María. La "intervención... *op. cit.*, 2008, p. 116.

[69] ZIFFER, Patrícia. El delito... *op. cit.*, 2008, pp. 501-502 – trad. livre); cf. também GIL GIL, Alicia. La expansión...*op. cit.*, 2015, p. 339 e pp. 345-347.

[70] GIL GIL, Alicia. La expansión...*op. cit.*, 2015, pp. 339 e pp. 344-345. Em sentido contrário, Ziffer argumenta: *"Independentemente de se aceitar que a tipicidade exige algo mais que o mero filiar-se ao grupo, parece evidente que quando seus integrantes cometem um delito dos que constituem o objeto da associação, por meio dessa ação, ao mesmo tempo, estão tomando parte de suas atividades"* (ZIFFER, Patrícia. El delito... *op. cit.*, 2008, p. 505).

cução dos crimes-fim. Por fim, "F" não pode ser responsabilizado, pois instigou somente a constituição da organização e não as condutas típicas de "A" e "B", de favorecimento aos delitos-fim.

A primeira crítica que se faz a esse modelo de atribuição de responsabilidade é a de que não é capaz de captar corretamente o injusto coletivo das organizações criminosas. Ao se centrar demasiadamente na contribuição individual de cada membro, o modelo ignoraria a dimensão coletiva de injusto da organização. Nesse sentido, CANCIO MELIÁ argumenta que entender o fator colctivo da organização como mero fator de multiplicação de periculosidades individuais, como pressupõe o modelo individual, não é capaz de apreender corretamente o traço distintivo desse delito[71]. Outro problema do modelo individual seria o alargamento das fronteiras de imputação dos crimes-fim aos membros da organização. O resultado seria uma dupla imputação automática: a imputação do crime associativo, fundada na contribuição abstrata e antecipada à prática dos crimes-fim, significaria a imputação e punição também pelo crime-fim.[72]

3. Tomada de posição: parâmetros para imputação do crime do art. 2º da lei n. 12.850/13

A determinação dos contornos da imputação do crime de organização criminosa deve se balizar no conteúdo de injusto dos delitos associativos[73] e na interpretação coerente dos termos plasmados na Lei.

[71] CANCIO MELIÁ, Manuel. El injusto...*op. cit.*, 2008, pp. 52-53.

[72] Essa consequência se aproxima do que, nos países de *Common Law*, se denomina de doutrina *Pinkerton*. SANTIAGO CORDINI esclarece que *"Em Pinkerton vs United States, a Suprema Corte de Justiça dos Estados Unidos da América sustentou que um conspirador deve ser considerado responsável pelos delitos cometidos por outro conspirador que estão dentro do alcance da conspiração, que são em apoio dela, e que são razoavelmente previsíveis como uma necessidade ou consequência natural da conspiração"* (SANTIAGO CORDINI, Nicolás. Delitos de... *op. cit.*, 2017, p. 92 – trad. livre). O autor critica essa doutrina (SANTIAGO CORDINI, Nicolás. Delitos de... *op. cit.*, 2017, pp. 104-105).

[73] CANCIO MELIÁ critica uma interpretação puramente gramatical desses tipos penais, dada sua amplitude de redação e afirma: *"De fato, sobre a base da mera redação literal dos preceitos correspondentes – sem uma impregnação dogmática que delimite seu alcance – tudo é possível no plano da aplicação"* (CANCIO MELIÁ, Manuel. El injusto...*op. cit.*, 2008, p. 26 – trad. livre). No mesmo sentido, ZIFFER, Patrícia. El delito... *op. cit.*, 2008, p. 502.

O conteúdo de injusto dos crimes associativos é, como visto, o perigo que a organização representa para os bens jurídicos que serão violados com os crimes-fim praticados. Esse perigo, todavia, não deriva somente da vontade dos indivíduos de praticar delitos, mas sobretudo da vontade coletiva – que é mais que a mera somatória das vontades individuais –, da estrutura específica da organização, com todos os elementos mencionados anteriormente (pessoal, organizacional, volitivo e temporal) e presentes na Lei. O que se pune – ou se deve punir – é, pois, a contribuição a esse perigo encarnado na dinâmica organizacional voltada para o cometimento de crimes. Nesse sentido, não nos parece justificada ou necessária a construção de uma imputação antecipada ou abstrata ao crime-fim, como quer o modelo individual, embora este chegue essencialmente a resultados corretos, assim como o modelo de transferência "temperado". Esse entendimento, que não abandona o aspecto coletivo do injusto do crime de organização criminosa, mas não prescinde de uma contribuição concreta à instituição ilícita, além de materialmente correto, é o que se mostra mais compatível com a letra da Lei 12.850/13.

O tipo penal do art. 2º da Lei n. 12.850/13 criminaliza a conduta de "integrar" a organização. Dizer que "integrar" a organização é participar (ainda que indiretamente) dos crimes-fim seria extrapolar os limites semânticos da letra da lei, significaria atribuir-lhe sentido completamente diverso. Por outro lado, o conteúdo de injusto do crime de organização e as exigências de um Direito Penal do fato reclamam uma interpretação restritiva do verbo típico "integrar", ainda dentro do sentido literal possível do termo legal. Assim, "integrar" não significa simplesmente a entrada, a adesão formal na organização, nem mesmo com pagamento de "mensalidade"[74], não basta a mera *affectio societatis*[75]. "Integrar" no sentido do tipo penal é, portanto, contribuir ativamente com a organização, o que os italianos chamam de *"contributo alla vita dell'ente"*[76], seja fomentando sua estrutura (por exemplo: cuidar da contabilidade da instituição), seja participando direta e regularmente dos crimes-fim. É importante destacar, ainda, que esse entendimento está de acordo com a

[74] STEIN, Ulrich. GRECO, Luís. § 129... *op. cit.*, 2019, Nm. 45.

[75] VERO, Giancarlo de. I reati associativi...*op. cit.*, 1998, pp. 410-411.

[76] Por todos TURONE, Giuliano. **Il delito di associazione mafiosa**. 3 ed., Giuffrè: Milão, 2015, p. 385, pp. 396 e ss.

Convenção de Palermo, promulgada no Brasil pelo Decreto nº 5.015, de 12 de março de 2004, que, em seu art. 5.1 (a) (ii), determina a criminalização daquele que *"participe ativamente..."* [77]. Por outro lado, já do ponto estritamente semântico, participar, sem reiteração, de modo *ad hoc*, de um crime-fim isolado, não é o mesmo que "integrar" a organização, não realiza, portanto, o tipo penal.

Veja-se que, a rigor, promover ou financiar (não reiteradamente) a organização tampouco se confundem com o ato de "integrar". Contudo, o legislador elevou essas condutas a modalidade típica autônoma. Essa decisão, por mais que possa ser criticada de *lege ferenda*, deve ser respeitada.

4. A discussão na literatura e na jurisprudência nacionais

Estabelecidos os parâmetros de interpretação do verbo típico "integrar", importa-nos verificar como, passados dez anos da entrada em vigor da Lei n. 12.850/13, a doutrina e a jurisprudência nacionais manifestam-se a respeito do tema.

4.1. Discussão na literatura nacional

Tendo por base obras e artigos publicados a respeito do tema após a entrada em vigor da Lei, é possível verificar que a discussão aqui travada limita-se interpretação literal do verbo "integrar"[78], sem maiores reflexões acerca do conteúdo de injusto e dos modelos de imputação[79].

[77] Importante mencionar que o art. 5.1 (a) (i) da Convenção está relacionado com o modelo de *conspiracy*, próprio dos países de *Common Law*, enquanto que o art. 5.1 (a) (ii) está relacionado com o modelo dos países de *Civil Law* (Sobre isso, cf. Santiago Cordini, Nicolás. Delitos de... *op. cit.*, 2017, pp. 105 e ss.). Assim, o fato de o modelo de atribuição por transferência não se coadunar com o art. 5.1 (a) (i) não o torna contrário à Convenção.

[78] Nesse sentido, cf. Greco Filho, Vicente. **Comentários à Lei**... *op. cit.*, 2014, p. 27; Nucci, Guilherme de Souza. **Organização**... *op. cit.*, 2019, p. 26; Masson, Cleber. Marçal, Vinícius. **Crime**... *op. cit.*, 2018, p. 68; Silva, Eduardo Araújo da. **Organizações**... *op. cit.*, 2015, p. 28; Baltazar Jr, José Paulo. **Crimes**... *op. cit.*, 2017, p. 1257; Bitencourt, Cézar Roberto. Busato, Paulo César. **Comentários à Lei de organização criminosa***:* Lei 12.850, de 02 de agosto de 2013. São Paulo: Saraiva, 2014, p. 23-24; Jalil, Maurício Schaun. Nova lei sobre organizações criminosas (Lei 12.850/2013): primeiras considerações. **Revista do Instituto dos Advogados de São Paulo**, vl. 32, pp. 87-96, jul./dez., 2013, p. 90.

[79] Nucci, por exemplo, deixa evidente essa postura quando afirma que os demais verbos núcleo do tipo são, inclusive, supérfluos. Segundo o autor: *"Em verdade, bastaria o verbo integrar, que abrangeria todos os demais. Quem promove ou constitui uma organização, naturalmente a integra;*

Assim, partindo do conceito cotidiano de que integrar significa participar, tornar-se parte[80], a maioria dos autores entende ser possível atribuir responsabilidade penal pelo crime associativo do art. 2º da Lei n. 12.850/13 a todo indivíduo que passivamente se torne membro da organização criminosa[81] e também ao mero executor ou partícipe *ad hoc* de crimes-fim. O entendimento majoritário na doutrina brasileira aproxima-se, assim, de um modelo de *transferência* "puro", sem registro, no entanto, de qualquer referência ao debate teórico apresentado nos tópicos anteriores[82]. Simplesmente se realiza uma leitura literal da palavra "integrar", conferindo-lhe sentido mais amplo possível[83].

PRADO parece se aproximar mais da discussão mais fundamental sobre os modelos de imputação. Partindo do conceito legal *"integrar"* como fazer parte de algo, o autor critica a criminalização do mero pertencimento à organização, sob o prisma da legalidade e da culpabilidade[84]. O autor, no entanto, não defende explicitamente um modelo determinado, limitando-se a afirmar que a distinção relevante *"deve ocorrer no âmbito do tipo subjetivo, de modo a aferir se tais sujeitos atuam ou tenham atuado efetivamente na prática das atividades ilícitas da estrutura*

quem financia, igualmente a integra, mesmo como partícipe" (NUCCI, Guilherme de Souza. **Organização**... *op. cit.*, 2019, p. 26).

80 MASSON, Cleber. MARÇAL, Vinícius. **Crime**... *op. cit.*, 2018, pp. 68-69; SILVA, Eduardo Araújo da. **Organizações**... *op. cit.*, 2015, p. 28; BALTAZAR JR, José Paulo. **Crimes**... *op. cit.*, 2017, p. 1257; NUCCI, Guilherme de Souza. **Organização**... *op. cit.*, 2019, p. 26; JALIL, Maurício Schaun. Nova lei... *op. cit.*, 2013, p. 90.

81 GRECO FILHO afirma, por exemplo: *"Basta ter o agente aderido a ser membro da organização e estar à disposição de exercer a sua parte da tarefa que lhe for destinada..."* (GRECO FILHO, Vicente. **Comentários à Lei**... *op. cit.*, 2014, p. 27). Também EDUARDO DA SILVA, por exemplo, afirma: *"Portanto, participar de alguma forma da organização implica na prática do crime. Daí a opção pelo nomen juris participação em organização criminosa"* (SILVA, Eduardo Araújo da. **Organizações**... *op. cit.*, 2015, p. 28). No mesmo sentido, BALTAZAR JR, José Paulo. **Crimes**... *op. cit.*, 2017, p. 1257.

82 Exceção pode ser observada em MASSON e MARÇAL, que, valendo-se do argumento de ALBUQUERQUE sobre o tipo penal português, entendem que a atribuição de responsabilidade pelo crime associativo está baseada na disponibilidade que o indivíduo-membro declara ao ingressar na organização, o que demonstraria *"sua especial perigosidade"*. Assim, parecem fundamentar a adoção do modelo de transferência "puro" em uma ideia de Direito penal de exceção (MASSON, Cleber. MARÇAL, Vinícius. **Crime**... *op. cit.*, 2018, p. 69).

83 Apesar de GRECO FILHO exigir que o indivíduo membro deva *"estar encarregado de uma das tarefas dentro da organização"*, mas não exige que essa tarefa tenha relação com os crimes fins (GRECO FILHO, Vicente. **Comentários à Lei**... *op. cit.*, 2014, p. 27).

84 PRADO, Luiz Regis. Associação... *op. cit.*, 2013, pp. 255-257.

organizacional"[85] e que o dolo de participar não se configura somente com o propósito de realizar os crimes-fim, mas sim *"vivenciar a realidade daquela estrutura organizada que atua à margem da lei"*[86].

Por fim, em mais franca exceção à regra, De Grandis aborda os diferentes modelos de imputação para elucidar a relação entre criminalidade empresarial e o crime de organização criminosa[87]; e, mais especificamente em relação à questão enfrentada neste estudo, Labate procura os contornos do termo *"integrar"* por meio da definição do bem jurídico tutelado e do debate entre os dois modelos anteriormente apresentados. Partindo da concepção de que o bem jurídico tutelado é a ordem pública em seu sentido objetivo, o autor se inclina ao modelo individual, por fato próprio, entendendo que é preciso olhar para a conduta individual do agente para atribuir responsabilidade penal pelo crime associativo e que essa deve apresentar-se como cooperação ao estado de favorecimento de persecução de fins ilícitos da organização, o que afastaria a responsabilidade pela simples adesão[88].

4.2. Discussão na jurisprudência nacional

Na medida em que o presente artigo não pretende realizar estudo exaustivo da jurisprudência brasileira, limitamo-nos à análise representativa de alguns casos analisados pelo Supremo Tribunal Federal. Da análise dos casos foi possível observar que não há clareza sobre um modelo de imputação, na medida em que não se encontra nos julgados discussão – tampouco definição – de quais características a conduta do indivíduo deve apresentar para ser considerada típica.

No julgamento da AP n. 1019, a 2ª Turma do STF absolveu os denunciados da acusação de crime de integrar organização criminosa, sob o seguinte argumento: *"Não há, todavia, provas da prática de atos materiais que caracterizem a efetiva adesão ao grupo criminoso descrito na denúncia..."* [89].

[85] Prado, Luiz Regis. Associação... *op. cit.*, 2013, p. 257.

[86] Prado, Luiz Regis. Associação... *op. cit.*, 2013, p. 257.

[87] De Grandis, Rodrigo. Criminalidade empresarial...*op. cit.*, 2014., p. 583, p. 594.

[88] Labate, Victor. A tipicidade material no delito de pertencimento a organização criminosa e a criminalidade de empresa. **Revista de Direito Penal Econômico e Compliance**, vl. 2, pp. 121-154, abr./jun., 2020, p. 131-133.

[89] STF, Segunda Turma, **AP n. 1.019**, Rel. Min. Edson Fachin, j. 24/08/2020, DJe 04/09/2020, p. 119 do inteiro teor do acórdão.

Não se lê na decisão, contudo, o que se deve entender por "efetiva adesão" à organização, se seria uma adesão decidida ou explícita ou se, como defendemos, se seria necessária uma contribuição regular e concreta ao funcionamento da organização e ao cometimento dos crimes--fim.

Merecem destaque – não necessariamente positivo – as decisões que lidam com a figura do sujeito que contribui de maneira *ad hoc* para um crime-fim determinado. No Inquérito n. 3989 integrantes de um partido político foram denunciados pela prática do crime de integrar organização criminosa porque teriam, supostamente, organizado estrutura específica com o objetivo de cometer crimes de corrupção passiva. A estrutura funcionava, basicamente, da seguinte forma: pessoas do partido ocupavam cargos responsáveis pela indicação de diretorias de empresas estatais. Na sequência, diretores apadrinhados era indicados com o objetivo de satisfazer interesses de empresas privadas nas licitações. Em troca, as empresas ofereciam vantagens pecuniárias que eram divididas entre os diretores e os membros do partido. Ao analisar a denúncia, a 2º Turma do STF entendeu suficiente para imputar o crime de integrar organização criminosa o fato de que alguns denunciados fossem tão somente *beneficiários finais da vantagem indevida*[90]. Vale dizer, pela simples execução do crime-fim de corrupção passiva (pois, solicitavam, indiretamente, vantagem indevida para as empresas privadas), os acusados já integrariam a organização. Por trás dessa decisão parece-nos estar a velha confusão entre coautoria e organização criminosa.

No Inquérito n. 4112, de substrato fático semelhante ao caso anterior, foi possível observar duas soluções diversas por parte do Tribunal. A 2ª Turma do STF entendeu, por um lado, que integravam a organização criminosa dois denunciados que, em nome do parlamentar que supostamente coordenava a organização, recebiam as vantagens indevidas e realizavam os repasses[91]. Porém, de outro lado, entendeu que não integravam essa organização outros denunciados que realizaram apenas *"possíveis repasses dissimulados de verbas espúrias supostamente obtidas em torno*

[90] STF, Segunda Turma, **Inq. 3.989**, Rel. Min. Edson Fachin, j. 11/06/2019, DJe 23/08/2019, p. 35-36 do inteiro teor do acórdão.

[91] STF, Segunda Turma, **Inq. 4.112**, Rel. Min. Edson Fachin, j. 22/08/2017, DJe 10/11/2017, p. 124 do inteiro teor do acórdão.

do funcionamento da organização"[92], pois não teria havido demonstração de vínculo desses denunciados com o grupo. Fica evidente que não se sabe se a conduta de executar ou participar do crime-fim é suficiente para afirmar que o indivíduo também praticou o delito associativo.

A partir dessa breve e limitada análise de alguns julgados do STF é possível verificar que o aprofundamento e a maior discussão sobre os modelos de atribuição de responsabilidade penal nos crimes associativos não é mera perfumaria acadêmica, mas sim tem o condão de render vantagens práticas na solução dos casos. Essas vantagens são de suas sortes:

A primeira, de natureza material, é a de conseguir delimitar corretamente qual é a conduta típica do crime associativo e, por consequência, tratar com correção dogmática e com justiça os casos de (i) filiados meramente formais; de (ii) participante *ad hoc* dos crimes-fim e de (iii) condutas "periféricas" à organização.

A segunda vantagem, de índole processual e decorrente da primeira, é saber o que efetivamente deve conter a narrativa acusatória e, por consequência, analisar com maior segurança jurídica as teses de inépcia da denúncia. Com isso, pode-se abandonar a perniciosa fórmula: *"considerar apta a denúncia que, a despeito de não descrever minuciosamente a estrutura da associação espúria, o faça, ainda que genericamente...."*[93].

5. Conclusão

Decorridos dez anos da Lei de Organização Criminosa, é possível dizer que ela trilhou e trilha um caminho exitoso, ao menos desde perspectiva de sua importância prática. No entanto, ainda restam algumas perplexidades e indagações a respeito da interpretação e do exato e correto alcance de seus dispositivos. Uma dessas diz respeito à definição do que é "integrar" uma organização criminosa, para fins do tipo penal do art. 2º da Lei 12.850/2013.

A resposta a essa questão passa pela escolha de uma concepção de imputação individual ao crime associativo que guarde coerência com o conteúdo de injusto do crime de organização e que seja compatível com

[92] STF, Segunda Turma, **Inq. 4.112**, Rel. Min. Edson Fachin, j. 22.08.2017, DJe 10/11/2017, p. 127 do inteiro teor do acórdão.

[93] STF, Segunda Turma, **Inq. 3.989**, Rel. Min. Edson Fachin, j. 11/06/2019, DJe 23/08/2019, p. 33 do inteiro teor do acórdão.

o texto legal. Essa concepção, que se move entre as antípodas dos modelos "individual" e de "transferência", parte da premissa de que o requisito mínimo para a imputação do crime de organização criminosa – cuja proibição tem como razão de ser coibir os perigos que uma instituição apenas voltada para o cometimento de crime representa para a sociedade – é a efetiva contribuição para a existência ou funcionamento da organização. Assim, restam excluídas do âmbito do tipo penal condutas de mero pertencimento ou mera adesão formal à organização e de participação *ad hoc* na prática dos crimes-fim.

CAPÍTULO 9
NOTAS SOBRE A IMPUTAÇÃO PENAL NO ÂMBITO DAS ORGANIZAÇÕES CRIMINOSAS

RODRIGO DE GRANDIS

1. Introdução

A Lei n. 12.850/2013 completa dez anos de vigência em setembro de 2023[1] e não foram poucas as inovações implementadas por ela no ordenamento jurídico brasileiro. De fato, além de estabelecer um conceito legal de organização criminosa (art. 1º, § 1º) e disciplinar diversos meios de obtenção de prova relevantes para a persecução criminal desse complexo fenômeno delitivo (art. 3º), o legislador brasileiro criou um tipo penal de organização criminosa (art. 2º, *caput*), um delito de obstrução de justiça (art. 2º, § 1º), e revogou o tradicional delito de formação de quadrilha ou bando inserindo no artigo 288 do Código Penal o crime de associação criminosa[2]. É salutar, pois, que, passados dez anos de sua promulgação, sejam analisados os diversos aspectos de Criminologia, Direito Penal e de Direito Processual Penal contemplados na Lei de

[1] A Lei n. 12.850 foi publicada no Diário Oficial da União em 5.08.2013, mas o seu artigo 27 estipulou uma *vacatio legis* de 45 (quarenta e cinco) dias para a entrada em vigor do texto legislativo.

[2] Associarem-se 3 (três) ou mais pessoas, para o fim específico de cometer crimes: Pena – reclusão, de 1 (um) a 3 (três) anos. Parágrafo único. A pena aumenta-se até a metade se a associação é armada ou se houver a participação de criança ou adolescente".

Organizações Criminosas ("ORCRIM") de modo a proporcionar um diagnóstico mais preciso sobre a aplicação dos seus institutos pela pluralidade de atores envolvidos no sistema de justiça criminal brasileiro. Dentre esses aspectos, pretendendo abordar neste breve estudo os critérios através dos quais ocorre a imputação penal da pessoa física que promove, constitui, financia ou integra, pessoalmente ou por interposta pessoa, uma organização criminosa. Para tanto, dividirei este artigo em quatro partes: na primeira, serão formuladas considerações gerais acerca do crime de organização criminosa e o bem jurídico tutelado *(II)*. Na segunda parte, serão tratados os aspectos do injusto do delito de organização criminosa *(III)*. Na terceira e última parte tratarei dos critérios de imputação penal à pessoa física que compõe a organização criminosa na forma do delito previsto no artigo 2º, *caput*, da Lei n. 12.850/2013 *(IV)*.

2. Considerações gerais sobre o crime de organização criminosa

De acordo com o artigo 1º, § 1º, da Lei n. 12.850/2013, "Considera-se organização criminosa a associação de 4 (quatro) ou mais pessoas estruturalmente ordenada e caracterizada pela divisão de tarefas, ainda que informalmente, com objetivo de obter, direta ou indiretamente, vantagem de qualquer natureza, mediante a prática de infrações penais cujas penas máximas sejam superiores a 4 (quatro) anos, ou que sejam de caráter transnacional".

Ao conceituar organização criminosa, a Lei n. 12.850/2013 encerrou um debate que há anos existia na doutrina e na jurisprudência, uma vez que predominava o entendimento de que a Lei n. 9.034/1995 não conceituava organização criminosa em nenhum de seus artigos[3], embora, é verdade, ela tenha pretendido regular os meios de prova e os procedimentos investigatórios que "*versem sobre ilícitos decorrentes de ações praticadas por quadrilha ou bando ou organizações ou associações criminosas de qualquer tipo*"[4].

[3] Estellita, Heloisa **Criminalidade de empresa, quadrilha, e organização criminosa.** Porto Alegre: Livr. do Advogado Ed., 2009. p. 59; e Pitombo, Antônio Sérgio Altieri de Moraes. **Organização criminosa, nova perspectiva do tipo legal.** São Paulo: Revista dos Tribunais, 2009, p. 90. Contra: Maia, Rodolfo Tigre. **O Estado desorganizado contra o crime organizado**: anotações à lei federal nº 9.034/95 (organizações criminosas). Rio de Janeiro: Lumen Juris, 1997. p. 55.

[4] Essa redação foi conferida pela Lei n. 10.217, de 11 de abril de 2001.

A indefinição acerca de um conceito de organização criminosa provocou uma situação de extrema insegurança na aplicação dos preceitos de Direito Penal e de Direito Processual[5] que não ficou restrita à corporificação de normas penais incriminadoras[6], alcançando, também, institutos de caráter benéfico ao indivíduo[7]. Sob esse contexto, formaram-se quatro orientações: (i) não existe conceito legal de organização criminosa e ele sequer precisa existir, haja vista a impossibilidade de restringir legalmente um fenômeno naturalmente fluído e indefinido[8]; (ii) o conceito deve ser extraído do (antigo) artigo 288 do

[5] Como observou Antonio Scarance Fernandes: "a falta de definição de organização criminosa impossibilita a restrição a direitos e garantias do investigado, do acusado, do condenado, com fundamento no fato de pertencer a esse tipo de entidade, por ofensa aos princípios da reserva legal e da proporcionalidade" (FERNANDES, Antonio Scarance. **Crime organizado**: aspectos processuais. São Paulo: Ed. Revista dos Tribunais, 2009. p. 15).

[6] Exemplo da dificuldade criada pela ausência de um conceito claro de organização criminosa reside na sua consideração, como crime antecedente, da "lavagem" de dinheiro, na forma do que dispunha originariamente o artigo 1º, VII, da Lei n. 9.613/1998. Essa discussão, todavia, encontra-se atualmente superada em razão da edição da Lei n. 12.683/2012, que aboliu o catálogo taxativo de delitos antecedentes.

[7] É o caso do disposto no artigo 33, § 4º, da Lei n. 11.343/2006: Nos delitos definidos no caput e no § 1º deste artigo, as penas poderão ser reduzidas de um sexto a dois terços, desde que o agente seja primário, de bons antecedentes, não se dedique às atividades criminosas nem integre organização criminosa.

[8] Nesse sentido, Vicente Greco Filho e de João Daniel Rassi: "Há quem sustente que a lei deveria ter dado os requisitos para que uma associação ou grupo se constitua em organização, mas não cremos que isso seria adequado, uma vez que as organizações são muito diferenciadas e uma definição restringiria o conceito, tornando impossível a sua identificação em face de exigências rígidas e expressas. O conceito deve manter-se fluido, como fluido é o próprio modo de ser de uma *societas sceleris*. Da doutrina, então, é que podem ser extraídas as características básicas de uma organização criminosa que podem não estar presentes em todos os casos, mas servem de base para o enquadramento jurídico da situação. São apontados os seguintes elementos para o reconhecimento de uma organização criminosa: 1 – Estrutura organizacional, com células relativamente estanques, de modo que uma não tem a identificação dos componentes da outra. 2 – Especialização de tarefas, de modo que cada uma exerce uma atividade predominante. Tomando como exemplo uma organização criminosa para o tráfico ilícito de entorpecentes, dir-se-ia que tem atividade definida o importador, o transportador, o destilador, o financeiro, o traficante de área e distribuidor e o traficante local, como uma rede, das artérias aos vasos capilares. 3 – A existência de vários níveis de hierarquia, em que os subordinados nem sempre, ou quase nunca, conhecem a identidade da chefia de dois ou mais escalões superiores ou, ainda que conheçam a chefia mais elevada, não têm contato direto com ela e não podem fornecer provas a respeito. 4 – A possível existência de infiltração de membros da organização em atividades públicas, no Poder Executivo, Le-

Código Penal, com a seguinte ressalva: enquanto não houver a prática do crime que ensejou a constituição da agremiação criminosa (crime--fim) existe tão-somente quadrilha ou bando; se houver a prática de um ou mais delitos, tem-se organização criminosa[9]; (iii) o conceito de organização encontra-se delineado no artigo 2º da Convenção de Palermo (Convenção das Nações Unidas contra o Crime Organizado Transnacional), internalizada no ordenamento jurídico brasileiro pelo Decreto 5.015/2004[10]; (iv) não existe conceito de organização criminosa no ordenamento brasileiro; a Convenção de Palermo *não é lei em sentido estrito*

gislativo, Ministério Público e Judiciário e corrupção de agentes públicos. 5 – A tendência de durabilidade. 6 – A conexão com outras organizações, no mesmo ramo ou em ramo diferente, quando não a atividade em vários ramos. 7 – A coação, mediante violência, chantagem ou aproveitamento da condição de pessoas não participantes, mas que passam a ser auxiliares ou coniventes e que vivem sob a imposição de grave dano em caso de delação. 8 – Mais de três pessoas" (Greco Filho, Vicente; Rassi, João Daniel. **Lei de drogas anotada**: Lei n. 11.343/2006. São Paulo: Saraiva, 2009 pp. 76-77).

[9] Maia, Rodolfo Tigre. **O Estado desorganizado**...*op. cit.*, 1997, p. 55. Esse entendimento foi rechaçado pelo Superior Tribunal de Justiça: "Por ser atípico, não se pode invocar a substituição do crime de organização criminosa por associação criminosa (art. 288 do Código Penal - CP), pois este não estava incluído no rol taxativo da redação original da Lei n. 9.613/1998". STJ, Sexta Turma, **RHC 65992/PA**, Rel. Min. Antonio Saldanha Palheiro, j. 21/05/2019, DJe 10/06/2019; STJ, Quinta Turma, **AgRg no AREsp 1198334/RS**, Rel. Ministro Reynaldo Soares da Fonseca, j. 27/11/2018, DJe 10/12/2018; STJ, Sexta Turma, **RHC 74751/DF**, Rel. Min. Nefi Cordeiro, j. 18/10/2016, DJe 27/10/2016; STJ, Sexta Turma, **RHC 64735/SP**, Rel. Min. Sebastião Reis Júnior, j. 23/02/2016, DJe 07/03/2016.

[10] A Convenção de Palermo não se utiliza da terminologia "organização criminosa", mencionando, ao revés, "Grupo criminoso organizado", ou seja, grupo estruturado de três ou mais pessoas, existente há algum tempo e atuando concertadamente com o propósito de cometer uma ou mais infrações graves ou enunciadas na presente Convenção, com a intenção de obter, direta ou indiretamente, um benefício econômico ou outro benefício material; "infração grave" é o ato que constitua infração punível com uma pena de privação de liberdade, cujo máximo não seja inferior a quatro anos ou com pena superior; "grupo estruturado" é o grupo formado de maneira não fortuita para a prática imediata de uma infração, ainda que os seus membros não tenham funções formalmente definidas, que não haja continuidade na sua composição e que não disponha de uma estrutura elaborada. No sentido da adoção da Convenção de Palermo, embora limitando a sua aplicação ao preenchimento das lacunas existentes na Lei nº 9.034/1995 e 9.613/1998, sem a força de um tipo penal, portanto: Moro, Sergio Fernando. **Crime de lavagem de dinheiro**. São Paulo: Saraiva, 2010. pp. 39-40; Baltazar Junior, José Paulo. **Crime organizado e proibição de insuficiência.** Porto Alegre: Livr. do Advogado Ed., 2010. p. 155; Godoy, Luiz Roberto Ungaretti de. *Crime organizado e seu tratamento jurídico penal.* Rio de Janeiro: Elsevier, 2011. p. 74.

(tem força de lei, o que é diferente), de modo que a sua utilização para fins de incriminação viola o princípio da reserva legal[11].

Com o advento da Lei nº 12.850/2013, o Brasil adotou, em linhas gerais, o modelo internacional proposto pela Convenção de Palermo para caracterização de organizações criminosas, mormente por exigir a existência de um grupo estruturalmente ordenado marcado pela divisão de tarefas e atrelar a sua finalidade ao cometimento de crimes graves ou de caráter transnacional, embora o nosso legislador tenha sido mais severo no que tange ao número mínimo de (quatro) componentes[12]. Não obstante, não posso deixar de observar que a Lei n. 12.850/2013 se distanciou do padrão proposto pela doutrina estrangeira[13], na medida em que dispensou expressamente a *finalidade de lucro* como elemento caracteri-

[11] Pitombo, Antônio Sérgio Altieri de Moraes. **Organização criminosa**...*op. cit.*, 2009, pp. 108-110; Estellita, Heloisa **Criminalidade de empresa**...*op. cit.*, 2009, p. 72. Esse também é o entendimento do Superior Tribunal de Justiça: "A prática de organização criminosa (art. 1º, VII, da Lei n. 9.613/1998) como crime antecedente da lavagem de dinheiro é atípica antes do advento da Lei n. 12.850/2013, por ausência de descrição normativa". STJ, Quinta Turma, **RHC 109122/DF**, Rel. Min. Ribeiro Dantas, j. 15/09/2020, DJe 21/09/2020; STJ, Sexta Turma, **RHC 80674/MT**, Rel. Min. Rogerio Schietti Cruz, j. 01/09/2020, DJe 09/09/2020; STJ, Sexta Turma, **AgRg no REsp 1842155/DF**, Rel. Min. Nefi Cordeiro, j. 19/05/2020, DJe 25/05/2020; STJ, Sexta Turma, **RHC 65992/PA**, Rel. Min. Antonio Saldanha Palheiro, j. 21/05/2019, DJe 10/06/2019; STJ, Quinta Turma, **RHC 83591/MS**, Rel. Min. Felix Fischer, j. 17/08/2017, DJe 25/08/2017; STJ, Quinta Turma, **RHC 36661/RJ**, Rel. Min. Reynaldo Soares Da Fonseca, j. 25/04/2017, DJe 03/05/2017.

[12] Devo registrar notória divergência do conceito de organização criminosa adotado pela Lei n. 12.850/2013 com aquele contemplado no artigo 2º da Lei nº 12.694/2012, que dispõe sobre o processo e o julgamento colegiado em primeiro grau de jurisdição de crimes praticados por organizações criminosas, a saber: "Para os efeitos desta Lei, considera-se organização criminosa a associação, de 3 (três) ou mais pessoas, estruturalmente ordenada e caracterizada pela divisão de tarefas, ainda que informalmente, com objetivo de obter, direta ou indiretamente, vantagem de qualquer natureza, mediante a prática de crimes cuja pena máxima seja igual ou superior a 4 (quatro) anos ou que sejam de caráter transnacional". Parece-me que, no conflito aparente de normas quanto ao número mínimo de pessoas para a configuração da organização criminosa deve prevalecer o conceito da Lei nº 12.850/2013, por ser mais rígido quando aos elementos do fenômeno delitivo organizado e, portanto, mais benéfico ao investigado ou acusado. Para Vicente Greco Filho o conceito de organização criminosa da Lei nº 12.694/2012 deve ficar restrito à formação do colegiado, ou seja, não se trata de um conceito de direito material (Greco Filho, Vicente. Considerações processuais da lei de julgamento de crimes envolvendo organização criminosa. **Boletim do Instituto Brasileiro de Ciências Criminais**, São Paulo, ano 20, n. 239, p. 2, out. 2012).

[13] Baltazar Junior, José Paulo. **Crime organizado**...*op. cit.*, 2010, p. 125.

zador da organização criminosa, satisfazendo-se somente com a busca pela *vantagem de qualquer natureza*[14].

De outro lado, tipo penal de organização criminosa está estampado no artigo 2º da Lei n. 12.850/2013 nos seguintes termos: "Promover, constituir, financiar ou integrar, pessoalmente ou por interposta pessoa, organização criminosa: Pena – reclusão, de 3 (três) a 8 (oito) anos, e multa, sem prejuízo das penas correspondentes às demais infrações penais praticadas".

A prática de crimes por intermédio de uma coletividade de pessoas físicas – *delitos de organização* – não representa uma novidade no Brasil, ou seja, a tipificação penal da agremiação de agentes com o escopo de perpetrar infrações penais consubstancia expediente relativamente comum – e às vezes mesmo criticável – no ordenamento jurídico brasileiro, como se percebe do crime de quadrilha ou bando[15], rebatizado de *associação criminosa*[16].

A razão político-criminal subjacente à criação de delitos de organização reside no fato de o desvalor dos comportamentos perpetrados por intermédio de agremiações articuladas revelar-se consideravelmente mais acentuado do que aqueles levados a efeito individualmente ou sob mero concurso de agentes. Vale dizer: a coletividade facilita e incentiva o cometimento de crimes primários, ou seja, aqueles que imediatamente proporcionaram a sua constituição (crimes-fim) e propicia o aparecimento de crimes secundários (crimes-meio), concretizados com

[14] BITENCOURT, Cezar Roberto; BUSATO, César. **Comentários à Lei de organização criminosa**: Lei 12.850/2013. São Paulo: Saraiva, 2014, p. 34; GRECO FILHO, Vicente. **Comentários à Lei de organização criminosa**: Lei n. 12.850/13. São Paulo: Saraiva, 2014, p. 20 e p. 22.

[15] Artigo 288 (redação antiga) do Código Penal: Associarem-se mais de três pessoas, em quadrilha ou bando, para o fim de cometer crimes. Pena: reclusão, de 1 (um) a 3 (três) anos. Parágrafo único: A pena aplica-se em dobro, se a quadrilha ou bando é armado.

[16] A redação do artigo 288 do Código Penal foi modificada pela Lei nº 12.850/2013, passando a figurar nos seguintes termos: Associarem-se 3 (três) ou mais pessoas, para o fim específico de cometer crimes: Pena: reclusão, de 1 (um) a 3 (três) anos. Parágrafo único. A pena aumenta-se até a metade se a associação é armada ou se houver a participação de criança ou adolescente. Outros exemplos de delitos de organização podem ser vislumbrados nos crimes de associação para o tráfico de substâncias entorpecentes, da associação para o genocídio, de milícia privada, e de "lavagem" de dinheiro praticada por intermédio de grupo, associação ou escritório.

o intuito de ocultar os delitos anteriores, como acontece com a "lavagem" de dinheiro[17].

No caso específico das organizações criminosas, existe uma estrutura permanente e estável de pessoas marcada pela divisão de tarefas e pela presença de um órgão diretivo, ou seja, que toma as decisões e norteia o programa delitivo ou delinquencial. A estruturação de um programa delitivo, destaca Laura Zúñiga Rodríguez[18], enseja o aparecimento de *regras de funcionamento*, as quais se revelam tanto interna como externamente. No primeiro caso são criadas convenções normalmente não escritas assumidas pelos membros da organização e que dizem respeito à distribuição de tarefas e às relações entre seus próprios componentes. No segundo, são estabelecidas as formas de contato da agremiação criminosa com o mundo externo, ou seja, os contatos que ela desenvolve com o Estado, a polícia e o mundo político[19].

A caracterização da organização criminosa prescinde, é verdade, da existência de regras de conduta escritas, mas é evidente que a existência de um "regulamento" constitui prova indubitável da estabilidade do aparato delinquencial. O Primeiro Comando da Capital ("PCC"), por exemplo, famigerada organização criminosa com atuação em todo o território nacional e até mesmo internacional, possui um "Estatuto" (!) estabelecendo normas de conduta para os seus integrantes e a regulação de sua organização interna[20].

[17] Lei n. 9.613/1998.

[18] Zúñiga Rodríguez Laura. **Criminalidad organizada y sistema de derecho penal**: contribución a la determinación del injusto penal de organización criminal. Granada: Editorial Comares, 2009, pp. 274-275.

[19] Zúñiga Rodríguez Laura. **Criminalidad organizada**...*op. cit.*, 2009, p. 265.

[20] "01 - Lealdade, respeito e solidariedade acima de tudo ao Partido; 02 - A luta pela liberdade, justiça e paz; 03 - A união na luta contra as injustiças e a opressão dentro da prisão; 04 - Contribuição daqueles que estão em liberdade com os irmãos dentro da prisão, através de advogados, dinheiro, ajuda aos familiares e ação de resgate; 05 - O respeito e a solidariedade a todos os membros do Partido, para que não haja conflitos internos, porque aquele que causar conflito interno dentro do Partido, tentando dividir a irmandade, será excluído e repudiado do Partido; 06 - Jamais usar o Partido para resolver problemas pessoais contra pessoas de fora porque o ideal do Partido está acima de conflitos pessoais. Mas o Partido estará sempre leal e solidário a todos os seus integrantes para que não venham a sofrer nenhuma desigualdade ou injustiça em conflitos externos; 07 - Aquele que estiver em liberdade, 'bem estruturado', mas esquecer de contribuir com os irmãos que estão na cadeia, será condenado à morte, sem perdão; 08 - Os integrantes do Partido têm que dar bom exemplo

Não obstante, impõe-se mencionar as críticas relacionadas à consideração, pelo Direito Penal, de manifestações coletivas criminalizadas pelo legislador com o escopo de proteger bens jurídicos pouco palpáveis, simbólicos ou mesmo fictícios, bem como a tendência – crescente mundialmente – de antecipar a intervenção penal a momento anterior ao início dos atos de execução[21], fato que, evidentemente, tem o potencial de ensejar diversos atritos com a ideia de um Direito Penal que deve punir alguém somente pelo o que ele faz (ação) ou deixa de fazer quando existir um dever jurídico de agir (omissão), ou seja, um Direito Penal do

a ser seguido e por isso o Partido não admite que haja: assalto, estupro e extorsão dentro do sistema; 09 – O Partido não admite mentiras, traição, inveja, cobiça, calúnia, egoísmo, interesse pessoal, mas sim, a verdade, a fidelidade, a hombridade, solidariedade ao interesse comum ao bem de todos, porque somos um por todos e todos por um; 10 – Todo integrante terá que respeitar a ordem e a disciplina do Partido. Cada um vai receber de acordo com aquilo que fez por merecer. A opinião de todos será ouvida e respeitada, mas a decisão final será dos fundadores do Partido; 11 – O Primeiro Comando da Capital – P.C.C., fundado no ano de 1993, numa luta descomunal e incansável contra a opressão e as injustiças do Campo de Concentração 'ANEXO' da Casa de Custódia de Taubaté, tem como lema absoluto 'A Liberdade, a Justiça e a Paz'; 12 – O Partido não admite rivalidades internas, disputas do poder na liderança do Comando, pois cada integrante do Comando sabe a função que lhe compete de acordo com sua capacidade para exercê-la; 13 – Temos que permanecer unidos e organizados para evitarmos que ocorra novamente um massacre semelhante ou pior ao ocorrido na Cada de Detenção em 2 de outubro de 1992, quando 111 presos foram covardemente assassinados, massacre este que jamais será esquecido na consciência da sociedade brasileira. Porque nós do Comando vamos sacudir o sistema e fazer essas autoridades mudarem a prática carcerária desumana, cheia de injustiça, opressão, torturas, massacres nas prisões; 14 – A prioridade do Comando no momento é pressionar o Governo do Estado a desativar aquele Campo de Concentração 'ANEXO' à Casa de Custódia e Tratamento de Taubaté de onde surgiram a semente e as raízes do Comando, no meio de tantas lutas inglórias e tantos sofrimentos atrozes; 15 – Partindo do Comando Central da Capital, o QG do Estado, as diretrizes de ações organizadas e simultâneas em todos os Estabelecimentos Penais do Estado numa guerra sem tréguas, sem fronteiras, até a vitória final; 16 – O importante de tudo é que ninguém nos deterá nessa luta porque a semente do Comando se espalhou em todo o Sistema Penitenciário do Estado e conseguimos nos estruturar também do lado de fora, com muitos sacrifícios e perdas, mas nos consolidamos a nível estadual e a longo prazo nos consolidaremos também a nível nacional. Conhecemos nossa força e a força de nossos inimigos poderosos, mas estamos preparados, unidos, e um povo unido jamais será vencido" (SOUZA, Fátima. **PCC:** a facção. Rio de Janeiro: Record, 2007. pp. 11-13).

[21] PITOMBO, Antônio Sérgio Altieri de Moraes. **Organização criminosa**...*op. cit.*, 2009, pp. 81-82.

fato e não do autor[22]. Nesse sentido, sob uma perspectiva preventivo-policial que transcende, em larga medida, às finalidades da sanção penal, chega-se mesmo a defender a responsabilidade daquele que participa ou integra a organização criminosa em razão da facilidade probatória que antecede a perpetração concreta de determinado crime, ou pela possibilidade de condenar alguém que integra o grupo criminoso sob o argumento de que é extremamente difícil provar o envolvimento dessa pessoa nos delitos que foram praticados no âmbito do grupo delitivo[23].

Sendo assim, surge a necessidade de particularizar, com a maior precisão possível, o objeto de proteção que justifica e, assim, *legitima o delito de organização criminosa*, sobretudo porque, para a elaboração do presente estudo, do ponto de vista metodológico parto do pressuposto de que a missão primordial do Direito Penal é a proteção de bens jurídicos[24].

Tanto na Espanha como na Alemanha[25] prevalece a orientação de que a punição dos delitos de organização tem como fundamento a violação de bens jurídicos de natureza coletiva, de onde se destacam as ideias de "paz pública", de "ordem pública", de "paz jurídica" etc. No mesmo sentido a doutrina[26] e a jurisprudência[27] brasileiras na análise do antigo crime de formação de quadrilha ou bando. Esse entendimento não foi substancialmente alterado com o advento do artigo 2º da Lei

[22] Pastor Muñoz, Nuria. **Los delitos de posesión y los delitos de estatus**: una aproximación político-criminal y dogmática. Barcelona: Atelier, 2005, p. 22-30.

[23] García de Paz, Isabel Sánchez. **La criminalidad organizada: aspectos penales, procesuales, administrativos y policiales**. Madrid: Editorial Dykinson, 2008, pp. 111-114.

[24] Roxin, Claus, **Derecho penal**, parte general, Tomo I, Fundamentos. La estructura de la teoria del delito. Madrid: Civitas Ediciones, 70, § 38, 2008. Sobre o estágio da discussão, Hefendehl, Roland: **La teoria del bien jurídico, ¿Fundamento de legitimación del derecho penal o juego de abalorios dogmático?** Madrid: Marcial Pons, Ediciones Jurídicas Y Sociales S.A., 2007; Greco, Luís; Tórtima, Fernanda Lara. **O bem jurídico como limitação do poder estatal de incriminar,** Rio de Janeiro: Editora Lumen Juris, 2011; Bechara, Ana Elisa Liberatore Silva. **Bem jurídico-penal**. São Paulo: Quartier Latin, 2014, p. 271 e ss.

[25] Cancio Meliá, Manuel; Silva Sánchez, Jesús María. **Delitos de organización**. Montevideo-Buenos Aires: Editorial Blefa, 2008, pp. 31 e 42.

[26] Hungria, Nélson. **Comentários ao Código Penal**. Rio de Janeiro: Forense, 1959. v. 9, p. 175; Fragoso, Heleno Cláudio. **Lições de direito penal: parte especial**. São Paulo: José Bushatsky, 1959. v. 3, p. 755;

[27] Vide, por exemplo, STF, Segunda Turma, **RHC 83.447/SP**, Rel. Min. Celso de Mello, j. 17/02/2004, Dj. 26/11/2004; STJ, Sexta Turma, **HC 73.234/SP**, Min. Rel. Maria Thereza de Assis Moura, j. 18/06/2009, Dje 03/08/2009.

n. 12.850/2013[28], embora existam tentativas de aprimoramento, como a de Vicente Greco Filho, ao vislumbrar um bem jurídico de caráter múltiplo que protege tanto a paz pública como outros interesses, como a Administração da Justiça, o Estado Democrático de Direito e os bens dos crimes visados pela organização criminosa[29].

Atento à falta de delimitação acerca do conceito de paz pública como bem jurídico e baseado no argumento de que o Direito Penal somente pode averiguar o fato da "organização" de modo concreto, isto é, quando o grupo já cometeu crimes, Antônio Sérgio de Moraes Pitombo propôs, antes do advento da Lei n. 12.850/2013, que o legislador renunciasse à criação de uma específica figura delituosa de natureza associativa, de sorte que o tipo da organização criminosa passe a figurar na Parte Geral do Código Penal, compondo a estrutura do *concurso de agentes* como causa de aumento de pena do artigo 29 do Estatuto Penal[30]. Todavia, como ressaltei em outra oportunidade[31], essa solução se afigurava insuficiente antes mesmo da Lei de Crime Organizado por duas razões: (i) do ponto de vista dogmático ignora a existência, no Direito Penal brasileiro, de diversos tipos penais que preveem a agremiação de agentes como fator de incriminação autônoma[32]; (ii) desconsidera, sob a perspectiva político-criminal, a influência dos entes coletivos e a consequente periculosidade de suas manifestações mais estruturadas, sofisticadas e permanentes e, em consequência, passa ao largo da concepção que – como defenderei adiante – existe um injusto independente que justifica a punição autônoma de comportamentos típicos praticados no seio da organização criminosa.

De todo modo, os termos "paz pública", "ordem pública", "paz jurídica", dentre outros manejados como objetos de proteção penal, são mesmo extremamente vagos, indeterminados, dúbios ou "pouco claros",

[28] Bitencourt, Cezar Roberto; Busato, César. **Comentários à Lei**...*op. cit.*, 2014, p. 50.

[29] Greco Filho, Vicente. **Comentários à Lei**...*op. cit.*, 2014, p. 26.

[30] Pitombo, Antônio Sérgio Altieri de Moraes. **Organização criminosa**...*op. cit.*, 2009, pp. 171 e 178-179.

[31] Grandis, Rodrigo de. Criminalidade empresarial e organizações criminosas: reflexões sobre os pontos de atrito e os pontos comuns. In: Silveira, Renato de Mello Jorge; Rassi, João Daniel (Orgs.). **Estudos em homenagem a Vicente Greco Filho**. São Paulo: LiberArs, 2014, p. 578.

[32] Vide nota de rodapé n. 16.

para usar a expressão de Claus Roxin[33]. Destarte, não se pode afirmar, com a certeza necessária exigida pelo Direito Penal, se eles se referem a um sentimento de insegurança interno da população como um todo (aspecto subjetivo) ou a uma ideia objetivamente verificável atinente à paz pública ou à segurança (aspecto objetivo), ou aos dois ao mesmo tempo[34].

No caso, acredito que a existência de um grupo criminoso organizado mediante hierarquia e divisão de tarefas proporciona uma estrutura vocacionada para a permanência capaz de incrementar e potencializar o perigo a diversos bens jurídicos cujas violações motivaram a criação e a subsistência da agremiação criminosa (delitos-fim). Assim, o bem jurídico do crime do artigo 2º da Lei n. 12.850/2013 revelar-se-ia nos interesses jurídicos submetidos a perigo de lesão mais grave pelos crimes-fim almejados pela organização criminosa[35]. Exemplifico: uma organização criminosa vocacionada para a perpetração dos delitos de homicídio e de roubo tem a sua punição legitimada porque, através de uma justificada antecipação da intervenção penal – uma vez caracterizados todos os requisitos do artigo 1º, § 1º, da Lei nº 12.850/2013 – submete a perigo de lesão os bens jurídicos vida e patrimônio e outros relacionados ao cometimento destes, como lesões corporais, receptação, extorsão etc., ainda que eles não tenham sido concretamente perpetrados. Vale dizer: se é verdade que a necessidade de punição da organização criminosa emerge indubitavelmente quando do cometimento dos crimes-fim (homicídio e roubo pelo exemplo citado), não é menos verdadeiro que deles *prescindem*, na medida em que a situação de poten-

[33] Roxin, Claus. **Estudos de direito penal.** Rio de Janeiro: Renovar, 2008, p. 51.

[34] Cancio Meliá, Manuel; Silva Sánchez, Jesús María. **Delitos de organización**...*op. cit.*, 2008, p. 44. Para Cezar Roberto Bitencourt é exclusivamente o *aspecto subjetivo* o objeto jurídico protegido pelo crime de quadrilha: "O *bem tutelado* pelo tipo penal 'quadrilha ou bando', pode-se afirmar, é *a paz pública sob o seu aspecto subjetivo, qual seja, a sensação coletiva de segurança e tranquilidade, garantida pela ordem jurídica*, e não *objetivo*, como demonstrou Rocco" (Bitencourt, Cezar Roberto. **Tratado de direito penal.** 6. ed. São Paulo: Saraiva, 2012. v. 4, p. 437, itálicos no original).

[35] Greco, Luís; Estellita, Heloisa. Empresa, quadrilha (art. 288 do CP) e organização criminosa uma análise sob a luz do bem jurídico tutelado. **Revista Brasileira de Ciências Criminais** (RBCCRIM) 91, 2011, p. 395; Faraldo Cabana, Patricia. **Asociaciones ilícitas y organizaciones criminales en el código penal español.** Valencia: Tirant Lo Blanch, 2012, p. 234 e ss.

cial lesão gerada pela tão só existência da ORCRIM se direciona, como corretamente observam Luís Greco e Heloisa Estellita, a "todos os bens da mesma classe, dos quais em geral é titular um número indeterminado de pessoas"[36].

Essa conclusão parece ter por base a ideia de um injusto do crime organizacional de algum modo vinculado ao injusto que delineia o delito-fim. Dessa forma, o "mal específico" que legitimaria a antecipação da proteção penal[37] e a imposição de um castigo independente aos integrantes da organização criminosa se encontraria atrelado a um estado de coisas adrede organizado que possibilita, estimula e corrobora o ataque a bens jurídicos diversos de modo quase automático ou mecânico; os delitos são levados a efeito a partir de uma vontade comum fundamentada na existência de um prévio plano ou programa delinquencial. Explorarei esses aspectos do injusto da organização de modo mais detido no próximo tópico.

3. Aspectos do injusto do delito de organização criminosa

As modernas organizações representam uma realidade social que não pode ser tratada como o mero resultado da soma dos esforços individuais dos seus componentes. Hodiernamente, existem complexas organizações – lícitas e ilícitas, empresariais e criminosas – marcadas pela fragmentação de suas atividades, bem como pela hierarquia e a pela divisão do trabalho; essas características não existem apenas nas sociedades empresárias reconhecidas pelo Direito Comercial, podendo ser vislumbradas em qualquer forma de agremiação ou união estável de pessoas minimamente organizada sob uma finalidade comum, como o Estado, as organizações terroristas e as organizações criminosas. A formatação horizontal (divisão de tarefas) e vertical (hierarquia)

[36] Greco, Luís; Estellita, Heloisa. Empresa, quadrilha... *op. cit.*, 2011, pp. 395-396.

[37] No contexto de tais organizações – anota Lucas Montenegro –, 'as ações de seus membros são sempre dirigidas a agredir o direito, a violar os bens jurídicos para os quais se volta a atividade delitiva da organização. Isso justifica uma proteção antecipada dos bens jurídicos em questão. Do contrário, teríamos de afirmar que há o direito de constituir uma instituição cuja função, cuja razão de ser, é violar o direito". Montenegro, Lucas. Os delitos de organização no Direito brasileiro: Projeto de Lei Anticrime não contribui para maior clareza e solidez da nossa legislação. **Portal Jota**, publicado em 06.11.2019. https://www.jota.info/opiniao-e-analise/colunas/penal-em-foco/os-delitos-de-organizacao-no-direito-brasileiro-06112019. Acesso em 24 de março de 2023.

das organizações influencia significativamente a conduta e o comportamento concreto dos indivíduos integrantes do grupo, gerando uma padronização ou automação das atividades praticadas[38]. Por conseguinte, a partir de certo grau de complexidade e sofisticação, muitas vezes não é mais possível encontrar uma pessoa física determinada sobre a qual recaiam, ao mesmo tempo, a criação do risco ou sua intervenção com o conhecimento do risco da atividade ou mesmo uma pessoa que detenha a informação global sobre a atividade delituosa. Neste cenário de fragmentação, várias são as propostas dogmáticas destinada à explicação da natureza do injusto penal das organizações criminosas.

Joachim Lampe propõe a consideração do injusto da organização de modo separado do injusto de seu membro, que ele denomina "injusto de sistema" ou "injusto sistêmico"[39]. Esse injusto de sistema ultrapassaria o injusto individual e geraria, por conseguinte, *uma nova modalidade de responsabilidade*: a responsabilidade do sistema, que, para além da responsabilidade pela própria conduta, adicionaria o comportamento de outro coautor sistematicamente vinculado[40]. Lampe observa, contudo, que a organização enseja a criação de um injusto próprio (sistêmico) somente quando ela se revela formalmente organizada ou, para usar a sua terminologia, quando existe um "sistema constituído", *que não se confunde com a mera soma das partes*[41]. A existência de uma estrutura destinada à atividade delituosa apresenta potencial para que tratemos o injusto penal da organização de modo apartado do injusto derivado do comportamento individual de seus membros. Para Lampe, essa constatação deriva de quatro fatores que compõem o conteúdo do injusto:

[38] Dias, Reinaldo. **Sociologia das organizações**. São Paulo: Atlas, 2008. p. 169. Como acrescenta Reinaldo Dias, as "organizações têm vida própria e, quando um indivíduo delas se afasta por qualquer motivo, aquele que irá ocupar o seu lugar deverá, em sua essência, fazer tudo que o anterior fazia. Isto significa que a estrutura da organização apresenta uma relativa estabilidade e independe dos indivíduos que a compõem, constituindo-se numa rede de papéis e posições sociais (*status*) que configuram sua identidade como uma organização específica voltada para atingir determinados fins" (Dias, Reinaldo. **Sociologia das organizações**... *op. cit.*, 2008, p, 159).

[39] Lampe, Joachim. **Injusto del sistema y sistemas de injusto**: modelos de autorresponsabilidad penal empresarial, propuestas globales contemporáneas. Bogotá: Universidad Externado de Colombia, 2008. p. 63.

[40] Lampe, Joachim. **Injusto del sistema**...*op. cit.*, 2008, p. 64.

[41] Lampe, Joachim. **Injusto del sistema**...*op. cit.*, 2008, p. 68.

(i) a coletividade produz uma sinergia entre os membros que aumenta o potencial de risco e a diferencia da simples conjugação de esforços; (ii) existe um ataque organizado contra bens jurídicos; (iii) a organização produz uma sensação de unidade entre seus componentes (sentimento de comunidade); e (iv) toda a organização se orienta no sentido de praticar crimes[42]; Uma vez verificados esses quatros fatores incide o injusto independentemente de qualquer conduta concreta do membro da ORCRIM[43]. Ao contemplar a ideia de que existem dois injustos interrelacionados, o chamado injusto sistêmico e aquele concretizado pelo indivíduo no contexto da organização, ensejador de uma "responsabilidade sistêmica em coautoria"[44], LAMPE sustenta a imprescindibilidade de uma dupla responsabilização penal, uma pela constituição ou integração ao sistema, outra pelo ataque ao bem jurídico no marco da organização. Analisando o caso específico das organizações criminosas, Lampe observa que "el injusto de la existencia del sistema radica en la amenaza constante a la paz jurídica de la comunidad; el de la acción individual radica en la lesión o puesta en peligro del bien jurídico. Ambos sólo pueden ser objeto de una respuesta cumulativa"[45].

De outro lado, JESÚS MARÍA SILVA SÁNCHEZ critica a existência de um "injusto sistêmico" cuja aplicação redundaria na responsabilização de índole coletiva, violadora, na sua visão, do postulado do Direito Penal do Autor. SILVA SÁNCHEZ não admite a existência de um injusto próprio da organização delitiva a ser considerado independentemente de um comportamento individual realizado pelo membro da agremiação; dessa forma, a imputação penal (individual) dos membros da organização deve levar em consideração a criação de riscos para os bens jurídicos protegidos pelos delitos-fim visados pela organização[46].

Sob esse contexto, SILVA SÁNCHEZ vislumbra a existência de dois modelos de atribuição de responsabilidade penal: o (i) *modelo de transferência* e o (ii) *modelo de responsabilidade por fato próprio*. O primeiro modelo fundamenta a responsabilidade penal independentemente de

[42] LAMPE, Joachim. **Injusto del sistema**...*op. cit.*, 2008, p. 87-89.

[43] LAMPE, Joachim. **Injusto del sistema**...*op. cit.*, 2008, p. 88.

[44] LAMPE, Joachim. **Injusto del sistema**...*op. cit.*, 2008, p. 99.

[45] LAMPE, Joachim. **Injusto del sistema**...*op. cit.*, 2008, p. 100.

[46] CANCIO MELIÁ, Manuel; SILVA SÁNCHEZ, Jesús María. **Delitos de organización**...*op. cit.*, 2008, p. 100.

analisar se a estrutura organizacional facilitou ou incentivou, de algum modo, a perpetração concreta dos delitos-fim. Neste caso, o motivo principal para a sanção penal reside no perigo constante e permanente criado pela constituição da organização criminosa à paz e à segurança pública[47]. Esse modelo de imputação cria uma espécie de "delito de adesão" ou de mero pertencimento, critica Silva Sánchez que, ao fim e ao cabo, gera a transferência de responsabilidade penal. Concretamente: o membro é responsabilizado penalmente pelo fato tão-somente de "ser" da organização criminosa, restando completamente prescindível perquirir sobre a prática efetiva de qualquer delito[48]. O segundo modelo de imputação (por fato próprio) reclama, ao revés, que se analise a contribuição concreta de cada componente da organização para a compreensão de sua responsabilidade penal. Com isso, não se transfere ao membro o perigo criado exclusivamente pela organização criminosa. A base da imputação lastreia-se no fato de que o membro favoreceu, com o seu comportamento, o cometimento de crimes[49]. Esse modelo de atribuição de responsabilidade penal, segundo a proposição de Silva Sánchez, apresentaria duas variações, quais sejam: (a) *responsabilidade qualificada pela participação nos delitos cometidos segundo as regras gerais*; (b) e *responsabilidade por intervenção através de uma organização.* No primeiro caso, tem-se responsabilidade penal apenas quando houver participação em delitos efetivamente praticados no marco da organização; nesta hipótese, a sanção deverá ser qualificada em atenção à maior reprovabilidade da conduta, haja vista a estabilidade e a permanência da organização[50]. Na segunda variação, mais simpática aos olhos de Silva Sánchez, parte-se do pressuposto que a existência de uma organização delituosa não representa um simples elemento qualificador da intervenção dos agentes (membros) na realização dos delitos-fim, mas uma realidade institucional que acaba por influenciar as relações e o compor-

[47] Cancio Meliá, Manuel; Silva Sánchez, Jesús María. **Delitos de organización**...*op. cit.*, 2008, p. 102.

[48] Cancio Meliá, Manuel; Silva Sánchez, Jesús María. **Delitos de organización**...*op. cit.*, 2008, pp. 102-103.

[49] Cancio Meliá, Manuel; Silva Sánchez, Jesús María. **Delitos de organización**...*op. cit.*, 2008, p. 105.

[50] Cancio Meliá, Manuel; Silva Sánchez, Jesús María. **Delitos de organización**...*op. cit.*, 2008, p. 106.

tamento de seus membros. Nessa esteira, ela não dispensa a presença de um crime (em concreto), isto é, continua a exigir, no juízo da imputação penal, a comissão de um delito por parte de algum membro da organização[51]. Como acrescenta SILVA SÁNCHEZ, a organização tem uma "doble función de garantía (delictiva): por un lado, garantiza la pervivencia del riesgo creado por un miembro; por el otro, garantiza la conexión de dicho riesgo con el generado por los intervinientes en un hecho delictivo concreto"[52].

Daí decorrerem as seguintes conclusões para SILVA SÁNCHEZ: (i) o comportamento passivo do membro da organização, caracterizado pela mera assunção da sua condição como componente da agremiação criminosa, não gera imputação penal; (ii) aqueles membros considerados "esporadicamente ativos", ou seja, que eventualmente tomam parte de concretas condutas delituosas, podem ser responsabilizados penalmente quando a favorecerem de forma direta e imediata; (iii) os membros institucionalmente ativos respondem a título de coautoria ou participação em qualquer dos crimes concretamente perpetrados no contexto e em benefício da organização (delitos-fim). Do ponto de vista subjetivo, ao emprestarem suas condutas às finalidades criminosas da organização, os membros agem como dolo alternativo; (iv) a consideração da participação por intermédio da organização depende da criação de um risco relevante aos bens jurídicos concretamente lesionados[53].

MANUEL CANCIO MELIÁ, a seu turno, defende que a imputação penal no seio das organizações passe pela compreensão, de resto anotada alhures, de que existe um *injusto específico para a coletividade*. Dessa forma, CANCIO MELIÁ observa que o que importa, no juízo de atribuição de responsabilidade penal, é o grau de integração do sujeito na organização[54]. E isso porque a integração acarreta uma perda de controle do sujeito que se refere não somente aos eventuais e futuros crimes futu-

[51] CANCIO MELIÁ, Manuel; SILVA SÁNCHEZ, Jesús María. **Delitos de organización**...*op. cit.*, 2008, p. 110-111.

[52] CANCIO MELIÁ, Manuel; SILVA SÁNCHEZ, Jesús María. **Delitos de organización**...*op. cit.*, 2008, p. 108.

[53] CANCIO MELIÁ, Manuel; SILVA SÁNCHEZ, Jesús María. **Delitos de organización**...*op. cit.*, 2008, p. 117-118.

[54] CANCIO MELIÁ, Manuel; SILVA SÁNCHEZ, Jesús María. **Delitos de organización**...*op. cit.*, 2008, p. 84.

ros, mas também à sua própria condição de membro da organização[55], acabando por converter a atuação coletiva da organização na conduta de cada um de seus membros[56]. A integração do sujeito ao ente coletivo é repleta de significado e, assim, consubstancia o eixo fundamental do juízo de imputação penal[57]. Diante desse cenário, CANCIO MELIÁ distingue, no marco da organização, as figuras do *integrante* e do *colaborador*, elaborando o seguinte raciocínio: "el agente que se integra en la organización lleva a cabo una conducta descrita *ex re* claramente como perturbadora: ha orientado, 'adaptado' su comportamiento de tal modo que ya no es posible una interpretación como conducta irrelevante. Mientras que en el caso de la colaboración con la organización, cobrará especial importancia la elaboración del nivel del riesgo permitido en atención a la adecuación social del tipo de conducta en cuestión, en el ámbito de la integración en la organización delictiva – de nuevo sea dicho: si la organización y el acto de integración se definen de modo adecuado – no planteará muchas dificultades en este punto"[58].

A concepção que sustenta a existência de dois injustos autônomos, conquanto interrelacionados, ostenta, a meu ver, o notável mérito de obstar a opção pelos extremos na atribuição de responsabilidade penal: impunidade ou punição desmesurada. Ambas as soluções são manifestamente insatisfatórias e causam fricções com o princípio da culpabilidade, como recorda LAURA ZÚÑIGA RODRÍGUEZ[59]. A propósito, ZÚÑIGA

[55] CANCIO MELIÁ, Manuel; SILVA SÁNCHEZ, Jesús María. **Delitos de organización**...*op. cit.*, 2008, p. 70.

[56] CANCIO MELIÁ, Manuel; SILVA SÁNCHEZ, Jesús María. **Delitos de organización**...*op. cit.*, 2008, p. 70

[57] CANCIO MELIÁ, Manuel; SILVA SÁNCHEZ, Jesús María. **Delitos de organización**...*op. cit.*, 2008, p. 72. No ponto, Cancio Meliá parece inspirar-se nas concepções de Günther Jakobs acerca dos crimes de organização. Jakobs assinala que, no âmbito das organizações, a realização de atos criminosos não pode ser atribuída exclusivamente ao autor, pois ela será obra de todos os demais membros, autores e partícipes. Dessa forma, compõem a coletividade, e se lhe imputam os atos danosos por ela perpetrados, todas as pessoas que se "organizaram de modo tal que a organização objetivamente tenha sentido para alcançar consequências delitivas; a expressão de sentido de quem realiza atos de execução deve ser imputada a esses sujeitos como o sentido que eles mesmos perseguiam" (JAKOBS, Günther. **A imputação objetiva no direito penal**, São Paulo: Revista dos Tribunais, 2000, p. 61).

[58] CANCIO MELIÁ, Manuel; SILVA SÁNCHEZ, Jesús María. **Delitos de organización**...*op. cit.*, 2008, p. 72.

[59] ZÚÑIGA RODRÍGUEZ Laura. **Criminalidad organizada**...*op. cit.*, 2009, p. 260.

RODRÍGUEZ proclama que a única solução adequada aos princípios fundamentais de Direito Penal na concretização da imputação no âmbito das organizações criminosas reside na *dupla imputação*, vale dizer, ao agente que pratica um fato criminoso valendo-se ou se favorecendo da estrutura da organização devem ser atribuídos dois injustos diversos, embora correlacionados: o primeiro relacionado ao fato criminoso efetivamente praticado (roubo, furto, tráfico de entorpecentes etc.), a ser dirimido em consonância com as regras típicas de autoria e de participação; o segundo, pela participação em uma organização criminosa[60]. Dessa forma, havendo ausência de prática delitiva concreta pelo componente da organização, incidirá um único injusto, o da própria organização, porquanto estrutura e funcionalmente ordenada para esse desiderato delituoso[61].

O grau de integração do membro na organização também é um elemento relevante para ZÚÑIGA RODRÍGUEZ, que chega a propor dois critérios para a atribuição de responsabilidade penal: (i) a posição ou função do sujeito na organização e (ii) sua contribuição ao programa delinquencial, o que deve ser aferido ao largo da consideração do fato delituoso concreto. No primeiro critério, avulta a importância dos líderes, dos chefes da organização; a imputação, aqui, deve ser realizada com esteio na teoria do domínio do fato, de CLAUS ROXIN, haja vista que os líderes detêm o domínio da organização e, ademais, ostentam função de vigilância sobre os delitos que vierem a ser perpetrados no bojo da organização[62]. Para a segunda hipótese, ZÚÑIGA RODRÍGUEZ propõe a análise do comportamento do colaborador com foco na sua relevância para a o desate do programa criminoso idealizado pela ORCRIM. Para essa operação, ela preconiza a utilização da *teoria da imputação objetiva*, de criação ou incremento do risco, "siempre teniendo en cuenta que el resultado es la permanencia de la estructura de la organización criminal, no el delito concreto"[63].

[60] ZÚÑIGA RODRÍGUEZ Laura. **Criminalidad organizada**...*op. cit.*, 2009, p. 260.

[61] ZÚÑIGA RODRÍGUEZ Laura. **Criminalidad organizada**...*op. cit.*, 2009, p. 262.

[62] ZÚÑIGA RODRÍGUEZ Laura. **Criminalidad organizada**...*op. cit.*, 2009, p. 277.

[63] ZÚÑIGA RODRÍGUEZ Laura. **Criminalidad organizada**...*op. cit.*, 2009., p. 278. Com a adoção desse critério, Laura Zúñiga Rodríguez procura, inclusive, separar, na conduta dos colaboradores da organização criminosa, aquilo que pode ser imputado, visto que relevante do

Laura Zúñiga Rodríguez destaca três requisitos para a formulação do injusto: (i) a organização; (ii) a finalidade delitiva; e (iii) o cometimento de crimes graves. Esses três elementos são considerados básicos e, portanto, devem constar em todas as normas penais incriminadoras[64]. Para Zúñiga Rodríguez, quando observamos o requisito da (i) organização, estamos a falar particularmente de uma estrutura permanente e de caráter estável de pessoas marcada pela divisão de tarefas de modo sistemático e pela presença de um órgão diretivo, ou seja, que toma decisões[65]. Nesse requisito insere-se, evidentemente, a pluralidade de membros. Para Zúñiga Rodríguez, devem ser pelo menos três para a existência de uma verdadeira organização[66]. Não obstante, o que fundamenta a organização e lhe outorga autonomia é a estrutura e a divisão de funções entre os membros[67]. A (ii) finalidade delitiva, por sua vez, é o elemento subjetivo que sustenta a estrutura organizacional e diferencia as organizações criminosas de outras manifestações coletivas que não são originariamente delitivas, como as pessoas jurídicas[68]. Por fim, na perspectiva de Zúñiga Rodríguez, a organização criminosa nasce tão-somente com o (iii) desiderato de cometer crimes graves (crimes-fim), ainda que não se venha a efetivamente praticá-los. Basta, dessa forma, a presença de um programa delinquencial para a configuração da organização[69]. Esse programa delinquencial pressupõe um acordo societário

ponto de vista da organização criminosa, daquilo que constitui uma ação neutra (Zúñiga Rodríguez Laura. **Criminalidad organizada**...*op. cit.*, 2009, p. 277).

[64] Zúñiga Rodríguez Laura. **Criminalidad organizada**...*op. cit.*, 2009, p. 269.

[65] Esse requisito encontra-se vinculado à ideia de autoconservação da própria organização, expressando o princípio da "ultraestabilidade". Isso significa que a organização tem "vida própria", ou seja, existe independente da saída ou do ingresso de membros, os quais são relativamente fungíveis, a depender do patamar hierárquico que ocupam (Zúñiga Rodríguez Laura. **Criminalidad organizada**...*op. cit.*, 2009, p. 269).

[66] Zúñiga Rodríguez Laura. **Criminalidad organizada**...*op. cit.*, 2009, p. 270.

[67] Zúñiga Rodríguez Laura. **Criminalidad organizada**...*op. cit.*, 2009, p. 270.

[68] Zúñiga Rodríguez Laura. **Criminalidad organizada**...*op. cit.*, 2009, p. 271.

[69] Zúñiga Rodríguez Laura. **Criminalidad organizada**...*op. cit.*, 2009, p. 271. Como destaca Laura Zúñiga, discute-se no plano doutrinário a pertinência de um catálogo editado em *numerus clausus* contendo todas as infrações consideradas graves, ou uma simples e genérica menção à gravidade da pena (Zúñiga Rodríguez Laura. **Criminalidad organizada**...*op. cit.*, 2009, p. 273). Para Zúñiga é preferível um rol de crimes previamente definido em homenagem ao princípio da taxatividade (Zúñiga Rodríguez Laura. **Criminalidad organizada**...*op. cit.*, 2009, p. 273). O legislador brasileiro adotou a segunda opção em relação à Lei

(*pactum sceleris*) e a presença de um plano desencadeado com o propósito primordial de obter lucro[70].

A afirmação de um injusto de organização criminosa que seja autônomo, distinto e adicional em relação ao injusto do delito concretamente praticado pela ORCRIM (delito-fim) sob o contexto do programa delinquencial pré-estabelecido por seus integrantes dá azo à caracterização do concurso material de crimes – pelo cometimento do delito do artigo 2º da Lei n. 12.850/2013 e do crime-fim[71] – e, talvez ao mais relevante, à discussão sobre a atribuição de responsabilidade penal dos membros componentes da organização criminosa em caso de inexistir delitos-fim consumados ou mesmo comportamentos que podem ser considerados socialmente adequados ou penalmente neutros[72], mas que são praticados no seio do grupo criminoso, como sucede com os casos do agente que figura como motorista, cozinheiro ou secretário do líder da organização criminosa. A resolução dessas questões passa, evidentemente, pela verificação da atribuição da responsabilidade penal com base na teoria da imputação objetiva, ou seja, da consideração se determinando membro da ORCRIM causou risco juridicamente desaprovado ao bem jurídico e se esse risco se verificou no resultado, bem como pela eventual incidência das regras de autoria e de participação do nosso Código Penal[73].

4. Critérios de imputação penal no âmbito das organizações criminosas

Para o Direito Penal *imputar* significa atribuir o cometimento de um fato delituoso a alguém, pessoa física ou jurídica[74]. A imputação assume sin-

nº 12.850/2013, vinculando a punição à prática de infrações penais cujas penas máximas sejam superiores a 4 (quatro) anos, ou que sejam de caráter transnacional.

[70] Zúñiga Rodríguez Laura. **Criminalidad organizada**...*op. cit.*, 2009, p. 275. Mais uma vez é imperioso registrar que a Lei nº 12.850/2013 distanciou-se dessa realidade, na medida em que dispensou a finalidade de obter lucro para a caracterização da organização criminosa, exigindo-se, no artigo 1º, § 1º, "vantagem de qualquer natureza".

[71] Zúñiga Rodríguez Laura. **Criminalidad organizada**...*op. cit.*, 2009, p. 269; igualmente Greco, Luís; Estellita, Heloisa. Empresa, quadrilha... *op. cit.*, 2011., p. 396.

[72] Cf., por todos, Greco, Luís. **Cumplicidade através de ações neutras**: a imputação objetiva na participação. Rio de Janeiro: Renovar, 2004, pp. 14-17 e pp. 163-165.

[73] Artigo 29 do Código Penal brasileiro.

[74] A imputação penal das pessoas jurídicas, no Brasil, tem-se restringido, segundo o entendimento majoritário da doutrina, às violações ao meio ambiente, na esteira do que dispõe o

gular relevância, pois serve de elo entre a conduta fenomênica, praticada no *mundo dos fatos*, e o tipo penal delineador de uma norma penal incriminadora, gerando responsabilidade penal. Como observa JOACHIM HRUSCHKA, sempre que contemplamos uma específica ação ou a omissão de uma específica ação, essa ação percebida representa o produto de um *processo de imputação* que ordinariamente não pode ser confundido com as *regras de comportamento*, cujos destinatários, analisados sob o prisma prospectivo, são pessoas submetidas às regras de caráter prescritivo, proibitivo ou permissivo[75]; na imputação, ao revés, tem-se uma atividade essencialmente retrospectiva, voltada para o passado, realizada pelo aplicador da norma, no caso, o juiz[76].

Além da demonstração do comportamento positivo (ação) ou negativo (omissão), a imputação penal da pessoa física reclama a criação de um risco desaprovado pelo ordenamento jurídico[77]. Assim, para a realização adequada da atribuição de responsabilidade penal, apenas aquelas condutas consideradas *objetivamente perigosas* aos bens jurídicos penalmente protegidos é que merecerão a atenção do aplicador da norma penal incriminadora[78]. Essa exigência de cunho normativo aplica-se à generalidade dos crimes – dolosos, culposos, formais, materiais e de

artigo 225, § 3º, da Constituição da República e a correspondente Lei nº 9.605/1998, embora se possa cogitar, também, de responsabilização do ente coletivo no campo dos crimes contra o sistema financeiro nacional, em razão do disposto no artigo 173, § 5º, do Texto Constitucional. Sobre a discussão: SHECAIRA, Sérgio Salomão. **Responsabilidade penal da pessoa jurídica.** 3.ed. Rio de Janeiro: Elsevier, 2011. pp. 121-133.

75 HRUSCHKA, Joachim. **Imputación y derecho penal:** estudios sobre la teoría de la imputación. Navarra-España: Editorial Aranzadi, 2005. pp. 22 e 28.

76 HRUSCHKA, Joachim. **Imputación y derecho penal**...*op. cit.*, 2005, p. 23.

77 Cf., por todos, ROXIN, Claus. Reflexões sobre a problemática na imputação em direito penal. In: ______. **Problemas fundamentais de direito penal**. Trad. Ana Paula dos Santos Luis Natscherad. 3. ed. Lisboa: Vega, 2004. p. 145-148; GRECO, Luís. **Um panorama da teoria da imputação objetiva**. 4ª. ed. Rio de Janeiro: Lumen Júris, 2014. p. 23-31; Críticas em FRISCH, Wolfgang; ROBLES PLANAS, Ricardo. **Desvalorar e imputar:** sobre la imputación objetiva en derecho penal. Barcelona: Atelier, 2004.

78 Para Claus Roxin, a "imputação objetiva, ao considerar a ação típica uma realização de um risco não permitido dentro do alcance do tipo, estrutura o ilícito à luz da função do direito penal. Esta teoria utiliza-se de valorações constitutivas da ação típica (risco não permitido, alcance do tipo), abstraindo de suas variadas manifestações ônticas. Afinal, não se pode caracterizar o ilícito penal através de categorias como a causalidade ou a finalidade. O ilícito nem sempre é realizado final ou causalmente, como o provam os crimes omissivos" (ROXIN, Claus. **Estudos de direito penal**...*op. cit.*, 2008, pp. 78-79).

mera conduta, comissivos ou omissivos – e também, a toda evidência, aos comportamentos perpetrados no âmbito das organizações criminosas.

Em relação ao delito previsto no artigo 2º da Lei n. 12.850/2013, a realização da imputação penal não pode passar ao largo da verificação do adequado conteúdo dos quatro núcleos verbais contemplados na norma penal incriminadora: *promover*, *constituir*, *financiar* e, principalmente, *integrar*, pessoalmente ou por interposta pessoa, organização criminosa, o que, parece-me deve ser aferido em consonância com o injusto e o bem jurídico do crime[79].

Os três primeiros comportamentos típicos são menos complexos, pois representam condutas comissivas e, em certa medida, de frequente previsão no ordenamento jurídico[80], não ostentando grandes dificuldades semânticas: *promover* significa colocar em execução, provocar, viabilizar ou mesmo estimular, fomentar a criação[81]; *constituir* é criar, estruturar, montar[82], enquanto *financiar* diz respeito ao ato de prover ou aportar recursos, fornecer numerário visando apoio, sustentar, patrocinar de qualquer modo o empreendimento criminoso[83].

O *integrar*, contudo, é a modalidade típica que representa os maiores desafios interpretativos em sede de imputação penal, sobretudo porque ele se confunde com o mero pertencimento ou associação ao grupo criminoso organizado[84]. Nesse sentido, há quem afirme que a simples adesão à ORCRIM ou o fato de o agente colocar-se à disposição para executar a tarefa que lhe venha a ser confiada caracteriza o comportamento incriminado, desde que essa adesão tenha por fim, direta ou indiretamente, a obtenção de vantagem de qualquer natureza[85].

[79] Isso sem olvidar o fato criticável de que o legislador previu abstratamente a mesma pena – reclusão, de 3 (três) a 8 (oito) anos, e multa – para comportamentos ativos e passivos que apresentam graus distintos de desvalor. Com semelhante crítica, FARALDO CABANA, Patricia. **Asociaciones ilícitas**... *op. cit.*, 2012, p. 271.

[80] O "promover" se encontra tipificado, por exemplo, nos artigos 177, 232-A, 241, 337-N, 349-A e 351 do Código Penal, enquanto o "constituir" se vê estampado no artigo 288-A do Código Penal,

[81] BITENCOURT, Cezar Roberto; BUSATO, César. **Comentários à Lei**...*op. cit.*, 2014, p. 56.

[82] GRECO FILHO, Vicente. **Comentários à Lei**...*op. cit.*, 2014, p. 27.

[83] BITENCOURT, Cezar Roberto; BUSATO, César. **Comentários à Lei**...*op. cit.*, 2014, p. 56.

[84] BITENCOURT, Cezar Roberto; BUSATO, César. **Comentários à Lei**...*op. cit.*, 2014, p. 57.

[85] GRECO FILHO, Vicente. **Comentários à Lei**...*op. cit.*, 2014, p. 27.

Esse entendimento colide, porém, com a ideia de culpabilidade e permite a imputação penal tão-somente pelo *status* do sujeito na organização criminosa, flertando perigosamente com o Direito Penal do autor; ademais, ele ignora o postulado da lesividade ou da ofensividade, pois dissocia o castigo criminal da demonstração de lesão ou de perigo de lesão do bem jurídico tutelado. No limite, a atribuição de responsabilidade penal à mera adesão de um membro ou colaborador pouco relevante de uma organização criminosa pode representar uma manifestação do "Direito Penal do Inimigo", isto é, de um Direito Penal centrado no autor e não no fato, haja vista a concepção disseminada de que os membros de uma organização criminosa são pessoas perigosas (perigosidade subjetiva) e, portanto, inimigos da sociedade[86].

No Brasil, essa situação tem incidência concreta nos casos das denominadas "mulas", ou seja, pessoas que, sob um contexto organizado de tráfico internacional de substâncias entorpecentes, transportam a droga para ou do exterior, fazendo-o junto ao corpo ou mesmo através da ingestão de substância entorpecente. Analisando esses casos, o Superior Tribunal de Justiça ("STJ")[87] e o Supremo Tribunal Federal ("STF") têm apresentado soluções diversas, muitas vezes completamente dissociadas das regras de atribuição de responsabilidade penal (imputação) que deveriam nortear a consideração da "mula" como membro integrante – ou não – da organização criminosa. Nesse sentido, no *habeas corpus* nº 189.979, Relator Ministro Og Fernandes, o STJ assentou que a "mula" integra a organização criminosa, extraindo essa conclusão *exclusivamente do fato* de que o agente transportava grande quantidade de drogas

[86] Silva Sánchez, Jesús María. *¿'Pertenencia' o 'Intervención'? Del delito de 'pertenencia a una organización criminal' a la figura de la 'participación a través de organización' en el delito.* In **Lusíada**. Direito. Lisboa. S.2, n.3, 2005, pp. .95-120.

[87] O STJ tem o entendimento sedimentado de que o "agente que transporta entorpecente no exercício da função de "mula" integra organização criminosa, o que afasta a aplicação da minorante estabelecida no art. 33, § 4º, da Lei n. 11.343/06". Cf. STJ, Quinta Turma, **AgRg no REsp 1288284/SP**, Rel. Min. Reynaldo Soares da Fonseca, j. 19/04/2016, DJe 29/04/2016; STJ. Quinta Turma, **HC 339264/SP**, Rel. Min. Ribeiro Dantas, j. 12/04/2016, DJe 26/04/2016; STJ, Quinta Turma, **AgRg no AREsp 642066/SP**, Rel. Min. Jorge Mussi, j. 17/03/2016, DJe 01/04/2016; STJ, Sexta Turma, **AgRg no HC 278698/SP**, Rel. Min. Sebastião Reis Júnior, j. 17/03/2016, DJe 31/03/2016; STJ, Sexta Turma, **AgRg no AREsp 411424/SP**, Rel. Min. Rogerio Schietti Cruz, j. 02/02/2016, DJe 15/02/2016; STJ, Sexta Turma, **REsp 1245067/SP**, Rel. Min. Nefi Cordeiro, j. 15/12/2015, DJe 02/02/2016.

para o exterior, bem como o fazia mediante remuneração e com despesas totalmente pagas pela organização. O STF, a seu turno, tem compreendido a questão de modo um pouco diverso, embora igualmente com déficit acerca da fundamentação dogmática sobre a natureza da imputação penal. No *recurso em habeas corpus* nº 103.556, o Ministro Dias Toffoli aduziu que a quantidade de droga transportada não implicaria, por si só, participação em organização criminosa, e que o agente seria uma "simples mula". No mesmo STF, quando do julgamento do *habeas corpus* nº 101.265, o Ministro Ayres Britto, em manifestação carecedora de motivação jurídico-penal, assinalou que o fato de a "mula" transportar droga não seria suficientemente hábil a considerá-la integrante da organização criminosa, mormente porque "as organizações criminosas se aproveitariam de pessoas vulneráveis socialmente para a arriscada tarefa de transportar entorpecentes" e que "essas pessoas seriam descartáveis para o grupo criminoso"[88]. Em todos esses casos a fundamentação empreendida nos julgamentos negligenciou a utilização de qualquer critério ou modelo de imputação penal que justificasse a (in)aplicabilidade da causa de diminuição de penal. Deveras, ambos os Tribunais optaram por manejar fundamentação jurídica de caráter indiciário-processual (quantidade de droga, por exemplo) ou vinculado à culpabilidade (vulnerabilidade do agente) para a consideração da "mula" como membro da organização criminosa, não se tecendo qualquer comentário sobre a natureza e a relevância da conduta da "mula" para os crimes-fins almejados pela organização.

Esse panorama jurisprudencial pouco claro e motivado exige que busquemos critérios dogmáticos mais sólidos e juridicamente racionais para estabelecer como e quando o comportamento de integrar uma organização criminosa (artigo 2º, *caput*, da Lei n. 12.850/2013) pode gerar imputação penal. A integração que se revela *ativa*, como a do agente institucional que fornece meios e auxilia no programa delinquencial da ORCRIM de modo estável e permanente (ex.: compra armas, aluga cativeiros, mantém contatos ilícitos com autoridades públicas) ensejará a

[88] O Ministro Relator Ayres Britto acabou vencido no julgamento, prevalecendo o voto do Ministro Joaquim Barbosa pela denegação do *habeas corpus*, no que foi acompanhado pelos Ministros Ellen Gracie e Celso de Mello. Não obstante, nenhum dos votos tratou da questão à luz dos modelos de imputação penal em ambientes coletivos e organizados.

imputação penal pela criação ou incremento do risco ao bem jurídico tutelado e pela verificação desse risco no resultado (imputação objetiva), o qual, como anota LAURA ZÚÑIGA RODRÍGUEZ, diz respeito ao grau de integração à organização criminosa.

Mais complexa, porém, será a situação daqueles que não são membros institucionais da organização criminosa, mas colaboradores eventuais, colaboradores externos ocasionais e membros que apenas se declaram integrantes ideológicos, mas que não intervêm em quaisquer atos relacionados ao funcionamento da ORCRIM ou na preparação e execução dos delitos-fim que motivaram a criação e a subsistência da agremiação criminosa (*integração passiva*). Nesses casos, tendo presente os postulados da culpabilidade e da ofensividade, bem como que o Direito Penal é um Direito Penal do fato, e não do autor, creio que a imputação penal dependa da prática de um comportamento concreto de contribuição aos fins criminais que compõem a razão de ser da ORCRIM[89]. Assim, não me parece suficiente a mera integração formal do agente com adesão ideológica – nome constante em lista de membros, por exemplo – sem que se demonstre uma conduta externa que seja *funcionalmente relevante* para o desenvolvimento da ORCRIM e que seja capaz de causar risco desaprovado ao bem jurídico.

5. Conclusões

Do presente estudo extraem-se as seguintes conclusões:

1. A razão político-criminal da criação de delitos de organização – cuja organização criminosa é uma manifestação – reside no fato de o desvalor dos comportamentos perpetrados por intermédio de agremiações articuladas revelar-se consideravelmente mais acentuado do que aqueles levados a efeito individualmente ou sob mero concurso de agentes;

2. A coletividade de pessoas facilita e incentiva o cometimento de crimes primários, ou seja, aqueles que imediatamente proporcionaram a sua constituição (crimes-fim) e propicia o aparecimento de crimes secundários (crimes-meio), concretizados com o intuito de ocultar os delitos anteriores, como acontece com a "lavagem" de dinheiro e a corrupção;

[89] FARALDO CABANA, Patricia. **Asociaciones ilícitas**...*op. cit.*, 2012, pp. 276-277.

3. A incriminação da organização criminosa deve se dissociar da ideia de bens jurídicos pouco claros, vagos e indeterminados, como a "paz pública", "ordem pública" e "paz jurídica";

4. A existência de um grupo criminoso organizado mediante hierarquia e divisão de tarefas proporciona uma estrutura vocacionada para a permanência capaz de incrementar e potencializar o perigo a diversos bens jurídicos cujas violações motivaram a criação e a subsistência da agremiação criminosa (delitos-fim). Assim, o bem jurídico do crime do artigo 2º, *caput*, da Lei n. 12.850/2013, revela-se nos interesses jurídicos submetidos a perigo de lesão mais grave pelos crimes-fim almejados pela organização criminosa;

5. A imputação penal da pessoa física no âmbito do crime de organização criminosa reclama a demonstração do comportamento positivo (ação) ou negativo (omissão imprópria) causador da criação ou do incremento de um risco desaprovado ao bem jurídico protegido e a verificação desse risco no resultado (teoria da imputação objetiva);

6. A imputação penal do delito previsto no artigo 2º, *caput*, da Lei n. 12.850/2013, impõe o concreto cometimento de um dos quatro núcleos verbais previstos na norma penal incriminadora: *promover*, *constituir*, *financiar* e *integrar*, pessoalmente ou por interposta pessoa, organização criminosa, o que sempre deve ser realizado em conformidade com o injusto do crime e o bem jurídico protegido;

7. O *integrar* organização criminosa vai além do mero pertencimento ou adesão ao grupo criminoso organizado; tendo presente os postulados da culpabilidade e da ofensividade, bem como que o Direito Penal é um Direito Penal do fato, e não do autor, a imputação penal depende da prática de um comportamento concreto de contribuição aos fins criminais que compõem a razão de ser da organização criminosa;

8. A integração *ativa* à organização criminosa dará lugar à imputação penal desde que haja a criação ou incremento do risco ao bem jurídico tutelado e a verificação desse risco no resultado;

9. Colaboradores eventuais, colaboradores externos ocasionais e membros que apenas se declaram integrantes ideológicos, mas que não intervêm em quaisquer atos relacionados ao funcionamento da organização criminosa ou na preparação e execução dos delitos-fim que motivaram a criação e a subsistência da agremiação criminosa (*integração passiva*), não podem ser imputados penalmente como incursos no artigo 2º, *caput*, da Lei n. 12.850/2013.

CAPÍTULO 10
CRIME DE ORGANIZAÇÃO CRIMINOSA: A TÉCNICA LEGISLATIVA DA INTERVENÇÃO ANTECIPADA DA TUTELA PENAL EM ATENÇÃO À DIGNIDADE DO BEM JURÍDICO PROTEGIDO

Andréa Walmsley Soares Carneiro

1. Introdução

A Lei n. 12.850/13 introduziu no sistema penal pátrio a figura delituosa da participação em sentido lato em organização criminosa (promover, constituir, financiar ou integrar, pessoalmente ou por interposta pessoa em organização criminosa), nos termos do seu art. 2º, c/c o art. 1º, § 1º do mesmo diploma.[1]

É certo, porém, que já se conhecia um conceito de organização criminosa, estampado no art. 2º[2] da Lei n. 12.694/12.[3] Entretanto, dúvidas

[1] Considera-se organização criminosa a associação de 4 (quatro) ou mais pessoas estruturalmente ordenada e caracterizada pela divisão de tarefas, ainda que informalmente, com objetivo de obter, direta ou indiretamente, vantagem de qualquer natureza, mediante a prática de infrações penais cujas penas máximas sejam superiores a 4 (quatro) anos, ou que sejam de caráter transnacional.

[2] Para os efeitos desta Lei, considera-se organização criminosa a associação, de 3 (três) ou mais pessoas, estruturalmente ordenada e caracterizada pela divisão de tarefas, ainda que informalmente, com objetivo de obter, direta ou indiretamente, vantagem de qualquer natu-

não há de que inexistia um tipo penal específico de promoção, constituição, financiamento ou integração em organização criminosa, o que, por força do princípio da legalidade estrita, impedia a criminalização das referidas condutas, de modo que o conceito acima apontado na lei de 2012 somente se prestava à formação do chamado juízo colegiado em processos ou procedimentos que tivessem por objeto crimes praticados por organizações criminosas, para os fins da prática de qualquer ato processual.

A referida Lei n. 12.850/13 teve, portanto, o condão de redefinir o conceito de organização criminosa no sistema penal pátrio e criou tipos penais específicos com aplicação a partir de sua vigência e sem possibilidade de retroagir à data da Lei n. 12.694/12., por força do princípio da irretroatividade da lei penal maléfica ao investigado ou acusado[4].

reza, mediante a prática de crimes cuja pena máxima seja igual ou superior a 4 (quatro) anos ou que sejam de caráter transnacional.

[3] Dispõe sobre o processo e o julgamento colegiado em primeiro grau de jurisdição de crimes praticados por organizações criminosas; altera o Decreto-Lei nº 2.848, de 7 de dezembro de 1940 – Código Penal, o Decreto-Lei nº 3.689, de 3 de outubro de 1941 – Código de Processo Penal, e as Leis nºs 9.503, de 23 de setembro de 1997 – Código de Trânsito Brasileiro, e 10.826, de 22 de dezembro de 2003; e dá outras providências.

[4] Recurso especial. Crimes de quadrilha, lavagem de dinheiro e furto qualificado. Deficiência de fundamentação. Súmula 284/STF. Organização criminosa. Ausência de descrição normativa à época dos fatos, anteriores à lei 12.850/13. Crime antecedente. Atipicidade da conduta. Interceptação telefônica. Transcrição integral. Prescindibilidade. Prorrogação do prazo. Decisão fundamentada. Art. 5º da lei 9.296/96. Absolvição. Súmula 7/STJ. Nulidade. Interrogatório anterior à vigência da lei 11.719/08. Procedimento vigente. Validade do ato. Dosimetria da pena. Aplicação da atenuante da confissão espontânea. 1. O crime previsto no art. 1º da Lei 9.613/98, antes das alterações promovidas pela Lei 12.683/2012, previa que os recursos ilícitos submetidos ao branqueamento poderiam ter como fonte quaisquer dos crimes constantes de seus incisos I a VIII. 2. Nos termos do entendimento firmado pelo Supremo Tribunal Federal, o tipo penal do inciso VII do art. 1º da Lei 9.613/98, na redação anterior à Lei 12.683/2012, não incide aos fatos praticados durante sua vigência, já que ausente norma tipificadora do conceito de organização criminosa, por força do princípio da anterioridade da lei penal, insculpido nos arts. 5º, XXXIX, da CF, e do 1º do CP, que apenas admite a retroatividade da lei penal mais benéfica ao réu. 3. A Sexta Turma do STJ, seguindo a orientação do STF, adotou o entendimento de que a ausência de descrição normativa de organização criminosa, antes do advento da Lei 12.850/2013, conduz à atipicidade da conduta prevista no art. 1º, VII, da Lei 9.613/98. 4. A ausência de descrição normativa do conceito de organização criminosa, à época dos fatos, anteriores à Lei 12.850/2013, impede seu reconhecimento, não só como crime antecedente da lavagem de dinheiro mas também para caracterizar as hipóteses equiparadas, descritas nos §§ 1º e 2º do art. 1º da Lei 9.613/98, em

Diga-se, ainda, que a edição da Lei n. 12.850/13 corresponde à materialização do compromisso assumido pelo Brasil, na esfera internacional, por força notadamente do art. 5º da Convenção das Nações Unidas

observância ao princípio da irretroatividade da lei penal, inscrito no art. 1º do CP. 5. Transcorrido o lapso temporal de 4 anos desde a prolação da sentença condenatória, configura-se a prescrição pela pena em concreto do crime de quadrilha ou bando. 6. É prescindível a transcrição integral do conteúdo das interceptações telefônicas, sendo suficiente o acesso das partes ao teor dos diálogos interceptados. 7. A complexidade dos fatos investigados, com grande número de integrantes, autoriza a renovação do prazo da interceptação telefônica, por mais de uma vez, porquanto lastreada em decisão fundamentada na sua necessidade, não configurando ofensa ao art. 5º da Lei 9.296/96. 8. Concluindo o Tribunal de origem pela autoria e materialidade delitiva, a alteração do julgado, para fins de absolvição, demandaria revolvimento fático-probatório, o que não se admite a teor da Súmula 7/STJ. 9. Realizados os interrogatórios em data anterior à vigência da Lei 11.719/2008, preservada a validade dos atos processuais realizados em conformidade com o procedimento vigente. 10. Nos termos do art. 563 do CPP, a tese de nulidade de ato processual requer demonstração do efetivo prejuízo, segundo o princípio pas de nullité sans grief, não demonstrado na espécie. 11. Entendendo o acórdão combatido pela existência de conexão objetiva e probatória entre os fatos apurados e o delito de concussão, uma vez que as provas decorrentes das investigações de uma prática delitiva influenciavam diretamente na outra, a reversão do julgado demandaria revolvimento fático-probatório, incabível pela via do recurso especial, a teor da Súmula 7/STJ. 12. Não está o magistrado obrigado a rebater, pormenorizadamente, todas as questões trazidas pela parte, configurando-se a negativa de prestação jurisdicional somente nos casos em que o Tribunal a quo deixa de emitir posicionamento acerca de matéria essencial. 13. A Corte regional afastou a nulidade, ao fundamento de que não utilizada a prova ilícita ante o desentranhamento dos autos do interrogatório invalidado pela Suprema Corte, de modo que rever a conclusão da Corte de origem exigiria o revolvimento de provas, inadmissível na via do recurso especial, consoante a Súmula 7/STJ. 14. A ausência de indicação do que consistiria a suposta violação do preceito de lei federal relativo à dosimetria da pena-base constitui deficiência da fundamentação, incidindo no caso o óbice da Súmula 284/STF. 15. Nos termos da Súmula 545/STJ, quando a confissão for utilizada para a formação do convencimento do julgador, o réu fará jus à atenuante prevista no art. 65, III, d, do Código Penal. 16. Agravo em recurso especial de (...) improvido e agravo em recurso especial de (...) parcialmente provido, nos termos do voto. 17. Recursos especiais de (...) e (...) parcialmente providos, com efeitos extensivos, nos termos do voto. 18. Recursos especiais de (...) improvidos. 19. Agravos em recurso especial de (...) julgados prejudicados pela perda superveniente de objeto. 20. Recursos especiais de (...) julgados prejudicados pela perda superveniente de objeto. 21. Decretada, de ofício, a extinção da punibilidade de (...) pela prescrição da pretensão punitiva, quanto ao delito previsto no art. 288 do CP. (Sexta Turma, **REsp n. 1.482.076/CE**, Rel. Min. Nefi Cordeiro, j. 2/4/2019, DJe 10/4/2019).

contra o Crime Organizado Transnacional[5], promulgada pelo Decreto n. 5.015, de 12 de março de 2004.

Tem-se, portanto, um verdadeiro mandado positivo de criminalização oriundo de normal internacional aceita e adotada pelo Brasil, mas cuja aplicação estava pendente da criação do(s) tipo(s) penal(is) específico(s), o que sobreveio com a edição da Lei n. 12.850/13.

Após esta breve digressão, indispensável formular os questionamentos que conduzirão o desenvolver do presente trabalho: 1) a fim de aferir a legitimidade da atuação do legislador penal, qual o bem jurídico protegido pelo tipo penal de constituição de organização criminosa? 2) é autorizado ao legislador utilizar a técnica legislativa da antecipação

[5] Artigo 5
Criminalização da participação em um grupo criminoso organizado
1. Cada Estado Parte adotará as medidas legislativas ou outras que sejam necessárias para caracterizar como infração penal, quando praticado intencionalmente:
a) Um dos atos seguintes, ou ambos, enquanto infrações penais distintas das que impliquem a tentativa ou a consumação da atividade criminosa:
i) O entendimento com uma ou mais pessoas para a prática de uma infração grave, com uma intenção direta ou indiretamente relacionada com a obtenção de um benefício econômico ou outro benefício material e, quando assim prescrever o direito interno, envolvendo um ato praticado por um dos participantes para concretizar o que foi acordado ou envolvendo a participação de um grupo criminoso organizado;
ii) A conduta de qualquer pessoa que, conhecendo a finalidade e a atividade criminosa geral de um grupo criminoso organizado, ou a sua intenção de cometer as infrações em questão, participe ativamente em:
a. Atividades ilícitas do grupo criminoso organizado;
b. Outras atividades do grupo criminoso organizado, sabendo que a sua participação contribuirá para a finalidade criminosa acima referida;
b) O ato de organizar, dirigir, ajudar, incitar, facilitar ou aconselhar a prática de uma infração grave que envolva a participação de um grupo criminoso organizado.
2. O conhecimento, a intenção, a finalidade, a motivação ou o acordo a que se refere o parágrafo 1 do presente Artigo poderão inferir-se de circunstâncias factuais objetivas.
3. Os Estados Partes cujo direito interno condicione a incriminação pelas infrações referidas no inciso i) da alínea a) do parágrafo 1 do presente Artigo ao envolvimento de um grupo criminoso organizado diligenciarão no sentido de que o seu direito interno abranja todas as infrações graves que envolvam a participação de grupos criminosos organizados. Estes Estados Partes, assim como os Estados Partes cujo direito interno condicione a incriminação pelas infrações definidas no inciso i) da alínea a) do parágrafo 1 do presente Artigo à prática de um ato concertado, informarão deste fato o Secretário Geral da Organização das Nações Unidas, no momento da assinatura ou do depósito do seu instrumento de ratificação, aceitação, aprovação ou adesão à presente Convenção.

da tutela penal, ao prever em abstrato como típica uma conduta que seria meramente preparatória, em tese, para fins de conferir proteção mais incisiva ao interesse social protegido, como ocorre na hipótese do art. 2º da Lei n. 12.850/13? 3) verificada a perspectiva legislativa da construção do tipo penal da organização criminosa e adotada a técnica da intervenção da tutela penal, as decisões pesquisadas, emanadas do Superior Tribunal de Justiça, reconhecem e valoram a solução encetada pelo legislador?

No que tange ao método, adota-se o teleológico, na medida em que as conclusões são buscadas a partir de finalidades e motivos. Não se buscam conclusões de premissas ontológicas, mas de fundo normativo, o conteúdo do conceito de bem jurídico e as razões pelas quais deve se autorizar o legislador a usar da técnica legislativa da intervenção da tutela penal para conferir tratamento mais apropriado frente à dignidade do bem jurídico tutelado.

No bojo desta abordagem teleológica, aceita-se a relevância da criminalização da organização criminosa com elemento a guiar as razões do legislador e a proteção do bem jurídico como elemento legitimador da intervenção penal em caráter antecipado.

2. Bem jurídico protegido no crime de organização criminosa: premissas

A despeito das naturais divergências doutrinárias, há muito se tem utilizado o bem jurídico como elemento central legitimador da intervenção penal, a fim de aquilatar os limites da atuação do legislador, criador dos tipos penais, em contraste com o bloco de constitucionalidade e com os princípios caros a um direito penal democrático e liberal[6].

[6] Nesse sentido, as decisões proferidas pelo Supremo Tribunal Federal:
"Ementa: Ação direta de inconstitucionalidade – Instrumento de afirmação da supremacia da ordem constitucional – O papel do Supremo Tribunal Federal como legislador negativo – Lei complementar nº 224/2000, do estado de Rondônia (art. 64, "caput" e parágrafo único) – A noção de constitucionalidade/inconstitucionalidade como conceito de relação – A questão pertinente ao bloco de constitucionalidade – Posições doutrinárias divergentes em torno do seu conteúdo – O significado do bloco de constitucionalidade como fator determinante do caráter constitucional, ou não, dos atos estatais – Necessidade da vigência atual, em sede de controle abstrato, do paradigma constitucional alegadamente violado – Superveniente modificação/supressão do parâmetro de confronto e do texto da norma estatal impugnada – Hipótese de prejudicialidade – Extinção anômala do processo de fiscalização normativa

Sobre o conceito de bem jurídico, adverte CLÁUDIO BRANDÃO sobre seu surgimento das discussões sobre a extensão da intervenção penal, inicialmente levada a efeito por BIRNBAUM, ainda na primeira metade do século XIX[7].

E prossegue o professor da Faculdade de Direito do Recife:

> As teorias penais discutidas na atualidade têm base neokantista, pois tratam metodologicamente o direito penal pela compreensão valorativa, o que é o próprio das ciências culturais. Assim, tanto o finalismo quanto o funcionalismo têm suas matizes no neokantismo.
> (...)
> O bem jurídico tem uma função teleológica, isto é, uma função que visa esclarecer a finalidade da lei penal.

abstrata – Precedentes do Supremo Tribunal Federal – Ação direta julgada prejudicada – Parecer da Procuradoria-Geral da República pelo não provimento – Recurso de agravo improvido" (Tribunal Pleno, **ADI 2.971/RO AgR**, Rel. Min. Celso de Mello, j 06/11/2014, Dj 13/02/2015).

"Ementa: "habeas Corpus" – Condenação penal imposta por Tribunal de segunda instância – Intimação da Defensoria Pública a respeito do juízo condenatório – Superveniência do trânsito em julgado – Paciente intimada, pessoalmente, apenas quanto à sua absolvição criminal proferida pelo magistrado de primeiro grau – Particularidades do caso concreto que evidenciam a ocorrência, na espécie, de transgressão a prerrogativa fundamental da ré condenada (CF, art. 5º, LV) – O processo penal como garantia dos acusados e instrumento de salvaguarda da liberdade jurídica daquele contra quem se instauraram atos de "*persecutio criminis*" – Magistério da doutrina – O direito de recorrer como cláusula inerente ao "*due process of law*" – Ofensa, quanto a tal prerrogativa, a garantia assegurada por pactos internacionais, em tema de persecução penal, a qualquer pessoa: a convenção americana de direitos humanos (art. 8, n. 2, "h") e o pacto internacional sobre direitos civis e políticos (art. 9, n. 4) – A questão da posição hierárquica dos tratados internacionais de direitos humanos (natureza constitucional ou caráter supralegal?) – Doutrina – Precedentes do Supremo Tribunal Federal que conferem a esses diplomas internacionais a condição de supralegalidade – Posição pessoal do relator (Ministro Celso de Mello) que atribui qualificação constitucional, inclusive com apoio na noção conceitual de bloco de constitucionalidade, a tratados internacionais de direitos humanos subscritos pelo brasil ou a que o estado brasileiro haja aderido – "Pacta Sunt Servanda" (Convenção de Viena sobre o direito dos tratados, artigo 26) – possibilidade excepcional de impetração de "habeas corpus" contra decisão já transitada em julgado – precedentes – "habeas corpus" deferido" (Segunda Turma, **HC 178.527/RS**, Rel. Min. Celso de Mello, j. 10/10/2020, Dj 22/10/2020).

[7] BRANDÃO, Cláudio. **Teoria Jurídica do Crime.** Coleção: Ciência Criminal Contemporânea, vl 1. Belo Horizonte: Editora D'Plácido, 2019, p. 41.

> Desde que a ruptura metodológica com o positivismo foi feita, a dogmática assimilou as linhas gerais do método neokantiano como base, o que não significa que ele não contenha variações. Porém, as referências aos valores estão sempre presentes.
> Nessa toada, o bem jurídico pode ser definido como o conteúdo material do crime, traduzido no valor tutelado pelo direito[8].

A questão, portanto, é que o bem jurídico estabelece um critério referencial, paradigmático, apto a contrastar a atividade de criação dos tipos penais e sua interpretação com as funções inerentes ao direito penal e, sobretudo, seus princípios da subsidiariedade e da fragmentariedade.

É certo, porém, que nem todos os bens jurídicos tutelados pela norma penal possuem a mesma envergadura e a atuação na gênese dos tipos penais proibitivos comporta distintos graus de densidade.

Sobre o tema, refiro entendimento já delineado em trabalho anterior, da lavra desta autora:

> São variegados os tipos penais em que ilícito típico é materializado de maneira forte, em razão da efetiva ofensa ao bem jurídico ou pela configuração ética do comportamento. Em outro viés, há tipos penais que revestem maior grau de formalização, acessório em relação à previsão de natureza administrativa, a qual define os âmbitos de permissão e proibição da conduta. Tal discrepância é produto da necessidade de se prever tipos penais para a tutela de bens jurídicos não vinculados diretamente às necessidades mais básicas dos tutelados, mas a subsistemas socioeconômicos que lograram projeção em momento histórico mais recente. O esforço de informação e reflexão, sem dúvida, possui grande relevância quando se está diante de tipos penais que encerram conteúdos éticos socialmente conhecidos e aceitos[9].

Ainda há de se sublinhar a importância da questão do bem jurídico no âmbito do funcionalismo teleológico, como indica seu maior

[8] Brandão, Cláudio. **Teoria Jurídica**...*op. cit.*, 2019, pp. 48-49.

[9] Carneiro, Andréa Walmsley Soares. Critérios para aferição do erro de proibição no direito penal econômico: distinção in se e mere prohibita. In **Revista DELICTAE**, Vl. 2, n. 2, Jan..-Jun. 2017, p. 371.

expoente, CLAUS ROXIN, o qual reconhece que a único constrangimento à atividade legiferante reside nos princípios constitucionais. Assim, um conceito de bem jurídico com vinculação político-criminal só pode ser obtido do que está disposto na Lei Fundamental, com base na liberdade individual, por meio do que são fixados os limites do poder punitivo estatal[10].

E acrescenta o autor de maneira magistral:

> Em consecuencia se puede decir: los bienes jurídicos son circunstancias dadas o finalidades que son útiles para el individuo y su libre desarrollo en el marco de un sistema social global estructurado sobre la base de esa concepción de los fines para el funcionamiento del propio sistema. Esta definición, al atender a "circunstancias dadas y finalidades", en vez de a "intereses" de modo general, quiere expresar que este concepto de bien jurídico abarca tonto los estados previamente hallados por el Derecho como los deberes de cumplimiento de normas creados sólo por el mismo, o sea que no se limita a la primera alternativa. De tal concepto de bien jurídico, que le viene previamente dado el legislador penal, pero no es previo a la Constituición, se puden derivar una serie de tesis concretas[11-12].

Fixadas a premissas acima e a fim de aferir a legitimidade da atuação do legislador penal, cumpre, neste passo, perquirir sobre o bem jurídico protegido pelo tipo penal de constituição de organização criminosa.

De início, vê-se que a figura típica acima, embora relativamente recente no ordenamento pátrio, guarda razoável grau de similitude com

[10] ROXIN, Claus. **Derecho Penal Parte General.** Tomo I. Fundamentos. La Estructura de la Teoría del Delito. 2. Ed. Madri: Thomas Civitas, 2007, p. 55.

[11] ROXIN, Claus. **Derecho Penal**...*op. cit.*, 2007, p. 56.

[12] Tradução livre: Em consequência se pode dizer: os bens jurídicos são circunstâncias dadas ou finalidades que são úteis para o indivíduo e seu livre desenvolvimento no marco de um sistema social global estruturado sobre a base dessa concepção aos fins para o funcionamento do próprio sistema. Esta definição, ao atender a "circunstâncias dadas e finalidades", em vez de a "interesses" de modo geral, quer expressar que este conceito de bem jurídico abarca tanto os estados previamente dados pelo Direito como os deveres de cumprimento de normas criados apenas por aqueles, ou seja, que não se limita à primeira alternativa. De tal conceito de bem jurídico, que vem previamente dado ao legislador penal, mas não é prévio à Constituição, podem-se derivar uma série de teses concretas.

outros tipos penais previstos, respectivamente, no Código Penal e na legislação esparsa, quais sejam, associação criminosa (art. 288 do Código Penal[13]) e associação para o tráfico (art. 35 da Lei n. 11.343/06[14]).

Adverte Renato Brasileiro de Lima não se admitir confusão entre as expressões "crime organizado por natureza", referente aos tipos do art. 2º, *caput,* da Lei nº 12.850/13, art. 288 do Código Penal e art. 35 da Lei nº 11.343/06, e "crime organizado por extensão", a significar as infrações penais praticadas pelas referidas associações de agentes[15].

É nítido da leitura dos três tipos penais cotejados acima que existe uma tutela estatal penal voltada a coibir associações permanentes e estáveis voltadas à prática delitiva, ainda que inexista infração penal ulterior, desde que se anteveja comunhão de ações e desígnios voltados à perpetração de fatos típicos, ilícitos e culpáveis.

Assim, justifica-se a proteção do bem jurídico eleito, qual seja, a paz pública, consoante sinaliza a doutrina majoritária:

> Nos mesmos moldes que a nova figura delituosa de associação criminosa inserida no art. 288 do Código Penal, cuida-se, o crime de organização criminosa, de infração penal contra a paz pública, ou seja, o sentimento coletivo de segurança e de confiança na ordem e a proteção jurídica, que, pelo menos em tese, se veem atingidos pela *societas criminis*[16].

[13] Art. 288. Associarem-se 3 (três) ou mais pessoas, para o fim específico de cometer crimes: (Redação dada pela Lei nº 12.850, de 2013) (Vigência)
Pena - reclusão, de 1 (um) a 3 (três) anos. (Redação dada pela Lei nº 12.850, de 2013) (Vigência)
Parágrafo único. A pena aumenta-se até a metade se a associação é armada ou se houver a participação de criança ou adolescente. (Redação dada pela Lei nº 12.850, de 2013) (Vigência)

[14] Art. 35. Associarem-se duas ou mais pessoas para o fim de praticar, reiteradamente ou não, qualquer dos crimes previstos nos arts. 33, caput e § 1º, e 34 desta Lei:
Pena – reclusão, de 3 (três) a 10 (dez) anos, e pagamento de 700 (setecentos) a 1.200 (mil e duzentos) dias-multa.
Parágrafo único. Nas mesmas penas do caput deste artigo incorre quem se associa para a prática reiterada do crime definido no art. 36 desta Lei.

[15] Lima, Renato Brasileiro de. **Legislação Criminal Especial Comentada.** Volume único. 8. Ed. Salvador: JusPODIVM, 2020, p. 773.

[16] Lima, Renato Brasileiro de. **Legislação Criminal**...*op. cit.,* 2020, p. 773.

3. Antecipação da intervenção penal: legitimidade da opção legislativa

Nesse passo, cumpre responder à segunda indagação reitora do desenvolvimento do presente artigo: parece-nos ser autorizado ao legislador utilizar a técnica legislativa da antecipação da tutela penal, ao prever em abstrato como típica uma conduta que seria meramente preparatória, em tese, de infração diversa, para fins de conferir proteção mais incisiva ao interesse social protegido, como ocorre na hipótese do art. 2.º da Lei n. 12.850/13.

O fundamento da afirmação acima se refere diretamente ao tipo penal protegido: se se está a tratar de paz pública, consoante já assentado, mostra-se razoável e proporcional estruturar-se um crime formal, ou de resultado cortado, ou de consumação antecipada, cuja consumação delitiva prescinde da produção de resultado naturalístico, qual seja, aquele perceptível pelos sentidos.

Ademais, cuida-se de crime de perigo abstrato ou presumido, de modo que não se exige a comprovação do efetivo risco de dano para a sua configuração. Adverte Sidney Eloy Dalabrida:

> É crime de perigo comum, abstrato, de modo que não há necessidade de se provar, no caso concreto, que a coletividade ficou exposta a perigo com a organização criminosa, consumando-se independentemente da prática de qualquer delito. Em outros termos, são independentes do delito de organização criminosa as ações concretas realizadas pelos membros da organização criminosa. O desvalor da conduta se afere pela potencialidade lesiva a bens jurídicos protegidos. Também representa perigo para os bens jurídicos decorrentes das ofensas programadas que seus componentes propõem realizar e, neste particular, configuram delitos de perigo concreto. Podem ser qualificados como delitos de perigo hipotético ou potencial, também chamados de perigo abstrato-concreto ou delitos de aptidão, onde não se tipifica em sentido próprio um resultado concreto de perigo, mas um comportamento idôneo para produzir perigo para o bem jurídico protegido. Nesses casos, a situação de perigo concreto não é elementar do tipo, mas sim a idoneidade do comportamento realizado para produzir o resultado[17].

[17] Dalabrida, Sidney Eloy. **A nova lei do crime organizado – Lei n. 12.850/2013: superação do déficit conceitual e sua tipologia.** Disponível em https://henriqueziesemer.

Premido pelos novos riscos de uma sociedade moderna, o legislador penal passa a se utilizar da estratégia da intervenção da tutela penal, como mecanismo de retaguarda protetiva aos interesses sociais mais relevantes. Não se satisfaz, portanto, com a efetiva lesão ao bem jurídico tutelado, mas fomenta a punição de "condutas antecipadas", muitas vezes estágios da perpetração de outras figuras típicas, mas que recebem punição autônoma norteada na expectativa de evitação do ilícito e motivação conforme a norma.

No mesmo sentido, Letícia Franchin:

> Neste contexto, o Direito Penal orienta-se no sentido de atuar antes mesmo da concretização de um dano ao bem jurídico, criando tipos incriminadores pautados na antecipação da intervenção estatal, cujo maior exponencial no ordenamento é o tipo incriminador de perigo abstrato[18].

Verificada a perspectiva legislativa da construção do tipo penal da organização criminosa e adotada a técnica da intervenção da tutela penal, cumpre perquirir, nos presente momento, se as decisões emanadas do Superior Tribunal de Justiça reconhecem e valoram a solução encetada pelo legislador.

Justifica-se a escolha por aquele Tribunal Superior em razão de sua vocação constitucional de uniformizar a interpretação da legislação ordinária vigente em solo pátrio.

Assim, efetivou-se uma pesquisa no sítio eletrônico do Superior Tribunal de Justiça, na data de 22 de fevereiro de 2023, com o argumento "organização criminosa", e foram selecionadas as cinco decisões mais recentes na referida data. Embora se cuide de um universo amostral restrito no aspecto geral, para as finalidades do presente ensaio e diante da necessidade de superar o meramente estatuído na ementa e adentrar o conteúdo do inteiro teor dos jugados, tem-se opção razoável e suficiente para uma conclusão, ainda que não definitiva.

jusbrasil.com.br/artigos/121943420/a-nova-lei-do-crime-organizado-lei-n-12850-2013. Acesso em: 13/03/23.

[18] Franchin, L. A antecipação da tutela penal como reflexo da sociedade de risco. In **Revista da Faculdade de Direito de São Bernardo do Campo**, [S. l.], v. 27, n. 1, p. 16, 2021. Disponível em: https://revistas.direitosbc.br/fdsbc/article/view/1039 . Acesso em: 13/03/23.

O AgRg no Recurso Em Habeas Corpus n. 164631 - GO (2022/0135675-0)[19] cuida do cabimento ou descabimento de medidas cautelares prisionais ou diversas da prisão, sem adentrar na questão meritória da natureza do crime de organização criminosa e sua dogmática.

A breve referência à temática do bem jurídico é encontrada na seguinte passagem: "Dessa forma, obedecendo o critério da razoabilidade e proporcionalidade, o ato judicial impugnado impôs medidas cautelares alternativas suficientes e necessárias para a prevenção a 'novos

[19] "Ementa. Agravo regimental no recurso em habeas corpus. Prisão preventiva. Organização criminosa armada e lavagem de dinheiro. Imposição de medidas cautelares diversas. Suposto cerceamento do exercício da profissão de advogado. Não ocorrência. Limitações impostas com fulcro na conjuntura fática dos autos. Aparente facilitação da comunicação entre integrantes segregados e soltos da organização. Decisão mantida. Agravo regimental não provido. 1. Para ser compatível com o Estado Democrático de Direito – o qual se ocupa de proteger tanto a liberdade quanto a segurança e a paz públicas – e com a presunção de não culpabilidade, é necessário que a decretação e a manutenção da prisão cautelar se revistam de caráter excepcional e provisório. A par disso, a decisão judicial deve ser suficientemente motivada, mediante análise da concreta necessidade da cautela, nos termos dos artigos 282, incisos I e II c/c 312 do CPP. 2. Na hipótese, ao manter as cautelares impostas, mormente aquela referente ao acesso a unidades prisionais ou contato com pessoas incluídas no sistema prisional, apontou a Corte de origem que "a paciente, na qualidade de advogada, estaria viabilizando a comunicação entre os integrantes da organização criminosa investigada que estariam presos com aqueles que estariam em liberdade. Dessa forma, obedecendo o critério da razoabilidade e proporcionalidade, o ato judicial impugnado impôs medidas cautelares alternativas suficientes e necessárias para a prevenção a 'novos ataques ao bem jurídico protegido', notadamente a proibição de acesso a estabelecimentos prisionais". 3. A esse respeito, "[o] STF já se manifestou no sentido de que "a necessidade de se interromper ou diminuir a atuação de integrantes de organização criminosa, enquadra-se no conceito de garantia da ordem pública, constituindo fundamentação cautelar idônea e suficiente para a prisão preventiva" (HC n. 95.024/SP, Primeira Turma, Relª. Minª. Cármen Lúcia, DJe de 20/2/2009)" (AgRg no RHC n. 167.101/RS, relator Ministro Ribeiro Dantas, Quinta Turma, DJe de 15/9/2022). 4. Em situação assemelhada, na qual "o paciente estaria se valendo da condição de advogado para viabilizar a comunicação entre as lideranças do grupo e repassando as ordens dos líderes presos aos demais traficante", já concluiu o Superior Tribunal de Justiça pela necessidade de imposição de medidas cautelares como "a) suspensão do exercício da advocacia; b) proibição de manter contato com qualquer pessoa vinculada aos fatos objeto da investigação em questão; e c) proibição de frequentar estabelecimentos prisionais, sem prejuízo da decretação de outras medidas cautelares diversas do cárcere pelo Juízo local, caso entenda necessárias" (HC n. 528.889/RJ, relator Ministro Antonio Saldanha Palheiro, Sexta Turma, DJe de 19/12/2019). 5. Agravo regimental não provido" (Sexta Turma, **AgRg no RHC 164.631/GO**, Rel. Min. Rogerio Schietti Cruz, j. 18/10/2022, DJe 21/10/2022)

ataques ao bem jurídico protegido', notadamente a proibição de acesso a estabelecimentos prisionais".

O AgRg no Habeas Corpus n. 733308 – RS (2022/0095316-5)[20] cuida do cabimento ou descabimento de prisão preventiva em crime de

[20] "Ementa. Penal e Processual Penal. Agravo regimental no habeas corpus interposto pelo *parquet* federal. Tráfico de entorpecentes. Prisão preventiva revogada. Circunstâncias do crime não evidenciam gravidade exacerbada. Desproporcionalidade da medida extrema. Suficiência de aplicação de medidas cautelares alternativas. Constrangimento ilegal evidenciado. Agravo regimental desprovido. 1. Diante da natureza excepcional da prisão preventiva, somente se verifica a possibilidade da sua imposição quando evidenciado, de forma fundamentada e com base em dados concretos, o preenchimento dos pressupostos e requisitos previstos no art. 312 do Código de Processo Penal – CPP. Devendo, ainda, ser mantida a prisão antecipada apenas quando não for possível a aplicação de medida cautelar diversa, nos termos previstos no art. 319 do CPP. Por sua vez, a Lei n. 13 964/2019 – o denominado "pacote anticrime" – alterou o art. 315, caput, do CPP e inseriu o §1°, estabelecendo que a decisão que decretar, substituir ou denegar a prisão preventiva será sempre motivada e fundamentada, devendo o Magistrado indicar concretamente a existência de fatos novos ou contemporâneos que justifiquem a aplicação da medida adotada, vedando a exposição de motivos genéricos e abstratos. 2. Não se pode ignorar a gravidade vivenciada diante da Pandemia do vírus Covid-19, sendo necessário prevenir e reduzir os fatores de propagação do vírus e as aglomerações no âmbito dos sistemas de justiça penal e socioeducativos, nos termos estabelecidos pela Recomendação n. 62/2020 do Conselho Nacional de Justiça. Nesse diapasão, consoante bem ponderado pelo ilustre Ministro Rogério Schietti Cruz, "À luz do princípio da proporcionalidade do necessário enfrentamento da emergência atual de saúde pública, das novas alternativas fornecidas pela Lei n. 12 403/2011 e das alterações ao Código de Processo Penal determinadas pela intitulada "Lei Anticrime" (Lei n. 13.964/2019), há razoabilidade na opção, pela autoridade judiciária, por uma ou mais das providências indicadas no art. 319 do CPP como meio bastante e cabível para obter o mesmo resultado – a proteção do bem jurídico sob ameaça – de forma menos gravosa" (HC 597.650/SP, Sexta Turma, DJe 24/11/2020). No caso dos autos, não obstante as instâncias ordinárias terem feito menção a elementos concretos do caso, notadamente o fato de o agravado Alexandre registrar condenações pretéritas pela prática de delitos patrimoniais e o agravado Gilmar responder a processos criminais por envolvimento em delito idêntico (fls. 33 e 120), a quantidade de substância entorpecente apreendida – 135g de maconha –, permitem concluir que a potencialidade lesiva da conduta imputada aos acusados não pode ser tida como das mais elevadas. Tais circunstâncias, somadas ao fato de serem tecnicamente primários, não haver nos autos notícias de envolvimento dos pacientes com organização criminosa e ser o crime em questão praticado sem violência ou grave ameaça à pessoa, indicam a prescindibilidade da prisão preventiva, sendo suficiente a aplicação das medidas cautelares menos gravosas. 3. Demonstrando-se a inadequação e a desproporcionalidade no encarceramento dos agravados, devem ser substituídas as prisões preventivas por medidas cautelares alternativas previstas no art. 319 do CPP. 4. Agravo regimental do Ministério Público Federal

tráfico de drogas e não desce a detalhes da análise de tipos penais, nem menciona especificamente a Lei n. 12.850/13.

O AgRg no *Habeas Corpus* n. 722.411 – SP (2022/0034896-8)[21] também não menciona especificamente a menciona especificamente a Lei nº 12.850/13 e faz referência à temática do bem jurídico quando se refere à saúde pública, interesse social protegido pelo delito de tráfico de drogas, também crime de perigo abstrato.

desprovido". (Quinta Turma, **AgRg no HC 733.308/RS**, Rel. Min. Joel Ilan Paciornik, j. 14/06/2022, DJe 17/06/2022).

[21] "Agravo regimental no *habeas corpus*. Tráfico ilícito de entorpecentes. Dosimetria da pena. Natureza e quantidade da droga apreendida. Circunstância preponderante a ser necessariamente observada na primeira fase da dosimetria. Utilização para afastamento do tráfico privilegiado ou modulação da fração de diminuição de pena do § 4º do art. 33 da lei n. 11.343/2006. Impossibilidade. Caracterização de bis in idem. Não tolerância na ordem constitucional. Agravo regimental desprovido. 1. A dosimetria da reprimenda penal, atividade jurisdicional caracterizada pelo exercício de discricionariedade vinculada, realiza-se dentro das balizas fixadas pelo legislador. 2. O tratamento legal conferido ao crime de tráfico de drogas traz peculiaridades a serem observadas nas condenações respectivas; a natureza desse crime de perigo abstrato, que tutela o bem jurídico saúde pública, fez com que o legislador elegesse dois elementos específicos – necessariamente presentes no quadro jurídico-probatório que cerca aquela prática delituosa, a saber, a natureza e a quantidade das drogas – para utilização obrigatória na primeira fase da dosimetria. 3. O tráfico privilegiado é instituto criado para beneficiar aquele que ainda não se encontra mergulhado nessa atividade ilícita, independentemente do tipo ou do volume de drogas apreendidas, para implementação de política criminal que favoreça o traficante eventual. 4. No julgamento do RE n. 666.334/AM, submetido ao regime de repercussão geral (Tese n. 712), o STF fixou o entendimento de que a natureza e a quantidade de entorpecentes não podem ser utilizadas em duas fases da dosimetria da pena. 5. A Terceira Seção do STJ, no julgamento do REsp n. n. 1.887.511/SP (DJe de 1º/7/2021), partindo da premissa fixada na Tese n. 712 do STF, uniformizou o entendimento de que a natureza e a quantidade de entorpecentes devem ser necessariamente valoradas na primeira etapa da dosimetria, para modulação da pena-base. 6. Não há margem, na redação do art. 42 da Lei n. 11.343/2006, para utilização de suposta discricionariedade judicial que redunde na transferência da análise dos vetores «natureza e quantidade de drogas apreendidas» para etapas posteriores, já que erigidos ao status de circunstâncias judiciais preponderantes, sem natureza residual. 7. Apenas circunstâncias judiciais não preponderantes, previstas no art. 59 do Código Penal, podem ser utilizadas para modulação da fração de diminuição de pena do tráfico privilegiado, desde que não utilizadas para fixação da pena-base. 8. Configura constrangimento ilegal a modulação da fração de redução de pena do tráfico privilegiado com considerações exclusivamente acerca dos vetores «natureza ou quantidade de drogas». 9. Agravo regimental desprovido. (Quinta Turma, **AgRg no HC. 722.411/SP**, Rel. Min. João Otávio Noronha, j. 29/03/2022, DJe 06/04/2022).

O AgRg no *Habeas Corpus* n. 727344 – MT (2022/0061048-9)[22] e o O AgRg no *Habeas Corpus* n. 721918 – RJ (2022/0032199-1)[23] cuidam

[22] "Ementa. Agravo regimental em *habeas corpus*. Condenação transitada em julgado. Revisão criminal. Tráfico ilícito de entorpecentes. Dosimetria da pena. Afastamento do tráfico privilegiado (§ 4º do art. 33 da lei n. 11.343/2006). Presença de outros elementos evidenciadores da dedicação a atividade crimininosa ou de participação em organização criminosa. Possibilidade. Agravo regimental desprovido. 1. A impetração de habeas corpus após o trânsito em julgado da condenação e com a finalidade de reconhecimento de eventual ilegalidade na colheita de provas é indevida e tem feições de revisão criminal. 2. Ocorrendo o trânsito em julgado de decisão condenatória nas instâncias de origem, não é dado à parte optar pela impetração de writ no STJ, cuja competência prevista no art. 105, I, e, da Constituição Federal restringe-se ao processamento e julgamento de revisões criminais de seus próprios julgados. 3. A dosimetria da reprimenda penal, atividade jurisdicional caracterizada pelo exercício de discricionariedade vinculada, realiza-se dentro das balizas fixadas pelo legislador. 4. O tratamento legal conferido ao crime de tráfico de drogas traz peculiaridades a serem observadas nas condenações respectivas; a natureza desse crime de perigo abstrato, que tutela o bem jurídico saúde pública, fez com que o legislador elegesse dois elementos específicos – necessariamente presentes no quadro jurídico-probatório que cerca aquela prática delituosa, a saber, a natureza e a quantidade das drogas – para utilização obrigatória na primeira fase da dosimetria.
5. O tráfico privilegiado é instituto criado para beneficiar aquele que ainda não se encontra mergulhado nessa atividade ilícita, independentemente do tipo ou do volume de drogas apreendidas, para implementação de política criminal que favoreça o traficante eventual. 6. A natureza e a quantidade das drogas apreendidas podem ser utilizadas, supletivamente, na terceira fase da dosimetria da pena, para afastamento da diminuição de pena prevista no § 4º do art. 33 da Lei n. 11.343/2016, apenas quando esse vetor for conjugado com outras circunstâncias do caso concreto que, unidas, caracterizem a dedicação do agente à atividade criminosa ou a integração a organização criminosa. 7. Agravo regimental desprovido (Quinta Turma, **AgRg no HC 727344/MT**, Rel. Min. João Otávio De Noronha, j. 07/06/2022, DJe 10/06/2022).

[23] "Ementa. Agravo regimental no habeas corpus. Supressão de instância. Matéria não apreciada pelo tribunal de origem. Revisão criminal não conhecida. Tráfico ilícito de entorpecentes. Dosimetria da pena. Natureza e quantidade da droga apreendida. Circunstância preponderante. Necessidade de incidência na primeira fase da dosimetria. Utilização para afastamento do tráfico privilegiado (§ 4º do art. 33 da lei n. 11.343/2006). Presença de outros elementos evidenciadores da dedicação a atividade crimininosa ou de participação em organização criminosa. Possibilidade. Decisão fundamentada. Agravo regimental desprovido. 1. O exame pelo Superior Tribunal de Justiça de matéria que não foi apreciada pelas instâncias ordinárias enseja indevida supressão de instância, com explícita violação da competência originária para o julgamento de habeas corpus (art. 105, I, c, da Constituição Federal). 2. A dosimetria da reprimenda penal, atividade jurisdicional caracterizada pelo exercício de discricionariedade vinculada, realiza-se dentro das balizas fixadas pelo legislador. 3. O tratamento legal conferido ao crime de tráfico de drogas traz peculiaridades a

da temática do tráfico de drogas e do afastamento da figura privilegiada quando houver presença de outros elementos evidenciadores da dedicação a atividade criminosa ou de participação em organização criminosa.

Vê-se, portanto, das decisões colacionadas e analisadas, ainda que de maneira breve, que não há referência à temática do bem jurídico do crime de organização e seu cotejo com a técnica legislativa de antecipação da intervenção penal em crimes de perigo abstrato.

4. Conclusão

Assim, feitas as considerações acima, pode-se concluir primeiramente que, a fim de aferir a legitimidade da atuação do legislador penal, o bem jurídico protegido pelo tipo penal de constituição de organização criminosa é a paz pública.

Ademais, autoriza-se o legislador a utilizar a técnica legislativa da antecipação da tutela penal, ao prever em abstrato como típica uma conduta que seria meramente preparatória, em tese, para fins de confe-

serem observadas nas condenações respectivas; a natureza desse crime de perigo abstrato, que tutela o bem jurídico saúde pública, fez com que o legislador elegesse dois elementos específicos – necessariamente presentes no quadro jurídico-probatório que cerca aquela prática delituosa, a saber, a natureza e a quantidade das drogas – para utilização obrigatória na primeira fase da dosimetria. 4. O tráfico privilegiado é instituto criado para beneficiar aquele que ainda não se encontra mergulhado nessa atividade ilícita, independentemente do tipo ou do volume de drogas apreendidas, para implementação de política criminal que favoreça o traficante eventual. 5. No julgamento do RE n. 666.334/AM, submetido ao regime de repercussão geral (Tese n. 712), o STF fixou o entendimento de que a natureza e a quantidade de entorpecentes não podem ser utilizadas em duas fases da dosimetria da pena. 6. A Terceira Seção do STJ, no julgamento do REsp n. n. 1.887.511/SP (DJe de 1º/7/2021), partindo da premissa fixada na Tese n. 712 do STF, uniformizou o entendimento de que a natureza e a quantidade de entorpecentes devem ser necessariamente valoradas na primeira etapa da dosimetria, para modulação da pena-base. 7. Não há margem, na redação do art. 42 da Lei n. 11.343/2006, para utilização de suposta discricionariedade judicial que redunde na transferência da análise dos vetores «natureza e quantidade de drogas apreendidas» para etapas posteriores, já que erigidos ao status de circunstâncias judiciais preponderantes, sem natureza residual. 8. A natureza e a quantidade das drogas apreendidas podem ser utilizadas, supletivamente, na terceira fase da dosimetria da pena, para afastamento da diminuição de pena prevista no § 4º do art. 33 da Lei n. 11.343/2016, apenas quando esse vetor for conjugado com outras circunstâncias do caso concreto que, unidas, caracterizem a dedicação do agente à atividade criminosa ou a integração a organização criminosa. 9. Agravo regimental desprovido (Quinta Turma, **AgRg no HC721918/RJ**, Rel. Min. João Otávio de Noronha, j. 05/04/2022, Dje 11/04/2022).

rir proteção mais incisiva ao interesse social protegido, como ocorre na hipótese do art. 2º da Lei nº 12.850/13.

Entretanto, verificada a perspectiva legislativa da construção do tipo penal da organização criminosa e adotada a técnica da intervenção da tutela penal, as decisões pesquisadas, emanadas do Superior Tribunal de Justiça, não reconhecem ou valoram a solução encetada pelo legislador.

CAPÍTULO 11
ORGANIZAÇÃO CRIMINOSA E DOMÍNIO DO FATO: INCORREÇÕES E POSSIBILIDADES DE RENDIMENTO PARA O DIREITO PENAL BRASILEIRO

Thiago Baldani Gomes De Filippo

1. Introdução

Se homem algum é uma ilha,[1] o Direito Penal também não o é. Os diversos reflexos do mundo globalizado são sentidos para o interior dos ordenamentos jurídicos nacionais, impactando especialmente os sistemas penais, já que a intervenção jurídico-penal se reveste da função, real ou simbólica, atinente à proteção mais intensa a uma série de interesses considerados fundamentais à vida em sociedade.

O combate à criminalidade organizada tem ocupado diversas agendas internacionais e repercutido na adoção de formas mais qualificadas de enfrentamento, seja por meio de alterações legislativas, seja pela postura assumida por diversos atores do sistema criminal, comprometidos com a adoção de certa postura de combate.

A abertura do ordenamento jurídico-penal brasileiro às influências externas é inevitável e, em muitos casos, inclusive, desejável. Certas formas de criminalidade, dotadas de alto grau de sofisticação, somente

[1] Título da obra de Thomas Merton, publicada pela editora Pedra, atualmente em sua 22ª edição (2021).

podem ser controladas com instrumentos jurídicos mais eficazes, que acompanhem a complexidade dos avanços tecnológicos e a composição de uma multiplicidade de redes transnacionais voltadas ao cometimento de condutas inseridas no contexto da macrocriminalidade.

Nesse sentido, o texto, após tecer considerações a respeito do delito de organização criminosa, tem por objeto de estudo uma teoria estrangeira atinente ao tema do concurso de pessoas, que tem sido utilizada, de maneira frequentemente equivocada, aliás, como mecanismo de enfrentamento à criminalidade organizada: a da teoria do domínio do fato.

Partindo de seus pressupostos básicos, após denunciar os riscos de seu equivocado emprego, discutirá certas hipóteses em que o seu uso se revelará particularmente viável, porque, ao mesmo tempo em que propiciará respostas dogmáticas mais técnicas, não se descurará do necessário respeito a garantias penais básicas, dentre as quais, o princípio da culpabilidade.

2. Alguns dos dilemas do concurso de pessoas e o delito de organização criminosa: coautoria e participação

As necessidades ditadas pelas marchas da contemporaneidade têm compelido as autoridades estatais a buscas de soluções locais para problemas globais, de elevado grau de complexidade. Por outro lado, a globalização enseja a relativização da noção de *soberania* enquanto poder ilimitado. Apesar de sua repercussão inicial em questões econômicas, ela rapidamente se estendeu às searas políticas e jurídicas. No âmbito estritamente jurídico, ela acarreta a *interlegalidade*, apreendida pela constatação da existência de redes de ordenamentos jurídicos transnacionais, com pretensão de universalidade, que compelem os atores políticos a uma série de transformações, com o fito de obter certos padrões de comportamentos e diretrizes uniformes de enfretamento a dadas espécies de interesses que transbordam as fronteiras nacionais[2].

Em se tratando da intervenção jurídico-penal, a interlegalidade ocasiona o fenômeno da internacionalização do Direito Penal, que se densifica sob três vertentes principais: (i) a tutela penal dos direitos

[2] VOGEL, Joachim. **La internacionalizacion del derecho penal y el proceso penal**. Trad. Alfonso Galán Muñoz. Revista Penal Tirant lo Blanch, Valencia, n. 22, pp. 160-167, 2008, p. 160.

humanos, especialmente de sujeitos vulneráveis, como, por exemplo, mulheres e crianças; (ii) o discurso hegemônico da insegurança social; e (iii) a tutela penal de diversos interesses econômicos, condizentes com a própria globalização.[3]

Inexiste espaço para a apresentação pormenorizada de cada uma desses matizes, porém calha observar que o paradigma de *combate ao crime organizado*, em suas multiformes nuances, relaciona-se à segunda perspectiva, que acarreta a absorção, por cada ordenamento jurídico local, da profusão do discurso global da imperiosa necessidade de adoção de diversas medidas de proteção da sociedade, que vivencia um clima da mais absoluta insegurança.[4] E, paralelamente, no contexto globalizado, o crime organizado, enquanto um fato social e independente de tipificação jurídica específica,[5] tem verdadeiramente se beneficiado do intenso fluxo de mercadorias, pessoas e capital na economia mundial, aumentando sua influência e seu poder frente aos governos nacionais.[6]

A confluência entre o discurso internacional e a constatação empírica da potência das organizações criminosas desagua na adoção de diversos modelos estruturantes para o enfrentamento mais qualificado dessa sofisticada forma de criminalidade,[7] provocando sensíveis trans-

[3] De Filippo, Thiago Baldani Gomes. **Proporcionalidade legislativa penal**. 2ª ed. Londrina: Thoth, 2022, p. 61.

[4] Callegari, André Luis e Wermuth, Maiquel Ângelo Dezordi. **La expansión del derecho penal, sociedad del riesgo y crimen organizado**. Revista Peruana de Ciencias Penales, Lima, n. 24, pp. 93-120, 2012, p. 96.

[5] Dotti, René Ariel. A organização criminosa é uma forma qualificada do concurso de pessoas. **Boletim IBCCRIM**, São Paulo, v. 17, n. 198, p. 6-8, mai. 2009, p. 6. Não é por outro motivo que os efeitos do desenvolvimento tecnológico são essenciais para o exame das organizações criminosas transnacionais (Caldeira, Camila Nunes. **PCC: hegemonia nas prisões e monopólio da violência**. São Paulo: Saraiva, 2013, p. 93).

[6] Como resposta à agudização da liberdade comercial e consequente eliminação ou flexibilização das fronteiras, Leandro Carneiro e Fabio Bechara ressaltam a necessidade de fortalecimento da cooperação entre os órgãos que integram o sistema de justiça criminal de forma direta ou indireta, bem como entre eles e o setor privado, tanto no plano interno quanto no internacional, como expressão de mecanismo de maior eficiência no enfrentamento dos mercados ilícitos globais (Carneiro, Leandro Piquet; Bechara, Fabio R. O impacto no Brasil dos mercados ilícitos globais e do crime transnacional. In: Pereira, Eliomar da Silva; Werner, Guilherme Cunha; Valente, Manoel Monteiro Guedes. **Criminalidade organizada**. São Paulo: Almedina, pp. 79-112, 2017, pp. 79-80).

[7] Carneiro, Leandro Piquet; Bechara, Fabio R. O impacto no Brasil... *op. cit.*, p. 111.

formações, tanto no plano abstrato das normas penais e processuais penais,[8] quanto na dimensão concreta da aplicação da lei, com fricções a garantias penais e processuais penais, iluminadas pela perigosa ideia de *combate* ao inimigo.

No plano da legislação penal material, a dificuldade inicial é que sequer há uniformidade quanto à viabilidade dogmática de se tipificar autonomamente o delito de integrar organização criminosa. ANTONIO PITOMBO, por exemplo, ao examinar o crime do art. 288 do Código Penal, recomenda a eliminação do então tipo de "quadrilha ou bando" como delito autônomo, sugerindo a inserção de mais dois parágrafos no art. 29 do CP, com a indicação de mera causa geral de aumento de pena de um sexto a dois terços se três ou mais pessoas se associassem em organização voltada à prática de crimes.[9] Na direção oposta está a lição de JESÚS MARÍA SILVA SÁNCHEZ, para quem a dimensão institucional específica das organizações criminosas permite a punição autônoma de seus integrantes, antes mesmo da prática de ilícitos penais, desde que as respectivas contribuições reúnam a possibilidade de se projetarem sobre fatos concretos.[10]

[8] No que se tange a regras processuais específicas de combate à criminalidade organizada, destacam-se duas técnicas legislativas próprias da Lei 12.850/2013: a ação controlada (art. 8º) e a infiltração de agentes (arts. 10 a 14).

[9] Literalmente, a proposta de Pitombo era inserir no art. 29 do CP os seguintes parágrafos: "*§ 3º. Se mais de três pessoas se associarem em organização, cuja atividade seja a prática de crimes, a pena será aumentada de um sexto a dois terços. § 4º. O juiz estabelecerá a quantidade de aumento de pena em razão da atividade criminosa ter sido realizada mediante o emprego de violência, grave ameaça ou poder econômico.*" (PITOMBO, Antonio Sérgio Altieri de Moraes. **Organização criminosa: nova perspectiva do tipo legal.** São Paulo: Revista dos Tribunais, 2009, p. 178). Em sentido semelhante, Jorge de Figueiredo Dias reconhece a criminalidade organizada como um fenômeno social, econômico, político e cultural da contemporaneidade e, em princípio, nega a possibilidade de erigi-la a categoria de crime autônomo, diante de seu conceito jurídico instrumental. Entretanto, acaba por admitir a possibilidade de criminalização própria, desde que seja criado um *especial perigo de perturbação*, apto a violar a paz pública (DIAS, Jorge de Figueiredo. A criminalidade organizada: do fenômeno ao conceito jurídico-penal. **Revista Brasileira de Ciências Criminais**, São Paulo, v. 16, n. 71, p. 11-30, 2008, p. 16).

[10] SILVA SÁNCHEZ, Jesús María. "Pertenencia" o "intervención"? Del delito de "pertenencia a una organización criminal" a la figura de la "participación a través de organización" en el delito. In: YACOBUCCI, Guillermo Jorge. **Los desafíos del derecho penal en el siglo XXI**: libro homenaje al profesor Dr. Günther Jacobs. Lima: Ara, 2005, pp. 231-232.

Em que pesem os desajustes históricos do ordenamento jurídico-penal nacional em torno da tipificação autônoma e da própria definição legal de organização criminosa,[11] o reconhecimento de sua dimensão institucional e da ampla possibilidade de punição de seus integrantes, independentemente do engajamento em fatos concretos, fundamentam o tipo do art. 2º da Lei 12.850/2013, que comina pena de reclusão de 3 a 8 anos e multa, *sem prejuízo* das penas correspondentes às demais infrações penais praticadas, para aquele que *promove, constitui, financia* ou *integra*, pessoalmente ou por interposta pessoa, organização criminosa.[12]

Aliás, a existência autônoma e independente do delito de organização criminosa, afinada à política internacional estimuladora do mais enérgico enfretamento a essa complexa forma de criminalidade, não se revela absolutamente ilegítima. Ao contrário, o tipo se destina à proteção da *paz pública,*[13] interesse digno de tutela penal porque pode ser fun-

[11] A Lei 9.034/1995 dispunha sobre meios de prevenção e repressão de ações praticadas por organizações criminosas, sem defini-las. Para alguns, contudo, a definição deveria ser extraída do art. 2º da Convenção das Nações Unidas contra o Crime Organizado Transnacional ("Convenção de Palermo"), promulgada por meio do Decreto 5.015, de 12/03/2004. Era a posição de algumas decisões do Superior Tribunal de Justiça, como, *e.g.* STJ, Quinta Turma, **HC 163.422/MG**, Rel. Min. Jorge Mussi, j. 07/02/2012, DJe 15/02/2012. Em sentido contrário, sob o argumento de que apenas lei em sentido estrito poderia definir crimes e cominar penas, posicionava-se o Supremo Tribunal Federal, como, por exemplo, no STF, Primeira Turma, **HC 96.007/SP**, Rel. Min. Marco Aurélio, j. 12/06/2012, DJe 18/05/2011. A primeira definição legal de organização criminosa foi veiculada pela Lei 12.694/2012, cujo art. 2º dispunha: "Para os efeitos desta Lei, considera-se organização criminosa a associação, de 3 (três) ou mais pessoas, estruturalmente ordenada e caracterizada pela divisão de tarefas, ainda que informalmente, com objetivo de obter, direta ou indiretamente, vantagem de qualquer natureza, mediante a prática de crimes cuja pena máxima seja igual ou superior a 4 (quatro) anos ou que sejam de caráter transnacional." A Lei 12.694/2012, todavia, foi tacitamente revogada pela Lei 12.850/2013.

[12] Por sua vez, a definição legal de organização criminosa é ditada pelo art. 1º, § 1º, da Lei 12.850/2013, como "a associação de 4 (quatro) ou mais pessoas estruturalmente ordenada e caracterizada pela divisão de tarefas, ainda que informalmente, com objetivo de obter, direta ou indiretamente, vantagem de qualquer natureza, mediante a prática de infrações penais cujas penas máximas sejam superiores a 4 (quatro) anos, ou que sejam de caráter transnacional."

[13] A paz pública restará violada quando, enfim, a associação, por si, já ensejar um *especial perigo de perturbação* à segurança e à tranquilidade públicas, em estado prévio da lesão (DIAS, Jorge de Figueiredo, A criminalidade organizada...*op. cit.*, 2008, p. 16). Em sentido contrário, Estellita e Greco esclarecem serem adeptos da corrente minoritária, que sustenta que os bens jurídicos protegidos pelo tipo de organização criminosa são os mesmos bens cor-

cionalizado aos interesses do indivíduo.[14] Por outro lado, há correção em sua estrutura típica, porque, em que pese se de um *delito de status*,[15] ele é governado pela lógica pré-consumativa, na medida em que se vincula, empírica ao idealmente, ao cometimento de crimes futuros.[16]

No que se refere à concreta dimensão da aplicação da lei, a postura de combate dos atores do Sistema de Justiça Criminal se, por um lado, é possível que redunde em algum grau maior de eficácia da intervenção jurídico-penal, por outro, pode suscitar certas perplexidades como, por exemplo, quando se abusa de prisões provisórias, por meio de decisões que, apesar de se referirem expressamente a um dos conceitos legais indeterminados do art. 312 do Código de Processo Penal, possuem o latente objetivo de se obter alguma espécie de colaboração premiada (arts. 3º-A a 7º, da Lei 12.850/2013).

Outra irresolução se dá quando decisões se assentam em teorias estrangeiras impossíveis de serem acomodadas no ordenamento jurídico-penal nacional, por ensejarem violação à literal interpretação de normas garantistas. É o que ocorre com a utilização, por exemplo, da norte-americana da *Willful blindness theory*, conhecida entre nós como *teoria da cegueira deliberada*, que, ao equipara ao dolo a "*desconsideração consciente de um risco substancial e injustificável*" acerca do cometimento de um crime,[17] acaba por se chocar com a intransponível definição legal de

respondentes ao plano criminoso da associação, porque apenas esta construção, na ótica dos mencionados autores, indicaria parâmetros críticos de interpretação ao tipo penal (Estellita, Heloisa; Greco, Luís. Empresa, quadrilha (art. 288 do CP) e organização criminosa – uma análise sob a luz do bem jurídico tutelado. **Revista Brasileira de Ciências Criminais**, São Paulo, v. 19, n. 91, p. 393-409, 2011, pp. 398-399).

[14] De Filippo, Thiago Baldani Gomes. **Proporcionalidade legislativa**...*op. cit.*, 2022, p. 121.

[15] Delitos de status são aqueles que incriminam meros comportamentos (De Filippo, Thiago Baldani Gomes. **Proporcionalidade legislativa**...*op. cit.*, 2022, p. 67).

[16] Diferentemente, os delitos de status que não se submetem à lógica pré-consumativa são aqueles que permitem a punição de sujeitos por causa de seus comportamentos indesejados, independentemente da necessária vinculação ao cometimento de crimes futuros, a chamada *culpabilidade pela condução de vida* (Mezger, Edmund. **Derecho penal: parte general**. Trad. Rodríguez Muñoz. Buenos Aires: El foro, 1985, p. 251). No ordenamento jurídico-penal nacional, podem ser lembradas as contravenções penais de vadiagem (art. 59 do Decreto-lei 3.688/1941) e de mendicância (art. 60 do Decreto-lei 3.688/1941, revogado pela Lei 11.983/2009), ensejando ambas uma *presunção legal de perigosidade* (art. 14 do Decreto-lei 3.688/1941).

[17] É o que estabelece o Código Penal Modelo dos EUA, em sua Seção 2.02(2)(c), ao se referir ao fato de o agente "consciously disregards a substantial and unjustifiable risk that the

dolo, extraída do art. 18, I, do CP, dispositivo legal que divide o elemento subjetivo em dolo direto (sujeito quis o resultado) e indireto-eventual (sujeito assumiu o risco de produzir o resultado), de maneira que a importação da teoria pela prática judiciária se apresenta desnecessária, se entendida como sinônimo de dolo eventual, ou inadequada, por representar analogia *in malam partem*[18] ao expandir os limites do elemento subjetivo para a ampliação da responsabilidade penal.

O cerne deste trabalho, contudo, reside na análise de outra teoria estrangeira da qual tem se socorrido a jurisprudência nacional, qual seja, o domínio do fato, intrinsecamente relacionada ao concurso de pessoas, tema este, aliás, que se coloca como um dos mais desafiadores da Parte Geral no âmbito das organizações criminosas, como abertamente reconheceu a Associação Internacional de Direito Penal (AIDP) em Bucareste, em setembro de 1999.[19]

Ao contrário da cegueira deliberada, a teoria do domínio do fato não se choca frontalmente com os limites interpretativos de garantias penais materiais. Por outro lado, deve haver muita cautela na sua aplicação, que deve vir acompanhada pelo aprofundamento técnico e rigor metodológico necessários a impedir o seu uso acrítico e descontextualizado.

Com isso, na sequência, impõem-se alguns apontamentos sobre a teoria do domínio do fato na seara das organizações criminosas, como etapa necessária a afastar certos equívocos interpretativos atinentes à sua aplicabilidade como recurso argumentativo apto a sanar deficiências probatórias e consequentemente presumir a responsabilidade criminal dos supostos líderes, por quaisquer delitos que possam ser cometidos por seus membros, apenas em razão de sua posição de comando no cenário organizacional. Passo seguinte, apresentam-se duas possibilidades de rendimento da teoria do domínio do fato no âmbito das organizações criminosas: uma em consideração às regras já existentes no

material element exist or will result from his conduct". Ver também Marcus, Jonathan L. **Model penal code section 2.02(7) and Willful blindness.** The Yale Law Journal, v. 102, n. 8, 1993, pp. 2231-2257.

[18] Lopes, Maurício Antonio Ribeiro. **Princípio da legalidade penal.** São Paulo: Revista dos Tribunais, 1994, p. 29.

[19] Fernández Sánchez, María Teresa. Autoría y participación en la criminalidad organizada. In: Diego Diaz-Santos, Maria Rosario; Sánchez López, Virginia. **Hacia un derecho penal sin fronteras.** Madrid: Colex, 2000, p. 26.

ordenamento jurídico-penal nacional, que implicam apenamento mais elevado do líder, e outra como sugestão, com a proposta de alteração das hipóteses legais que autorizam a responsabilidade do garantidor, em se tratando de crimes omissivos impróprios.

3. Teoria do domínio do fato e organização criminosa

A expressão *domínio do fato* foi utilizada pioneiramente por HEGLER em 1915, vinculada ao estudo da culpabilidade, sem qualquer repercussão no concurso de agentes. Em 1933, ela foi novamente trabalhada por LOBE, em termos mais próximos de seu significado atual. Porém, a teoria apenas se tornou mais conhecida com WELZEL, referindo-se ao *domínio final do fato* como critério determinante da autoria.[20] Posteriormente, CLAUS ROXIN empreendeu verdadeira inovação dogmática, coerente à sua perspectiva funcionalista, sob o fundamento de que autor é aquele que representa a *figura central do acontecer típico.*[21]

De especial utilidade para garantir a adequada punição das mais elevadas autoridades que comandavam os ocorres praticados durante o regime nazista, sem praticá-los diretamente, a teoria do domínio do fato de foi desenvolvida para distinguir as figuras de autor e de partícipe, já que, segundo o § 25 do Código Penal alemão (StGB), as penas cominadas aos cúmplices devem ser necessariamente menores do que as penas previstas aos autores.[22]

Para ROXIN, autor é aquele que domina o fato, que ocorre a partir de três modalidades: o domínio da ação, o domínio da vontade e o domí-

[20] GRECO, Luís; LEITE, Alaor. O que é e o que não é a teoria do domínio do fato sobre a distinção entre autor e partícipe no direito penal. In: BADARÓ, Gustavo Henrique. **Doutrinas essenciais: direito penal e processo penal**. Vol. II. São Paulo: Revista dos Tribunais, pp. 995-1024, 2015, p. 998.

[21] GRECO, Luís; LEITE, Alaor. O que é e o que não é a teoria do domínio do fato...*op. cit.*, 2015, p. 1001.

[22] "§ 25. Autoria. (1) É punido como autor quem comete o fato por si mesmo ou por meio de outro. (2) Se vários cometerem conjuntamente o fato, cada um é punido como autor (coautor). § 26. Instigação. É punido como instigador, com pena igual à do autor, quem determinou dolosamente outro ao cometimento de fato antijurídico doloso. § 27. Cumplicidade. (1) É punido como cúmplice quem prestou dolosamente auxílio a outrem para o cometimento de fato antijurídico doloso. (2) A pena do cúmplice tem como base a cominação dirigida ao autor. Ela deve ser mitigada segundo o § 49 Abs.1".

nio funcional do fato.[23] Em linhas gerais, o domínio ação trata da autoria imediata: autor é daquele que executa o crime diretamente, com as próprias mãos, ainda que a mando ou pedido de outrem.[24] Já o domínio da vontade retrata a autoria mediata: autor é aquele que detém o domínio da vontade de terceiro, seja pelo emprego de coação, pelo induzimento a erro (de tipo ou de proibição),[25] ou por cumprir ordens inserido em um aparato organizado de poder.[26] E, por fim, o domínio funcional do fato trata da coautoria, segundo divisão coordenada de tarefas.[27]

A caracterização da autoria a partir do domínio da vontade de terceiro por meio de um aparato organizado de poder tem especial relevância no âmbito das organizações criminosas. Apresentada inicialmente por Roxin em 1963,[28] ela se embasa na ideia de que, em uma organização delitiva, deve ser responsabilizado como autor mediato, e não mero partícipe, o chamado *homem de trás*, ou seja, o *autor detrás do autor* ("Täter hinter dem Täter").[29]

Ao contrário dos demais casos de domínio da vontade de terceiro, em que este é mero instrumento nas mãos daquele que emprega coação

[23] Greco, Luís; Leite, Alaor. O que é e o que não é a teoria do domínio do fato...*op. cit.*, 2015, p. 1002.

[24] Greco, Luís; Leite, Alaor. O que é e o que não é a teoria do domínio do fato...*op. cit.*, 2015, p. 1003.

[25] Em certos casos, tanto o homem da frente quanto o homem de trás podem ser considerados autores, o que acontecerá quando o *homem da frente* tiver sido induzido a erro vencível pelo *homem de trás*, que também ser considerado autor por ter agido com *conhecimento superior* (überlegens Sachwissen), que lhe permitiu dominar e controlar o homem da frente (Greco, Luís; Leite, Alaor. O que é e o que não é a teoria do domínio do fato...*op. cit.*, 2015, p. 1004).

[26] Greco, Luís; Leite, Alaor. O que é e o que não é a teoria do domínio do fato...*op. cit.*, 2015, pp. 1003-1005.

[27] Greco, Luís; Leite, Alaor. O que é e o que não é a teoria do domínio do fato...*op. cit.*, 2015, p. 1008.

[28] O próprio Roxin admite que a razão imediata para o desenvolvimento dessa forma de autoria mediata foi justamente o processo promovido em Jerusalém contra Adolf Eichmann, um dos principais responsáveis pelo holocausto (Roxin, Claus. O domínio por organização como forma independente de autoria mediata. Trad. Pablo Rodrigo Alflen. **Law E-Journal**, v. 4, n. 3, p. 69-94, 2009, p. 70.).

[29] Essa expressão foi pioneiramente utilizada por Richard Lange, sem o desenvolvimento de uma teoria, propriamente dita, o que somente aconteceu pouco tempo depois com Roxin e Schroeder (Alflen, Pablo Rodrigo. **Teoria do domínio do fato**. São Paulo: Saraiva, 2014, p. 137).

ou o induz a erro, no caso do aparato, o executor da ordem é plenamente responsável, circunstância que não obsta, contudo, a caracterização da autoria mediata do homem de trás, porque o aparato é o próprio instrumento, na medida em que o conjunto de suas pré-estruturas hierarquizadas assegura ao homem de trás o domínio sobre o resultado.[30]

De qualquer modo, no ambiente do aparato, para que o homem de trás responda como autor, devem estar presentes quatro pressupostos fundamentais: o poder de comando; a desvinculação do direito pelo aparato de poder; a fungibilidade do executor direto; e a disposição essencialmente elevada dos executores ao fato.

Em primeiro lugar, somente pode responder como autor mediato aquele que ostenta poder de comando dentro de uma organização criminosa e, de fato, passa a exercê-lo para a produção de resultados típicos, observando-se a possibilidade de configuração de muitos autores mediatos, em diferentes níveis de hierarquia.[31] A exigência de poder de comando pode indicar, à primeira vista, que a autoria mediata pressupõe, necessariamente, a prática de condutas ativas pelo homem de trás, tendentes à produção do resultado típico, porém se poderia cogitar da possibilidade, como se verá,[32] de sua responsabilidade quando, podendo impedir a prática de delitos por seus subordinados, o líder se queda inerte.

Em segundo lugar, é imprescindível a desvinculação do direito pelo aparato de poder, ou seja, este deve atuar, se não integralmente, ao menos no marco dos tipos penais por ele realizados, completamente fora da ordem jurídica. Um dos exemplos de Roxin está nos atos de extermínio em massa pelos nazistas, que somente admitiam autorias mediatas porque as atrocidades eram garantidas por um grande aparato sistemático, e não a partir de comportamentos isolados de agentes estatais, que atuariam contra ou à margem do aparato.[33] Esses aparatos representam organizações criminosas, que podem apresentar caráter estatal, como ditaturas, ou não, como máfias e grupos terroristas.[34] Em que pesem

[30] Roxin, Claus. O domínio por organização...*op. cit.*, 2009, p. 78.

[31] Roxin, Claus. O domínio por organização...*op. cit.*, 2009, p. 81.

[32] Cf. item 2.2.2, *infra*.

[33] Roxin. Claus. O domínio por organização...*op. cit.*, 2009, p. 82.

[34] Greco, Luís; Leite, Alaor. O que é e o que não é a teoria do domínio do fato...*op. cit.*, 2015, p. 1007.

posições contrárias, incluindo decisões do Supremo Tribunal Federal alemão, ROXIN entende que o conceito de aparato organizado de poder não pode ser estendido às empresas, ampliação que reputa ser uma degeneração de sua concepção.[35]

O terceiro pressuposto é o da fungibilidade do executor direto, ou seja, a possibilidade de substituição daquele que praticou imediatamente os atos de preenchimento do tipo penal. O âmbito do domínio por organização é orientado por certa automatização, na medida em que a recusa ou a perda de um indivíduo anteriormente designado para a prática da conduta não impedirá a realização desta, porque há muitos outros potenciais executores à disposição para esse mesmo fim.[36]

E, por fim, o pressuposto da disposição essencialmente elevada dos executores ao fato condiz com a constatação de aqueles que realizam os últimos atos de preenchimento do tipo em um aparato organizado de poder desvinculado do ordenamento jurídico são diferentes de autores isolados, porque se encontram submetidos a diversas influências decorrentes da própria organização que, apesar de não excluírem a responsabilidade, que os tornam mais dispostos ao fato do que outro sujeito que potencialmente pudesse praticá-lo e, com isso, aumentam a probabilidade do resultado e contribuem com o domínio do fato pelo homem de trás.[37]

[35] Roxin indica que as empresas, desde que não estejam envolvidas desde o princípio em atividades criminosas, não trabalham, como regra, desvinculadas do ordenamento jurídico. Além disso, faltam-lhe a fungibilidade dos executores e a disposição essencialmente elevada ao fato pelos integrantes da empresa, por conta do risco de punibilidade e da perda do seu lugar na sociedade empresarial. Portanto, faltam três dos quatro pressupostos fundamentais para que o homem de trás responda como autor mediato, considerado o seu domínio do fato (ROXIN, Claus. O domínio por organização...*op. cit.*, 2009, p. 90).

[36] ROXIN, Claus. O domínio por organização...*op. cit.*, 2009, p. 82. Roxin pondera apenas, em consideração à objeção de Schroeder, que é possível que, no contexto de organizações criminosas, é possível, entretanto, que haja executores infungíveis, posto dotados de dotados de conhecimentos especiais para o cometimento de certos delitos, como o fato de uma organização criminosa encomendar passaportes falsificados a alguém especializado nesses serviços ilícitos e não pertencente à organização. Nesses casos, não se cogitaria de autoria mediata do homem de trás, mas simplesmente instigação (ROXIN, Claus. O domínio por organização... *op. cit.*, 2009, p. 83).

[37] Tais influências são de ordem psíquica, identificadas por uma *tendência de adaptação* às diretrizes da organização criminosa, que ocasionaria uma adesão irrefletida às condutas criminosas; o zelo excessivo pela ambição na carreira, pela ostentação, pelo deslumbramento

Como visto, a teoria do domínio do fato, tal como desenvolvida por Roxin, tem forte apelo prático para o Direito Penal alemão, porque permite responsabilizar como autor, e não mero cúmplice, o homem de trás, que, por meio de um aparato organizado de poder que atua desvinculado do ordenamento jurídico, exerce poder de comando sobre terceiro, executor fungível e dotado de elevada disposição para a prática de injusto penal.

Para o ordenamento jurídico-penal brasileiro, entretanto, a teoria não possui semelhante rendimento. Ao contrário das regras do § 25 do StGB, o artigo 29 do CP adotou a teoria monista ou unitária, de origem italiana,[38] ao estabelecer que aquele que *"de qualquer modo, concorre para o crime incide nas penas a este cominadas, na medida de sua culpabilidade."* Significa que, como regra,[39] todos aqueles que tomarem parte na infração responderão pelo mesmo crime e estarão sujeitos às mesmas faixas penais que lhe forem abstratamente cominadas, ressalvadas, contudo, as hipóteses de participação de menor importância[40] e de cooperação dolosamente distinta.[41]

Se, por um lado, o acolhimento da teoria monista apenas permite reconhecer que todos que participam da mesma infração penal responderão pelo mesmo crime, dentro dos marcos penais sancionatórios do respectivo preceito penal secundário, por outro, não representa, em

ideológico ou em razão de impulsos sádicos ou criminosos, além de compreender reflexões como "se eu não faço, de qualquer forma outro o fará" ou mesmo situações que impliquem temores relacionados à perda da posição social, desprezo ou esperança de impunidade do seu fazer ordenado "desde cima" (Roxin, Claus. O domínio por organização...*op. cit.*, 2009, p. 86).

38 Como, aliás, reconhece expressamente o item 25 da Exposição de Motivos 211, de 09/05/1983.

39 Há situações pontuais, contudo, de caráter excepcional, de afastamento da teoria monista e aplicação da dualista, como é o caso do aborto, em que estão previstas penas diversas para a gestante que consente com a interrupção da gestação provocada por outrem (art. 124 do CP) e para o terceiro que provoca o aborto (art. 126 do CP); e da a corrupção, em que há cominação de penas diversas para o funcionário público corrupto (art. 317 do CP) e para o particular corruptor (art. 333 do CP), dentre outros.

40 Art. 29, § 1º: "Se a participação for de menor importância, a pena pode ser diminuída de um sexto a um terço."

41 Art. 29, § 2º: "Se algum dos concorrentes quis participar de crime menos grave, ser-lhe-á aplicada a pena deste; essa pena será aumentada até metade, na hipótese de ter sido previsível o resultado mais grave."

absoluto, qualquer impedimento para que se distingam os autores dos partícipes.[42]

Aliás, diante da pluralidade de sujeitos (requisito objetivo) e do ajuste de vontades (requisito subjetivo), com viés um tanto prático, os causalistas adotam o conceito extensivo de autor, argumentando que autores são todos aqueles que, de alguma forma, concorrem para o resultado lesivo, simplicidade teórica que pode se revelar injusta, por ignorar níveis distintos de influência no cometimento do injusto penal.[43] Por sua vez, entre aqueles que apresentam critérios distintivos entre autores e partícipes, situam-se os adeptos de teorias subjetivas e de teorias objetivas. Para os subjetivistas, autor é quem deseja o resultado como próprio, e partícipe é quem realiza o resultado para outrem. A constatação desse sentimento pode ocorrer por meio da investigação da *vontade* (a vontade do autor é independente, e a vontade do partícipe é dependente da vontade do autor) ou do *interesse* (o interesse do autor é maior do que o interesse do partícipe, porque apenas o primeiro quer o resultado para si).[44] Já para os defensores de teorias objetivas, a distinção deve ocorrer a partir de diretrizes objetivas, quer seja a partir da distinção entre quem realiza a conduta e quem atua de maneira prévia e preparatória à do autor (*teoria formal-objetiva*), quer seja a partir do exame da eficiência de cada qual para a consumação do crime, de maneira que autor seria aquele que conduz diretamente a marcha causal, ao passo que o partícipe a conduziria apenas indiretamente (*teoria material-objetiva*).[45]

Tanto as teorias subjetivas quanto as objetivas apresentam deficiências insuperáveis. A principal crítica às primeiras reside nas incertezas em torno da investigação da vontade independente ou do interesse preponderante. E, ainda que se lograsse identificar o elemento subjetivo mais forte, causaria certa perplexidade se reputar como mero partícipe o executor material de um crime, e como autor apenas eventual mandante. Por seu turno, as teorias objetivas, apesar de possibilitar mais vantagens em termos de segurança jurídica, devido a maior aderência ao

[42] MARTINELLI, João Paulo; DE BEM, Leonardo Schmitt. **Direito penal: lições fundamentais – parte geral.** 6ª ed. Belo Horizonte, São Paulo: D'Plácido, 2021, p. 841.

[43] MARTINELLI, João Paulo; DE BEM, Leonardo Schmitt. **Direito penal**...*op. cit.* 2021, p. 842.

[44] MARTINELLI, João Paulo; DE BEM, Leonardo Schmitt. **Direito penal**...*op. cit.* 2021, p. 842.

[45] MARTINELLI, João Paulo; DE BEM, Leonardo Schmitt. **Direito penal**...*op. cit.* 2021, p. 843.

princípio da legalidade, apresentam verdadeiros entraves na fundamentação das hipóteses de autoria mediata.[46]

A par desses desajustes, a teoria do domínio do fato de Roxin pode representar alguma relevância para o jurídico-penal brasileiro.[47] Em se tratando das organizações criminosas, a sua utilidade não é idêntica àquela apresentada para o Direito Penal alemão, na medida em que, como visto, segundo o art. 29 do CP brasileiro, a caracterização do homem de trás como autor ou partícipe não repercutirá, como regra e automaticamente, nas penas que lhe forem cominadas.

Esta constatação, entretanto, não impede que se investiguem outras possibilidades de utilidade da teoria para o ordenamento nacional. Nesse sentido, em seguida será apresentada uma distorção de sua aplicação, lamentavelmente já utilizada em sede jurisprudencial. Na sequência, serão observadas duas possibilidades de seu rendimento, no cenário do apenamento do líder de uma organização criminosa.

3.1. Inaplicabilidade: a teoria do domínio do fato não autoriza a presunção de responsabilidade penal do líder

O enfrentamento qualificado às organizações criminosas, tanto no plano legislativo quanto sob o prisma concreto da aplicação da lei, não pode vilipendiar garantias penais e processuais penais básicas, tampouco é adequado que acarrete deturpações teóricas, com o escopo de alargar as possibilidades punitivas. Como já pontuou Luiz Flávio Gomes, citando Durkhein, o crime, enquanto acontecimento humano inerente a qualquer agrupamento humano, pode ser controlado, porém nunca eliminado, de modo que a política de combate a todo e qualquer custo é irracional e perniciosa.[48]

Inicialmente, em sede jurisprudencial, a teoria do domínio do fato de Roxin foi vítima de impropriedade gritante. No julgamento da famigerada Ação Penal 470 ("Mensalão"), ela foi utilizada para o fim de presumir responsabilidade penal, a partir da posição de comando ocupada

46 Batista, Nilo. **Concurso de agentes**. Rio de Janeiro: Liber Juris, 1979, pp. 62-64.

47 Em sentido semelhante, ao denunciar o modelo assistemático do nosso Código Penal, Busato, Paulo César; Cavagnari, Rodrigo. A teoria do domínio do fato e o código penal brasileiro. **Revista Delictae**, Belo Horizonte, v. 2, n. 2, jan.-jun. 2017, p. 126.

48 Gomes, Luiz Flávio; Cervini, Raúl. **Crime organizado: enfoques criminológico, jurídico (Lei 9.034/95) e político-criminal.** 2ª ed. São Paulo: Revista dos Tribunais, 1997, p. 36.

pelo acusado. À época, o Supremo Tribunal Federal (STF) pontuou que *"presumivelmente, aos detentores do controle das atividades do Banco Rural, conforme dispõe o ato institucional da pessoa jurídica, há que se imputar a decisão (ação final) do crime. Nessa ação coletiva dos dirigentes é interessante a lição de CLAUS ROXIN sobre o domínio do fato..."*.[49]

Anos mais tarde, houve uma correção de rumos de sua aplicação, tanto pelo STF[50] quanto pelo Superior Tribunal de Justiça,[51] mas a incipiente aplicação do domínio do fato serve para ilustrar os perigos da manipulação de teorias para finalidades situadas à margem de seus adequados fins.

Deveras, o domínio do fato nunca serviu para se presumir responsabilidade penal e tampouco para se dispensar o elemento subjetivo devido à posição de comando ou chefia assumida pelo agente no âmago organizacional, em nada se aproximando ao instituto da *command responsability*, previsto no art. 28 do Estatuto do Tribunal Penal Internacional, que, em síntese, estatui a responsabilidade criminal do chefe militar ou de outros superiores hierárquicos por crimes de competência do tribunal cometidos por seus subordinados a partir de sua mera posição de comando, diante da mera ausência de exercício de um *controle apropriado* sobre essas forças.[52]

[49] STF, Tribunal Pleno, **AP 470-MG**, Rel. Min. Joaquim Barbosa, j. 17/12/2012, DJe 22/04/2013.

[50] "(...)5. Deve ser refutada imputação centrada, unicamente, na posição de um dado agente na escala hierárquica governamental, por inegável afinidade com o Direito Penal Objetivo. 6. Não se admite a invocação da teoria do domínio do fato com vistas a solucionar problemas de debilidade probatória ou a fim de arrefecer os rigores para a caracterização do dolo delitivo, pois tais propósitos estão dissociados da finalidade precípua do instituto (...)." (STF, Segunda Turma, **AP 975/AL**, Rel. Min. Edson Fachin, p. 03/10/2017 DJe 02/03/2018).

[51] "(...) 1. A teoria do domínio do fato funciona como uma ratio, a qual é insuficiente, por si mesma para aferir a existência do nexo de causalidade entre o crime e o agente. É equivocado afirmar que um indivíduo é autor porque detém o domínio do fato se, no plano intermediário ligado à realidade, não há nenhuma circunstância que estabeleça o nexo entre sua conduta e o resultado lesivo. 2. Não há, portanto, como considerar, com base na teoria do domínio do fato, que a posição de gestor, diretor ou sócio administrador de uma empresa implica a presunção de que houve a participação no delito, se não houver, no plano fático-probatório, alguma circunstância que o vincule à prática delitiva." (STJ, Sexta Turma, **REsp 1.854.893/SP**, Rel. Min. Rogerio Schietti Cruz, j. 08/09/2020, DJe 14/09/2020).

[52] O Estatuto do Tribunal Penal Internacional foi promulgado pelo Decreto 4.388, de 25/09/2002, estabelecendo o art. 28, *a*: "O chefe militar, ou a pessoa que atue efetivamente

Igualmente, a teoria do domínio do fato não guarda qualquer semelhante com os chamados *strict liability crimes*, próprios a várias legislações penais dos Estados Unidos da América, que contemplam previsões expressas de afastamento do elemento subjetivo, em atenção a reclames utilitaristas ditados pela importância do interesse tutelado pela norma e a dificuldade de prova do elemento subjetivo.[53] Apesar de seu papel fundamental na guerra às drogas, a regra tem sido aplicada em se tratando do crime de estupro de vulnerável (*statutory rape*), sob o argumento da especial proteção aos interesses de crianças e adolescentes e que a exigência do elemento subjetivo enfraqueceria o escopo protetivo da norma;[54] em relação a tipos penais conhecidos como *public welfare offenses*, que são aqueles que visam à proteção de interesses difusos como o meio ambiente, a segurança viária, o mercado financeiro e a ordem de consumo;[55] e mesmo em hipóteses tais em que se dispensa a prova do elemento subjetivo a partir da posição de comando ocupada no contexto empresarial (*vicarious liabity*), como já chancelado pela Suprema Corte dos Estados Unidos no ano de 1975, ao confirmar a condenação criminal de um empresário de Baltimore, presidente de uma rede nacional alimentícia, pela venda de gêneros alimentícios inadequadamente protegidos contra a ação de roedores, tão somente a partir da sua posição de comando no quadro empresarial, e a despeito de considerações

como chefe militar, será criminalmente responsável por crimes da competência do Tribunal que tenham sido cometidos por forças sob o seu comando e controle efetivos ou sob a sua autoridade e controle efetivos, conforme o caso, pelo fato de não exercer um controle apropriado sobre essas forças quando: i) Esse chefe militar ou essa pessoa tinha conhecimento ou, em virtude das circunstâncias do momento, deveria ter tido conhecimento de que essas forças estavam a cometer ou preparavam-se para cometer esses crimes; e ii) Esse chefe militar ou essa pessoa não tenha adotado todas as medidas necessárias e adequadas ao seu alcance para prevenir ou reprimir a sua prática, ou para levar o assunto ao conhecimento das autoridades competentes, para efeitos de inquérito e procedimento criminal."

[53] Singer, Richard e La Fond, John. **Criminal law**. 3ª ed. Nova Iorque: Aspen Publishers, 2004, pp. 102-103. Nos Estados Unidos, de maneira geral, o tipo penal é estruturado a partir de dois elementos: *actus reus*, que é o elemento material do crime, a conduta, em si; e *mens rea*, seu elemento psicológico, que pode variar entre *intente* e *knowledge* (figuras equiparáveis ao dolo), *reckelesness* (elemento intermediário entre o dolo e a culpa) e *negligence* (culpa) (Singer, Richard e La Fond, John. **Criminal law**...*op. cit.*, p. 3).

[54] California, People v. Olsen, 685 P.2d 52 (Cal. 1984).

[55] Singer, Richard e La Fond, John, **Criminal law**...*op. cit.*, 2004, pp. 101-102.

acerca do elemento subjetivo.[56] A constitucionalidade das leis penais que expressamente afastam o elemento subjetivo, inclusive, foi expressamente afirmada pela Suprema Corte dos Estados Unidos para os delitos *mala prohibita*, proibindo-as, contudo, em se tratando dos crimes *mala in se* (*true crimes*), como o homicídio, roubo, estupro com violência real, dentre outros.[57]

No Brasil, consoante o princípio da culpabilidade,[58] a responsabilidade penal é necessariamente subjetiva, demandando a presença do dolo ou, nos casos expressamente previstos, a culpa, nos termos do art. 18, parágrafo único, do CP. Entretanto, não se trata de um princípio constitucional expresso, omissão que acarreta considerável risco para a edição de futuras leis penais, expressamente consagradoras da responsabilidade penal objetiva, perigo que apenas seria contornado com a inserção dessa garantia material, via emenda, no rol do art. 5º da Constituição Federal.

De qualquer forma, independentemente da envergadura dos interesses em jogo, em vistas ao caráter de *ultima ratio* da intervenção jurídico-penal, como observou Raúl Cervini, o enfretamento da criminalidade organizada não justifica a importação *ad hoc* de teorias que, mal ou bem aplicadas, acabem por flexibilizar ou mesmo eliminar o elemento subjetivo.[59]

3.2. Rendimento da teoria do domínio do fato no contexto das organizações criminosas

A teoria do domínio do fato de Roxin não apresenta para o Direito Penal brasileiro a mesma utilidade de que se reveste ao ordenamento jurídico-penal alemão, na medida em que aqui não há necessária diferença de apenamentos entre autores e partícipes.[60]

[56] United States v. Park, 421 U.S. 658 (1975).

[57] Morissette v. United States, 342 U.S. 246 (1952).

[58] A culpabilidade é expressão polissêmica e para o Direito Penal assume três sentidos: culpabilidade como elemento do conceito analítico de crime, sucedendo o injusto penal (fato típico e ilícito); culpabilidade como princípio, indicando que a responsabilidade penal é invariavelmente subjetiva (*nullum crimen sine culpa*); e culpabilidade enquanto medida de pena, no que diz respeito ao grau de reprovação do comportamento, a representar uma das circunstâncias judiciais do art. 59 do CP.

[59] Gomes, Luiz Flávio; Cervini, Raúl. **Crime organizado**...*op. cit.*, 1997, p. 335.

[60] Cf. item 2, *supra*.

Entretanto, com isso não se quer dizer que aludida teoria seja inútil ao sistema normativo nacional. Muito pelo contrário, o seu refinamento técnico permite suprir os déficits apresentados pelas teorias objetivas e subjetivas que buscam distinguir a autoria da participação. Nesse sentido, o desenvolvimento do conceito de autoria a partir do domínio da vontade supre as deficiências excessivamente formalistas da teoria formal-objetiva, além de fornecer critérios mais objetivos e seguros do que o exame da mera *eficiência do comportamento*, sugerido pela teoria material-objetiva. Por outro lado, a redução das subjetividades acarretada pelas premissas que marcam cada dimensão da teoria, seja pelo domínio da ação, da vontade ou pelo domínio funcional do fato, apresentam parâmetros sugestivamente mais seguros do que a aferição da vontade independente ou do interesse preponderante como forma de distinção entre autores e partícipes, própria das teorias subjetivas.

Com isso, revela-se oportuna a apresentação de suas possibilidades de rendimento do domínio do fato, na seara específica das organizações criminosas: uma a partir da necessidade de aumento de pena decorrente da promoção ou organização da atividade delitiva dos demais agentes, contemplada pelo art. 62, I, do CP; e outra derivada da cogitação da responsabilidade, como autor, daquele que, a partir da ocupação da posição de chefia ou liderança em uma organização criminosa, com o poder de comando sobre terceiros, ao tomar conhecimento dos crimes que serão por estes praticados, simplesmente se omite, possibilitando a ocorrência dos resultados. Esta última situação não está presente nas hipóteses taxativas de responsabilidade do garantidor, contempladas pelo art. 13, § 2º, do CP.

3.2.1. *Lege lata:* Congruência com o apenamento mais severo do líder

Uma das agravantes genéricas, prevista art. 62, I, do CP, é direcionada ao agente que *"promove, ou organiza a cooperação no crime ou dirige a atividade dos demais agentes"*. Em outras palavras, o dispositivo trata da necessidade de apenamento mais severo do líder, não necessariamente no âmbito das organizações criminosas, porque pode ser aplicado para quaisquer modalidades de concurso de pessoas. Mas naturalmente é no cenário das organizações criminosas, consideradas as suas estruturas hierárquicas, em se vislumbrará, com relativa frequência, a aplicação dessa agravante, diante da identificação de líderes e liderados.

Adotada a teoria formal-objetiva, por exemplo, que é a que representa maiores trunfos em termos de segurança jurídica, chegar-se-ia à curiosa conclusão de que o líder, apesar de seu destaque, seria mero partícipe do crime, relegando-se a autoria exclusivamente aos seus executores materiais. Mais inusitada ainda seria a constatação da possibilidade de partícipes, em que pese a acessoriedade de seu comportamento, receberem penas mais elevadas do que os praticantes das condutas principais, implicando verdadeira subversão às regras do art. 29 do CP.

Ora, é aceitável que o partícipe seja apenado mais severamente que o autor a partir de condições subjetivas ligadas ao seu histórico criminal, como é o caso de seus antecedentes (art. 59 do CP) ou da reincidência (art. 61, I, CP). Porém, em se tratando de condições objetivas ligadas ao fato, não se afigura lógica a punição mais elevada do partícipe, por causa de seu papel meramente secundário para o acontecer típico. Nesse sentido, o domínio do fato possui o trunfo de possibilitar que tanto os mandantes quanto os executores materiais da infração penal sejam punidos como autores do delito.

3.2.2. *Lege ferenda:* responsabilidade do líder omisso, mas consciente

Na esfera das organizações criminosas, o domínio do fato encontra outra possibilidade de rendimento no que toca à figura do líder, na seara dos delitos omissivos impróprios. Roxin argumenta que, em se tratando de domínio do fato por meio de um aparato organizado de poder, a fundamentação da autoria mediata deve pressupor a existência de uma ordem oriunda do homem de trás que, por meio do aparato, pode causar o resultado com mais segurança.[61] Nesse sentido, o renomado professor critica decisão do Supremo Tribunal Federal alemão, que reconheceu responsabilidade penal aos dirigentes de fato de uma sociedade de responsabilidade limitada pelos estelionatos praticados por seus empregados em relação à encomenda de mercadorias, sem, contudo, que houvesse a demonstração de alguma atuação concreta desses dirigentes, mas tão somente a partir do pressuposto do aproveitamento *"de condições básicas determinadas por estruturas de organização, que impulsionam o curso*

[61] Roxin, Claus. O domínio por organização...*op. cit.*, 2009, p. 80.

regular".[62] Para ROXIN, no entanto, não há fundamentação exata acerca de como deve existir o domínio do fato sobre acontecimento acerca do qual o acusado não atuou concretamente.[63]

Há casos, entretanto, que o líder, apesar de omisso, detém em suas mãos o pleno domínio do fato. Uma situação hipotética: o sujeito "X" foi erigido à condição de líder de uma organização criminosa especializada na corrupção de agentes públicos. A cada mês, ele deve receber a listagem dos agentes a serem corrompidos no período por seus subalternos. Ele pode dar ordens para impedir os ilícitos, que serão prontamente aceitas pelos supostos executores materiais, mas o silêncio vale como aprovação tácita dos crimes pretendidos.

Em situações tais, a omissão parece se figurar penalmente relevante. Entretanto, ela restaria impune perante o ordenamento jurídico-penal nacional, se cotejada com as hipóteses taxativamente previstas pelo art. 13, § 2º, do CP, essencialmente vinculadas à existência de um dever de agir decorrente de lei, contrato ou pela chamada ingerência da norma, quando o risco da ocorrência do resultado foi *criado* por comportamento anterior do sujeito, que agora se omite.

Enquanto o fundamento da relevância penal da omissão decorrente de dever legal ou contratual se assenta na teoria dos deveres formais de FEUERBACH,[64] a omissão por ingerência da norma deita raízes no causalismo-monista, que busca resolver os problemas de imputação jurídico-penal a partir da causalidade, procurando estabelecer uma relação causa-efeito para a omissão a partir de ação prévia praticada pelo próprio autor, cujos desdobramentos típicos não tenham sido por ele evitados e, assim, transformando a subsequente omissão em uma "comissão por omissão".[65]

[62] ROXIN, Claus. O domínio por organização...*op. cit.*, 2009, p. 89.

[63] ROXIN, Claus. O domínio por organização...*op. cit.*, 2009, p. 89.

[64] Na esteira de Kant, Feuerbach, com base em uma teoria liberal de Estado, observava que o fundamento dos delitos de ação estaria no dever geral dos indivíduos não lesarem terceiros (dever geral de omissão), ao passo que o fundamento dos delitos de omissão redundaria em um dever de agir extraído do Direito Positivo, seja na lei ou no contrato (dever especial de ação) (SCHÜNEMANN, Bernd. Sobre a posição de garantidor nos delitos de omissão imprópria – possibilidades histórico-dogmáticas, materiais e de direito comparado para escapar de um caos. Trad. Alaor Leite. In: GRECO, Luís (coord.). **Estudos de direito penal, direito processual penal e filosofia do direito**. São Paulo: Marcial Pons, pp. 159-181, 2013, p. 161).

[65] SCHÜNEMANN, Bernd. Sobre a posição de garantidor..., *op. cit.*, 2013, p. 167.

Os fundamentos típicos da omissão imprópria, tal como explicitados pelo art. 13, § 2º, do CP brasileiro, que ecoa normas semelhantes do sistema jurídico-penal alemão e espanhol,[66] são considerados obsoletos por BERND SCHÜNEMANN. O professor alemão ilustra sua irresignação com exemplos, dizendo que um agente público não será responsável por qualquer resultado criminoso que possa decorrer de sua eventual violação de dever funcional, se não reunir condições de *domar* o resultado, assim como não responderá criminalmente o proprietário de um cão bravio que fugiu de forma definitiva, quando, tempos depois, o animal atacar alguém.[67]

Em sua proposta, SCHÜNEMANN, com fundamento em premissas próprias da teoria do domínio,[68] esclarece que o pressuposto decisivo da relevância típica da omissão imprópria não redunda na fria violação de deveres ou na adoção de comportamentos potencialmente causadores de riscos a bens jurídicos, mas, antes, o fundamento da omissão imprópria reside no *domínio sobre o fundamento do resultado*, que se densifica sob duas vertentes: a *proteção de um bem jurídico desprotegido*, extraindo-se a figura do garantidor a partir das posições mais específicas da comunidade da vida, comunidade de perigo e da assunção da função da guarda sobre um bem jurídico desamparado; e as omissões referidas à *vigilância de uma fonte de perigo*, que abarca as posições de garantidor dos deveres de controle sobre coisas perigosas e do domínio sobre pessoas ou funções perigosas.[69]

[66] Trata-se do § 13 do StGB e do art. 11 do Código Penal espanhol.

[67] SCHÜNEMANN, Bernd. Sobre a posição de garantidor..., *op. cit.*, 2013, pp. 172-173.

[68] Curiosamente, Schünemann, apesar de seu apego funcionalista, desenvolve o seu pensamento a partir do labor de Armin Kaufmann, discípulo do finalista Hans Welzel, adepto da teoria do domínio *final* do fato (SCHÜNEMANN, Bernd. Sobre a posição de garantidor..., *op. cit.*, 2013, p. 170).

[69] SSCHÜNEMANN, Bernd. Sobre a posição de garantidor..., *op. cit.*, 2013, pp. 171-172. Nessa direção, o art. 25 do Código Penal colombiano adota a teoria do domínio de forma ampla, *in verbis:* "Artículo 25. Acción y omisión. La conducta punible puede ser realizada por acción o por omisión. Quien tuviere el deber jurídico de impedir un resultado perteneciente a una descripción típica y no lo llevare a cabo, estando en posibilidad de hacerlo, quedará sujeto a la pena contemplada en la respectiva norma penal. A tal efecto, se requiere que el agente tenga a su cargo la protección en concreto del bien jurídico protegido, o que se le haya encomendado como garante la vigilancia de una determinada fuente de riesgo, conforme la Constitución o a la ley. Son constitutivas de posiciones de garantía las siguientes situaciones: 1. Cuando se asuma voluntariamente la protección real de una persona o de una fuente

Nesse sentido, com o escopo da adequada responsabilização criminal de líderes que, conscientemente, dirigem o comportamento dos demais, sem a necessária emanação de ordens concretas, a teoria do domínio do fato pode render forte contribuição, com a necessária alteração das regras do § 2º do art. 13 do CP, estendendo-as para o alcance dessa finalidade.

4. Conclusão

Sob a égide da globalização, não se pode fechar os olhos a respeito das interconexões entre os mais diversos sistemas jurídicos e diretrizes transnacionais de enfretamento a certos tipos de criminalidade. Também não se pode ignorar a frequente utilização de teorias estrangeiras, com potencial impacto para influenciar decisivamente nas multifacetadas transformações do sistema jurídico-penal brasileiro, tanto em sede abstrata, a partir das sucessivas alterações legislativas, quanto na concretude das decisões judiciais.

O importante não é a pretensão de trancar as fronteiras do Direito Penal e das Ciências Penais a influências estrangeiras, aspiração impossível, ingênua e indesejável. O decisivo redunda em dois desafios: por um lado, o conhecimento profundo das diretrizes e teorias estrangeiras é fundamental para a sua correta aplicação; por outro, elas não podem vilipendiar a essência de garantias penais, sejam elas de natureza material ou processual.

Com esses cuidados, o presente texto se debruçou sobre a teoria do domínio do fato, no âmbito das organizações criminosas. Em primeiro lugar, procurou demonstrar os perigos que derivam de sua aplicação incorreta, desapegada do conhecimento de seus pressupostos e finalidades, o que é particularmente sensível no âmbito da intervenção jurídico-penal, considerados todos os deletérios efeitos decorrentes. Em particular, seu equivocado uso para a punição daqueles que ocupam posições de comando em organizações criminosas, tão somente pela constatação do exercício desse papel. Em segundo lugar, o objetivo foi

de riesgo, dentro del propio ámbito de dominio.2. Cuando exista una estrecha comunidad de vida entre personas. 3. Cuando se emprenda la realización de una actividad riesgosa por varias personas. 4. Cuando se haya creado precedentemente una situación antijurídica de riesgo próximo para el bien jurídico correspondiente."

apontar duas serventias que possam decorrer de sua escorreita acomodação ao Direito Penal brasileiro, consistentes na correção dogmática de se classificar como autor, a partir do domínio do fato, tanto o líder que dita ordens concretas, atuando como mandante de crimes específicos, quanto o líder consciente das pretensões criminosas de seus subalternos, que pode agir para impedi-las, mas não o faz, concorrendo para o crime, a partir de sua omissão. Em relação ao primeiro caso, não há impedimento legal algum para a imediata aplicação teórica do domínio do fato, diferentemente do segundo, submetido à necessidade de alteração legal.

De qualquer modo, a teoria do domínio do fato, a despeito de não apresentar a mesma utilidade para o fim a que se propôs ao Direito Penal alemão, se bem aplicada, servirá para que as distinções entre autores e partícipes e os efeitos práticos dela decorrentes se embasem em critérios dotados de alto rigor técnico, com a densidade teórica necessária a conferir maior segurança na interpretação desses institutos penais.

CAPÍTULO 12
VALE A PENA O CRIME DE OBSTRUÇÃO DE INVESTIGAÇÃO DE ORGANIZAÇÃO CRIMINOSA?

HELENA REGINA LOBO DA COSTA

1. Introdução

O presente artigo objetiva questionar a escolha político-criminal do legislador brasileiro de criminalizar a conduta de *obstruir ou embaraçar investigação criminal* a partir do panorama de aplicação do tipo penal desde sua criação, que completa dez anos.

Tal questionamento pode, à primeira vista, parecer uma escolha radical da autora. Por isso, é necessário descrever, ainda que brevemente, o caminho percorrido até se chegar a ele. As primeiras linhas traçadas deste texto buscavam submeter a figura delitiva já citada a um escrutínio crítico, demonstrando os inúmeros atritos da figura com direitos fundamentais, e construir critérios para uma interpretação restritiva, constitucionalmente conformada e voltada à maximização do âmbito de exercício de direitos fundamentais.

Entretanto, aos poucos, porém de forma arrebatadora, o plano revelou-se inútil. A leitura de textos doutrinários sobre o assunto já revelara o potencial danoso da figura. Porém, um olhar atento aos casos concretos que se apresentaram aos tribunais deixou claro que o potencial converteu-se em dano efetivo, sem qualquer balizamento por parte de uma interpretação restritiva, impondo-se a conclusão de que o tipo penal vem causando mais estragos a direitos fundamentais do que qualquer eventual proteção a bem jurídico[1].

Para tentar conduzir o leitor pelo raciocínio acima, as próximas linhas trarão duas observações iniciais, relativas à Convenção de Palermo e à terminologia empregada para se referir ao tipo penal. A seguir, serão tecidas algumas reflexões sobre a administração da justiça como bem jurídico-penal. Os atritos causados pelo crime de obstrução de investigação de organização criminosa contra direitos fundamentais constitucionalmente garantidos também são objeto de exame, seguidos de um exame da aplicação da figura em análise. Por fim, questiona-se a pertinência político-criminal da incriminação, extraindo-se algumas conclusões.

2. Duas notas iniciais

Antes de passar ao exame proposto, cumpre fazer duas breves observações introdutórias, a primeira relacionada à Convenção de Palermo e a segunda, à terminologia utilizada.

De forma cada vez mais recorrente, temos visto a justificação da criação de tipos penais sob a invocação de tratados ou convenções internacionais. Em geral, trata-se de justificações bastante questionáveis, seja quanto à obrigação em si – nem sempre a assinatura do tratado ou convenção exige, efetivamente, a criminalização de certas condutas[2] –, seja quanto à sua extensão: em geral, criminaliza-se muito além daquilo descrito na convenção ou tratado. Porém, tem sido uma estratégia de inegável sucesso para expandir os âmbitos de punição, sem grandes questionamentos quanto à sua legitimidade, necessidade ou mesmo adequação.

No caso do tipo de obstrução de investigação criminal, a história se repete. São muitos os autores que afirmam que o tipo penal teria sido introduzido em nossa legislação em decorrência dos compromissos

[1] Deixo de trazer, aqui, qualquer perspectiva crítica sobre a concepção de que o direito penal protegeria bens jurídicos, por entender impertinente ao presente trabalho. Mas é necessário ao menos pontuar que tal concepção, embora prevalente na doutrina penal, apresenta déficit de fundamentação considerável, seja sob uma perspectiva empírica, seja sob a compreensão da relação entre pessoa e direito penal, dentre vários outros pontos, não devendo ser aceita como verdade absoluta.

[2] Lembrando, ainda, que qualquer incriminação exige o atendimento de critérios específicos, independentemente das obrigações assumidas internacionalmente.

contidos na Convenção das Nações Unidas contra o Crime Organizado Transnacional (Convenção de Palermo)[3].

Entretanto, FELDENS e TEIXEIRA revelam que nas discussões dos projetos de lei que resultaram na Lei n. 12.850/2013, a Convenção sequer foi objeto de menção[4].

É verdade que a ausência de menção, embora digna de nota, não afasta uma possível motivação implícita no cumprimento da convenção. Contudo, nossa legislação já contava com uma série de previsões legais que abarcavam integralmente o conteúdo de injusto indicado pela Convenção, que, quanto a esse ponto, previu:

> Artigo 23
>
> **Criminalização da obstrução à justiça**
>
> Cada Estado Parte adotará medidas legislativas e outras consideradas necessárias para conferir o caráter de infração penal aos seguintes atos, quando cometidos intencionalmente:
>
> a) O recurso à força física, a ameaças ou a intimidação, ou a promessa, oferta ou concessão de um benefício indevido para obtenção de um falso testemunho ou para impedir um testemunho ou a apresentação de elementos de prova num processo relacionado com a prática de infrações previstas na presente Convenção;
>
> b) O recurso à força física, a ameaças ou a intimidação para impedir um agente judicial ou policial de exercer os deveres inerentes à sua função relativamente à prática de infrações previstas na presente Convenção. O disposto na presente alínea não prejudica o direito dos Estados Partes de disporem de legislação destinada a proteger outras categorias de agentes públicos.

Uma brevíssima mirada ao Código Penal brasileiro demonstra que todos os comportamentos listados pela Convenção já eram típicos em nosso ordenamento, bastando mencionar, dentre outros, o crime de coação no curso do processo (art. 344 do CP) e o de falsa perícia (art.

[3] Dentre outros, vide: ROSA, João Luiz Moraes. **Crime organizado**: criminologia e política criminal. Curitiba: Juruá, 2018. p. 168. Masson, Cleber; MARÇAL, Vinícius. **Crime organizado.** 4. ed. rev., atual. e ampl. São Paulo: Método, 2018, pp. 117-118.

[4] FELDENS, Luciano; TEIXEIRA, Adriano. **O crime de obstrução de justiça:** alcance e limites do art. 2º, § 1º, da Lei 12.850/2013. São Paulo: Marcial Pons, 2020. p. 22.

343 do CP). Entretanto, uma vez mais, utilizou-se o argumento simplório do compromisso internacional para a introdução de figura repleta de problemas técnicos e em clara contraposição ao exercício de direitos fundamentais, conforme será mais detalhadamente discutido adiante.

Quanto à segunda observação: nosso legislador deixou de inserir *nomen juris* à figura, em mais uma demonstração de má técnica legislativa, já que tal elemento consiste em "chave hermenêutica de grande importância na orientação do aplicador da lei penal"[5]. A exemplificar a relevância do tema, basta mencionar como a falta de rubrica dificultou a interpretação de quais condutas da então Lei de Entorpecentes deveriam ser tidas como hediondas; bem como de quais condutas devem ser tidas como racismo, considerado imprescritível pela Constituição Federal.

Diante do silêncio legislativo, alguns autores nacionais[6] têm denominado a figura de obstrução de justiça, em virtude da clara inspiração estadunidense para sua criação, a figura do *obstruction of justice.*

O presente trabalho não adota essa terminologia por dois motivos. O primeiro consiste em sua imprecisão à luz da figura típica nacional, que se refere ao embaraço ou impedimento a investigação criminal. A adoção do *nomen juris* obstrução de justiça poderia dar ensejo ao entendimento equivocado de que a figura se refere também a processos judiciais[7].

E o segundo motivo reside no distanciamento da figura brasileira daquela estadunidense. Aliás, mais correto seria dizer daquelas figuras estadunidenses, no plural, já que obstrução de justiça designa, nos Estados Unidos, uma série de condutas descritas na legislação federal (US Code, Title 18, Chapter 73, §§1501-1521), além de condutas previstas por legislações estaduais específicas. Dentre as figuras federais, o §1503 traz uma conduta mais aberta, conhecida como "cláusula ônibus"[8]. Ocorre que, para além dos requisitos previstos no Código, a jurispru-

[5] Gomes, Mariângela Gama de Magalhães. **Teoria Geral da Parte Especial do Direito Penal**. São Paulo: Atlas, 2014. p. 217.

[6] Exemplificativamente, Luciano Feldens e Adriano Teixeira utilizam essa terminologia inclusive no título de sua obra sobre o tema, embora sublinhem que a expressão "obstrução de investigação de infração penal" seria mais adequada. Feldens, Luciano; Teixeira, Adriano. **O crime de obstrução**...*op. cit.*, 2020, p. 19.

[7] Sobre o tema, vide item 5, adiante.

[8] "Omnibus clause" ou "catch-all provision".

dência estabeleceu a necessidade de se comprovarem diversos elementos para a configuração delitiva: relevância, procedimento em curso, conhecimento do procedimento e intencionalidade[9], além de um nexo de causalidade entre a conduta e um efeito natural e provável de interferência com a administração regular da justiça[10]. Dessa forma, um exame um pouco mais detalhado da matéria revela não ser tecnicamente correto adotar a nomenclatura obstrução de justiça no direito brasileiro, pois, efetivamente, trata-se de construções jurídicas bastante distintas.

De todo modo, vale notar que também nos Estados Unidos o assunto é bastante controvertido, tendo sido levantadas várias objeções constitucionais, sendo a vagueza dos tipos uma permanente preocupação quanto à sua aplicação também naquele país[11].

3. Reflexões sobre o bem jurídico-penal

Estudar um tema a partir dos aportes da teoria do bem jurídico pode parecer excessivamente abstrato e teórico, mas é preciso insistir na relevância dessa ferramenta como um critério potente, seja como um dos critérios de análise da legitimidade da incriminação, seja também em termos dogmáticos. Por isso, nunca é demais repetir as funções principais do conceito de bem jurídico, quais sejam, a crítica, também denominada de transcendente-sistêmica, e a hermenêutica ou imanente sistêmica[12]. No âmbito crítico, o conceito de bem jurídico-penal busca colaborar na fixação de parâmetros externos e logicamente anteriores à decisão legislativa quanto à criminalização. Restringe, portanto, o

[9] Veja-se, em detalhes, o panorama e a discussão trazida por: De Marco, Joseph V. A Funny Thing Happened on the Way to the Courthouse: Mens Rea, Document Destruction, and the Federal Obstruction of Justice Statute, **New York University Law Review**, New York, n. 67 p. 570 e ss., 1992.

[10] Sobre o tema, discutindo inclusive questionamentos trazidos pelo caso Arthur Andersen, vide: Taylor, Kyle R.. The Obstruction of Justice Nexus Requirement after Arthur Andersen and Sarbanes-Oxley, **Cornell Law Review**, n. 93, p. 401 e ss., 2008. Disponível em: http://scholarship.law.cornell.edu/clr/vol93/iss2/15.

[11] Decker, John F. The Varying Parameters of Obstruction of Justice in American Criminal Law, **Louisiana Law Review** 65, 2004. p. 124 e ss.. Disponível em: https://digitalcommons.law.lsu.edu/lalrev/vol65/iss1/5

[12] Sobre o tema, vide HASSEMER, Winfried. **Theorie und Soziologie des Verbrechens**: Ansätze zu einer praxisorientierten Rechtsgutslehre. Frankfurt am Main: Europäische Verlagsanstalt, 1980. p. 19 e ss.

âmbito de discricionaridade legislativa no que se refere à criação de novos tipos penais. Já em sua função interpretativa, o bem jurídico indica a finalidade da norma, funcionando como critério teleológico orientador de sua aplicação, sendo relevante para a incidência, por exemplo, de institutos como o princípio da insignificância, o concurso de crimes, dentre tantos outros.

Voltando à função crítica, deve-se notar que a Constituição Federal figura como um limite negativo ao direito penal, ou seja, aqueles bens que não foram abarcados por ela não têm legitimidade para serem tutelados pelo direito penal. Contudo, essa é uma condição necessária, porém não suficiente para a criminalização, que deve verificar se o bem constitucionalmente previsto configura-se como bem jurídico-penal, além de se examinar a incidência dos demais princípios penais (necessidade, intervenção mínima, subsidiariedade, proporcionalidade etc.).

Para o estudo do crime de obstrução de investigação, interessa particularmente a construção constitucional do conceito de bem jurídico, que exige a introjeção do conteúdo dos direitos fundamentais na ideia de bem jurídico-penal, impondo ao Estado a proibição de criminalizar condutas que representem a fruição, a manifestação ou o exercício de direitos fundamentais. Apenas nos estritos limites constitucionais de possibilidade de restrição de tais direitos poderá ser concebida a utilização do direito penal.

É a partir desse olhar que se deve interpretar o bem jurídico administração pública, que necessariamente deve ser entendido em seu aspecto de essencialidade para o desenvolvimento da pessoa, em sua expressão social. Ainda que se trate de uma função, quando revelar materialidade, constituindo uma realidade concreta, embora fundada normativamente, poderá a administração pública configurar bem jurídico-penal[13].

Importante alertar, conforme já me manifestei anteriormente, que:

> meras desobediências, inobservâncias formais ou condutas de menor relevância, assim como abstrações e concepções genéricas da administração e seu bom funcionamento jamais estarão referidas à ideia de

[13] Tavares, Juarez. **Teoria do injusto penal**. 3. ed. rev. e ampl. Belo Horizonte: Del Rey, 2003. p. 212.

> administração pública como função essencial ao desenvolvimento da pessoa. Roxin e Greco alertam que objetos de abstração intangível não podem figurar como bens jurídicos, já que nem todas as construções mentais merecem ser consideradas bens jurídicos coletivos[14].[15]

Assim, a administração da justiça, como um aspecto mais concreto da administração pública, também deve seguir as balizas abaixo descritas:

> apenas a administração pública tomada em seus aspectos imprescindíveis para a promoção das finalidades constitucionais fundamentais para o desenvolvimento das pessoas em nossa sociedade, concretamente aferível por meio do estabelecimento de condições para que possa desenvolver suas tarefas adequadamente, é que pode ser tomada como bem jurídico-penal.[16]

Essa é a perspectiva, portanto, que guia o presente estudo: a administração da justiça pode ser considerada suficientemente relevante para o desenvolvimento da pessoa no contexto da organização da sociedade atual, gozando de dignidade penal apenas quando for concebida e exercida como instrumento de desenvolvimento da pessoa. Não se trata, portanto, de proteger um dever geral de obediência, uma subordinação acrítica dos indivíduos às instituições do Estado ou mesmo de considerar os valores coletivos axiologicamente superiores aos individuais. A pessoa é o centro axiológico e normativo de nosso sistema, e é em torno dela que os demais valores devem se organizar normativamente.

A administração da justiça, na qualidade de bem jurídico, deve abranger, também, o respeito ao exercício de direitos fundamentais, especialmente os de guarida constitucional. Só há administração da justiça se for possível o exercício da ampla defesa, tanto no aspecto de

[14] Roxin, Claus. Greco, Luis. **Strafrecht: allgemeiner Teil**. Band I. 5. Auf. München: Beck, 2020. p. 52.

[15] Costa, Helena Regina Lobo da. Bem jurídico. In: Breda, Juliano (Coord.). **Crimes de licitação e contratações públicas**: comentários aos tipos penais, de acordo com a nova Lei de Licitações e Contratações Públicas (Lei 14.133/2021). São Paulo: Revista dos Tribunais, Thomson Reuters Brasil, 2021.p. 79 e ss.

[16] Costa, Helena Regina Lobo da. Bem jurídico...*op. cit.* 2021.

autodefesa quanto de defesa técnica, do contraditório, dentre tantos outros direitos e garantias que a compõem.

Por fim, é preciso, uma vez mais, lembrar que a existência de um bem jurídico com dignidade penal não é suficiente para legitimar o emprego do direito penal. A existência de um bem jurídico é condição necessária, porém insuficiente para legitimar qualquer incriminação, sendo imprescindível o exame de diversos outros critérios[17].

4. A profecia doutrinária: atritos constitucionais

Após a introdução do crime de obstrução de investigação de organização criminosa, a doutrina brasileira logo apontou as dificuldades que tal figura traria face aos princípios penais.

A vagueza e a imprecisão da redação legislativa não passaram despercebidas por quase nenhum comentador da lei. Feldens e Teixeira anotam que o tipo gera dificuldades para a determinação de seu âmbito de incidência, desafiando o princípio constitucional da legalidade[18]. Bitencourt e Busato, após afirmarem que a lei não indica meios ou forma de impedimento ou embaraço à investigação, colocando em risco a ampla defesa, concluem que o tipo é "excessivamente aberto, vago e impreciso"[19]. José Carlos Porciúncula assevera haver inconstitucionalidade por violação ao princípio da taxatividade, defendendo consistir a figura em manifestação de um direito penal do inimigo[20] [21]. Zonta

[17] Vide, por exemplo: Tavares, Juarez. Critérios de seleção de crimes e cominação de penas. **Revista Brasileira de Ciências Criminais**, São Paulo, dez. 1992, pp. 75-87 (Edição especial de lançamento).

[18] Feldens, Luciano; Teixeira, Adriano. **O crime de obstrução**...*op. cit.*, 2020, p. 23.

[19] Bitencourt, Cezar Roberto; Busato, Paulo César. **Comentários à Lei de Organização Criminosa**: Lei 12.850/2013. São Paulo: Saraiva, 2014. p. 85.

[20] Porciúncula, José Carlos. Reflexões críticas acerca do tipo penal de obstrução de investigação de organização criminosa (art. 2º, §1º, da Lei 12.850/13). In: Terra, Luiza Borges (Org.). **Lições contemporâneas do Direito Penal e do Processo Penal.** São Paulo: Tirant lo blanch, 2021, pp. 288 e ss. Cirino, referindo-se ao tipo de modo geral (e não apenas ao problema da legalidade), afirma tratar-se de utilização de lógica bélica na justiça criminal. Santos, Juarez Cirino dos. A utilização da obstrução da justiça como meio de ataque às garantias fundamentais. In: Martins, Cristiano Zanin et. al. (Coord.) **O caso Lula**. São Paulo: Contracorrente, 2017. p. 241 e ss.

[21] Também defendendo a amplitude exacerbada do tipo, vide: Santos, Juarez Cirino dos. A utilização da obstrução... *op. cit.*, 2017, p. 236. Bidino, Claudio; Carvalho, Bruno Fernan-

observa, aliás, que o tipo foi utilizado por JUAREZ TAVARES como exemplo de violação ao postulado da taxatividade[22].

Até mesmo os autores que negam abertura demasiada do tipo acabam por admitir a necessidade de parâmetros interpretativos restritivos, com base na Convenção de Palermo, tais como o emprego de força física, ameaças, intimidações e corrupção dirigida contra testemunhas ou contra agentes públicos que atuem em investigações que envolvam organizações criminosas[23].

O segundo grupo de dificuldades reiteradamente identificado pela doutrina refere-se ao princípio da ampla defesa e seus corolários.

Inicialmente, no que se refere ao *nemo tenetur se ipsum accusare*[24], vários autores apontaram que o crime de obstrução de investigação geraria problemas com seu âmbito de aplicação[25].

Antes de mencioná-los, cumpre lembrar que o *nemo tenetur* consiste na ideia de que o investigado e/ou o acusado têm o direito de não contribuir ativamente para a produção de elementos de prova. Assim, não decorre apenas da ideia de ampla defesa, mas também da presunção de inocência, do devido processo legal, bem como do direito à integridade física e psíquica[26], dentre outros.

A interpretação do espaço de incidência desse princípio vem sendo feita reiteradamente por nossos tribunais, com destaque para a jurisprudência do Supremo Tribunal Federal, que sempre buscou concretizá-la de forma ampla, como, aliás, deve ser diante de direitos e garantias fundamentais. Assim, já assentou o tribunal que o princípio exige que

des. Reflexões sobre o crime de impedir ou embaraçar investigação de organização criminosa. **Boletim do IBCCRIM**, v. 304, p. 10, 2018.

[22] TAVARES, Juarez. **Fundamentos de teoria do delito**. Florianópolis: Tirant lo Blanch, 2018. p. 61. *Apud* ZONTA, Ivan Navarro. **Obstrução de justiça**: análise do crime à luz do direito de defesa. Dissertação (Mestrado) – Universidade Federal do Paraná, Setor de Ciências Jurídicas, Programa de Pósgraduação em Direito. Curitiba, 2022. p. 31.

[23] ROSA, João Luiz Moraes. **Crime organizado**... *op. cit.* 2018, p. 169.

[24] Sobre o tema, vide o exemplar trabalho de QUEIJO, Maria Elizabeth. **O direito de não produzir prova contra si mesmo**: o princípio *nemo tenetur se detegere* e suas decorrências no processo penal. São Paulo, Saraiva, 2012.

[25] PORCIÚNCULA, José Carlos. Reflexões críticas... *op. cit.*, 2021, p. 301.

[26] Basta lembrar, aqui, a expressão de Ferrajoli, para quem a obrigação, ao imputado, de dizer a verdade configuraria verdadeira tortura espiritual. FERRAJOLI, Luigi. **Derecho y Razón**. Teoria del garantismo penal. 2. Ed. Madri: Trotta, 1997, p. 608.

o investigado e/ou acusado sejam advertidos sobre sua aplicabilidade[27]. Firmou também que o *nemo tenetur* não se restringe ao direito ao silêncio, englobando também a possibilidade de negativa ou de versão inverídica sobre os fatos[28]; que se aplica àqueles que forem ouvidos na qualidade de testemunha, no que se refere à possibilidade de autoincriminação[29], dentre tantos outros julgados.

Pois bem, retornando às fricções desse princípio com a figura de obstrução de investigação, deve-se notar que o exercício do *nemo tenetur* naturalmente cria empecilhos à investigação criminal. Na verdade, tal exercício conforma o espaço dentro do qual a investigação criminal pode ocorrer. Evidentemente, se o imputado tivesse a obrigação de falar a verdade, a investigação criminal seria muito mais simples. Nessa linha, PORCIÚNCULA já indagou, retoricamente, se a proibição de obstar investigação de organização criminosa levaria a compelir todo e qualquer investigado a confessar a prática da infração criminal, bem como a comparecer à reconstituição de fatos, fornecer documentos (ou padrões de assinatura) para exames grafotécnicos etc.[30] Responder positivamente a tais perguntas significaria o completo esvaziamento do *nemo tenetur*.

Também a ampla defesa em seu aspecto de defesa técnica foi apontada como em situação de risco pela doutrina[31]. A tarefa do defensor criminal consiste, em muitos casos, exatamente em discutir atos de investigação, tentar obstá-los por meio de medidas liminares, questionar sua legalidade, a competência da autoridade que determinou uma medida cautelar, por exemplo, dentre tantos outros atos. Tais atos, na exata lição de FELDENS e TEIXEIRA, não estão limitados por uma ideia

[27] STF, Primeira Turma, **HC 80.949/RJ**, Rel. Min. Sepúlveda Pertenece, j. 30/10/2001, Dj 14/12/2001.

[28] STF, Primeira Turma, **HC 68.929/SP**, Rel. Min. Celso de Mello, j. 22/10/1991, Dj 28/08/1992.

[29] STF, Segunda Turma, **HC 136.331/RS**, Rel. Min. Ricardo Lewandowski, j. 13/06/2017, Dje 27/06/2017.

[30] PORCIÚNCULA, José Carlos. Reflexões críticas... *op. cit.*, 2021, p. 304. No mesmo sentido: BITENCOURT e BUSATO defendem que o tipo não pode "restringir os direitos constitucionais da ampla defesa, de não produzir prova contra si mesmo e de não se autoincriminar". BITENCOURT, Cezar Roberto; BUSATO, Paulo César. **Comentários**...*op. cit.*, 2014, p. 85.

[31] Feldens refere-se a um ponto de tensionamento. FELDENS, Luciano. **O direito de defesa**: a tutela jurídica da liberdade na perspectiva da defesa penal efetiva. Porto Alegre: Livraria do Advogado, 2021. p. 43.

de tipicidade procedimental: "a defesa não pode ser restringida – e menos ainda criminalizada – pela ausência de previsão legal específica para determinada manifestação ou requerimento que se revele oportuno – adequado ou mesmo necessário – ao exercício da defesa. A defesa deve ter a liberdade de reivindicar, não sendo legítimo dissuadi-la de fazê-lo."[32]

E, muitas vezes, o defensor precisa insistir e questionar pontos diante de autoridades que não concordam com a perspectiva defensiva. A possibilidade de ser imputado pela prática de atos defensivos carreia o risco de acuar a defesa criminal, maculando-a em seu cerne. A defesa criminal receosa ou intimidada pode ser muito confortável para os agentes do sistema criminal – já que ela não questiona, não se levanta contra aquilo de que discorda, e, assim, não oferece qualquer perturbação à investigação criminal. Entretanto, não é isso que se busca quando se estabelece a ampla defesa, conceito cunhado no âmbito da dialética, firmado no debate de ideias e na contraposição processual.

Por fim, ressaltem-se as altas penas cominadas à conduta[33], de difícil convivência com o princípio da proporcionalidade, especialmente se se considerar que a conduta de obstar investigação de organização criminosa é problemática no que se refere a um conteúdo de injusto próprio, sobretudo quando cometida por membros da própria organização criminosa[34]. Esse aspecto, contudo, não será examinado em detalhes no presente trabalho, por exigir desenvolvimento mais específico, impertinente à análise em curso. De todo modo, é sempre necessário relembrar que penas altas exigem ainda maior rigor do aplicador no que se refere aos princípios limitativos do direito penal.

Tampouco pretendo me deter, aqui, sobre questões sem alçada constitucional – que também seriam diversas e relevantes –, para não fugir dos limites propostos a este estudo.

5. A realização da profecia: as lesões a direitos fundamentais

A doutrina, embora tenha claramente identificado os pontos de desconformidade constitucional da figura de obstrução de investigação, prefe-

[32] FELDENS, Luciano; TEIXEIRA, Adriano. **O crime de obstrução**...*op. cit.*, 2020, p. 42.

[33] Sobre o tema, com mais detalhes, vide: ZONTA, Ivan Navarro. **Obstrução de justiça**... *op. cit.*, 2022, pp. 63 e ss.

[34] PORCIÚNCULA, José Carlos. Reflexões críticas... *op. cit.*, 2021, p. 298 e ss.; BITENCOURT, Cezar Roberto; BUSATO, Paulo César. **Comentários**...*op. cit.*, 2014, p. 71

riu apostar em um olhar esperançoso, no sentido de que os aplicadores do direito interpretariam a figura de modo restritivo, fixando limites concretos que impedissem, ou ao menos minimizassem, a ingerência a direitos fundamentais.

Nessa linha, no que se refere à amplitude da norma, Feldens e Teixeira aduzem que "o princípio da taxatividade ou o mandado de determinação não tem como destinatário apenas o legislador, que deve formular as leis de forma mais precisa possível, mas também o juiz", defendendo que uma intepretação cuidadosa pela ciência jurídica e pela jurisprudência seria imprescindível para moldar a conduta a um espaço legítimo de aplicação[35].

É verdade que esses autores adotam essa posição não tanto por conta de uma visão otimista, mas talvez exatamente pelo oposto, já que consideram, acertadamente, que alegações de inconstitucionalidade estão fadadas ao insucesso. Nosso histórico constitucional é bastante tímido no que se refere ao reconhecimento de inconstitucionalidade de tipos penais – a exceção talvez tenha sido o reconhecimento da inconstitucionalidade da pena do art. 273, §1º-B, I, do Código Penal e a interpretação conforme dos arts. 124 e 287 do mesmo código – e, embora haja ação direta de inconstitucionalidade sobre o tema da obstrução de investigação sobre organização criminosa[36], a perspectiva de o Supremo Tribunal reconhecer tais inconstitucionalidades ou conferir à norma interpretação constitucionalmente conforme, o que seria tecnicamente o mais correto, é remota. Até porque, ressalte-se, a corte já recebeu denúncias nas quais havia imputação do crime ora examinado, nada obstando sobre a constitucionalidade do tipo.

Na mesma linha, outros autores apostam na interpretação restritiva do tipo, como Zonta[37], ou acreditam que a redação vaga cederia espaço à aplicação de outros crimes contra a administração pública ou a admi-

[35] Feldens, Luciano; Teixeira, Adriano. **O crime de obstrução**...*op. cit.,* 2020, pp. 25-26.

[36] STF, Tribunal Pleno, **ADI n. 5.567/DF**, Rel. Min. Alexandre de Moraes. Note-se que a ADI n. 5.749, apesar de rejeitada em razão de litispendência parcial, teve seus argumentos jurídicos utilizados no pedido da ADI 5567, ainda não julgada. STF, Tribunal Pleno, **ADI 5.749/DF**, Rel. Min. Alexandre de Moraes, j. 09/02/2018, DJe 26/02/2018.

[37] Zonta, nessa linha, aduz: "Caberá à práxis e ao estudo dedicado da doutrina a fixação de limites concretos do verdadeiro âmbito legítimo de incriminação da obstrução de justiça". Zonta, Ivan Navarro. **Obstrução de justiça**... *op. cit.,* 2022, p. 37.

nistração da justiça, em razão de serem mais específicos, com base no princípio da especialidade[38].

Ocorre que o caminho de uma interpretação restritiva (ou subsidiária, no caso da aplicação preferencial dos demais crimes contra a administração pública ou da justiça) tampouco tem se mostrado factível, pelo contrário. Basta verificar o que tem ocorrido com a aplicação do tipo no que se refere à discussão que talvez tenha ocupado o maior espaço doutrinário, qual seja, se a previsão legal (reprise-se aqui o núcleo típico, por relevante: ***obstruir ou embaraçar investigação criminal***) poderia ser aplicada também a processos judiciais.

Parcela relevante da doutrina posicionou-se no sentido de que *investigação criminal* deve ser entendida como inquérito policial ou procedimento investigatório criminal do Ministério Público, destinados à investigação de fatos que envolvam organização criminosa, não abrangendo, portanto, ações penais. Isto porque, com base em uma interpretação literal, há diferença técnica significativa entre *investigação criminal* e *processo criminal*, diferença essa que não é ignorada por nosso legislador, que já demonstrou distinguir os conceitos na própria Lei n. 12.850, assim como já o fizera na Lei n. 9.296/96 (interpretação sistemática)[39].

Apesar de outra parcela doutrinária[40] afirmar que, se o tipo penal previu o menos, valeria também para o mais, o fato é que o termo usado pelo legislador não abrange as ações penais, não podendo o intérprete entender investigação como investigação ou ação penal, em claro exercício de analogia vedada em direito penal. Argumentos no sentido de que uma interpretação extensiva ou analógica permitiria a compreensão de que investigação abrange também a ação penal não podem ser admitidos, porque tais métodos interpretativos exigem uma abertura normativa prevista pelo próprio legislador (interpretação extensiva) ou a

[38] BALTAZAR JUNIOR, José Paulo. **Crimes federais**. 10. ed. rev., atual. e ampl. São Paulo: Saraiva, 2015. p. 1265.

[39] Nesse sentido, SANTOS, Juarez Cirino dos. A utilização da obstrução... *op. cit.*, 2017, p.237. BITENCOURT, Cezar Roberto; BUSATO, Paulo César. **Comentários**...*op. cit.*, 2014, pp. 87-88. FELDENS, Luciano; TEIXEIRA, Adriano. **O crime de obstrução**...*op. cit.*, 2020, pp. 49-50. BALTAZAR JUNIOR, José Paulo. **Crimes federais**... *op. cit.* 2015, p. 1265 também compartilham o entendimento de que o tipo não alcança a fase judicial.

[40] NUCCI, Guilherme de Souza. **Organização criminosa**. 5. ed. rev., atual. e ampl. Rio de Janeiro: Forense, 2020. p. 24.

determinação do sentido literal da norma por meio da comparação com outras situações semelhantes (interpretação analógica, que, frise-se, não autoriza que se extrapole o sentido literal da norma). Na mesma linha, argumentos no sentido de que o bem jurídico seria a administração da justiça, o que justifica entender investigação criminal como também o processo penal, igualmente incorrem em erro de interpretação, já que o método teleológico não autoriza a extrapolação do conteúdo da norma em sua expressão mais clara. Como leciona JUAREZ TAVARES, havendo divergência entre o sentido da norma e a expressão legal, o juiz somente poderia aplicar o sentido da norma para beneficiar o réu[41].

Em resumo: sequer a doutrina, que reconhece a amplitude do tipo, mas diz que ela seria remediada por uma interpretação restritiva, mantém firme sua posição (ao menos parcela da doutrina) quando se trata da interpretação da locução investigação criminal.

Diante desse panorama, a jurisprudência[42] tem conferido interpretação ampla ao dispositivo, não apenas admitindo sua aplicação diante de casos de suposta obstrução de ação penal[43], ao arrepio da letra da lei[44], mas indo além: admitiu sua aplicação até mesmo ante hipóteses de pretensa obstrução de comissão parlamentar de inquérito[45]. É sabido que a

[41] Tavares, Juarez. **Fundamentos de teoria do delito.** São Paulo: Tirant lo Blanch, 2018. p. 183.

[42] Não se pretende apresentar, no presente item, resultado de pesquisa quantitativa, que revele, com rigores estatísticos, dados relativos à aplicação do tipo aqui analisado. Tampouco se busca a apresentação estratégica de jurisprudência, como se costuma fazer, por exemplo, em arrazoados produzidos pela defesa ou pela acusação, recortando e dando ênfase às decisões favoráveis à argumentação expendida. A intenção é apresentar um olhar para os **fatos** tratados na jurisprudência dos tribunais (com destaque para os superiores) nesses dez primeiros anos de vigência da lei, buscando vislumbrar, a partir da casuística, se de fato há atritos entre o âmbito de aplicação do crime de obstrução e o exercício de direitos fundamentais.

[43] STJ, Quinta Turma, **HC 487.962/SC**, Rel. Ministro Joel Ilan Paciornik, j. 28/05/2019, DJe 07/6/2019; STJ, Quinta Turma, **REsp 1.817.416/SC,** Rel. Ministro Joel Ilan Paciornik, j. 03/08/2021, DJe 16/08/2021. Contrariamente, STF, Segunda Turma, **Inq 4.720/DF**, Rel. p/ acórdão Min. Gilmar Mendes, j. 22/08/2021, Dje 02/12/2021.

[44] Ainda que político-criminalmente faça sentido a inclusão do processo penal, repita-se, não se pode admitir a ampliação dos espaços de incriminação por meio de interpretação.

[45] TRF4, Oitava Turma, **ACR 5022179-78.2016.4.04.7000/PR**, Rel. Des. Federal João Pedro Gebran Neto. Julgamento: 07/11/2017. Posteriormente houve anulação das condenações em razão de discussão sobre competência.

CPI, ainda que possa se debruçar sobre fatos que tenham natureza criminal, não faz investigação criminal, devendo remeter suas conclusões ao Ministério Público.

Outro exemplo, ainda relacionado à amplitude e vagueza normativa, que confirma que o princípio da legalidade não está sendo resgatado por meio de uma interpretação restritiva, pode ser extraído de situações desprovidas de qualquer idoneidade para efetivamente embaraçar investigação, que acabam por ser objeto de denúncias criminais e, muitas vezes, de condenações.

Caso exemplar é narrado por ZONTA, referindo-se a processo julgado pelo TJPR, no qual um detento teria encaminhado correspondências à mãe e a uma amiga "solicitando que interviessem junto à assessoria e pessoas próximas do secretário da Casa Civil, Valdir Rossoni, pessoa que teria influência política para alterar a designação do delegado responsável pela investigação policial para apuração de delito de tráfico de drogas, envolvendo organização criminosa, não tendo o delito se consumado porque as cartas foram interceptadas pelos agentes da carceragem". O imputado foi denunciado e condenado em primeiro grau, tendo havido reforma em sede de apelação por ausência de aptidão da conduta, já que "a narrativa acusatória depende de tantos eventos alheios à vontade e atuação do réu em seu *iter criminis*, que em se tratando de cadeia causal típica não se pode atestar a idoneidade do meio, nem sequer para caracterização da tentativa do delito."[46]

Na mesma linha, pode-se mencionar a acusação formulada contra Fernando Collor[47] por obstrução de justiça, em razão de ter requerido estorno bancário de lançamentos em conta corrente. O STF rejeitou a denúncia em razão de o estorno, ainda que aperfeiçoado, não se prestar a ocultar registros de operações antigas, que de todo modo permaneceriam anotadas nas movimentações bancárias do denunciado, tratando-se, pois, de crime impossível.

Note-se que, ainda que tais casos tenham resultado, ao final, em absolvição ou rejeição da denúncia, a vulneração do direito à previsão taxativa da conduta incriminada já ocorreu, porque houve a incidência

[46] TJPR, ACR **0001603-02.2017.8.16.0161**. Relator: Des. Francisco Pinto Rabello Filho. Julgamento: 14/03/2019. *Apud* ZONTA, Ivan Navarro. **Obstrução de justiça**... *op. cit.*, 2022, p. 58.

[47] STF, Segunda Turma, **Inq 4.112/DF**, Rel. Min. Edson Fachin, j. 22/08/2017, DJe 10/11/2017.

de graves medidas estatais contra indivíduos por meio do direito penal, em hipóteses claramente indevidas.

A conclusão que se extrai sobre o primeiro ponto, qual seja, a violação ao princípio da legalidade, é que ela se anunciou no tipo penal e, hoje, se concretiza na práxis. O tipo não se presta a servir como garantia do destinatário da norma, tamanha sua amplitude redacional, tampouco recebeu interpretação que restringisse seu âmbito de aplicação.

Vejamos, então, o que ocorre no que se refere à ampla defesa.

Aqui, da mesma forma, a doutrina buscou definir critérios para uma interpretação normativa que compatibilizasse a redação típica ao exercício do direito de defesa. FELDENS e TEIXEIRA afirmam que as condutas defensivas praticadas constituem exercício regular de direito, razão pela qual restringem o âmbito de aplicação típica[48]. BITENCOURT e BUSATO, por sua vez, afirmam existir um elemento típico implícito ("sem justa causa" ou "indevidamente") que excluiria medidas judiciais ou extrajudiciais defensivas, cuja regularidade não poderia ser condicionada ao sucesso da medida[49].

Os autores têm razão: a ampla defesa, como direito fundamental que é, atua necessariamente na estrutura delitiva seja reduzindo o espaço de incriminação, seja atuando como excludente de ilicitude ou antijuridicidade. Assim, deveria o legislador evitar a incriminação de condutas que possam resultar sobrepostas ao âmbito de exercício da ampla defesa, seja própria, seja técnica; e o intérprete deve reconhecer a não configuração delitiva diante de condutas que configurem exercício de ampla defesa.

Entretanto, também aqui a aplicação concreta do tipo revela seu deletério resultado para a garantia da ampla defesa.

Nesta linha, é suficiente citar a situação objeto do HC 200340/MS, que chegou ao STF, embora não tenha ali tido seu mérito analisado, relativo ao não fornecimento de um celular e sua senha por parte de um investigado. Os fatos estão assim resumidos no acórdão:

> O Conselho Permanente de Justiça da Auditoria Militar da Comarca de Campo Grande/MS, no processo nº 0900379-73.2018.8.12.0001, condenou o paciente a 3 anos de reclusão, no regime aberto, ante o crime

[48] FELDENS, Luciano; TEIXEIRA, Adriano. **O crime de obstrução**...*op. cit.*, 2020, pp. 42-43.

[49] BITENCOURT, Cezar Roberto; BUSATO, Paulo César. **Comentários**...*op. cit.*, 2014, p. 86.

> do artigo 2º, § 1º (embaraçar investigação de infração penal que envolva organização criminosa), da Lei nº 12.850/2013.
> A Segunda Câmara Criminal do Tribunal de Justiça do Estado de Mato Grosso do Sul desproveu apelação. Afastou a alegação de atipicidade da conduta. Ressaltou haver a equipe do Grupo de Atuação Especial de Repressão ao Crime Organizado – GAECO, durante o cumprimento de mandado, se dirigido ao endereço residencial do acusado, encontrando aparelho celular da marca Samsung, modelo SM JI, dual chip, IMEI I nº 352663/07/36617/0 e IMEI II nº 352664/07/336617/8, bloqueado com código de acesso. Destacou ter o paciente, ao avistar a viatura policial, empreendido fuga para o Paraguai, apresentando-se, posteriormente, ao quartel.
> Realçou que, mesmo ciente da ordem de apreensão, deixou de entregar o telefone pessoal e de fornecer as senhas de acesso ao aparelho encontrado na residência. Salientou não extensivo, o direito de não produzir provas contra si, a condutas comissivas, tendentes a destruir as produzidas e, consequentemente, a evitar a responsabilização criminal. Em relação ao núcleo do tipo "embaraçar", assentou que a consumação independe da efetiva cessação dos atos investigativos, bastando que as condutas do sujeito ativo, entendido como qualquer pessoa, inclusive o investigado, sejam voltadas à obstrução da persecução penal. Concluiu tratar-se de crime formal. Recursos especial e extraordinário não foram admitidos.

O STF acabou por não examinar o mérito da questão por entender ter havido supressão de instância. Entretanto, o acórdão revela a condenação por crime de obstrução de investigação, em duas instâncias, de um imputado que deixou de entregar um aparelho celular e deixou de fornecer as senhas de acesso a outro aparelho.

Trata-se de duas condutas claramente omissivas, cuja exigência de conduta ativa distinta claramente lesiona a concepção já consolidada do *nemo tenetur*.

No que se refere à defesa técnica, dentre vários casos – muitos revelados pela imprensa – de imputação de obstrução de investigação contra advogados[50], cita-se um paradigmático, que ilustra bem a gravidade da

[50] Nem sempre é fácil identificar os processos correspondentes, por conta de sigilo judicial. Vide, por exemplo, notícias de advogado denunciado e cuja prisão preventiva foi decretada,

situação. Em Campo Grande, um advogado foi denunciado e preso temporariamente porque teria "atuado criminosamente para impedir que as investigações chegassem aos líderes da organização criminosa". Isso porque teria aconselhado seu cliente a não celebrar acordo de colaboração premiada. Ao final do processo, ainda em primeira instância, o advogado foi absolvido[51] [52].

Tais casos, ainda que terminem com absolvições, têm um potencial evidente de lesão ao direito à defesa técnica aguerrida e de qualidade. A denúncia e a prisão repercutem entre os operadores do direito, que ficam naturalmente acuados e receosos de adotar atuação contundente em defesa de seus clientes. E, novamente, cumpre advertir que o defensor passivo, temeroso ou acovardado não defende, apenas representa um simulacro legitimador de um sistema, em verdade, ilegítimo.

6. Vale a pena o crime de obstrução de investigação de organização criminosa?

Diante do diagnóstico acima traçado, resta a pergunta: vale a pena a incriminação da obstrução de investigação?

O primeiro ponto a ser enfrentado para respondê-la consiste em rechaçar a ideia de que, sem a mencionada figura, haveria uma "lacuna de punição". Inicialmente, deve-se mencionar que a própria concepção de lacuna de punição é equivocada diante das características do direito penal, âmbito subsidiário de aplicação do direito e que deveria ser pautado por uma mínima intervenção. Ser lacunoso, portanto, deve ser característica inafastável do direito penal.

De todo modo, as condutas dotadas de conteúdo de injusto contrárias à administração da justiça já estão abarcadas por incriminações existentes em nosso ordenamento. Basta mencionar os crimes de falso

decisões posteriormente revertidas: https://web.abracrim.adv.br/abracrim-rj-consegue-restituir-liberdade-a-advogado-que-era-acusado-de-obstrucao-da-justica/.

[51] 1ª Vara Criminal de Campo Grande. Proc. n. º 0021665-98.2019.8.12.0001. Juiz de Direito Roberto Ferreira Filho. J. 25/04/2022. Sentença disponível em: https://www.conjur.com.br/dl/advogado-orienta-cliente-nao-delatar.pdf

[52] Diogo Malan traz exemplos de outra hipótese que vulnera o exercício da defesa criminal, consistente na aplicação do tipo de obstrução à comunicação entre defensores, para fins de alinhamento de estratégia e táticas processuais, ou mesmo concerto de versões sobre os fatos naturalísticos imputados. O autor menciona os precedentes jurisprudenciais sobre o tema. Vide MALAN, Diogo. Advocacia criminal e sua criminalização.

testemunho e falsa perícia, coação no curso do processo, fraude processual, favorecimento pessoal, favorecimento real, violação de sigilo profissional, tráfico de influência, corrupção, dentre tantos outros[53]. Citem-se, ainda, os crimes previstos nos arts. 19 e 20 da mesma Lei n. 12.850/2013.

Na realidade, é fácil notar que há fartura de tipos penais – e não lacunas. Tanto que a doutrina vem discutindo sobre como tratar o concurso de normas quando há possível incidência do crime de obstrução[54].

Contudo, para além dc tipos incriminadores, deve-se considerar que o processo penal, tomado como estrutura, possui uma série de regras e princípios voltados a tratar questões sistêmicas relacionadas a "interferências" na formação da prova. Assim, regras como a imperiosidade de prova de corroboração da palavra do colaborador são também eficazes para evitar efeitos processuais deletérios de ingerências indevidas na colaboração; as previsões de que certas pessoas não prestam compromisso de dizer a verdade, igualmente, são formas de lidar com os elementos por elas trazidos; e a própria prisão preventiva, que pode ser decretada a partir de indícios concretos de destruição de provas, ameaças a testemunhas etc., também se volta a garantir a administração da justiça.

Assim, há outras estratégias normativas para lidar com a questão das condutas que de algum modo interferem na investigação e processamento de crimes, que podem se mostrar juridicamente eficientes a endereçar as questões, sem incorrer nos problemas apontados quanto ao tipo de obstrução.

Não há, pois, necessidade de tutela que não esteja contemplada adequadamente no nosso sistema, mesmo afastando-se o crime de obstrução. Inclusive, conforme já destacado, nosso ordenamento já cumpriria as exigências da Convenção de Palermo sem ele.

Por fim, um crime amplo e vago de obstrução de investigação de organização criminosa não se presta a uma tutela adequada da admi-

[53] Podendo-se citar, na legislação especial, dentre outros, o art. 236 do ECA e o art. 4º da Lei 1579/52.

[54] CABETTE, Eduardo Luiz Santos; NAHUR, Marcius Tadeu Maciel. **Criminalidade organizada & globalização desorganizada**: curso completo de acordo com a Lei 12.850/13. Rio de Janeiro: Freitas Bastos, 2014. p. 135. FELDENS, Luciano; TEIXEIRA, Adriano. **O crime de obstrução**...*op. cit.*, 2020, p. 59 e ss. BALTAZAR JUNIOR, José Paulo. **Crimes federais**... *op. cit.* 2015, p. 1265.

nistração da justiça, tal como deve ser entendida atualmente. Se o conteúdo do bem jurídico engloba (e é também conformado por) direitos fundamentais dos administrados, não apenas quando estão na posição de vítimas, mas também de investigados ou réus, é fundamental que sua tutela contemple a maximização de tais direitos – o que, como visto, não ocorre em face da redação e da aplicação do tipo de obstrução, que parece estar voltado a uma visão ultrapassada de administração da justiça, focada em um dever geral de obediência e subordinação dos indivíduos sem espaço para o dissenso.

Num estado democrático e plural, a administração da justiça se constrói, em essência, a partir de um contraditório efetivo, de uma defesa ampla e vigorosa e da consideração do imputado como sujeito de direitos fundamentais. Sem isso, ela se desnatura em simulacro de justiça. O crime de obstrução de investigação de organização criminosa revela-se, portanto, não apenas desnecessário, senão também deletério a uma proteção efetiva da administração da justiça em sua concepção contemporânea.

CAPÍTULO 13
ORGANIZAÇÃO CRIMINOSA E LEI DE DROGAS

Vicente Greco Filho

1. Introdução

O legislador brasileiro, especialmente a partir da década de 1990, tem editado normas sem verificar aprofundadamente suas repercussões, eis que irão coexistir com ou derrogar outras. Prever exatamente as consequências jurídicas da lei é impossível, porque, como dizia o saudoso colega Ewelson Soares Pinto, da Comissão de Estudos Legislativos do Ministério da Justiça da qual fui membro na década de 1970, ela é como o samba do malandro de Assis Valente, "veste uma camisa listrada e sai por aí". De fato, a norma legal se "acotovela" no mundo jurídico, demonstrando cabalmente que a *mens legis* não se confunde com a *mens legislatoris*.

Outro aspecto, ainda, é relevante. Vigora um sentimento de que o Direito Penal é a solução para todos os desvios de comportamento, de modo que vivemos numa época de "inflação legislativa" penal na expressão de René Dotti.

A história do Direito Penal mostra uma evolução em dois planos: no da espécie de bens jurídicos tutelados e no plano do perfil do criminoso.

Quanto aos bens jurídicos, salvo os delitos contra a majestade, predominava a tutela dos bens jurídicos individuais. O furto já era previsto no Código de Hamurabi, o estelionato, sob outra configuração, no Direito Romano. O homicídio no Gênesis da Bíblia. Modernamente a preocupação maior é a da tutela de bens jurídicos coletivos e difusos[1] e o terrorismo enquanto crime contra vítimas indeterminadas.

Quanto ao criminoso, a preocupação era com o crime concebido e praticado individualmente. Nosso Código Penal, na versão original, apenas previa, basicamente, o concurso de pessoas e o crime de quadrilha ou bando e a rixa para a criminalidade plurissubjetiva.

Na atualidade, a preocupação maior é a dos crimes praticados por intermédio de empresas, como os delitos contra a ordem econômica, prevendo-se, inclusive, a criminalização da pessoa jurídica. E, sem dúvida, os crimes praticados por organizações criminosas como o tráfico de drogas, o tráfico ilícito de armas, o tráfico de seres humanos, a lavagem de dinheiro etc., verdadeiras empresas criminais que constituem real e altamente danoso poder paralelo ao regular poder do Estado, e que pode não se limitar a fronteiras constituindo a chamada criminalidade transnacional[2].

Não se quer dizer que desapareceram os crimes contra bens jurídicos individuais nem que tenha desaparecido o crime individual. O que ocorre é que o Direito Penal ainda não encontrou resposta adequada às modalidades modernas de criminalidade, constatando-se que os países ocidentais de influência mundial têm adotado medidas especiais em face delas, medidas essas que são, queiram ou não queiram, a aceitação de que certa criminalidade se põe como um poder paralelo, um Estado paralelo que rejeita o Estado regular e que, portanto, precisa ser combatido com medidas especiais. Basta lembrar, mais recentemente, no que

[1] Sobre o tema ver, entre tantos, o recente trabalho de Greco, Luís. **Modernização do direito penal, bens jurídicos coletivos e crimes de perigo abstrato**. Rio de Janeiro: Lumen Juris, 2011.

[2] Digno de nota, a este respeito, o existente debate no plano da criminologia que precede ao tema da legitimação ou da justificação penal da criminalidade organizada, o qual questiona sua própria existência (discurso do mito ou discurso norte-americano, e teoria da conspiração ou discurso italiano) (Para uma abordagem criminológica do assunto cf.: Zaffaroni, Eugenio, '"Crime Organizado": uma categorização frustrada', **Discursos Sediciosos**, Ano 1, nº 1, 1º semestre de 1996, Rio de Janeiro, Relume Dumará, pp. 45-67 e na doutrina nacional Santos, Juarez Cirino. Crime Organizado, **Revista Brasileira de Ciências Criminais**, Ano 11, n. 42, São Paulo: Revista dos Tribunais, pp. 214-224 e Gomes, Luiz Flávio e Cervini, Raúl. **Crime organizado**. São Paulo: Revista dos Tribunais, 2 ed., 1997, pp. 73-85); Sobre o estado atual do debate: Baltazar Jr., José Paulo, **Crime Organizado e Proibição de Insuficiência**. Porto Alegre: Livraria do Advogado, 2010, pp. 77-85).

diz respeito especialmente ao terrorismo, o "*Patriotic Act*" nos Estados Unidos da América do Norte[3].

Para fugir da polêmica a respeito do chamado "Direito Penal do Inimigo", são adotadas medidas especiais em face da nova criminalidade, especialmente o terrorismo e os delitos contra a humanidade, constituindo, então, um chamado "Direito Penal de criminalidade diferenciada" que não se opõe ao Estado Democrático de Direito, porque se encontra dentro do sistema democrático e exatamente visa preservar os seus valores. Aliás, falharia o Estado em sua missão de preservar a convivência social e a dignidade da pessoa humana se não adotasse medidas adequadas a coibir as ações que atentam contra ela, entre as quais destaca-se o terrorismo, os crimes contra a humanidade, o tráfico de pessoas e o tráfico internacional de drogas. A figura da "entrega" do acusado ao Tribunal Penal Internacional, independentemente do procedimento clássico da extradição, prevista no Estatuto de Roma para os crimes contra a Humanidade é exemplo marcante de medida especial para uma criminalidade diferenciada.

Exemplos dessas medidas encontram-se, também, no que ocorreu na Alemanha.

Nesse País, em reação a vários atentados terroristas empreitados por Andreas Baader e Ulrike Meinhoff, na década de 70, os legisladores

[3] Mas a maior visibilidade da existência do poder paralelo se deu com a operação mãos limpas, na Itália, consistente numa grande investigação visando esclarecer casos de corrupção. No âmbito mundial, com especial ênfase à realidade italiana, mapeamento sobre as organizações criminosas pode ser encontrado no livro de Paulo José da Costa Jr. e Angiolo Pellegrini, este último comandante da divisão antimáfia dos *carabinieri* italianos (www.interno.gov.it/dip_ps/dia/), trabalho publicado em portugês fruto de uma série de conferências realizadas no Brasil (**Criminalidade organizada**. São Paulo: Jurídica Brasileira, 1999). Neste ponto, digno de nota a diferença do conceito entre *máfia* e *crime organizado*, embora muitos autores o empreguem no mesmo sentido. Em linhas gerais, as diferentes máfias guardam em comum temas que se repetem, como o papel central da família (em sentido amplo, podendo abranger o povoado natal ou um grupo étnico), especial referência à honra (a qual o integrante está submetido onde a prática de crimes como homicídio ou roubo é um dever, em determinadas circunstâncias), a cultura da morte (em que o sacrifício da vida é aceito em prol do interesse da organização) etc. No crime organizado, o que se identifica é a forma de uma empresa e de uma economia submersa e paralela, que se aproveita do subdesenvolvimento e, principalmente, da consequência do desemprego, para obter mão de obra com promessas de lucros rápidos (MONTOYA, Mario Daniel. **Máfia e crime organizado**. Rio de Janeiro: Lumen Juris, 2007, pp. 1 e ss.).

alemães editaram a Lei de 20 de setembro de 1974 que proibia a defesa de mais de um cliente por advogado, bem como permitia a instrução sem a presença de advogado.

Em 18 de agosto de 1976, a edição da Lei Antiterrorismo por um lado estabelece o controle das correspondências dos presos, o processo de advogados cúmplices com seus réus e a prisão preventiva de suspeitos de práticas terroristas e de outro prevê o arrependimento eficaz e a possibilidade de perdão judicial no caso de prática de atos terroristas.

Num ato legislativo mais rigoroso, em combate ao terrorismo, foi editada a Lei de 30 de setembro de 1977, a qual permitiu o isolamento total dos presos, sem contato com o mundo exterior, pelo período de duas semanas, inclusive sem autorização judicial.

Mais ainda, levando ao extremo o combate ao terrorismo, na data de 13 de abril de 1978 foi promulgada a lei que exclui o defensor e permite a detenção de qualquer suspeito.

Há, ainda, em países europeus forte tendência de se adotar um direito penal diferenciado para os crimes econômicos e contra o ciberterrorismo.

E é neste contexto, também, no âmbito do direito internacional, que se encontra o fenômeno da criminalidade organizada cujo marco legislativo é a chamada Convenção de Palermo.

Neste estudo pretende-se fazer um confronto entre a Lei de Organização Criminosa e a Lei de Drogas, em três aspectos de seu inter-relacionamento, destacando as medidas especiais de ação controlada e infiltração de agentes.

2. A questão da "mula" e o benefício do § 4º do art. 33, da Lei nº 11.343/2006

A "mula", na linguagem forense, é o indivíduo que faz correio de drogas. Em regra, trata-se daquele que é contratado em um determinado local, onde há produção, ou grande fornecedor para transportar a substância a outro destino, utilizando-se de escalas como forma de despistar a atenção das autoridades ou em trajeto único. Sua remuneração compreende não só o pagamento pelo serviço de transporte, como também, por exemplo, o fornecimento de dinheiro para despesas com o pagamento de passagens, estadas de hotéis, traslados ao aeroporto ou rodoviária etc.

A questão, então, é saber se a "mula" pode ter o benefício de redução da pena do §4º do art. 33, da Lei nº 11.343/2006 (lei de Drogas) que assim dispõe:

> **§ 4º** Nos delitos definidos no *caput* e no § 1º deste artigo, as penas poderão ser reduzidas de um sexto a dois terços, vedada a conversão em penas restritivas de direitos, desde que o agente seja primário, de bons antecedentes, não se dedique às atividades criminosas nem integre organização criminosa.

Escrevemos em nosso "*Tóxicos – Prevenção e Repressão*" em edição anterior à edição da Lei de Organização Criminosa, que as condições negativas à concessão do benefício apresentam três problemas.

> "Toda prova negativa é difícil, de modo que militará em favor do réu a presunção de que é primário e de bons antecedentes e de que não se dedica a atividades criminosas nem integra organização criminosa. O ônus da prova, no caso, é do Ministério Público, no sentido de demonstrar a reincidência, os maus antecedentes e a participação em atividades ou organização criminosas. Não importa que a prova seja difícil para o Ministério Público. Mais difícil seria para o réu, que, por sua vez, tem o direito de não ser condenado a não ser que haja prova, ou receber, sem prova, uma pena maior quando a lei permite uma pena mais branda. Na prática, então, a pena na verdade não será, por exemplo, no caput, de cinco a quinze anos, mas de um sexto a dois terços menor, a não ser que se traga aos autos prova da reincidência, dos maus antecedentes ou de que o agente se dedique a atividade criminosa ou integre organização criminosa.
>
> O segundo problema, que deixa certa perplexidade, é o de que os conceitos de "dedicar-se a atividades criminosas" e de "integrar organização criminosa" são, em princípio, absolutos, quer dizer, alguém ou se dedica ou não se dedica, ou alguém integra ou não integra organização criminosa. Não parece razoável pensar em alguém que se dedique parcialmente às atividades criminosas ou integre parcialmente organização criminosa.
>
> O terceiro problema é o do conceito de "dedicar-se" ou de "integrar". Dedicar-se, segundo os dicionários, é "consagrar sua afeição e/ou seus serviços a alguém; consagrar-se; dar-se", o que significa certo grau de

> habitualidade, ainda que não exclusiva; integrar significa "juntar-se; fazer parte integrante, participar de". E essas circunstâncias, ainda que não com exclusiva habitualidade e a participação como membro de organização criminosa, devem ser provadas suficientemente para a exclusão do benefício."

Com relação especificamente à "mula", no mesmo livro, sustentamos que ", ao transportar a droga, a "mula" passa a pertencer à organização criminosa. Isto porque, à evidência, sob o aspecto psicológico, tem ela conhecimento da conduta ilícita que se tornou possível graças a uma atividade organizada, assim compreendida pelos papéis desempenhados por todos que a assessoraram, havendo, portanto, óbice à aplicação do parágrafo 4º.

O advento da Lei nº 12.850/2013 alterou parcialmente o panorama. De um lado, continuo mantendo o entendimento no que se refere ao ônus da prova, que é da acusação, e de que as situações de exclusão são absolutas, ou seja, não podem ser usadas como critérios de quantificação da diminuição da pena. A dosimetria da redução é questão diversa e posterior ao reconhecimento (ainda que falta de prova da acusação) de que o agente não participa da organização e será definida por outras circunstâncias, inclusive a gravidade do fato ou a intensidade do dolo no transporte. Mas, de outro lado, a edição da Lei referida que definiu a organização criminosa e definiu como crime o integrá-la, trouxe a necessidade de revisão da aplicabilidade do benefício.

Estudos, destacando-se o trabalho de GLÁUCIO ROBERTO BRITTES DE ARAÚJO[4], mudaram minha convicção, no sentido de que nem sempre a "mula" participa da organização criminosa, acolhendo sua observação de que "*para se converter de extraneus em membro, a pessoa, além de contribuir para a organização, deve ingressar, e exercer a solidariedade, o gregarismo e o pertencimento ínsitos à criminalidade de grupo, fatores objetivos que não se confundem com a dimensão subjetiva e o dolo de realizar qualquer conduta descrita no tipo.*"[5]

[4] ARAÚJO, Gláucio Roberto Brittes. **Imputação de autoria e participação em organizações criminosas**. Curitiba: ed. Juruá, 2020.

[5] ARAÚJO, Gláucio Roberto Brittes. **Imputação de autoria**...*op. cit.*, 2020, p. 361.

Trata-se de indagação de imputação objetiva, logicamente anterior à indagação da imputação subjetiva. Assim, não basta que o transportador saiba ou deva saber que está atuando dentro de um esquema criminoso. Antes disso há que se convencer, com o ônus da acusação, de que pertence à organização criminosa, no sentido explicado no parágrafo anterior e demonstrado por elementos probatórios objetivos, como a habitualidade ou outras circunstâncias que demonstrem a adesão associativa.

De acordo, portanto com as decisões: *Habeas Corpus* nº 387.077/SP (2017/0020912-1) Relator: Ministro Ribeiro Dantas "*Embora haja diversos julgados de ambas as Turmas deste Tribunal Superior nos quais se afirme não ser possível o reconhecimento do tráfico privilegiado ao agente transportador de drogas na qualidade de "mula", acolho o entendimento uníssono do Supremo Tribunal Federal sobre a matéria, no sentido de que a simples atuação nessa condição não induz, automaticamente, à conclusão de que o sentenciado integre organização criminosa, sendo imprescindível, para tanto, prova inequívoca do seu envolvimento, estável e permanente, com o grupo criminoso, para autorizar a redução da pena em sua totalidade......*". E, também: AgRg no HC 729674/PR no Habeas Corpus 2022/0074408-6, Relator Ministro Olindo Menezes (Desembargador convocado do TRF 1ª região). "1. *A Terceira Seção, no* julgamento do *REsp n. 1.887.511/SP de* relatoria do Ministro João Otávio *de* Noronha, consolidou o entendimento *de* que a natureza e a quantidade da *droga* devem ser sopesadas na fixação da pena-base, mas a sua utilização como justificativa para o afastamento da minorante do *tráfico* privilegiado somente pode ocorrer se conjugada com outras circunstâncias do caso concreto que revelem a *dedicação do agente à atividade criminosa ou à integração a organização criminosa. 2. A simples condição de "mula* do *tráfico" não tem o condão de* afastar a incidência da causa especial *de* diminuição *de* pena do *tráfico* privilegiado, podendo, contudo, autorizar a aplicação da minorante em patamar aquém do máximo legal. *3. Nos* termos da jurisprudência desta Corte, a ausência *de* comprovação *de* atividade lícita não constitui fundamento idôneo para afastar a aplicação da minorante prevista *no* art. 33, § 4º, da Lei n. 11.343/2006.4.".

3. A ação controlada ou entrega vigiada

As duas leis que estamos confrontando trataram do instrumento investigatório.

Lei 11.343/2006

Art. 53. Em qualquer fase da persecução criminal relativa aos crimes previstos nesta Lei, são permitidos, além dos previstos em lei, mediante autorização judicial e ouvido o Ministério Público, os seguintes procedimentos investigatórios:

I – ....

II – a não-atuação policial sobre os portadores de drogas, seus precursores químicos ou outros produtos utilizados em sua produção, que se encontrem no território brasileiro, com a finalidade de identificar e responsabilizar maior número de integrantes de operações de tráfico e distribuição, sem prejuízo da ação penal cabível.

Parágrafo único. Na hipótese do inciso II deste artigo, a autorização será concedida desde que sejam conhecidos o itinerário provável e a identificação dos agentes do delito ou de colaboradores.

Lei 12.850/2013

Art. 8º Consiste a ação controlada em retardar a intervenção policial ou administrativa relativa à ação praticada por organização criminosa ou a ela vinculada, desde que mantida sob observação e acompanhamento para que a medida legal se concretize no momento mais eficaz à formação de provas e obtenção de informações.

§ 1º O retardamento da intervenção policial ou administrativa será previamente comunicado ao juiz competente que, se for o caso, estabelecerá os seus limites e comunicará ao Ministério Público.

§ 2º A comunicação será sigilosamente distribuída de forma a não conter informações que possam indicar a operação a ser efetuada.

§ 3º Até o encerramento da diligência, o acesso aos autos será restrito ao juiz, ao Ministério Público e ao delegado de polícia, como forma de garantir o êxito das investigações.

§ 4º Ao término da diligência, elaborar-se-á auto circunstanciado acerca da ação controlada.

Art. 9º Se a ação controlada envolver transposição de fronteiras, o retardamento da intervenção policial ou administrativa somente poderá ocorrer com a cooperação das autoridades dos países que figurem como provável itinerário ou destino do investigado, de modo a reduzir os riscos de fuga e extravio do produto, objeto, instrumento ou proveito do crime.

Ambas têm em comum a essência da providência, que é a não-atuação policial ou o seu retardamento a fim de obter dados probatórios de identificação de outros participantes de criminalidade organizada e o próprio âmbito de sua atuação.

Seu fundamento internacional é a Convenção de Palermo, eis que, havendo elementos suficientes para caracterizar um grupo como organização criminosa, a ele podem ser aplicadas as medidas por ela preconizadas, uma vez acolhidas pela legislação brasileira.

Entre essas medidas é prevista a chamada "entrega vigiada", agora entre nós denominada ação controlada, assim definida no art. 2º da Convenção de Palermo, que é o Decreto n. 5.015, de 12 de março de 2004, que Promulga a Convenção das Nações Unidas contra o Crime Organizado transnacional, adotada em Nova York, em 15 de novembro de 2000:

> Artigo 2
>
> ....
>
> i)"Entrega vigiada" – a técnica que consiste em permitir que remessas ilícitas ou suspeitas saiam do território de um ou mais Estados, os atravessem ou neles entrem, com o conhecimento e sob o controle das suas autoridades competentes, com a finalidade de investigar infrações e identificar as pessoas envolvidas na sua prática;
>
> A figura é também referida nos seguintes dispositivos:
>
> Artigo 20
>
> Técnicas especiais de investigação
>
> 1. Se os princípios fundamentais do seu ordenamento jurídico nacional o permitirem, cada Estado Parte, tendo em conta as suas possibilidades e em conformidade com as condições prescritas no seu direito interno, adotará as medidas necessárias para permitir o recurso apropriado a entregas vigiadas e, quando o considere adequado, o recurso a outras técnicas especiais de investigação, como a vigilância eletrônica ou outras formas de vigilância e as operações de infiltração, por parte das autoridades competentes no seu território, a fim de combater eficazmente a criminalidade organizada.
>
> ....

> 4. As entregas vigiadas a que se tenha decidido recorrer a nível internacional poderão incluir, com o consentimento dos Estados Partes envolvidos, métodos como a intercepção de mercadorias e a autorização de prosseguir o seu encaminhamento, sem alteração ou após subtração ou substituição da totalidade ou de parte dessas mercadorias.

Antes da Convenção de Palermo, a entrega vigiada era procedimento recomendado na Convenção de Viena sobre o Tráfico Ilícito de Entorpecentes de 1988, promulgada pelo Decreto nº 154 de 26/06/91, mas não tinha correspondência na então Lei de Tóxicos, a Lei nº 6368/76. Em termos análogos há, ainda, a previsão do instituto na Convenção das Nações Unidas contra a corrupção (Decreto 5.687/2006) e na Convenção Interamericana contra o Tráfico de Armas (Decreto nº 3.229/1999).

A doutrina apresenta o conceito e a finalidade da entrega vigiada, ou de forma ampliada a ação controlada:[6]

> "La entrega vigilada es una nueva forma de investigación en la lucha contra Ia narcocriminalidad, que supone el tráfico de una remesa de estupefacientes entre dos o más países.
>
> ....
>
> La entrega vigilada puede ser definida como una técnica investigativa por la cual la autoridad judicial permite que un cargamento de estupefacientes, que se envia ocultamente a través de cualquier medio de transporte, pueda llegar a su lugar de destino sin ser interceptada, a fin de individualizar al remitente, destinatario y demás participes de esta maniobra delictiva.
>
> La finalidad de esta forma de investigación es que permite conocer y detener a todos los integrantes de la red de narcotraaficantes; a su vez, asegura una mayor eficacia investigativa, ya que si se intercepta la remesa de estupefacientes antes de llegar a destino, se ignorará quién es el destinatario, o conosciéndolo, no se lo podrá incriminar."

No direito francês, há uma diferença entre entrega vigiada e a entrega controlada. Na primeira, a mercadoria ilegal é objeto de vigilância pas-

[6] Edwards, Carlos Henrique. **El arrepentido, el Agente Encubierto y la Entrega Vigilidada.** Buenos Aires: Ed. Ad-Hoc, 1996, p. 107.

siva por parte das autoridades; na segunda, é utilizado o recurso de agentes infiltrados que participam diretamente da operação. No direito brasileiro, os institutos estão bem separados com denominações próprias: ação controlada para a chamada entrega vigiada e a infiltração de agentes, porque podem ter efeitos penais e processuais penais diferentes, que demandam integração doutrinária e jurisprudencial.

No sistema da Lei de Drogas a medida não depende do envolvimento de organização criminosa, ao passo que na Lei de Organização Criminosa há necessidade de indícios de que aquela exista.

Apesar de no caso de organização criminosa a providência apresente regulamentação mais minuciosa, ambas apresentam duas questões importantes a enfrentar:

Quais os efeitos penais da atuação da autoridade, nos termos da lei, no caso de entrega vigiada no âmbito interno e no âmbito transnacional? Isto é, o que acontece com o crime que deixou de ser perseguido ou punido, durante e depois da entrega vigiada, em caráter temporário e definitivo? e

Qual a natureza jurídica do instituto da entrega vigiada?

A medida é essencialmente temporária e se resume no retardamento ou até na omissão da intervenção policial ou administrativa, de modo que é fácil concluir que a legislação brasileira repele a descriminalização da conduta sob vigilância[7]. Algo está suspenso, o que adiante se discutirá, mas não a criminosidade da conduta que sofrerá a persecução penal cabível cessada a oportunidade e necessidade da vigilância. A Convenção de Palermo, ainda que incorporada à ordem jurídica brasileira, na omissão, não poderia levar a conclusão diferente porque não cabe às convenções internacionais a incriminação de condutas, ou não, mas apenas a recomendação para a incriminação ou não incriminação. O princípio da legalidade penal, consagrado de maneira indiscutível no Brasil, tem também o sentido de legalidade formal estrita significando que somente lei com o respectivo processo legislativo próprio pode instituir

[7] Observe-se enfaticamente que diferente é a situação do agente infiltrado que venha a participar de ação criminosa, o que será discutido nos comentários no item seguinte, mas desde logo v. ONETO, Isabel. **O Agente Infiltrado**. Coimbra: Coimbra Editora, 2005; e COSTA ANDRADE, Manuel. Métodos ocultos de investigação (Plädoyer para uma teoria geral). In Justiça Penal Portuguesa e Brasileira, Colóquio em homenagem ao Instituto Brasileiro de Ciências Criminais, 2008, pp. 99 e segs.

crime, não se admitindo os eventuais substitutivos da lei, como a medida provisória. A interpretação da Convenção de Palermo (e das demais já referidas que preveem a figura), em consonância com a legislação autóctone, somente pode ser no sentido de que não há interferência na tipicidade e punibilidade da conduta vigiada, entendendo-se, em consequência, que autoriza somente a suspensão temporária de medidas de repressão.

No que interfere, então, a entrega vigiada?

Pura e tão somente no art. 301 do Código de Processo Penal quanto ao dever da autoridade policial de prender quem se encontra em flagrante delito.

Adotada a medida e dentro dos parâmetros estipulados fica suspenso o dever de a autoridade prender em flagrante os agentes envolvidos até que a operação alcance seus objetivos, quer se trate de crime consumado ou consumando-se como os crimes permanentes, quer de uma fase executiva da tentativa. É óbvio que se o acompanhamento se refere a ato preparatório a questão nem se coloca. A suspensão desse dever evidentemente exclui em face da autoridade o crime de prevaricação, mas não interfere na infração penal dos investigados.

Alcançada a finalidade da vigilância ou, por qualquer outro motivo, demonstrada ser infrutífera ou desnecessária, revigora-se o dever da autoridade de prender quem se encontre em flagrante delito e, se isso não for mais possível, adotar as providências necessárias para a persecução, no Brasil, do crime aqui, no todo ou em parte, ocorrido (arts. 5º e 6º do Código Penal).

Na segunda hipótese, qual seja a de não ser mais possível o flagrante no Brasil, pode haver alguma dificuldade processual para a apuração e persecução penal, como, por exemplo, no caso de acompanhamento do trânsito de droga pelo País proveniente de outro e dirigida a um terceiro no qual, em virtude da cooperação internacional contra o crime organizado, mais adequadamente seria desmantelada a organização ali sediada sendo que, se houvesse o flagrante do transporte em território nacional, isso não seria possível. O problema, porém, é de direito processual ou prático, mas não interfere na ocorrência do delito.

Quanto à sua natureza, a ação controlada não é uma prova nem um meio de prova. É um instrumento, uma estratégia, uma prática ou uma técnica para a obtenção de provas ou informações. A prova ou o meio de prova será o que for possível obter com o retardamento da ação policial.

Nos termos do § 1º, do art. 8º, da Lei nº 12.850/2013, o retardamento da ação policial ou administrativa será previamente comunicado ao juiz competente que dará ciência ao Ministério Público. Diferentemente da Lei de Drogas, a Lei primeiro citada não estabelece expressamente que deve haver autorização judicial para a ação controlada, mas o juiz "estabelecerá seus limites, se for o caso". Ora, se o juiz pode estabelecer os limites é porque se nada diz concorda, podendo, também determinar a não realização da operação, se entender ilegal, abusiva ou incabível. Entende-se, pois, que haverá autorização judicial, porque não se pode aceitar a passividade pura do juiz, simplesmente silenciando diante de comunicação de eventual ato abusivo.

A função judicial, portanto, é fiscalizadora do interesse público em uma atividade naturalmente de terceiros, no caso as autoridades policiais. Ora, isso não é nada mais nada menos do que a chamada jurisdição voluntária.

Diferentemente da autorização judicial para a interceptação telefônica em que o objetivo é a tutela da garantia constitucional do sigilo das comunicações das pessoas, a decisão judicial que autoriza a ação controlada fiscaliza a própria atuação policial e não interfere na esfera jurídica de terceiros.

Ainda que em ambas as situações seja possível enquadrar a decisão judicial entre os poderes instrutórios do juiz essa é a diferença essencial: no caso da ação controlada fiscaliza-se a conduta policial quanto ao não exercício do dever de prender quem se encontre em flagrante delito sem que isso envolva a invasão da órbita de direitos das pessoas; no caso da autorização para a interceptação o ato do juiz é constritivo porque não apenas autoriza o procedimento mas determina a restrição a direito individual.

As cargas, na terminologia de PONTES DE MIRANDA, das decisões são diferentes, porque na interceptação telefônica o ato judicial tem conteúdo constritivo ou restritivo de direitos, ao passo que na ação controlada meramente permite que a autoridade policial deixe de agir imediatamente como ordinariamente deveria fazê-lo.

Em sendo ato de jurisdição voluntária a autorização para a entrega vigiada está submetida às suas características: não faz coisa julgada, pode ser modificada se houver alteração da situação de fato etc.[8]

[8] Vide GRECO FILHO, Vicente. **Direito Processual Civil Brasileiro**. São Paulo: Tirant Lo Blanc, vl. 3, 2019, pp. 65 e segs.

Assim é a comunicação ao juiz, que implica em autorização judicial para a ação controlada, nos dois regimes legais.

Como acima transcrito, a Lei de Organização Criminosa estabelece que a comunicação será sigilosamente distribuída, podendo haver já juiz prevento se outro ato anterior já tenha sido levado à apreciação do magistrado. A comunicação deve ser de molde a assegurar que não se revele qual operação será efetuada. Durante a realização da diligência o acesso aos autos da comunicação fica restrito ao juiz, ao Ministério Público e ao Delegado de Polícia, como forma de garantir o êxito das investigações. Com o fim da operação, o defensor poderá ter acesso aos autos. Com o encerramento da diligência, será elaborado auto circunstanciado acerca da ação controlada. A Lei não estabelece prazo para a realização da medida, mas será o adequado ao seu sucesso, sob controle do Ministério Público e do Juiz. Apesar da omissão da Lei de Drogas, providências semelhantes deverão ser adotadas para a garantia da regularidade processual e a garantia da legalidade das provas apuradas.

Sob outro aspecto, se a ação controlada envolver transposição de fronteiras, o retardamento da intervenção policial ou administrativa somente poderá ocorrer com a cooperação das autoridades dos países que figurem como provável itinerário ou destino do investigado, de modo a reduzir os riscos de fuga e extravio do produto, objeto, instrumento ou proveito do crime.

A cooperação das autoridades do país ou países envolvidos, se ação controlada envolver a transposição de fronteiras, deverá estar afirmada na comunicação ao juiz para que a ação controlada não se transforme em mecanismo de não punição dos praticantes dos delitos investigados. O Departamento de Polícia Federal mantém estreito e permanente contato com a Interpol na atividade de combate ao crime transnacional o que será informado ao juiz quanto aos países envolvidos e seu interesse no caso. A norma é da Lei de Organização Criminosa, mas aplica-se à atuação análoga da Lei de drogas, observando-se que em matéria de tráfico internacional, a regra é a de se tratar de operação de crime organizado.

É importante lembrar mais dois pontos: a) a decisão que autoriza a providência não é definitiva, mas tem força de definitiva porque encerra o incidente, de modo que é apelável nos termos do art.593, II do Código de Processo Penal; b) ainda que não haja denúncia ou se ocorrer absolvição, quer no caso do tráfico ilícito de drogas, quer no de crime de organização criminosa a medida não é invalidada eis que é cautelar de produção de prova, decisão tomada em cognição sumária "*rebus sic stantibus*".

4. O agente infiltrado

Ambas as leis comentadas também trataram da figura.

> **Lei 11.343/2006**
>
> Art. 53. Em qualquer fase da persecução criminal relativa aos crimes previstos nesta Lei, são permitidos, além dos previstos em lei, mediante autorização judicial e ouvido o Ministério Público, os seguintes procedimentos investigatórios:
>
> I – a infiltração por agentes de polícia, em tarefas de investigação, constituída pelos órgãos especializados pertinentes;
>
> II – ....
>
> Parágrafo único. ....
>
> **Lei 12.850/2013**
>
> Da Infiltração de Agentes
>
> Art. 10. A infiltração de agentes de polícia em tarefas de investigação, representada pelo delegado de polícia ou requerida pelo Ministério Público, após manifestação técnica do delegado de polícia quando solicitada no curso de inquérito policial, será precedida de circunstanciada, motivada e sigilosa autorização judicial, que estabelecerá seus limites.
>
> § 1º Na hipótese de representação do delegado de polícia, o juiz competente, antes de decidir, ouvirá o Ministério Público.
>
> § 2º Será admitida a infiltração se houver indícios de infração penal de que trata o art. 1º e se a prova não puder ser produzida por outros meios disponíveis.
>
> § 3º A infiltração será autorizada pelo prazo de até 6 (seis) meses, sem prejuízo de eventuais renovações, desde que comprovada sua necessidade.
>
> § 4º Findo o prazo previsto no § 3º , o relatório circunstanciado será apresentado ao juiz competente, que imediatamente cientificará o Ministério Público.

§ 5º No curso do inquérito policial, o delegado de polícia poderá determinar aos seus agentes, e o Ministério Público poderá requisitar, a qualquer tempo, relatório da atividade de infiltração.

Art. 10-A. Será admitida a ação de agentes de polícia infiltrados virtuais, obedecidos os requisitos do caput do art. 10, na internet, com o fim de investigar os crimes previstos nesta Lei e a eles conexos, praticados por organizações criminosas, desde que demonstrada sua necessidade e indicados o alcance das tarefas dos policiais, os nomes ou apelidos das pessoas investigadas e, quando possível, os dados de conexão ou cadastrais que permitam a identificação dessas pessoas. (Incluído pela Lei nº 13.964, de 2019)

§ 1º Para efeitos do disposto nesta Lei, consideram-se: (Incluído pela Lei nº 13.964, de 2019)

I – dados de conexão: informações referentes a hora, data, início, término, duração, endereço de Protocolo de Internet (IP) utilizado e terminal de origem da conexão; (Incluído pela Lei nº 13.964, de 2019)

II – dados cadastrais: informações referentes a nome e endereço de assinante ou de usuário registrado ou autenticado para a conexão a quem endereço de IP, identificação de usuário ou código de acesso tenha sido atribuído no momento da conexão. (Incluído pela Lei nº 13.964, de 2019)

§ 2º Na hipótese de representação do delegado de polícia, o juiz competente, antes de decidir, ouvirá o Ministério Público. (Incluído pela Lei nº 13.964, de 2019)

§ 3º Será admitida a infiltração se houver indícios de infração penal de que trata o art. 1º desta Lei e se as provas não puderem ser produzidas por outros meios disponíveis. (Incluído pela Lei nº 13.964, de 2019)

§ 4º A infiltração será autorizada pelo prazo de até 6 (seis) meses, sem prejuízo de eventuais renovações, mediante ordem judicial fundamentada e desde que o total não exceda a 720 (setecentos e vinte) dias e seja comprovada sua necessidade. (Incluído pela Lei nº 13.964, de 2019)

§ 5º Findo o prazo previsto no § 4º deste artigo, o relatório circunstanciado, juntamente com todos os atos eletrônicos praticados durante a operação, deverão ser registrados, gravados, armazenados e apresentados ao juiz competente, que imediatamente cientificará o Ministério Público. (Incluído pela Lei nº 13.964, de 2019)

§ 6º No curso do inquérito policial, o delegado de polícia poderá determinar aos seus agentes, e o Ministério Público e o juiz competente poderão requisitar, a qualquer tempo, relatório da atividade de infiltração. (Incluído pela Lei nº 13.964, de 2019)

§ 7º É nula a prova obtida sem a observância do disposto neste artigo. (Incluído pela Lei nº 13.964, de 2019)

Art. 10-B. As informações da operação de infiltração serão encaminhadas diretamente ao juiz responsável pela autorização da medida, que zelará por seu sigilo. (Incluído pela Lei nº 13.964, de 2019)

Parágrafo único. Antes da conclusão da operação, o acesso aos autos será reservado ao juiz, ao Ministério Público e ao delegado de polícia responsável pela operação, com o objetivo de garantir o sigilo das investigações. (Incluído pela Lei nº 13.964, de 2019)

Art. 10-C. Não comete crime o policial que oculta a sua identidade para, por meio da internet, colher indícios de autoria e materialidade dos crimes previstos no art. 1º desta Lei. (Incluído pela Lei nº 13.964, de 2019)

Parágrafo único. O agente policial infiltrado que deixar de observar a estrita finalidade da investigação responderá pelos excessos praticados. (Incluído pela Lei nº 13.964, de 2019)

Art. 10-D. Concluída a investigação, todos os atos eletrônicos praticados durante a operação deverão ser registrados, gravados, armazenados e encaminhados ao juiz e ao Ministério Público, juntamente com relatório circunstanciado. (Incluído pela Lei nº 13.964, de 2019)

Parágrafo único. Os atos eletrônicos registrados citados no caput deste artigo serão reunidos em autos apartados e apensados ao processo criminal juntamente com o inquérito policial, assegurando-se a preservação da identidade do agente policial infiltrado e a intimidade dos envolvidos. (Incluído pela Lei nº 13.964, de 2019)

Art. 11. O requerimento do Ministério Público ou a representação do delegado de polícia para a infiltração de agentes conterão a demonstração da necessidade da medida, o alcance das tarefas dos agentes e, quando possível, os nomes ou apelidos das pessoas investigadas e o local da infiltração.

Parágrafo único. Os órgãos de registro e cadastro público poderão incluir nos bancos de dados próprios, mediante procedimento sigiloso e requisição da autoridade judicial, as informações necessárias à efetividade da identidade fictícia criada, nos casos de infiltração de agentes na internet. (Incluído pela Lei nº 13.964, de 2019)

Art. 12. O pedido de infiltração será sigilosamente distribuído, de forma a não conter informações que possam indicar a operação a ser efetivada ou identificar o agente que será infiltrado.

§ 1º As informações quanto à necessidade da operação de infiltração serão dirigidas diretamente ao juiz competente, que decidirá no prazo de 24 (vinte e quatro) horas, após manifestação do Ministério Público na hipótese de representação do delegado de polícia, devendo-se adotar as medidas necessárias para o êxito das investigações e a segurança do agente infiltrado.

§ 2º Os autos contendo as informações da operação de infiltração acompanharão a denúncia do Ministério Público, quando serão disponibilizados à defesa, assegurando-se a preservação da identidade do agente.

§ 3º Havendo indícios seguros de que o agente infiltrado sofre risco iminente, a operação será sustada mediante requisição do Ministério Público ou pelo delegado de polícia, dando-se imediata ciência ao Ministério Público e à autoridade judicial.

Art. 13. O agente que não guardar, em sua atuação, a devida proporcionalidade com a finalidade da investigação, responderá pelos excessos praticados.

Parágrafo único. Não é punível, no âmbito da infiltração, a prática de crime pelo agente infiltrado no curso da investigação, quando inexigível conduta diversa.

Art. 14. São direitos do agente:

I – recusar ou fazer cessar a atuação infiltrada;

II – ter sua identidade alterada, aplicando-se, no que couber, o disposto no art. 9º da Lei nº 9.807, de 13 de julho de 1999, bem como usufruir das medidas de proteção a testemunhas;

III – ter seu nome, sua qualificação, sua imagem, sua voz e demais informações pessoais preservadas durante a investigação e o processo criminal, salvo se houver decisão judicial em contrário;

IV – não ter sua identidade revelada, nem ser fotografado ou filmado pelos meios de comunicação, sem sua prévia autorização por escrito.

Como se vê, a Lei de Organização Criminosa é muito mais minuciosa, quer no aspecto procedimental quer no aspecto dos direitos e deveres dos envolvidos. Não temos dúvida de que o advento da Lei nº 12.850/2013 regulou a matéria de maneira geral, de modo que se aplica também ao caso da infiltração na investigação exclusivamente do tráfico de drogas. Isso porque as medidas preconizadas representam um "guia" geral para a situação, com as cautelas e disciplina do como deve ser uma infiltração de agente, independentemente do crime a ser apurado. Se, no futuro para outros delitos for possibilitada a infiltração, ainda que sem disciplina específica o sistema será o mesmo.

Valem para a infiltração do agente as observações feitas quanto à ação controlada relativamente à natureza da decisão enquanto com força de definitiva e ainda que não haja denúncia ou se ocorrer absolvição, a medida não é invalidada eis que é cautelar de produção de prova, decisão tomada em cognição sumária "*rebus sic stantibus*".

Não é o caso, neste estudo, de se enfrentar todos os aspectos da infiltração, mas um é de exame inevitável, qual seja o dos crimes eventualmente praticados pelo agente durante o período da diligência.

O art. 13 da Lei nº 12.850/2013 acima transcrito estabelece uma disciplina, posto que sujeita a sérias indagações.

O *caput* do artigo alerta para a punição dos excessos eventualmente praticados pelo agente infiltrado, se seus atos não guardarem proporcionalidade com a finalidade da investigação. A análise dessa proporcionalidade deve levar em conta as circunstâncias em que se encontra o agente. Não pode ser milimétrica ou destituída de uma visão do contexto da tomada de decisão do agente, que pode colocar em risco sua vida se não agir na conformidade com os padrões da organização. A situação deve ser interpretada, sempre, de um ponto de vista favorável ao agente que se arrisca além do usual em seu dever funcional, sob pena de se inviabilizar a aceitação de quem quer que seja para o exercício dessa função. Aliás, o termo "proporcionalidade" está mal empregado. Deve ser entendido como "desnecessidade". Serão punidos os excessos, considerando-se como tais os atos desnecessários à finalidade da investigação. A proporcionalidade exige uma comparação, que é impossível, no caso porque a finalidade da investigação não é parâmetro para o tipo de atos a serem praticados. O que se pode examinar é se o ato era necessário, ou não, para o sucesso da investigação, preservação da integridade do agente e se era exigível conduta diversa como refere o parágrafo. Se era necessário e inexigível conduta diversa não há excesso a considerar.

Os atos formalmente criminosos praticados pelo agente no correr da infiltração não são puníveis se não exigível conduta diversa. Não é o caso de se discutir se se trata de falta de tipicidade, de exclusão de antijuridicidade ou de reprovabilidade. Para quem adota uma teoria mais abrangente dos elementos do crime[9], falta a tipicidade substancial ainda que se tenha adotado como critério a inexigibilidade de conduta diversa como critério de exclusão.

A questão, porém, é mais complexa do que aparenta, porque há quatro espécies de fatos definidos como crime que podem estar envolvidos com a infiltração:

1 – O crime de organização criminosa porque o agente infiltrado passa a fazer parte dela.

2 – Os crimes da natureza dos delitos da finalidade principal da organização de que o agente participa.

3 – Os crimes que o agente pratica ou deles participa enquanto crimes-meio para a manutenção da organização, como o constrangimento ilegal, a lesão corporal, a corrupção, o porte ilegal de armas etc.

4 – Os crimes que terceiros praticam para apoio à infiltração, como, por exemplo, a falsificação de documentos de identidade, o fornecimento de armas e tantos outros que somente a realidade do caso poderá revelar.

A todos eles se aplica a regra da impunibilidade se necessários ao sucesso da operação. Na descrição da operação e na análise técnica a ser submetida ao juiz para autorização já pode haver menção de alguns deles, de modo que está gerada a presunção de sua legalidade. A prática da operação, porém, pode gerar situações imprevisíveis cuja análise será feita *a posteriori*, mantendo-se a advertência acima feita de que a interpretação deve levar em consideração a necessidade, a inexigibilidade de conduta diversa e a pressão das circunstâncias de risco em que se encontra o agente.

[9] Vide Greco Filho, Vicente. Crime: essência e técnica. In: **Boletim do Instituto Manuel Pedro Pimentel**, ano 5, n. 21, 2002, pp. 11-12.

Diferente de agente infiltrado é a situação do agente disfarçado do art. 10-C da Lei nº 12.850/21013 e art. 33, § 1º. IV da Lei nº 11.343/2006, ambos com a redação da Lei nº 13.964/2019, o segundo assim redigido:

> "Art. 10. O § 1º do art. 33 da Lei nº 11.343, de 23 de agosto de 2006, passa a vigorar acrescido do seguinte inciso IV:
>
> "Art. 33.
> §1º.
> IV – vende ou entrega drogas ou matéria-prima, insumo ou produto químico destinado à preparação de drogas, sem autorização ou em desacordo com a determinação legal ou regulamentar, a agente policial disfarçado, quando presentes elementos probatórios razoáveis de conduta criminal preexistente."

Apesar de descreverem situações diferentes, o artigo 13-C da Lei de Organização Criminosa que exclui o crime do investigador virtual e o atual artigo 33, § 1º da Lei de Drogas que afasta a possibilidade de alegação de flagrante preparado, em ambos não se trata de infiltração, mas de esclarecimento de situações que poderiam gerar a punição inadequada no primeiro caso e a indevida alegação de flagrante preparado no segundo. Para fins penais, contudo, aplicam-se as regras do agente infiltrado e o procedimento necessário à legalidade da medida.

PARTE III
ASPECTOS PROCESSUAIS PENAIS AO ENFRENTAMENTO DO CRIME ORGANIZADO

CAPÍTULO 14
CRIME ORGANIZADO E PRISÃO PREVENTIVA: O MODELO ITALIANO E A (IM)POSSIBILIDADE DE SEU TRANSPLANTE PARA O BRASIL

Rodrigo Capez

1. Introdução

O incremento do fenômeno do crime organizado no Brasil tem motivado a adoção, no plano processual penal, de diversos instrumentos destinados a tornar mais eficientes sua investigação e repressão. No campo probatório, v.g., a Lei nº 12.850/2013 disciplina, como meios de obtenção de prova, a colaboração premiada, a ação controlada e a infiltração policial (art. 3º, I, III e VII, e arts. 4º a 14).

O presente artigo[1] pretende analisar a possibilidade de se transplantar[2] para o Brasil, como instrumento para se coarctar a atuação de

[1] Os itens 1 a 5 constituem, essencialmente, excertos de trabalhos anteriores, com adaptações e acréscimos para o presente trabalho. Capez, Rodrigo. **Prisão e medidas cautelares diversas: a individualização da medida cautelar no processo penal**. São Paulo: Quartier Latin, 2017. Capez, Rodrigo. **A individualização da medida cautelar pessoal no processo penal brasileiro.** Orientador: Maurício Zanoide de Moraes. 2015. Dissertação (Mestrado em Direito Processual) – Faculdade de Direito, Universidade de São Paulo, São Paulo, 2015. p. 135-172. DOI 10.11606/D.2.2016.tde-05022016-090727. Acesso em: 2 jan. 2023.

[2] Sobre transplante e tradução de institutos jurídicos, vide Watson, Alan. **Legal transplants: an approach to comparative law**. 2nd edition. Athens: The University of Georgia

organizações criminosas, o modelo italiano que estabelece, para a associação criminosa do tipo mafioso, a presunção relativa do *periculum libertatis* e a presunção absoluta da adequação e da necessidade da prisão preventiva.[3]

2. O direito de liberdade e a excepcionalidade da prisão preventiva no Brasil

Nos termos do art. 5º, XV, da Constituição Federal, "é livre a locomoção no território nacional em tempo de paz, podendo qualquer pessoa, nos termos da lei, nele entrar, permanecer ou dele sair com seus bens".

Trata-se da liberdade de deslocação física, que abrange, do ponto de vista positivo, o direito de se dirigir a qualquer lugar e, do ponto de vista negativo, o direito de evitar qualquer lugar, incluindo-se o de não ser obrigado a permanecer onde não se deseja.[4] Compreende, dessa feita, o direito de ir, ficar (= permanecer) e vir, o *jus manendi, ambulandi eundi ultro citroque.*[5]

Em nosso regime constitucional, a liberdade de locomoção, enquanto pressuposto para o pleno exercício das demais liberdades constitucionalmente asseguradas, constitui a regra; a prisão é a exceção.

No campo processual penal destacam-se, no art. 5º da Constituição Federal, as seguintes garantias:

> a) "ninguém será privado da liberdade ou de seus bens sem o devido processo legal" (inc. LIV);

Press, 1993: Langer, Máximo. From Legal Transplants to Legal Translations: The Globalization of Plea Bargaining and the Americanization Thesis in Criminal Procedure. **Harvard International Law Journal**, vol. 45, n. 1, Winter 2004, disponível em https://ssrn.com/abstract=707261. Acesso em: 2 jan. 2023. Máximo Langer critica a metáfora do transplante legal para se referir à importação de práticas legais alienígenas, ao fundamento de que elas não podem ser simplesmente transplantadas ("*cut and paste*") de um sistema jurídico para outro, razão por que propõe o termo tradução legal "(*legal translations*") como uma alternativa para denominar a transferência de ideias e institutos legais entre sistemas jurídicos.

[3] Importante ressaltar, desde logo, que o foco do presente artigo não é a análise do fenômeno da organização criminosa do tipo mafioso em si, mas da possibilidade ou não do transplante, para o Brasil, do rígido tratamento a ele conferido em sede de medidas cautelares pessoais pelo Código de Processo Penal italiano.

[4] Bodo, Pieroth; Schlink, Bernhard. **Direitos fundamentais**. Trad.: Antônio Francisco de Souza e Antônio Franco. São Paulo: Saraiva, 2012, pp. 197-198.

[5] Ferreira Filho, Manoel Gonçalves. **Curso de direito constitucional**. 38. ed. São Paulo: Saraiva, 2012, p. 327.

b) "ninguém será considerado culpado até o trânsito em julgado de sentença penal condenatória" (inc. LVII);

c) "ninguém será preso senão em flagrante delito ou por ordem escrita e fundamentada de autoridade judiciária competente, salvo nos casos de transgressão militar ou crime propriamente militar, definidos em lei" (inc. LXI);

d) "a prisão ilegal será imediatamente relaxada pela autoridade judiciária" (inc. LXV);

e) "ninguém será levado à prisão ou nela mantido, quando a lei admitir a liberdade provisória, com ou sem fiança" (inc. LXVI).

Da conjugação desses dispositivos, que instituem um regime constitucional de garantias próprio da liberdade de locomoção, conclui-se que essa liberdade constitui a regra; a prisão cautelar sempre será excepcional e provisória.[6]

A excepcionalidade, aliás, é a nota essencial de todo o sistema de medidas cautelares pessoais,[7] de modo que um provimento cautelar restritivo da liberdade jamais pode constituir a normalidade, a fisiologia do processo.

A prisão preventiva, medida excepcionalíssima[8] e subsidiária, somente será admitida quando estiverem presentes *i)* os seus pressupostos (*fumus commissi delicti* – art. 312, CPP); *ii)* os seus requisitos positivos (*periculum libertatis* – art. 312, CPP); *iii)* os seus requisitos negativos (art. 314, CPP) e *iv)* as suas hipóteses legais de cabimento (art. 313, CPP), e as medidas cautelares a ela alternativas se mostrarem insuficientes ou inadequadas (art. 282, §6º, CPP).

A reforma processual penal operada pela Lei nº 12.403/2011, posteriormente reforçada pela Lei nº 13.964/2019 na tentativa de eliminar ou

6 Mesmo a prisão-pena (sanção imposta pelo Estado, por sentença penal transitada em julgado, pela violação a um bem jurídico penalmente tutelado) é, em certo sentido, provisória, haja vista que a Constituição Federal veda a imposição de pena de caráter perpétuo (art. 5º, XLVII, "*b*"). Sobre o conceito de prisão-pena, vide José Frederico Marques. (Marques, José Frederico. **Elementos de Direito Processual Penal.** vl. IV, Campinas: Bookseller, 1997, p. 38-41).

7 Zanoide de Moraes, Maurício. **Presunção de inocência no processo penal brasileiro:** análise de sua estrutura normativa para a elaboração legislativa e para a decisão judicial. Rio de Janeiro: Lumen Juris, 2010, p. 372.

8 Zanoide de Moraes, Maurício. **Presunção de inocência**... *op. cit.*, 2010, pp. 351-354.

minimizar as resistências à transformação do regime jurídico das medidas cautelares pessoais, alterou o baricentro do sistema cautelar e introduziu radical e importantíssima mudança de paradigma.

O sistema não mais gravita em torno da prisão preventiva, razão por que, sendo necessária a adoção de uma medida cautelar, o ponto de partida não é a possibilidade ou não de prisão. O raciocínio judicial deve necessariamente partir da medida de menor intensidade para, somente na hipótese de sua inadequação ou insuficiência, se alcançarem as de maior intensidade.[9]

Como observa Gustavo Badaró,

> o juiz, portanto, não pode raciocinar a partir da prisão, e, somente quando ela se mostrar excessiva, cogitar da aplicação de medida alternativa menos gravosa. O raciocínio deve ser exatamente o contrário: estando presente uma das situações que justificam a imposição de uma medida cautelar pessoal (CPP, art. 282, *caput,* I), o magistrado deve iniciar o juízo de adequação (CPP, art. 282, *caput,* II), a partir da menos gravosa, e, se esta não se mostrar adequada, ir ascendendo em uma escala crescente das medidas alternativas mais leves para as mais gravosas, e, somente se nenhuma delas se mostrar adequada, chegar à prisão preventiva.[10]

Assim, colide frontalmente com a lógica do novo sistema de medidas cautelares o juiz aferir, em primeiro lugar, se é caso ou não de decretação da prisão preventiva, para somente então passar ao exame do cabimento de medida(s) dela diversa(s).

Por outro lado, afirmar-se que a prisão cautelar seja a *ultima ratio* não significa que a imposição de qualquer outra medida dela diversa constitua desdobramento ordinário da marcha processual, haja vista que, em maior ou menor grau, sempre haverá intervenção em um direito fundamental.

Todas as medidas cautelares, indistintamente, se destinam a enfrentar uma situação de crise processual,[11] representada pelo *periculum libertatis,*

[9] Zanoide de Moraes, Maurício. Análise judicial da prisão em flagrante: por uma abordagem sistêmico-constitucional. **Revista do Advogado**. São Paulo, n. 113, p. 97, set. 2011.

[10] Badaró, Gustavo Henrique. **Processo penal**. 8. ed. rev., atual. e ampl. São Paulo: Thomson Reuters Brasil, 2020, p. 1.145.

[11] Caro, Agostino de. Misure cautelari personali – pressuposti e critério applicativi (Capitolo I). In: Scalfati, Adolfo (org.). **Trattato di procedura penale**. vl. 2. Turim: UTET Giuridica, 2008, p. 34.

e somente a presença dessa situação extraordinária, nos casos expressamente previstos em lei,[12] autoriza o recurso a esse meio também excepcional, de modo a romper-se a inviolabilidade da liberdade individual.

A excepcionalidade, portanto, importa a exclusão do automatismo na adoção de qualquer medida cautelar, ou de sua obrigatoriedade, amparada na natureza ou gravidade da imputação.[13]

A aplicação da medida cautelar menos gravosa decorre não somente da regra da proporcionalidade, mas também do *favor rei*, como aspecto, significado, projeção ou manifestação da presunção de inocência, a orientar, no âmbito judicial, a escolha da interpretação mais favorável ao imputado.[14]

3. Presunção de inocência (art. 5º, LVII, CF) e a vedação de medidas cautelares que decorram, por si sós, da imputação

Nos termos do art. 5º, LVII, da Constituição Federal, "ninguém será considerado culpado até o trânsito em julgado de sentença penal condenatória".

A presunção de inocência não deve ser entendida no significado jurídico de presunção,[15] vale dizer, no sentido puramente técnico de prova indireta,[16] mas sim compreendida à luz das razões político-filosóficas que a inspiraram, como forma de proteção do indivíduo contra os abusos do poder estatal dentro de um sistema processual penal inquisitivo,[17]

[12] Tonini, Paolo. **Manuale di procedura penale.** 14ª ed. Milão: Giuffrè Editore, 2013, p. 429.

[13] Grevi, Vittorio. Misure Cautelari (Capitolo IV). In: Conso, Giovanni; Grevi, Vittorio; Bagis, Marta (orgs). **Compendio di procedura penale.** 6. ed. Pádua: CEDAM, 2012, p. 400.

[14] Zanoide de Moraes, Maurício. **Presunção de inocência...** *op. cit.*, 2010, pp. 364-370.

[15] Para Hélio Tornaghi, presumir é tomar como verdadeiro um fato, independentemente de prova, levando *id quod plerumque accidt*, isto é, aquilo que ordinariamente, em geral acontece. Baseia-se, portanto, na experiência cotidiana, na realidade, no que ocorre normalmente. Em relação ao indício, a presunção nada mais é do que a operação intelectual que liga um fato conhecido e provado a um fato probando, autorizando uma conclusão a respeito ("Tício foi encontrado, junto ao cadáver, com a arma assassina e objetos da vítima. Logo, Tício, provavelmente, é o autor do crime"). (Tornaghi, Hélio. **Curso de processo penal.** 7. ed. vl. 1, São Paulo: Saraiva, 1990, pp. 282-283 e pp. 451-457).

[16] Gomes Filho, Antônio Magalhães. **Presunção de inocência e prisão cautelar**. São Paulo: Saraiva, 1991, p. 35.

[17] Zanoide de Moraes, Maurício. **Presunção de inocência...** *op. cit.*, 2010, p. 91.

no qual cumpria ao acusado provar a improcedência da acusação, sob pena de suportar as consequências no *non liquet*.[18]

Nesse sentido, presunção de inocência e devido processo legal são conceitos complementares, "traduzindo a concepção básica de que o reconhecimento da culpabilidade não exige apenas a existência de um processo, mas sobretudo de um processo 'justo', no qual o confronto entre o poder punitivo estatal e o direito à liberdade do imputado seja feito em termos de equilíbrio",[19] assegurando-se, de fato, a igualdade de armas ou *par condicio*.[20]

Ora, não pode haver um processo justo onde se parta de uma presunção de culpa, ainda que travestida de "presunção de não culpabilidade", geradora de profundo desequilíbrio no tratamento conferido às partes.

Assim, a norma do art. 5º, LVII, da Constituição Federal, apesar da literalidade de seu enunciado,[21] consagra a presunção de inocência, expressão que melhor densifica um Estado Democrático de Direito fundado no princípio da dignidade da pessoa humana (art. 1º, *caput*, e inc. III, CF), e não a presunção de não culpabilidade.[22]

[18] Gomes Filho, Antônio Magalhães. **Presunção de inocência**...*op. cit.*, 1991, p. 36.

[19] Gomes Filho, Antônio Magalhães. **Presunção de inocência**...*op. cit.*, 1991, p. 47.

[20] Grinover, Ada Pellegrini. As garantias constitucionais do processo. In:______. **Novas tendências do direito processual**. Rio de Janeiro: Forense, 1990, p. 7. Antônio Magalhães Gomes Filho, evocando o espírito do *fair trial* anglo-saxão, lembra que o processo é um duelo no qual se defrontam partes igualmente armadas, em que não pode haver qualquer privilégio para o representante do poder estatal, pois o acusado, até prova em contrário, é inocente. (Gomes Filho, Antônio Magalhães. **Presunção de inocência**...*op. cit.*, 1991, p. 47).

[21] Art. 5º, LVII, CF: "Ninguém será considerado culpado até o trânsito em julgado de sentença penal condenatória". Sua fonte foi o art. 27.2 da Constituição Italiana de 1948, segundo o qual "*L'imputato non è considerato colpevole sino alla condanna definitiva*". Nesse sentido, Antônio Magalhães Gomes Filho. (Gomes Filho, Antônio Magalhães. **Presunção de inocência**...*op. cit.*, 1991, p. 32). Zanoide de Moraes, Maurício. **Presunção de inocência**... *op. cit.*, 2010, pp. 221-222, em especial a nota de rodapé nº 135.

[22] Não obstante, como registra Maurício Zanoide de Moraes, atualmente se admite, expungido o conteúdo político-ideológico fascista que inspirou a formulação doutrinária da "presunção de não culpabilidade", tratar-se de expressão equivalente à "presunção de inocência". De qualquer forma, essas expressões não nasceram sinônimas. (Zanoide de Moraes, Maurício. **Presunção de inocência**... *op. cit.*, 2010, pp. 221-225 e 245). Para Gustavo Badaró, a fórmula "presunção de não culpabilidade" não representa alteração do conteúdo da garantia nem exprime um grau menor de proteção que a expressão "presunção de inocência". (Badaró, Gustavo Henrique. **Processo penal**...*op. cit.*, 2020, p. 67). Em sentido diverso, Claudio Papagno, baseado no art. 27 da Constituição Italiana ("*L'imputato non è considerato*

Na qualidade de princípio informador e eixo estrutural de todo o processo penal, a presunção de inocência conforma a atuação do legislador, cujas opções políticas que estiverem em desconformidade com esse princípio serão inconstitucionais, do juiz e de todos os órgãos da persecução penal.[23]

A presunção de inocência, em sentido amplo,[24] se concretiza como norma probatória, norma de juízo e norma de tratamento.[25]

Como norma probatória, presunção de inocência significa que o ônus da prova recai inteiramente sobre o órgão acusador, a quem incumbe demonstrar, de forma suficiente, a existência dos fatos em que se lastreia a hipótese acusatória. O acusado, portanto, não tem o ônus de provar sua inocência.[26]

colpevole sino alla condanna definitiva") sustenta que a presunção de inocência representa o princípio na sua esfera ética, de matiz exclusivamente ideológico, ao passo que a "não culpabilidade" exerce sua função no terreno precipuamente exegético (Papagno, Claudio. **L'interpretazione del giudice penale tra regole probatorie e regole decisorie**. Milão: Giuffrè, 2009, pp. 352-353).

[23] Zanoide de Moraes, Maurício. **Presunção de inocência**... *op. cit.*, 2010, p. 358-364. Gomes Filho, Antônio Magalhães. **Presunção de inocência**...*op. cit.*, 1991, p. 37.

[24] Segundo Maurício Zanoide de Moraes, no direito anglo-saxão (*Common Law*) a presunção de inocência tinha o caráter de "norma de juízo" e de "norma probatória", ao passo que nos países de *Civil Law* sobressaía o seu caráter de "norma de tratamento" do imputado no curso da persecução penal. A integração dessas projeções da presunção de inocência, que se complementam, resultou na construção do conceito de "presunção de inocência em sentido amplo". (Zanoide de Moraes, Maurício. **Presunção de inocência**..., *op. cit.*, 2010, pp. 244-245).

[25] A doutrina, ao tratar dessa tríplice dimensão, se refere a significados, aspectos, acepções, projeções ou momentos de manifestação da presunção de inocência, e, tradicionalmente, desdobra o *princípio* da presunção de inocência em três *regras*: regra probatória, regra de juízo e regra de tratamento. Maurício Zanoide de Moraes, todavia, pondera que, adotada a teoria dos princípios e sua distinção entre princípios e regras, afigura-se mais apropriado denominar de normas esses significados ou sentidos que se extraem do texto ou enunciado da presunção de inocência. (Zanoide de Moraes, Maurício. **Presunção de inocência**..., 2010, p. 359, em especial nota de rodapé nº 70). Gomes Filho, Antônio Magalhães. **Presunção de inocência**...*op. cit.*, 1991, pp. 35-46.

[26] Badaró, Gustavo Henrique. **Processo penal**... *op. cit.*, 2020, pp. 490-491 e 581-582. Zanoide de Moraes, Maurício. *Presunção de inocência no processo penal brasileiro:* análise de sua estrutura normativa para a elaboração legislativa e para a decisão judicial. Rio de Janeiro: Lumen Juris, 2010, p. 461-468. Gomes Filho, Antônio Magalhães. **Presunção de inocência**...*op. cit.*, 1991, pp. 37-41.

Maurício Zanoide de Moraes alarga o significado da presunção de inocência como norma probatória, para compreender não apenas "quem deve provar" e "o que deve ser provado", como também "por meio de que tipo de prova", numa demonstração da relação de complementaridade entre presunção de inocência, inadmissibilidade da prova ilícita e devido processo legal.[27]

Como norma de juízo, anota Perfecto Andrés Ibáñez, a presunção de inocência reclama que o juiz se coloque em reflexiva situação de perplexidade para conhecer, que adote uma posição de metódica neutralidade ante a hipótese acusatória.[28]

Também como norma de juízo, a presunção de inocência orienta e conforma o momento decisório, no qual o juiz analisa a suficiência ou aptidão da prova da materialidade e da autoria de uma infração, para formar seu convencimento. Esse crucial instante "('norma de juízo') pode ser sintetizado em uma única ideia: suficiência. Suficiência do material probatório incriminador para se decidir de modo desfavorável ao imputado"[29] e, assim, afastar a presunção de inocência. Por sua vez, esse juízo de suficiência apresenta graus variados, a depender do objeto da decisão (juízo de admissibilidade da denúncia ou queixa, prisão preventiva, julgamento de mérito etc.).

Um dos mais significativos desdobramentos da presunção de inocência como norma de juízo é o *in dubio pro reo*: a dúvida fática, em todas as decisões judiciais – e não apenas no julgamento do mérito da imputação –, deve favorecer o imputado.[30]

[27] Zanoide de Moraes, Maurício. **Presunção de inocência**... *op. cit.*, 2010, p. 461.

[28] Ibáñez, Perfecto Andrés. Sobre prueba y motivación. In: ______. **Consideraciones sobre la prueba judicial**. 2. ed. Madri: Fundación Coloquio Jurídico Europeo, 2010, p. 63.

[29] Zanoide de Moraes, Maurício. **Presunção de inocência**... *op. cit.*, 2010, pp. 464 e 471-475. Para esse autor, não há consenso ou critério seguro para determinação do que seja "mínima atividade probatória" ou "atividade probatória suficiente" para se afastar a presunção de inocência, o que somente pode ser aferido no caso concreto. Sobre critérios de decisão, *standards* de prova e valoração da prova, *vide* Badaró, Gustavo Henrique. **Processo penal**... *op. cit.*, 2020, pp. 475-489. Badaró, Gustavo. **Epistemologia judiciária e prova penal**. São Paulo: Thomson Reuters Brasil, 2019, p. 237-261. Gomes Filho, Antônio Magalhães. **A motivação das decisões penais**. 2ª ed. rev. e atual. São Paulo: Revista dos Tribunais, 2013, p. 126-141.

[30] Gomes Filho, Antônio Magalhães. **Presunção de inocência**...*op. cit.*, 1991, pp. 38-40. Zanoide de Moraes, Maurício. **Presunção de inocência**... *op. cit.*, 2010, pp. 402-407 e 468-475.

No âmbito das medidas cautelares pessoais, isso implica que, por força do *in dubio pro reo,* a existência de dúvida razoável quanto ao *fumus commissi delicti* (prova da materialidade do crime e indícios suficientes de autoria) ou ao *periculum libertatis* (situação de perigo que o estado de liberdade do imputado representa para os meios ou fins do processo) impede a sua decretação.

Esconjura-se, assim, qualquer tentativa de aplicação do *in dubio pro societate* nessa seara,[31] pois, não obstante a esfera de cognição sumária da tutela cautelar, qualquer dúvida razoável a respeito dos apontados requisitos deve, sempre, favorecer o imputado.

A prisão preventiva e qualquer outra medida cautelar pessoal exigem um alto grau de probabilidade da materialidade e da autoria, bem como a demonstração concreta da situação de perigo. A simples possibilidade, assim como meras suspeitas, ilações, suposições ou conjecturas, tanto no tocante ao pressuposto do *fumus commissi delicti* quanto em relação ao requisito do *periculum libertatis,* não autorizam a sua imposição.[32]

Como bem assevera Antônio Magalhães Gomes Filho, a sumariedade ou superficialidade da cognição, característica da tutela cautelar, não pode servir de abrigo para o arbítrio ou o automatismo judicial. Aduz que, se a lei se contenta com um mero juízo de probabilidade relativamente ao *fumus commissi delicti,* "o mesmo não se pode dizer do *periculum libertatis,* que deve resultar de uma avaliação mais aprofundada das circunstâncias que indiquem a necessidade da medida".[33]

Por fim, como norma de tratamento, a presunção de inocência significa que, diante do estado de inocência que lhe é assegurado por esse princípio, o imputado, no curso da persecução penal, não pode ser tratado como culpado nem a esse equiparado.[34]

[31] A respeito do repúdio ao *in dubio pro societate,* por constituir uma violação à presunção de inocência e por ausência de previsão constitucional para sua aplicação, embora tratando do recebimento da denúncia e da fase de pronúncia, v. Zanoide de Moraes, Maurício. **Presunção de inocência**... *op. cit.,* 2010, pp. 412-424. No mesmo sentido, Badaró, Gustavo Henrique. **Processo penal**...*op. cit.,* 2020, p. 776.

[32] Zanoide de Moraes, Maurício. **Presunção de inocência**... *op. cit.,* 2010, pp. 374-375.

[33] Gomes Filho, Antônio Magalhães. **Presunção de inocência**...*op. cit.,* 1991, p. 79.

[34] Gomes Filho, Antônio Magalhães. **Presunção de inocência**...*op. cit.,* 1991, p. 42. Zanoide de Moraes, Maurício. **Presunção de inocência**... *op. cit.,* 2010, p. 503. Badaró, Gustavo Henrique. **Processo penal**...*op. cit.,* 2020, p. 71.

Em sua mais relevante projeção como norma de tratamento, a presunção de inocência implica a vedação de medidas cautelares pessoais automáticas ou obrigatórias, isto é, que decorram, por si sós, da existência de uma imputação e, por essa razão, importem em verdadeira antecipação de pena.

A presunção de inocência, aqui, imbrica-se com outros direitos individuais, uma vez que a prisão provisória ou qualquer outra medida restritiva da liberdade no curso do processo, derivada meramente da imputação, desveste-se de sua indeclinável natureza cautelar, perde o seu caráter de excepcionalidade (art. 5º, LXVI, CF), traduz punição antecipada, violando o devido processo legal (art. 5º, LIV, CF) e significa tratar o imputado como culpado.

Essa situação – *prisão provisória decorrente da imputação* – não ocorre apenas quando o juiz originariamente decreta a prisão preventiva, mas também quando nega a concessão de liberdade provisória ou medida cautelar diversa, com fundamento na sua vedação, em abstrato, pelo legislador.

Como observa ALBERTO SILVA FRANCO, o fato de a Constituição Federal, ao tratar da liberdade provisória, aludir à cláusula "quando a lei admitir", não significa que autorizou o legislador ordinário a proibi-la, de forma absoluta, ou quanto a determinados crimes. "O poder que o legislador ordinário tem ao seu alcance, quer lhe seja atribuído expressa ou implicitamente, não pode englobar, em si, um poder de disposição".[35]

A lei, portanto, pode regular a liberdade provisória, isto é, prever os requisitos para a sua concessão e os respectivos ônus a serem suportados pelo imputado, mas não suprimir, desde logo, qualquer possibilidade de apreciação judicial desse direito.

O art. 44 da Lei nº 11.343/2006 estabelece que os crimes previstos nos seus arts. 33, *caput*, e § 1º, e 34 a 37 são inafiançáveis e insuscetíveis de sursis, graça, indulto, anistia e liberdade provisória.

MAURICIO ZANOIDE DE MORAES já havia apontado que a proibição da concessão de liberdade provisória pelo legislador, de forma absoluta e apriorística, viola a presunção de inocência, enquanto norma de tratamento, por falta de justificação constitucional e desrespeito à

[35] FRANCO, Alberto Silva. **Crimes hediondos**. 6. ed. rev. atual. e ampl. São Paulo: Revista dos Tribunais, 2007, p. 455.

proporcionalidade, aduzindo que o art. 5º, XLIII, da Constituição Federal, ao impor tratamento mais rigoroso para o tráfico de drogas, não veda a concessão de liberdade provisória, e que uma interpretação conforme os demais direitos e garantias fundamentais "aponta para o sentido inverso, qual seja, de que há um direito constitucional à liberdade provisória, a qual somente poderá ser restringida em casos excepcionais, jamais de forma absoluta e prévia (sem exame casuístico) como regra em nível legislativo infraconstitucional".[36]

A lei ordinária, pontua Maurício Zanoide de Moraes, não pode subverter o tratamento constitucional do direito à liberdade, que é a regra, e erigir a prisão cautelar, medida excepcional, "em algo absoluto, irreversível e de impossível exame judicial casuístico", o que lhe confere o caráter de antecipação de pena, violador do devido processo legal, e elimina o direito constitucional à liberdade provisória sem deixar qualquer margem de exame ao juiz.[37]

Na esteira desse entendimento doutrinário, o plenário do Supremo Tribunal Federal declarou, *incidenter tantum*, a inconstitucionalidade da expressão "e liberdade provisória", constante do art. 44 da Lei nº 11.343/2006, mediante sopesamento das normas constitucionais relacionadas ao tema, sob o influxo da proporcionalidade, ou seja, "pela ponderação do peso relativo de cada uma das normas em tese aplicáveis e aptas a fundamentar decisões em sentidos opostos".[38]

O Supremo Tribunal Federal reputou inconstitucional a vedação abstrata e apriorística da liberdade provisória – ou seja, independentemente da valoração das circunstâncias fáticas do caso concreto que pudessem justificá-la – por entender que, embora aparentemente amparada pelo art. 5º, XLIII, da Constituição Federal, essa vedação conflita com outros princípios de dignidade constitucional, como a presunção de inocência e o devido processo legal.

[36] Zanoide de Moraes, Maurício. **Presunção de inocência**... *op. cit.*, 2010, pp. 428-429.

[37] Zanoide de Moraes, Maurício. **Presunção de inocência**... *op. cit.*, 2010, pp. 430-435.

[38] STF, Tribunal Pleno, **HC 104.339/SP**, Rel. Min. Gilmar Mendes, j. 10/05/12, DJe de 06/12/12. Ementa oficial: "*Habeas corpus*. 2. Paciente preso em flagrante por infração ao art. 33, *caput*, c/c 40, III, da Lei 11.343/2006. 3. Liberdade provisória. Vedação expressa (Lei nº 11.343/2006, art. 44). 4. Constrição cautelar mantida somente com base na proibição legal. 5. Necessidade de análise dos requisitos do art. 312 do CP. Fundamentação inidônea. 6. Ordem concedida, parcialmente, nos termos da liminar anteriormente deferida".

Em decisão análoga, a Suprema Corte já havia declarado inconstitucional o art. 21 da Lei nº 10.826/2003 (Estatuto do Desarmamento), que vedava a concessão de liberdade provisória aos crimes previstos nos seus arts. 16, 17 e 18, sob o fundamento de que a Constituição Federal não autoriza a prisão *ex lege*, em face do princípio da presunção de inocência e da obrigatoriedade de fundamentação da decisão judicial que a decreta.[39]

4. Dos pressupostos e requisitos da prisão preventiva

4.1. Pressuposto. *Fumus commissi delicti*

No processo civil, "o *fumus boni juris*, enquanto simples verossimilhança do direito invocado pela parte, é pressuposto inafastável do juízo cautelar",[40] que se funda na hipótese de um futuro provimento favorável ao autor,[41] na aparência do bom direito.[42]

No processo penal, diversamente, pressuposto para a imposição de uma medida cautelar pessoal não é o *fumus boni juris*, enquanto probabilidade de existência do direito de acusação alegado, mas sim o *fumus commissi delicti*, enquanto probabilidade de ocorrência de um fato aparentemente punível. Urge, portanto, superar o equívoco resultante da transposição de conceitos do processo civil para o processo penal.[43]

O *fumus commissi delicti*, que se funda em um juízo de probabilidade de condenação,[44] traduz-se, em nosso ordenamento, na prova da exis-

[39] STF, Tribunal Pleno, **ADI n. 3.112/DF**, Rel. Min. Ricardo Lewandowski, j. 02/05/2007, DJe 26/10/07.

[40] Silva, Ovídio Araújo Baptista da. **A ação cautelar inominada no direito brasileiro.** 3. ed. Rio de Janeiro: Forense, 1991, p. 121.

[41] Grinover, Ada Pellegrini; Dinamarco, Cândido Rangel; Cintra, Antônio Carlos Araújo. **Teoria Geral do Processo**. 26. ed. rev. e atual. São Paulo: Malheiros, 2010, p. 345.

[42] Gonçalves, Marcus Vinicius Rios. **Novo curso de direito processual civil** – execução e processo cautelar. 5. ed. São Paulo: Saraiva, 2012, p. 258, vol. 3.

[43] Lopes Júnior, Aury. **Direito processual penal.** 9. ed. rev. e atual. 2. tir. São Paulo: Saraiva, 2012, p. 779. Sanguiné, Odone. **Prisão cautelar, medidas alternativas e direitos fundamentais.** Rio de Janeiro: Forense, 2014, p. 13.

[44] Marques, José Frederico. **Elementos de Direito**...*op. cit.*, 1997, p. 33 e p. 60. Esse autor, seguindo a fórmula tradicionalmente emprestada do processo civil, denomina *fumus boni juris* a probabilidade de condenação ou de um resultado favorável àquele a quem a medida acautelatória irá beneficiar. Gustavo Badaró também identifica o *fumus commissi delicti* como um juízo de probabilidade de que, ao final, será aplicado o direito de punir, por meio de uma sentença penal condenatória, donde "a medida cautelar será um instrumento para assegurar

tência do crime e na presença de indícios suficientes de autoria,[45] e impõe ao juiz o dever de valorar, nas palavras de VITTORIO GREVI, a consistência da plataforma indiciária indispensável para a adoção de qualquer medida cautelar pessoal.[46]

O *fumus commissi delicti* constitui um *prius* em relação ao exame do *periculum libertatis*, razão por que, se não houver prova da existência do crime ou se, ainda que demonstrado o fato, não existirem indícios suficientes de autoria ou participação, não se passará à análise da eventual situação de perigo.[47] Dito de outro modo, inexistente o *fumus commissi delicti*, estará vedada, de partida, qualquer possibilidade de imposição de medida cautelar pessoal.

Embora o Código de Processo Penal somente se refira ao *fumus commissi delicti ao* tratar da prisão preventiva (art. 312), cuida-se de pressuposto comum e indispensável a todas as medidas cautelares.[48] Impor uma medida cautelar diversa da prisão, cujo descumprimento poderá conduzir à prisão preventiva (art. 312, §§ 1º e 2º, CPP), sem demonstrar a existência do delito e os indícios suficientes de autoria equivale a fazê-lo sem fundamentação.

Note-se que a expressão "indícios" não tem o sentido que lhe atribui o art. 239 do Código de Processo Penal ("circunstância conhecida e provada que, tendo relação com o fato, autorize, por indução, concluir-se a existência de outra ou outras circunstâncias").[49]

o resultado de uma hipotética condenação". (BADARÓ, Gustavo Henrique. **Processo penal**... *op. cit.*, 2020, pp. 1130 e 1167).

45 Art. 312 do Código de Processo Penal.

46 GREVI, Vittorio. Misure Cautelari...*op. cit.*, 2012, p. 397-399.

47 ZANOIDE DE MORAES, Maurício. **Presunção de inocência**... *op. cit.*, 2010, p. 375.

48 BADARÓ, Gustavo Henrique. **Processo penal**...*op. cit.*, 2020, p. 1214.

49 Como observa Gustavo Badaró, embora o Código de Processo Penal discipline o indício entre os meios de prova, o indício é o resultado probatório de um meio de prova. "O indício é o fato provado que permite, mediante inferência, concluir pela ocorrência de outro fato (...). Em outras palavras, o indício é o ponto de partida da presunção. Ou, visto pelo outro lado, a presunção é um juízo fundado sobre um indício". Por fim, o autor registra a divergência doutrinária a respeito do raciocínio indiciário: se indutivo, dedutivo ou indutivo-dedutivo. (BADARÓ, Gustavo Henrique. **Processo penal**...*op. cit.*, 2020, p. 578). Para Hélio Tornaghi, presumir é tomar como verdadeiro um fato, independentemente de prova, levando *id quod plerumque* accidt, isto é, aquilo que ordinariamente, em geral acontece. Baseia-se, portanto, na experiência cotidiana, na realidade, no que ocorre normalmente. Em relação ao indício, a presunção nada mais é do que a operação intelectual que liga um fato conhecido e

A expressão "indícios", como observa MARIO CHIAVARIO, tem a função de estabelecer, tão somente, a base mínima de carga probatória *lato sensu* para a adoção de uma medida cautelar. Significa que não se exige prova plena ou direta de autoria, bastando a indiciária, desde que grave. Evidente que não se exclui a relevância da prova plena ou da prova direta, que poderão, por maior razão, servir de plataforma de base para uma medida cautelar.[50]

Não se reclama, por óbvio, um quadro de certeza, de mesma consistência que o exigido para uma condenação, mas a qualificação "indício suficiente" exclui que simples suspeitas[51] ou conjecturas[52] possam legitimar uma intervenção no direito de liberdade. Indício suficiente significa probabilidade de autoria, e não simples possibilidade.[53]

Em suma, "existe prova da existência do crime, quando demonstrada está a prática de fato típico na integralidade de seus elementos. E há indícios suficientes de autoria quando o réu é o provável autor do crime".[54]

4.2. Requisitos positivos. *Periculum libertatis*

Superado o exame do *fumus commissi delicti*, pela constatação positiva de seus elementos constitutivos, passa-se ao exame do *periculum libertatis*.

provado a um fato probando, autorizando uma conclusão a respeito ("Tício foi encontrado, junto ao cadáver, com a arma assassina e objetos da vítima. Logo, Tício, provavelmente, é o autor do crime"). (TORNAGHI, Hélio. **Curso de processo penal**...*op. cit.*, 1990, pp. 282-283 e pp. 451-457).

50 CHIAVARIO, Mario. **Diritto processuale penale** – profilo istituzionale. 5ª ed. Torino: Utet Giuridica, 2012, p. 727-728.

51 CHIAVARIO, Mario. **Diritto processuale penale**...*op. cit.*, 2012, p. 728. Refere-se o autor ao art. 273, inc. 1, do Código de Processo Penal italiano, que exige a presença de "graves indícios de culpabilidade" ("*gravi indizi di colpevolezza*") para a imposição de uma medida cautelar. Como observa Vittorio Grevi, essa expressão – que substituiu a fórmula tradicional "indícios suficientes" – tem o evidente propósito de acentuar a consistência da plataforma indiciária indispensável para a adoção de qualquer medida cautelar pessoal. Para Vittorio Grevi, mais do que simples modificação no léxico, cuida-se de inequívoco sinal para conter eventuais excessos no plano aplicativo. GREVI, Vittorio. Misure Cautelari...*op. cit.*, 2012, p. 397.

52 FENOLL, Jordi Nieva. **Fundamentos de derecho procesal penal**. Madri: Edisofer, 2012, p. 160.

53 BARROS, Romeu Pires de Campos. **Processo penal cautelar**. Rio de Janeiro: Forense, 1982, p. 194. BADARÓ, Gustavo Henrique. **Processo penal**...*op. cit.*, 2020, p. 1168.

54 MARQUES, José Frederico. **Elementos de Direito**...*op. cit.*, 1997, p. 60.

A prova da existência do crime e os indícios suficientes de autoria não autorizam, isoladamente, a imposição de nenhuma medida cautelar. Para tanto, o próximo passo é determinar se concretamente existe alguma situação de perigo, criada pelo comportamento do imputado, que se enquadre nas hipóteses legais.

No processo civil, o *periculum in mora* encontra-se ligado à inevitável dilação temporal entre o início do processo e a tutela jurisdicional final, e ao perigo resultante dessa demora para o bem jurídico tutelado, em decorrência da provável alteração da situação de fato.[55]

O *periculum in mora*, portanto, vincula-se a um fator temporal, ainda que parte da doutrina advirta que sua tônica não está propriamente na morosidade natural da prestação jurisdicional, mas sim no conceito de perigo, que, por si só, seja capaz de colocar em risco a efetividade do direito ou do interesse protegido.[56]

No processo penal, diversamente, requisito para a imposição de uma medida cautelar pessoal não é o *periculum in mora*, enquanto inevitável dilação temporal entre o nascer do processo e o ato decisório que lhe põe termo,[57] mas sim o *periculum libertatis*, enquanto situação de perigo ao normal desenvolvimento ou aos fins do processo, ou ainda à ordem pública, que decorre do estado de liberdade do imputado. Urge, portanto, superar mais esse equívoco resultante da transposição de conceitos do processo civil para o processo penal.[58]

A correta avaliação da existência e da intensidade da situação de perigo é *conditio sine qua non* da aplicação de uma medida cautelar. Se não houver uma situação de perigo, é vedada a imposição de qualquer medida cautelar. Se estiver presente uma situação de perigo, a resposta cautelar deverá ser modulada de conformidade com a natureza e o grau do perigo constatado, e nos limites necessários para debelá-lo.

Enquanto o *fumus commissi delicti* exige a demonstração de acontecimentos pretéritos (existência do crime e probabilidade de autoria), o *periculum libertatis* exige a demonstração do perigo, atual ou futuro,

[55] Grinover, Ada Pellegrini; Dinamarco, Cândido Rangel; Cintra, Antônio Carlos Araújo. **Teoria Geral**...*op. cit.*, 2010, p. 345.

[56] Silva, Ovídio Araújo Baptista da. **A ação cautelar**...*op. cit.*, 1991, p. 216.

[57] Marques, José Frederico. **Elementos de Direito**...*op. cit.*, 1997, p. 33.

[58] Lopes Júnior, Aury. **Direito processual**...*op. cit.*, 2012, p. 780. Sanguiné, Odone. **Prisão cautelar**...*op. cit.*, 2014, p. 13.

decorrente da liberdade do imputado, com base em elementos concretos.[59] Perigo, "e não apenas um risco, porque esse está mais afeito ao campo da possibilidade que ao da probabilidade".[60]

É de suma importância atentar-se para o fato de que "não se pode medir o *periculum libertatis* pela régua do *fumus commissi delicti*",[61] sob pena de flagrante ilegalidade. São exames estanques e sucessivos, que não se confundem.

O *periculum libertatis* não é diretamente proporcional ao *fumus commissi delicti*. A maior probabilidade de autoria não se traduz em maior probabilidade de perigo. Pode haver um alto grau de probabilidade em relação à autoria, e não existir nenhuma situação de perigo criada pela conduta do imputado.

Logo, não cabe modular a resposta cautelar em razão do maior ou menor grau de certeza do *fumus commissi delicti*. Ou o *fumus commissi delicti* está ausente e não autoriza a adoção de nenhuma medida cautelar, ou está presente (com maior ou menor probabilidade), e autoriza a decretação de uma medida cautelar, a ser racionalmente escolhida em função do exame sucessivo do *periculum libertatis*.

No exame do *periculum libertatis*, é indispensável que o juiz aponte fatos objetivamente existentes nos autos. Por esses fatos certos e comprovados é que o julgador deverá justificar a existência do perigo, sua natureza (material ou processual), seu grau (mediato ou imediato, mais ou menos intenso) e, por consequência, também justificará a melhor forma de evitá-lo.[62]

De acordo com a segunda lei do sopesamento, formulada por Robert Alexy, "quanto mais pesada for a intervenção em um direito fundamental, tanto maior terá que ser a certeza das premissas nas quais essa intervenção se baseia".[63]

59 Zanoide de Moraes, Maurício. **Presunção de inocência**... *op. cit.*, 2010, p. 376.

60 Zanoide de Moraes, Maurício. Análise judicial da prisão...*op. cit.*, 2011, p. 98.

61 A expressão é de Zanoide de Moraes, Maurício. Medidas cautelares pessoais no processo penal. 1º e 2º sem. de 2012. Notas de aula da graduação e pós-graduação da Faculdade de Direito da Universidade de São Paulo. Anotações pessoais.

62 Zanoide de Moraes, Maurício. **Presunção de inocência**... *op. cit.*, 2010, p. 376.

63 Alexy, Robert. **Teoria dos Direitos Fundamentais**. Trad. Virgílio Afonso da Silva. 2. ed. São Paulo: Malheiros, 2011, p. 617.

Assim, a prisão cautelar, por representar a máxima compressão do direito de liberdade, exigirá o mais alto grau de probabilidade quanto ao *periculum libertatis* e a demonstração concreta de sua base empírica idônea.

As situações que tipificam o *periculum libertatis* e que, no dizer de Mario Chiavario, exaurem o rol de causas idôneas a legitimar a adoção de medidas cautelares[64] são: i) garantia da ordem pública, na qual se insere a necessidade de se evitar a reiteração na prática de infrações penais; ii) garantia da ordem econômica; iii) necessidade da investigação ou da instrução criminal; e iv) necessidade para aplicação da lei penal (arts. 282, I, e 312, CPP).

As medidas cautelares pessoais, portanto, se prestam a três finalidades: i) defesa social (garantia da ordem pública e da ordem econômica); ii) cautela instrumental (necessidade da investigação ou da instrução criminal); e iii) cautela final (assegurar a aplicação da lei penal).[65]

Por fim, dentre as modificações instituídas na seara das medidas cautelares pessoais pela Lei nº 13.964/2019, cabe destacar a exigência de contemporaneidade[66] para a imposição de toda e qualquer medida cautelar pessoal, na esteira da jurisprudência do Supremo Tribunal Federal[67] e do Superior Tribunal de Justiça[68], que, muito antes dessa

[64] Chiavario, Mario. **Diritto processuale penale**...*op. cit.*, 2012, p. 736.

[65] Gomes Filho, Antônio Magalhães. **Presunção de inocência**...*op. cit.*, 1991, pp. 65-72.

[66] Art. 312, § 2º, CPP. "A decisão que decretar a prisão preventiva deve ser motivada e fundamentada em receio de perigo e existência concreta de fatos novos ou contemporâneos que justifiquem a aplicação da medida adotada'. Art. 315, § 1º, CPP: "A motivação da decretação da prisão preventiva ou de qualquer outra cautelar, o juiz deverá indicar concretamente a existência de fatos novos ou contemporâneos que justifiquem a aplicação da medida adotada".

[67] No Supremo Tribunal Federal, vide Segunda Turma, **HC n. 140.312-AgR-AgR/PR**, Rel. para o acórdão o Min. Dias Toffoli, j. 25/04/2017, DJe de 01/02/2018; Segunda Turma, **HC n. 137.728/PR**, Rel. para o acórdão o Min. Dias Toffoli, j. 02/05/2017, DJe de 31/10/2017; Segunda Turma, **HC n. 136.223/PR**, Rel. para o acórdão o Min. Dias Toffoli, j. 25/04/2017, DJe 15/12/2017; Segunda Turma, **HC n. 143.247/RJ**, Rel. Min. Gilmar Mendes, j. 10/10/2017, DJe 07/02/2018; Segunda Turma, **HC n. 146.666/RJ**, Rel. Min. Gilmar Mendes, j. 10/10/2017, DJe 09/03/2018; Segunda Turma, **HC n. 147.192/RJ**, Rel. Min. Gilmar Mendes, j. 18/12/2017, DJe 23/02/2018 e Segunda Turma, **HC n. 156.730/RJ**, Rel. Min. Gilmar Mendes, j. 26/06/2018, DJe 13/08/2018.

[68] No Superior Tribunal de Justiça, vide Sexta Turma, **HC n. 214.921/PA**, Rel. Min. Nefi Cordeiro, j. 17/03/2015, DJe 25/03/2015; Quinta Turma, **HC n. 318.702/MG**, Rel. Min. Reynaldo Soares da Fonseca, j. 06/10/2015, DJe 13/10/2015; Sexta Turma, **RHC nº 60.565/**

reforma legislativa, já havia sedimentado a imprescindibilidade da contemporaneidade da situação fática ensejadora do *periculum libertatis* para a imposição da prisão preventiva. Outorgou-se, portanto, força de lei ao entendimento esposado pelas Cortes de Vértice.[69]

5. O exame da proporcionalidade em sentido amplo

O exame do *periculum libertatis* é crucial não apenas para determinar *se* alguma medida deve ou não ser aplicada, mas também, resolvido positivamente esse primeiro dilema, para estabelecer *qual* medida deverá ser aplicada dentre as legalmente previstas, em razão da natureza da situação de perigo diagnosticada e do grau de exigência cautelar a satisfazer no caso concreto.[70]

Importante ressaltar que o *fumus commissi delicti* não desempenha nenhum papel na escolha da medida cautelar, por ser apenas um pressuposto para que se possa alcançar esse momento. Trata-se de um exame meramente eliminatório da possibilidade de aplicação de uma medida cautelar. O fator determinante, por excelência, dessa escolha é o *periculum libertatis*, responsável por modular a intensidade da resposta estatal às exigências cautelares que se apresentam.

Uma vez individualizada a situação de perigo criada pelo comportamento do imputado, é chegado o momento de estabelecer, pelo exame da proporcionalidade em sentido amplo, como será feita a intervenção no seu direito de liberdade, em resposta à situação de perigo por ele causada.

A proporcionalidade é o vetor que orientará, racionalmente, a escolha judicial da medida a ser aplicada, pois qualquer a intervenção no direito de liberdade somente será constitucional se superar suas exigências.

SP, Rel. Min. Sebastião Reis Júnior, j. 06/08/2015, DJe 26/08/2015; Sexta Turma, **RHC n. 74.430/SP**, Rel. Min. Nefi Cordeiro, j. 06/12/2016, DJe 02/2/2017; Sexta Turma, **HC n. 442.954/RJ**, Rel. Min. Rogerio Schietti Cruz, j. 26/6/2018, DJe 2/8/2018; Quinta Turma, **RHC n. 103.324/BA**, Rel. Min. Jorge Mussi, j. 26/02/2019, DJe 12/03/2019.

[69] Sobre o tema, *vide*: Capez, Rodrigo. Reflexões sobre a contemporaneidade no âmbito das medidas cautelares pessoais. In: Cruz, Rogério Schietti, Badaró, Gustavo Henrique e Madeira, Guilherme (Orgs). **Código de Processo Penal: estudos comemorativos aos 80 anos de vigência.** vl. 2. São Paulo: Revista dos Tribunais, 2021, pp. 537-570.

[70] Chiavario, Mario. **Diritto processuale penale**...*op. cit.*, 2012, p. 741. Trata-se, inclusive, de regra expressamente prevista no art. 275 do Código de Processo Penal italiano ("*Nel disporre le misure, il giudice tiene conto della specifica idoneità di ciascuna in relazione alla natura e al grado delle esigenze cautelari da soddisfare nel caso concreto*").

O exame da proporcionalidade tem uma estrutura predefinida, com três sub-regras que são aplicadas de maneira sucessiva e escalonada, às quais o juiz deve submeter as medidas cautelares potencialmente elegíveis diante da situação de perigo identificada, para determinar, caso sejam superados aqueles filtros, qual delas será imposta.

Note-se que o juiz, ao testar as medidas potencialmente aplicáveis ao caso concreto, nem sempre terá que proceder à análise de todas as sub-regras.

Como observa Virgílio Afonso da Silva, a razão de ser da divisão da proporcionalidade em sub-regras reside na relação de subsidiariedade entre elas. Se, no primeiro teste, a medida já se revelar inadequada (inidônea), não se passará ao exame subsequente da necessidade. A análise da proporcionalidade em sentido estrito somente será exigível se a medida superar, com êxito, os testes da adequação e da necessidade.[71]

Desta feita, é possível esgotar-se o exame da proporcionalidade em sentido amplo de uma medida cautelar já no exame de adequação, ou, superado este, no exame da necessidade.

5.1. O exame da idoneidade (adequação)

De acordo com a sub-regra da idoneidade (adequação), toda intervenção em um direito fundamental deve ser apta a promover a realização de um fim. Não se exige que a intervenção o realize por completo, mas sim que se mostre idônea (apta) a favorecer sua obtenção.[72]

Não se avalia, no exame da adequação, se as medidas elegíveis são de fato essenciais, por não existirem medidas alternativas menos gravosas para debelar a situação de perigo, questão reservada ao exame subsequente da necessidade.

Importa, tão-somente, a relação de causalidade entre meio (medida cautelar potencialmente aplicável) e fim (situação de perigo a debelar). Disso resulta a imprescindibilidade da determinação do fim, pela correta individualização do *periculum libertatis*, pois "um fim vago e indeterminado pouco permite verificar se ele é, ou não, gradualmente promovido pela adoção de um meio".[73]

[71] Silva, Virgílio Afonso da. O proporcional e o razoável. **Revista dos Tribunais**. São Paulo, v. 798, p. 30-34, abril, 2002.

[72] Zanoide de Moraes, Maurício. **Presunção de inocência**... *op. cit.*, 2010, p. 323.

[73] Ávila, Humberto. **Teoria dos princípios – da definição à aplicação dos princípios jurídicos**. 12. ed. ampl. São Paulo: Malheiros, 2011, p. 175.

Nesse sentido, Maurício Zanoide de Moraes aponta que "só uma visão clara sobre o que se quer evitar permite uma escolha justificada e proporcional da medida mais apropriada, impedindo-se, com isso, um atuar judicial excessivo ou insuficiente". A seu ver, "o maior número das decisões que falham ao decretar medidas cautelares erra porquanto não define ou sequer percebe que a identificação do 'perigo a ser evitado' é a base segura sobre a qual poderão construir toda uma fundamentação de necessidade e adequação da medida mais eficiente e, simultaneamente, menos invasiva".[74]

A sub-regra da idoneidade ou adequação funciona, em verdade, como um critério negativo, uma vez que visa eliminar os meios que não sejam adequados (idôneos) ao fim proposto,[75] isto é, que não se mostrem aptos a promover, de nenhum modo, sua realização.

Nessa esteira, é inegável que a prisão preventiva é apta a promover o fim de debelar qualquer situação de perigo que se apresente em relação à ordem pública, à investigação ou instrução criminal e à aplicação da lei penal.

Logo, presentes o *fumus commissi delicti*, o *periculum libertatis* e as suas hipóteses de cabimento, a prisão preventiva sempre seria, desde logo, uma medida cautelar idônea e potencialmente elegível. Ocorre que a prisão preventiva, como *ultima ratio*, somente poderá ser considerada quando inadequadas ou insuficientes as medidas cautelares dela diversas (art. 282, § 6º, CPP).

Ante o caráter excepcional da prisão preventiva e por força do princípio da gradualidade, o juiz deve necessariamente iniciar o exame da adequação partindo das medidas menos invasivas e gravosas, sob pena de se frustrarem o sistema de progressiva aflitividade das medidas cautelares pessoais e o direito fundamental do imputado à sua individualização.

A prisão preventiva, portanto, somente será uma opção constitucionalmente válida quando constatada a inadequação ou insuficiência das medidas cautelares diversas para responder à situação de perigo que se apresenta.

[74] Zanoide de Moraes, Maurício. Análise judicial da prisão...*op. cit.*, 2011, p. 98.

[75] Alexy, Robert. **Teoria dos Direitos**...*op. cit.*, 2011, p. 590.

No exame da adequação, verifica-se a existência ou não de relação de causalidade entre a medida cautelar que se pretende aplicar e o *periculum libertatis*.

Evidente que se no exame do *periculum libertatis* a cautelaridade já se apresentar em seu grau máximo (a fuga para o exterior é iminente; o imputado ameaçou de morte a vítima ou testemunhas e está em vias de realizar o mal prometido; a gravidade concreta do crime, revelada por suas circunstâncias e especial modo de execução, evidencia o alto grau de periculosidade do agente, com prognóstico de reiteração criminosa), a prisão preventiva será potencialmente elegível desde logo, mas cumprirá ao juiz demonstrar por que as medidas cautelares dela diversas se mostram inadequadas para promover o fim de debelar a situação de perigo identificada.

Em suma, no exame da adequação deve o juiz, analisando a relação de causalidade entre meio e fim, descartar as medidas que não tenham idoneidade para promover o fim visado e somente selecionar a(s) medida(s) cautelar(es) apta(s), de algum modo, a debelar a situação de perigo criada pelo comportamento do imputado.

5.2. O exame da necessidade

Caso a medida inicialmente escolhida pelo juiz supere, com êxito, o teste da idoneidade (ou adequação), há que se submetê-la ao exame da necessidade, pelo qual se verifica se existem outras medidas cautelares capazes de debelar a situação de perigo já identificada, sem restringir na mesma intensidade o direito fundamental afetado.

Trata-se de um teste comparativo, de consideração das medidas cautelares alternativas que possam promover o mesmo fim,[76] pois uma medida não será necessária se a sua finalidade puder ser alcançada por outro meio ao menos igualmente eficaz e que não restrinja o direito fun-

[76] SILVA, Virgílio Afonso da. **Direitos fundamentais** – conteúdo essencial, restrições e eficácia. 2. ed. 2. tiragem. São Paulo: Malheiros, 2011, p. 171.

damental afetado, ou restrinja-o com uma intensidade menor.[77] Nesse sentido, "o cidadão tem direito à menor desvantagem possível".[78]

O primeiro passo é verificar se alguma medida cautelar, diversa da escolhida, se reveste de idoneidade ao menos equivalente para enfrentar a situação de perigo. Não basta, agora, que o meio alternativo se limite a contribuir de qualquer modo para debelar a situação de perigo; é preciso que essa contribuição seja ao menos igualmente eficaz.

Identificadas as medidas que tenham idoneidade equivalente, o próximo passo é verificar qual delas afeta menos intensamente o direito fundamental restringido.[79]

Na comparação entre medidas potencialmente idôneas há duas variáveis a considerar: i) a eficiência das medidas na realização do objetivo proposto; e ii) o grau de restrição ao direito fundamental atingido.

Como se trata de duas variáveis, há que se determinar qual delas tem maior importância.

O meio menos gravoso somente preponderará quando as medidas potencialmente idôneas forem igualmente eficientes na realização do objetivo. O critério decisivo no exame da necessidade, portanto, é a eficiência da medida. Se a medida mais eficiente for também a mais gravosa, a solução do meio menos gravoso não prevalecerá, o que não significa desproteção ao direito restringido em favor de uma eficiência a todo custo, uma vez que essa proteção apenas se desloca para o exame da proporcionalidade em sentido estrito.[80]

A esse propósito, segundo Laura Clérico, quando os meios alternativos, de igual idoneidade, restringem em menor medida os direitos

[77] Borowski, Martin. **La estructura de los derechos fundamentales.** Tradução: Carlos Bernal Pulido. Bogotá: Universidad Externado de Colombia, 2003, p. 130. Alexy, Robert. **Teoria dos Direitos**...*op. cit.*, 2011, p. 119. Pulido, Carlos Bernal. **El principio de proporcionalidad y los derechos fundamentales.** 3. ed. atual. Madrid: Centro de Estudios Políticos y Constitucionales, 2007, p. 748. Mendes, Gilmar Ferreira; Branco, Paulo Gustavo Gonet. **Curso de Direito Constitucional**. 9. ed. rev. e atual. São Paulo: Saraiva, 2014, p. 227. Gavião Filho, Anizio Pires. **Colisão de direitos fundamentais, argumentação e ponderação.** Porto Alegre: Livraria do Advogado, 2011, p. 244.

[78] Canotilho, José Joaquim Gomes. **Direito Constitucional e teoria da constituição.** Coimbra: Almedina, 1998, p. 262.

[79] Pulido, Carlos Bernal. **El principio de proporcionalidad**...*op. cit.*, 2007, pp. 744 e 748. Borowski, Martin. **La estructura**...*op. cit.*, 2003, p. 130.

[80] Silva, Virgílio Afonso da. **Direitos fundamentais**...*op. cit.*, 2011, p. 171.

fundamentais afetados, mas afetam em maior medida outros direitos fundamentais, o exame da necessidade deixa de ser conclusivo, "porque o meio estabelecido não é menos lesivo em todos os sentidos relevantes". Nesses "casos duvidosos", o exame da necessidade permanece em aberto e apenas funciona como uma espécie de pré-estruturação do exame subsequente da proporcionalidade em sentido estrito.[81]

Se o juiz, no anterior exame da adequação, vislumbrar a possibilidade de impor, desde logo, mais de uma medida cautelar, todas as medidas que reputar aptas e potencialmente aplicáveis deverão ser submetidas ao exame da necessidade, a fim de se verificar se essa cumulação é, de fato, essencial frente ao *periculum libertatis*, por insuficiência da aplicação isolada de uma delas.

O juiz, no exame da necessidade, não pode se impressionar com a mera gravidade em abstrato do crime.

Essa relevante questão frequentemente retorna à cena no exame da necessidade, embora já devesse estar superada quando da própria análise do *periculum libertatis*, uma vez que a gravidade em abstrato do crime, por si só, não constitui fundamento idôneo de situação de perigo e não legitima a adoção de nenhuma medida cautelar.

Quando se examina a eventual necessidade da prisão preventiva para garantia da ordem pública, depara-se, em certos casos, com uma zona de penumbra entre gravidade abstrata e gravidade concreta do crime. Apresenta-se então a delicada pergunta: as circunstâncias e o modo de execução do crime são normais e ínsitos ao tipo penal, ou o fato se reveste de particularidades graves e relevantes?

Nesse ponto, o juiz, além da exação na avaliação da situação fática, deve ter em mente que a exceção que autoriza a prisão preventiva por esse fundamento (circunstâncias do fato e especial modo de execução, reveladores do maior grau de periculosidade do agente) não pode ser distorcida e expandida, a ponto de se tornar a regra.

Considerar qualquer conduta que simplesmente se subsuma no tipo penal como de especial gravidade para justificar uma prisão preventiva

[81] Clérico, Laura. El examen de proporcionalidad: entre el exceso por acción y la insuficiencia por omisión o defecto. In: Carbonell, Miguel (coord.). **El principio de proporcionalidad en el Estado constitucional**. Bogotá: Universidad Externado de Colombia, 2010, p. 174. No mesmo sentido, Zanoide de Moraes, Maurício. **Presunção de inocência**... *op. cit.*, 2010, p. 326.

nada mais é do que prender em razão da mera gravidade abstrata do crime e estabelecer, de forma inconstitucional, uma modalidade de prisão preventiva obrigatória.

No exame da necessidade, é preciso ter sempre presente a natureza real da situação de perigo e o grau de cautelaridade concretamente exigido, para se poder aferir qual a medida idônea, eficaz e menos gravosa.

Importante salientar que o Supremo Tribunal Federal não parte de nenhuma especial presunção de necessidade da prisão preventiva nas imputações de pertencimento a organização criminosa, tanto que nessas hipóteses admite a imposição de medidas cautelares diversas da prisão.

Exemplificativamente, no HC nº 106.446/SP, Primeira Turma, Relator para o acórdão o Ministro Dias Toffoli, DJe de 11/11/11, a Suprema Corte determinou a substituição da prisão preventiva de uma denunciada por integrar organização criminosa Primeiro Comando da Capital (PCC), pelas medidas cautelares previstas no art. 319, I, II e III do Código de Processo Penal.

Digno de destaque ainda o HC nº 127.186/PR, Segunda Turma, Relator o Ministro Teori Zavascki, DJe de 3/8/15, referente à prisão preventiva de altos dirigentes de empreiteiras, denunciados como integrantes de organização criminosa, como desdobramento da denominada "Operação Lava-a-Jato". Nesse julgado, por maioria de votos, o Supremo Tribunal Federal determinou a substituição da prisão preventiva por medidas cautelares diversas, dentre elas: i) o afastamento da direção e da administração das empresas envolvidas nas investigações, proibindo-se o ingresso dos réus em quaisquer de seus estabelecimentos; e ii) "suspensão do exercício profissional de atividade de natureza empresarial, financeira e econômica".

Por outro lado, o Supremo Tribunal Federal também assentou o entendimento de que é legítima a imposição de medida cautelar pessoal que tenha por fim resguardar a ordem pública, quando evidenciada, *no caso concreto*, a necessidade de se interromper ou diminuir a atuação de integrantes de organização criminosa.[82]

[82] STF, Primeira Turma, **HC n. 124.911/SP-AgR**, Rel. Min. Luiz Fux, j. 10/02/2015, DJe 04/03/2015; STF, Segunda Turma, **RHC n. 122.462/SP**, Rel. Min. Teori Zavascki, j. 26/08/2014, DJe 09/09/2014; STF, Segunda Turma, **HC n 112.250/RN-MC**, Rel. Min. Celso de Mello, j. 28/02/2012, DJe de 21/03/2012; STF, Primeira Turma, **HC n. 95.024/SP**, Rel. Min. Cármen Lúcia, j. 14/10/2008, DJe de 20/02/2009.

5.3. O exame da proporcionalidade em sentido estrito

Nos exames da idoneidade (adequação) e da necessidade, a ponderação não desempenha papel algum. Trata-se apenas de impedir uma intervenção que, sob o aspecto das possibilidades fáticas, é plenamente evitável. As possibilidades fáticas dizem respeito às medidas concretas que podem ser utilizadas para o fomento e a proteção de direitos fundamentais.

Para se constatar se uma medida cautelar é apta a promover o fim almejado (debelar a situação de perigo criada pelo comportamento do imputado), não se realiza nenhuma ponderação entre princípios colidentes, a fim de se decidir qual deles deverá prevalecer. Apenas se examina se existe ou não relação de causalidade entre meio e fim, para saber se a medida escolhida é adequada ou inadequada.

Para se constatar se uma medida cautelar é necessária face à situação de perigo, também não se faz ponderação alguma. Apenas se examina se há outras medidas cautelares a ela alternativas que sejam igualmente eficazes e, ao mesmo tempo, menos gravosas. Se houver, a medida escolhida será desproporcional, por ser desnecessária.

Superados os exames da adequação e da necessidade, resta submeter a medida cautelar potencialmente elegível ao exame da proporcionalidade em sentido estrito, campo, por excelência, da ponderação, por se referir à otimização dos princípios colidentes em relação a suas possibilidades jurídicas.[83]

A colisão entre princípios ocorre quando ao menos duas normas de direito fundamental não podem ser realizadas, de forma completa, ao mesmo tempo e sob as mesmas circunstâncias. "Um passo adiante na realização de uma depende da diminuição da realização da outra (isto é, de sua restrição) e vice-versa".[84]

Como os princípios exigem que algo seja realizado na maior medida possível, quando dois ou mais princípios colidem, a realização de cada um deles dependerá do grau de realização dos demais, e somente o sopesamento permitirá alcançar um grau ótimo de realização de todos os princípios envolvidos. Por essa razão, diz-se que, nesse caso, a otimi-

[83] Alexy, Robert. **Teoria dos Direitos**...*op. cit.*, 2011, pp. 116-118, 165-171 (em especial a nota de rodapé nº 222) e 588-593. Do mesmo autor: La fórmula del peso. In: Carbonell, Miguel (coord). **El principio de proporcionalidad en el Estado constitucional**. Bogotá: Universidad Externado de Colombia, 2010, p. 17.

[84] Clérico, Laura. El examen de proporcionalidad...*op. cit.*, 2010, p. 184.

zação de um direito fundamental "vai depender das possibilidades jurídicas presentes, isto é, do resultado do sopesamento entre os princípios colidentes, que nada mais é do que a sub-regra da proporcionalidade em sentido estrito".[85]

De acordo com o exame da proporcionalidade em sentido estrito, a importância da intervenção no direito fundamental deve estar justificada pela importância da realização do fim por ela perseguido. Indaga-se se o grau de importância da promoção do fim justifica o grau de restrição causado aos direitos fundamentais, isto é, se as vantagens causadas pela promoção do fim são proporcionais às desvantagens causadas pela adoção do meio.[86]

A proporcionalidade em sentido estrito é, portanto, idêntica à primeira lei do sopesamento: quanto maior for o grau de não-satisfação ou de afetação de um princípio, tanto maior terá que ser a importância da satisfação do outro.[87]

Como as vantagens obtidas com a intervenção no direito fundamental devem compensar os sacrifícios impostos ao seu titular, é preciso comparar a intensidade da intervenção com a importância da promoção do fim, com o objetivo de se fundamentar uma relação de precedência condicionada, vale dizer, para se determinar as condições sob as quais um princípio terá precedência em face do outro, com o qual colide.[88]

6. O direito fundamental à individualização da medida cautelar pessoal

O catálogo dos direitos e garantias fundamentais expressamente positivados pela Constituição Federal não exclui outros decorrentes do regime e dos princípios por ela adotados, ou dos tratados internacionais em que a República Federativa do Brasil seja parte (art. 5º, § 2, CF).

Os direitos e garantias fundamentais expressos no art. 5º da Constituição Federal não constituem uma enumeração exaustiva (*numerus clausus*), mas sim uma lista aberta, exemplificativa, que admite a inclusão de novos elementos (*numerus apertus*).

85 Silva, Virgílio Afonso da. O proporcional e o razoável...*op. cit.* 2002, pp. 43-44.

86 Ávila, Humberto. **Teoria dos princípios**...*op. cit.*, 2011, p. 185.

87 Alexy, Robert. **Teoria dos Direitos**...*op. cit.*, 2011, p. 593.

88 Alexy, Robert. **Teoria dos Direitos**...*op. cit.*, 2011, p. 50-51.

Bem por isso PONTES DE MIRANDA, ao tratar de norma similar do regime constitucional anterior,[89] asseverava que uma de suas consequências "é refugar-se, a respeito dos direitos e garantias fundamentais, o princípio de interpretação das leis *inclusio unius alterius est exclusio*".[90]

Trata-se, portanto, de uma cláusula aberta,[91] "autêntica norma geral inclusiva",[92] que permite que normas que estejam fora do texto da Constituição venham a integrar o denominado bloco de constitucionalidade, vale dizer, "a somatória daquilo que se adiciona à Constituição escrita, em função dos valores e princípios nela consagrados",[93] e ganhem, por força do art. 5º, § 2º, o *status* de direitos materialmente fundamentais.

Há direitos fundamentais, tanto implícitos quanto decorrentes do regime e dos princípios adotados pela Constituição Federal, que, longe da vagueza, imprecisão, subjetividade ou de sua difícil caracterização, têm conteúdo e objeto precisos e determinados.[94]

[89] Art. 153, § 36, da Constituição de 1967, com a emenda n. 1 de 1969: "A especificação dos direitos e garantias expressos nesta Constituição não exclui outros direitos e garantias decorrentes do regime e dos princípios que ela adota". Assim, por força da norma constitucional em questão, o regime anterior já admitia o reconhecimento de direitos fundamentais não-escritos.

[90] PONTES DE MIRANDA, Francisco Antônio. **Comentários à constituição de 1967, com a emenda n. 1, de 1969**. 2ª ed. rev. São Paulo: Revista dos Tribunais, 1971, p. 659, tomo V. Segundo Carlos Maximiliano, o brocardo "*inclusio unius, exclusio alterius*" significa que "a inclusão de um só implica a exclusão de quaisquer outros". (MAXIMILIANO, Carlos. **Hermenêutica e aplicação do direito**. 19. ed. Rio de Janeiro: Forense, 2009, p. 198). A aplicação desse brocardo importaria que direitos e garantias não expressamente catalogados restassem excluídos da natureza de direitos fundamentais.

[91] CANOTILHO, José Joaquim Gomes. **Direito Constitucional**...*op. cit.*, 1998, p. 349.

[92] FREITAS, Juarez. **A interpretação sistemática do direito**. 5. ed. São Paulo: Malheiros, 2010, p. 209. Nesse sentido, Uadi Lammêgo Bulos aduz que o art. 5º, §2º, da Constituição Federal consagrou o princípio da não tipicidade constitucional, constituindo um portal que propicia o ingresso, no ordenamento jurídico, de normas materialmente constitucionais. Funciona, ainda, como "cláusula geral de recepção, porque confere aos tratados e convenções internacionais de direitos humanos hierarquia constitucional, viabilizando, portanto, a incorporação de outros direitos fundamentais. (BULOS, Uadi Lammêgo. **Curso de direito constitucional**. 7. ed. rev. e atual. São Paulo: Saraiva, 2012, p. 712-713 e p. 717).

[93] LAFER, Celso. **A internacionalização dos direitos humanos** – constituição, racismo e relações internacionais. Barueri, SP: Manole, 2005, p. 17.

[94] Ingo Wolfgang Sarlet cita o direito à desobediência civil, o direito de resistência, o direito à identidade genética da pessoa humana, o direito à identidade pessoal e as garantias do sigilo fiscal e bancário (deduzidas do direito à privacidade). (SARLET, Ingo Wolfgang. **A eficácia dos direitos fundamentais** – uma teoria geral dos direitos fundamentais na

Um deles é o direito fundamental à individualização da medida cautelar processual penal de natureza pessoal. Trata-se de um novo direito fundamental, que decorre do sistema de direitos fundamentais instituído pela Constituição Federal para a tutela da liberdade de locomoção.

A excepcionalidade da prisão ou de qualquer outra medida cautelar pessoal, como corolário da tutela constitucional da liberdade de locomoção, exige não apenas proporcionalidade na sua aplicação, como também fundamentação idônea e individualização.

Se a fundamentalidade material de um direito implícito ou decorrente deriva de sua equiparação ou equivalência, em conteúdo e dignidade, aos direitos fundamentais catalogados, a norma-paradigma para o reconhecimento do direito fundamental, não-expresso, à individualização da medida cautelar pessoal encontra-se no art. 5º, XLVI, da Constituição Federal: "a lei regulará a individualização da pena".

Esse enunciado (disposição ou texto) contém uma norma,[95] pois expressa um dever: a pena deverá ser individualizada tanto no momento da elaboração legislativa, com a previsão, em abstrato, das penas e do método a ser judicialmente empregado na sua concretização, quanto no momento de sua efetiva aplicação judicial.

Se, uma vez estabelecida a culpa, pressuposto para a imposição da sanção, há o direito fundamental à individualização da pena, *a fortiori*, durante o processo que poderá levar à formação da culpa, caso se faça necessária uma intervenção no direito à liberdade, há o direito fundamental decorrente à individualização dessa medida cautelar.

Há, ainda, uma segunda norma-paradigma para o reconhecimento do direito fundamental, não-expresso, à individualização da medida cautelar pessoal, que também decorre da nova interpretação do art. 5º, LXVI, da Constituição Federal, por força de mutação constitucional havida: "ninguém será levado à prisão ou nela mantido, *quando a lei admi-*

perspectiva constitucional. 11. ed. rev. e atual. Porto Alegre: Livraria do Advogado Editora, 2012, p. 90).

[95] Sobre o conceito de norma, v. Kelsen, Hans. **Teoria pura do direito**. São Paulo: Martins Fontes, 1991, pp. 4-10. Para uma distinção entre norma e texto (= preceito, enunciado ou disposição normativa), e entre norma jurídica e norma de decisão, vide: Alexy, Robert. **Teoria dos Direitos**...*op. cit.*, 2011, pp. 50-65. Canotilho, José Joaquim Gomes. **Direito Constitucional**...*op. cit.*, 1998, pp. 1088-1096. Grau, Eros Roberto. **Ensaio e discurso sobre a interpretação/aplicação do direito**. 3. ed. São Paulo: Malheiros, 2005, pp. 59-85.

tir medida cautelar pessoal diversa da prisão ou liberdade provisória, com ou sem fiança".

Com efeito, à época dos trabalhos da Assembleia Constituinte e da promulgação da Constituição Federal de 1988, o sistema processual penal brasileiro era binário: prisão cautelar ou liberdade. Não havia opções intermediárias à disposição do juiz.[96]

Pelo regramento então vigente, se o agente fosse preso em flagrante, caberia ao juiz:[97] i) relaxar imediatamente a prisão ilegal;[98] ii) conceder liberdade provisória, mediante termo de comparecimento a todos os atos do processo, sob pena de revogação, quando o agente tivesse agido sob o pálio de uma excludente de antijuridicidade, ou se estivessem ausentes os requisitos da prisão preventiva;[99] iii) conceder liberdade provisória mediante fiança;[100] ou iv) manter a prisão em flagrante, cujos

[96] Nesse sentido, GOMES, Luiz Flávio. Comentários aos arts. 282 e 283. In: BIANCHINI, Alice et al; GOMES, Luiz Flávio; MARQUES, Ivan (coords). **Prisão e medidas cautelares: comentários à Lei 12.403, de 4 de maio de 2011**. 2ª ed. São Paulo: Revista dos Tribunais, 2011, p. 27. Para o autor, "essa bipolaridade conduziu à banalização da prisão cautelar".

[97] Havia hipóteses em que, preso em flagrante, o agente se livrava solto independentemente de fiança (infração a que não fosse cominada pena privativa de liberdade ou quando esta não excedesse a três meses) ou em que a autoridade policial, desde logo, podia arbitrar fiança (infrações punidas com detenção ou prisão simples), nos termos dos arts. 321 e 322 do Código de Processo Penal então vigente.

[98] Art. 5º, LXV, Constituição Federal. Nada obstava que o juiz relaxasse a prisão em flagrante ilegal e, ato contínuo, presentes os respectivos requisitos, decretasse a prisão temporária ou preventiva do agente.

[99] Art. 310, e seu parágrafo único, do Código de Processo Penal, na redação dada pela Lei nº 6.416/77.

[100] Grande era a controvérsia a respeito da concessão de liberdade provisória mediante fiança. O art. 310, parágrafo único, do Código de Processo Penal, na redação dada pela Lei nº 6.416/77, determinava que, ausentes os requisitos da prisão preventiva, o juiz deveria conceder a liberdade provisória mediante simples termo de comparecimento a todos os atos do processo, sob pena de revogação. Por sua vez, o art. 324, IV, do Código de Processo Penal, determinava que não seria concedida fiança "quando presentes os motivos que autorizam a prisão preventiva". Assim, ou estavam presentes esses motivos, a impedir a concessão da liberdade provisória, com ou sem fiança, ou eles se encontravam ausentes, o que determinava a concessão de liberdade provisória sem fiança – vale dizer, da forma menos onerosa ao imputado –, tornando inócua a previsão legal da fiança. A exceção, introduzida pela Lei nº 8.035/1990, era o art. 325, § 2º, do Código de Processo Penal, segundo o qual não se aplicava o disposto no art. 310, parágrafo único, nos casos de prisão em flagrante por crime contra a economia popular ou de sonegação fiscal, hipóteses em que somente seria admissível a liberdade provisória com fiança.

efeitos se protraíam no tempo, caso presentes os requisitos da prisão preventiva, hipótese em que negaria a concessão de liberdade provisória.

Essa concepção se refletiu no art. 5º, LXVI, da Constituição Federal, o qual determina que "ninguém será levado à prisão ou nela mantido, quando a lei admitir a liberdade provisória, com ou sem fiança" – *referindo-se, indubitavelmente, à prisão cautelar.*

A Lei nº 12.403/2011 promoveu profundas alterações nesse sistema: alargou significativamente o espectro de opções à disposição do juiz, com a previsão de dez medidas cautelares diversas da prisão,[101] a ela alternativas, e, principalmente, acentuou o caráter pré-cautelar da prisão em flagrante.

A prisão em flagrante é despida de natureza cautelar porque não visa assegurar os meios ou o resultado do processo,[102] mas sim colocar o detido, imediatamente,[103] à disposição do juiz para que analise a sua legalidade e adote ou não uma verdadeira medida cautelar, a teor do que dispõe o art. 310 do Código de Processo Penal, na redação conferida pelas Leis nº 12.403/2011 e 13.964/2019.[104]

[101] Arts. 319 e 320 do Código de Processo Penal. A obrigação de entregar o passaporte, prevista neste último dispositivo legal, não é propriamente uma medida cautelar, mas mero consectário da proibição de se ausentar do País. Por sua vez, a prisão domiciliar não constitui medida cautelar autônoma, mas forma de cumprimento da prisão preventiva, ainda que o art. 318 do Código de Processo Penal, de forma atécnica, afirme que o juiz poderá substituir a prisão preventiva pela domiciliar, quando presentes os requisitos alternativos, previstos no citado artigo. Não há propriamente substituição, pois o *periculum libertatis* exigido para a prisão domiciliar é exatamente o mesmo da prisão preventiva. O que muda são as condições pessoais do agente (maior de oitenta anos, extrema debilidade por motivo de doença grave; imprescindibilidade do agente aos cuidados especiais de pessoa menor de seis anos de idade ou com deficiência; gestante; mulher com filho de até doze anos de idade incompletos e homem, caso seja o único responsável pelos cuidados do filho de até doze anos de idade incompletos).

[102] Marques, José Frederico. **Elementos de Direito**...*op. cit.*, 1997, p. 62. Mario Chiavario, ao tratar da prisão em flagrante no Código de Processo Penal italiano ("arresto in flagranza"), também a classifica como uma medida pré-cautelar. (Chiavario, Mario. **Diritto processuale penale**...*op. cit.*, 2012, pp. 697 e 701-706). No mesmo sentido, Caprioli, Francesco. Indagini preliminar e udienza preliminare. *In*: Conso, Giovanni; Grevi, Vittorio; Bagis, Marta (orgs). **Compendio di procedura penale**. 6. ed. Pádua: CEDAM, 2012, pp. 530-535.

[103] Nos termos do art. 306, § 1º, do Código de Processo Penal, na redação dada pela Lei nº 12.403/2011, o auto de prisão em flagrante será encaminhado ao juiz competente em até 24 (vinte e quatro) horas após a prisão.

[104] Art. 310: "Após receber o auto de prisão em flagrante, no prazo máximo de até 24 (vinte e quatro) horas após a realização da prisão, o juiz deverá promover audiência de custódia

Nesse sentido, MAURÍCIO ZANOIDE DE MORAES aduz que a prisão em flagrante é uma prisão provisória sem finalidade cautelar, decorrente de razões materiais ("certeza visual do cometimento do crime pelo tido autor"), tanto que, no momento em que ocorre, nem sequer se terá iniciado a persecução penal.[105]

Efêmera, a sua força coercitiva somente subsistirá entre a lavratura do auto de prisão em flagrante[106] e a análise judicial da legalidade dessa prisão e da necessidade, ou não, de imposição de medida cautelar diversa da prisão ou, em último caso, de sua conversão em prisão preventiva.[107]

com a presença do acusado, seu advogado constituído ou membro da Defensoria Pública e o membro do Ministério Público, e, nessa audiência, o juiz deverá, fundamentadamente: I – relaxar a prisão ilegal; ou II – converter a prisão em flagrante em preventiva, quando presentes os requisitos constantes do art. 312 deste Código, e se revelarem inadequadas ou insuficientes as medidas cautelares diversas da prisão; ou III – conceder liberdade provisória, com ou sem fiança. § 1º Se o juiz verificar, pelo auto de prisão em flagrante, que o agente praticou o fato em qualquer das condições constantes dos incisos I, II ou III do caput do art. 23 do Decreto-Lei nº 2.848, de 7 de dezembro de 1940 (Código Penal), poderá, fundamentadamente, conceder ao acusado liberdade provisória, mediante termo de comparecimento obrigatório a todos os atos processuais, sob pena de revogação. § 2º Se o juiz verificar que o agente é reincidente ou que integra organização criminosa armada ou milícia, ou que porta arma de fogo de uso restrito, deverá denegar a liberdade provisória, com ou sem medidas cautelares. § 3º A autoridade que deu causa, sem motivação idônea, à não realização da audiência de custódia no prazo estabelecido no caput deste artigo responderá administrativa, civil e penalmente pela omissão. § 4º Transcorridas 24 (vinte e quatro) horas após o decurso do prazo estabelecido no caput deste artigo, a não realização de audiência de custódia sem motivação idônea ensejará também a ilegalidade da prisão, a ser relaxada pela autoridade competente, sem prejuízo da possibilidade de imediata decretação de prisão preventiva".

[105] ZANOIDE DE MORAES, Maurício. **Presunção de inocência...** *op. cit.*, 2010, p. 387, em especial nota de rodapé nº 151. Contra: Andrey Borges de Mendonça, para quem a prisão em flagrante tem natureza cautelar porque i) visa evitar a prática, a consumação ou o exaurimento da infração penal (acautela o meio social); ii) possibilita a imediata coleta e documentação dos elementos de informação (acautela a prova e, portanto, a investigação ou a instrução criminal) e iii) impede a fuga do agente (garante a futura aplicação da lei penal). Essas finalidades, segundo o autor, subsumem a prisão em flagrante no art. 282, I, do Código de Processo Penal, e confirmam o seu caráter cautelar. (MENDONÇA, Andrey Borges de. **Prisão e outras medidas cautelares pessoais**. São Paulo: Método, 2011, pp. 134-135).

[106] Ou, mais precisamente, a partir do momento da prisão-captura, vale dizer, do momento em que qualquer do povo ou a autoridade policial e seus agentes prendam em flagrante delito o infrator (art. 302, CPP).

[107] Nesse sentido, BADARÓ, Gustavo Henrique. **Processo penal**...*op. cit.*, 2020, p. 1154. LOPES JÚNIOR, Aury. **Direito processual**...*op. cit.*, 2012, p. 798.

Inadmissível, portanto, a manutenção da prisão em virtude de mera homologação judicial da prisão em flagrante, pois esta não mais constitui título suficiente para que alguém permaneça custodiado.

Dignas de nota, ainda, as alterações legislativas, atinentes a medidas cautelares pessoais diversas da prisão, que antecederam a Lei nº 12.403/2011.

A Lei nº 10.455/2002, ao dar nova redação ao parágrafo único do art. 66 da Lei nº 9.099/1995,[108] gerou o embrião legal[109] das medidas cautelares que afetavam de modo mais intenso a liberdade de locomoção,[110] mas se tratava de uma norma isolada, genérica e assistemática, que não previa consequências jurídicas para o seu descumprimento.

Posteriormente, a Lei nº 11.340/2006, ao criar mecanismos para coibir a violência doméstica e familiar contra a mulher, aprimorou o regime legal de medidas cautelares, ao prever medidas protetivas de urgência "que obrigam o agressor",[111] aplicáveis isolada ou cumulativamente, e substituíveis a qualquer tempo por outra(s) de maior eficácia.[112]

[108] Art. 66, parágrafo único, da Lei nº 9.099/1995: "Ao autor do fato que, após a lavratura do termo, for imediatamente encaminhado ao juizado ou assumir o compromisso de a ele comparecer, não se imporá prisão em flagrante, nem se exigirá fiança. Em caso de violência doméstica, o juiz poderá determinar, como medida de cautela, seu afastamento do lar, domicílio ou local de convivência com a vítima".

[109] Não se ignora que, antes da Lei nº 12.403/2011, sem previsão legal, ao arrepio do princípio da taxatividade e a pretexto do exercício de um poder geral de cautela, havia decisões judiciais que impunham o recolhimento do passaporte do imputado como *conditio sine qua non* para a concessão ou manutenção da liberdade provisória. Como observa Gustavo Badaró, o argumento de que, com essa medida cautelar atípica, se buscava beneficiar o imputado, evitando-se a sua prisão, era falacioso. As alternativas de então eram somente prisão cautelar ou liberdade provisória, no caso de flagrante legítimo. Logo, se não houvesse fundamento para a manutenção da prisão em flagrante ou para a decretação da prisão preventiva, no caso de imputado solto, a consequência deveria ser a liberdade – provisória, no primeiro caso, e plena, no segundo – sem o ônus da entrega do passaporte. BADARÓ, Gustavo Henrique. **Processo penal**...*op. cit.*, 2020, pp. 1220-1221).

[110] A Lei nº 9.503/1997 (Código de Trânsito Brasileiro) já previa, no seu art. 294, as medidas cautelares de suspensão da permissão ou da habilitação para dirigir veículo automotor, ou a proibição de sua obtenção.

[111] Art. 22 da Lei nº 11.340/2006: "Constatada a prática de violência doméstica e familiar contra a mulher, nos termos desta Lei, o juiz poderá aplicar, de imediato, ao agressor, em conjunto ou separadamente, as seguintes medidas protetivas de urgência, entre outras: I – suspensão da posse ou restrição do porte de armas, com comunicação ao órgão competente, nos termos da Lei nº 10.826, de 22 de dezembro de 2003; II – afastamento do lar, domicílio ou local de convivência com a ofendida; III – proibição de determinadas condutas,

Se, por um lado, essas medidas protetivas resguardavam primariamente os interesses da vítima, por outro, não deixavam de amparar o imputado, na medida em que, instituída legalmente uma gradualidade para sua imposição, a sua liberdade não seria *prima facie* restringida em grau máximo, prevendo-se a decretação da prisão preventiva para "garantir a execução das medidas protetivas de urgência".[113]

Esse ciclo de profundas alterações, que culminou na Lei nº 12.403/2011, deve importar na releitura do art. 5º, LXVI, da Constituição Federal, pois a literalidade da expressão constitucional "liberdade provisória", atualmente, está muito aquém da real finalidade da norma constitucional e do bem jurídico por ela tutelado.

Como sabido, não é a Constituição que deve ser interpretada conforme a legislação infraconstitucional, ou a partir desta, mas sim o oposto.[114]

De qualquer forma, os métodos clássicos de interpretação – gramatical, histórica, sistemática e teleológica – se aplicam à interpretação constitucional.[115]

entre as quais: a) aproximação da ofendida, de seus familiares e das testemunhas, fixando o limite mínimo de distância entre estes e o agressor; b) contato com a ofendida, seus familiares e testemunhas por qualquer meio de comunicação; c) freqüentação de determinados lugares a fim de preservar a integridade física e psicológica da ofendida; IV – restrição ou suspensão de visitas aos dependentes menores, ouvida a equipe de atendimento multidisciplinar ou serviço similar; V – prestação de alimentos provisionais ou provisórios; VI – comparecimento do agressor a programas de recuperação e reeducação; e VII – acompanhamento psicossocial do agressor, por meio de atendimento individual e/ou em grupo de apoio".

112 Art. 19, § 2º, da Lei nº 11.340/2006.

113 Art. 313, IV, do Código de Processo Penal (redação antecedente à Lei nº 12.403/2011).

114 Virgílio Afonso da Silva, ao tratar dos princípios da interpretação constitucional, critica a denominada "interpretação conforme a constituição", aduzindo que não é a constituição que deve ser interpretada em conformidade com ela mesma, mas as leis infraconstitucionais. "A interpretação conforme a constituição pode ter algum significado, então, como um critério para a interpretação das leis, mas não para a interpretação constitucional". (SILVA, Virgílio Afonso da. Interpretação constitucional e sincretismo metodológico. In SILVA, Virgílio Afonso da (org.). **Interpretação Constitucional**. São Paulo: Malheiros, 2005, p. 128-129. Não é por outra razão que José Joaquim Gomes Canotilho a ele se refere como "princípio da interpretação das leis em conformidade com a constituição", reputando-o, fundamentalmente, um princípio de controle, cuja função é assegurar a constitucionalidade da interpretação. (CANOTILHO, José Joaquim Gomes. **Direito Constitucional**...*op. cit.*, 1998, p. 1099).

115 BARROSO, Luís Roberto. **Interpretação e aplicação da constituição**. 6.. ed. rev. e atual. São Paulo: Saraiva, 2004, p. 128-145. SILVA, Virgílio Afonso da. Interpretação constitu-

Sob o prisma histórico, o ordenamento jurídico brasileiro desconhecia medidas cautelares pessoais diversas da prisão quando promulgada a Constituição Federal de 1988, razão pela qual seu art. 5º, LXVI, limitou-se a prever a liberdade provisória como única medida destinada a obstar a manutenção de uma prisão cautelar desnecessária.

Essa é a *occasio legis*,[116] a circunstância histórica, a conjuntura em que editada a citada norma.

Registre-se que não há qualquer dificuldade de ordem semântica na interpretação do enunciado "liberdade provisória", a qual deve ser entendida como simples medida de contracautela "porque destinada a eliminar os danos ao direito de liberdade que poderiam originar-se da prisão cautelar", subordinando o imputado "a imperativos que, sob a forma de ônus processuais, procuram vinculá-lo, de modo estreito, ao desenrolar do processo".[117]

Sua concessão pressupunha, como ainda pressupõe, uma situação de flagrância legal.

Se a prisão em flagrante fosse ilegal, deveria ser relaxada, sem a imposição de qualquer ônus ao imputado, assim como, desaparecidos os pressupostos ou a situação de perigo que haviam autorizado a decretação da prisão preventiva, caberia, pura e simplesmente, sua revogação,[118] restituindo-se a liberdade plena ao imputado, sem que outra medida cautelar menos invasiva pudesse ser imposta.

É preciso, todavia, superar o textualismo[119] e ir além da *occasio legis*, a fim de, pela interpretação teleológica, buscar a *ratio legis*, o seu fun-

cional...*op. cit.*, 2005, pp. 116 e 142. CANOTILHO, José Joaquim Gomes. **Direito Constitucional**...*op. cit.*, 1998, p. 1084.

116 BARROSO, Luís Roberto. **Interpretação e aplicação**...*op. cit.*, 2004, p. 139.

117 MARQUES, José Frederico. **Elementos de Direito**...*op. cit.*, 1997, pp. 119-120.

118 A liberdade provisória é incompatível com a prisão preventiva. Para José Frederico Marques, se o réu está em custódia, por força do decreto de prisão preventiva, não se pode determinar a substituição dessa cautela penal coercitiva pela liberdade provisória (com ou sem fiança). Nessa hipótese, o réu permanece preso ou então revogada fica a decisão que lhe impôs a prisão preventiva. Operada a revogação, reintegra-se o acusado em sua liberdade plena, "sem que se lhe possa impor qualquer uma das restrições advindas da liberdade provisória". (MARQUES, José Frederico. **Elementos de Direito**...*op. cit.*, 1997, p. 127).

119 Para Juarez Freitas, "ir além do texto transforma-se em condição obrigatória para compreender a tradição na qual o texto se encontra". Se as exigências prioritárias do sistema constitucional implicam *transcendência em relação ao texto*, o textualismo falha ao deixar de ob-

damento racional, a "força vivente móvel que anima a disposição e a acompanha em toda a sua vida e desenvolvimento",[120] até porque a Constituição, no dizer de José Joaquim Gomes Canotilho, não é somente um texto jurídico estático e rígido, indiferente às alterações da realidade constitucional, mas também uma expressão do desenvolvimento cultural do povo. "O direito constitucional é um direito vivo, é um direito em ação e não apenas um direito nos livros".[121]

Esse é o fundamento, segundo Luís Roberto Barroso, da chamada interpretação evolutiva, processo informal de reforma do texto da Constituição, que "consiste na atribuição de novos conteúdos à norma constitucional, sem modificação do seu teor literal, em razão de mudanças históricas ou de fatores políticos e sociais que não estavam presentes na mente dos constituintes".[122]

Para Peter Häberle, "uma Constituição que fosse petrificada com conteúdos tradicionais perderia o seu próprio sentido: vincular a totalidade de um presente vital a um ordenamento adequado". Os direitos fundamentais, segundo o jurista alemão, se referem a uma realidade social em constante mutação, razão por que a Constituição, como direito vivo e em movimento, deve estar aberta a novos conteúdos, assimilá-los e consolidá-los em sua própria normatividade. E a legislação infraconstitucional tem especial importância nas mudanças de conteúdo dos direitos fundamentais: ela pode ser a precursora de transformações de fundo, de novas ideias jurídicas que, por sua vez, repercutem na Constituição e nos direitos fundamentais.[123]

servá-las. (Freitas, Juarez. A melhor interpretação constitucional "versus" a única resposta correta. In: Silva, Virgílio Afonso da (org.). **Interpretação Constitucional**. São Paulo: Malheiros, 2005, pp. 319 e 336-339).

[120] Barroso, Luís Roberto. **Interpretação e aplicação**...*op. cit.*, 2004, p. 139.

[121] Canotilho, José Joaquim Gomes. **Direito Constitucional**...*op. cit.*, 1998, p. 1013, p. 1016 e p. 1101. Para Juarez Freitas, "o intérprete não deve desconhecer a abertura dialógica da constituição, porquanto é por intermédio dela (abertura) que assume a condição de grande e preferencial motor das mutações constitucionais (...)". (Freitas, Juarez. A melhor interpretação...*op. cit.*, 2005, p. 335).

[122] Barroso, Luís Roberto. **Interpretação e aplicação**...*op. cit.*, 2004, pp. 145-146. De acordo com o autor, são duas as possibilidades legítimas de mutação ou transição constitucional: i) reforma do texto, pelo exercício do poder constituinte derivado; ou ii) recurso aos meios interpretativos.

[123] Häberle, Peter. **La garantia del contenido esencial de los derechos fundamentales**. Tradução: Joaquín Brage Camazano. Madrid: Dykinson, 2003, p. 198-200.

A norma constitucional, adverte Konrad Hesse, não tem existência autônoma em face da realidade: existe um condicionamento recíproco entre a Constituição jurídica e a realidade político-social. "Quanto mais o conteúdo de uma Constituição lograr corresponder à natureza singular do presente, tanto mais seguro há de ser o desenvolvimento de sua força normativa". Assim, interpretação adequada é aquela que consegue concretizar, de forma excelente, o sentido da proposição normativa, dentro das condições reais dominantes numa determinada situação.[124]

Como observa Eros Grau, "a interpretação do direito encaminha a atualização do direito". A interpretação deve expor o enunciado semântico do texto no contexto histórico presente, e não no primitivo contexto da sua redação. Isso porque o significado da norma se altera na medida em que se alteram os contextos funcional e sistêmico nos quais ela opera.[125]

Opera-se, assim, uma mutação constitucional, vale dizer, uma alteração do significado do texto, sem modificação do seu teor literal, atualizando-se o sentido ou conteúdo da norma constitucional.[126]

Assentadas essas premissas, quais são os fundamentos do art. 5º, LXVI, da Constituição Federal?

A prisão cautelar como *ultima ratio*, a derradeira medida a que se deva recorrer, e a obrigatoriedade da adoção de medidas menos invasivas do direito de liberdade, a não ser que a cautelaridade se apresente, desde logo, em seu grau máximo.

A liberdade provisória tinha por única finalidade impedir que alguém, detido em flagrante, fosse levado à prisão ou nela mantido. Não era, e continua a não ser, instituto destinado a tutelar a liberdade de locomoção de quem não tivesse sido preso em flagrante, o que conduzia à

124 Hesse, Konrad. **A força normativa da constituição**. Trad. Gilmar Ferreira Mendes. Porto Alegre: Sérgio Antonio Fabris Editor, 1991, p. 13-23.

125 Grau, Eros Roberto. **Ensaio e discurso**...*op. cit.*, 2005, pp. 115-119. Nas suas palavras, não se interpretam os textos do direito em tiras, aos pedaços: "o significado normativo de cada texto só é detectável no momento em que se o toma como inserido no contexto do sistema, para após afirmar-se, plenamente, no contexto funcional". (Grau, Eros Roberto. **Ensaio e discurso**...*op. cit.*, 2005, pp. 127-128).

126 Mendes, Gilmar Ferreira; Branco, Paulo Gustavo Gonet. **Curso de Direito**...*op. cit.*, 2014, p. 134. Barroso, Luís Roberto. **Interpretação e aplicação**...*op. cit.*, 2004, pp. 145-146. Häberle, Peter. **El estado constitucional**. Buenos Aires: Editorial Astrea, 2007, p.157.

existência de um vácuo normativo entre os dois extremos (prisão e liberdade), agora preenchido por diversas medidas cautelares pessoais.

Poder-se-ia emprestar significado lato ao conceito de "liberdade provisória", para o fim de nele subsumir as medidas cautelares pessoais diversas da prisão, sob o fundamento de que elas também impõem certos ônus ao imputado que, se descumpridos, podem determinar sua prisão preventiva (art. 312, § 1º, Código de Processo Penal).

A medida cautelar, nesse sentido, criaria para o imputado um estado de liberdade vinculada aos fins do processo penal, à semelhança da liberdade provisória propriamente dita.

Nesse particular, José Frederico Marques inclusive partilha do entendimento de que "à liberdade provisória melhor caberia a denominação de liberdade vinculada", mas aduz que a escolha do referido *nomen juris* se justificava pelo fato de pressupor, sempre, a prisão anterior ou a possibilidade de imediata prisão, bem como pelo fato de que o direito de se livrar solto se subordinava a determinadas condições que, se descumpridas, levariam o agente a ficar detido em caráter cautelar e preventivo.[127]

A melhor exegese, contudo, distingue "liberdade provisória" de medida cautelar, uma vez que aquela, diferentemente desta, pressupõe flagrância. Ausente esse estado coercitivo, é possível impor uma medida cautelar pessoal, mas não conceder "liberdade provisória".

Diante da nova realidade infraconstitucional, assim deve ser interpretado o art. 5º, LXVI, da Constituição Federal: "ninguém será levado à prisão ou nela mantido, *quando a lei admitir medida cautelar pessoal diversa da prisão* ou liberdade provisória, com ou sem fiança".

Não se trata de uma modificação do enunciado normativo, do texto, que permanece inalterado, mas sim de uma *atualização do seu significado*, perfeitamente compatível com a *ratio* da norma e com a eficácia expansiva dos direitos fundamentais, na medida em que aumenta o seu âmbito de proteção.[128]

[127] Marques, José Frederico. **Elementos de Direito**...*op. cit.*, 1997, pp. 122-123.

[128] Zanoide de Moraes, Maurício. **Presunção de inocência**... *op. cit.*, 2010, pp. 242-243. Segundo o autor, a constante ampliação do conteúdo dos direitos fundamentais é uma projeção da sua dimensão objetiva. "Uma vez que esses direitos são escolhas axiológicas de alta relevância para a sociedade, aquela dimensão impõe aos agentes e órgãos que sempre atuem no sentido de ampliar o âmbito de proteção da norma".

Essa norma, com natureza de regra, densifica[129] o princípio da liberdade de locomoção, ao acentuar o caráter excepcional da prisão cautelar e, como um direito clássico de liberdade, cria um dever estatal de abstenção (conduta negativa), consistente em garantir ao indivíduo uma esfera de proteção e autonomia, na qual o Estado não deve intervir, sem fundadas razões.

Também impõe ao Estado um duplo dever de agir (conduta positiva), que se traduz não apenas na obrigação de regular, por lei, a liberdade provisória e as medidas cautelares diversas da prisão, mediante adequada tipificação e previsão de requisitos para sua concessão (dimensão legislativa), como também na exigência de prestações fáticas positivas que possibilitem a sua concreta aplicação (dimensão administrativa).

O direito fundamental de liberdade assume, nessa dimensão, uma natureza híbrida: é um típico direito de defesa (direito a uma ação negativa, a uma abstenção estatal) e também um direito a prestação, ou seja, a uma ação positiva do Estado, consistente em prover os meios necessários (prestação fática, material) para a concretização da medida cautelar pessoal. Portanto, os direitos a prestações não se identificam, exclusivamente, com os direitos fundamentais sociais de segunda geração.[130]

Por força do 5º, LXVI, da Constituição Federal, e diante do rol de medidas cautelares pessoais estabelecido pelo legislador e da prisão como *ultima ratio*, o juiz deverá obrigatoriamente partir da(s) medida(s) de menor intensidade para somente então alcançar a(s) de maior intensidade, por força da proporcionalidade e do princípio da gradual aflitividade na intervenção no direito fundamental de liberdade, individualizando a medida cautelar adequada e necessária à espécie.

O direito à individualização, portanto, decorre do art. 5º, LXVI, da Constituição Federal, por se tratar do meio para controlar se o juiz, no

[129] Densificar uma norma, segundo José Joaquim Gomes Canotilho, "significa preencher, complementar e precisar o espaço normativo de um preceito constitucional, especialmente carecido de concretização, a fim de tornar possível a solução, por esse preceito, dos casos concretos". Assim, "densifica-se um espaço normativo (= preenche-se uma norma) para tornar possível a sua concretização e consequente aplicação a um caso concreto". (Canotilho, José Joaquim Gomes. **Direito Constitucional**...*op. cit.*, 1998, p. 1075).

[130] Nesse sentido, Zanoide de Moraes, Maurício. **Presunção de inocência**... *op. cit.*, 2010, p. 277. Sobre a questão dos direitos fundamentais como direitos a prestações, v. Sarlet, Ingo Wolfgang. **A eficácia dos direitos fundamentais**...*op. cit.*, 2012, pp. 184-208. Alexy, Robert. **Teoria dos Direitos**...*op. cit.*, 2011, pp. 433-461.

caso concreto, racionalmente justificou a necessidade e a adequação da(s) medida(s) escolhida(s), dentre a carta de medidas legalmente instituídas por determinação constitucional.

Nas palavras de Virgílio Afonso da Silva, se a constitucionalidade de uma restrição a um direito fundamental garantido por um princípio depende sobretudo de sua fundamentação constitucional, e se essa fundamentação constitucional é controlada a partir da regra da proporcionalidade, pode-se dizer que toda restrição proporcional é constitucional.[131]

Há que se ter proporcionalidade tanto na imposição da pena quanto da medida cautelar pessoal. Quanto mais intensa for a intervenção no direito fundamental de liberdade e quanto mais precoce for o momento dessa intervenção, mais significativos ou relevantes devem ser os motivos que a justifiquem, a fim de que não se imponha ao imputado um ônus desproporcional ou mesmo intolerável.

De nada adiantaria prescrever-se a proporcionalidade da pena, se ela fosse precedida de medidas cautelares desproporcionais,[132] notadamente nos casos de máxima compressão do direito de liberdade.

Nas precisas palavras de Enzo Zappalà, "não se deve cobrar do imputado um preço que ele provavelmente não será chamado a pagar nem mesmo depois da condenação".[133]

A individualização da medida cautelar deverá ter por parâmetro a natureza e o grau das exigências cautelares[134] e, como destaca Mario Chiavario, sua observância é importante não apenas para determinar se alguma medida deve ou não ser aplicada, como também, resolvido positivamente esse dilema, para estabelecer qual medida será aplicada, de modo a orientar a escolha judicial quando seja teoricamente possível a aplicação de duas ou mais medidas compatíveis entre si.[135]

131 Silva, Virgílio Afonso da. **Direitos fundamentais**...*op. cit.*, 2011, p. 206.

132 Flach, Norberto. **A prisão processual penal***:* discussão à luz dos princípios da proporcionalidade e da segurança jurídica. Rio de Janeiro: Forense, 2000, p. 96.

133 Siracusano, Delfino; Galati, Antonino; Tranchina, Giovanni; Zappalà, Enzo. **Diritto processuale penale**. vl. 1, 3. ed. Milano: Giuffrè, 2001, p. 406.

134 Essa regra vem expressamente prevista no art. 275 do Código de Processo Penal italiano ("*Nel disporre le misure [292], il giudice tiene conto della specifica idoneità di ciascuna in relazione alla natura e al grado delle esigenze cautelari [274] da soddisfare nel caso concreto*"). Trata-se do princípio da adequação, previsto no art. 282, II, do Código de Processo Penal brasileiro.

135 Chiavario, Mario. **Diritto processuale penale**...*op. cit.*, 2012, p. 741.

Deve, pois, haver um justo equilíbrio entre a intensidade da restrição imposta cautelarmente e os fins por ela almejados, atentando-se para a gravidade do fato, suas circunstâncias, as condições pessoais do agente e a situação de perigo gerada por seu estado de liberdade (*periculum libertatis*).

Em suma, i) se a liberdade é a regra; ii) se ninguém dela pode ser privado, senão mediante ordem escrita e fundamentada da autoridade judiciária competente, que respeite os princípios da legalidade, da presunção de inocência e do devido processo legal; iii) se existe um rol de medidas cautelares de aflitividade crescente, em que a prisão é a *ultima ratio*; e iv) se, no caso de condenação, a pena deverá ser individualizada, da conjugação desses direitos fundamentais exsurge um novo direito de igual dignidade, decorrente dos princípios adotados pela Constituição Federal (art. 5º, § 2º): o direito fundamental à individualização da medida cautelar processual penal de natureza pessoal.

O Supremo Tribunal Federal, embora sem recorrer à mesma fundamentação, já reconheceu o direito à "personalização" ou individualização da medida cautelar pessoal.[136]

[136] STF, Segunda Turma, **HC n. 110.844/RS**, Rel. Min. Ayres Britto, j. 10/04/2012, DJe de 19/06/2012, de cuja longa ementa citam-se os seguintes excertos: "O indivíduo é sempre uma realidade única ou insimilar, irrepetível mesmo na sua condição de microcosmo ou de um universo à parte. Logo, todo instituto de direito penal que se lhe aplique – pena, prisão, progressão de regime penitenciário, liberdade provisória, conversão da pena privativa de liberdade em restritiva de direitos – há de exibir o timbre da personalização". "A regra geral que a Lei Maior consigna é a da liberdade de locomoção. Regra geral que se desprende do altissonante princípio da dignidade da pessoa humana (inciso III do art. 1º) e assim duplamente vocalizado pelo art. 5º dela própria, Constituição: a) "*é livre a locomoção no território nacional em tempo de paz*" (inciso XV); b) "ninguém será privado da liberdade ou de seus bens sem o devido processo legal" (inciso LIV). Instituto da prisão a comparecer no mesmo corpo normativo da Constituição como explícita medida de exceção, a saber: "ninguém será preso senão em flagrante delito ou por ordem escrita e fundamentada de autoridade judiciária competente, salvo nos casos de transgressão militar ou crime propriamente militar, definidos em lei" (inciso LXI do art. 5º)". "O fato em si da inafiançabilidade dos crimes hediondos e dos que lhe sejam equiparados não tem a antecipada força de impedir a concessão judicial da liberdade provisória, jungido que está o juiz à imprescindibilidade do princípio tácito ou implícito da individualização da prisão (não somente da pena)". "Na concreta situação dos autos, o ato impugnado não contém o conteúdo mínimo da garantia constitucional da fundamentação real das decisões judiciais". "A garantia da fundamentação importa o dever judicante da real ou efetiva demonstração de que a segregação atende a pelo menos um dos requisitos do art. 312 do Código de Processo Penal. Pelo que a vedação legal à concessão da liberdade provisória, mesmo em caso de crimes hediondos (ou equiparados), opera uma

A individualização da medida cautelar pessoal, de acordo com a teoria dos princípios de Robert Alexy, tem a estrutura de regra, uma vez que, à semelhança da proporcionalidade, é aplicada de forma constante, sem variações,[137] e "impõe um dever definitivo: se for o caso de aplicá-la, essa aplicação não está sujeita a condicionantes fáticas e jurídicas do caso concreto. Sua aplicação é, portanto, feita no todo".[138]

7. Prisão preventiva e associação criminosa do tipo mafioso: o modelo legal italiano

O art. 13 da Constituição italiana, após prever que a liberdade pessoal é inviolável, estabelece no *comma* 2 não ser admissível nenhuma forma de detenção ou de restrição da liberdade pessoal, salvo por ato motivado da autoridade judiciária e somente nos casos e nos modos previstos em lei.[139]

Por sua vez, nos termos do art. 275, *comma* 3, do Código de Processo Penal italiano, a prisão preventiva somente poderá ser determinada quando as outras medidas cautelares pessoais, ainda que cumulativamente aplicadas, se mostrem inadequadas.

Como observa Vittorio Grevi, trata-se de uma regra decisória, fundada na proporcionalidade, que ressalta o caráter de *extrema ratio* da prisão preventiva, a ser utilizada somente quando, no caso concreto, as exigências cautelares não puderem ser satisfeitas por nenhuma forma diversa, ou menos vexatória, de limitação da liberdade pessoal.[140]

patente inversão da lógica elementar da Constituição, segundo a qual a presunção de não culpabilidade é de prevalecer até o momento do trânsito em julgado de sentença penal condenatória. Daí entender o Supremo Tribunal Federal que a mera alusão à gravidade do delito ou a expressões de simples apelo retórico não valida a ordem de prisão cautelar, sendo certo que a proibição abstrata de liberdade provisória também se mostra incompatível com tal presunção constitucional de não-culpabilidade". No mesmo sentido: STF, Segunda Turma, **HC n 111.166/MT**, Rel. Min. Ayres Britto, j. 13/12/2011, DJe 16/04/2012; STF, Segunda Turma, **HC 108.508/SC**, Rel. Min. Ayres Britto, j. 02/08/2011; DJe 01/02/2012; STF, Segunda Turma, **HC 108.802/MG**, Rel. Min. Ayres Britto, j. 04/10/2011, DJe 19/06/2012; STF, Segunda Turma, **HC 106.463/PR**, Rel. Min. Ayres Britto, j. 25/10/2011, DJe 01/10/2012.

137 Silva, Virgílio Afonso da. O proporcional e o razoável...*op. cit.*, 2002, p. 26.

138 Silva, Virgílio Afonso da. **Direitos fundamentais**...*op. cit.*, 2011, p. 168.

139 *Art. 13. "La libertà personale è inviolabile. Non é ammessa forma alcuna di detenzione, di ispezione o perquisizione personale, né qualsiasi altra restrizione della libertà personale, se non per atto motivato dell'autorita giudiziaria e nei soli casi e modi previsti dalla legge (...)".*

140 Grevi, Vittorio. Misure Cautelari...*op. cit.*, 2012, pp. 405-406. No mesmo sentido Chiavario, Mario. **Diritto processuale penale**...*op. cit.*, 2012, p. 742.

Ocorre que o próprio art. 275, *comma* 3, segunda parte, estabelece uma relevante exceção a essa regra: quando houver "graves indícios de culpabilidade"[141] relativamente aos crimes de associação subversiva, de associação com finalidade de terrorismo ou de subversão da ordem democrática e de associação do tipo mafioso, deverá ser obrigatoriamente imposta a prisão preventiva, salvo se houver elementos que demonstrem a insubsistência de exigências cautelares.[142]

O Código de Processo Penal italiano, portanto, em relação à associação criminosa do tipo mafioso, ao invés de prescrever a necessidade da individualização judicial da medida cautelar pessoal, estabelece que, de regra, o *periculum libertatis* deriva do *fumus commissi delicit.*

Dito de outro modo, assentada a presença dos "*graves indícios de culpabilidade*", presume-se (presunção relativa, que comporta prova em sentido contrário) a presença de alguma exigência cautelar. Por sua vez, caso não seja afastada essa presunção relativa, surge outra presunção, desta feita de caráter absoluto: a necessidade da prisão preventiva para fazer frente àquela presumida situação de perigo.

[141] Chiavario, Mario. **Diritto processuale penale**...*op. cit.*, 2012, p. 728. Refere-se o autor ao art. 273, *comma* 1, do Código de Processo Penal italiano, que exige a presença de "graves indícios de culpabilidade" ("*gravi indizi di colpevolezza*") para a imposição de uma medida cautelar. Como observa Vittorio Grevi, essa expressão – que substituiu a fórmula tradicional "indícios suficientes" – tem o evidente propósito de acentuar a consistência da plataforma indiciária indispensável para a adoção de qualquer medida cautelar pessoal. Para Vittorio Grevi, mais do que simples modificação no léxico, cuida-se de inequívoco sinal para conter eventuais excessos no plano aplicativo. Grevi, Vittorio. Misure Cautelari...*op. cit.*, 2012, p. 397.

[142] *Codice di Procedura Penale, art. 275, comma 3: "La custodia cautelare in carcere può essere disposta soltanto quando le altre misure coercitive o interdittive, anche se applicate cumulativamente, risultino inadeguate.* ***Quando sussistono gravi indizi di colpevolezza in ordine ai delitti di cui agli articoli 270 [associação subversiva], 270-bis [associação com finalidade de terrorismo ou de subversão da ordem democrática] e 416-bis [associação do tipo mafioso) del codice penale, è applicata la custodia cautelare in carcere, salvo che siano acquisiti elementi dai quali risulti che non sussistono esigenze cautelari.*** *Salvo quanto previsto dal secondo periodo del presente comma, quando sussistono gravi indizi di colpevolezza in ordine ai delitti di cui all'articolo 51, commi 3-bis e 3-quater, del presente codice nonché in ordine ai delitti di cui agli articoli 575, 600-bis, primo comma, 600-ter, escluso il quarto comma, 600-quinquies e, quando non ricorrano le circostanze attenuanti contemplate, 609-bis, 609-quater e 609-octies del codice penale, è applicata la custodia cautelare in carcere, salvo che siano acquisiti elementi dai quali risulti che non sussistono esigenze cautelari o che, in relazione al caso concreto, le esigenze cautelari possono essere soddisfatte con altre misure."* (grifo nosso)

Na mesma esteira, o art. 299, *comma* 2, do Código de Processo Penal italiano estabelece que, *ressalvado* o disposto no art. 275, *comma* 3, o juiz substituirá a medida cautelar originariamente imposta por outra menos gravosa quando não mais se mostrar proporcional ao fato ou à sanção que possa vir a ser aplicada.[143]

Assim, a obrigatoriedade da prisão preventiva nos casos de associação subversiva, de associação com finalidade de terrorismo ou de subversão da ordem democrática e de associação criminosa do tipo mafioso, em face da presença de "graves indícios de culpabilidade", vale não apenas para a imposição *originária* da medida, mas também disciplina a substituição *in mellius* das medidas cautelares, vedando-a (art. 299, *comma* 2, CPP).

Para Enzo Zappalà, o art. 275, *comma* 3, do Código de Processo Penal italiano, "inspirado pelo louvável propósito de enfrentar a criminalidade organizada", estabelece, para uma série de crimes de particular alarma social, uma dupla *presunção legal*: i) o *periculum libertatis* é considerado legalmente presente em face da gravidade da hipótese criminosa atribuída ao imputado, baseada em graves indícios de culpabilidade; e ii) a única medida adequada é a prisão preventiva.[144]

O legislador, portanto, se funda numa espécie de presunção de alta periculosidade do agente, considerando-a ínsita à natureza do tipo penal.[145]

Embora o legislador italiano tenha tornado regra[146] a prisão preventiva nessas hipóteses, não se trata propriamente de repristinação da prisão preventiva obrigatória prevista na redação originária do Código de Processo Penal italiano de 1930,[147] uma vez que, como bem observado por Enzo Zappalà, a presunção do *periculum libertatis* é relativa e pode

[143] *Codice di Procedura Penale, art. 299, comma 2: "Salvo quanto previsto dall'art. 275, comma 3, quando le esigenze cautelari risultano attenuate ovvero la misura applicata non appare più proporzionata all'entità del fatto o alla sanzione che si ritiene possa essere irrogata, il giudice sostituisce la misura con un'altra meno grave ovvero ne dispone l'applicazione con modalità meno gravose".*

[144] Siracusano, Delfino; Galati, Antonino; Tranchina, Giovanni; Zappalà, Enzo. **Diritto processuale**...*op. cit.*, 2001. p.459.

[145] Chiavario, Mario. **Diritto processuale penale**...*op. cit.*, 2012, p. 742.

[146] Chiavario, Mario. **Diritto processuale penale**...*op. cit.*, 2012, p. 742.

[147] No Brasil, a prisão preventiva obrigatória estava prevista na redação original do art. 312 do Código de Processo Penal: "A prisão preventiva será decretada nos crimes a que for cominada pena de reclusão por tempo, no máximo, igual ou superior a dez anos".

ser afastada pelo juiz se houver elementos que demonstrem a insubsistência de exigências cautelares.[148]

Nesse particular, prisão preventiva obrigatória haveria se, mesmo quando demonstrada a inexistência do *periculum libertatis*, remanescesse imperiosa a custódia no cárcere.

De qualquer forma, tem-se aqui uma atenuação do dever de motivação, uma vez que, em se tratando de associação subversiva, de associação com finalidade de terrorismo ou de subversão da ordem democrática e de associação criminosa do tipo mafioso, o juiz não está obrigado a demonstrar o não cabimento das demais medidas menos gravosas.[149]

Enzo Zappalà chega a qualificá-la de inversão do dever de motivação: ao invés de fornecer as razões positivas que demonstrem concretamente o *periculum libertatis*, o juiz, somente na hipótese de rejeitar o pedido de prisão preventiva, deverá expor os motivos para afastar as exigências cautelares no caso concreto. Dito de outro modo, não caberia ao juiz demonstrar, motivadamente, a presença de alguma exigência cautelar, tratando-se, ao revés, de ônus do interessado apresentar elementos probatórios que permitam superar a presunção em questão.[150]

Excluída essa possibilidade, e dado por subsistente o *periculum libertatis*, a escolha da medida cautelar é normativamente imposta: prisão preventiva. No plano da valoração da proporcionalidade dessa medida, a presunção é absoluta. O juiz não pode dispor de uma medida menos gravosa, nem mesmo a requerimento do Ministério Público.[151]

Trata-se de um mecanismo de caráter presuntivo, cuja rigidez é atenuada tão somente pela possível e relevante demonstração da ausência de exigências cautelares. Logo, "entre prisão preventiva e a liberdade não se admite nenhuma alternativa intermediária com medidas cautelares menos gravosas.[152]

[148] Siracusano, Delfino; Galati, Antonino; Tranchina, Giovanni; Zappalà, Enzo. **Diritto processuale**...*op. cit.*, 2001, p.460.

[149] Chiavario, Mario. **Diritto processuale penale**...*op. cit.*, 2012, p. 742.

[150] Siracusano, Delfino; Galati, Antonino; Tranchina, Giovanni; Zappalà, Enzo. **Diritto processuale**...*op. cit.*, 2001, p.460.

[151] Siracusano, Delfino; Galati, Antonino; Tranchina, Giovanni; Zappalà, Enzo. **Diritto processuale**...*op. cit.*, 2001, p.460.

[152] Chiavario, Mario. **Diritto processuale penale**...*op. cit.*, 2012, p. 743.

Para Mario Chiavario, ainda que não se trate da prisão preventiva obrigatória, poder-se-ia falar de uma *probatio diabolica*, sobretudo no limiar da investigação, onde seria "quase impossível aportar elementos decisivos da ausência absoluta de exigências cautelares".[153]

No mesmo sentido, Vittorio Grevi aduz que o juiz tem um verdadeiro ônus de "motivação negativa" a respeito da (não) subsistência em concreto de exigências cautelares, toda vez que decidir não impor a prisão preventiva. A seu ver, não é difícil constatar que uma disposição normativa desse gênero, assentada na tendencial obrigatoriedade da prisão preventiva, encontra-se no limite da compatibilidade com o disposto no art. 13, *comma* 2, da Constituição italiana,[154] que exige ato motivado da autoridade judiciária como garantia para a aplicação (*e não para a denegação*) de medidas restritivas da liberdade pessoal.[155]

Assim, acertada a gravidade dos indícios relativamente ao crime de associação criminosa do tipo mafioso, duas alternativas de colocam: ou i) o juiz é capaz de excluir qualquer exigência cautelar em desfavor do imputado e não impõe medida cautelar alguma, ou, ii) mesmo em presença de uma situação mais branda de *periculum libertatis*, está obrigado a dispor da prisão preventiva, sem poder optar por outra medida menos gravosa, ainda que esteja convencido de que uma medida menos invasiva se mostre suficiente para satisfazer as exigências cautelares do caso concreto.[156]

8. A Corte Constitucional italiana e as presunções do art. 275, *comma* 3, do Código de Processo Penal para o crime de associação criminosa do tipo mafioso

Para a Corte Constitucional italiana, as presunções absolutas, especialmente quando limitarem um direito fundamental, "violam o princípio da isonomia se forem arbitrárias e irracionais, isto é, se não responderem a dados de experiência generalizados, sintetizados na fórmula do

[153] Chiavario, Mario. **Diritto processuale penale**...*op. cit.*, 2012, p. 743.

[154] O art. 13 da Constituição italiana, como já exposto, após prever que a liberdade pessoal é inviolável, estabelece no *comma* 2 não ser admissível nenhuma forma de detenção ou de restrição da liberdade pessoal, salvo por ato motivado da autoridade judiciária e somente nos casos e nos modos previstos em lei.

[155] Grevi, Vittorio. Misure Cautelari...*op. cit.*, 2012, p. 407.

[156] Grevi, Vittorio. Misure Cautelari...*op. cit.*, 2012., p. 408.

'id quod plerumque accidit'".[157] Em particular, a Corte enfatiza que a irrazoabilidade da presunção absoluta pode ser aferida toda vez que for "fácil" formular hipóteses de acontecimentos reais contrárias à generalização em que se baseia a presunção.[158]

Outrossim, na *Sentenza* nº 407/1992 a Corte Constitucional invocou a necessidade de se defender o Estado contra o crescente agravamento do fenômeno do crime organizado do tipo mafioso e a infiltração de seus membros nas instituições públicas, notadamente diante da imbricação máfia-política e do medo que os integrantes dessas organizações incutem na sociedade. Como destacado nesse julgado, a dramática realidade da ampliação da esfera de influência territorial do crime organizado – *que das tradicionais regiões de origem estaria a se espalhar por todo o território nacional* –, constitui uma situação insustentável, que prejudica todas as possibilidades de crescimento da comunidade nacional e talvez até sua sobrevivência. Ao ver da Corte, a luta contra a criminalidade organizada tem por finalidade a proteção da ordem pública, da segurança pública e da própria sobrevivência da comunidade nacional, com a óbvia consequência de que, ao se levá-la a cabo para a proteção dos princípios fundamentais da Constituição, o interesse individual pode e deve ceder ao de toda a coletividade.[159]

A periculosidade social ínsita à criminalidade organizada do tipo mafioso também foi reconhecida pela Corte Constitucional italiana nas *Sentenze* nº 103/1993 e 407/1992.[160]

[157] Nesse sentido, vide **Sentenze da Corte Costituzionale n. 139/1982**, rel. Alberto Malagugini, julgado em 08/07/1982; **n. 333/1991**, rel. Renato Granata, julgado em 10/07/1991; **n. 225/2008**, rel. Giovanni Maria Flick, julgado em 11/06/2008; **n. 139/2010**, rel. Gaetano Silvestri, julgado em 14/04/2010, e **n. 265/2010**, rel. Giuseppe Frigo, julgado em 07/07/2010. Disponíveis em https://www.giurcost.org/decisioni. Acesso em:14 jan. 2023.

[158] Nesse sentido, vide **Sentenze da Corte Costituzionale n. 41/1999**, rel. Fernanda Contri, julgado em 12/02/1999; **n. 139/2010**, rel. Gaetano Silvestri, julgado em 14/04/2010, e **n. 265/2010**, rel. Giuseppe Frigo, julgado em 07/07/2010. Disponíveis em https://www.giurcost.org/decisioni. Acesso em:14 jan. 2023.

[159] Na **Sentenza n. 407/1992**, rel. Mauro Ferri, julgado em 21/10/1992, a *Corte Costituzionale* afirmou a constitucionalidade da lei que estabeleceu a inelegibilidade dos que tenham sido condenados, ainda que por sentença não definitiva, por determinados crimes, dentre eles o de associação criminosa do tipo mafioso. Disponível em https://www.giurcost.org/decisioni. Acesso em:14 jan. 2023.

[160] **Sentenze da Corte Costituzionale n. 103/1993**, rel. Vincenzo Caianiello, julgado em 10/03/1993, e **n. 407/1992**, rel. Mauro Ferri, julgado em 21/10/1992. Disponíveis em https://www.giurcost.org/decisioni. Acesso em:14 jan. 2023.

Estabelecidas essas premissas – *inadmissibilidade, em regra, de presunções absolutas e a periculosidade social de associações do tipo mafioso* –, a Corte Constitucional, na *Ordinanza* nº 450/1995, ao tratar especificamente do art. 275, *comma* 3, segunda parte, do Código de Processo Penal, assentou que a delimitação de sua área de incidência aos delitos de criminalidade organizada do tipo mafioso evidenciava "*a não irrazoabilidade*" do exercício da discricionariedade legislativa, tendo em vista o "coeficiente de periculosidade social", inerente a esse tipo de ilícito, para as condições básicas da convivência e da segurança coletiva.[161]

A Corte Constitucional, na *Ordinanza* nº 450/1995, afastando eventual violação ao direito de liberdade e à presunção de inocência decorrente da disciplina do art. 275, *comma* 3, do CPP, decidiu que, se na análise da subsistência de exigências cautelares (o "*an*" da cautela) não se pode prescindir de um acertamento *in concreto* dos seus requisitos, a escolha do tipo de medida a aplicar (o "*quomodo*") não deve ser indefectivelmente atribuída ao juiz, podendo ser feita em termos gerais pelo legislador, respeitados a razoabilidade da escolha e o correto balanceamento dos valores constitucionais envolvidos.[162]

Posteriormente, na *Sentenza* nº 265/2010, a Corte Constitucional italiana ressaltou que uma medida cautelar *i)* não pode ser legitimada em hipótese alguma, exclusivamente, por um juízo antecipado de culpabilidade, *ii)* não corresponde, direta ou indiretamente, a uma finalidade própria da sanção penal e *iii)* nem permanece indiferente a um escopo preciso (o chamado "*vazio dos fins*"). Ao ver da Corte, o legislador está obrigado a individualizar, na tipificação dos casos e modos de privação da liberdade, exigências diversas do caráter de antecipação da pena que devam ser satisfeitas no curso do procedimento e que justifiquem, no balanceamento dos interesses merecedores de tutela, o sacrifício da liberdade pessoal de quem ainda não teve a culpa definitivamente reconhecida.[163]

[161] *Corte Costituzionale*, **Ordinanza n. 450/1995**, rel. Vincenzo Caianiello, julgado em 18/10/1995. Disponível em https://www.giurcost.org/decisioni. Acesso em:14 jan. 2023.

[162] *Corte Costituzionale*, **Ordinanza n. 450/1995**, rel. Vincenzo Caianiello, julgado em 18/10/1995. Disponível em https://www.giurcost.org/decisioni. Acesso em:14 jan. 2023.

[163] **Sentenza n. 265/2010**, *Corte Costituzionale*, rel. Giuseppe Frigo, julgado em 07/07/2010. Disponível em https://www.giurcost.org/decisioni. Acesso em:14 jan. 2023.

Nessa mesma *Sentenza* nº 265/2010, ao tratar da "qualidade" da medida, a Corte Constitucional aduziu que somente se admite o recurso a formas mais intensas de restrição da liberdade quando as exigências processuais ou extraprocessuais não puderem ser satisfeitas por medidas menos incisivas e, invocando precedentes da Corte Europeia de Direitos Humanos – *casos Vafiadis v. Grecia (2009) e Lelièvre v. Bélgica (2007)* –, asseverou que a prisão preventiva deve surgir como a solução extrema, que somente se justifica se as outras opções disponíveis se revelarem insuficientes.

Para a Corte Constitucional, o denominado "*critério do menor sacrifício necessário*" impõe que o legislador, de um lado, estruture o sistema de medidas cautelares segundo o modelo de "pluralidade graduada", predispondo uma gama alternativa de medidas com diferentes graus de incidência sobre a liberdade pessoal e, por outro, prefigure um mecanismo individualizado de seleção do tratamento cautelar, parametrizado pelas exigências do caso concreto. Assim, a prisão preventiva, medida cautelar pessoal mais gravosa, somente pode ser imposta pelo juiz quando todas as outras medidas se mostrarem inadequadas (art. 275, *comma* 3, primeira parte, CPP), mediante apropriada motivação, sob pena de nulidade, com a exposição das razões concretas e específicas pelas quais as exigências cautelares não possam ser satisfeitas com outra medida. Trata-se da natureza "residual-excepcional", ou de *extrema ratio*, dessa medida.

O regime legal em questão, como consignado na *Sentenza* nº 265/2010, não admite automatismos e presunções. Exige-se, ao revés, que as condições e pressupostos para a aplicação de uma medida cautelar restritiva da liberdade pessoal sejam apreciados e concretamente motivados pelo juiz à luz da proporcionalidade, de modo a individualizá-la.

A própria Corte Constitucional, todavia, observou na *Sentenza* nº 265/2010 que, daquelas coordenadas, se afasta de modo significativo, assumindo caráter derrogatório e excepcional, o disposto na segunda e terceira partes do *comma* 3 do art. 275 do Código de Processo Penal – *não presentes no texto originário e nele inseridas, num primeiro momento, em face do recrudescimento do fenômeno da criminalidade mafiosa e de outros gravíssimos delitos, situação rotulada como emergencial.*

De acordo com a *Sentenza* nº 265/2010, a disciplina excepcional em questão – *que obriga o juiz a impor a prisão preventiva no caso de associação criminosa do tipo mafioso, salvo se houver elementos que demonstrem a insubsistência de exigências cautelares* – envolve uma dúplice presunção.

A primeira, de caráter relativo, refere-se às exigências cautelares, que o juiz deve considerar subsistentes toda vez que não houver prova de sua ausência (prova de tipo negativo, portanto, que deve necessariamente projetar-se sobre cada uma das *fattispecies* identificadas no art. 274 do Código de Processo Penal italiano).[164]

A segunda, de caráter absoluto, concerne à escolha da medida: onde a presunção relativa não for afastada, sucede uma apreciação legal, vinculante e incontroversa, de que a prisão preventiva é a única medida adequada para fazer frente às exigências pressupostas, com a consequente exclusão de qualquer solução intermediária.

Registre-se que, para a Corte Constitucional, essas duas presunções não podem ser justificadas pela necessidade de se aplacar o clamor social gerado pelo crime, por não ser esta a função da medida cautelar, mas sim da pena, a qual pressupõe a certeza da responsabilidade. Tam-

[164] As exigências cautelares do art. 274 do Código de Processo Penal italiano se traduzem, essencialmente, na necessidade de se prevenir o risco de fuga, de se preservar a higidez da instrução e de se evitar a reiteração criminosa. No original: "*Art. 274. Esigenze cautelari, 1. Le misure cautelari sono disposte: a) quando sussistono specifiche ed inderogabili esigenze attinenti alle indagini relative ai fatti per i quali si procede, in relazione a situazioni di concreto ed attuale pericolo per l'acquisizione o la genuinità della prova, fondate su circostanze di fatto espressamente indicate nel provvedimento a pena di nullità rilevabile anche d'ufficio. Le situazioni di concreto ed attuale pericolo non possono essere individuate nel rifiuto della persona sottoposta alle indagini o dell'imputato di rendere dichiarazioni né nella mancata ammissione degli addebiti; b) quando l'imputato si è dato alla fuga o sussiste concreto e attuale pericolo che egli si dia alla fuga, sempre che il giudice ritenga che possa essere irrogata una pena superiore a due anni di reclusione. Le situazioni di concreto e attuale pericolo non possono essere desunte esclusivamente dalla gravità del titolo di reato per cui si procede; c) quando, per specifiche modalità e circostanze del fatto e per la personalità della persona sottoposta alle indagini o dell'imputato, desunta da comportamenti o atti concreti o dai suoi precedenti penali, sussiste il concreto e attuale pericolo che questi commetta gravi delitti con uso di armi o di altri mezzi di violenza personale o diretti contro l'ordine costituzionale ovvero delitti di criminalità organizzata o della stessa specie di quello per cui si procede. Se il pericolo riguarda la commissione di delitti della stessa specie di quello per cui si procede, le misure di custodia cautelare sono disposte soltanto se trattasi di delitti per i quali é prevista la pena della reclusione non inferiore nel massimo a quattro anni ovvero, in caso di custodia cautelare in carcere, di delitti per i quali è prevista la pena della reclusione non inferiore nel massimo a cinque anni nonché per il delitto di finanziamento illecito dei partiti di cui all'articolo 7 della legge 2 maggio 1974, n. 195, e successive modificazioni. Le situazioni di concreto e attuale pericolo, anche in relazione alla personalità dell'imputato, non possono essere desunte esclusivamente dalla gravità del titolo di reato per cui si procede*".

bém a presunção absoluta de adequação da prisão não pode ser justificada racionalmente apenas pela gravidade do crime ou pela importância do bem jurídico tutelado, por se tratar de aspectos que servem para determinar a pena.

Esse modelo se traduz, no plano prático, uma acentuada atenuação da obrigação de motivação do provimento que impõe a prisão preventiva: em face de graves indícios de culpabilidade, o juiz cumpre o dever em questão ao simplesmente assentar a inexistência de elementos idôneos a superar a presunção de subsistência das exigências cautelares, sem dever especificamente motivar esse ponto. Somente na hipótese de a defesa do imputado apontar elementos em sentido contrário deverá o juiz justificar a sua inidoneidade para superar a presunção em questão.

Trata-se de um regime cautelar especial de natureza extraordinária, que derroga o regime ordinário. Em favor da razoabilidade da solução adotada, de acordo com a Corte Constitucional, milita "a delimitação da norma à seara dos delitos de criminalidade organizada do tipo mafioso", tendo em conta "o coeficiente de periculosidade para as condições básicas da convivência e da segurança coletiva que é inerente a esse tipo de ilícitos". A Corte Constitucional, portanto, estabeleceu ser razoável, nos crimes de associação do tipo mafioso, a presunção legal de que, para satisfazer as correspondentes exigências cautelares, a única medida cautelar pessoal adequada é a prisão preventiva, invocando o "*quod plerunque*".[165]

Para a Corte Constitucional italiana, conforme consignado na *Sentenza* nº 265/2010, a adesão permanente a esse tipo de associação criminosa, dotada de particular força intimidativa, permite concluir, segundo uma regra de experiência suficientemente compartilhada, que somente a prisão preventiva seria suficiente para cortar o vínculo do imputado com a associação mafiosa e neutralizar sua periculosidade. Em suma, a tipologia criminosa em questão torna razoável a presunção absoluta de adequação da prisão preventiva.

Esse entendimento veio a ser reafirmado na *Ordinanza* nº 136/2017, onde mais uma vez a Corte Constitucional italiana assentou a legitimidade constitucional do regime cautelar especial, ao fundamento de que

[165] **Sentenza n. 265/2010**, *Corte Costituzionale*, rel. Giuseppe Frigo, julgado em 07/07/2010. Disponível em https://www.giurcost.org/decisioni. Acesso em:14 jan. 2023.

o pertencimento a uma associação criminosa do tipo mafioso implica, na maioria dos casos e de acordo com uma regra de experiência suficientemente compartilhada, uma exigência cautelar que somente pode ser satisfeita com a custódia na prisão, não sendo as medidas menos gravosas suficientes para romper a relação do suspeito com seu âmbito criminoso de origem, de modo a neutralizar a periculosidade.[166]

De acordo com a *Ordinanza* nº 136/2017, dados empírico-sociológicos demonstram que, na associação do tipo mafioso, o vínculo associativo exprime uma força intimidadora e condições de sujeição e silêncio ("*omertà*") concretamente capazes de produzir, de um lado, uma sólida e permanente adesão entre os seus membros, uma rígida ordem hierárquica, uma rede de ligações e um enraizamento territorial e, de outro, resultados ilícitos difusos, que incrementam a força intimidadora do sodalício criminoso.

Para a Corte Constitucional, essas conotações peculiares fornecem uma base estatística congruente para a presunção absoluta da necessidade da custódia em cárcere, tornando razoável a convicção de que, na generalidade dos casos, as exigências cautelares que derivam do crime em questão somente podem ser adequadamente enfrentadas com a prisão preventiva, em face de sua idoneidade para cortar os vínculos do imputado com seu ambiente criminal de origem, minimizando o risco de que venha a manter contatos pessoais com a estrutura da organização criminosa e a praticar novos crimes.

Por fim, importante ressaltar que, na *Sentenza* nº 265/2010 e em outras que se seguiram (*Sentenze* nº 164, 231 e 331, todas de 2011; nº 110 de 2012 e nº 57, 213 e 232, todas de 2013), a Corte Constitucional redimensionou sensivelmente a incidência da presunção absoluta da proporcionalidade da prisão preventiva, restringindo-a essencialmente ao delito de associação criminosa do tipo mafioso.[167]

[166] **Ordinanza n. 136/2017**, *Corte Costituzionale*, rel. Giorgio Lattanzi, julgado em 08/03/2017. Disponível em https://www.giurcost.org/decisioni. Acesso em:14 jan. 2023.

[167] **Sentenze da Corte Costituzionale n. 164/2011**, rel. Giuseppe Frigo, julgado em 09/05/2011; **n. 231/2011**, rel. Giuseppe Frigo, julgado em 19/07/2011, e **n. 331/2011**, rel. Giuseppe Frigo, julgado em 12/12/2011; **n. 110/2012**, rel. Giorgio Lattanzi, julgado em 18/04/2012; **n. 57/2013**, rel. Giorgio Lattanzi, julgado em 25/03/2013; **n. 213/2013**, rel. Giuseppe Frigo, julgado em 03/07/2013 e **n. 232/2013**, rel. Giorgio Cattanzi, julgado em 16/07/2013. Disponíveis em https://www.giurcost.org/decisioni. Acesso em:14 jan. 2023.

A Corte, nessas *Sentenze*, declarou inconstitucional a extensão, pelo próprio art. 275, *comma* 3, do Código de Processo Penal italiano, do mesmo tratamento cautelar rigoroso aos crimes de violência sexual, homicídio, transporte de estrangeiro para ingresso ilegal no território italiano e de associação para o tráfico de drogas, ao fundamento de que, em relação a tais crimes, "as regras de experiência são bem diversas".

Para a Corte Constitucional, além do desvalor da conduta ser nitidamente diferente, as exigências cautelares quanto a esses outros crimes podem ser satisfeitas por outras medidas menos invasivas, de modo que não haveria fundamento razoável para a sua equiparação com o crime de associação mafiosa. Julgou, portanto, inaceitável, quanto a esses outros crimes, o caráter absoluto da presunção de adequação e necessidade exclusivas da prisão preventiva, aduzindo tratar-se de uma indiscriminada e total negação do princípio do menor sacrifício necessário.

9. A Corte Europeia de Direitos Humanos e as presunções do art. 275, *comma* 3, do Código de Processo Penal italiano – o caso *Pantano v. Italia*

A Corte Europeia de Direitos Humanos, no caso *Pantano v. Italia*, por sentença proferida em 6 de novembro de 2013, examinou hipótese em que um juiz de Palermo, reputando existirem graves indícios de culpabilidade referentes ao delito de associação criminosa do tipo mafioso, decretou a prisão preventiva do recorrente, com fundamento na presunção relativa estabelecida pelo art. 275, *comma* 3, do Código de Processo Penal italiano, aduzindo que, em razão de seu pertencimento a uma organização daquela espécie e dos contatos de que dispunha, estariam presentes os riscos de reiteração criminosa, de fuga e de prejudicar a produção da prova.[168]

A Corte Europeia inicialmente observou que, na falta de elementos de convicção demonstrativos de que o imputado teria de fato gerado alguma situação de perigo, a presunção prevista no art. 275, *comma* 3, do Código de Processo Penal italiano aparentaria ser excessivamente rígida, por impedir que o juiz pudesse adotar a medida cautelar apropriada às exigências do caso concreto.

[168] CEDH, Caso *Pantano v. Italia*, **Recurso n. 60851/00**, julgado em 06/11/2003. Disponível em https://hudoc.echr.coe.int/eng#{%22itemid%22:[%22001-150393%22]}. Acesso em: 2 jan. 2023.

Todavia, a Corte Europeia, na decisão em questão, observando a necessidade de se levar em conta a natureza da imputação, relacionada à criminalidade do tipo mafioso, salientou que "a luta contra esse flagelo" pode, em certos casos, permitir a adoção de medidas que visem tutelar, acima de tudo, a segurança e a ordem pública, bem como prevenir a prática de outros crimes graves. Assim, reputou justificável uma presunção legal de periculosidade, particularmente quando não é absoluta e pode ser afastada por prova contrária.

Para a Corte Europeia, a prisão provisória no delito de associação criminosa do tipo mafioso, na Itália, tende a romper os vínculos do imputado com seu âmbito criminoso de origem, de modo a minimizar o risco de que venha a manter contatos com a estrutura da organização criminosa e a praticar novos crimes. Nesse contexto, a Corte Europeia, *levando em conta a natureza específica do fenômeno da criminalidade organizada e sobretudo aquela do tipo mafioso*, concluiu, no caso *Pantano v. Italia*, que o legislador italiano poderia razoavelmente entender, face às condições muito críticas de investigação da máfia, que a prisão preventiva se impunha por uma verdadeira exigência do interesse público, sobretudo em defesa da ordem pública.

10. Conclusão

As organizações criminosas italianas do tipo mafioso, enquanto fenômeno criminológico e subcultural profundamente enraizado no território do sul da Itália, não têm paralelo no Brasil.

Essa constatação parece suficiente para afastar a possibilidade de se recorrer às máximas de experiência como meio de se legitimar a presunção relativa do *periculum libertatis* e a presunção absoluta da necessidade da prisão preventiva para enfrentar a criminalidade organizada no Brasil, tal como o fez, quanto ao crime de associação mafiosa, a Corte Constitucional italiana, secundada pela Corte Europeia de Direitos Humanos, ao afirmar a legitimidade constitucional do art. 275, *comma* 3, segunda parte, do Código de Processo Penal italiano, ao fundamento de que a custódia no cárcere constituiria a única forma de se romperem os vínculos do imputado com seu meio criminoso de origem e de se evitar que continuasse a manter contato com a estrutura da organização mafiosa e a praticar crimes.

A questão, todavia, não se limita à ausência de identidade, do ponto de vista criminológico e sociológico, entre os tipos de criminalidade organizada, uma vez que, a nosso ver, existem óbices constitucionais intransponíveis a esse transplante legal.

Em nosso ordenamento jurídico, o princípio constitucional da presunção de inocência e o direito fundamental à individualização da medida cautelar pessoal, como emanação da regra da proporcionalidade, exigem adequada motivação para a imposição de qualquer restrição ao direito fundamental de liberdade, máxime em face da conformação constitucional da prisão preventiva como *ultima ratio*, o que compreende a necessidade de demonstração *concreta i)* dos seus pressupostos (o *fumus commissi delicti*, que se traduz na existência da infração e nos indícios de autoria) e *ii)* dos seus requisitos (uma das situações de perigo, legalmente tipificadas, geradas pelo estado de liberdade do imputado – o *periculum libertatis*), bem como a explicitação dos critérios utilizados para a escolha de determinada medida cautelar, dentre as legalmente previstas.

Afasta-se, assim, a possibilidade de o juiz invocar a presunção relativa do *periculum libertatis* e/ou a presunção absoluta da necessidade da prisão preventiva nos casos de criminalidade organizada, sem demonstrar base empírica idônea a partir dos elementos do caso concreto, de modo a atenuar ou até mesmo eliminar seu dever constitucional de motivação.

Por sua vez, a lei ordinária não pode subverter o tratamento constitucional do direito à liberdade, que é a regra, e erigir a prisão cautelar, medida excepcional, "em algo absoluto, irreversível e de impossível exame judicial casuístico", o que lhe conferiria o caráter de antecipação de pena, violador do devido processo legal, e eliminaria o direito constitucional à liberdade provisória sem deixar qualquer margem de exame ao juiz.[169]

Nesse contexto, qualquer pretensão, legislativa ou judiciária, de se transplantar para o Brasil o modelo italiano da prisão preventiva como única medida cautelar pessoal cabível nos casos de criminalidade organizada encontraria óbice na presunção de inocência e no direito fundamental à individualização da medida cautelar pessoal, enquanto emanação da regra da proporcionalidade, bem como na *ratio* inspiradora dos precedentes do Supremo Tribunal Federal sobre a inconstitucionalidade da vedação abstrata e apriorística da liberdade provisória – *ou seja, independentemente da valoração das circunstâncias fáticas do caso concreto que pudessem justificá-la* – e, por conseguinte, da própria prisão cautelar *ex lege*.

[169] Zanoide de Moraes, Maurício. **Presunção de inocência**... *op. cit.*, 2010, pp. 430-435.

CAPÍTULO 15
UMA DÉCADA PERDIDA: A AÇÃO CONTROLADA SEGUE INCOMPREENDIDA E AS OPERAÇÕES POLICIAIS CONTINUAM DESMEDIDAS

Fernanda Regina Vilares

1. Introdução

O paradoxo interior de um pesquisador oscila entre achar que seu trabalho jamais será lido e fantasiar que sua tese revolucionará a ciência a qual se dedica. Comigo não foi diferente. Ao escolher dissecar o instituto da *ação controlada* em uma Tese de Doutorado no ano de 2011, vislumbrava que o então Projeto de Lei do Senado n. 150/2006, recebido na Câmara dos Deputados como o Projeto de Lei n. 6578/2009, seria capaz de dar substância a uma figura pouco utilizada na antiga Lei n. 9.034/95, então responsável pela regulamentação da atuação em face de organizações criminosas. Assim, a tentativa de contribuir com novas lentes para a *ação controlada* carregava a descrença sobre seu alcance ao mesmo tempo em que emanava a ilusão de transformação.

No decorrer da elaboração da tese o projeto foi aprovado e transformou-se na Lei n. 12.850/2013, de forma que antes de sua finalização, houve oportunidade para constatar como as agências persecutórias e o Poder Judiciário estavam compreendendo a figura. Naquele momento, o sentimento foi de decepção, uma vez que a estrutura normativa não estava sendo explorada em seu máximo potencial de regulação de condutas. A falta de consciência de que a *ação controlada* consiste em um método de investigação sigiloso extremamente danoso aos imputados ensejava a deturpação do instituto. Havia, entretanto, uma esperança: a de que pela leitura da tese (ou não) os atores criminais mudassem a perspectiva então preponderante e evoluíssem a maneira pela qual o sistema aplicava o instituto.

Quase dez anos depois, ao receber o convite para colaborar com essa obra, não poderia deixar de buscar saber se haveria motivos para ver o copo meio cheio, isto é, se o posicionamento da jurisprudência apresentava alguma alteração em comparação com o contexto descrito na tese. Infelizmente, o copo está vazio, trazendo lembranças das aulas de Introdução ao Estudo do Direito[1], nas quais apreendíamos que existência e validade de uma norma não asseguravam sua eficácia social ou obediência.

Este texto serve, portanto, para apresentar sucintamente o achado em alguns dos mais recentes julgados e repisar algumas ideias constantes da tese para, quem sabe, provocar novos debates.

2. Delimitação conceitual: *ação controlada* como método de investigação

A *ação controlada* consiste no retardamento da atuação estatal com relação à prática delituosa cometida por membros de organização criminosa sob a condição de mantê-la (a prática criminosa) sob vigilância policial com o escopo de efetivar a atuação policial no momento mais oportuno no que tange à obtenção de informações para subsidiar a investigação criminal. Há uma flexibilidade diante da flagrância delitiva para tentar aumentar a eficiência da investigação.[2]

[1] Eficácia diz respeito à produção de efeitos e tem aspectos técnico-normativos e sociais. Assim, a norma pode ser válida e vigente, mas não ser aplicada por falta de requisitos fáticos, circunstância em que se constata falta de eficácia social. Aspecto da eficácia social, de acordo com Tercio Sampaio Ferraz Junior é a observância ou obediência da norma, que pode não ocorrer quando a aplicação da norma teria o condão de causar mais dano social do que sua inobservância. Cf. FERRAZ JUNIOR, Tercio Sampaio. **Introdução ao estudo de direito: técnica, decisão, dominação.** 3. ed. São Paulo: Atlas, 2001, pp. 194-195.

[2] A ideia de *ação controlada* como flagrante postergado ou diferido advém da interpretação dada aos textos legais que a positivaram. Com efeito, a Lei n. 9034/95 trazia a definição de *ação controlada* no inciso II do seu artigo 2º: "a ação controlada, que consiste em retardar a interdição policial do que se supõe ação praticada por organizações criminosas ou a ela vinculado, desde que mantida sob observação e acompanhamento para que a medida legal se

Interessante observar que o termo 'ação' da expressão *ação controlada* refere-se aos atos delituosos, aos crimes relacionados à organização criminosa, de forma que a expressão consagrada para esse método[3] de investigação indica o controle e a vigilância que as autoridades devem manter sobre a prática criminosa para colher o maior número de elementos de informação possível, sem que a situação flagrancial desapareça, ao menos com relação a um dos crimes do conjunto daqueles praticados pela organização. A expressão *ação controlada*, portanto, não se refere ao conjunto de meios de obtenção de prova e técnicas de investigação eleitos pela autoridade policial para solucionar uma situação indeterminada, embora esses meios possam ser utilizados para procurar e extrair dados relevantes durante o monitoramento estatal sobre o(s) ato(s) delituoso(s).

Na prática, observa-se que a *ação controlada*, no mais das vezes, é usada para abarcar todo e qualquer procedimento de investigação que necessite de sigilo. Assim, um mecanismo que foi criado com o escopo de acompanhar o *iter* criminoso e postergar o flagrante acabou se transformando em uma espécie de inquérito policial sigiloso que vem sendo chamado de 'operação policial'.

No que tange a sua natureza, é válido recorrer ao escólio de Eduardo Araújo da Silva, para quem a *ação controlada* é uma estratégia de investigação que permite que os policiais façam uma escolha entre efetuar a prisão de integrantes menos influentes de uma organização criminosa e aguardar, monitorando as ações, para, ao final, obter elementos de

concretize no momento mais eficaz do ponto de vista da formação de provas e fornecimento de informações[...]". Agora, a definição vigente é a do art. 8º da Lei n. 12.850/2013, que revogou a lei anterior: "Consiste a ação controlada em retardar a intervenção policial ou administrativa relativa à ação praticada por organização criminosa ou a ela vinculada, desde que mantida sob observação e acompanhamento para que a medida legal se concretize no momento mais eficaz à formação de provas e obtenção de informações".

[3] "O método é um plano de ação, formado pelo conjunto de etapas ordenadamente dispostas, destinadas a realizar e a antecipar uma atividade na busca de uma realidade; já a técnica está ligada ao modo de realizar a atividade, fazendo-a transcorrer de forma mais hábil, mais perfeita. O método está relacionado à estratégia, e a técnica, à tática. Para melhor entender a distinção entre método e técnica, devemos levar em conta que o método refere-se ao atendimento de um objetivo, enquanto que a técnica operacionaliza o método" Cf. Fachin, Odília. **Fundamentos de Metodologia**. 5. ed. rev. São Paulo: Saraiva, 2006, p. 31.

informação que auxiliem a persecução de todos os seus membros, notadamente os superiores hierárquicos.[4]

A ideia de estratégia envolve o planejamento, o conjunto de atos e recursos destinados à consecução de determinado objetivo. Considerando a necessidade de elaborar um plano com procedimentos definidos envolvida numa estratégia, parece que a noção aplica-se muito bem à *ação controlada*, que demanda não apenas a vigilância da conduta criminosa, mas também um objetivo a ser atingido e a definição dos meios para sua consecução.

Método é um 'plano de ação'. Nota-se, portanto, que método e estratégia possuem afinidade de conceitos, isto é, ambos abrangem as noções de plano, tática e astúcia[5]. Parece, todavia, que a estratégia tem uma conotação mais ligada à esperteza, ao brilhantismo ou mesmo a um juízo de conveniência e oportunidade, para utilizar uma expressão jurídica. Nesse sentido, a estratégia poderia ser definida como um método dotado de sagacidade por parte daquele que o utiliza.

Pode-se dizer, portanto que a *ação controlada* consiste em um método e não em uma técnica, porquanto pressupõe um planejamento e envolve a utilização de diversos meios de obtenção de prova para possibilitar a consecução de seu objetivo. Pode-se ir além, ainda, pois ao exigir a astúcia e a sagacidade do investigador para o alcance de sua finalidade da melhor maneira possível, a *ação controlada* pode ser classificada como estratégia. Por consequência, a expressão *técnica especial de investigação*, utilizada pelos tratados internacionais, não define adequadamente a natureza jurídica da *ação controlada*, porquanto as técnicas são apenas instrumentos para obterem- se dados.

Para os fins desse breve texto, importa destacar que, embora não seja um meio de investigação ou de obtenção de prova que, sabidamente, invade um direito fundamental com o escopo de subsidiar o trabalho investigativo, a *ação controlada* também afeta a esfera do imputado,

[4] SILVA, Eduardo Araújo da. **Crime Organizado. Procedimento probatório**. São Paulo: Atlas, 2003, pp. 91-92. Cezar Roberto Bitencourt e Paulo César Busato também se referem à *ação controlada* como "forma de estratégia policial". Ver BITENCOURT, Cezar Roberto e BUSATO, Paulo César. **Comentários à lei de organização criminosa**: lei 12.850/2013. São Paulo: Saraiva, 2014, p. 145.

[5] Cf. Nota 4.

mesmo com aparência de omissão.[6] Sucede que ao mesmo tempo em que os agentes públicos deixam de praticar uma conduta a eles imposta pela lei, colocam em prática uma estratégia investigativa com intensa utilização de meios de obtenção de prova invasivos. Assim, paralelamente ao retardamento de uma atuação policial com o escopo de intervir na ação criminosa, outras providências investigativas são tomadas de forma sigilosa afetando, sobretudo, o direito de defesa.

Aprofundar essa faceta é relevante para compreender a grande incoerência de não se dar a devida interpretação ao artigo 8º da Lei n. 12.850/13, que poderia servir como um efetivo molde de atuação para os servidores públicos e proteção aos cidadãos. Antes, porém, é importante fazer um giro na postura dos órgãos do sistema de justiça perante o instituto.

3. Panorama pragmático

A incompreensão da real natureza da *ação controlada* levou a consequências variadas, desde uma mera subutilização do instituto, até uma efetiva deturpação. Tal conclusão é extraída de uma breve pesquisa jurisprudencial nos Tribunais Superiores em combinação com a observação da praxe investigativa.

No que tange ao primeiro aspecto, sem grande apego metodológico, buscou-se identificar decisões que contemplassem o tema nos últimos dez anos, jogando no sistema de busca jurisprudencial a expressão "ação controlada". Não houve surpresa ao se perceber que, no Supremo Tribunal Federal, as poucas menções encontradas eram apenas para relatar que no caso concreto analisado tinha sido perpetrada uma *ação controlada,* sem qualquer discussão jurídica sobre o instituto. Já no Superior Tribunal de Justiça, com um número bem maior de referências que se intensificaram nos últimos cinco anos, as alusões giram em torno de, basicamente, dois temas com um cerne comum: a necessidade de autorização judicial para a *ação controlada*[7] e a tese defensiva de nulidade dos

[6] Bitencourt, Cezar Roberto e Busato, Paulo César. **Comentários à lei de organização criminosa...**, *op. cit,* 2014, p. 154.

[7] STJ, Sexta Turma, **Resp 1.655.072/ MT**, Rel. Min. Rogerio Schietti Cruz, j. 12/12/2017, Dje 20/02/2018.

atos de investigação pela falta de autorização judicial em um contexto que se pretende convencer ser uma *ação controlada*.[8]

A leitura de algumas ementas e acórdãos revela a incômoda realidade de que os tribunais ainda entendem que, por ser um flagrante diferido, a *ação controlada* privilegia o investigado por postergar sua prisão e que, portanto, não demanda uma decisão judicial para seu deferimento como corolário da teoria dos direitos fundamentais e requisito extrínseco do princípio da proporcionalidade[9]. Ou, ainda, revelam a perspectiva de que a comunicação prévia ao Poder Judiciário exigida pelo §1º do artigo 8º da Lei n. 12.850/13 tem apenas a função de proteger o trabalho investigativo e os agentes públicos de eventuais imputações de prevaricação ou desídia.[10]

De outro lado, na realidade da investigação criminal, continua havendo intensa utilização das chamadas 'operações policiais' sem qualquer moldura legal. No site da Polícia Federal há dados estatísticos sobre todas as operações deflagradas pela Diretoria de Investigação e Combate ao Crime Organizado de 2008 a 2021, revelando-se o número total de 34.201 empreitadas.[11]

[8] Interessantes os casos em que, tendo havido demora no cumprimento do mandado de busca e apreensão, a defesa traz à baila o argumento de que teria sido levada a cabo uma ação controlada sem ordem judicial e, portanto, aduz nulidade da investigação. O STJ não tem acolhido a argumentação. Como exemplo, o STJ, Quinta Turma, **HC 424.553/SP**, Rel. Min. Reynaldo da Fonseca, j. 21/08/2018, Dje 28/08/2018: *"Visa o impetrante, em síntese, demonstrar a nulidade da busca e apreensão, em virtude de ter sido executada três meses após a expedição do mandado, o que, segundo o impetrante, revela sua prescindibilidade, o esvaziamento da medida e a utilização de ação controlada sem prévia autorização judicial. Contudo, a insurgência não merece prosperar."*

[9] Zanoide de Moraes, Mauricio. **Presunção de inocência no Processo Penal Brasileiro**: análise de sua estrutura normativa para a elaboração legislativa e para a decisão judicial. Rio de Janeiro: Lumen Juris, 2010, pp. 310-335.

[10] Nesse sentido, trecho do Acórdão STJ, Sexta Turma, **HC 512.290/RJ**, Rel. Min. Rogerio Schietti Cruz, j. 18/08/2020, Dje 25/08/2020: *"Deveras, a autorização (art. 53, I, da Lei n. 11.343/2003) ou a comunicação judicial (art. 8º da Lei n. 12.850/2013) não visam a preservar a intimidade do cidadão, como ocorre com a interceptação telefônica ou a busca e apreensão, de forma a evitar violações a direitos e garantias fundamentais, mas "a proteger o próprio trabalho investigativo, afastando eventual crime de prevaricação ou infração administrativa por parte do agente policial que aguarda, observa e monitora a atuação dos suspeitos e não realiza a prisão em flagrante assim que toma conhecimento acerca da ocorrência do delito" (REsp n. 1.655.072/MT, Rel. Ministro Rogerio Schietti, 6ª T., DJe 20/2/2018, grifei)."*

[11] Disponível em https://www.gov.br/pf/pt-br/acesso-a-informacao/estatisticas/diretoria-de-investigacao-e-combate-ao-crime-organizado-dicor/legado_palas_qops_2008_2020.csv/view, acesso em 11 de março de 2023.

Embora não haja uma definição sobre o que se enquadra no conceito de 'operação policial', o conhecimento sobre seu desenvolvimento e a conversa com alguns agentes policiais na época da elaboração da tese levaram à conclusão de que ela é resultado da aplicação prática da *ação controlada* às necessidades da investigação criminal. Isso porque o fator tempo é indispensável para a obtenção de todos os dados necessários à elucidação das complexas cadeias de fatos envolvendo a atividade das organizações criminosas e apenas a *ação controlada* permite protelar medidas ostensivas enquanto são perpetradas técnicas investigativas. Assim, denominam 'operação' a investigação sigilosa e organizada com o objetivo de identificar (i) os membros do grupo criminoso, sejam da base operacional, sejam das lideranças; (ii) sua forma de atuação; (iii) seu patrimônio; e (iv) eventuais servidores públicos envolvidos. Entende-se, portanto, que a estratégia policial confunde-se com o próprio conceito de *ação controlada*, que se apresenta como algo de maior amplitude do que um mero instrumento da 'operação'.

Note-se que a identificação da *ação controlada* com o conceito de 'operação policial' não é o que caracteriza a deturpação de sua utilização. Na realidade, trata-se apenas de uma consequência da aplicação prática do instituto que deixou de ser uma mera técnica inspirada na entrega vigiada e passou a apresentar feições de método e estratégia. Os grandes perigos são a falta de previsão legal de um procedimento mais detalhado para sua utilização e a inobservância das regras que já existem. Uma das justificativas para esse risco é a falta de uma visão sistêmica do instituto, impedindo enxergar a ameaça que representa para os direitos e garantias fundamentais dos imputados, sobretudo a duração indefinida de uma investigação sigilosa sem controle judicial prévio e periódico.

A conjuntura era a mesma à época da pesquisa doutoral. Naquele contexto, observei:

> "A situação é preocupante, pois, sendo a jurisprudência um norteador da atuação dos operadores do direito, o entendimento equivocado enseja a utilização ilegal do instituto. Aparentemente, mudanças emergirão da vigência da Lei n. 12.850/13, uma vez que a maior parte da doutrina vem entendendo a autorização judicial prévia como condição indispensável. Todavia, a verdadeira solução depende da mudança de visão sobre a ação controlada e da implementação de um procedimento mais rígido,

> protegendo direitos e garantias fundamentais e, consequentemente, a licitude das provas, o que, ao final, permite punir os verdadeiros culpados e absolver os inocentes."[12]

A constatação de que o decurso de uma década não contribuiu para a alteração da realidade fática, prática, investigativa e judicial, obriga à lembrança das observações tecidas anos atrás na esperança de que um abrandamento do autoritarismo que permeia nosso sistema seja possível. Ressalte-se que o uso adequado da *ação controlada* protege, antes de tudo, a sociedade. Isso porque, além de representar uma garantia contra abusos estatais, evita a impunidade em virtude da anulação de operações efetuadas em desacordo com a Constituição Federal. Daí a importância da criação de uma jurisprudência que estabeleça as balizas da utilização desse método de investigação, ainda que a lei não preveja um procedimento mais detalhado.

Nesse contexto, com o escopo de contribuir para a mudança de perspectiva sobre o instituto e consequente expansão de consciência sobre sua potencialidade, é necessário destacar o caráter interventivo da *ação controlada*, o que será feito no próximo item.

4. A *ação controlada* como mecanismo que interfere em direitos fundamentais e a necessária submissão à reserva de jurisdição

O método de investigação sobre o qual debruça-se neste texto é exclusivamente aplicado a casos envolvendo organizações criminosas, porquanto sua moldura legal encontra-se na legislação referente a esse contexto específico da persecução penal, isto é, a Lei n. 12.850/13, centro gravitacional desta obra.

O elaborado aparato tecnológico, relacional, econômico e estrutural utilizado por essas verdadeiras entidades que se infiltram no tecido social aumenta o risco para a segurança da sociedade. Dada a excepcionalidade da situação, é necessário prever uma resposta estatal adequada e específica. No entanto, a gravidade da conjuntura não justifica uma atuação desmedida,[13]exigindo-se que as normas reguladoras dos instru-

[12] VILARES, Fernanda Regina. **Ação controlada: limites para as operações policiais.** Belo Horizonte: D'Placido, 2017, p. 210.

[13] PEREIRA, Flávio Cardoso. **El Agente Infiltrado desde el punto de vista del garantismo procesal penal**. Curitiba: Juruá, 2013, pp. 27, 76 e 88. Sobre o tema, discorre o autor: "*No se*

mentos de combate à criminalidade organizada promovam seus objetivos com o máximo respeito possível às garantias.[14]

Nesse sentido, é essencial, acima de tudo, evitar a 'concepção bélica da investigação penal', isto é, aquela que combate supostos inimigos da sociedade buscando provas de sua culpabilidade a qualquer custo, acabando por ignorar a legalidade dos meios utilizados. Esse viés, ligado ao direito penal do autor, acabaria criando dois 'processos penais' diversos, a depender do sujeito investigado, e ensejaria violações de direitos e garantias fundamentais. Não há dúvida de que alguns meios extraordinários devem ser admitidos para a investigação da criminalidade organizada e complexa, mas nunca se pode deixar de atentar para os limites representados pelos princípios de um Estado de Direito.[15] Em outras palavras, a criminalidade organizada admite meios de investigação mais invasivos, mas não sua aplicação ilimitada.

Nesse contexto, a diretriz essencial para pautar uma atuação eficiente é a máxima da proporcionalidade, já que tem o condão de equilibrar os direitos fundamentais dos imputados e os bens constitucionalmente protegidos atinentes à segurança pública e à persecução penal.[16] Em rea-

puede olvidar, además, la ideia de que la delincuencia organizada obedece a una categoria criminal especial frente a otros fenómenos de delincuencia clássica, traza los contornos de la necesidad de establecer excepciones al sistema de derechos y garantias de los imputados y condenados con la finalidad de facilitar la demonstracion de la responsabilidade penal y, en consecuencia, la prevencióny represión del fenómeno." PEREIRA, Flávio Cardoso. **El Agente Infiltrado**...*op. cit*, 2013, p. 196.

[14] Essa conclusão está em consonância com a clássica observação de Antonio Scarance Fernandes no sentido de que eficiência e garantismo não são valores contrapostos. Na verdade, ser eficiente implica realizar a persecução penal da melhor forma possível, com a adequada aplicação das normas de garantia. SCARANCE FERNANDES, Antonio. O equilíbrio na repressão ao crime organizado. In: SCARANCE FERNANDES, Antonio; ALMEIDA, José Raul Gavião de; e ZANOIDE DE MORAES, Maurício de. (coord.) **Crime Organizado – Aspectos Processuais**. São Paulo: Editora Revista dos Tribunais, 2009, pp. 9-10 (9-28). No mesmo sentido, Vittorio Grevi argumenta: "*[...] il valore dell'efficienza non deve porsi in contrasto con la salvaguardia delle garanzie individuali, bisogna peraltro riconoscere che um símile rapporto di tendenziale complementarietá tra garanzie ed efficienza si configura sopratutto com riferimento ala sfera dei diritti processualli*". Ver GREVI, Vittorio. **Alla Ricerca di un Processo Penale Giusto**: itinerari e prospettive. Milano: Giuffrè, 2000, p. 13.

[15] CAFFERATA NORES, José I. La eficácia de la investigación penal y el estado de derecho. In: CAFFERATA NORES, José I. et al. **Eficacia del sistema penal y garantias procesales** – *(contradicción o equilíbrio?)*. Buenos Aires: Mediterránea, 2002, pp. 49-50.

[16] Cf. SCARANCE FERNANDES, Antonio. O equilíbrio na repressão...*op. cit.*, 2009, p. 12; PEREIRA, Flávio Cardoso. *El Agente Infiltrado..., op. cit.*, 2013, p. 43.

lidade, a função da proporcionalidade não é autorizar as restrições aos direitos fundamentais, mas limitá-las, seja no âmbito legislativo, seja na prática judiciária.[17]

Sendo assim, será como uma pessoa que fica atrás da porta tentando fechá-la enquanto outra, a restrição, está tentando abri-la. Pode-se dizer, também, tratar-se de uma espécie de força de atrito, como se fala em Física, evitando que a restrição ande além do necessário. Quando se cuida de investigações relativas a crimes praticados por organizações criminosas, existe a tendência de deixar a porta um pouco mais aberta para que se faça a devida contraposição com o risco e o dano causado aos bens jurídicos da sociedade. É possível, também, que a porta fique aberta por mais tempo do que o normal, o que observamos na duração do sigilo de uma investigação que se vale da *ação controlada*.

No contexto da investigação da criminalidade organizada, a atuação sigilosa é regra. Isso porque a ardilosidade dos membros das organizações só pode ser combatida com o fator surpresa.[18] O sigilo das investigações pode ser necessário tanto para possibilitar que a autoridade pública localize um suspeito, quanto para garantir a efetividade de uma medida cuja natureza dependa intrinsicamente do sigilo para sua proficuidade, tenha ela escopo probatório ou cautelar.[19]

Entendimento semelhante é esposado por Jacinto Coutinho. Para ele, o inquérito é dividido em dois momentos: um de investigação e um de prova recolhida, sendo que sigilo é essencial ao primeiro. Afirma o autor: *"A investigação, respeitados os direitos e garantias individuais (pense-se nas*

[17] Zanoide de Moraes, Maurício. **Presunção de inocência...**, *op. cit.*, 2010, p. 311.

[18] Nesse sentido, Antonio Scarance Fernandes afirma: "É essencial para a sobrevivência da organização criminosa que ela impeça a descoberta dos crimes que pratica e dos membros que a compõem, principalmente dos seus líderes. Por isso, ela atua de modo a evitar o encontro de fontes de prova de seus crimes: faz com que desapareçam os instrumentos utilizados para cometê-los e com que prevaleça a lei do silêncio entre os seus componentes; intimida testemunhas; rastreia por meio de tecnologias avançadas os locais onde se reúnem os seus membros para evitar interceptações ambientais; usa telefones e celulares de modo a dificultar a interceptação, preferindo conversar por meio de dialetos ou línguas menos conhecidas." Ver Scarance Fernandes, Antonio O equilíbrio entre a eficiência e o garantismo e o crime organizado. **Revista Brasileira de Ciências Criminais**, n. 70, jan-fev/2008, p. 245.

[19] Nesse sentido pronunciou-se o Supremo Tribunal Federal em acórdão que se tornou paradigma sobre o tema, de relatoria do Ministro Cezar Peluso: STF, Segunda Turma, **HC n. 88.190-4/RJ**, Rel. Min. Cezar Peluso, j. 29/08/2006, Dje 06/10/2006.

interceptações telefônicas, etc.) não pode ser controlada ex ante".[20] Nesse sentido, o contraditório poderá e deverá ser exercido com relação às diligências perpetradas em investigações em face de organizações criminosas, mas de forma posterior, isto é, após sua conclusão, quando a disponibilização das informações sobre elas não prejudicar mais sua própria consecução.

A *ação controlada*, como método de investigação que visa à obtenção de elementos probatórios mais consistentes, tem como características intrínsecas a clandestinidade e a vigilância da prática criminosa.[21] Isso significa que, embora composta por diversos atos de investigação isolados, a publicação do resultado de cada um deles durante sua efetivação pode frustrar toda a empreitada. Por óbvio, a revelação da existência de um monitoramento da conduta dos membros da organização criminosa tornaria inócua qualquer ação com vistas a obter elementos de prova.

Temos, portanto, um dilema a ser resolvido, pois o sigilo interno da investigação deverá ter sua duração estendida por um período maior do que o (em tese) autorizado pelo ordenamento jurídico, limitando o acesso e o conhecimento do imputado e seu advogado ao conteúdo das diligências e, consequentemente, impedindo o exercício do direito de defesa e do contraditório de forma imediata e contemporânea. Há que se compatibilizar a necessidade da eficiência da persecução com os direitos que emanam da posição jurídica do imputado.

É esse o ponto que parece ignorado ou esquecido por nossos tribunais ao cuidarem dos casos que trazem a ação controlada a seu conhecimento. Sua utilização enseja, sim, uma possível violação de direitos fundamentais e, como tal, é instrumento que deve ser submetido à reserva de jurisdição.[22]

O §1º do artigo 8ª da Lei 12.850/13 exige que o retardamento da intervenção policial ou administrativa seja *"[...] previamente comunicado ao juiz competente que, se for o caso, estabelecerá os seus limites e comunicará ao Ministério Público".* Trata-se de uma condição de legalidade da *ação controlada*. Logicamente, é antecedente a todas as demais exigências legais.

[20] Coutinho, Jacinto Nelson de Miranda. O sigilo do inquérito policial e os advogados. *In* **Revista Brasileira de Ciências Criminais**, ano 5, n. 18, abril/junho 1997, p. 131.

[21] Vilares, Fernanda Regina. **Ação controlada...**, *Ob. cit*, 2017, pp. 48-50.

[22] Sobre a necessidade de decisão judicial para qualquer restrição de direitos fundamentais, ver Vilares, Fernanda Regina. **Processo Penal: reserva de jurisdição e CPIs**. São Paulo: Onix Jur, 2012, pp. 114-117.

A leitura desatenta do preceito pode levar à equivocada conclusão de que não seria necessária uma autorização judicial propriamente dita para a realização de uma *ação controlada,* bastando uma mera 'ciência' ao juiz do início do procedimento. Todavia, dois argumentos levam à conclusão contrária: o primeiro é que se o legislador considerasse suficiente o mero aviso à autoridade judiciária, não se preocuparia em exigir que ela fosse prévia, isto é, se a condição em análise pressupõe que a comunicação seja anterior ao início da operação, é porque importa a concordância do magistrado com a estratégia que será levada a cabo; e o segundo decorre do ordenamento jurídico e da ordem constitucional, pois, em havendo restrição de direito fundamental com o desenvolvimento de uma investigação sigilosa, a reserva de jurisdição emerge como condição para a legitimidade do instrumento de investigação.[23] Portanto, a autorização judicial será condição indispensável à validade de uma *ação controlada.*

Como consequência lógica da natureza de condição de legalidade, a *ação controlada* que for realizada sem prévia autorização judicial deverá ser considerada nula, sendo que os elementos de informação colhidos em seu bojo não poderão subsidiar a propositura de qualquer ação penal. No caso de serem indevidamente utilizados, deverão ser desentranhados por consistirem em prova ilicitamente obtida.

5. A moldura legal do artigo 8º da Lei n. 12.850/13[24]

Escancarou-se a verdadeira natureza e reflexos da *ação controlada.* Trata-se de método de investigação sigiloso prejudicial ao exercício do direito de defesa dos sujeitos que dela são objeto, e que ficam temporariamente impossibilitados de conhecer e reagir às imputações. Por essa conjuntura, revelou-se a indispensabilidade da decisão judicial como parâmetro mínimo de aferição de legalidade e constitucionalidade. Mas o diploma legal objeto dessa obra traz, em seu artigo 8º outras importantes balizas legais para a utilização da *ação controlada.*

No artigo 8º da Lei 12.850/13, há um conceito de *ação controlada* que revela seus elementos essenciais, dos quais extraímos seus pressuposto,

[23] VILARES, Fernanda Regina. **Processo Penal**...*op. cit.*, 2012, pp. 136 e 213-215.

[24] Este item é uma síntese das ideias apresentadas no Capítulo 4 da obra: VILARES, Fernanda Regina. **Ação controlada**...*op. cit.*, 2017.

meio de execução, finalidade, requisitos e condição de legalidade que devem estar presentes para que se possa recorrer a esse método de investigação.

O pressuposto para a existência de qualquer *ação controlada* consiste na constatação de uma prática criminosa que se protraia no tempo de maneira a permitir seu monitoramento. Sem ele, não há que se falar em retardamento de intervenção policial ou administrativa para outro instante, já que a atividade delituosa estaria esgotada em um momento anterior.

No que tange ao meio de execução, o artigo legal autoriza os agentes públicos a retardar intervenção policial ou administrativa por meio do monitoramento da ação criminosa. Isso significa que as intervenções exigidas dos servidores públicos poderão deixar de ser efetuadas no instante imposto pela lei, mas não poderão deixar de ser feitas.

Relembre-se que a utilização do verbo 'retardar' passa a ideia equivocada de inação ou omissão. Na verdade, a postergação diz respeito apenas à atuação ostensiva das autoridades que implementam mecanismos de investigação de forma clandestina para efetivar o monitoramento da ação criminosa – se isso atingir a finalidade de obtenção de um melhor arcabouço probatório. Assim, enquanto perdurar a *ação controlada,* diversas técnicas de investigação, especiais ou não, deverão ser realizadas para cumprir o desígnio legal.

Tudo o que foi posto até o momento depende da existência de uma finalidade específica, conforme disposto no artigo em análise, qual seja "[...] que a medida legal se concretize no momento mais eficaz à formação de provas e obtenção de informações". Trata-se da obtenção de um 'mínimo probatório' necessário para viabilizar o recebimento de uma denúncia.[25]

O investigador pode prever qual seria o material necessário para corroborar a suspeita inicial, mas a quantidade e qualidade desses dados sofrem constante modificação no decorrer da atividade investigativa. Po-

[25] Zanoide de Moraes, Maurício. **Presunção de inocência**...*op. cit.,* 2010, pp. 471-472. Apesar de não haver um consenso sobre a definição desse material, é certo que deve ser identificado casuisticamente por meio da combinação de critérios quantitativos e qualitativos de prova. O juiz deverá demonstrar a constatação do "[...] mínimo probatório necessário para afastar aquele direito constitucional em todas as decisões penais que for chamado a proferir".

de-se reforçar o conjunto probatório até ser suficiente ao escoramento da denúncia ou poderá ser descoberto dado que refute a hipótese inicial, deslegitimando a continuidade da *ação controlada* e da persecução penal como um todo.

Ainda, são requisitos exigidos pela lei como condição para sua utilização: a ação praticada por organização criminosa ou a ela vinculada; e a cooperação judicial internacional. Ressalte-se, desde logo, que este último é eventual, ou seja, só será exigido no caso de operações que transcendam fronteiras. A definição de organização criminosa está esculpida no §1º do artigo 1º da Lei 12.850/13 e deve servir de filtro rígido para a aplicação dessa forma de investigação sigilosa, sendo necessário haver comprovação suficiente de que o caso se enquadra na moldura legal.

Coroando todo esse roteiro para uma *ação controlada* ou operação policial ter limites consentâneos com uma ordem jurídica humanista, o §1º do artigo 8ª da Lei 12.850/13 exige, como já mencionado, que o retardamento da intervenção policial ou administrativa seja "[...] previamente comunicado ao juiz competente que, se for o caso, estabelecerá os seus limites e comunicará ao Ministério Público". Trata-se de uma condição de legalidade da *ação controlada* que decorre do princípio da reserva de jurisdição. Logicamente, é antecedente a todas as demais exigências legais; e a autorização legal deve recair, também, sobre as exigências específicas de cada meio de obtenção de prova solicitado como forma de instrumentalizar a *ação controlada*.

6. Palavras finais

Embora a década passada tenha sido perdida no que tange à evolução do conceito do instituto objeto desse estudo, a próxima não precisa ser igual. A motivação para escrever este texto é extraída da crença de que um caminho do meio é possível entre as estradas vicinais da ilusão e da decepção: a compreensão da essência da *ação controlada* como um mecanismo que pode afetar direitos e garantias fundamentais pelos atores do sistema criminal pode levar à uma atuação conforme o sistema constitucional.

A reserva de jurisdição é um fator importantíssimo no caso, mas todos os demais parâmetros também legais podem ser uteis para um direcionamento da atividade de investigação de uma forma mais racional e metodológica, o que pode trazer enormes ganhos a todos os envolvidos.

De nada adianta promover alterações legislativas se o espírito do operador do Direito não estiver aberto a novas perspectivas. NIETZSCHE perguntaria *"Você quer isso mais uma vez e por incontáveis vezes?"*[26] Estaríamos em um estado de coisas tão bom a ponto de não desejar nada diverso? Parece não ser o caso, e apenas a capacidade de enxergar a real substância das coisas e de aplicar a norma de conformidade com ela é que poderá nos livrar desse eterno retorno à tendência inquisitiva e autoritária do sistema penal brasileiro.

[26] NIETZSCHE, Friedrich W. **A gaia ciência**. São Paulo: Companhia das Letras, 2012, p. 205.

CAPÍTULO 16
A COOPERAÇÃO INTERNACIONAL COMO INSTRUMENTO DE COMBATE AO CRIME ORGANIZADO

Ricardo Andrade Saadi

1. Introdução

A globalização, ocorrida principalmente após a década de 1980, trouxe diversos benefícios sociais e econômicos para os países espalhados pelo globo terrestre. Os criminosos também se aproveitaram das novas condições e passaram a atuar em diversos países. Como resultado, o combate ao crime organizado entrou na pauta da agenda internacional.

Diversos diplomas internacionais foram escritos e indicam que o combate às organizações criminosas não pode mais restringir-se à prisão de seus membros, passando-se necessariamente pela descapitalização das mesmas. Recuperação de ativos e confisco de bens, direitos e valores, criminalização da lavagem de dinheiro e cooperação internacional são condições *sine qua non* na nova ordem mundial. Tais indicações estão presentes nas Convenções da ONU contra o tráfico ilícito de entorpecentes, de combate ao crime organizado e de combate à corrupção, nas 40 (quarenta) + 9 (nove) recomendações do GAFI, bem como em diversos outros textos de organizações internacionais.

Nesse contexto, a cooperação internacional, seja ela jurídica ou direta entre as instituições, ganhou grande importância para o eficiente combate ao crime organizado transnacional. Dentre as diversas formas de cooperação, merece destaque a cooperação policial, especialmente aquela feita através da Agência Europeia de Polícia (EUROPOL).

2. O combate ao crime organizado

2.1. O crime organizado

O fenômeno da criminalidade é muito antigo. Seja como fruto da forma de se viver em sociedade, seja como uma característica hereditária do criminoso, o fato é que se convive com o crime há bastante tempo.

De alguns séculos para cá, o crime se aperfeiçoou. Aos poucos, o criminoso deixou de atuar sozinho e passou a fazê-lo em grupos. A partir de então, nasce a chamada criminalidade organizada. Os piratas e, posteriormente, os primeiros grupos organizados de que se tem notícia são as tríades chinesas, surgidas no século XVI. Em seguida surgiram a Yakuza japonesa, as Máfias italianas e outras organizações criminosas.

Nas últimas décadas está-se vivendo uma profunda transformação no mundo e, consequentemente, na criminalidade. Com a ascensão de um novo modelo econômico, principalmente a partir do final da década de 80, o mundo passou por um intenso processo de globalização. A nova política econômica teve como característica a desregulação da economia, de forma que o Estado pouco deveria intervir. Somando-se a isso, houve o desenvolvimento tecnológico e das telecomunicações. A consequência natural foi a globalização dos mercados.

Tais fatos acarretaram o declínio da importância das fronteiras nacionais, permitindo que investimentos fossem feitos em qualquer parte do planeta, bem como uma quase livre circulação monetária internacional. Houve a liberalização do mercado de capitais.

A informatização trouxe uma maior proximidade entre as pessoas, o desenvolvimento tecnológico e das comunicações (principalmente a internet) e possibilitou o nascimento e crescimento do comércio eletrônico. A abertura econômica permitiu um maior intercâmbio de mercadorias e serviços. O mercado passou a desconhecer fronteiras.

A democratização da tecnologia e da informação, bem como o acesso aos mercados, de capitais e de mercadorias de todo o mundo e a aproximação entre os povos, trouxe uma série de benefícios para a população. Porém, os criminosos também se beneficiaram de toda essa mudança. O crime organizado aproveitou-se da globalização para expandir o alcance de suas atividades. Aqueles grupos criminosos que atuavam local ou regionalmente atuavam de forma globalizada. Toda a facilidade de movimentação de pessoas e recursos que foi gerada pela globalização, favoreceu a expansão do crime organizado, de forma que algumas organizações criminosas passaram a atuar em diversos países, deslocando-se conforme a necessidade e a "melhor oportunidade de mercado". Os recursos gerados pelo cometimento de crimes em um país, o Brasil, por exemplo, já são "guardados" em outros, onde o sigilo bancário e fiscal é mais forte, como na Suíça.

WERNER[1] afirma existir uma convergência na percepção da atuação do crime organizado, de como este evoluiu durante as décadas de 80 e 90, não mais estando adstrito a determinados grupos étnicos ou regiões do globo, em especial, em razão de novos mercados, do aumento da demanda de bens e serviços ilícitos, sendo o aspecto transnacional a faceta utilizada para explicar o impacto e a influência da globalização na criminalidade.

Outra realidade é a atuação em redes de diversas organizações criminosas. A título de exemplo, o Cartel de Cali atuou em conjunto com a Máfia Italiana e o Primeiro Comando da Capital do Brasil (PCC) atua em conjunto com grupos paraguaios, bolivianos e colombianos.

Diante do novo quadro apresentado, os agentes públicos responsáveis pelo combate ao crime organizado perceberam que o foco deve estar na descapitalização da organização criminosa e não somente na prisão dos indivíduos.

Como em uma grande empresa, quando um criminoso é preso ou morto, logo outro indivíduo é recrutado para realizar suas atividades. Por exemplo, se a prisão ou a morte acomete o chefe do tráfico de drogas de uma determinada região, imediatamente outra pessoa ascende a seu lugar e a atividade criminosa se perpetua. Diante desse quadro, o combate à criminalidade é mais efetivo quando se tira as condições financeiras para a atuação da organização criminosa. De nada adianta, por exemplo, uma organização especializada no tráfico de drogas se ela não tem capital para comprar a droga que irá vender posteriormente.

[1] WERNER, Guilherme Cunha. **O crime organizado transnacional e as redes criminosas: presence e influência nas relações internacionais contemporâneas.** Tese (Doutorado). São Paulo. Universidade de São Paulo, 227p, 2009. p. 27.

2.2. Combate ao crime organizado – diretrizes internacionais

Diante do crescimento acentuado do crime organizado transnacional, o assunto passou a ser pauta recorrente nos diversos foros internacionais. Organismos como a Organização das Nações Unidas (ONU), Organização dos Estados Americanos (OEA), Grupo de Ação Financeira Internacional (GAFI), dentre outros, elaboraram diversos textos tratando do assunto, seja diretamente, seja como acessório ao assunto principal.

Todos os textos têm em comum a indicação de que o combate ao crime organizado deve passar necessariamente pela retirada dos bens dos criminosos, pela descapitalização da atividade ilegal. A apreensão e confisco de bens passaram a ser tratados como essenciais para uma eficiente atuação estatal.

Uma das formas encontradas para possibilitar ao Estado a retirada dos bens dos criminosos foi a criminalização da lavagem de dinheiro. O objetivo do combate a esse crime é atingir os bens, valores e produtos dos chamados crimes antecedentes.

Uma ferramenta colocada à disposição das autoridades que deve ser aprimorada é a cooperação internacional, seja ela uma cooperação de inteligência (cooperação policial ou aquela feita pelas unidades de inteligência financeira), seja ela cooperação jurídica (feita, na maioria dos países, por uma autoridade central).

2.3. A recuperação de ativos e o confisco e apreensão de bens, direitos e valores

Grande parte dos crimes cometidos tem como objetivo final dos criminosos a obtenção de lucro. Assim, a melhor forma de combatê-los é retirando sua capacidade econômico-financeira de agir, bem como retirando os bens, direitos e valores proveito do crime. Há uma clara necessidade de descapitalização da atividade criminosa. Tal fato foi há muito percebido pela comunidade internacional, a qual fez a previsão, em diversos textos, do confisco e da apreensão dos bens.

Uma das medidas que vêm sendo estimuladas é a criação de unidades nacionais que auxiliem as autoridades investigativas a localizar ativos dentro e fora de suas jurisdições, por meio dos chamados *Asset Recovery Offices*, ou Unidades de Recuperação de Ativos.

Nesse sentido, em 2007, o Conselho da União Europeia (UE), que é o principal órgão de tomada de decisões da UE, criou um sistema de regras para o estabelecimento de Unidades de Recuperação de Ativos (*Asset Recovery Offices* - ARO) em cada Estado-membro (Decisão 2007/845/JAI[2]). Referida decisão conclama que cada Estado-membro crie ou designe uma ARO nacional, para facilitar a detecção de bens e a identificação de produtos do crime.

Ademais, na sessão da Conferência dos Estados-Parte para a Convenção das Nações Unidas contra a Corrupção (Convenção de Mérida)[3], ocorrida em Doha, Catar, no final de 2009, discutiu-se a importância da criação dos *Asset Recovery Offices,* considerada por todos os Estados-Membros como medida fundamental para possibilitar o rastreamento e identificação de bens localizados no exterior.

Outra medida tomada pelos países foi a criação de algumas redes de recuperação de ativos, as quais são majoritariamente informais, entre operadores do dia a dia que sejam peritos jurídicos ou autoridades ligadas à aplicação da lei, os quais lidam com o rastreio de ativos ilícitos, bem como seu congelamento, bloqueio e confisco. Essas redes teriam reuniões frequentes para fortalecer as comunicações informais com vistas a aperfeiçoar a cooperação jurídica internacional. As redes se destinam aos profissionais de recuperação de ativos que necessitam cooperar com suas contrapartes estrangeiras, particularmente ligadas aos órgãos de recuperação de ativos, autoridades centrais para cooperação jurídica internacional, investigadores e membros do Ministério Público.

O objetivo das redes é servir como fóruns de intercâmbio de informações para profissionais ligados à recuperação de ativos, e como um canal informal, prévio ao envio formal de pedidos de cooperação jurídica internacional. A tendência tem sido incluir como pontos de contato aqueles que podem auxiliar a parte requerente a acompanhar seus casos de recuperação de ativos. De outro lado, formuladores de políticas públicas têm, em alguns casos, também participado das reuniões. Esses têm a vantagem de poder aconselhar seus governos em temas-chave da recuperação de ativos, além de auxiliar no prosseguimento da agenda de recuperação de ativos. Como exemplos, podemos citar a plataforma Pontos Focais de Recuperação de Ativos StAR-INTERPOL,

[2] Disponível em http://vlex.pt/vid/decis-gabinetes-bens-relacionados-crimes-36445785

[3] O Brasil é signatário da Convenção de Mérida, tendo a mesma sido promulgada através do Decreto 5.687, de 31 de janeiro de 2005.

estabelecida por iniciativa da INTERPOL em parceria com o Banco Mundial e o Escritório das Nações Unidas sobre Drogas e Crime como forma de prestar apoio ao esforço de combate à corrupção em paraísos fiscais, a Rede de Recuperação de Ativos do GAFILAT (RRAG), formalmente criada na Plenária do Grupo de Ação Financeira da América do Sul contra a Lavagem de Dinheiro e o Financiamento ao Terrorismo (GAFISUD) em 22 de julho de 2010, em Lima, Peru, com apoio do Escritório das Nações Unidas sobre Drogas e Crime (UNODC) e a *Camden Asset Recovery Inter-agency Network* (CARIN), uma rede de contatos informal e um grupo cooperativo sobre todos os aspectos do combate aos procedimentos criminosos, nascida em um congresso realizado em Haia entre 22 e 23 de setembro de 2004.

2.4. A criminalização da lavagem de dinheiro

Até o final da década de 80, a atuação dos Estados, no que diz respeito ao combate à criminalidade, era voltada majoritariamente para a prisão dos delinquentes. Porém, naquele tempo, já houve o início da percepção que o Estado não somente deveria prender os criminosos, mas também evitar que eles gozassem do uso dos bens, produtos e valores resultantes das atividades criminosas. Assim, decidiu-se por criminalizar a conduta de ocultar ou dissimular o produto do crime com o fim de evitar a atuação estatal.

A lavagem de dinheiro é o processo pelo qual o criminoso tenta dar aparência lícita a um ativo de origem ilícita, ou seja, é tentar dar aparência de legalidade ao produto do crime[4]. Apesar de se falar de lavagem de dinheiro há muito tempo, o fato e que o mundo somente deu a devida atenção a esse crime na Convenção de Viena (1988), após ver a criminalidade organizada se espalhar pelo mundo.

Em um primeiro momento, considerando que o principal crime praticado pelas organizações criminosas era o tráfico de entorpecentes,

[4] O processo de lavagem de dinheiro que visa dar aparência lícita aos recursos de origem ilícita é bastante complexo, envolvendo três etapas: colocação, circulação (ou ocultação) e integração. Pode-se resumir o processo de lavagem da seguinte forma: os recursos ilícitos são inseridos no sistema financeiro formal na etapa de colocação. Após isso, passam por diversas contas no país e no exterior em nome de diversas pessoas na etapa de circulação. Depois de desvincular-se da origem ilícita, os recursos são novamente inseridos na economia formal na etapa da integração.

os países decidiram criminalizar a lavagem de dinheiro proveniente somente daquele delito. Porém, com o avanço da criminalidade transnacional, a qual não é mais baseada somente no tráfico de drogas, as legislações mais avançadas criminalizaram a lavagem de dinheiro de todo e qualquer crime antecedente, não mais restringindo-se ao tráfico de drogas.

Ao combater a lavagem de dinheiro, o que se busca na verdade é retirar as condições financeiras das organizações criminosas que praticam os crimes antecedentes. A melhor forma de combater o crime organizado é retirando seus bens e a melhor forma de retirar os seus bens é através do combate à lavagem de dinheiro.

3. A cooperação internacional

O processo de globalização pode ser analisado sob inúmeras perspectivas, todas elas relacionadas à transformação dos espaços nacionais em arenas globais. Assim, temas que antes eram estruturados sob uma ótica estritamente nacional passam à escala mundial, modificando por completo a dinâmica das relações econômicas, financeiras, sociais e informativas. A realidade atual já não possui a marca do Estado nacional como figura protagonista, condicionadora e, porque não dizer, limitadora das relações internacionais. As pessoas privadas foram elevadas à categoria de sujeitos de Direito Internacional. O fenômeno da globalização trouxe consequências nas relações privadas internacionais, dando origem a conflitos entre particulares, cujos reflexos transcendem as fronteiras dos Estados.

As fronteiras geográficas, cada vez mais ligadas a aspectos meramente simbólicos, não representam grande obstáculo à livre circulação, de bens, de serviços, de capitais e daquilo que melhor representa o avançado estado de globalização em que vivemos – a informação. Enquanto o século XIX foi marcado pela sociedade industrial, no século XX surge a sociedade da informação, permitindo que as informações sejam transmitidas instantaneamente e dando origem às redes sociais virtuais em níveis locais, regionais e globais. Diante deste novo cenário, surgem conflitos jurídicos entre particulares que dependem da cooperação jurídica internacional, uma vez que a jurisdição é um produto do Estado soberano e os países devem colaborar para garantir que as pessoas possam exercer seus direitos que transcendem as fronteiras dos Estados.

Vive-se um cenário onde iniciativas isoladas de regulação são percebidas como medidas de contrafluxo e destoantes do modelo predominante das relações internacionais. Ao mesmo tempo, parte-se do pressuposto de que a sociedade internacional compartilha de determinados valores básicos ligados à noção que se tem de direitos humanos, universalmente difundida e refletida, expressa ou implicitamente, nos instrumentos internacionais consagrados a partir da Declaração Universal dos Direitos Humanos de 1948.

Nesse contexto também está o crime organizado, o qual, cada vez mais, tem características transnacionais. Para que os Estados possam dar efetividade aos seus procedimentos jurídicos, bem como eficazmente combater a macrocriminalidade, existe a necessidade da cooperação internacional.

A cooperação internacional pode ocorrer em nível de inteligência ou como cooperação jurídica. Em nível de inteligência, pode-se citar a troca de informações entre policiais, entre os membros dos Ministérios Públicos e entre as Unidades de Inteligência Financeira (UIF). Já a cooperação é aquela realizada através da autoridade central, no caso brasileiro, o Departamento de Recuperação de Ativos e Cooperação Jurídica Internacional (DRCI).

3.1. A cooperação internacional através das unidades de inteligência financeira

A Recomendação 26 do GAFI determina que:

"Os países deveriam criar uma UIF que desempenhe um papel central nacional para o recebimento (e se for permitido, solicitação), de análises e de divulgação de Relatórios de Operações Suspeitas e outras informações relacionadas com a possível lavagem de ativos e financiamento do terrorismo. A UIF deveria ter acesso, direto ou indiretamente, e oportunamente, à informação financeira, administrativa e de fiscalização da lei que necessite para cumprir apropriadamente com suas funções, incluindo análise dos Relatórios de Operações Suspeitas".

A fim de dar cumprimento a tal recomendação, o Brasil, quando da elaboração da sua lei contra a lavagem de dinheiro – Lei 9.613/98 – determinou em seu artigo 14 a criação do Conselho de Controle de Atividades Financeiras – COAF.

"Art. 14 – É criado, no âmbito do Ministério da Fazenda, o Conselho de Controle de Atividades Financeiras – COAF, com a finalidade de disciplinar,

aplicar penas administrativas, receber, examinar e identificar as ocorrências suspeitas de atividades ilícitas previstas nesta Lei, sem prejuízo da competência de outros órgãos e entidades."

As unidades de inteligência financeira têm sido muito importantes no combate ao crime organizado. Os reportes das pessoas obrigadas tem facilitado e impulsionado a atuação das polícias e ministérios públicos.

O Grupo de Egmont, criado em 1995 por iniciativa das principais UIFs, trata-se do principal canal internacional de intercâmbio de informações entre as unidades de inteligência financeira entre os países. Sua criação tornou-se necessária para o combate à lavagem de dinheiro uma vez que o crime é um delito transnacional. Tem como objetivo ampliar e sistematizar o intercâmbio de informações de inteligência financeira, melhorar os conhecimentos técnicos e atividades do pessoal, promover uma melhor comunicação entre as UIFs através da tecnologia e ajudar a criar UIFs no mundo todo.

3.1.1. *Cooperação policial*

A cooperação policial pode se dar através de contatos diretos entre os policiais dos países envolvidos ou através de organismos internacionais criados com o objetivo de facilitar a cooperação internacional entre as Polícias do mundo.

Os principais organismos internacionais para esse fim são: Interpol, Europol e Ameripol. Considerando minha experiência, falarei um pouco sobre a cooperação realizada através da EUROPOL. De acordo com o site da agência europeia[5]:

"Com sede em Haia, Países Baixos, a Europol tem por missão apoiar os seus Estados-Membros na prevenção e luta contra todas as formas graves de criminalidade internacional e organizada, cibercriminalidade e terrorismo. Além disso, colabora com muitos países terceiros e organizações internacionais.

A Europol ouve o que os Estados-Membros da União Europeia (EU)necessitam e analisa as tendências da criminalidade na UE. A Agência apoia investigações iniciadas pelos Estados-Membros, embora os agentes da Europol nunca detenham cidadãos nem iniciem investigações. O trabalho da Europol consiste geralmente em lidar com crimes que exigem uma abordagem internacional e a cooperação entre vários países, dentro e fora da UE"

[5] Disponível em: https://www.europol.europa.eu/about-europol:pt

Em 11 de abril de 2017, o Brasil assinou um acordo de cooperação estratégica com a EUROPOL[6], o que viabilizou que o país passasse a ter um oficial de ligação trabalhando diretamente na sede da agência europeia.

A EUROPOL disponibiliza um espaço para cada um dos países que tem oficial(ais) de ligação na organização. Ao Brasil, foi disponibilizada uma sala com computadores para acesso à rede interna da EUROPOL, bem como ao *Secure Information Exchange Network Application* (SIENA), criptografado e utilizado para a troca de informações entre os países e entre estes e organizações internacionais. O SIENA é uma plataforma de última geração que atende às necessidades de comunicação, permitindo uma troca rápida e amigável de informações operacionais e estratégicas relacionadas ao crime entre a) Oficiais de ligação, analistas e peritos da EUROPOL; b) Estados Membros; e c) Terceiros com os quais a EUROPOL tem acordos de cooperação/acordo de trabalho.

A cooperação entre o Brasil e a EUROPOL e entre o Brasil e demais países europeus, possível graças a instalação de um oficialato de ligação brasileiro na agência europeia, já trouxe muitos frutos que vão desde treinamentos, até a deflagração de operações conjuntas, tais como a Operação Chamelon-Enterprise, deflagrada simultaneamente no Brasil, Portugal, Bélgica, Holanda, Espanha e Emirados Árabes Unidos. Os resultados estão iniciais estão sintetizados no gráfico abaixo[7].

[6] Disponível em: https://www.europol.europa.eu/partners-collaboration/agreements/brazil.

[7] Disponível em https://www.europol.europa.eu/media-press/newsroom/news/over-40-arrested-in-biggest-ever-crackdown-against-drug-ring-smuggling-cocaine-brazil-europe.

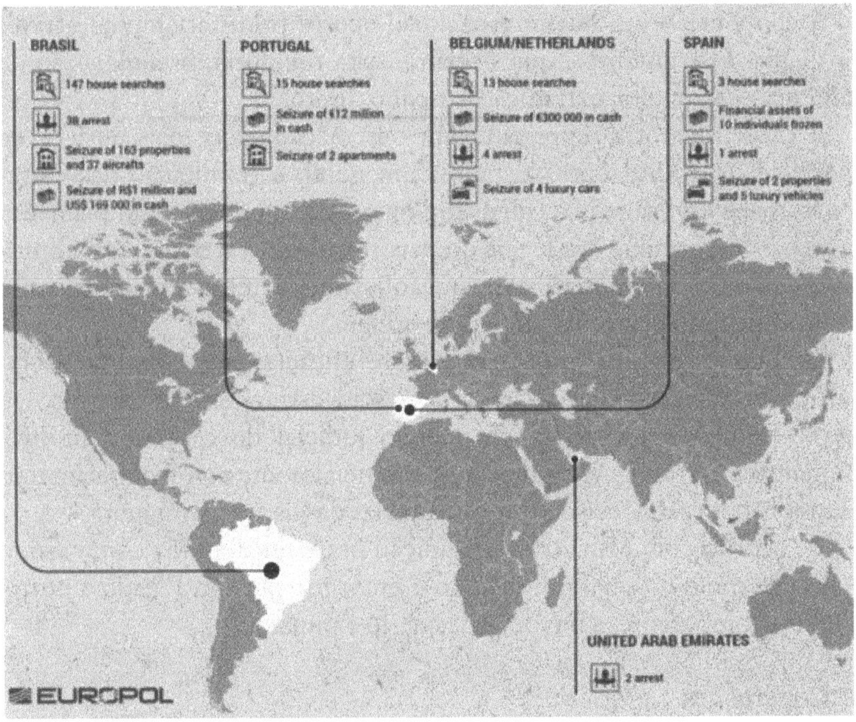

Diversas outras investigações desenvolvidas em conjunto pelo Brasil e países europeus, com a participação da EUROPOL, podem ser vistas na seguinte webpage: https://www.europol.europa.eu/search?q=brazil&sort=date

3.1.2. *Cooperação jurídica internacional*

Grande parte das informações entre os países não pode ser trocadas por canais de inteligência, uma vez que devem passar pelo crivo do Poder Judiciário. O mesmo se diga quanto aos pedidos de execução de medidas judiciais entre os países cooperados.

A via correta para esses casos é a chamada cooperação jurídica internacional. Medidas como o sequestro e apreensão de bens, quebras de sigilo bancário e fiscal, citações e outros somente podem ser feitas através dessa modalidade de cooperação. A fim de realizar a cooperação jurídica internacional, em geral os países indicam uma autoridade central para coordenar a tramitação e execução dos mesmos.

A cooperação jurídica internacional ocorre prioritariamente através de quatro instrumentos, quais sejam: carta rogatória, homologação de sentença estrangeira, extradição e auxílio direto.

A carta rogatória representa um dos mecanismos mais antigos de cooperação jurídica entre Estados. Em geral, a tramitação das cartas rogatórias é efetivada por canais diplomáticos, sendo seu cumprimento sujeito às determinações legais do país rogado. A carta rogatória é utilizada quando o pedido de cooperação jurídica internacional é baseado em uma decisão proferida no país de origem.

A homologação do processo confere eficácia, em território nacional, a decisões judiciais exaradas em solo estrangeiro. Destina-se ao reconhecimento autônomo da decisão judicial de caráter definitivo, enquanto a carta rogatória presta-se essencialmente ao reconhecimento e cumprimento de decisões interlocutórias da Justiça estrangeira.

De acordo com MELLO[8], a extradição pode ser definida como sendo o ato por meio do qual o indivíduo é entregue por um Estado a outro, que seja competente, a fim de processá-lo e puni-lo.

4. Conclusões

Nos dias atuais, o combate ao crime organizado deve priorizar a retirada dos bens dos criminosos, em detrimento da simples prisão dos mesmos. O combate à lavagem de dinheiro e o confisco de bens com a consequente recuperação de ativos pelo Estado ganham destaque especial neste contexto. Com o mundo globalizado, em que o transporte de pessoas e de bens, direitos e valores é fácil, a cooperação internacional se tornou condição *sine qua non* para o efetivo combate à criminalidade. Não se combate a lavagem de dinheiro, nem tampouco se retira os bens dos criminosos de uma forma eficaz sem a cooperação internacional.

Neste início de milênio, mais do que em qualquer outra época da história, a cooperação internacional se faz imperativa para o efetivo e eficaz combate às organizações criminosas, principalmente como meio de facilitar o combate à lavagem de dinheiro e o confisco de bens, direitos e valores.

[8] MELLO, Celso D. de Albuquerque. **Direito constitucional internacional.** Rio de Janeiro: Renovar, 1994, p. 169.

CAPÍTULO 17
O ACORDO DE COLABORAÇÃO PREMIADA EM MOVIMENTO. EFICIÊNCIA E GARANTISMO NA PERSECUÇÃO DA CRIMINALIDADE ORGANIZADA

Marcos Zilli
Ivan Candido da Silva de Franco

1. Uma retrospectiva crítica sobre os 10 anos do instituto da colaboração premiada

A Lei nº 12.850/13 chega a uma década de vigência com impacto indiscutível no ecossistema normativo brasileiro. A definição jurídica de organização criminosa,[1] o detalhamento dos meios de obtenção de prova

[1] Não ignoramos legislação anterior que tratou do tema, ainda que o tenha feito de maneira não tão bem acabada. A publicação da Lei n. 12.850/13 explicitou os contornos da chamada organização criminosa, superando-se assim antigo vácuo normativo no ordenamento penal brasileiro. A Lei, que bebeu na fonte da Convenção de Palermo – internalizada pelo Decreto n. 5.015 de 12 de março de 2004 – definiu a organização criminosa como a associação composta por pelo menos quatro pessoas que, de forma estruturada, agregam esforços e dividem tarefas visando à obtenção de vantagem de qualquer natureza mediante a prática de infrações penais com pena máxima superior a quatro anos ou quando evidenciado o caráter transnacional (art. 1º, § 1º). A Lei n. 9.034/95, a experiência normativa anterior, representa o mau caminho então percorrido. A preocupação foi a de regulamentar os meios de obtenção de prova aplicáveis às organizações criminosas sem que estas, entretanto, fossem definidas. A bem da verdade, a definição operou-se por vias transversas. Assim é que as organizações criminosas foram (equivocadamente) equiparadas às quadrilhas ou bandos, então

e de investigação e a previsão – e consequente regulamentação – do instituto negocial da colaboração premiada[2] impactaram o sistema jurídico, sobretudo nos primeiros anos de sua aplicação quando o marco legal se tornou o grande protagonista no âmbito da *Operação Lava Jato.*

Refletir sobre os anos de vigência de impactante legislação suscita múltiplas abordagens. Esgotá-las é tarefa manifestamente inviável diante dos naturais limites impostos ao presente trabalho. Assim, a necessidade de recortes metodológicos fixou o centro gravitacional analítico no acordo de colaboração premiada. Desde logo reconhece-se um desvirtuamento operacional do instituto nos primeiros anos de vigência da lei, fato que provocou intensos e calorosos debates. Muitas das críticas, é certo, foram absorvidas na revisão legal que se seguiu. Independentemente das críticas que o instituto ainda comporta, é fato que o acordo de colaboração premiada trouxe novos ingredientes no projeto de ampliação dos espaços de negociação e consenso no processo penal brasileiro.[3]

tipificadas pelo art. 288 do Código Penal. O resultado foi a distribuição aleatória de medidas restritivas de direitos fundamentais, sem definição precisa de seu campo de incidência. Em nova oportunidade para a superar o desconforto normativo, veio à luz a Lei n. 10.217/01. Muito embora o seu artigo 1º tenha destacado as ações praticadas pelas organizações criminosas daquelas executadas pelas quadrilhas ou pelos bandos, o vazio conceitual com relação às primeiras ainda foi mantido. Nesse contexto de incerteza normativa, a jurisprudência passou a reconhecer a validade interna da definição dada pela Convenção de Palermo. A solução, entretanto, não ficou imune a controvérsias. Assim, por ocasião do julgamento do STF, Primeira Turma, **HC 96.007/SP**, Rel. Min. Marco Aurélio, j.12/06/2012, DJe 08/20/2013, a Suprema Corte decidiu pela imprestabilidade da aplicação do conceito convencional para preenchimento do vácuo normativo interno por força do princípio da legalidade penal.

[2] Há institutos pretéritos em nosso direito que trataram de alguma forma de benefício ao sujeito que colaborasse com as autoridades públicas, mas nenhum com a envergadura da colaboração premiada introduzida pela lei que se analisa. Fazemos referência à Lei n. 8.072/90 (art. 7º), bem como às leis que seguiram em tal trilha, em especial Lei n. 9.034/95 (art. 6º), Lei n. 9.080/95 (modifica a Lei nº 8.137/90 para, no parágrafo único do art. 16, prever o instituto), Lei n. 11.343/06 (art. 41), Lei n. 12.529/11 (arts. 86 e 87), e Lei n. 12.683/12 (incluindo o § 5º do art. 1º na Lei n. 9.613/98).

[3] Para um histórico dos institutos negociais e sua divisão em períodos dentro da história processual brasileira recente, ver Zilli, Marcos. Tudo que é sólido desmancha no ar. Do processo penal disputado à revolução consensual. Presente, passado e futuro do processo penal brasileiro. In: Madeira, Guilherme; Badaró, Gustavo; Cruz, Rogério Schietti. **Código de Processo Penal**: estudos comemorativos aos 80 anos de vigência. Volume 1. São Paulo: Thomson Reuters Brasil, p. 71-100, 2021.

De início, serão abordados os pressupostos e os requisitos que cercam o instituto, definindo os papéis reservados aos atores negociantes, assim como a função da autoridade judiciária no exercício de controle de regularidade, de legalidade e de licitude do acordo. Segue-se um resgate do contexto da *Operação Lava Jato*, evento que submeteu o instituto ao seu grande teste de resistência.

A *Operação Lava Jato,* sem dúvida, será um *locus* permanente de debate em razão da natureza e dimensão dos crimes que se investigaram, assim como em face de suas reverberações políticas. Nessa perspectiva, o olhar se volta para as questões que foram acomodadas pelos operadores e que careciam de detalhamento normativo. Afinal, foi no preenchimento das lacunas legais, no auge da pressão dos acontecimentos, que o choque entre os valores da eficiência e do garantismo revelou-se com mais vigor. Em um momento de retrospectiva, importa voltar o olhar para a identificação de algumas das leituras críticas que se acumularam naquele período, em especial aquelas que tocaram a elaboração de cláusulas que transbordaram os limites legais.

É nessa quadratura que emergiu a chamada Lei Anticrime.[4] Fruto de um processo legislativo que clamava por mudanças na persecução penal, o diploma legal trouxe alterações significativas na Lei nº 12.850/13. Algumas das críticas vocalizadas foram, de fato, endereçadas. Em realidade, as mudanças solidificaram entendimentos que vinham sendo reconhecidos pelas Cortes Superiores. Outras questões, é certo, ainda permanecem em aberto. Afinal, a modulação do instituto é dinâmica e a sua revisitação parece ser uma atividade contínua em face das muitas inquietações que o incentivo premiado e negociado de colaborações processuais provoca.

2. O acordo de colaboração premiada como instrumento de enfrentamento da criminalidade organizada

O enfrentamento da criminalidade organizada por meio do estabelecimento de um marco legal específico não é iniciativa recente. Mas foi somente com a Lei nº 12.850/13 que o sistema deu um passo mais consistente e coeso naquela direção. De fato, foi em meio a um intenso debate legislativo, direcionado pela obtenção de maior eficiência na

[4] Trata-se da Lei n. 13.964, publicada no dia 24 de dezembro de 2019.

persecução penal e inspirado pela regulamentação internacional, que veio à luz a sobredita lei.[5] Para além da definição das organizações criminosas – um vácuo que se mostrava renitente –, a lei regulamentou os meios de investigação e de obtenção de prova especialmente voltados à persecução daquela criminalidade.[6] Dentre estes sobressai o acordo de colaboração premiada, a faceta lapidada do direito premial.

O acordo busca romper com a solidariedade interna que marca a organização criminosa e revelar caminhos probatórios que esclareçam a sua estrutura, a divisão de responsabilidades e os crimes cometidos. Assim, pelo acordo de colaboração, o investigado – ou réu – assume mais um papel no processo, qual seja, o de colaborador.[7] Para tanto, renuncia, voluntariamente, ao exercício do direito ao silêncio, assumindo, desde logo, o compromisso de dizer a verdade de tudo que souber acerca

[5] Ver, sobre o histórico dos debates legislativos que redundaram na aprovação da referida lei, que contou com debates congressuais e audiências públicas com atores do sistema jurídico. Franco, Ivan Candido da Silva de. **O princípio da obrigatoriedade residual da ação penal de iniciativa pública e os modos de solução do conflito penal: proposta de compatibilização.** 2023. Tese (Doutorado em Direito Processual Penal) – Faculdade de Direito, Universidade de São Paulo, São Paulo, p. 232-240, 2023.

[6] Cf. art. 3º da Lei n. 12.850/13, que são: colaboração premiada; captação ambiental de sinais eletromagnéticos, ópticos ou acústicos; ação controlada; acesso a registros de ligações telefônicas e telemáticas, a dados cadastrais constantes de bancos de dados públicos ou privados e a informações eleitorais ou comerciais; interceptação de comunicações telefônicas e telemáticas, nos termos da legislação específica; afastamento dos sigilos financeiro, bancário e fiscal, nos termos da legislação específica; infiltração, por policiais, em atividade de investigação, na forma do art. 11; cooperação entre instituições e órgãos federais, distritais, estaduais e municipais na busca de provas e informações de interesse da investigação ou da instrução criminal.

[7] É posição jurídica *sui generis*, como tratamos no Tópico 5.6. Não se trata de testemunha, pois essa condição supõe o não envolvimento no fato delituoso. Ademais, não está o colaborador sujeito às penas do crime de falso testemunho, muito embora esteja obrigado, pelos termos do acordo, a falar a verdade dos fatos que souber. A mentira implicaria violação do acordo e a proibição de obtenção dos benefícios ali acordados. Nesse sentido: Zilli, Marcos Transplantes, traduções e Cavalos de Troia. O papel do juiz no acordo de colaboração premiada. Leituras à luz da Operação Lava Jato. *In*: Ambos, Kai; Zilli, Marcos (org.). **Corrupção**: ensaios sobre a Operação Lava Jato. São Paulo: Marcial Pons, pp. 93-132, 2019, p. 109; e Romero, Eneas. A colaboração premiada. In: Ambos, Kai; Romero, Eneas (coords.). **Crime organizado**. Análise da Lei 12.850/2013. São Paulo: Marcial Pons; CEDPAL, pp. .253-277, 2017, p. 264. A questão é bastante controversa.

dos fatos que são investigados.[8] Cuida-se, por definição legal, de um negócio jurídico processual que leva à obtenção de provas.[9] Supõe um movimento de colaboração processual.[10] O colaborador assume obrigações processuais que, uma vez ultimadas, levam à revelação de fontes de prova que alimentam a persecução penal dirigida ao desmantelamento da organização.

Ao prestar efetiva colaboração, o colaborador recebe um tratamento punitivo mais brando que se materializa em perdão judicial, em redução da pena privativa de liberdade em até 2/3 (dois terços) ou mesmo na substituição da pena privativa por restritiva de direitos.[11] Caso a colaboração se dê após a prolação de sentença, a pena a cumprir poderá ser reduzida até a metade ou, então, poderá ser admitida a progressão de regime prisional, ainda que ausentes os requisitos objetivos para tanto.[12] A lei possibilita também a concessão de imunidade processual, representada pelo não oferecimento de ação penal pelo Ministério Público em favor do colaborador que, sem ser o líder da organização, tiver sido o primeiro a prestar a efetiva colaboração.[13]

[8] Sobre o acordo de colaboração premiada e sua análise no ordenamento jurídico brasileiro, ver ZILLI, Marcos Alexandre Coelho. Plea agreements in Brazil law. The Operation Car Wash experience. In: BECHARA, Fabio; GOLDSHMIDT, Paulo. (Org.). **Lessons of Operation Car Wash**. A legal, institutional, and economic analysis. 1ed., v. 1, p. 68-82, 2020. Disponível em: https://direitosp.fgv.br/sites/default/files/2021-09/bi-09212020-car_wash_report_v2.pdf.

[9] Cf. art. 3º-A, da Lei nº 12.850/13, com redação dada pela Lei n. 13.964/19.

[10] Daí o seu caráter premial, ou "[...] incentivos criados pelo legislador para dar maior eficácia à tutela penal e reduzir os custos de investigação e produção probatória" (BOTTINO, Thiago. Colaboração premiada e incentivos à cooperação no processo penal: uma análise crítica dos acordos firmados na "Operação Lava Jato". **Revista Brasileira de Ciências Criminais**, São Paulo, v. 122, p. 359-390, set./out. 2016, p. 360.). O paradigma da eficiência seguiu sendo um motor para alterações de leis processuais penais, com a busca pelo sucesso e celeridade nas persecuções penais a partir da negociação direta entre o Estado e o particular, com o fim de se chegar a elementos de prova contra terceiros (ver CORDEIRO, Nefi. **Colaboração premiada**: caracteres, limites e controles. Rio de Janeiro: Forense, 2020, p. 46.).

[11] Cf. art. 4º, *caput* da Lei n. 12.850/13.

[12] Cf. art. 4º, § 5º da Lei n. 12.850/13.

[13] Cf. art. 4º, § 4º, incisos I e II da Lei n. 12.850/13. O acordo de imunidade se submete ao regramento previsto na previsão geral da colaboração premiada, notadamente no que se refere à sua serventia para a persecução penal. Daí a exigência de determinados resultados oriundos da colaboração com o sistema de Justiça como condição para viabilizar o referido acordo. Sobre a formatação, o acordo de imunidade processual tem objeto semelhante ao de

Não há liberdade de pactuação em torno dos benefícios punitivos. Os prêmios são estabelecidos por lei e, dessa forma, constituem *numerus clausus*.[14] Revelam os espaços de concessão que o Estado suporta concretizar em troca do fornecimento de ferramentas úteis à potencialização da persecução penal da organização criminosa. Expressam, dessa forma, política criminal que é desenhada pelo legislador, à qual se submetem os atores de justiça. A homologação inicial – que não afasta o controle quando do julgamento final – confere o selo da eficácia jurídica à relação negocial,[15] estabilizando, dessa forma, as posições jurídicas das partes negociantes.

outro acordo de colaboração premiada genericamente considerado, mas possui maior regramento (i) acerca de momento processual para o seu entabulamento e (ii) das hipóteses de incidência. Ver, sobre o tema, ZILLI, Marcos. O acordo de colaboração premiada como negócio jurídico processual. O controle judicial em fase dos operadores legisladores. *In*: ZILLI, Marcos; AMBOS, Kai; MENDES, Paulo de Souza (Org.). **Colaboração premiada**: perspectiva comparada. 1ed. São Paulo: Tirant Lo Blanch, pp. 51-89, 2020, pp. 79-86.

[14] Cf. art. 4º, *caput* da Lei n. 12.850/13. A vinculação à legalidade premial foi reafirmada pela Lei n. 13.964/19, por meio da inclusão do inciso II ao §7º do art. 4º.

[15] A compreensão do acordo de colaboração premiada como negócio jurídico processual foi afirmada pelo acórdão paradigma do STF, Tribunal Pleno, **HC 127.483/PR**, Rel. Min. Dias Toffoli, j. 27/08/2015, DJe 04/02/2016, depois seguidamente reafirmada pela jurisprudência da Corte. Quando do julgamento, afirmou-se que: "A colaboração premiada é um negócio jurídico processual, uma vez que, além de ser qualificada expressamente pela lei como meio de obtenção de prova, seu objeto é a cooperação do imputado para a investigação e para o processo criminal, atividade de natureza processual, ainda que se agregue a esse negócio jurídico o efeito substancial (de direito material) concernente à sanção premial a ser atribuída a essa colaboração". A questão, que até então expressava afirmação jurisprudencial, ganhou estatura legal. A Lei nº 13.964/19 acrescentou o art. 3º-A, afirmando ser o acordo de colaboração premiada um negócio jurídico processual. Assim, pelo acordo, as partes processuais voluntariamente ajustam os termos da colaboração processual – que será prestada pelo investigado, acusado ou condenado – e o prêmio punitivo correspondente – que será perseguido pelo acusador público durante o processo. O efeito do negócio jurídico processual é o de construir uma nova relação jurídica entre as partes do processo, fixando-lhes direitos, ônus e faculdades. Dessa forma, como negócio jurídico que é a colaboração premiada estabelece entre as partes negociantes compromissos, direitos e deveres de índole processual. O cumprimento dos termos do acordo não se confunde com a relação jurídica construída. Esta emerge do acordo. Aquela envolve a etapa de cumprimento ou de realização do acordo. Nesse sentido: ZILLI, Marcos. O acordo de colaboração premiada...*op. cit.*, 2020, pp. 51-62. Para uma análise mais detida sobre a categoria dos negócios jurídicos processuais, ver: RODRIGUES JR, Otavio Luiz. Estudo dogmático da forma dos atos processuais e espécies. **Revista Jurídica**, v. 321, julho, 51-72, 2004; e DIDIER JR, Fredie; NOGUEIRA, Pedro Henrique Pedrosa. **Teoria dos fatos jurídicos processuais**. Salvador: Jus Podivm, 59-60, 2012; e

De qualquer modo, para além das cláusulas pactuadas, ao colaborador assistem direitos que emanam de sua situação jurídica que vem a ser aperfeiçoada com a homologação judicial do acordo. São, em realidade, medidas de proteção legal, a saber:[16] ter preservados o nome, qualificação, imagem e demais informações pessoais; ser conduzido, em juízo, separadamente dos demais coautores e partícipes; participar das audiências sem contato visual com os outros acusados; não ter sua identidade revelada pelos meios de comunicação, nem ser fotografado ou filmado, sem sua prévia autorização por escrito e cumprir pena ou prisão cautelar em estabelecimento penal diverso dos demais corréus ou condenados.[17]

3. A *Operação Lava Jato*. Dimensão, significado e métodos

Como é sabido, a *Operação* deu os seus primeiros passos com a revelação de um esquema de lavagem de capitais em uma rede de postos de combustíveis. Os postos eram utilizados para movimentar recursos ilícitos pertencentes a uma das organizações criminosas. A partir da identificação do envolvimento de doleiros, apurou-se o envolvimento de agentes públicos que, por fim, levou ao desmantelamento de articulado esquema criminoso de superfaturamento de contratos celebrados pela *Petrobras*.

A magnitude da *Operação* encontra eco em seus próprios números. Tomando-se apenas o núcleo central e originário da *Operação*, dado pela Justiça Federal de Curitiba/PR,[18] ao longo dos sete anos de duração (2014-2021), foram realizadas 79 operações policiais. Foram expedidos 1.450 mandados de busca e apreensão, 132 mandados de prisão preventiva e outros 163 de prisão temporária.[19] Foram celebrados 69 acordos

Brandalise, Rodrigo da Silva. O acordo de colaboração processual no Brasil: um negócio jurídico inserido no direito probatório. In Mendes, Paulo de Sousa; Pereira, Rui Soares (coords.), **Prova penal teórica e prática**. Coimbra: Almedina, pp. 195-247, 2019, p. 221.

[16] Cf. Lei n. 9.807/99, que estabelece normas para a manutenção de programas especiais de proteção às vítimas e testemunhas. Essa legislação contém um capítulo específico para a proteção dos chamados réus colaboradores (arts. 13 a 15).

[17] Cf. art. 5º, incisos I a VI da Lei n. 12.850/13.

[18] Informações extraídas do portal oficial do Ministério Público Federal Disponível em: <http://www.mpf.mp.br/grandes-casos/lava-jato/resultados>. Acesso em 20 mar. 2023.

[19] A legislação brasileira prevê duas modalidades de prisão cautelar processual. A prisão temporária, prevista na Lei n. 7.960/89 é aquela imposta por prazo determinado, no curso de investigação criminal e instaurada para apuração de condutas criminosas específicas.

de colaboração premiada. 179 acusações criminais foram apresentadas por crimes de corrupção, contra o sistema financeiro nacional, tráfico internacional de drogas, formação de organização criminosa e lavagem de ativos, entre outros. Até o presente momento, há 174 condenados e 4,3 bilhões de reais foram restituídos aos cofres públicos.

Não se olvide do contexto em que se inseriu a *Operação*. De fato, desde o seu início, ela sempre esteve sob os holofotes da mídia, tendo direcionado as expectativas de boa parte da opinião pública. A sua magnitude e os resultados imediatos, com medidas constritivas em detrimento de investigados, evocou sentimentos de cruzada contra a corrupção e de combate à impunidade. Houve forte pressão da sociedade que alimentava a cobertura midiática, sendo por esta retroalimentada. Criou-se, assim, um cenário de pressão que aumentava à medida que novos fatos e nomes vinham à tona com a revelação do conteúdo das colaborações.[20]

O acordo de colaboração premiada, nos moldes regulamentados, representou, em certa medida, uma novidade no roteiro da persecução penal. Para além da relativa incapacidade dos atores em compreender a exata dimensão do instituto, convergiram vácuos normativos que, não raras vezes, foram preenchidos à luz de uma lógica puramente eficientista.

4. O acordo de colaboração premiada em ação. Heterodoxias

Com o passar dos anos, as críticas em torno dos múltiplos e sucessivos acordos de colaboração premiada celebrados no contexto da *Operação Lava Jato* se acentuaram, contribuindo para uma mudança de percepção sobre os métodos de investigação ali utilizados. As críticas amplificaram-se após a divulgação de mensagens atribuídas aos aparelhos de telefonia móvel de alguns dos membros do Ministério Público Federal,

O seu propósito é o de viabilizar a investigação criminal afetada pela liberdade do investigado. A prisão preventiva, por sua vez, é a prisão processual tradicional, regulada pelo Código de Processo Penal (cf. arts 312 a 316). Funda-se na cautelaridade e, portanto, nos juízos de necessidade e indispensabilidade, não tendo prazo de duração fixo.

[20] Ver Manzano, Luis Fernando de Moraes; Essado, Tiago Cintra. Colaboração premiada: entre a eficiência e o garantismo. In: Vaz, Denise Provasi; Dezem, Guilherme Madeira; Zilli, Marcos; Lopes, Mariangela Tomé (orgs.) **Eficiência e garantismo no processo penal**. São Paulo: LiberArs, pp. 197-210, 2017, p. 206.

as quais indicavam um indesejável alinhamento entre os órgãos públicos de persecução e a autoridade judiciária.[21]

De qualquer modo, no terreno das críticas sobressai a ampliação dos benefícios punitivos para além daqueles previstos em lei. Tal prática escancarou a falsa impressão de uma liberdade de pactuação, própria da negociação privada, e que foi transportada para o ambiente do processo penal. A progressão do regime fechado direto ao aberto,[22] a previsão de fixação de regime aberto, independentemente da quantidade de pena a ser estabelecida em sentença,[23] a fixação de regimes prisionais abertos diferenciados,[24] assim como a possibilidade de suspensão da persecução e do prazo prescricional[25] são apenas alguns dos exemplos que podem ser citados.

[21] Esse episódio ficou conhecido como "Vaza Jato", revelando supostas conversas travadas entre atores do Sistema de Justiça envolvidos na referida operação. Nesse sentido: "Site divulga trechos de mensagens atribuídas a Procuradores da Lava Jato e a Sergio Moro". Disponível em: https://g1.globo.com/politica/noticia/2019/06/09/site-divulga-trechos-de-mensagens-atribuidas-a-procuradores-da-lava-jato-e-a-sergio-moro.ghtml. Acesso em 19 mar. 2023.

[22] Conforme termo de colaboração premiada firmado entre o MPF e Alberto Youssef em 24 de setembro de 2014, assim redigido: "Cláusula 5ª (...) V. após o integral cumprimento da pena privativa de liberdade em regime fechado nos termos do inciso III da presente cláusula, a progressão do COLABORADOR diretamente para o regime aberto, mesmo que sem o preenchimento dos requisitos legais, nos termos do art. 4º, §5º, da Lei 12.850/13". Disponível em: https://politica.estadao.com.br/blogs/fausto-macedo/wp-content/uploads/sites/41/2015/01/acordodelaçãoyoussef.pdf. Acesso em 19 mar. 2023.

[23] Conforme estabelecido no termo de colaboração premiada firmado entre o MPF e Pedro Barusco no dia 19 de novembro de 2014. "Cláusula 5ª (...) III. O(s) regime(s) e a(s) pena(s) privativa(s) de liberdade que forem originalmente fixado(s) na(s) sentença(s) condenatória(s) proferida(s) em face do COLABORADOR ser(á)(ão) substituído(s) por pena privativa de liberdade em regime aberto diferenciado, por período de 2 (dois) anos, iniciando-se o seu cumprimento a partir do trânsito em julgado da primeira condenação...". Disponível em: https://www.conjur.com.br/dl/delacao-barusco-ficara-regime-aberto.pdf. Acesso em 19 mar. 2023. Ver, ainda: MANZANO, Luis Fernando de Moraes; ESSADO, Tiago Cintra. Colaboração premiada...*op. cit.*, 2017, p. 207.

[24] Conforme estabelecido no termo de colaboração premiada firmado entre o MPF e Pedro Barusco (Cláusula 5, III). Disponível em: https://www.conjur.com.br/dl/delacao-barusco-ficara-regime-aberto.pdf. Acesso em 19 mar. 2023.

[25] A prescrição é matéria de ordem pública que condiciona o exercício do poder-dever punitivo. As hipóteses de suspensão ou de interrupção do prazo prescricional são as previstas em lei. Há acordos que fixaram prazo de dez anos de suspensão do prazo prescricional, sem previsão legal. Veja-se, a propósito o acordo de colaboração premiada

Mas a liberdade de pactuação não se restringiu à amplificação dos benefícios punitivos. De fato, não foram incomuns os acordos que fixaram tratamento punitivo mais severo em total afronta à própria lógica premial informadora do instituto. A previsão do cumprimento de pena privativa de liberdade em regime fechado – após a homologação do acordo e, portanto, mesmo sem condenação –,[26] as cláusulas que afastaram a possibilidade de aplicação da detração penal para quem cumprisse prisão preventiva ou prisão domiciliar, ou mesmo a proibição da remição da pena pelo trabalho são, igualmente, alguns dos exemplos.[27]

O próprio processo não ficou imune à liberdade criadora dos sujeitos pactuantes. Cláusulas impeditivas da interposição de recursos e do uso de ações impugnativas para desafiar as sentenças condenatórias que viessem a ser proferidas também foram utilizadas.[28]

Muitas das questões foram resolvidas com a promulgação da Lei Anticrime.[29] Há outras, é certo, que remanescem em aberto. Não se

firmado em 24 de setembro de 2014 entre o MPF e Alberto Youssef, assim redigido: "Transcorrido o prazo de 10 (dez) anos sem a prática de fato pelo COLABORADOR que justifique a rescisão deste acordo, voltarão a fluir os prazos prescricionais de todos os procedimentos suspensos nos termos do inciso II, até a extinção da punibilidade". (cláusula 5ª, VI, §1º.). Disponível em: https://politica.estadao.com.br/blogs/fausto-macedo/wp-content/uploads/sites/41/2015/01/acordodelaçãoyoussef.pdf. Acesso em 19 mar. 2023.

[26] Conforme cláusula 5ª, § 6º, do já mencionado acordo celebrado com Alberto Youssef: "O Colaborador, cumprirá imediatamente após a assinatura do presente acordo a pena privativa de liberdade em regime fechado a que se refere o inciso III da presente cláusula".

[27] Conforme cláusula 5ª, § 3º, do já mencionado acordo de colaboração firmado por Paulo Roberto Costa em 27 de agosto de 2014, com a seguinte redação: "§ 3º. A pena cumprida cautelarmente, seja de prisão comum, seja de prisão domiciliar, assim como a pena de prisão domiciliar, seja cautelar ou penal, não interferirão no tempo de pena de até dois anos em regime semi-aberto estabelecido em sentença. O tempo de eventual trabalho também não interferirá para fins de progressão do regime".

[28] No acordo celebrado por Paulo Roberto Costa, encontramos os seguintes exemplos: Cláusula 12: "A defesa desistirá de todos os habeas corpus impetrados no prazo de 48 horas, desistindo também do exercício de defesas processuais, inclusive de discussões sobre competência e nulidades. Ainda na cláusula 17: "(...) O colaborador renuncia ainda ao exercício do direito de recorrer das sentenças penais condenatórias proferidas em relação aos fatos que são objeto deste acordo, desde que elas respeitem os termos aqui formulados". Disponível em: https://s.conjur.com.br/dl/acordo-delacao-premiada-paulo-roberto.pdf. Acesso em 19 mar. 2023.

[29] A Lei n. 13.964/19 trouxe importantes alterações na legislação penal e processual. No ponto específico da colaboração premiada, os novos dispositivos regulamentaram aspectos que não tinham sido tocados pela Lei n. 12.850/13, e cuja necessidade de regulamentação

preconiza a revogação do instituto, cuja importância é reconhecida como destacado instrumento de potencialização do enfrentamento de grave e estruturada criminalidade. Em realidade, a questão é de calibragem da ideologia utilitarista[30] que informa a colaboração premiada. Nesse passo, a experiência acumulada no contexto da *Operação* fixou um importante movimento de reflexão em torno da superlativação dos efeitos milagrosos de certos mecanismos processuais.

5. As modificações operadas pela Lei Anticrime

As críticas e as revisões de acordos firmados com cláusulas heterodoxas impulsionaram o legislador a empreender mudanças na regulamentação do acordo de colaboração premiada. As alterações eram, de fato, necessárias. A *Operação* desvirtuou o sentido e o alcance do instituto tal como inicialmente projetado pelo legislador. A falta de parâmetros na legislação nacional, somada às expectativas hipertrofiadas de combate ao fenômeno da corrupção institucionalizada definiram as primeiras orientações exegéticas do acordo de colaboração premiada que, posteriormente, foram moduladas pela jurisprudência. Aqui mais um ponto de singularidade. O envolvimento de autoridades que gozavam de prerrogativa de foro inseriu o Supremo Tribunal Federal, desde logo, no epicentro do debate. Pressionada pelo calor dos acontecimentos e sem o amparo do natural amadurecimento reflexivo travado pelas instâncias inferiores, a mais alta Corte foi instada a decidir sobre padrões e procedimentos de um novo instituto negocial que não guardava similitude com aqueles até então vigentes e incidentes sobre uma criminalidade de menor potencial ofensivo.

De qualquer modo, todos estes aspectos, em maior ou menor grau, contribuíram para a revisão do instituto e sua lapidação, informada pela

se apresentou em função da operacionalização do instituto e da visibilidade alcançada pela Operação Lava Jato. A regulamentação da fase das negociações preliminares é um exemplo. Outros pontos também foram clarificados, como é o exemplo do reforço dado à legalidade estrita aplicável aos benefícios punitivos.

[30] Mesmo quem aponte os efeitos deletérios dos prêmios concedidos aos criminosos colaboradores reconhecia, contudo, a validade do método, não havendo outra forma de se assegurar a punição dos demais agentes. Nesse sentido: "But if there be no other means, this method is good; since the impunity of a single criminal is a less evil than the impunity of many" (Bentham, Jeremy. **The rationale of reward**. London: John and H. L. Hunt, 1825, p. 104).

busca do equilíbrio de valores que ditam os caminhos do processo penal contemporâneo: eficiência e garantismo.

5.1. Aprimoramento do marco regulatório da fase de negociação do acordo de colaboração premiada

O acordo celebrado, e que é submetido ao juiz competente para homologação, supõe uma fase de negociação. O marco regulatório original sobre a colaboração premiada não possuía maiores detalhamentos sobre tal fase. As únicas proclamações diziam respeito à não participação do juiz e à exigência de assistência de defesa técnica.[31] A Lei nº 13.964/19 trouxe robustas alterações ao incluir uma detalhada regulamentação sobre a fase inicial das tratativas e que se projetam no antecedente lógico da formalização e confirmação do acordo.

O início das negociações tem como marco o recebimento da proposta de formalização do acordo.[32] Ainda que os novos dispositivos não sejam expressos, conclui-se que a legitimidade para a apresentação da proposta pertence ao interessado em prestar a colaboração.[33] Isso porque, na indicação dos requisitos da proposta, a lei se refere a um requisito formal, que é a assinatura do interessado e de seu defensor, bem como a requisitos materiais, que são a descrição detalhada dos fatos ilícitos da futura colaboração e a indicação das provas e dos elementos de corroboração.[34] Os requisitos somente podem ser atendidos pelo interessado.

A apresentação de proposta não instaura, automaticamente, a fase das negociações. Até mesmo porque pode ela ser sumariamente indeferida, conforme disposição expressa trazida pela legislação reformada. Não sendo o caso de indeferimento, o celebrante[35] deverá firmar os

[31] Cf. art. 4º, § 6º da Lei n. 12.850/13.

[32] Cf. art. 3º-B, *caput*, da Lei nº 12.850/13, com redação dada pela Lei n. 13.964/19.

[33] Até porque a busca das autoridades públicas para o fim de se entabular um acordo de colaboração premiada é entendido, por muitos, como uma estratégia de defesa, a ser exercitada pelo sujeito imputado. Ver, por todos, FRANCO, Ivan Candido da Silva de. O Ministério Público e a Justiça Negocial no Brasil: entre a obrigatoriedade e a discricionariedade. **Boletim do IBCCRIM**, São Paulo, v. 29, n. 344, p 20-22, jul. 2021.

[34] Cf. art. 3º-C, *caput* e §4º da Lei nº 12.850/13, com redação dada pela Lei n. 13.964/19.

[35] A expressão "celebrante" não constava da redação original da Lei n. 12.850/13, tendo sido introduzida pela Lei n. 13.964/19. Possivelmente, foi a solução encontrada para abarcar tanto a autoridade policial como o representante do Ministério Público. Muito embora a

termos de recebimento e de confidencialidade.[36] Esse momento se reveste de importância, pois é o recebimento que demarca o início da fase das negociações e impõe, desde logo, o manto da confidencialidade.[37] Trata-se de um dever de sigilo que recai sobre todos sujeitos (colaborador, defensor e o celebrante). A violação implica quebra de confiança e de boa-fé, justificando o encerramento das negociações.[38]

Mais do que antecedente lógico da formalização do acordo, a fase de negociação exigia a devida regulamentação por envolver situações jurídicas, direitos e deveres, assim como expectativas de direito. O recebimento da proposta implica, portanto, uma aceitação formal para o início das tratativas. Estabelece-se, desde logo, um vínculo jurídico entre as partes. Não se tem um vínculo impositivo da celebração final do acordo ou da manutenção da relação jurídica colaborativa. São, sobretudo, deveres de conduta ética que orientam a fase das negociações. Assim, o encerramento das negociações após o recebimento da proposta somente é possível quando configurada a justa causa.[39] Para além da violação do sigilo,

legislação original já concedesse legitimidade à autoridade policial, para a propositura de acordo de colaboração premiada, a previsão sempre nos pareceu ser inconstitucional. De fato, não detém legitimidade para ocupar posições de disposição de direitos, de faculdades ou de poderes, simplesmente porque não assume posições jurídicas que suscitem espaços de disposição. O Delegado de Polícia não é titular do exercício da ação penal de iniciativa pública, reservada privativamente ao Ministério Público por disposição constitucional. Sequer, aliás, pode dispor do inquérito policial. A questão, contudo, foi alvo de Ação Direta de Inconstitucionalidade (STF, Tribunal Pleno, **ADI 5.508/DF**, Rel. Min. Marco Aurélio, j. 20/06/2018, DJe 05/11/2019) que reconheceu a constitucionalidade da legitimidade da autoridade policial. No sentido da inconstitucionalidade, ver: BITENCOURT, Cezar Roberto; BUSATO, Paulo Cesar. **Comentários à Lei de Organização Criminosa**. São Paulo: Saraiva. 2014, p. 122-124; MENDONÇA, Andrey Borges de. A colaboração premiada e a nova Lei do Crime Organizado (Lei 12.850/13). **Revista Custos Legis**, v. 4, pp. 1-38, 2013, p.14; e SILVA, Eduardo Araujo da. **Organizações criminosas**. Aspectos penais e processuais da Lei n. 12.850/13. São Paulo: Atlas, 2014, pp. 59-60.

[36] Não há um prazo estabelecido, o que é fonte de incerteza e de insegurança jurídica.

[37] Cf. art. 3º-B, §5º da Lei nº 12.850/13, com redação dada pela Lei n. 13.964/19.

[38] Conforme expressamente proclama a parte final do art. 3º-B da Lei 12.850/13, com redação dada pela Lei n. 13.964/19.

[39] É o que se infere da leitura do novo §2º do art. 3º-B da Lei n. 12.850/13, com redação dada pela Lei n. 13.964/19, assim redigido: "Caso não haja indeferimento sumário, as partes deverão firmar Termo de Confidencialidade para prosseguimento das tratativas, o que vinculará os órgãos envolvidos na negociação e impedirá o indeferimento posterior sem justa causa".

a ausência de utilidade e/ou interesse público na colaboração é outra razão para o encerramento das negociações.[40]

5.2. Papel ativo do juiz na verificação do requisito da voluntariedade

A renúncia ao exercício do direito ao silêncio e a assunção da obrigação de dizer a verdade exigem voluntariedade. As alterações legislativas potencializaram o papel do juiz na aferição de tal requisito.

Não há colaboração válida quando submetida ao manto da coação, seja física ou psicológica. Nestas situações, restam evidentes as violações das garantias da privacidade e da intimidade, tornando ilícitos os elementos de prova obtidos pela colaboração.[41] A voluntariedade, entre-

[40] São princípios orientativos do instituto da colaboração premiada e expressamente indicados pelo art. 3º-A da Lei n. 12.850/13, com redação dada pela Lei n. 13.964/19.

[41] Independentemente das muitas conceituações que gravitam em torno das provas ilícitas, consagrou-se em terras brasileiras a definição construída por Nuvolone, aqui foi abraçada por Ada Pellegrini Grinover. Segundo tal sistematização, enquanto as provas ilícitas estariam associadas à violação de direitos fundamentais da personalidade cometida por ocasião dos procedimentos de obtenção, as ilegítimas resultariam da inobservância de normas processuais quando da produção probatória. O grande mérito dessa distinção é o de evitar a confusão entre os diferentes padrões de ilegalidade. A ilicitude probatória se relaciona com o momento de obtenção da prova, vale dizer, com a sua descoberta. Via de regra, tal ocorre na fase investigatória. Afinal, é justamente nesta fase que reside a apuração, a pesquisa, o rastreamento do fato criminoso e de sua autoria. É, portanto, a fase da persecução em que os poderes dos agentes públicos se manifestam com toda a sua força e energia. É onde a proteção dos direitos fundamentais da liberdade é mais sensível. É por isso que se fala em inadmissibilidade quando a problemática se volta para a ilicitude probatória. Trata-se, portanto, de uma "não-prova" o que remete a questão para o plano da inexistência jurídica. Daí a solução dada por alguns ordenamentos em inutilizar a prova ilicitamente obtida. Evita-se, com isto, apagar qualquer rastro material de algo que não tem existência jurídica. Ver: Nuvolone, Pietro. Le prove vietate nel processo penale nei paesi di diritto latino. **Rivista di Diritto Processuale**, Padova, v. XXI, p. 442-475, 1966; Grinover, Ada Pellegrini. **Liberdades públicas e processo penal.** As interceptações telefônicas. São Paulo: Revista dos Tribunais, 1982, p. 67; Aranha, Adalberto José de Camargo. A prova proibida no âmbito penal. **Revista de Jurisprudência do Tribunal de Justiça do Estado de São Paulo.** São Paulo, ano 16, v. 75, mar./abr., p. 19-24, 1982; Fernandes, Antonio Scarance. **Processo penal constitucional**. 6. ed., São Paulo: Revista dos Tribunais, 2010, 81-83; e Zilli, Marcos. As provas ilícitas no processo penal brasileiro e no direito penal internacional: duas cabeças, duas sentenças. In: Santiago, Nestor Eduardo Araruna (Coord.) **Proibições probatórias no processo penal**. Análise do direito brasileiro, do direito estrangeiro e do direito internacional. Brasília: Gazeta Jurídica, p. 89-137, 2013, pp. 98-102.

tanto, não se confunde com a espontaneidade.[42] Assim, são irrelevantes as considerações sobre as "verdadeiras" intenções do colaborador. Se a decisão em prestar a colaboração – e em firmar o respectivo acordo – for motivada por uma ponderação sobre os riscos provenientes das incertezas do processo, ou outros motivos de foro íntimo, haverá ato voluntário.

Questão mais delicada reside na avaliação da voluntariedade do colaborador preso. A restrição da liberdade, por si, acentua a vulnerabilidade daquele que é o sujeito de uma persecução penal conduzida pelo Estado. Muito embora não seja preciso fixar uma relação necessária entre prisão cautelar e comprometimento do requisito da voluntariedade, é evidente que tal condição exige maior zelo da autoridade judiciária no exercício do controle de licitude. Nesse sentido, andou bem a modificação legislativa, ao impor o dever de o juiz ouvir o colaborador.[43]

De qualquer modo, não se pode condicionar a futura liberdade do colaborador ao cumprimento do acordo. Cláusulas que tais colocam dúvidas sobre a voluntariedade na disposição do exercício de direitos. A concordância com a colaboração não pode ser entendida como um preço para o resgate ou para a preservação do *status libertatis*.[44] Feitas tais considerações, não se pode assumir posição categórica de que a res-

[42] Nesse sentido: Aires, Murilo Thomas; Fernandes, Fernando Andrade. A colaboração premiada como instrumento de política criminal. A tensão em relação às garantias fundamentais do réu colaborador. **Revista Brasileira de Direito Processual.** v. 3, n. 1, jan./abr., p. 253-284, 2017, p. 266; Gomes, Luiz Flávio; Silva, Marcelo Rodrigues da. **Organizações criminosas e tendências especiais de investigação**. Salvador: JusPodivm, 2015, p. 242; e Bitencourt, Cezar Roberto; Busato, Paulo Cesar. **Comentários**...*op. cit.*, 2014, p. 119.

[43] A antiga redação do art. 4º §7º da Lei n. 12.850/13 previa a oitiva do colaborador como mero ato de faculdade da autoridade judiciária. A nova redação torna o ato obrigatório. Mais ainda, expressamente registra maior atenção que deve ser dedicada ao colaborador que se encontra submetido a medidas cautelares.

[44] A questão é muito controvertida. Badaró entende ser incompatível o requisito da voluntariedade com a situação da privação da liberdade. Nesse sentido: "Por último, obriga-se a confessar: o que mais pode fazer uma pessoa que está privada de sua liberdade e de seu patrimônio, com base em medidas cautelares que a lei não estabelece prazo máximo de duração, diante de uma promessa de liberdade e liberação de parte lícita do patrimônio? O tempo no cárcere se incumbe de lenta, constante e indefinidamente vencer até mesmo os mais tenazes.". Badaró, Gustavo Quem está preso pode delatar? Ainda sobre a delação premiada e o requisito da voluntariedade. **Jota**. Opinão e Análise, em 23 de junho. 2015. No mesmo sentido: Borri, Luiz Antonio. Delação premiada do investigado/acusado preso cautelarmente: quando o Estado se transfigura em criminoso para extorquir a prova do investigado. **Boletim IBCCRIM**, São Paulo, ano 24, n. 285, 6-8, 2016.

trição da liberdade, por si, é incompatível com a voluntariedade, comprometendo, dessa forma, a validade da colaboração.

Assim, no exercício de seu controle, o juiz deve verificar as formalidades do acordo, o percurso desenvolvido pelas partes durante a negociação e, ainda, o conteúdo das cláusulas estabelecidas. É nesse contexto que as novas disposições impuseram ao juiz o dever de ouvir, em caráter sigiloso e antes da homologação, o colaborador, acompanhado de seu defensor. A medida permite uma avaliação mais precisa sobre a voluntariedade. Para tanto, poderá o juiz, inclusive, requisitar os registros das tratativas realizadas na fase das negociações. É, sem dúvida, um material importante para revelação dos processos de construção da vontade do colaborador.[45]

5.3. A legalidade estrita aplicada à premialidade

Questão das mais polêmicas envolve a especificação dos prêmios a que fará jus o colaborador. Nesse ponto, as mudanças dadas pela Lei nº 13.964/19 revelam que as partes não detêm absoluta liberdade na indicação do conteúdo dos benefícios punitivos.

As mudanças são corretas. Afinal, o exercício do poder punitivo expressa os interesses superiores do Estado na implementação de políticas criminais, definidas pelo legislador, a quem cabe o mandato democrático de pautar a métrica premial.[46] Os prêmios revelam o que o Estado se dispõe a conceder na busca pelo combate à criminalidade organizada. Não são os sujeitos processuais aqueles responsáveis por criar políticas criminais.[47] A bem da verdade, são os seus agentes executores. Podem, é

[45] Cf. art. 4º, § 13 da Lei n. 12.850/13, com redação dada pela Lei n. 13.964/19. Ver também ZILLI, Marcos Transplantes, traduções...*op. cit.*, 2019, pp. 125-126.

[46] JARDIM, Afranio da Silva. Acordo de colaboração premiada. Quais são os limites? **Revista Eletrônica de Direito Processual**. Ano 10, v. 17, n, 1, 2016; ZILLI, Marcos: No acordo de colaboração entre gregos e troianos e cavalo é o prêmio. **Boletim do IBCCRIM**, ano 25, n. 300, novembro, pp. 3-5, 2017, p. 4; e VASCONCELOS, Vinicius Gomes de. **Colaboração premiada no processo penal**. São Paulo: Revista dos Tribunais, 2017, p. 153.

[47] Usa-se o termo como expressão da política jurídica geral. Cabe à política criminal a definição da zona penal e o estabelecimento da forma operativa das sanções de acordo com a missão da justiça criminal. Ver: ZIPF, Heinz. **Introducción a la politica criminal**. Trad. Miguel Izquierdo Macías-Picavea. Jaén: Edersa, 1979, pp. 3-4. A questão, é importante destacar, transborda as fronteiras restritas do direito penal material para alcançar o próprio processo penal. Mais do que análises e opções sobre as estratégias de prevenção e repressão

certo, indicar o preço pela revelação de elementos de prova, respeitadas as opções dadas por lei. E, mesmo em tal cenário, o julgador ainda terá liberdade de avaliação quando do julgamento final. O que se tem na estrutura da colaboração premiada desenhada pelo legislador brasileiro é um modelo de premialidade de legalidade estrita.

Na concretização inicial dos termos dos acordos de colaboração premiada, os operadores esticaram os limites da legalidade para, dessa forma, incluir benefícios não previstos em lei. Daí porque a reforma legislativa corrigiu a distorção, reforçando o que já se mostrava evidente. Foi nesse contexto que o legislador proclamou a nulidade das cláusulas que violem os critérios de definição do regime inicial de cumprimento de pena, as regras de cada um dos regimes prisionais e os requisitos de progressão de regime estabelecidos em lei.[48] As referências, de qualquer modo, são meramente exemplificativas e não diminuem o vigor do princípio da premialidade legal.

Assim, caso o acordo de colaboração contenha previsão de benefício não previsto em lei, deverá o juiz restituí-lo às partes para a devida readequação. Ainda assim, é de se frisar que a eventual homologação não imporá ao juiz sentenciante a obrigação de conceder benefício não estabelecido pela lei, por mais que sejam atrativos os argumentos relacionados com a preservação da segurança jurídica e da estabilidade das relações construídas sob a ótica do consenso.[49] O juiz não é parte do

do crime, a política criminal ocupa-se, igualmente, dos limites em que deve operar a punibilidade. Nesse sentido, adverte Fernando Fernandes: "(...) antes de se limitar à indagação do como reagir-se, a política criminal passa a preocupar-se também como aquilo a que deve reagir-se. (...) Isso torna-se evidente a partir de uma construção do processo penal como instrumento de política criminal, na medida em que a necessidade (conflito ou consenso) e a forma (sumário, sumaríssimo, abreviado, directo ou directíssimo) do procedimento são determinados, entre outros fatores, por razões político-criminais. Ou seja, à política criminal não estará reservada apenas a missão de determinar como deve ser a reação penal, mas também a de selecionar aquilo contra o que deverá reagir-se de modo mais formalizado ou não o tipo dessa formalização (maior ou menor)." (FERNANDES, Fernando. **O processo penal como instrumento de política criminal**. Coimbra: Almedina, 2001, p. 50.

[48] Cf. art. 4º, §7º, II da Lei n. 12.850/13, com redação dada pela Lei n. 13.964/19.

[49] O STF, contudo, confere primazia aos valores ligados à segurança das relações acordadas. Nesse sentido, restou deliberado quando do julgamento do STF, Tribunal Pleno, **HC 127.483/PR**, Rel. Min. Dias Toffoli, j. 27/08/2015, DJe 04/02/2016: "11. Os princípios da segurança jurídica e da proteção da confiança tornam indeclinável o dever estatal de honrar o compromisso assumido no acordo de colaboração, concedendo a sanção premial estipulada,

acordo. A homologação não o coloca como parte da relação negocial.[50] A homologação representa o rito de passagem, de estruturação da relação jurídica colaborativa e do estabelecimento do marco inicial para a concretização das colaborações. Não é filtro para ilegalidades.

5.4. Imposição de limite à restrição do exercício de direitos e garantias processuais

Não se concebe possa o acordo de colaboração ser canal para a restrição do exercício de direitos para além das hipóteses previstas em lei. A imposição de medidas cautelares alternativas, por exemplo, deve seguir o roteiro da convergência dos pressupostos e dos requisitos estabelecidos em lei. Não é admissível a inclusão de cláusulas que fixem medidas cautelares como corolário do descumprimento de obrigações desenhadas.[51] Cláusulas que contenham tais previsões põem em xeque a própria voluntariedade como elemento validador do acordo.

Tampouco poderiam integrar o cardápio do acordo quaisquer restrições de acesso à Justiça, bem como do uso das vias recursais e impugnativas. A jurisprudência, aliás, repudiou aquela prática. Mesmo assim, a renúncia ao uso das vias impugnativas seguiu sendo replicada em acordos, com uma formulação mais sofisticada de suas cláusulas. Nesses

legítima contraprestação ao adimplemento da obrigação por parte do colaborado." A questão foi novamente discutida quando do julgamento da STF, Tribunal Pleno, **Pet 7.074/DF**, Rel. Min. Edson Fachin, j. 29/06/2017, DJe 03/05/2018, ocasião na qual se expôs o entendimento de que a homologação vincularia o juiz aos termos pactuados pelas partes.

[50] Posição reafirmada pelo STF quando do julgamento da mencionada Pet 7.074/DF.

[51] No acordo de colaboração premiada firmado por Paulo Roberto da Costa, por exemplo, foram previstas diversas cláusulas indicativas dos pleitos que seriam formulados pelo Ministério Público. Dentre estas havia alusão à formulação de requerimento de prisão domiciliar pelo prazo de um ano, com tornozeleira eletrônica. Conforme redação dada à cláusula 5ª: "Em vista disto, salvaguardada a necessidade de ratificação e homologação judicial deste acordo, uma vez cumpridas integralmente as condições impostas adiante, neste acordo, para o recebimento dos benefícios, bem como no caso haver efetividade da colaboração, o Ministério Público Federal (MPF) propõe ao acusado os seguintes benefícios legais, cumulativamente: I – Pleiteará que, pelos crimes que são objeto do presente acordo, o acusado fique sujeito à continuidade da prisão cautelar e a penas criminais nos termos seguintes: a) prisão domiciliar pelo prazo de 1 (um) ano, com tornozeleira eletrônica ou equipamento similar, na medida da efetividade da colaboração e nos termos dos parágrafos deste artigo, sem detração do prazo de prisão preventiva cumprido". Disponível em: <http://s.conjur.com.br/dl/acordo-delacao-premiada-paulo-roberto.pdf>. Acesso em 23 mar. 2023.

casos, a proscrição das vias recursais ficou restrita ao âmbito decisório que atendesse aos termos pactuados, permitindo-se, assim, o desafio das decisões que não observassem o acordo.[52] A premissa é a de que o colaborador não teria interesse em recorrer contra a decisão final que consagrou a situação jurídica acordada pelas próprias partes.[53] Em certa medida, as questões foram mais bem acomodadas. A nova regulamentação proibiu a restrição do manejo das vias recursais para desafio da decisão homologatória.[54]

5.5. Imparcialidade do julgador. A criação do juiz das garantias

No marco regulatório original do acordo de colaboração premiada, já revelava o legislador a sua preocupação com o resguardo da imparcialidade do julgador. Tanto é verdade que o juiz foi afastado da fase das tratativas que antecedem a formalização do acordo. Nessa linha, a Lei Anticrime estabeleceu louvável inovação ao prever a figura do juiz das garantias, a quem competiria conduzir todos os atos de investigação. O sistema assim projetado impediria que o mesmo juiz que homolo-

[52] Como se vê da cláusula 30 do termo de acordo celebrado por Delcídio do Amaral: "As partes somente poderão recorrer da decisão judicial no que toca à fixação da pena, ao regime de seu cumprimento, à de multa e à de multa compensatória, limitadamente ao que extrapolar os parâmetros do presente acordo. O COLABORADOR também poderá recorrer de imputações presentes ou futuras, deduzidas no âmbito dos feitos, ações penais, inquéritos ou procedimentos abrangidos no presente acordo, os quais excedam o escopo material da colaboração que esteja prestando ou venha a prestar e não sejam tangenciados pelos anexos ao presente instrumento, pelos depoimentos por ele prestados ou por documentos ou outros meios de prova abrangidos pela colaboração". Disponível em: https://s.conjur.com.br/dl/acordo-delacao-premiada-paulo-roberto.pdf. Acesso em 23 mar. 2023.

[53] Nesse sentido, observam Andrey Borges e Fernando Lacerda: "Não obstante, é plenamente válida eventual cláusula pela qual o réu assume o compromisso de não recorrer para defesa de teses que estejam em contradição com o próprio acordo celebrado". Mais adiante acrescentam: "Vale aqui frisar que o compromisso de não recorrer deve estar em consonância com o princípio do consenso, de modo que assunção desse compromisso não proíbe todo e qualquer recurso, mas apenas aqueles que estejam em confronto com o interesse convergente das partes. Assim, é possível ao réu colaborador interpor recurso contra decisão que tenha deliberado em desacordo com o que foi avençado, ou que deliberou sobre questão que não constou do acordo". (MENDONÇA, Andrey Borges de; DIAS, Fernando Lacerda. A renúncia ao direito recursal em acordo de colaboração premiada. *In*: SIDI, Ricardo; LOPES, Anderson Bezerra (orgs.) **Temas atuais de investigação preliminar no processo penal**. Belo Horizonte: D'Plácido, pp. 103-149, 2017, pp. 140-141).

[54] Cf. Lei n. 12.850/13 art. 4º, § 7º-B.

gasse o acordo na fase preliminar de investigação enfrentasse o mérito da acusação e a efetividade da colaboração prestada.

De qualquer modo, esta possibilidade de cumulatividade de atividades jurisdicionais é traço genético de nosso modelo processual. Desde a redação original do CPP, permite-se que o juiz que intervier na fase preliminar de investigação, quando do enfrentamento de medidas cautelares reais e pessoais, possa conduzir a ação penal. A questão toca a denominada imparcialidade objetiva[55] e a teoria da a aparência de imparcialidade, as quais vêm sendo lapidadas pelo sistema europeu de direitos humanos.[56]

É fato que o envolvimento do juiz na fase homologatória lhe permite acesso aos termos do acordo, bem como ao sumário do conteúdo das declarações que serão prestadas pelo colaborador. É um conhecimento pretérito das imputações dirigidas aos delatados – potenciais corréus. O impacto provocado por tais afirmações iniciais carregará a memória do julgador, sobrecarregando uma das partes no esforço de desconstruí-la. Ainda, muito dificilmente os controles de legalidade e de licitude em tor-

[55] Conforme esclarece Badaró: "Em suma, quando o juiz assume um juízo positivo sobre a participação do investigado nos fatos criminosos, estará produzindo em seu espírito determinados pré-juízos sobre a culpabilidade que lhe impedirão de decidir, posteriormente, com total isenção e imparcialidade. Esta situação é particularmente mais sensível no caso em que um mesmo julgador, fisicamente considerado, atuar na fase de investigação preliminar e depois também julgar a causa". (Badaró, Gustavo. Direito ao julgamento por juiz imparcial: como assegurar a imparcialidade objetiva no juiz nos sistemas em que não há a função do juiz de garantias. Disponível em: http://www.badaroadvogados.com.br/ano-2011-direito-ao-julgamento-por-juiz-imparcial-como-assegurar-a-imparcialidade-objetiva-no-juiz-nos-sistemas-em-que-nao-ha-a-funcao-do-juiz-de-garantias.html. 2011.

[56] Significativa é a jurisprudência do Tribunal Europeu de Direitos Humanos no *caso Hauschildtvs Dinamarca* (j. 24/5/1989). Naquela oportunidade, o TEDH entendeu que a prática de certos atos na fase preliminar de investigação abriria espaços para pôr em dúvida a imparcialidade objetiva do julgador – presunção objetiva de equidistância do julgador frente à causa e às partes. Nesse sentido: Zilli, Marcos. O juiz das garantias, a estrutura acusatória e as memórias do subsolo. Um olhar sobre o PL 8045/10 (Projeto do novo Código de Processo Penal). *In*: Sidi, Ricardo; Lopes, Anderson Bezerra (orgs.), **Temas atuais de investigação preliminar no processo penal**. Belo Horizonte: D'Plácido, pp. 387-414, 2017, pp. 395-399; e Sidi, Ricardo. A (im)parcialidade dos relatores das investigações de competência originária do STF e os mecanismos de controle de sua atuação. *In*: Sidi, Ricardo; Lopes, Anderson Bezerra (orgs.) **Temas atuais de investigação preliminar no processo penal**. Belo Horizonte: D'Plácido, pp. 473-489. 2017, pp. 475-480.

no da homologação seriam reavaliados pela mesma autoridade judiciária que em momento anterior da persecução reputou íntegro o acordo.

Foi em meio a este cenário que a Lei nº 13.964/19 introduziu a figura do juiz de garantias. A esse magistrado competiria o controle da legalidade da investigação criminal, a decisão sobre as medidas cautelares pessoais, reais e/ou probatórias, a homologação do acordo de colaboração premiada e, por fim, o juízo de admissibilidade da acusação.[57] Por essa lógica, uma vez recebida a acusação, os autos do processo seriam encaminhados ao juiz da causa para o desenvolvimento da atividade instrutória e o julgamento. A cisão no exercício da atividade jurisdicional, segundo tal concepção, melhor resguardaria o atributo da imparcialidade.[58] A inovação, contudo, não operou os seus efeitos em razão de liminar concedida pelo Supremo Tribunal Federal no âmbito de ação direta de inconstitucionalidade ali ajuizada e que determinou a suspensão, entre outros, da implementação do juiz de garantias.[59]

[57] Cf. art. 3º-B a 3º-F do Código de Processo Penal, com redação dada pela Lei n. 13.964/19. O denominado juiz de garantias – que não se confunde com o juiz da causa penal – terá competência para o controle da investigação e salvaguarda dos direitos e garantias individuais. Para um estudo sobre a proposta e o resguardo do atributo da imparcialidade ver: Zilli, Marcos. O juiz das garantias...*op. cit.*, 2017, pp. 387-414.

[58] Nesse sentido, observa Jacques Camargo: "A imparcialidade do julgador que toma contato direto com a delação, antes de instaurada a ação penal, deve ser preservada com um procedimento garantista, que impeça a cumulação de funções judiciais na fase de apuração do fato – juiz de garantias –, com a função de julgar o mérito da acusação – juiz da causa penal". (Penteado, Jacques de Camargo. Delação premiada: breve incursão nos requisitos de validade e de eficácia. *In*: Vaz, Denise Provasi; Dezem, Guilherme Madeira; Zilli, Marcos; Lopes, Mariangela Tomé (orgs.). **Eficiência e garantismo no processo penal**. Estudos em homenagem a Antonio Scarance Fernandes. São Paulo: LiberArs, pp. 181- 196, 2017, p. 192).

[59] Argumenta-se que a criação do juiz de garantias implicaria mudança estrutural do processo e da organização judiciária, de modo que a iniciativa haveria de ser privativa do Poder Judiciário (art. 96 da CF). Nesse sentido: "Na prática, criaram-se dois novos órgãos – juízos das garantias e juízo da instrução – por meio de uma regra de impedimento processual, o que abreviou indevidamente uma discussão legislativa que deveria ter tomado amplitudes equivalentes aos seus impactos. Observo que se deixaram lacunas tão consideráveis na legislação, que o próprio Poder Judiciário sequer sabe como as novas medidas deverão ser adequadamente implementadas. O resultado prático dessas violações constitucionais é lamentável, mas clarividente: transfere-se indevidamente ao Poder Judiciário as tarefas que deveriam ter sido cumpridas na seara legislativa. Em outras palavras, tem-se cenário em que o Poder Legislativo induz indiretamente o Poder Judiciário a preencher lacunas legislativas e a construir soluções para a implementação das medidas trazidas pela Lei n. 13964/2019,

Por essa razão, ainda permanece a indesejável atuação da mesma autoridade judiciária nas duas fases da persecução. Os fatos históricos que se sucederam reforçam a urgência da alteração normativa.

5.6. *Status* jurídico-processual do réu colaborador e a preservação de direitos de terceiros

Outro ponto lacunoso na disciplina legal da colaboração premiada toca o *status* jurídico do colaborador, principalmente por seu potencial impacto na esfera de direitos de terceiros. A homologação judicial confere eficácia ao negócio jurídico processual, abrindo o flanco para a atividade colaborativa. É neste momento que se alteram as posições jurídicas. De investigado, acusado ou condenado, o sujeito passa a desempenhar, também, o papel de colaborador. E a questão é especialmente desafiadora com a instauração da ação penal. Se o fornecimento de elementos probatórios sobre a estrutura da organização criminosa e sobre a identificação de responsabilidades aproxima o réu colaborador da posição de testemunha, por outro não o descola da posição de alvo da imputação formal. Assim, a renúncia a direitos, para viabilizar o entabulamento de um acordo, não o retira do ponto de destino de satisfação do poder-dever punitivo.

Essa confusão de posições traz dificuldades aos interesses processuais do réu colaborador. Em certa medida, a matéria foi mais bem endereçada com a fixação de um rol de direitos.[60] Remanesce, contudo, a problemática atinente aos terceiros afetados, ou seja, os réus delatados. Afinal, serão estes os atingidos em suas esferas jurídicas pelas repercussões da atividade colaborativa. O problema, portanto, envolve a identificação dos momentos processuais adequados para que o réu colaborador exerça os seus direitos processuais – na condição de réu – e para que cumpra os seus deveres – na condição de colaborador –, atentando-se, igualmente, para os direitos dos demais acusados.[61]

tarefas que não são típicas às funções de um magistrado" (STF, **ADI MC 6298, 6299, 6300 e 6305/DF**, Rel. Min Luiz Fux, Decisão Monocrática, j. 22/01/2020, DJe 03/02/2020).

[60] Cf. art. 5º da Lei n. 12.850/13.

[61] Por todos, ver BADARÓ, Gustavo. A necessidade de um regime legal próprio para o colaborador premiado. Disponível em: https://www.conjur.com.br/2019-set-24/gustavo-badaro-figura-especifica-colaborador-premiado. Opinião no Portal Consultor Jurídico. 2019.

Há inegáveis aproximações entre o réu colaborador e o "réu comum", pois, em qualquer caso, há risco de condenação. De toda sorte, são visíveis os seus distanciamentos. Afinal, o interesse imediato do réu colaborador é de convencer o juiz da causa sobre a eficácia de sua colaboração e, portanto, da veracidade de seus relatos que implicam os demais corréus. A perspectiva de obtenção do prêmio é diretamente proporcional ao risco de condenação dos delatados.[62] Até por isso, é esperado que o réu colaborador se manifeste antes dos delatados, outorgando-se a estes espaços processuais para contraposição dos relatos. Trata-se de decorrência processual lógica da garantia fundamental da ampla defesa.[63] E a realização de seu interrogatório, antecedendo o dos demais réus, condiz com a natureza do ato defensivo.

É de se registrar que a questão foi, em certa medida, resolvida com a Lei nº 13.964/19. Isso porque a nova legislação teve o cuidado de assegurar o direito à ampla defesa pelo réu delatado, afirmando o direito deste se manifestar após o decurso do prazo concedido ao réu colaborador.[64] A proclamação deve ser observada ao longo de toda a persecução penal, e especialmente na fase de alegações finais.[65]

[62] Ver LEITE, Alaor; GRECO, Luís. O status processual do corréu delator. **Jota** – Penal em foco. Disponível em: https://www.jota.info/paywall?redirect_to=//www.jota.info/opiniao-e-analise/colunas/penal-em-foco/o-status-processual-do-correu-delator-30092019. Opinião no Portal Jota. 2019, p. 5-6.

[63] Nesse sentido, pontuam Leite e Greco: "A Constituição da República, ao qualificar a defesa de "ampla" (art. 5º LV, CF), dá a entender que não quer conferir ao direito um conteúdo reduzido, mas que deseja equilibrar a vacilante balança processual. Podemos apontar, neste mofino espaço, como conteúdo mínimo de direito de defesa, uma oportunidade de se manifestar sobre questões de direito e discutir e produzir prova sobre questões de fato. Se a manifestação do delator está vocacionada a interferir na esfera jurídica do delatado, e se essa manifestação encontra seu ápice nos memoriais finais, em que se alegam questões de fato e de direito que melhorem a situação processual do alegante, parece integrar o conceito de ampla defesa o direito do delatado à manifestação derradeira (...)" LEITE, Alaor; GRECO, Luís: O status processual do corréu delator. Jota – Penal em foco. Disponível em: https://www.jota.info/paywall?redirect_to=//www.jota.info/opiniao-e-analise/colunas/penal-em-foco/o-status-processual-do-correu-delator-30092019. Opinião no Portal Jota. 2019, p. 8).

[64] Cf. art. 4º, 10-A da Lei n. 12.850/13, com redação dada pela Lei n. 13.964/19.

[65] Em recente julgamento, proferido no Tribunal Pleno, **HC 166.373/PR**, Rel. Min. Edson Fachin, Redator para acórdão Min. Alexandre de Moraes, Plenário, j. 30/11/2022, o STF enfrentou a problemática relativa à ordem de apresentação das alegações finais em processos com réus colaboradores e delatados. Após afirmar que a posição jurídica do réu colaborador não poderia ser totalmente equiparada à dos réus delatados, o STF reconheceu a nuli-

6. Decisões do STF em torno da aplicação do instituto. Imposição de limites interpretativos

A regulamentação do acordo de colaboração premiada não veio desprovida de preocupações em torno de um indispensável controle judicial. Desde a fase de homologação do acordo, passando por todas as vias impugnativas pertinentes, o controle exercido pelo Judiciário foi fundamental. Foi, aliás, decisivo para as metamorfoses do instituto ao longo dos seus anos de existência. Daí porque, nesse esforço retrospectivo, importa destacar esse papel integrativo que a jurisprudência exerceu e ainda exerce.

A modulação do instituto pela jurisprudência do Supremo Tribunal Federal se deu a partir da análise de casos concretos, sem a presença relevante de controle abstrato das normas. Como julgamento paradigmático, menciona-se o *Habeas Corpus* nº 127.483/PR,[66] que trouxe balizas sobre a utilização do instituto, ainda no contexto de relevância da *Operação Lava Jato*. Nesse cenário, a Corte Suprema sistematizou os três aspectos fundantes do acordo, em termos de existência (requisitos formais), de validade (liberdade da declaração de vontade do colaborador e da viabilidade jurídica de seu objeto), e da eficácia (atividade judicial de homologação do quanto disposto pelas partes, tanto no provimento inicial quanto no sentenciamento).[67]

Sobre os julgamentos mais recentes do STF, em especial aqueles realizados após a promulgação da Lei nº 13.964/19, chamam a atenção aqueles que se ocuparam da preservação de direitos de terceiros.

dade do procedimento, determinando, por consequência, o retorno dos autos ao juízo de primeiro grau para que se respeitasse a ordem sucessiva das alegações finais: acusação, réu colaborador e réus delatados. Nesse sentido: "Decisão: O Tribunal, por maioria, concedeu a ordem de *habeas corpus*, para anular a decisão do juízo de primeiro grau, determinando-se o retorno dos autos à fase de alegações finais, a qual deverá seguir a ordem constitucional sucessiva, ou seja, primeiro a acusação, depois o delator e por fim o delatado, nos termos do voto do Ministro Alexandre de Moraes, Redator para o acórdão, vencidos os Ministros Edson Fachin (Relator), Roberto Barroso, Luiz Fux, Cármen Lúcia e Marco Aurélio".

[66] Ver STF, Tribunal Pleno, **HC 127.483/PR**, Rel. Min. Dias Toffoli, j. 27/08/2015, DJe 04/02/2016.

[67] Fazemos especial referência à sistematização didática sobre a decisão feita por De-Lorenzi, Felipe da Costa. A determinação da pena na colaboração premiada: análise da fixação dos benefícios conforme a Lei 12.850/2013 e o Supremo Tribunal Federal. **Revista Brasileira de Ciências Criminais**, São Paulo, v. 27, n. 155, pp. 293-338, maio 2019, pp. 303-305.

De início, destaca-se a possibilidade de que terceiros façam impugnações aos acordos de que são alvo, em caso de ilegalidade manifesta. Nesse caso, o órgão fracionário do Supremo reconhece que o negócio jurídico-processual do acordo produz elementos de prova que impactam a esfera de direitos de terceiros não envolvidos na negociação. Assim, vícios na realização das tratativas e das negociações podem levar à nulidade das declarações incriminatórias realizadas pelos delatores, para que terceiros não sejam prejudicados. Isso modificou, ao menos na análise do caso concreto, a decisão anterior estabelecida pelo Plenário da própria Corte, segundo a qual o acordo seria insindicável por terceiros.[68] Há de se discutir, em tais casos, se os benefícios concedidos são ou não preservados após o reconhecimento da nulidade.[69] Mais ainda, se a decisão do Plenário poderá ser flexibilizada em casos futuros.

Ainda, é de se destacar a possibilidade de acesso de terceiros ao conteúdo da colaboração e de seus documentos, para que possam realizar, a contento, a defesa. Trata-se de matéria que aplica o entendimento sumulado (Súmula Vinculante STF 14) acerca da possibilidade de a defesa ter acesso amplo a elementos incriminadores. Após análises de casos concretos, ficou sedimentado que o acesso ao conteúdo por parte de terceiros delatados se restringe aos elementos de convicção que a eles digam respeito, além de não se referir a alguma diligência ainda em andamento.[70]

68 Visão essa externada, entre outros, no julgamento paradigmático do STF, Tribunal Pleno, **HC 127.483/PR**, Rel. Min. Dias Toffoli, j. 27/08/2015, DJe 04/02/2016. O que se assentara anteriormente entendia que o que atinge a esfera jurídica do delatado é a atividade colaborativa em si, e não o acordo de colaboração propriamente dito, ou mesmo a sua homologação. Por esse raciocínio, o terceiro não poderia questionar um acordo de colaboração premiada. Daí porque ele poderia se insurgir contra o conteúdo probatório, mas não contra o acordo em si.

69 No caso concreto, julgado no bojo do STF, Segunda Turma, **HC 142.205/PR**, Rel. Min. Gilmar Mendes, j. 25/008/2020, DJe 01/10/2020, por se reconhecer que os vícios foram gerados pela postura do órgão acusatório, os benefícios concedidos anteriormente aos colaboradores não foram revogados. Nota interessante está no fato de que, para evitar situações como essa, o ministro relator sugeriu a adoção da prática de gravações audiovisuais das negociações, o que veio a ser agasalhado pela legislação.

70 Há alguns julgados nesse sentido. Em especial: STF, Segunda Turma, **Rcl 30.742/SP AgR**, Rel. Min. Ricardo Lewandowski, j. 04/02/2020, DJe 04/05/2020; STF, Segunda Turma, **Rcl 46.875/RJ**, Rel. Min. Gilmar Mendes, j. 25/05/2021, DJe 07/10/2021; e STF, Primeira Turma, **HC 162.775/DF**, Rel. Min. Marco Aurélio, j. 08/04/2021, DJe 19/04/2021.

Resta claro que o papel exercido pela Corte Suprema tem auxiliado no desenho que chegamos ao instituto da colaboração premiada, tão modificado ao longo de sua década de existência. Como exercício prospectivo, poderíamos registrar que, muito embora a legislação modificadora tenha conseguido procedimentalizar com maior detalhamento a colaboração premiada, além de explicitar diversos aspectos anteriormente ignorados pelos operadores, haverá matérias a serem levadas ao controle judicial. Entre essas matérias, a sindicabilidade de acordos por terceiros, em razão de ilegalidade flagrante, deve voltar a ser analisada, possivelmente pelo Plenário do Tribunal. Além disso, a questão da retratação ou da revisão do acordo de colaboração merecerá análise mais detida, justamente por faltar detalhamento normativo. Mais do que isso, é necessário ter mais clareza sobre as suas hipóteses de ocorrência, bem como sobre eventual impacto à esfera de direitos de terceiros nos casos em que essa medida se confirme.

CAPÍTULO 18
O NOVO MARCO LEGAL DA COLABORAÇÃO PREMIADA

Pierpaolo Cruz Bottini

1. Introdução

A Lei 12.850/13 regulou de maneira mais clara o instituto da colaboração premiada. Fixou parâmetros, detalhou o procedimento de negociação, definiu sua força probatória, reformulou a natureza de sua homologação, dentre outras alterações que merecem análise cautelosa. No entanto, como em qualquer inovação legislativa, lacunas e dispositivos pouco claros geraram dúvidas e questões práticas que demandavam – e demandam – atenção.

Algumas foram superadas pelo advento da Lei 13.964/19 – chamada de Pacote Anticrime –, que precisou ainda mais regras sobre tratativas, benefícios passíveis de concessão ao colaborador, extensão do acordo. Outras são ainda objeto de reflexão e debate pela doutrina e jurisprudência. O presente artigo tem o escopo de analisar alguns desses aspectos controvertidos e apontar, dentro do possível, caminhos que possam levar à superação dos impasses que atualmente assombram o instituto.

2. Do escopo da colaboração

Um dos pontos controversos da colaboração premiada é a definição de seu *escopo*. Quando o colaborador decide iniciar tratativas com as autoridades para cooperar no esclarecimento de delitos, as partes em negociação devem definir o *objeto do acordo*. Deve ele se ater a *crimes específicos*, praticados em *determinado contexto,* ou deve ser *amplo* e abarcar todo e qualquer delito praticado ou conhecido pelo colaborador?

Imaginemos uma apuração sobre possíveis crimes de licitação praticados por certa empresa. A narrativa do eventual colaborador deve se restringir aos atos praticados naquele campo ou abarcam todas as condutas ilícitas de que ele tem ciência que são ou foram realizadas naquela instituição privada? Se limitam aos crimes de licitação em apuração ou abrangem outros praticados no âmbito da empresa, como delitos contra a ordem tributária, ambientais ou contra o consumidor?

Antes do advento da Lei 12.850/13, e em especial no âmbito da Operação Lava Jato, eram comuns acordos de colaboração premiada com cláusulas abrangentes, pelas quais o colaborador se obrigava a relatar todos os ilícitos dos quais tinha ciência, praticados no âmbito da empresa da qual fazia parte, mesmo que não relacionados aos fatos investigados, e mesmo que ocorridos em *jurisdições distintas* daquelas onde o acordo era celebrado e homologado. Em consequência, eram elaborados diversos *anexos,* com declarações sobre fatos diversos e heterogêneos, que, após a *homologação do acordo* eram compartilhados ou distribuídos para as *autoridades competentes* para investigações e ações penais específicas.

Tal sistema de *acordo universal* apresentava vantagens e desvantagens para o Estado e para o colaborador. O primeiro tinha ao seu dispor uma gama de relatos abrangente, com inúmeras informações sobre os mais variados delitos. O colaborador, por sua vez, podia garantir em um *único acordo* benefícios na execução da pena relacionada a inúmeros delitos, ainda que a competência para a apreciação de cada um deles fosse atribuição de autoridade judicial distinta daquela que homologou a avença.

Tal sistema, por outro lado, acarretava *insegurança jurídica,* porque todo e qualquer delito omitido ou não relatado pelo colaborador poderia ser causa de *rescisão* do acordo. Se a avença abriga *todos* os crimes nos quais o colaborador participou, a sonegação da existência de qualquer deles, ainda que ocorrido sob outras circunstâncias, de outra natureza, ou em outra jurisdição, acabava por violar os termos do acordo e poderia ensejar seu rompimento.

A Lei 13.964/19 – apelidada de Pacote Anticrime – solucionou a questão do escopo da colaboração premiada, ao inserir o art.3º-C, e seu §3º, na citada Lei 13.850/13, que dispõe: "*no acordo de colaboração premiada, o colaborador deve narrar todos os fatos ilícitos para os quais concorreu e que tenham relação direta com os fatos investigados".* Tal dispositivo define ser *dever* do colaborador esclarecer os ilícitos dos quais participou que tenham *relação direta* com os fatos investigados. Sua *obrigação* é auxiliar as investigações sobre *fatos específicos,* dentro de um *certo contexto,* inexistindo *dever* de ir além e apresentar as autoridades elementos sobre delitos *estranhos* àquela investigação.

Por exemplo, se existe uma investigação sobre *corrupção* e *cartel* praticado por uma empresa em obras públicas em determinado estado, o colaborador tem a *obrigação* de esclarecer estes fatos. Qualquer omissão ou inverdade sobre tais *delitos* acarretará *rescisão do acordo* ou o indeferimento dos benefícios acordados. Por outro lado, o colaborador *não está obrigado* a apresentar, esclarecer ou confessar delitos *sem relação* ou *conexão* com aquela investigação. Se participou de ilícitos praticados em outros estados, de outra natureza, não abarcados por *aquele contexto investigatório,* não tem o *dever* de relatá-los ou apresentá-los. Por óbvio, caso sejam descobertas tais práticas, sobre elas não incidirão os benefícios previstos no acordo, mas isso não implicará rescisão da avença por omissão ou má-fé. O §17 do mesmo art.4º da Lei 13.850/13 – inserido pela mencionada Lei 13.964/19 – vai no mesmo sentido, ao determinar que "*o acordo homologado poderá ser rescindido em caso de omissão dolosa sobre os fatos objeto da colaboração*", deixando claro que a rescisão se limita aos casos de omissão referente ao objeto do acordo e não ao silêncio sobre fatos estranhos à avença.

Isso significa que, no âmbito da investigação, o colaborador não pode *mentir* ou *omitir* sobre o objeto da colaboração – sob pena de rescisão do acordo –, mas pode deixar de relatar fatos sem relação com o contexto investigado, como delitos de natureza distinta desconexos da esfera de abrangência da apuração, sem que isso afete a validade ou a eficácia da avença firmada.

3. Dos limites da não litigância

Outra questão relevante no âmbito da colaboração premiada é a definição de *postura de não litigância* do colaborador. Ao firmar o acordo, as partes deixam de lado o *conflito processual,* e se comprometem a apresentar ao juiz não apenas as cláusulas pactuadas, mas também anexos e relatos sobre os fatos investigados. Isso significa que, durante a instrução processual, haverá concordância entre a acusação e a defesa do colaborador sobre a existência e a extensão dos fatos narrados pelo último, sendo vedado a ele qualquer retrocesso ou reserva mental sobre sua prática ou contornos. Em outras palavras, o acordo prevê que o colaborador não discorde ou resista aos fatos apresentados pela acusação, fundados em seus relatos. A avença não subsiste de este último alterar sua versão, mudar sua narrativa, tergiversar sobre os relatos fáticos ofertados.

Por outro lado, a postura de não litigância se limita a essa narrativa dos fatos. O acordo de colaboração não impede que o colaborador divirja da acusação sobre a qualificação jurídica das condutas e sobre as consequências que a elas se pretende atribuir. Pode ocorrer do colaborador, por exemplo, relatar sua participação no pagamento de vantagens indevidas a um funcionário público. Firmado o acordo, não poderá negar a prática, mas é possível discordar da qualificação jurídica atribuída a tal conduta. A acusação pode pretender ver nos atos um delito de corrupção ativa, enquanto o colaborador pode sustentar que o mero pagamento de propinas oferecidas ou prometidas por outras pessoas é fato atípico. É possível, ainda, que o colaborador divirja das pretensões ministeriais sobre a extensão da pena, a forma de seu cumprimento, ou mesmo sobre a incidência ou não de excludentes de antijuridicidade, de culpabilidade ou de punibilidade, sendo-lhe permitido o questionamento ou o manejo de recursos para ver reconhecidas suas pretensões, desde que elas não afetem a integridade dos fatos narrados e da prova por ele apresentada.

Em síntese, a *não litigância* parece se limitar aos fatos narrados pelo colaborador, sendo permitido a ele discordar da qualificação jurídica, da dosimetria da pena ou de qualquer outro aspecto da tese acusatória, desde que não negue ou conteste o substrato fático que compõe os anexos do pacto colaborativo.

4. Da coação para a obtenção da colaboração premiada

Um último aspecto controverso que merece reflexão são os efeitos de eventual coação sobre o colaborador para que celebre o negócio jurídico. O tema vem ganhando destaque na medida em que são reveladas circunstâncias nas quais certas colaborações foram obtidas, algumas em decorrência de pressão psicológica sobre o colaborador.

A celebração de qualquer *negócio jurídico* pressupõe o *acordo livre* entre as partes. A assunção de obrigações e deveres contratuais exige que dos negociantes a ponderação, a análise do contexto e dos prós e contras do ato, o que só pode ser realizado em um *espaço de liberdade e voluntariedade.* No caso do *acordo de colaboração premiada,* o requisito da voluntariedade é expressamente previsto no art.4º, §7º, IV da Lei 12.850/13 e assegurado em todos os momentos da formação da avença, sendo inclusive prevista a assistência por advogado ou defensor público em cada uma de suas etapas, para assegurar que o acordo foi negociado e firmado por *vontade livre* do colaborador (art.3º-C, §1º e §15 do diploma legal citado).

A *voluntariedade* não supõe *espontaneidade.* A *espontaneidade* é característica da conduta praticada *sem provocação,* sem *estímulos externos,* oriunda de uma decisão *pessoal,* de cunho moral, de onde nasce a pretensão de agir de determinada forma. A *voluntariedade,* por sua vez, indica apenas que a decisão decorreu da *ponderação livre* de prejuízos e benefícios dela decorrentes, que pode ser resultado de uma escolha moral (caso da espontaneidade), ou derivar de fatores estranhos ao âmbito da consciência original, como instigações, provocações, receios ou reações a situações de fato específicas. Como ensina o Min. NEFI CORDEIRO, "*espontaneidade indica a sincera conduta, 'sponte própria' realizada, diferenciando-se assim da voluntariedade, em que o ato pode acontecer por provocação de terceiros, mas sempre decorrendo das opções do agente, que não as tem impedidas por coação.*[1]". No mesmo sentido, ALBERTO SILVA FRANCO, RAFAEL DE SOUZA LIRA e YURI FÉLIX afirmam que "*(a) voluntariedade é reconhecível no ato de vontade do indiciado ou do acusado no sentido de cooperar com a autoridade policial ou judiciária. Não é mister que haja espontaneidade: pouco importa que os atos de cooperação sejam determinados por fatores ou motivos externos ao agente, basta que sejam manifestações de sua vontade*"[2]. Também DAVID TEIXEIRA DE AZEVEDO, ao afirmar que "*se fatores externos conduzirem o agente a decidir pela delação não há por que desconhecer a voluntariedade do ato*" uma vez que é "*impensável o ato puro de delatar decorrente de uma decisão absolutamente autônoma, sem que a própria investigação, acusação ou condenação penal não despertem o interesse, condicionem e encaminhem de qualquer modo à delação*"[3]

[1] CORDEIRO, Nefi. **Colaboração Premiada: caracteres, limites e controle**. Rio de Janeiro: Forense, 2020. p. 16.

[2] FRANCO, Alberto Silva; LIRA, Rafael de Souza; FELIX, Yuri. **Crimes hediondos**. 7ª. ed. São Paulo: RT, 2011 p.530-531.

[3] AZEVEDO, David Teixeira de. Delação premiada e direito de defesa. **Boletim IBCCrim**, São Paulo, v. 22, n. 265, p. 4.

Nesse sentido, a decisão pela colaboração pode decorrer do sincero arrependimento daquele envolvido em atividades criminosas, que, em um ato *espontâneo* de consciência, decide acertar suas contas com a Justiça, ou da percepção pragmática de que os atos ilícitos serão descobertos, investigados ou julgados, e um acordo com as autoridades é mais benéfico que o litígio processual. Em outras palavras, a ideia da *colaboração* não necessariamente deve decorrer de uma purgação ou arrependimento moral, sendo possível que a decisão pelo uso do instituto provenha de *fatores exógenos,* inclusive da *atividade institucional* de agentes públicos no sentido de apurar, julgar e eventualmente aplicar a pena àquele que se pretende colaborador. Tanto é possível uma colaboração *não espontânea,* celebrada apenas em decorrência da atividade de investigação estatal, que a própria Lei 13.850/13 admite a chamada *colaboração tardia,* que ocorre após a *sentença condenatória,* quando todo o aparato público já reconheceu a materialidade do delito e a autoria daquele que inicia negociações para o acordo (art.4º, §5º).

Se a *espontaneidade* é dispensável, o mesmo não ocorre com a *voluntariedade.* Essa é requisito essencial e indispensável ao acordo de colaboração premiada. Ainda que *não espontânea,* deve existir uma manifestação *finalística e livre* do colaborador, sem a qual é inviável reconhecer qualquer efeito ou consequência do *negócio jurídico.*

Em casos de coação psicológica, de ameaça física ou moral sobre o colaborador, o ato negocial fica comprometido. O Código Civil trata da *coação* e de seus *efeitos* na Seção III, do Capítulo IV do Livro II, a partir do art.151, dispondo que sua constatação *vicia a declaração da vontade,* quando incutir ao paciente fundado temor de dano iminente e considerável à sua pessoa, família ou bens.

No caso do *negócio jurídico* da *colaboração premiada,* como exposto, não se faz necessária a *espontaneidade* para a declaração da vontade de celebrar o acordo, sendo possível que o *colaborador* decida dar início às tratativas em decorrência de estar submetido a investigações criminais, a medidas cautelares – inclusive restritivas de liberdade – ou mesmo após a condenação penal. Em outras palavras, o fato de estar sujeito à *pressão institucional* prevista em lei – e aplicada em seus estritos termos – como aquela inerente ao inquérito policial, ao processo penal e mesmo à execução da pena, não caracteriza a *coação* prevista no Código Civil, capaz de gerar efeitos sobre o negócio jurídico. Como dispõe o art.153 desse diploma, a *"ameaça do exercício normal de um direito"* não implica a *coação,* entendendo-se aqui como *direito* o *dever* do Estado de agir contra o investigado, réu ou condenado, dentro dos estritos limites legais.

No entanto, qualquer violência, chantagem, imposição ou ilação sobre aplicação de medidas penais não previstas em lei, ou em desacordo com a extensão e forma definidas pelo legislador, por parte das autoridades públicas envolvidas no processo de negociação, será *indevida.* A invocação das sanções legais que seriam aplicáveis no caso do regular processo penal para incentivar a celebração de acordo é cabível, mas a ameaça de imposição de medidas cautelares descabidas, *de penas exacerbadas,* a tortura, *o terror psicológico,* são *pressões* para além do admissível e caracterizam a *coação.* Como explica Barros Monteiro, "a *ameaça do exercício normal do direito não constitui constrangimento. Mudará o caso de figura, porém, se disser respeito a exercício anormal ou irregular do direito, como quando o credor infunde pavor ou grave apreensão no espírito do devedor. Nesse caso, ocorrerá abuso do direito e a ameaça deixará de ser legítima, inquinando-se o ato de anulabilidade"* [4].

Assim, ainda que a *colaboração premiada* seja um importante instrumento de *investigação* para esclarecer fatos relevantes sobre a autoria, o funcionamento de organizações criminosas, não é dado ao agente estatal fazer uso de toda e qualquer estratégia para garantir a celebração do acordo. Como apontou o Min. Gilmar Mendes, nos autos da QO na PET 7074:

> "(...) a coação moral é frequentemente identificada com a formulação de ameaças pela contraparte contratante. A ameaça deverá ser séria e injusta, e, nos termos do artigo 151 do Código Civil, deve incutir 'ao paciente fundado temor de dano iminente e considerável à sua pessoa, à sua família, ou aos seus bens'. No caso, a parte contratante, diante de ameaça de mal maior que lhe é apresentado, tem o seu elemento volitivo dirigido a portar-se de certo modo, com o fim de alcançar os objetivos pretendidos pela contraparte. A escolha, nesse caso, não é realizada com fundamento na autonomia da vontade livremente manifestada, mas sim por pressão externa que lhe é imposta" [5].

[4] Monteiro, Washington de Barros. **Curso de Direito Civil**. Parte Geral. 7ª ed. São Paulo: Saraiva, 1970. p. 216.

[5] STF, Tribunal Pleno, **Pet 7.074/DF QO**, Min. Rel. Edson Fachin, j. 29/06/2017, Dje 03/05/2018.

Na mesma linha, o Min. Alexandre de Morais, em obra doutrinária:

> "O Juiz Lord Kennedy Diplock, da mais alta Corte inglesa de Justiça, na Câmara dos Lordes, em 1980, no caso R. v. Sang, 428 salientava a problemática da coação direta ou indireta em interrogatórios, e, sem afastar a possibilidade do comparecimento compulsório do investigado, apontou a ilicitude dos depoimentos obtidos por meio de condutas opressivas das autoridades públicas que retirassem a livre escolha do acusado em falar, salientando que: 'A mais séria violação do direito de silêncio consiste em obter ou usar uma confissão produzida por 'opressão', que significa conduta que 'tenda ao cansaço, e tenha cansado o livre-arbítrio que deveria existir antes que a confissão fosse voluntária'. Tortura, tratamento desumano ou degradante, ou violência são só os mais óbvios e ostensivos exemplos. O direito do réu ao silêncio também demanda a exclusão de uma confissão impropriamente obtida por outros meios que destroem sua natureza voluntária"[6].

Reconhecia a coação psicológica e ausente a voluntariedade, o ato jurídico pode ser considerado *inexistente*. Mais do que nulo ou anulável, o negócio realizado sem *qualquer manifestação de vontade livre* é ato que não se *inscreve* no mundo jurídico, não tem capacidade para gerar qualquer efeito, sendo extintas quaisquer medidas ou atos tomados em sua decorrência, desde sua celebração.

Como ensinava Antonio Junqueira de Azevedo:

> "Os elementos gerais são aqueles indispensáveis à existência de todo e qualquer negócio. Quais são eles exatamente? A rigor, tomada a palavra elemento em seu significado já definido, somente aquilo que efetivamente constitui o negócio é que poderia ser considerado elemento, ou seja: a forma, que a declaração toma, isto é, o tipo de manifestação que veste a declaração (escrita, oral, mímica, através do silêncio etc.), o objeto, isto é. o seu conteúdo (as diversas cláusulas de um contrato, as disposições testamentárias, o fim que se manifesta na própria declaração etc.) e, finalmente, as circunstâncias negociais, ou seja, o que fica da declaração de vontade, despida da forma e do objeto, isto é, aquele quid, irredutível à expressão e ao conteúdo, que faz com que uma mani-

[6] Moraes, Alexandre de. **Direito constitucional**. 36ª ed. São Paulo: Atlas, 2020, p. 119.

> festação de vontade seja vista socialmente como destinada à produção de efeitos jurídicos."[7]

No entanto, há quem sustente que o ato praticado sob *coação* é distinto do ato *não voluntário*. Esse último apenas existiria nos casos de *vis absoluta*, quando a força física é exercida de tal forma que o ato é praticado sem qualquer *manifestação ou movimento* decorrente da vontade do agente, como alguém que marca a impressão digital de um analfabeto em um requerimento durante seu sono. O ato de *coação*, mesmo que violento, permaneceria *voluntário* porque praticado com a concordância do agente. Ainda que o *motivo* da vontade seja *viciado* – por exemplo, por uma ameaça ou tortura – não seria possível alegar sua ausência. Na seara penal, atos praticados sob *coação irresistível* são considerados *voluntários e dolosos*, ainda que a *culpabilidade do agente* seja excluída a título de *inexigibilidade de conduta diversa* (CP, art.22). Como ensina HANS WELZEL, "*(a)qui não entra em consideração a* vis absoluta *que exclui toda vontade do coagido e, com isso, toda ação própria, mas a* vis compulsiva, *vale dizer, a força que influi, como por exemplo: apelar, torturar, e outras, para forçar a uma ação determinada*"[8].

Nessa hipótese, caso se entenda que a colaboração sob *coação* seja um ato *voluntário*, e, portanto, *existente*, não deixa de seu *nulo*, uma vez que o art.166 do CC dispõe que será reconhecido como tal o negócio jurídico quando seu *motivo determinante for ilícito*. No caso, o *motivo* do exercício da suposta vontade foi a ameaça ilegal, a chantagem ou a tortura, a *razão determinante* para a avença foi uma coação ilegal, fato que vicia a estrutura sobre a qual se erige o acordo.

Não parece ter sido outra a conclusão do Min. Alexandre de Moraes, em seu voto no julgamento na PET 7074, quando, ao analisar a *sindicabilidade* do acordo de colaboração menciona a *tortura* com um elemento de *nulidade do acordo* – utilizando aqui impropriamente o termo *ineficácia*:

> "A colaboração não é prova. Ela é meio de obtenção. O magistrado, juiz natural, na hora de análise e durante todo o devido processo legal, pode

[7] AZEVEDO, Antonio Junqueira de. **Negócio Jurídico: existência, validade e eficácia**. 4.ed. atual. de acordo com o Novo Código Civil. São Paulo: Saraiva, 2002. p. 32.

[8] WELZEN, Hans. Tradução por Afonso Celso Rezende, **Direito Penal**. Campinas: Romana, 2003, p. 260-261

> analisar a prova. Nós temos que lembrar que delações, colaborações premiadas não são feitas somente pelo Procurador-Geral da República perante o Supremo Tribunal Federal. Nós temos que lembrar que a lei autoriza em todas as instâncias, a todos os membros do Ministério Público e à Polícia a realizá-las. Por que digo isso? Vamos supor que, numa determinada comarca, durante a ação penal, a defesa consiga comprovar que houve coação do agente colaborador ou, para ser mais radical, que houve tortura do agente colaborador para que ele assinasse termo e apontasse determinadas pessoas. Ora, se houve coação, se houve tortura, ninguém vai rever a colaboração? Agora, colaboração é o meio de obtenção. Como esta Corte entende, todas as provas derivadas de uma ilicitude seriam ilícitas. O afastamento dessas provas e, consequentemente, ao afastar as provas, a análise da ineficácia da colaboração fazem parte da função jurisdicional. Não se está analisando ou revogando a colaboração durante a ação penal"[9].

Pelo exposto, em hipóteses de *coação,* ou bem o acordo é *inexistente,* pela ausência da *manifestação livre da vontade* em sua celebração, ou bem é *nulo.*

Vale destacar que o reconhecimento da *inexistência ou da nulidade* do ato tem desdobramentos significativos. Como aponta Barros Monteiro, nesses casos, existe um "*atentado à ordem jurídica*", razão pela qual "*o legislador reprime-as de modo mais enérgico, aplicando-lhes a sanção mais severa*"[10]. Clovis Bevilaqua entendia que a *nulidade* é a reação mais enérgica do direito contra um negócio que "*ofende os princípios básicos da ordem jurídica, garantidores dos mais valiosos interesses da comunidade*"[11], dentre os quais certamente parece se inscrever o interesse de impedir que a *coação* gere quaisquer efeitos no plano fático ou jurídico.

A *inexistência ou nulidade* da colaboração premiada firmada sob coação é de *ordem púbica,* de alcance geral, e gera efeitos sobre toda a coletividade, podendo ser reconhecida de ofício a qualquer tempo (CC, arts.

[9] Voto do Min. Alexandre de Moraes na STF, Tribunal Pleno, **Pet 7.074/DF QO**, Rel. Min. Edson Fachin, j. 29/06/2017. Dje. 03/05/2018.

[10] MOTEIRO, Washington de Barros. **Curso de Direito Civil**. Parte Geral. 7ª ed. São Paulo: Saraiva, 1970. p. 277.

[11] BEVILAQUA, Clóvis. **Código Civil dos Estados Unidos do Brasil** Comentado por Clóvis Bevilaqua. São Paulo: Livraria Francisco Alves, 1953, p. 331.

168 e 169). Como ensina ORLANDO GOMES, a *nulidade* é "*imediata, absoluta, insanável e perpétua*"[12], características que também abraçam o ato *inexistente*. Uma vez que a nulidade é sanção, uma consequência negativa imposta a um ato celebrado sem a observância de seus pressupostos legais, seu reconhecimento implica na *restituição das partes ao estado em que se achavam antes* do negócio jurídico (CC, art.182). A posição jurídica dos celebrantes do negócio e de todos os demais envolvidos ou afetados volta ao *status quo ante*, ao estado inicial, como se o negócio não tivesse sido realizado ou ocorrido. Não destoa de tal tratamento o CPP, ao dispor no §2º do art.573 que "*a nulidade de um ato, uma vez declarada, causará a dos atos que dele diretamente dependam ou sejam consequência*" (CPP, art.573, §2º).

Como assenta FLÁVIO YARSHELL, "*quando se trata de invalidação, ao menos em princípio, fala-se em desconstituição do negócio jurídico com eficácia* ex tunc, *isto é, retroativa ao momento da consumação, justamente porque é ali que reside o vício. Isso significa que, invalidado o ato devem ser igualmente desconstituídos seus efeitos e tudo o que com base no negócio jurídico se realizou, na medida do que for praticamente possível, deve ser desconstituído*"[13]. No mesmo sentido, DIDIER JR. e DAIELA BOMFIM, para quem o reconhecimento da *invalidade* do acordo de colaboração premiada *extingue seus efeitos*, de forma que a "*invalidação das decisões homologatórias e, se for o caso, do seu conteúdo, significará a extinção do(s) ato(s) impugnado(s) do mundo jurídico e dos efeitos jurídicos que tenham sido dele(s) decorrente(s)*"[14].

Em síntese, a *coação* afeta profundamente o negócio jurídico da colaboração, seja pela perspectiva da inexistência, seja pela da nulidade, e seu reconhecimento – provocado ou de ofício – tem por consequência restituir às partes as condições jurídicas prévias ao acordo, sendo nulas (ou inexistentes) as declarações do colaborador e todas as provas produzidas por ele ou em decorrência de sua cooperação.

[12] GOMES, Orlando. **Contratos**. 13ª ed. Rio de Janeiro: Forense, 1994, p. 191.

[13] Parecer encartado nos autos da PET 7003, em trâmite no STF (fls. 4082/4093).

[14] DIDIER JR., Fredie; BOMFIM, Daniela. Colaboração Premiada (Lei nº 12.850/2013): Natureza Jurídica e Controle da Validade por Demanda Autônoma – um Diálogo com o Direito Processual Civil. Em: **Revista do Ministério Público do Rio de Janeiro**, nº 62, out./dez. 2016, p. 52.

5. Conclusão

O presente artigo tem menos a pretensão de exaurir o tema da colaboração do que a de apresentar aflições que surgem da aplicação prática do instituto. São temas recorrentes, cujo enfrentamento exige reflexão, maturação e debate. Por isso, para além das discussões sobre a legitimidade do instituto – que merecem ser levadas adiante e não são aqui desmerecidas – é necessário um aprofundamento dogmático, de caráter interdisciplinar, para que questões como as apresentadas sejam analisadas com a devida cautela, de acordo com os princípios de direito e com a tradição jurídica nacional.

CAPÍTULO 19
COLABORAÇÃO PREMIADA E CRIMINALIDADE ORGANIZADA: TEORIA E PRÁTICA DO PROCEDIMENTO

Douglas Fischer

1. Anotações prefaciais.

Introduzida no ordenamento jurídico brasileiro há 10 anos aproximadamente, por intermédio da Lei nº 12.850/2013, a colaboração premiada (que difere da *delação premiada*) ainda é muito incompreendida, sem considerar ainda aqueles que apresentam verdadeiros (pré)conceitos sobre o instituto.

Nosso objetivo aqui é tentar demonstrar as razões jurídicas para a adoção dessa técnica de produção probatória, bem assim – e quiçá mais relevante – qual o procedimento que se tem como o mais *correto* para que se possam aquilatar os melhores elementos probatórios que envolvam especialmente criminalidade organizada.

Advertimos que já externamos em outros espaços nossa compreensão acerca do procedimento, de modo que o leitor poderá identificar algumas similitudes de fundamentação e de texto. Entretanto, destacamos que a ênfase aqui será realmente centrada na demonstração da importância dessa criação legislativa e, sobretudo, de *como fazer* uma colaboração premiada à luz da legislação e da jurisprudência vigente, com foco bem direcionado para a apuração de crimes envolvendo *criminalidade organizada*.

Não menos relevante é que, em nossa compreensão, as experiências de direito comparado revelam que essa técnica é imprescindível para que se possa fazer uma *investigação probatória aprofundada, segura e célere.*

Veja-se, a propósito, a experiência italiana na Operação Mãos Limpas. São muitas as obras publicadas a respeito do tema, mas um dos responsáveis pelas investigações deu exatamente essa visão da imprescindibilidade em evento realizado pelo Conselho Nacional do Ministério Público em Brasília nos dias 27 a 29 de junho de 2016[1]. Abordando as *consequências dos grandes casos criminais para os órgãos de persecução* (com uma similitude fática incrível com a realidade vista recentemente no Brasil), Antonio di Pietro deixou expresso que, sem a *colaboração* dos agentes envolvidos nas organizações criminosas, não teria sido possível descobrir os inúmeros esquemas envolvendo crime organizado e corrupção não apenas em Milão (*Tangentopoli*), local onde iniciaram os procedimentos investigatórios, mas em boa parte do território italiano, para onde se ampliaram as investigações com o passar do tempo.

Não falaremos aqui do *ulterior doloso procedimento de descrédito* levado a efeito perante a opinião pública italiana de todo o trabalho até então realizado (qualquer semelhança ao que ora se vê não é mera coincidência, mas revelação de que o *sistema organizado* tem reações que transcendem os padrões do que normalmente são imagináveis), mas daremos o caminho para como se deva conduzir esse meio de *produção probatória*, sem o qual, pelo menos, não há como efetivamente *descobrir* o que efetivamente ocorreu (reconstrução dos fatos).

2. As razões convencionais e constitucionais da adoção da colaboração premiada como técnica (essencial) de apuração probatória, notadamente envolvendo criminalidade organizada.

A colaboração premiada não é uma "invenção" brasileira. Já é adotada por inúmeros países, que viram nela (corretamente) uma *técnica essencial de apuração probatória* especialmente quando envolva *criminalidade organizada* (e todos os desdobramentos fáticos a partir das condutas que são normalmente praticadas por esse tipo de organização criminosa).

[1] https://www.cnmp.mp.br/portal/institucional/presidencia/acoespresi/seminario-grandes-casos-criminais.

A pergunta que muitos fazem é: por que o Brasil adotou a colaboração premiada?

Conforme já destacamos em inúmeros trabalhos de nossa autoria, o tema está diretamente relacionado às chamadas *obrigações processuais penais positivas*. A introdução desse mecanismo decorreu de *obrigações* internacionais assumidas pelo Brasil, especialmente em face das Convenções de Palermo e Mérida.

Na linha do que defendemos juntamente com FREDERICO VALDEZ PEREIRA[2], são muitos os precedentes das cortes supranacionais a respeito da garantia dos direitos humanos (atentem a isso: *para a proteção dos direitos humanos!*) no sentido de existir uma obrigação de as autoridades públicas responsáveis pela investigação e/ou persecução penal conduzirem procedimentos *adequados, completos e eficazes*, na tentativa de responsabilização dos autores dos delitos (*obrigação "de meio"*)[3].

Conforme já reconhecido pela Corte IDH de forma expressa, *"algunos integrantes de la familia han sido afectados por la falta de investigación sobre lo sucedido, así como por el permanente deseo de obtener justicia. (...) Al respecto, la Corte considera que la violación al derecho a la integridad de los familiares de las víctimas se debe también a la falta de investigaciones efectivas para el esclarecimiento de los hechos, y la sanción de los responsables y, en general, a la impunidad en la que permanecen los casos, lo cual agrava los sentimientos de frustración, impotencia y angustia. En particular, la Corte observa que la falta de investigación y respuesta de las autoridades estatales ha menoscabado la integridade personal de la señora Eloísa Barrios, quien ha impulsado los procedimientos a nível interno e internacional"*[4].

[2] PEREIRA, Frederico Valdez; FISCHER, Douglas. Prova, Verdade e Obrigações Processuais Penais Positivas. In: SALGADO, Daniel de Resende; KIRCHER, Luís Felipe Schneider; QUEIROZ, Ronaldo Pinheiro. (Org.). **Altos Estudos sobre a prova no Processo Penal**. 1ed. Salvador: Juspodivm, 2019, p. 59-93.

[3] Obrigação negativa significa uma abstenção de cometer ato lesivo ao bem tutelado pela norma; obrigação positiva que envolve os Estados e seus órgãos ativamente envolvidos na garantia de proteção para prevenir a violação desses direitos por terceiros e para assegurar a detecção dos fatos do crime, bem como uma repressão adequada da violação dos direitos fundamentais, uma vez o mesmo ocorreu (MONTAGNA, Mariangela. Necessità della completezza delle indagini. In: GAITO, Alfredo (a cura di). **I princìpi europei del processo penale**. Napoli: Dike Giuridica, 2016, p. 345).

[4] Sentença no Caso Familia Barrios c. Venezuela, de 24.11.2011, série C, nº 237, § 310

Vamos frisar: a Corte considera que a falta de *investigações efetivas* para o esclarecimento dos fatos *importa em violação ao direito de integridade dos familiares das vítimas!*

Como se vê, não há dúvidas algumas que decorrem dessas *obrigações*, de forma *direta*, a constante preocupação das cortes supranacionais a proteção dos interesses das vítimas, seus parentes ou coletividade em geral.

Na verdade, compreendemos que isso não poderia nem deveria causar maiores surpresas ou indagações, pois os direitos fundamentais a serem observados *não estão*, exclusivamente, na esfera daqueles relacionados com os autores de infrações que atinjam interesses dos demais em sociedade.

Conforme defendemos em obra específica sobre o tema, *"partindo da noção dos direitos fundamentais como objeto indispensável de proteção criminal (pela perspectiva integral dos direitos fundamentais), tais obrigações processuais são extraídas não apenas de disposições específicas, relativas à proteção dos direitos à vida, integridade física e psíquica, liberdade individual, vida privada e familiar, mas também de cláusula genérica que exige dos países o respeito dos direitos de todos aqueles que estejam sob a jurisdição do Estado. São reconhecidas, assim, obrigações reais e positivas dos Estados membros, que consistem no dever de seus órgãos internos assegurar a salvaguarda desses direitos, prevenindo a violação e esclarecendo judicialmente o cometimento de fatos ilícitos, como forma de efetuar sua repressão, não apenas formal e simbólica, mas adequada e concreta"* [5].

De relevo também acentuar que ambas as Convenções (Americana e Europeia de Direitos Humanos) possuem regras que *impõem* aos Estados signatários obrigações de respeitar e fazer valer os direitos e liberdades. É importantíssimo frisar que são obrigações de *dupla vinculação*: *negativas*, vedando aos Estados a violação de Direitos Humanos; e *positivas*, pois exigem das partes *a adoção de medidas necessárias e suficientes* para tutelar esses direitos, impedindo a violação deles por terceiros e reprimindo eficazmente eventuais lesões a esses valores fundamentais da vida em sociedade.

Ao contrário do que apregoado por alguns setores da doutrina (preocupada *apenas* com as vinculações *negativas)*, as cláusulas convencionais

[5] Fischer, Douglas; Pereira, Frederico Valdez. **As Obrigações Processuais Penais Positivas – Segundo as Cortes Europeia e Interamericana de Direitos Humanos.** 3 ed. Porto Alegre: Livraria do Advogado, 2022, p. 95.

protetivas dos direitos fundamentais *exigem* a postura dentro dos sistemas jurídicos domésticos de condução de investigações *aprofundadas, céleres e diligentes*, tendo como finalidade a tentativa de esclarecer os fatos e punir os responsáveis ao final do processo (identificando-se nítida hipótese de prevenção geral). Portanto, e como anunciado acima, fica muito claro que os deveres processuais positivos decorrem diretamente, como implicações imediatas, dos direitos humanos protegidos também nas convenções. Essas obrigações, que fique bem claro, não são de *resultado*, mas *de meio*: devem ser adotados os melhores meios de apuração para o acertamento dos fatos, a chamada *reconstrução processual* dos fatos.

Assim, os ordenamentos jurídico-penais internos devem estar ajustados a prevenir, esclarecer e sancionar de forma efetiva e eficaz as lesões verificadas[6]. Havendo notícia da possibilidade de afronta a direitos penalmente tutelados por instrumentos internacionais de proteção dos direitos humanos, *exige-se* das autoridades a *séria tentativa* de esclarecer todas as circunstâncias do fato e os eventuais responsáveis, com vistas à eventual punição. E tal esforço deve ser impulsionado prontamente, em procedimento diligente e ágil, adequado à reconstrução dos fatos e à completa identificação das responsabilidades[7].

Em apertada síntese, as obrigações processuais penais positivas consistem num dever imposto aos Estados Partes de conduzir procedimento investigativo eficiente e processo penal apto a buscar o acertamento dos fatos ilícitos e a punição dos eventuais responsáveis, sob pena de violação concreta dos dispositivos das convenções regionais de direitos humanos que estipulam a salvaguarda dos direitos fundamentais envolvidos nas práticas ilícitas[8].

Nesse contexto é que se encaixa a *colaboração premiada* como uma obrigação processual penal positiva assumida internacionalmente pelo Brasil como técnica *indeclinável – e sem possibilidade de retrocesso* – de produção probatória para apuração de determinados fatos complexos e graves.

[6] Fischer, Douglas; Pereira, Frederico Valdez. **As Obrigações Processuais Penais Positivas...***op. cit.*, 2022, p.189.

[7] Fischer, Douglas; Pereira, Frederico Valdez. **As Obrigações Processuais Penais Positivas...***op. cit.*, 2022, p. 109.

[8] Fischer, Douglas; Pereira, Frederico Valdez. **As Obrigações Processuais Penais Positivas...***op. cit.*, 2022, p. 121.

Está expresso no art. 26 da Convenção de Palermo (Convenção das Nações Unidas contra o Crime Organizado Transnacional, introduzida pelo Decreto n. 5.015, de 12.3.2004):

> Artigo 26
>
> Medidas para intensificar a cooperação com as autoridades competentes para a aplicação da lei
>
> 1. Cada Estado Parte *tomará* as **medidas adequadas** para encorajar as pessoas que participem ou tenham participado em grupos criminosos organizados:
>
> a) A fornecerem informações úteis às autoridades competentes para efeitos de **investigação e produção de provas**, nomeadamente:
>
> i) A identidade, natureza, composição, estrutura, localização ou atividades dos grupos criminosos organizados;
>
> ii) As conexões, inclusive conexões internacionais, com outros grupos criminosos organizados;
>
> iii) As infrações que os grupos criminosos organizados praticaram ou poderão vir a praticar;
>
> b) **A prestarem ajuda efetiva e concreta às autoridades competentes**, susceptível de contribuir para privar os grupos criminosos organizados dos seus recursos ou do produto do crime.
>
> 2. Cada Estado Parte poderá **considerar a possibilidade, nos casos pertinentes, de reduzir a pena de que é passível um argüido que coopere de forma substancial** na investigação ou no julgamento dos autores de uma infração prevista na presente Convenção.
>
> 3. Cada Estado Parte **poderá considerar a possibilidade**, em conformidade com os princípios fundamentais do seu ordenamento jurídico interno, **de conceder imunidade a uma pessoa que coopere de forma substancial na investigação ou no julgamento dos autores de uma infração prevista na presente Convenção.**

Na mesma linha, o art. 37 da Convenção de Mérida (Convenção das Nações Unidas contra a Corrupção, introduzida pelo Decreto n. 5.687, de 31.1.2006):

> Artigo 37
>
> Cooperação com as autoridades encarregadas de fazer cumprir a lei
>
> 1. Cada Estado Parte adotará as medidas apropriadas para restabelecer as pessoas que participem ou que tenham participado na prática

dos delitos qualificados de acordo com a presente **Convenção que proporcionem às autoridades competentes informação útil com fins investigativos e probatórios e as que lhes prestem ajuda efetiva e concreta** que possa contribuir a privar os criminosos do produto do delito, **assim como recuperar esse produto.**

2. Cada Estado Parte considerará a possibilidade de prever, em casos apropriados, **a mitigação de pena de toda pessoa acusada que preste cooperação substancial à investigação ou ao indiciamento dos delitos qualificados de acordo com a presente Convenção.**

3. Cada Estado parte considerará a **possibilidade de prever**, em conformidade com os princípios fundamentais de sua legislação interna**, a concessão de imunidade judicial a toda pessoa que preste cooperação substancial na investigação ou no indiciamento dos delitos qualificados de acordo com a presente Convenção.** [...].

Tal contexto não passou despercebido pelo STF, que expressamente reconheceu essas obrigações no *leading case* acerca do tema da colaboração premiada, o HC nº 127.483-PR.

A produção probatória acerca da autoria e da materialidade envolvendo organizações criminosas é extremamente complexa. É praticamente impossível averiguar e comprovar os fatos de maneira mais *ampla e segura* sem a participação de alguém que *integre* e conheça (nem que seja parcial) a estrutura piramidal do negócio ilícito que permeia toda a organização ínsita dessa criminalidade.

É importante realçar que *"o conjunto dos atos processuais deve expressar em concreto um método de apuração aprofundado e efetivo, adequado ao acertamento da verdade e, se for o caso, à identificação e punição dos responsáveis*[9]*. Daí porque o procedimento lato senso de investigação deve ser funcionalmente*

[9] Cfr., na Corte EDU, recentemente, caso Nasr e Ghali c. Italia, nº 44883/09, 23.2.2016, § 262. A importância da busca da verdade também é relacionada com as obrigações processuais nos casos Al Nashiri c. Polonia, nº 28761/11, de 24.7.2014, § 495; El-Masri c. The Former Yugoslav Republic of Macedonia, nº 39630/09, de 13.12.2012, §s 191-194, onde se lê: *«the summary investigation that has been carried out in this case cannot be regarded as an effective one capable of leading to the identification and punishment of those responsible for the alleged events and of establishing the truth [...] Against this background, the Court finds that there has been a violation of Article 3 of the Convention, in its procedural limb».*

orientado ao pleno esclarecimento dos atos ilícitos supostamente ocorridos e à verificação das responsabilidades pessoais dos sujeitos envolvidos nos delitos"[10].

Exatamente por isso é que, prosseguimos, "*a Corte europeia realiza uma avaliação concreta da qualidade das medidas investigativas realizadas pelas autoridades internas, bem como de diligências eventualmente omitidas, de modo a apreciar se o conjunto das atividades envolvidas na perquisição dos fatos ilícitos alcançou o nível de adequação exigido dos organismos nacionais na apuração dos delitos relacionados aos direitos e liberdades públicas tutelados na Convenção*[11]. *Trata-se de um «significant flaw test» direcionado a verificar se a ausência de resposta penal adequada decorreu de defeitos ou lacunas na condução das investigações e da coleta de provas, e se essas falhas são relevantes a ponto de representar violação da norma convencional*"[12].

Em resumo, a Corte Europeia de Direitos Humanos enfatiza a importância da fase investigativa no esclarecimento dos fatos e na preparação da fase judicial, tendo em conta que as diligências e elementos probatórios colhidos na fase preliminar irão determinar não apenas o prosseguimento do processo, como o contexto no qual a infração será apresentada no juízo penal[13]. Por essas razões, as autoridades devem adotar *todas as medidas necessárias* e cabíveis para deslindar de forma pertinente os fatos da causa, e assegurar a coleta das provas, dos elementos indicativos e das circunstâncias importantes ao prosseguimento do processo judicial[14].

[10] Cassibba F.; Colella A., *Art. 3*, cit., p. 88, indicam que as investigações devem ser completas em relação às exigências de individuar os responsáveis.

[11] Ver caso Ramsahai and others c. Holanda, nº 52391/99, de 15.5.2007, § 324 Exigência que se aplica também em casos de violência ou maus-tratos envolvendo apenas sujeitos privados, cfr., por ex., caso Sečić c. Croácia, nº 40116/02, de 31.5.2007, caso M.C. c. Bulgária, nº 39272/98, de 4.12.2003.

[12] Nesses termos, ver Gialuz, Mitja. La protezione della vittima tra corte edu e corte di giustizia. In: Luparia, Luca (a cura di). **Lo statuto europeo delle vittime di reato. Modelli di tutela tra diritto dell'Unione e buone pratiche nazionali**. Padova: Cedam, 2016, p. 28. Essas apreciação se encontram, por ex.,, nos casos Oğur c. Turquia, nº 21594/93, de 20.5.1999, §s 85 e ss.; Antipenkov c. Rússia, nº 33470/03, de 15.10.2009, §s 62-72; Gül c. Turquia, nº 22676/93, de 14.12.2000, §s 88-95; Sečić c. Croácia, nº 40116/02, de 31.5.2007; Tymoshenko c. Ucrânia, nº 49872/11, de 30.4.2013.

[13] Nesse sentido, expressamente, ver o caso Schatschaschwili c. Alemanha, nº 9154/10, de 15.12.2015, § 104.

[14] Cfr. casos Tahsin Acar c. Turquia, nº 26307/97, de 8.4.2004, § 223; Alikaj e altri c. Itália, nº 47357/08, de 29.3.2011, §s 61 e ss; Ognyanova e Choban c. Bulgária, nº 46317/99, de 23.02.2006, § 108-113.

Nesse contexto é que se apresenta a colaboração premiada como técnica essencial de produção probatória para o melhor acertamento dos fatos.

Vamos deixar claro: sem a colaboração premiada é impossível atender às *obrigações* de celeridade e eficiência impostas internacionalmente e assumidas *voluntariamente* pelo Brasil, notadamente quando se estiver tratando de crimes que *dificilmente* deixam *"rastros claros e recibos"* praticados por organizações criminosas, com práticas imbricadas de corrupção, lavagem de dinheiro, crimes financeiros, crimes tributários, dentre outros.

3. O procedimento da colaboração premiada, conforme a Lei nº 12.850/2013 e as alterações da Lei nº 13.964/2019: considerações teóricas, jurisprudenciais e indicativos práticos.

Como mencionado, o grande paradigma das colaborações premiadas foi a decisão tomada pelo Plenário do Supremo Tribunal Federal no *Habeas Corpus* nº 127.483-PR, ajuizado contra ato do saudoso Ministro Teori Zavascki, que homologara colaboração premiada em que havia menções objetivas – com provas materiais complementares – de participações de agentes criminosos com prerrogativa de foro no Supremo Tribunal Federal *(na época ainda não vigorante a – correta, para nós – interpretação restritiva acerca da competência penal original tomada na Questão de Ordem na Ação Penal nº 937-RJ, pelo menos em relação a parlamentares federais).*

Foi nele que se "traçaram" os primeiros *standards* do *correto* procedimento da colaboração, instituída pela Lei nº 12.850/2013.

Na medida em que essa técnica é, antes de tudo, um meio de defesa (estratégia processual) do "futuro colaborador"[15], não há – *e nunca houve* – qualquer possibilidade jurídica, dentro do correto procedimento, de iniciarem quaisquer tratativas entre o Estado e o pretenso/futuro colaborador[16] sem a presença de *seu advogado*. Alguns poderiam

[15] [...] 10. Do ponto de vista do colaborador (igualmente investigado), a colaboração premiada também deflui diretamente do princípio da ampla defesa, conferindo-lhe maior amplitude. O inegável cálculo utilitarista de custo-benefício que o agente criminoso realiza ao colaborar com a Justiça compõe parte de sua estratégia defensiva, enriquecendo as potencialidades de sua mais abrangente defesa. [...] (STJ, Corte Especial, **AgRg nos EDcl na Pet 13.974/DF**, Rel. Min. Nancy Andrighi, j. 5/10/2022, DJe em 28/11/2022).

[16] [...] 4. Como, de lege lata, não se mostra possível o enquadramento de pessoa jurídica como investigada ou acusada no tipo de crime de organização criminosa, também não se-

imaginar que só se *exigiu* a participação de advogado desde o início das *tratativas* somente a partir das alterações da Lei nº 13.964/2019, que inseriu o § 1º ao art. 3º-C da Lei nº 12.850/2013. Na prática, e do que se tem conhecimento, sempre assim se procedeu, exatamente porque a presença de defensor constituído é essencial para a efetivação e proteção dos interesses do investigado, como porque – *pelo menos no âmbito do Ministério Público Federal* – assim se fazia, conforme disposto expressamente na Orientação Conjunta 1/2018, item 10: *"Nenhuma tratativa sobre colaboração premiada deve ser realizada sem a presença do advogado constituído ou Defensor Público"*. Aliás, ao falarmos de *procedimentos*, imprescindível a compreensão e o estudo (para além do presente texto) da retromencionada orientação conjunta, que traz o melhor caminho a ser seguido, ao menos em nosso entendimento.

Portanto, não se iniciam quaisquer procedimentos (nem "informais") sem a presença de um advogado, como forma de garantir desde já a aferição (nesse momento e confirmação no futuro) da *total voluntariedade* e ciência das consequências pelo colaborador acerca de seus compromissos assumidos. Noutras palavras, é preciso segurança de que o colaborador não tem nenhum vício de consentimento ao abrir mão do exercício sobretudo do direito constitucional ao silêncio e não produzir prova contra si mesmo, com a expressa advertência de que, se assim optar agir, fazendo a colaboração premiada: a) tem a obrigação de dizer a verdade sobre os fatos objeto do escopo do contrato firmado, sendo que nenhum elemento de *coerção* (direta ou indireta) poderá ter influenciado na sua decisão; b) que está plenamente advertido de que, se mentir ou omitir qualquer fato relevante, poderá haver a revogação da colaboração homologada, ensejando a perda dos benefícios estipulados e mantida a validade de todas as provas até então produzidas; c) se imputar falsamente algum fato a terceiro, poderá ainda ser processado criminalmente em face do disposto no art. 19 da Lei nº 12.850/2019[17] [18].

ria razoável qualificá-la como ente capaz de celebrar o acordo de colaboração nela previsto, menos ainda em relação aos seus dirigentes. [...] (STJ Sexta Turma, **RHC 154.979/SP**, Rel. Ministro convocado Olindo Menezes, j. 09/08/2022, DJe 15.08.2022).

[17] Art. 19. Imputar falsamente, sob pretexto de colaboração com a Justiça, a prática de infração penal a pessoa que sabe ser inocente, ou revelar informações sobre a estrutura de organização criminosa que sabe inverídicas: Pena – reclusão, de 1 (um) a 4 (quatro) anos, e multa.

[18] [...] Existem mecanismos de controle destinados a evitar abusos, alguns deles já previstos na Lei n. 12.850/2013, tais como: i) a necessidade de homologação judicial (art. 4º, § 7º);

Igualmente é preciso deixar marcado de forma indelével que não há, no correto rito da colaboração premiada, nenhuma possibilidade de que, no *início das tratativas,* sejam estipulados *previamente benefícios* que possam ser concedidos ao colaborador. Os benefícios somente poderão ser tratados em momento posterior, exatamente como correta compreensão da lei. Explicaremos adiante melhor.

Na linha do que disposto no art. 4º da Lei nº 12.850/2013, "*o juiz poderá, a requerimento das partes, conceder o perdão judicial, reduzir em até 2/3 (dois terços) a pena privativa de liberdade ou substituí-la por restritiva de direitos daquele que tenha colaborado efetiva e voluntariamente com a investigação e com o processo criminal, desde que dessa colaboração advenha um ou mais dos seguintes resultados: I – a identificação dos demais coautores e partícipes da organização criminosa e das infrações penais por eles praticadas; II – a revelação da estrutura hierárquica e da divisão de tarefas da organização criminosa; III – a prevenção de infrações penais decorrentes das atividades da organização criminosa; IV – a recuperação total ou parcial do produto ou do proveito das infrações penais praticadas pela organização criminosa; V – a localização de eventual vítima com a sua integridade física preservada*".

Como destacamos em nossos Comentários ao CPP e sua jurisprudência juntamente com Eugênio Pacelli (2023, 15ª ed., item 155.7, *a cujo texto muito reportaremos aqui, com alguns destaques e citações a seguir*), o deferimento do benefício legal é atribuição do juízo competente do processo em que utilizada a prova (segundo as regras constitucionais e/ou legais), com previsão no § 1º do art. 4º de verdadeira "cláusula de eficiência", estipulando que, em qualquer caso das situações previstas nos incisos do *caput,* "*a concessão do benefício levará em conta a personalidade do colaborador, a natureza, as circunstâncias, a gravidade e a repercussão social do fato criminoso e a eficácia da colaboração*". Veja-se com importante destaque inicial (e há muitos que não compreendem ou distorcem essa questão): a *cláusula de eficiência* não é uma condicionante à *condenação* dos mencionados (os "delatados") pelo colaborador, mas sobre *a plausibilidade de importância dessas provas.*

ii) a renúncia ao direito ao silêncio e o compromisso de dizer a verdade (art. 4º, § 14); iii) a rescisão do acordo em caso de omissão dolosa sobre os fatos objeto da colaboração (art. 4º, § 17), iv) a obrigação de cessar o envolvimento em conduta ilícita (art. 4º, § 18); e v) a previsão do tipo penal do art. 19. [...] (STJ, Corte Especial, **AgRg nos EDcl na Pet 13.974/DF**, Rel. Min. Nancy Andrighi, j. 5/10/2022, DJe 28/11/2022).

Portanto, antes de saber *quais serão os benefícios* efetivamente aplicáveis (ajuste entre as partes, mediante ulterior controle judicial), é preciso analisar a *provável eficácia* probatória da colaboração.

Noutras palavras, nessa fase inicial *somente se pode fazer um prognóstico* de eficácia após bem definidos os compromissos probatórios assumidos pelo colaborador.

Pode-se dizer que os *benefícios* são reflexos e *diretamente proporcionais* ao conteúdo da colaboração e, igualmente, ao tempo em que realizada. Assim, e em regra, quanto mais elementos probatórios e mais antecipadamente na investigação houver a colaboração, tanto mais, em princípio, deverão ser os benefícios ajustados. Sendo menor o possível aporte probatório e mais distanciada no tempo a colaboração, a tendência é que os benefícios sejam menores (sempre considerando os vetores expressos do § 1º do art. 4º da Lei nº 12.850/2013).

Prosseguindo, há se destacar que o §4º do art. 4º trazia em seu bojo previsão no sentido de que, desde que presentes os requisitos do *caput*, seria permitido ao Ministério Público não oferecer a denúncia se o colaborador: a) não fosse o líder da organização criminosa (*relevantíssimo para o enfoque central do presente texto*); b) fosse o primeiro a prestar *efetiva* colaboração, nos termos da previsão legal.

Com a superveniência da Lei nº 13.964/2019, alterou-se a redação da norma passando a constar que "*nas mesmas hipóteses do* caput *deste artigo, o Ministério Público poderá deixar de oferecer denúncia se a proposta de acordo de colaboração referir-se à infração de cuja existência não tenha prévio conhecimento e o colaborador*". Ou seja, não há mais as limitações da redação originária da lei.

Mas como se fará a *aferição* de ser ou não de prévio conhecimento a infração referida?

A lei também trouxe – em princípio – a solução, com a inserção do §4º-A, dispondo que se considera "*existente o conhecimento prévio da infração quando o Ministério Público ou a autoridade policial competente tenha instaurado inquérito ou procedimento investigatório para apuração dos fatos apresentados pelo colaborador*".

Há quem sustente que a *colaboração premiada não poderia ter valor por e em si mesma.*

Respeitosamente, é preciso ter o devido cuidado com a afirmação *genérica e aberta.*

Pelo prisma das *declarações* (suas "palavras") do colaborador isoladamente analisadas é correta a afirmativa. Aliás, o art. 4º, § 16, da Lei nº 12.850/13 dispunha originariamente que *"nenhuma sentença condenatória será proferida com fundamento apenas nas declarações de agente colaborador"*. Em sua redação atual, conforme alteração também da Lei nº 13.964/2019, determina-se que nenhuma das seguintes medidas será decretada ou proferida com fundamento apenas nas declarações do colaborador: (a) ações cautelares reais ou pessoais; (b) recebimento da denúncia ou queixa-crime; (c) sentença condenatória.

Sem sombra de dúvidas, a correta limitação do uso exclusivo das *palavras* (isoladamente vistas) do colaborador encontra guarida especialmente nos precedentes do STF (embora seja um *testemunho* e, consoante compreendemos, o colaborador não tem nenhum interesse *jurídico* ou *fático* na condenação dos "delatados", na medida que seus benefícios não podem ser condicionados a esses eventos, futuros e incertos).

Assim, sem corroboração de provas materiais, as declarações do colaborador não podem ser usadas *isoladamente vistas* contra os mencionados por ele para esses fins ora detalhados em lei.

Entretanto, e conforme defendemos nos Comentários ao CPP e sua Jurisprudência, "*não podemos deixar de destacar hipóteses em que o colaborador, além de sua palavra (depoimentos), traz voluntariamente documentos e outros elementos de prova que embasam suas declarações. Nestas hipóteses, nenhum empeço para que estes elementos sejam considerados desde já, tecnicamente, como provas já produzidas no bojo da colaboração (dependente da respectiva homologação), que, evidentemente, deverão ser submetidas ao devido processo legal (às vezes com contraditório diferido, presente os requisitos da Súmula Vinculante nº 14). E, nestes casos, presente a colaboração e outros elementos de prova que a corrobore plenamente viável o requerimento de medidas cautelares das mais diversas naturezas, desde que demonstrados os seus requisitos essenciais*".

São encontrados alguns precedentes dizendo que "anotações unilaterais" feitas pelo colaborador (no passado, contemporâneas aos crimes praticados) não teriam *valor probatório*. Essas "restrições interpretativas" são manifestamente equivocadas, em nossa compreensão. Não há, em lei, qualquer limitação às considerações acerca da prova (art. 155, CPP), devendo sempre haver a fundamentação racional e justificada pelo julgador acerca dos elementos de prova que está considerando, sempre tendo em conta ainda o disposto no art. 239 do CPP.

A Lei nº 14.365/2022 inseriu o § 6º-I ao art. 7º ao Estatuto da Ordem dos Advogados do Brasil, proibindo expressamente ao advogado efetuar colaboração premiada contra quem seja ou tenha sido seu cliente[19]. Nesse caso, previu-se ainda, a não observância dessa proibição importará em processo disciplinar, que poderá culminar com a aplicação do disposto no inciso III do *caput* do art. 35 desta Lei, sem prejuízo das penas previstas no art. 154 do Decreto-Lei nº 2.848, de 7 de dezembro de 1940 (Código Penal).

Correta a previsão: o advogado deve guardar o sigilo de todo o conhecimento que tiver *em razão do exercício de suas funções*. Tanto é assim que a própria Lei nº 8.906/94 prevê no inciso XIX do art. 7º que pode (dizemos nós: deve) recusar-se a depor como testemunha em processo no qual funcionou ou deva funcionar, ou sobre fato relacionado com pessoa de quem seja ou foi advogado, mesmo quando autorizado ou solicitado pelo constituinte, bem como sobre fato que constitua sigilo profissional.

Compreendemos que se o advogado não estiver no exercício das suas funções e for partícipe de práticas criminosas, não se pode impedi-lo de fazer eventualmente colaboração premiada, desde que não utilize informações que tenha recebido nessa condição profissional.

Embora ainda alguns poucos sustentem (e pretendam inclusive alterar a legislação para consignar expressamente), não há qualquer problema para que pessoas *presas cautelarmente* realizem colaborações

[19] [...] 4. O dever de sigilo profissional imposto ao advogado e as prerrogativas profissionais a ele asseguradas não têm em vista assegurar privilégios pessoais, mas sim os direitos dos cidadãos e o sistema democrático. 5. É ilícita a conduta do advogado que, sem justa causa, independentemente de provocação e na vigência de mandato, grava clandestinamente suas comunicações com seus clientes com objetivo de delatá-los, entregando às autoridades investigativas documentos de que dispõe em razão da profissão, em violação ao dever de sigilo profissional imposto no art. 34, VII, da Lei n. 8.906/1994. 6. O sigilo profissional do advogado é premissa fundamental para exercício efetivo do direito de defesa e para a relação de confiança entre defensor técnico e cliente. 7. O Poder Judiciário não deve reconhecer a validade de atos negociais firmados em desrespeito à lei e em ofensa ao princípio da boa-fé objetiva. 8. A conduta do advogado que, sem justa causa e em má-fé, delata seu cliente, ocasiona a desconfiança sistêmica na advocacia, cuja indispensabilidade para administração da justiça é reconhecida no art. 133 da Constituição Federal. 9. Ausente material probatório residual suficiente para embasar a ação penal, não contaminado pela ilicitude, inafastável o acolhimento do pedido de trancamento da ação penal. 10. Recurso provido para determinar o trancamento da ação penal. (STJ, Quinta Turma, **RHC 164.616/GO**, Rel. Min. João Otávio Noronha, j, 27/09/2022, DJe 30/09/2022).

premiadas (*sobretudo depois da redação acrescida à parte final do inciso IV do § 7º do art. 4º da Lei nº 12.850/2013 pela Lei nº 13.964/2019*). Conforme destacado pelo STF (HC 127.483), a "liberdade" que deve ter o colaborador é psíquica (e sempre com acompanhamento de advogado), e não de locomoção.

Conforme preconizado em lei, a colaboração pode ser realizada em qualquer momento do processo, mesmo depois de proferida a sentença. Nesse caso, o §5º do art. 4º da Lei nº 12.850/2013 impõe limites (de redução de penas, claro): "*Se a colaboração for posterior à sentença, a pena poderá ser reduzida até a metade ou será admitida a progressão de regime ainda que ausentes os requisitos objetivos*". Ou seja, depois da sentença, será admitida a *negociação da pena* no máximo até a metade imposta pelo juiz, embora seja expressamente admitido que sejam fixados os regimes de pena *mais brandos* mesmo que não preenchidos os requisitos objetivos de quantidade de pena previstos no Código Penal (art. 33, § 2º, CP)[20].

Prosseguindo, e fazendo uma concatenação dos preceitos legais, aportes doutrinários e procedimento da lei, há se ver que, demonstrado o interesse do colaborador devidamente assistido por seu defensor em realizar *tratativas para possível* colaboração premiada, a reunião inicial entre as partes deverá delimitar o escopo dos fatos a serem abordados em decorrência do *futuro e possível acordo*, pois, nos termos do § 3º do art. 3º-C da Lei nº 12.850/*2013*, *"no acordo de colaboração premiada, o colabora-*

[20] Destacamos julgado do STJ a respeito do tema: "*[...] 14. A melhor solução não parece repousar na vedação, em abstrato, dos benefícios atípicos, mas sim no cuidadoso sopesamento da extensão dos benefícios pactuados diante da gravidade do fato criminoso e da eficácia da colaboração, conforme previsão do art. 4º, § 1º, da Lei n. 12.850/2013. 15. Quanto à previsão de nulidade de cláusulas que alterem o critério de definição do regime inicial de cumprimento de pena ou os requisitos de progressão de regime (art. 4º, § 7º, II, da Lei n. 12.850/2013), o próprio legislador autorizou a fixação de benefícios mais amplos ao estabelecer que o juiz poderá conceder perdão judicial ou substituir a pena privativa de liberdade por pena restritiva de direitos (art. 4º, caput, da Lei n. 12.850/2013). 16. Se é possível extinguir a punibilidade dos crimes praticados pelo colaborador (perdão judicial) ou isentá-lo de prisão (substituição da pena), com mais razão seria possível aplicar-lhe pena privativa de liberdade com regime de cumprimento mais benéfico. Não há invalidade, em abstrato, na fixação de sanções penais atípicas, desde que não haja violação da Constituição da República ou do ordenamento jurídico, bem como da moral e da ordem pública. Da mesma forma, em respeito às garantias fundamentais individuais, a sanção premial não pode agravar a situação jurídica do colaborador, com a fixação de penas mais severas do que aquelas previstas abstratamente pelo legislador. [...]*" (STJ, Corte Especial, **AgRg nos EDcl na Pet 13.974/DF**, Rel. Min. Nancy Andrighi, j. 5/10/2022, DJe em 28/11/2022).

dor deve narrar todos os fatos ilícitos para os quais concorreu e que tenham relação direta com os fatos investigados".

Assim, acaso as informações *verbais iniciais* demonstrem que o provável acervo probatório a ser trazido pelo pretenso colaborador seja de interesse, deverá ser firmado um *termo de confidencialidade* entre as partes, que já era assinado muito antes da Lei nº 13.964/2019 incorporar o disposto no art. Art. 3º-B da Lei nº 12.850/2013 (veja-se, nesses exatos termos, a previsão já existente no item 4 da Orientação Conjunta nº 1/2018, antes mencionada).

Estipulado que há interesse mútuo em assinar futuro contrato personalíssimo bilateral, o colaborador deverá, com auxílio de seu defensor, apresentar por escrito a "síntese" de cada fato que irá falar e apresentar as provas ulteriormente. É nesse momento que é *bem delimitado o escopo* das obrigações a serem assumidas. Pela prática, sempre foi recomendado que cada fato fosse relatado separadamente, de forma mais ou menos sintética, contendo todos os elementos necessários para a melhor compreensão do que se estaria narrado, bem assim as provas materiais que corroborariam essas declarações. Esses documentos produzidos unilateralmente pelo colaborador eram considerados desde então como os "anexos" do futuro contrato a ser assinado (a seguir melhor especificaremos os desdobramentos). Originariamente a lei não referia a palavra "anexos", somente incorporada com o "Pacote Anticrime", dispondo-se no § 4º do art. 3º-C da Lei nº 12.850/2013 que *"incumbe à defesa instruir a proposta de colaboração e os anexos com os fatos adequadamente descritos, com todas as suas circunstâncias, indicando as provas e os elementos de corroboração"* (vide itens 13 e 13.1 da Orientação Conjunta nº 1/2018, de onde provavelmente foram aportadas para a lei essas referências).

E qual era (e é) a razão de ter sido adotada a "técnica" de apresentação de "anexos", com a separação dos fatos, muito antes da própria disposição expressa em lei?

Simples: a finalidade sempre dar *maior efetividade* às investigações que seriam realizadas a partir da homologação do acordo, além de maximizar a *plenitude da defesa* dos mencionados pelo colaborador. É que, se tudo estivesse dentro de um mesmo termo (um único depoimento), certamente haveria dificuldades procedimentais de separar os fatos nas mais diversas investigações e desdobramentos das investigações. Desse modo, se os fatos *narrados* estiverem separados e "desvinculados" das cláusulas do acordo, tudo se tornará absolutamente menos complexo, inclusive no futuro com a amplificação dos procedimentos de defesa. De se ver que, depois de documentadas as provas, cada um dos investigados eventualmente referidos pelos colaboradores (os "delatados", como usualmente citados) terão direito a acessar essas declarações e provas, conforme preconizado na Súmula Vinculante nº 14 do STF. Nunca é demais realçar que o acesso a essas provas será *exclusivamente* ao que se referir a cada um dos mencionados pelo colaborador, de modo que ele não será amplo e irrestrito a *todos os termos* da colaboração[21].

Não se pode esquecer: como se trata de acordo para produção probatória, o juiz jamais participará das *negociações*, conforme previsto no § 6º do art. 4º da Lei nº 12.850/2013.

Conforme a disposição legal, o pacto será entre *o delegado de polícia, o investigado e o defensor, com a manifestação do Ministério Público, ou, conforme o caso, entre o Ministério Público e o investigado ou acusado e seu defensor.*

Embora o Supremo Tribunal Federal tenha admitido como válido o acordo *exclusivamente* com a autoridade policial (ADI nº 5.508, de 20.6.2018), insistimos na compreensão de que não se amolda a um *modelo acusatório* a parte do dispositivo que consigna a possibilidade de acordo *"entre o delegado de polícia, o investigado e o defensor, com manifestação do Ministério Público"*. Compreendemos que *"a polícia, reconheça-se, é instituição importante na conformação democrática que lhe foi conferida pela Constituição Brasileira. Entretanto, não há como conceber que quem não tenha sobretudo a legitimidade ativa para ação penal (a partir da colaboração realizada) possa entabular um acordo que dependa, necessariamente, do titular, o Ministério Público. A questão é até simples, de mera compreensão sistêmica do ordenamento jurídico baseado no sistema acusatório. E nem se diga, como forma de burlar o sistema, que a lei previu que o Ministério Público poderia se manifestar acerca deste acordo titularizado pela polícia. Pela natureza do acordo, não basta se "manifestar" sobre ele"*. Com efeito, como dissemos ainda em nossa obra de coautoria com Eugênio Pacelli, *"deve o titular ter a capacidade e legitimidade (constitucional e sistêmica) para sua realização. E definitivamente*

[21] Colaboração premiada. Delatado. Acesso. Limite. [...] Tratando-se de colaboração premiada contendo diversos depoimentos, *constitui direito do delatado o acesso somente aos elementos de convicção que lhe digam respeito e estejam vinculados aos fatos objeto da denúncia.* [...] (STF, Primeira Turma, **HC 162.775/DF**, Rel. Min. Marco Aurélio, j 26/03/2021 a 07/04/2021, DJe 19/4/2021).

a autoridade policial não a tem". Registramos expressamente que não se trata de nenhum "demérito" que se queira imputar à autoridade policial, apenas uma incompatibilidade sistêmica. De qualquer modo, nunca é demais também aqui realçar que sempre defendemos a necessidade de todos os órgãos envolvidos nas apurações, notadamente polícia e ministério público, atuarem conjuntamente, de modo a não se apresentar uma *exclusividade* de atuação, mas mediante procedimento concatenado.

Solvendo o "problema criado" por esse precedente, em 2021 o STF reconheceu expressamente que a anuência do Ministério Público deve ser posta como condição de eficácia do acordo de colaboração premiada celebrado pela autoridade policial. Ou seja, ausente a concordância do Ministério Público, não se pode homologar o acordo ou, nos casos em que homologado sem a anuência, deve-se afastar a eficácia do ajuste com efeitos *ex tunc (vide Agravo Regimental na Petição nº 8.482/DF, DJ de 21.9.2021)*[22].

De fato, e prosseguindo sobre as limitações impostas ao Poder Judiciário, não há como o juiz participar das negociações, pois a ele é conferida a exclusivamente a tarefa de analisar a legalidade e a constitucionalidade "*do que*" e "*em que*" termos fixado o acordo entre as partes (além da *voluntariedade)*, bem assim, em caso de proferir sentença condenatória, aplicar os benefícios legais. Como já reconhecido pelo STF (HC 127.483), a atuação do juiz limitar-se-ia a "*se pronunciar sobre a regularidade, legalidade e voluntariedade do acordo. Não seria emitido qualquer juízo*

[22] [...] 1. Nos termos do entendimento formado no julgamento da ADI 5.508, a autoridade policial tem legitimidade para celebrar autonomamente acordo de colaboração premiada. Em voto vencido, assentada a negativa dessa faculdade. 2. Matéria novamente suscitada, em menor extensão, pela PGR. Considerada a estrutura acusatória dada ao processo penal conformado à Constituição Federal, a anuência do Ministério Público deve ser posta como condição de eficácia do acordo de colaboração premiada celebrado pela autoridade policial. Posicionamento de menor extensão contido no voto vencido proferido. Possibilidade de submeter a matéria ao mesmo Plenário a fim de que o entendimento majoritário seja confirmado ou eventualmente retificado. Em linha de coerência com o voto vencido, pela retificação do entendimento majoritário na extensão que pleiteia a PGR. 3. Questão preliminar suscitada pela Procuradoria-Geral da República acolhida para dar parcial provimento ao agravo regimental e tornar sem efeito, desde então, a decisão homologatória do acordo de colaboração premiada celebrado nestes autos, ante a desconformidade manifestada pelo Ministério Público e aqui acolhida. Eficácia ex tunc. (STF, Tribunal Pleno, **Pet 8.482/DF AgR**, Rel. Min. Edson Fachin, 31/05/2021, DJe 21/09/2021).

de valor a respeito das declarações eventualmente já prestadas pelo colaborador à autoridade policial ou ao Ministério Público, tampouco seria conferido o signo da idoneidade a depoimentos posteriores. Em outras palavras, homologar o acordo não implicaria dizer que o juiz admitira como verídicas ou idôneas as informações eventualmente já prestadas pelo colaborador e tendentes à identificação de coautores ou partícipes da organização criminosa e das infrações por ela praticadas ou à revelação da estrutura hierárquica e da divisão de tarefas da organização criminosa".

Nessa linha, é absolutamente impertinente, impróprio e contrário ao sistema legal (notadamente os princípios que regem um sistema que *se queira acusatório*) a possibilidade de o juiz (sobretudo antes de iniciada a ação penal) se manifestar sobre a eventual *proporcionalidade, quantidade ou qualidade* das provas prometidas pelo colaborador e a extensão dos benefícios poderia ser alvo de manifestação do magistrado, salvo situações extremas de *manifesta desproporcionalidade,* com indubitável violação do sistema legal, em que deverá não intervir nos ajustes em si, mas aí rechaçar a possibilidade de homologação.

Juiz não pode substituir a atividade acusatória, literalmente *avaliando* o *conteúdo* da prova que a acusação quer produzir (e que, na sua avaliação, seria suficiente para os fins almejados no processo penal).

Exatamente agasalhando essa posição externada há muito foi inserido o § 7º-A no art. 4º da Lei nº 12.850/2013 pela Lei nº 13.964/2019, dispondo que "*o juiz ou o tribunal deve proceder à análise fundamentada do mérito da denúncia, do perdão judicial e das primeiras etapas de aplicação da pena, nos termos do Decreto-Lei nº 2.848, de 7 de dezembro de 1940 (Código Penal) e do Decreto-Lei nº 3.689, de 3 de outubro de 1941 (Código de Processo Penal), antes de conceder os benefícios pactuados, exceto quando o acordo prever o não oferecimento da denúncia na forma dos §§ 4º e 4º-A deste artigo ou já tiver sido proferida sentença*". Essa análise, que fique bem expresso, não será feita no momento do recebimento da denúncia, mas no próprio julgamento do feito.

Importante anotar que, se ultimadas as tratativas e não chegando as partes em ajuste para assinatura do acordo, deverão todas as informações/documentos serem destruídos e, pelo acordo de confidencialidade, jamais poderão ser utilizadas pelo Ministério Público em desfavor do pretenso colaborador ou de terceiros. Essa foi a razão do (correto) acréscimo do § 6º do art. 3-B da Lei nº 12.850/2013, prevendo agora expressamente que se, antes da homologação, não for celebrado o acordo por iniciativa do titular da negociação, a instituição não poderá se valer de nenhuma das informações ou provas *apresentadas* pelo colaborador.

Pontuamos que, nesse momento das tratativas, não é obrigatória a "entrega/apresentação" de provas pelo colaborador ao Ministério Público (ou então à autoridade policial), normalmente postergada para quando da assinatura do acordo ou então mediante entrega compromissada no acordo para depois da homologação pelo juízo competente.

Há muitos questionamentos acerca de *quais benefícios* poderiam ser *pactuados*. Seriam somente aqueles previstos *explicitamente na legislação*?

Novamente todo cuidado ainda será pouco nessa parte.

Mas, como regra geral, não vemos empecilhos para a fixação – sempre complementar e excepcional – de benefícios não previstos explicitamente na legislação, desde que: a) não sejam contrários aos princípios legais e constitucionais/ b) sejam mais *benéficos* ao colaborador; c) sejam aceitos pelo colaborador e seu advogado de forma expressa.

A propósito, é entendimento majoritário no STF acerca dessa possibilidade. Veja-se, por exemplo, o Agravo Regimental no Inquérito n. 4.405 (Rel. Ministro Roberto Barroso, 1ª Turma, unanime, publicado no DJ em 5.4.2018), em que expressamente se reconheceu – e de modo acertado – que *"a fixação de sanções premiais não expressamente previstas na Lei nº 12.850/2013, mas aceitas de modo livre e consciente pelo investigado não geram invalidade do acordo. O princípio da legalidade veda a imposição de penas mais graves do que as previstas em lei, por ser garantia instituída em favor do jurisdicionado em face do Estado. Deste modo, não viola o princípio da legalidade a fixação de pena mais favorável, não havendo falar-se em observância da garantia contra o garantido"*[23].

[23] Veja-se inclusive entendimento do STJ: "[...] 3. Neste novo modelo, respeitadas as balizas legais, a autonomia da vontade das partes, permeada pelo princípio da boa-fé objetiva e pelo dever de lealdade, adquire especial relevo. Deve ser superada a tradicional visão de que, por tratar de interesses indisponíveis, o processo penal encontra-se imune à autonomia privada da vontade. 4. Na seara penal, a própria Constituição da República de 1988, ao prever a criação dos juizados especiais criminais, com a expressa admissão da transação penal (art. 98, I), chancelou a viabilidade do modelo consensual de justiça. 5. Isso não significa que a adoção desse novo modelo de justiça negocial confere liberdade ampla às partes, notadamente em razão da presença do Estado em um dos polos da avença e do inegável interesse público subjacente ao processo penal. 6. Esta discricionariedade regrada dos órgãos de investigação nas tratativas dos acordos dá origem ao argumento da aparente violação do princípio da legalidade penal estrita, como uma das principais objeções à possibilidade de fixação de sanções

Vamos reforçar: não há se falar em garantia *contra* o garantido, no caso o colaborador.

Acerca do *conteúdo das cláusulas*, a *liberdade* de eventual colaborador *não pode ser objeto de negociação*. Ou seja, não se pode "clausular" que, se o colaborador estiver preso, uma vez homologada a colaboração premiada ele será "posto em liberdade".

Para quem bem compreende o procedimento da colaboração premiada, o que pode ocorrer é que os benefícios *ao final* fixados no acordo (devidamente homologado) se tornem incompatíveis com medida cautelar de prisão (art. 312 do CPP) ou diversas dela (art. 319, CPP), ensejando – por isso e eventualmente – uma incompatibilidade entre os benefícios com penal máxima ajustada e os critérios das medidas restritivas ou privativas de liberdade.

Importante ainda cláusula corroborando o disposto no § 18 do art. 4º da Lei nº 12.850/2013, que prevê, agora, que "*o acordo de colaboração premiada pressupõe que o colaborador cesse o envolvimento em conduta ilícita relacionada ao objeto da colaboração, sob pena de rescisão*".

A legislação impõe (art. 6º), e sempre assim se procedeu até onde temos conhecimento, que o acordo de colaboração premiada deverá ser necessariamente por escrito e conter (pelo menos):

> I – o relato da colaboração e seus possíveis resultados;
>
> II – as condições da proposta do Ministério Público ou do delegado de polícia;
>
> III – a declaração de aceitação do colaborador e de seu defensor;
>
> IV – as assinaturas do representante do Ministério Público ou do delegado de polícia, do colaborador e de seu defensor; e
>
> V – a especificação das medidas de proteção ao colaborador e à sua família, quando necessário, sendo que não existe nenhuma vedação para que outras cláusulas que sejam essenciais e pertinentes ao acordo firmado.

penais atípicas. [...] Cumpre observar que o princípio da legalidade é uma garantia constitucional que milita em favor do acusado perante o poder de punir do Estado, não podendo ser usado para prejudicá-lo, sob pena de inversão da lógica dos direitos fundamentais. [...]" (STJ, Corte Especial, **AgRg nos EDcl na Pet 13.974/DF**, Rel. Min. Nancy Andrighi, j. 05/10/2022, DJe em 28/11/2022).

Desse modo, estando tudo bem pactuado e resumido em cláusulas do contrato (sempre relembrando que os fatos estarão em anexos apartados), as partes *assinarão* o acordo.

Encerrado o acordo? Ainda não!

Segue-se então com o *detalhamento das informações*, mediante a tomada de depoimentos do colaborador, sempre com o devido sigilo, e ainda *não* perante o juízo[24], mas sim com o órgão responsável pela apuração probatória inicial.

Nessa fase, defendemos que o ideal é que cada *depoimento tomado* seja um *verdadeiro espelho* mais detalhado daquelas informações inseridas nos respectivos anexos.

Anexo 1 correspondendo o seu detalhamento no depoimento 1; Anexo 2, no depoimento 2; Anexo 3, no depoimento 3; e assim por diante.

Nos termos do § 13 do art. 4º da Lei nº 12.850/2013 (redação da Lei nº 13.964/2019), "*o registro das tratativas e dos atos de colaboração deverá ser feito pelos meios ou recursos de gravação magnética, estenotipia, digital ou técnica similar, inclusive audiovisual, destinados a obter maior fidelidade das informações, garantindo-se a disponibilização de cópia do material ao colaborador*"[25].

Em seu formato originário, tratava-se de providência importante e que deveria ser realizada sempre que se dispusesse dos meios nela mencionados, exatamente como forma de demonstrar a espontaneidade e a regularidade do procedimento na oitiva (detalhamento dos fatos) do colaborador.

Ocorre que, agora (portanto, observado o princípio *tempus regit actum*), a lei diz que se deve fazer o registro *inclusive* das *tratativas* da colaboração (e não apenas dos atos de colaboração – ou seja, os depoimentos do colaborador).

Em nossa compreensão, não há sentido em "gravar" as "tratativas" de negociação, na medida em que sempre será facultada ao juiz a análise (com a presença só do advogado e do colaborador) de como elas se

[24] Relembre-se o § 3º do art. 7º da Lei nº 12.850/2013 com a redação ampliada pela Lei nº 13.964/2019, dispondo que "*o acordo de colaboração premiada e os depoimentos do colaborador serão mantidos em sigilo até o recebimento da denúncia ou da queixa-crime, sendo vedado ao magistrado decidir por sua publicidade em qualquer hipótese*".

[25] A redação originária da lei dispunha que "*sempre que possível, o registro dos atos de colaboração será feito pelos meios ou recursos de gravação magnética, estenotipia, digital ou técnica similar, inclusive audiovisual, destinados a obter maior fidelidade das informações*".

deram e, sobretudo, da voluntariedade do colaborador antes da homologação do acordo. Exatamente por isso continuamos compreendendo que *essenciais* para a colaboração são os depoimentos em si do colaborador (que serão o marco para delimitar suas obrigações para usufruir dos benefícios legais acordados). Para se evitar eventuais discussões de *nulidades*, o ideal então é que se proceda às gravações *inclusive das tratativas*. Até porque, em nossa compreensão, quanto mais claro que tudo foi feito em absoluta observância dos procedimentos legais, melhor para o *devido processo* e menos chances para aqueles que apenas querem *encontrar* nulidades nos procedimentos.

Destacamos que, no caso de ser impossível a providência de registro audiovisual ou de qualquer meio, e apenas para evitar (mais) questionamentos desnecessários no futuro (sempre as *nulidades...*, mesmo que totalmente improcedentes), por precaução, é recomendável ainda que as partes assinem documento *no momento desse excepcional evento* registrando e justificando a *eventual* impossibilidade técnica e que essa circunstância em nada abalou a obediência aos pressupostos fundamentais da espontaneidade e voluntariedade do colaborador (que, depois, será aferida pelo julgador em audiência com ele e seu advogado).

Nesse momento estará completada a fase atribuída às partes envolvidas nas negociações.

Consoante previsto no § 7º, uma vez *assinado o acordo e tomados os depoimentos*, deverão todos os dados "*remetidos ao juiz, para análise, o respectivo termo, as declarações do colaborador e cópia da investigação, devendo o juiz ouvir sigilosamente o colaborador, acompanhado de seu defensor, oportunidade em que analisará os seguintes aspectos na homologação: I – regularidade e legalidade; II – adequação dos benefícios pactuados àqueles previstos no* caput *e nos §§ 4º e 5º deste artigo, sendo nulas as cláusulas que violem o critério de definição do regime inicial de cumprimento de pena do art. 33 do Decreto-Lei nº 2.848, de 7 de dezembro de 1940 (Código Penal), as regras de cada um dos regimes previstos no Código Penal e na Lei nº 7.210, de 11 de julho de 1984 (Lei de Execução Penal) e os requisitos de progressão de regime não abrangidos pelo § 5º deste artigo; III – adequação dos resultados da colaboração aos resultados mínimos exigidos nos incisos I, II, III, IV e V do* caput *deste artigo; IV – voluntariedade da manifestação de vontade, especialmente nos casos em que o colaborador está ou esteve sob efeito de medidas cautelares*" (redação conferida pela Lei nº 13.964/2019 à Lei nº 12.850/2013).

Recebendo o acordo, o juiz competente deverá primeiro fazer uma análise da regularidade do procedimento e da legalidade das cláusulas convencionadas (a seguir, a *voluntariedade*).

Se o acordo estiver segundo os ditames legais e constitucionais, o juiz deverá homologar o acordo. Conforme a *originária* redação do § 8º do art. 4º, o juiz poderá "*recusar homologação à proposta que não atender aos requisitos legais, ou adequá-la ao caso concreto*".

Sempre defendemos que essa recusa deverá ser para aquelas situações absolutamente inaproveitáveis diante do caso concreto ou manifestamente ilegais. Noutras palavras, é a *"última das opções"* a ser adotada pelo juiz.

Contudo, a Lei nº 13.964/2019 deu-lhe nova redação na parte final: se o juiz entender presente alguma ilegalidade ou inconstitucionalidade, *deverá devolver* o acordo às partes para as "adequações necessárias".

Melhor a providência, na medida em que se maximiza a possibilidade de as partes ajustarem eventuais cláusulas que não estejam bem redigidas.

De qualquer modo, não há óbice legal para que, sem retirar a essência principal ou desnaturar a estrutura do acordo, possa sempre o juiz exercer o *controle de legalidade* das cláusulas nesse momento inicial, inclusive glosando-as pontualmente com homologação do acordo sem reconhecer a validade de algumas de suas partes específicas.

De outro lado, acaso nenhuma irregularidade esteja presente (ou sanadas pelas partes as eventualmente por ele detectadas), deverá o juiz proceder à análise da *voluntariedade* do colaborador.

Nesse momento, o juiz deverá fazer uma audiência com o defensor e o colaborador para aferir se, *desde o início* das tratativas e durante todo o procedimento, houve algum *vício de vontade* que pudesse macular a espontaneidade e voluntariedade das declarações prestadas, notadamente se ele está ou esteve sob efeito de medidas cautelares (inciso IV do § 7º do art. 4º da Lei 12.850/2013, conforme redação da Lei nº 13.964/2019).

Eis aqui talvez um dos principais atos do juiz, para saber se, durante todo o procedimento (inclusive as *tratativas iniciais*), algum procedimento que não foi devidamente correto e se o colaborador foi devidamente advertido de que tinha o direito, desde o início, de estar acompanhado de advogado e advertido das garantias constitucionais e das consequências jurídicas de seus *futuros atos de colaboração*.

A lei *não veda* a participação do Ministério Público nessa audiência prévia à homologação, mas compreendemos que, diferentemente da hipótese do ANPP (art. 28-A, CPP), *não seja recomendada* sua presença, exatamente como forma de amplificar a certificação da voluntariedade do colaborador. Igualmente ideal a gravação em audiovisual desse ato, exatamente como forma de, no futuro, ser aferida a lisura do procedimento e da expressa voluntariedade do colaborador perante o juízo competente para chancelar a validade dos atos realizados.

É preciso ainda destacar e bem compreender a inserção do § 7º-B ao art. 4º": *"São nulas de pleno direito as previsões de renúncia ao direito de impugnar a decisão homologatória"*.

Uma coisa é garantir o direito de *impugnação* do colaborador à *decisão homologatória*. Outra é vedar comportamentos contraditórios, que não estão albergados pela norma.

Evidentemente que a boa-fé objetiva deverá ser o fio condutor do comportamento das partes, de modo que, realizado o procedimento e devidamente homologado o acordo, nenhuma das partes pode se insurgir em relação ao *conteúdo das cláusulas* avençadas. Ou seja, como é plenamente viável estipular cláusulas em que o colaborador renuncie o *exercício* do direito a interpor recursos e instrumentos processuais (como *habeas corpus*, reclamação e mandado de segurança, por exemplo) para contestar judicialmente os termos do próprio acordo, presente nítida hipótese da proibição do *venire contra factum proprium*, decorrente, como dito, da boa-fé objetiva, integralmente aplicável ao caso como reiteradamente hoje reconhecimento pela jurisprudência. Quanto ao mais, e foi isso que entendemos ter disposto a lei de forma expressa, sempre poderá utilizar todos os meios cabíveis como forma de fazer valer o que foi acordado e eventualmente *não* aplicado pelo juízo. Noutras palavras, não poderá haver uma cláusula que impeça o recurso contra a decisão de homologação (que pode não aceitar a integralidade do que pactuado, mas jamais aquilo que foi pactuado em si pelas expressas vontades e voluntariedades das partes envolvidas) ou que, de qualquer forma, lhe traga um efetivo prejuízo (interesse recursal, art. 577, CPP).

Nesse tópico de *garantia de impugnações*, há se ter o devido cuidado também, especialmente diante de posicionamentos isolados violando o precedente do Plenário do STF no HC nº 127.483.

Está expresso no julgado do Pleno (tomado à unanimidade na época) que, por se tratar de um negócio jurídico personalíssimo, terceiros que forem eventualmente citados nos "anexos" (*delatados*) das colaborações não podem *impugnar* o *conteúdo* das cláusulas avençadas se devidamente homologado. A garantia da ampla defesa está em que os eventuais partícipes e coautores referidos confrontarem e impugnar o *conteúdo das declarações* do colaborador[26] [27].

Nesse diapasão encontram-se algumas decisões da 2ª Turma do STF (*v.g. Habeas Corpus nºs 142.205 e 143.427, em 2020; mas há posteriores no mesmo sentido*) que, *por empate da votação*, e não acolhendo proposta de submissão ao Plenário para eventual revisão de posicionamento, acabaram *anulando* colaborações premiadas, e, o que é pior, em sede do sumaríssimo rito do *habeas corpus*, sem garantir a participação do próprio colaborador e a parte que com ele entabulou o ajuste negocial.

Não esqueçamos jamais que a competência para *rescindir* (e até anular) o acordo é da autoridade que o homologou, na medida em que é obrigatória a abertura de procedimento específico para o exercício da ampla defesa do *colaborador* no sentido de manutenção do acordo.

O que é mais grave nesses julgados tomados por empate (mas que, pela *reiteração*, acabam gerando "precedentes" – diríamos apenas *ementas* que vão sendo repetidas acriticamente por alguns), respeitosamente,

[26] Entendimento inclusive reafirmado no final do ano de 2022; "[...] O Plenário desta Corte, no julgamento do HC 127.423, Min. Dias Toffoli, fixou entendimento no sentido de que, "[p]or se tratar de negócio jurídico personalíssimo, o acordo de colaboração premiada não pode ser impugnado por coautores ou partícipes do colaborador na organização criminosa e nas infrações penais por ela praticadas, ainda que venham a ser expressamente nominados no respectivo instrumento no 'relato da colaboração e seus possíveis resultados' (art. 6º, I, da Lei nº 12.850/13). De todo modo, nos procedimentos em que figurarem como imputados, os coautores ou partícipes delatados – no exercício do contraditório – poderão confrontar, em juízo, as declarações do colaborador e as provas por ele indicadas, bem como impugnar, a qualquer tempo, as medidas restritivas de direitos fundamentais eventualmente adotadas em seu desfavor". [...] (STF, Primeira Turma, **HC 217.396/CE AgR**, Min. Rel. Roberto Barroso, 03/11/2022, DJe 21/11/2022).

[27] [...] Ainda que se garanta à Defesa a prerrogativa de impugnar as provas oriundas de acordo de colaboração premiada firmado por terceiros, não é cabível aos Impetrantes questionarem genericamente as formalidades da celebração e seu conteúdo, notadamente na via eleita, de cognição sumária. Ademais, o momento processual em que a análise exauriente das informações substanciais fornecidas pelo Delator ocorre é no decorrer da instrução e da eventual prolação de decisão de mérito no feito principal, quando os elementos de autoria e materialidade provenientes de tais ajustamentos serão cotejados com as demais provas – e não em habeas corpus impetrado em instância jurisdicional superposta, sob pena de violação da partição constitucional de competências judiciais. [...] (STJ, Sexta Turma, **HC 582.678/RJ**, Rel. Min. Laurita Vaz, j. 14.6.2022, DJe 21.6.2022).

é que foi reconhecido no voto-prevalente que a impugnação dizia respeito à utilização de provas contra os imputados e que foram produzidas a partir de acordos "temerários e claramente questionáveis". Assim, de forma *absolutamente* genérica, referiu-se que seria necessário avançar para "traçar critérios adequados à limitação de abusos". Sem ter nenhum elemento seguro e indiscutível a *supostos abusos* (senão mediante um discurso aberto e vazio, *venia concessa*), assentou-se também ser "*questionável a possibilidade de esses agentes negociarem e transigirem sobre a pretensão acusatória com relação a fatos supostamente criminosos a eles imputados*". E, com base exclusivamente no que produzido unilateralmente pelas defesas dos "delatados" no ajuizamento dos *writs*, destacou que "*grande parte dos problemas que se verificaram no caso concreto decorrem da ausência de registro e controle dos atos de negociação e das declarações prestadas pelos delatores*".

Por oportuno, relembre-se que o registro *não era* então obrigatório e, para que se admitisse a ilicitude de provas, sobretudo em sede de *habeas corpus*, não bastariam suposições a respeito das premissas declinadas. Seria preciso uma certeza de que houve ilegalidade. Nesse caso decidido, se alguma ilegalidade houvesse, como já mencionado acima, era essencial que se abrisse o devido procedimento (com contraditório e ampla defesa) perante o juízo competente, em primeiro grau, e não, por via transversa, na limitada via de cognição do *writ*. Noutras palavras, se houve qualquer ilegalidade (como dito), caberia ao juízo competente (que homologou o acordo) instaurar procedimento próprio para tanto, e não a impugnação, em outros graus de jurisdição, sobre os atos que foram fiscalizados (e tidos como corretos até então) pelo Poder Judiciário.

Exatamente por isso enfatizamos que esses esparsos julgados "por empate" violaram a decisão plenária antecedente (e inexplicavelmente o empate prevaleceu para *não* submeter a discussão ao plenário do STF, exatamente diante do *leading case* acerca do tema).

Há se ver que o STJ vem rechaçando essa possibilidade de anulação em sede de *habeas corpus*, como se vê de acórdão em que reafirmou que "*por se tratar de negócio jurídico personalíssimo, o acordo de colaboração premiada não pode ser impugnado por coautores ou partícipes do colaborador na organização criminosa e nas infrações penais por ela praticadas, ainda que venham a ser expressamente nominados no respectivo instrumento no "relato da colaboração e seus possíveis resultados" (art. 6º, I, da Lei nº 12.850/13) (HC 127.483, Ministro Dias Toffoli, Tribunal Pleno, DJe 4/2/2016) [...] (Recurso em Habeas*

Corpus nº 119.910/PR, STJ, 6ª Turma, unânime, Rel. Min. Sebastião Reis Júnior, julgado em 9.3.2021, publicado no DJ em 15.3.2021).

Uma observação importante: nenhum empeço existe para a impugnação por terceiros se a questão central for *unicamente a discussão sobre a competência do juízo que homologou o acordo*. Nessa parte, aí realmente não há como vedar o acesso e discussão judicial, pois atinge o próprio pressuposto de validade do ato de homologação do acordo (competência absoluta).

Prossigamos na análise do procedimento: deverá sempre ser *sigiloso*, conforme previsto no § 2º do art. 7º da Lei nº 12.850/2013[28]. Na linha do §3º subsequente, o levantamento do sigilo somente poderá ser feito após o recebimento da denúncia ou da queixa-crime, sendo vedado ao magistrado decidir por sua publicidade em qualquer hipótese.

Veja-se que *a publicidade* a que se refere esse dispositivo significa dar conhecimento amplo e irrestrito *a terceiros*. Entretanto, todas provas documentadas na investigação e que não possam causar mais eventuais prejuízos nas apurações deverão ser franqueadas para as defesas respectivas, conforme preconizado na Súmula Vinculante nº 14 do STF, mesmo antes do recebimento da denúncia. Isso é de sua importância ser observado, inclusive mediante requerimento da própria autoridade responsável pela investigação, para que não se diga, no futuro, que houve *"sonegação de documentos ou informações"* para a defesa quando tudo já estava documentado.

Como o procedimento é todo sigiloso, não é incomum que supostos envolvidos (ou que possam *já ter sido "delatados"*) em procedimentos de investigação em andamento solicitem *certidões* se há alguma investigação em andamento *contra eles*. Como resolver esse problema? Se certificar que há, porém não pode ser dado acesso, saberá que existe algum procedimento apuratório, fato que, de uma maneira ou outra, poderá prejudicar o bom andamento das investigações.

Compreendemos que, nesse momento, deva-se adotar um dúplice comportamento:

[28] Nos termos do art. 7º da Lei n. 12.850/2013, o sigilo obrigatório do acordo de colaboração premiada deve perdurar da sua distribuição (caput) até o recebimento da denúncia ou da queixa-crime (§ 3º), autorizando-se o acesso aos autos, nesse interregno, somente ao Ministério Público, à polícia e a terceiros eventualmente delatados (§ 2º). (STJ, Corte Especial, **AgRg nos EDcl na APn 953/DF**, Rel. Min. Og Fernandes, j. 16/11/2022, DJe 02/12/2022).

a) primeiro, mesmo que exista investigação em andamento em sigilo (mas que não pode ser noticiado ainda), certificar expressamente que "*nos termos da Súmula Vinculante nº 14 do STF nada há a informar ao peticionante*";

b) concomitantemente, certificar no procedimento de investigação que, *naquele dia,* houve a solicitação de *certidão* e que o informado foi o constante no item anterior, justificando expressamente que não foi dado acesso ao que estava em andamento porque prejudicaria as investigações nos termos da Súmula Vinculante n. 14 do STF, e que, tão logo estejam concluídas as investigações, serão os elementos de prova franqueados à defesa. Isso evitará que, no futuro, se alegue "falsidade da certidão" (*como indicada, ela corresponde à verdade, não havia nada a informar nos termos da SV 14, que garante o sigilo enquanto houver investigações em andamento que podem ser prejudicadas*), nem que teria havido a sonegação de informações quando solicitada a *certidão* perante o órgão competente para a investigação que está sendo feita.

Veja-se ainda que o compromisso das partes que tiverem acesso a esses dados é manter a vedação de *publicidade* até, pelo menos, o recebimento da peça acusatória. Nessa parte, correta a premissa de que "*o acesso ao termo de colaboração premiada pelo terceiro delatado deve ser franqueado à luz da Súmula Vinculante 14, "[...] caso estejam presentes dois requisitos. Um, positivo: o ato de colaboração deve apontar a responsabilidade criminal do requerente (INQ 3.983, rel. min. Teori Zavascki, Tribunal Pleno, julgado em 3.3.2016)*", e outro negativo: "*o ato de colaboração não deve referir-se à diligência em andamento" (Rcl 24.116/SP)*".

Homologado o acordo, confere-se a devida plausibilidade para que o início formal de investigações *também* com base nas provas e informações constantes nele. Se já existir alguma investigação formal, essas informações do colaborador poderão integrar formalmente o procedimento investigatório, seja ele qual for.

A partir desse momento, se ainda não juntadas as provas materiais, caberá ao colaborador entregar as que tenha se comprometido, no tempo e modo ajustados nas cláusulas do acordo, pois – atente-se muito bem! – o ônus de apresentação das provas *no processo criminal* em detrimento dos acusados não é do colaborador, mas da acusação (o colaborador tem de trazê-los diretamente aos autos ou entregar ao Ministério

Público para que o faça unicamente em razão do acordo homologado pelo juízo, mas o ônus probatório é, sempre, apenas da acusação, jamais do colaborador).

Homologado o acordo, todas as provas doravante produzidas, mesmo que *rescindido* o acordo, serão absolutamente válidas, inclusive contra o colaborador.

Nessa parte, é extremamente importante eliminar um equívoco que se vê de forma esparsa em alguns parcos julgados e doutrina[29]: a obrigação do colaborador não é de resultado, mas de meio (entrega das provas à acusação). Cumpridas as suas obrigações, surgirá ao colaborador direito subjetivo aos benefícios pactuados, pois "*os princípios da segurança jurídica e da proteção da confiança tornam indeclinável o dever estatal de honrar o compromisso assumido no acordo de colaboração, concedendo a sanção premial estipulada, legítima contraprestação ao adimplemento da obrigação por parte do colaborador*" (STF, HC nº 127.483). Isso não se confunde com (para nós, improcedentes) teses de que *haveria direito subjetivo* à realização de *acordos de colaboração premiada*. Se o próprio nome é "acordo" e é "bilateral", não se pode *impor* (à guisa de suposto *direito subjetivo* da outra parte) que o acordo seja pactuado. Contrato pressupõe bilateralidade de vontades[30].

Portanto, como as obrigações são de *meio*, jamais se poderá estipular benefícios ao colaborador *condicionados* à condenação de eventual pessoa referida por ele. Uma cláusula dessa natureza é nula de pleno direito. Assim, o colaborador não tem interesse jurídico algum em que haja a condenação de ninguém por ele referido no seu acordo. Uma vez entregues as provas a que se comprometeu e fazendo as narrativas judi-

[29] Compreendemos ser juridicamente equivocada a afirmativa de que "[...] 1. Os colaboradores são interessados no reconhecimento da responsabilidade penal dos delatados, por ser o fundamento da sanção premial que receberão – art. 4º da Lei 12.850/13. Exatamente por isso, a lei confere escasso valor probatório ao depoimento dos colaboradores premiados – art. 4º, § 16, da Lei 12.850/13. Suas declarações devem ser reforçadas por outros elementos de prova que as confirmem. (STF, Segunda Turma, **Inq. 4.005/DF**, Rel. Min. Edson Fachin, Red. do Acórdão Min. Gilmar Mendes, j. 11/12/2018, DJe. 21/05/2019).

[30] [...] 1. O Supremo Tribunal Federal assentou que o acordo de colaboração premiada é negócio jurídico processual, de modo que seu aperfeiçoamento pressupõe voluntariedade e ajuste de vontades das partes celebrantes. 2. Inexistente prévia obrigação legal ou contratual, não cabe ao Poder Judiciário determinar a celebração de ato negocial por quaisquer das partes, voluntário por essência. [...] (STF, Tribunal Pleno, **Pet 5.245/DF AgR**, Rel. Min. Edson Fachin, j. 03/11/2022, DJe 22/11/2022).

cialmente (sempre mediante o contraditório) conforme pactuado nos anexos e nos depoimentos, terá ele (aí sim) direito *subjetivo aos benefícios* independentemente de como foram utilizadas e apreciadas judicialmente as provas por ele entregues à acusação. Seria de uma insegurança total condicionar a concessão de benefícios legalmente estipulados à apreciação que fosse feita pelo juiz competente (art. 155, CPP) daqueles elementos de prova que ele entregou à acusação e que foram por ela juntadas aos autos. Claro que o juiz poderá considerar que o colaborador não apresentou todos os elementos de prova que se comprometeu: nesse caso, o juiz poderá *limitar* os benefícios pactuados, conforme destacado anteriormente. Veja-se: não é reduzir os benefícios se achar se as provas *não são suficientes para condenar* (a obrigação do colaborador sempre será de *meio*), mas que não foram apresentadas as *provas pactuadas* (sejam suficientes ou não para *eventual* condenação).

Portanto, o interesse a eventual condenação é, *exclusivamente*, da acusação, sendo que nem de longe o colaborador poderá ser equiparado a uma espécie de "assistente da acusação". Em nossa compreensão, dizer que o colaborador *tem interesse* na condenação é, respeitosamente, desconhecer a essência do compromisso assumido pelo colaborador, impondo-lhe ainda uma obrigação totalmente fora de suas possibilidades e atribuições.

Exatamente por isso cremos que houve um *grave* equívoco técnico e teórico do STF no julgamento do Habeas Corpus nº 166.373-PR (decisão de 2.10.2019), em que se decidiu que ao réu "delatado" deveria ser conferida a oportunidade de apresentar as *alegações finais* em momento posterior aos dos réus colaboradores, "em atenção aos princípios do devido processo legal, da ampla defesa e do contraditório". O mesmo equívoco é aferível no julgamento do Habeas Corpus nº 157.627, de 27.8.2019, perante a 2ª Turma (decisão por maioria).

De qualquer modo, vamos deixar claras duas questões: a) sempre achamos que essa deveria ser a ordem, inclusive nas *alegações finais*, mas a lei nada dispunha *na época nesse sentido*; aliás, era expressa que as alegações seriam apresentadas *conjuntamente* pelos *réus*, nos moldes do art. 403 e 404 do CPP; b) a Lei nº 13.964/2019 veio resolver problema, prevendo-se, exclusivamente para *os casos futuros* segundo pensamos, no § 10-A do art. 4º da Lei 12.850/2013, que "*em todas as fases do processo, deve-se garantir ao réu delatado a oportunidade de manifestar-se após o decurso do prazo concedido ao réu que o delatou*".

Já fizemos as críticas aos julgados supramencionados noutros espaços, cabendo aqui apenas o destaque do equívoco, na medida que o objetivo do presente é, quiçá, indicar o melhor procedimento da colaboração premiada envolvendo organizações criminosas.

4. Conclusões

Experiências internacionais já revelaram que não há como retroceder na utilização desse mecanismo imprescindível de apuração probatória, notadamente quando envolver criminalidade organizada. Descobrir a gênese e os procedimentos criminosos revela-se praticamente impossível sem essa técnica. O caminho sempre deverá ser de *evolução e aprimoramento,* jamais de retrocesso, tal qual se fala do denominado efeito *clicquet* em relação aos direitos humanos. Aliás, punir com eficiência mediante o devido processo legal é um *standard* de direitos humanos[31], imposto como padrão das obrigações processuais penais positivas em inúmeros julgados das Cortes Internacionais de Direitos Humanos.

Como defendemos abertamente há muito tempo, existe uma dupla função de proteção de direitos humanos: *"proteger os direitos do homem está umbilicalmente ligado à adoção de ações positivas direcionadas a prevenir e sancionar com eficiência as ofensas que eventualmente lhes podem ser direcionadas, buscando-se sempre um equilíbrio nas relações entre todos os direitos e deveres fundamentais"*[32].

Assim, assumidas as obrigações internacionais pelo Brasil de adotar a colaboração premiada como uma técnica indeclinável na apuração probatória de crimes graves, a adoção desse mecanismo não pode ser restringido por interpretações que a tornem ineficiente. Há obrigação (dever) de serem feitas investigações apropriadas e diligentes, e a produção probatória a mais completa possível, *reconstruindo os fatos* e sancionando os autores de maneira congruente e proporcional.

[31] Vide a importantíssima doutrina do Professor Valério Mazzuoli, responsável por essa expressão.

[32] FISCHER, Douglas; PEREIRA, Frederico Valdez. **As Obrigações Processuais Penais Positivas**...*op. cit.*, 2022, p. 189.

CAPÍTULO 20
JUÍZO HOMOLOGATÓRIO DA COLABORAÇÃO PREMIADA: SINDICABILIDADE E RESCINDIBILIDADE

Luis Fernando de Moraes Manzano

1. Introdução

A colaboração (ou "delação") premiada, como instrumento legal de combate a certos ramos da criminalidade, está prevista no ordenamento jurídico de diversos países e em tratados internacionais. No Brasil, a partir da década de 90, diversas leis trataram do instituto como causa de diminuição de pena, conferindo-lhe, portanto, natureza penal. Somente com o advento da Lei do Crime Organizado (Lei nº 12.850/2013), em seus artigos 4º a 7º, é que se cuidou de lhe prescrever os contornos conhecidos hoje, atribuindo-lhe natureza processual, como meio de obtenção da prova. Desde então, foram desmantelados os maiores escândalos de corrupção da história do País, o que culminou com a condenação e a prisão, inclusive mas não somente, de um ex-presidente da República e do presidente do Congresso Nacional.

Sob o aspecto processual, da forma como disciplinada pela Lei nº 12.850/2013, a colaboração premiada se desenvolve em quatro fases bem distintas: a da negociação – ou das tratativas –, a da formalização do acordo e sua homologação judicial, a da colaboração propriamente dita e a de sentenciamento. No *HC* 127.483/PR, relatado pelo Ministro Dias Toffoli, DJe 04.02.2016, e na Pet 7.074/DF, relatada pelo Ministro Edson

Fachin, j. em 29.06.2017, o Supremo Tribunal Federal analisou a natureza jurídica do acordo de colaboração premiada, seus requisitos, condições e pressupostos, bem como sua sindicabilidade e rescindibilidade, cujo estudo constitui o principal objetivo deste trabalho.

1.1. Origem histórica do instituto e sua previsão no direito estrangeiro

Segundo Ennio Amodio, a origem histórica da colaboração premiada remonta à sua prática na experiência inglesa, a partir de uma decisão proferida no caso Rudd, em 1775, em que "*o juiz declarou admissível o testemunho do acusado (*crown witness*) contra os cúmplices em troca de sua impunidade depois de sua confissão*".[1]

Na Argentina, a *delação premiada* é disciplinada como causa de diminuição de pena pelas leis 23.737/1989, de combate ao tráfico ilícito de entorpecentes, e 25.241/2000, que define os atos de terrorismo.[2]

O antigo Código de Processo Penal da Colômbia (Lei 600/2000), em seus arts. 413 e seguintes, disciplinava minuciosamente a *colaboração do acusado* que, contudo, foi apenas genericamente referida no art. 324, 5, do atual Código de Processo Penal, como uma das hipóteses de atenuação do princípio da obrigatoriedade da ação penal.[3]

Os arts. 376 e 359.3 do Código Penal da Espanha conferem tratamento punitivo diferenciado ao corréu arrependido que se dispõe a colaborar com o sistema de justiça penal, que compreende a redução da pena, tendo a reforma de 2004, introduzida pela *Ley Organica* 15/2003, suprimido a necessidade de confissão.[4]

[1] Amodio, Ennio, *apud* Silva, Eduardo Araujo da. **Organizações criminosas – aspectos penais e processuais da Lei nº 12.850/13**. São Paulo: Atlas, 2014, p. 53.

[2] Gídaro, Wagner Roby; Vilardi, Rodrigo Garcia. O crime organizado e o terrorismo na Argentina – instrumentos e mecanismos legais de proteção. In: Fernandes, Antonio Scarance, Almeida, José Raul Gavião; Moraes, Maurício Zanoide (Coord.). **Crime organizado – aspectos processuais**. São Paulo: Revista dos Tribunais, p.69-70.

[3] Machado, André Augusto Mendes. O crime organizado na Colômbia. In: Fernandes, Antonio Scarance, Almeida, José Raul Gavião; Moraes, Maurício Zanoide (Coord.). **Crime organizado – aspectos processuais**. São Paulo: Revista dos Tribunais., pp. 113-114.

[4] José, Maria Jamile. Crime organizado e terrorismo na Espanha. In: Fernandes, Antonio Scarance, Almeida, José Raul Gavião; Moraes, Maurício Zanoide (Coord.). **Crime organizado – aspectos processuais**. São Paulo: Revista dos Tribunais, pp. 149-150.

Nos Estados Unidos da América, diversas leis contemplaram a *colaboração premiada*, a partir do *Continuing Criminal Enterprise Statute* (CCE) e do *Racketeering Influenced and Corrupt Organizations Act* (*Rico Act*), editados em 1970, mas o uso do colaborador, que está tentando a barganha penal (*plea bargain*), é controverso na doutrina norte-americana, na medida em que conduz a que o Estado transija com o criminoso, alie-se a ele, premiando-o de certa forma, a pretexto de melhor combater o crime.[5]

O Código de Processo Penal francês sofreu profundas alterações em 1994, e novamente em 2000, para a inclusão de meios de investigação utilizados para o combate ao crime organizado e ao terrorismo. Os arts. 706-57 a 706-62 e 706-61-1 preveem medidas de proteção às pessoas que tenham evitado a ocorrência de infrações penais, feito cessar ou atenuar o prejuízo causado por uma infração penal, ou identificado os autores ou cúmplices; e benefícios a réus colaboradores, consistentes em redução e até isenção de penas.[6]

Na Inglaterra, a legislação sobre crime organizado, ou seja, o *Serious Organized Crime Act* de 2005, trata do *colaborador processual* em capítulo próprio. Dispõe que os instrumentos legais à disposição do órgão acusatório, que compreendem a *immunity notice* (imunidade à persecução penal) com relação a crimes descritos no acordo formalizado, vedado somente aos crimes de cartel e, a *restricted use undertaking*, consistente em garantia de que as informações prestadas pelo colaborador não serão usadas como prova contra ele, exceto em circunstâncias especificamente detalhadas na proposta e no acordo. Há também a previsão de redução da pena no julgamento perante a *Crown Court*, que pressupõe a confissão do réu colaborador (*plea guilty*). Há previsão legal de revisão criminal para elevação da pena do colaborador que não tenha cumprido o acordo, e para a diminuição da pena do corréu que, mesmo não

[5] BECHARA, Fábio Ramazzini; MANZANO, Luis Fernando de MORAES. Crime organizado e terrorismo nos Estados Unidos da América. In: FERNANDES, Antonio Scarance, ALMEIDA, José Raul Gavião; MORAES, Maurício Zanoide (Coord.). **Crime organizado – aspectos processuais**. São Paulo: Revista dos Tribunais., pp.158-163.

[6] CAÇAPAVA, Elisa Pires da Cruz Reale; VILARES, Fernanda Regime. Crime organizado e terrorismo na França. In: FERNANDES, Antonio Scarance, ALMEIDA, José Raul Gavião; MORAES, Maurício Zanoide (Coord.). **Crime organizado – aspectos processuais**. São Paulo: Revista dos Tribunais, pp. 187-196.

tendo celebrado prévio acordo formal, colaborou efetivamente com a justiça penal.[7]

O instituto da colaboração premiada, trazido da *common law*, foi muito utilizado no combate às máfias na Itália. Inicialmente introduzido para o combate ao terrorismo, teve seu espectro posteriormente alargado para abranger os crimes praticados por organizações criminosas, pela Lei 82/1991. A reforma do art. 111 da Constituição italiana, contudo, impôs modificações no sistema, que foram introduzidas pela Lei 45/2001.[8]

O Código de Processo Penal português não traz regra expressa sobre a delação premiada, mas o Decreto-lei 15/1993 (que reviu a legislação de combate à droga) e a Lei 52/2003 (Lei de Combate ao Terrorismo) preveem a atenuação e até mesmo a isenção de pena para o agente que abandonar voluntariamente a prática daqueles crimes, afastar ou fizer diminuir de forma considerável o perigo produzido pela conduta, impedir ou se esforçar seriamente por impedir que o resultado se verifique, ou auxiliar concretamente as autoridades na colheita de provas para a identificação ou a prisão de outros responsáveis.[9]

1.2. Fundamento legal

As primeiras leis brasileiras que dispuseram sobre o instituto nominaram-no *delação premiada*, e conferiram-lhe natureza penal.

A delação ou colaboração premiada ou espontânea, como causa de diminuição de pena, foi prevista para os seguintes crimes:

[7] Hohn Junior, Ivo Anselmo; Pereira, Fábio Franco. O combate ao crime organizado e ao terrorismo na Inglaterra. In: Fernandes, Antonio Scarance, Almeida, José Raul Gavião; Moraes, Maurício Zanoide (Coord.). **Crime organizado - aspectos processuais**. São Paulo: Revista dos Tribunais, pp. 217-218.

[8] Silveira, Rodrigo Mansour Magalhães; Vaggione, Luiz Fernando. O crime organizado na Itália e as medidas adotadas para o seu combate. In: Fernandes, Antonio Scarance, Almeida, José Raul Gavião; Moraes, Maurício Zanoide (Coord.). **Crime organizado - aspectos processuais**. São Paulo: Revista dos Tribunais, p. 241.

[9] Gemaque, Silvio César Arouck; Russo, Luciana. Crime organizado em Portugal. In: Fernandes, Antonio Scarance, Almeida, José Raul Gavião; Moraes, Maurício Zanoide (Coord.). **Crime organizado - aspectos processuais**. São Paulo: Revista dos Tribunais, p. 299.

1. extorsão mediante sequestro e na forma qualificada, quando cometido em concurso de agentes (art. 159, § 4º, do CP, acrescentado pela Lei 8.072/90);
2. crimes hediondos e assemelhados, quando cometidos por quadrilha ou bando (art. 8º, parágrafo único, da Lei 8.072/90);
3. crime organizado (o art. 6º da Lei 9.034/95 – antiga lei do crime organizado – dispunha: "Art. 6º. Nos crimes praticados em organização criminosa, a pena será reduzida de 1 (um) a 2/3 (dois terços), quando a colaboração espontânea do agente levar ao esclarecimento de infrações penais e sua autoria". A Lei 9.034/95 foi expressamente revogada pela Lei 12.850/13;
4. crimes contra o sistema financeiro (art. 25, § 2º, da Lei 7.492/86) e contra a ordem tributária, econômica e as relações de consumo (art. 16 da Lei 8.137/90), dispositivos acrescentados pela Lei 9.080/95;
5. lavagem de dinheiro (art. 1º, § 5º, da Lei 9.613/98, cuja redação foi alterada pela Lei 12.683/12, com o objetivo de ampliar as hipóteses possíveis de colaboração, que passaram a ser: i) esclarecimentos que conduzam à apuração das infrações penais; ii) a identificação dos autores, coautores e partícipes; ou iii) a localização dos bens, direitos ou valores objeto do crime. Tal reforma possibilitou a colaboração premiada em qualquer fase do processo, inclusive na execução penal;
6. tráfico ilícito de entorpecentes (art. 41 da Lei 11.343/06);
7. quaisquer crimes (arts. 13 e 14 da Lei 9.807/99 – Lei de proteção a vítimas e testemunhas), desde que da colaboração do indiciado ou acusado, na fase da investigação criminal ou do processo penal, tenha resultado: i) a identificação dos demais coautores ou partícipes da ação criminosa; ii) a localização da vítima com a sua integridade física preservada; iii) a recuperação total ou parcial do produto do crime, caso em que, se for primário, o juiz poderá conceder-lhe, de ofício ou a requerimento, o perdão judicial.

Antes do advento da Lei 12.850/13 (Lei de Organizações Criminosas), interessante caso ocorrido em São Paulo, Capital, denotou a falta de uma melhor regulamentação da matéria, que previsse aspectos rituais, operacionais, necessários à efetivação do novel instituto. Um indivíduo que, de moto, usando capacete, foi buscar o dinheiro do resgate – o dinheiro estava acondicionado num saco de papel de supermercado quando lhe foi entregue –, no local indicado por telefone pelo extorsor, acabou sendo preso em flagrante delito e conduzido à delegacia de polícia, com a vítima ainda em cativeiro em local ignorado. A interpelação da autoridade policial foi pertinente: o delegado de polícia telefonou para o fórum querendo saber como deveria formalizar a delação premiada, se poderia ele próprio fazê-lo e se dependia de autorização judicial, com vistas à localização da vítima. Não havia, até então, nenhum regramento a respeito da matéria, que surgiu somente com o advento da lei em comento.

Uma das inovações da Lei 12.850/13 consistiu em tratar a colaboração premiada como um instituto de natureza jurídica processual penal, com disposições sobre: i) o procedimento e suas fases; ii) iniciativa da proposta e seus requisitos; iii) formalização do acordo e sua homologação judicial; iv) competência para tanto; iv) hipóteses de cabimento e suas condições e pressupostos. O novo tratamento legislativo teve o mérito de conferir maior segurança jurídica e previsibilidade ao negócio jurídico processual, permitindo sua sindicabilidade e controle, bem como sua rescindibilidade, por vias autônomas de impugnação que possibilitem a anulação ou a nulificação do acordo judicialmente homologado, pelas partes envolvidas e, possivelmente, pelos corréus delatados, o que será objeto de análise no presente trabalho.

Na ordem internacional, dois importantes tratados internacionais de que o Brasil é signatário introduziram a colaboração premiada no ordenamento jurídico pátrio, a saber: a *Convenção de Palermo* (Convenção das Nações Unidas contra o Crime Organizado Transnacional), introduzida no ordenamento jurídico brasileiro pelo Decreto 5.015, de 12 de março de 2004, sendo de participar interesse o art. 26, § 1º); e a *Convenção de Mérida* (Convenção das Nações Unidas contra a Corrupção), chancelada pelo Decreto 5.687, de 31 de janeiro de 2006, cujo art. 37, §§ 1º ao 4º.

A Orientação Conjunta 1/2018 do MPF, o *HC* 127.483, relatado pelo Ministro Dias Toffoli, Dje de 04.02.2016, apontado como *leading case* sobre a matéria, e a QO na Pet 7.074-DF, relatada pelo Ministro Edson Facchi, j. em 29.06.2017 constituem os principais referenciais normativos, de cunho doutrinário, e jurisprudenciais sobre a matéria.

O que compete ao juiz ou relator apreciar no juízo da homologação do acordo de colaboração premiada e a possibilidade ou não de revisão do acordo homologado na fase de sentenciamento constituem duas das principais questões a serem analisadas no presente trabalho.

1.3. Linhas gerais: terminologia, distinção, natureza jurídica, conceito, forma, momento processual, pressuposto e fases do rito processual

A expressão *colaboração premiada* (ou colaboração processual) substituiu a antiga denominação "delação premiada", usada pelos diplomas anteriores, porque a Lei 12.850/13 reconheceu outras formas de colaboração além da delação.

Embora os institutos sejam semelhantes, inclusive quanto à natureza jurídica, aos requisitos, aos benefícios, ao objetivo e à finalidade, não se confundem a *colaboração premiada* e o *acordo de leniência*, este último previsto nas leis 12.529/11 (que dispõe sobre a prevenção e a repressão às infrações contra a ordem econômica, entre elas a de cartel de empresas) e 12.846/13 (que trata dos crimes de licitação e corrupção), em que o benefício é concedido pelo CADE (Conselho Administrativo de Defesa Econômica) e pela CGU (Controladoria Geral da União) respectivamente, órgãos do Poder Executivo, no âmbito do processo administrativo, sem homologação judicial, mas com a participação do Ministério Público. Além disso, embora o novel instituto tenha se inspirado nos modelos americano e inglês do *plea bargaining* e do *guilty plea*, deles também se distingue, pois, embora a admissão da culpa seja exigida em todos eles, não se traduz em renúncia ao devido processo legal, em prol de um julgamento sumariíssimo, com resolução antecipada da lide e redução da pena ou da imputação.

A colaboração premiada é *meio de obtenção de prova* (art. 3º, *caput* e I, da Lei 12.850/13), isto é, meio de investigação ou de obtenção de fontes de prova, a que o Supremo Tribunal Federal reconheceu a *natureza jurídica* de "*negócio jurídico processual* [bilateral], uma vez que, além de ser qualificada expressamente pela lei como 'meio de obtenção de prova', seu objeto é a cooperação do imputado para a investigação e para o processo criminal, atividade de natureza processual, ainda que se agregue a esse negócio jurídico o efeito substancial (de direito material) concernente à sanção premial a ser atribuída a essa colaboração" (*HC* 127.483/PR, relator o Ministro Dias Toffoli, julgado cm 27.08.2015, p. 23-24). Para Gustavo Henrique Badaró, não se trata apenas de "mais um meio de obtenção de prova [...], mas sim de "um novo modelo de Justiça Penal, que funciona a partir de funções não epistêmicas, e sem preocupação de legitimar o exercício do poder de punir estatal", conclusão reforçada pelo "enorme número de colaboradores", que, no modelo brasileiro, transformou-se num "*fast track*, que eliminou o demorado e custoso processo, enquanto barreira que se situava entre o fato praticado pelo criminoso e a sua punição".[10]

O *conceito* previsto no Manual ENCCLA é o seguinte: *"A colaboração premiada é meio de obtenção de prova sustentada na cooperação de pessoa suspeita de envolvimento nos fatos investigados, buscando levar ao conhecimento das autoridades responsáveis pela investigação informações sobre organização criminosa ou atividades delituosas, sendo que essa atitude visa a amenizar a punição, em vista da relevância e eficácia das informações voluntariamente prestadas"*[11]. Consiste em *acordo* voluntário de vontades celebrado entre, de um lado, determinados órgãos encarregados da persecução criminal e, de outro, o colaborador, pelo qual o Estado se compromete a conceder a este um prêmio, em troca de sua efetiva colaboração em: i) a identificação dos demais coautores e partícipes da organização criminosa e das infrações penais por eles praticadas; ii) a revelação da estrutura hierárquica e da divisão de tarefas da organização criminosa; iii) a prevenção de infrações penais decorrentes das atividades da organização criminosa; iv) a recuperação total ou parcial do produto ou do proveito das infrações penais praticadas pela organização criminosa; ou v) a localização de eventual vítima com a sua integridade física preservada (art. 4º, I a V, da Lei 12.850/13).

O *prêmio* ou benefício levará em conta o grau de relevância e efetividade da colaboração, além da personalidade do colaborador, a natureza, as circunstâncias, a gravidade e a repercussão social do fato criminoso, podendo alcançar, segundo a lei, desde a diminuição ou substituição da pena até o perdão judicial, o não oferecimento da denúncia e a progressão de regime (art. 4º, *caput* e §§ 4º e 5º, da Lei 12.850/13). Discute-se a possibilidade de concessão de outros benefícios, inclusive extrapenais, não previstos em lei que, segundo Andrey Borges de Mendonça,

[10] Badaró, Gustavo Henrique. A colaboração premiada: meio de prova, meio de obtenção de prova ou um novo modelo de justiça penal não epistêmica? In: Moura, Maria Thereza de Assis; Bottini, Pierpaolo C. (Coord.). **Colaboração premiada**. São Paulo: Revista dos Tribunais, 2017.

[11] Disponível em: [www.mpf.mp.br/atuação-tematica/sci/dados-da-atuacao/eventos-2/eventos-internacionais/conteudo-banners-1/enccla/restrito/manual-colaboracao-premiada-jan14.pdf/view]. Acesso em: 21.11.18, p. 2.

após minuciosa análise do acordo celebrado na Operação Lava-Jato, podem chegar a: "*i) permissão para que familiares se utilizem de bens que sejam produto de crime (veículos blindados adquiridos com produto da infração); ii) afastamento de efeitos extrapenais da condenação, em especial não aplicação de perdimento a determinados bens, que seriam produto de crime; iii) aplicação de multas; iv) o cumprimento da pena em regimes diferenciados, como o regime fechado domiciliar, o aberto diferenciado (em geral consistente no recolhimento domiciliar noturno), o regime semiaberto diferenciado (em geral o recolhimento domiciliar noturno durante a semana e em período integral nos fins de semana); v) recolhimento domiciliar noturno durante a semana; vi) estabelecimento de penas fixas (por exemplo, três anos em regime semiaberto) ou em margens fixas (no mínimo três e no máximo cinco ano); vii) condenação a, no máximo, uma pena determinada (condenação à pena máxima unificada de até 12 anos, por exemplo); viii) suspensão de processos e investigações; ix) progressão per saltum de regime, diretamente do frechado para o aberto; x) suspensão da pena; e xi) substituição da prisão cautelar por outras medidas alternativas. Entre as principais críticas a esta orientação doutrinária, alinham-se as de violação aos princípios constitucionais da legalidade e da individualização da pena (CF, art. 5º, XXXIX e XLVI)*".[12]

O *acordo*, que deve ser *escrito*, *instrumentaliza-se* em dois documentos distintos: i) o termo de acordo; e ii) os anexos, que contêm a descrição dos fatos (o chamado "fatiamento" das informações), o mais detalhadamente possível, a fim de possibilitar a posterior aferição do grau de efetividade da colaboração, e de se estabelecer o prêmio, pelo manejo dos postulados da proporcionalidade, razoabilidade e igualdade.

A colaboração premiada pode ocorrer tanto na investigação criminal, quanto no processo penal, e até mesmo durante a execução penal, mas qualquer que seja o *momento processual* em que se desenvolva, seus *objetivos* e sua *finalidade* são os mesmos que se reconhecem ao inquérito policial: apurar indícios de autoria e a prova da materialidade delitiva, e instruir a ação penal.

Portanto, *colaborador* pode ser o investigado, o réu ou o sentenciado, desde que envolvido, ele próprio, na prática dos crimes por ele delatados, ou de crimes conexos. Difere da figura do informante, *whistleblower*

[12] MENDONÇA, Andrey Borges. Os benefícios possíveis na colaboração premiada: entre a legalidade e a autonomia da vontade. In: MOURA, Maria Thereza de Assis; BOTTINI, Pierpaolo C. (Coord.). **Colaboração premiada**. São Paulo: Revista dos Tribunais, 2017.

ou reportante de boa-fé (fruto de debates na Ação 4/2016 da Estratégia Nacional de Combate à Corrupção e à Lavagem de Dinheiro - ENCCLA), que também tem amparo legal (art. 3º, 8, da Convenção de Palermo, e art. 33, da Convenção de Mérida), que é aquele que delata às autoridades a ocorrência de um crime do qual não participou, normalmente em troca de proteção do Estado ou de outros benefícios legais.

Pressuposto da colaboração premiada, segundo a lei, é a confissão do colaborador, que deve renunciar ao direito ao silêncio e assumir o compromisso de dizer a verdade (art. 4º, § 14, da Lei 12.850/13), o que não passou à margem de críticas doutrinárias.

A colaboração premiada se desenvolve em *quatro fases bem distintas*: i) a da negociação; ii) a da formalização do acordo e sua homologação judicial, em que o juiz ou tribunal verificará sua regularidade, legalidade e voluntariedade, podendo, para esse fim, sigilosamente, ouvir o colaborador, na presença de seu defensor (art. 4º, § 7); iii) a da colaboração propriamente dita e, por fim, iv) a do sentenciamento, em que se apreciará os termos do acordo homologado e sua eficácia (art. 4º, § 11), para efeito de concessão do benefício prometido.

O presente estudo centraliza-se na fase da homologação judicial do acordo.

1.4. Conteúdo da proposta e do acordo

Sobre a forma e o conteúdo do termo de acordo de colaboração premiada, dispõe o art. 6º da Lei 12.850/13: *"Art. 6º. O termo de acordo da colaboração premiada deverá ser feito por escrito e conter: I – o relato da colaboração e seus possíveis resultados; II – as condições da proposta do Ministério Público ou do delegado de polícia; III – a declaração de aceitação do colaborador e de seu defensor; IV – as assinaturas do representante do Ministério Público ou do delegado de polícia, do colaborador e de seu defensor; V – a especificação das medidas de proteção ao colaborador e a sua família, quando necessário."*

A proposta e o instrumento do acordo e seus anexos devem conter a indicação dos benefícios, de eventuais renúncias e das obrigações assumidas pelo colaborador, como a especificação de provas dos ilícitos e de autoria, as medidas de prevenção e, se for o caso, a indicação do local em que se encontra a vítima e o produto ou o proveito dos crimes praticados pela organização criminosa.

Quanto aos benefícios, a Lei 12.850/13 prevê a possibilidade dos seguintes benefícios: i) perdão judicial (art. 4º, *caput*); ii) redução da pena em até 2/3 (dois terços) (art. 4º, *caput*); iii) substituição da pena privativa de liberdade por restritivas de direitos (art. 4º, *caput*); iv) redução de até a metade da pena ou progressão de regime, se a colaboração for durante a fase de execução (art. 4º, § 5º); e v) não oferecimento da denúncia, se antes da propositura da ação penal (art. 4º, § 4º).

Discute-se se o acordo deve contemplar cláusulas prevendo expressamente os benefícios, de modo específico e determinado ou se deve prevê-los apenas de modo genérico, para que não se substitua ao juiz na aplicação da pena; e, a legalidade da proposta de outros benefícios não previstos em lei, inclusive extrapenais.

Em sentido favorável à especificação das penas (ou dos benefícios), afirma-se que se trata de medida desejável a conferir maior segurança jurídica e previsibilidade ao negócio processual, sobre indispensável para a posterior verificação da efetividade da cooperação na fase de sentenciamento e da concessão do benefício. Nessa linha, Andrey Borges de Mendonça defende que o acordo deve especificar, inclusive, a pena em concreto que deverá ser cumprida pelo delator, que pode ser em patamar fixo (específico) ou variável (indicando os limites mínimo e máximo ao juiz).[13]

Em sentido contrário, sustenta-se que compete somente ao juiz ou tribunal a fixação e individualização das penas. Nesse sentido: o Manual ENCCLA, que dispõe: *"Importante ressaltar que não deve o magistrado homologar propostas que tragam preestabelecido o quanto de redução de pena. De um lado, porque não incumbindo ao Ministério Público ou ao delegado de polícia proferir sentença, não podem prometer algo que não podem cumprir; de outro porque, acaso tal cláusula fosse homologada nesse momento, tal proceder implicaria duplo julgamento antecipado do mérito da ação penal: a) o juízo de condenação e b) o juízo acerca da presença dos requisitos legais para a aplicação da causa de diminuição de pena".*[14]

[13] Mendonça, Andrey Borges. Os benefícios possíveis...*op. cit*, 2017, p. 89; Gomes, Luiz Flávio; Silva, Marcelo R. **Organizações criminosas e técnicas especiais de investigação**. Salvador; JusPodium, 2015., p. 318-319.

[14] Disponível em: [www.mpf.mp.br/atuação-tematica/sci/dados-da-atuacao/eventos-2/eventos-internacionais/conteudo-banners-1/enccla/restrito/manual-colaboracao-premiada-jan14.pdf/view]. Acesso em: 21.11.18, p. 8; Afrânio Silva Jardim (Jardim, Afrânio Silva. Nova interpretação sistemática do acordo de cooperação premiada. In: Espineira, Bruno; Caldeira, Felipe (Org.). **Delação premiada**. Belo Horizonte: D' Plácido, 2016, p. 35);

Há, ainda, posição intermediária, no sentido de que as penas estipuladas pelas partes no acordo de colaboração premiada constituem um limite máximo, nada obstando a que o juiz ou tribunal as reduza.[15]

Quanto à possibilidade ou não de oferecimento de proposta de benefícios não previstos em lei, a doutrina se divide a respeito.

Alguns autores acentuam a necessidade de uma cláusula ou *"cultura de legalidade dos benefícios"*, apoiados nos princípios constitucionais da legalidade e da individualização da pena (CF, art. 5, XXXIX e XLVI).[16]

Por outro lado, há quem defenda, com amparo no princípio da autonomia da vontade, a possibilidade de concessão de benefícios não previstos, desde que não vedados pelo ordenamento jurídico, como seria o caso das penas vexatórias ou atentatórias à dignidade humana.[17] O Supremo Tribunal Federal já homologou diversos acordos de colaboração premiada que estabeleciam benefícios não previstos em lei, como o cumprimento de pena privativa de liberdade em regime fechado por lapso não superior a cinco anos e não inferior a três anos, iniciando-se logo após a homologação do acordo (cláusula 5ª, inc. III, no caso de Alberto Youssef); o cumprimento da pena unificada máxima de 12 anos de reclusão, considerando-se para esse fim a unificação da pena fixada no processo penal já instaurado e nos que vierem a ser instaurados com esteio nos feitos mencionados ou decorrentes do acordo, com a suspensão dos demais feitos e procedimentos criminais na fase em que se encontrem quando atingido o máximo ora proposto, desde que não haja recurso pendente com o objetivo de redução da pena (cláusula 5ª, alínea *a*, do acordo firmado com Fernando Migliaccio da Silva, um dos dirigentes da construtora Odebrecht); a substituição da prisão preventiva pelas condições do regime semiaberto domiciliar, durante o período de 01 (um) ano e 06 (seis) meses a partir da homologação do acordo (cláu-

Ministro Ricardo Lewandowski, em voto minoritário proferido nos acordos de colaboração premiada firmados no âmbito da Operação Lava-Jato.

15 Vasconcellos, Vinicius Gomes de. **Colaboração premiada no processo penal**. 2. ed. São Paulo: Revista dos Tribunais, 2018, p. 179; Orientação Conjunta 1/2018 do MPF, n. 26.

16 Canotilho, J. J. Gomes; Brandão, Nuno. Colaboração premiada: reflexões críticas sobre os acordos fundantes da Operação Lava Jato. **Revista Brasileira de Ciências Criminais**, São Paulo, v. 133, ano 25, jul. 2017, p. 147 e 156-157; Vasconcellos, Vinicius Gomes de. **Colaboração premiada no processo penal**. 2. ed. São Paulo: Revista dos Tribunais, 2018, p. 167.

17 Nessa linha: Mendonça, Andrey Borges. Os benefícios possíveis...*op. cit.*, 2017, p. 53-104.

sula 13, no caso do ex-Senador Delcídio do Amaral; Pet. 5.952); além das medidas previstas no âmbito da Operação Lava Jato, referidas no item anterior (Pet. 7.074/DF, relatada pelo Ministro Edson Fachin, j. em 29.06.2017).

Quanto às renúncias, dispõe o art. 4º, § 14, da Lei 12.850/13 que o colaborador renunciará, na presença de seu defensor, ao direito ao silêncio e estará sujeito ao compromisso legal de dizer a verdade. Além disso, algumas cláusulas fixadas em acordos de colaboração premiada homologados pelo Supremo Tribunal Federal previam expressamente a renúncia a ações, defesas, recursos e sigilos, esvaziando direitos e garantias constitucionais.

Obviamente que tais previsões legal e jurisprudencial acima referidas foram alvo de duras críticas doutrinárias, as quais enfatizaram a inconstitucionalidade das mesmas, por ofensa ao direito ao silêncio, ao acesso à justiça, ao contraditório e à ampla defesa, ao devido processo legal, ao duplo grau de jurisdição e à inviolabilidade de sigilos constitucionalmente tutelados.

Andrey Borges de Mendonça defende que se trata de um novo modelo de Justiça Penal que contempla o que chamou de processo penal consensual, que não deve ser interpretado à luz dos direitos e das garantias constitucionais do devido processo legal, porque compõe um novo modelo, regido pelo princípio da autonomia da vontade, da boa-fé objetiva e da lealdade, mas também observa, citando Antonio Scarance Fernandes, que o processo penal tradicional de há muito tempo admite espaços de consenso, em que se transige com a verdade, flexibilizando-se o direito à prova e à defesa, e que a tendência universal é no sentido da aceitação de acordos na esfera penal.[18]

No âmbito da Operação Lava-Jato, o Supremo Tribunal Federal, no juízo homologatório, anulou apenas a cláusula 10, *k*, que implicava o direito de acesso à justiça (CF, art. 5º, XXXV), na medida em que proibia o colaborador de impugnar, por qualquer meio, salvo em caso de descumprimento do acordo pelo MPF ou pelo Juízo, qualquer das sentenças condenatórias mencionadas na cláusula 5ª, I, do acordo. Inversamente, a Corte Suprema chancelou outras cláusulas que comprometiam direitos e garantias constitucionais, como a de renúncia ao direito de

[18] Mendonça, Andrey Borges. Os benefícios possíveis..., *op. cit.*, 2017, p. 64-65.

recorrer e a da não impugnabilidade (pelo colaborador e seus familiares) da renúncia ou da destinação de bens entregues à justiça como parte do acordo (cláusula 7ª, § 1º, acordo na Pet. 5.244/STF), a de desistência de todos os *habeas corpus* e recursos em tramitação (cláusula 11ª, acordo na Pet. 5.244/STF; cláusula 12ª, no acordo na Pet. 5.210/STF; cláusula 19ª, acordo na Pet. 6.138/STF). A orientação da Suprema Corte foi duramente criticada pela doutrina, à luz dos arts. 5º, incisos XXXV, LIV e LV, da Constituição Federal, e do art. 8.2 da CADH. Em acordos firmados posteriormente, a orientação que se assentou no Supremo Tribunal Federal foi no mesmo sentido da Orientação Conjunta 1/2018 do MPF, que dispõe: "o acordo de colaboração deve prever a recorribilidade da sentença condenatória ou absolutória somente na parte que extrapolar os limites do acordo, como desdobramento do princípio do *nemo potest venire contra factum proprium*".[19]

Na experiência da jurisprudência da Suprema Corte Americana, a questão é colocada sob a forma de se decidir o que constituem *rights* e *privileges*, sendo os primeiros, renunciáveis, ao passo que os "privilégios" constitucionais são renunciáveis, como é o caso do direito ao silêncio.

Por fim, no estudo do conteúdo da proposta e do acordo de colaboração premiada, após a análise dos benefícios e das renúncias, deve-se atentar para as obrigações assumidas pelo colaborador.

Nos dizeres de Vinicius Gomes de Vasconcelos, *"É essencial determinar, do modo mais claro e objetivo, as obrigações assumidas pelo colaborador, com os resultados esperados, pois tais elementos definirão os critérios para, no momento do sentenciamento, determinar a amplitude do prêmio, a partir da efetividade da colaboração realizada e do respeito 'as cláusulas acordadas'"*.[20]

A descrição genérica e abstrata dos ilícitos penais dificulta a aferição da efetividade da colaboração no momento do sentenciamento. Daí a necessidade da descrição precisa e pormenorizada dos fatos criminosos nos anexos do termo de acordo, bem como da forma de colaboração na obtenção das fontes de prova, pois "a aplicação da sanção premial nele prevista dependerá do efetivo cumprimento pelo colaborador das

[19] Disponível em: [www.mpf.mp.br/atuação-tematica/sci/dados-da-atuacao/eventos-2/eventos-internacionais/conteudo-banners-1/enccla/restrito/manual-colaboracao-premiada-jan14.pdf/view]. Acesso em: 21.11.18, p. 11 (cláusula 30ª, acordo na Pet. 5.952/STF e cláusula 10, acordo na Pet. 7.003/STF).

[20] Vasconcellos, Vinicius Gomes de. **Colaboração premiada...**, *op. cit.*, 2018, p. 191.

obrigações por ele assumidas" (STF, *HC* 127.483/PR, relator o Ministro Dias Toffoli, julgado em 27.08.2015).

Por exemplo, é preciso definir os resultados previstos no art. 4º, incisos I, II, III, IV e V, da Lei 12.850/13 de forma cumulativa ou exclusiva, bem como indicar as fontes de prova que serão desveladas, que possibilitarão o atingimento daqueles resultados pretendidos como, por exemplo, a identidade de pessoas físicas e jurídicas envolvidas, *logins* e senhas, o número de contas bancárias e suas respectivas agências, a fim de possibilitar o acesso às movimentações financeiras e extratos bancários; a renúncia a sigilos bancário, de dados, das comunicações, e a indicação dos lugares em que se encontram a vítima e o produto ou proveito das infrações penais.

Por fim, discute-se a validade das cláusulas que preveem a execução provisória das penas após a homologação judicial do acordo (por exemplo, cláusulas 13ª, 14ª e 15ª, acordo na Pet. 5.952/STF). Três posições se formaram: a primeira, no sentido de que a cláusula é nula, porque não é possível o cumprimento de pena antes do trânsito em julgado da sentença penal condenatória, sob pena de ofensa ao princípio da presunção de inocência (CF, art. 5º, LVII), entendimento este que melhor se harmoniza à orientação mais recente do Supremo Tribunal Federal no sentido da inadmissibilidade da execução provisória da pena; a segunda, no sentido de que nada impede a execução das obrigações voluntariamente assumidas pelo colaborador, por não lhes reconhecer a natureza jurídica de penas; e, por fim, a terceira posição, intermediária, defendida por ANDREY BORGES DE MENDONÇA, no sentido de que não pode ser admitida quando houver cumprimento de pena em regimes prisionais, mas "*ao menos em determinadas situações de menor gravidade sancionatória*", como prisão domiciliar, regimes semiaberto e aberto, prestação de serviços e multa.[21]

2. Requisitos: condições e pressupostos da colaboração premiada

Ao definir a natureza jurídica da colaboração premiada como "*negócio jurídico processual*", o Supremo Tribunal Federal esquematizou os elementos do acordo em três planos: existência, validade e eficácia.

O voto do relator, Ministro Dias Toffoli, seguido unanimemente pelo Pleno do Tribunal, apontou, na esfera da existência, os requisitos disci-

[21] MENDONÇA, Andrey Borges. Os benefícios possíveis...*op. cit.*, 2017, p. 100-101.

plinados no art. 6º, da Lei 12.850/13, de modo a concluir que: *"Art. 6º. O termo de acordo da colaboração premiada deverá ser feito por escrito e conter: I – o relato da colaboração e seus possíveis resultados; II – as condições da proposta do Ministério Público ou do delegado de polícia; III – a declaração de aceitação do colaborador e de seu defensor; IV – as assinaturas do representante do Ministério Público ou do delegado de polícia, do colaborador e de seu defensor; V – a especificação das medidas de proteção ao colaborador e a sua família, quando necessário."*[22]

Já no plano da validade, na visão do Supremo Tribunal Federal, *"o acordo de colaboração somente será válido se: i) a declaração de vontade do colaborador for a) resultante de um processo volitivo; b) querida com plena consciência da realidade; c) escolhida com liberdade e d) deliberada sem má-fé; e ii) o seu objeto for lícito, possível e determinado ou determinável."*[23]

Por fim, a eficácia do acordo depende de sua homologação judicial.

Em síntese, na visão do Supremo Tribunal Federal, os elementos da colaboração premiada são: forma, escrita (*existência*), manifestação voluntária, consciente e inteligente de vontade do colaborador e objeto lícito, possível e determinado ou determinável (*validade*), e a homologação judicial (*eficácia*).

Claramente o Excelso Pretório, ao reconhecer à colaboração premiada a natureza jurídica de negócio jurídico [processual], buscou adequar seus requisitos aos do art. 104, do Código Civil, que dispõe: *"Art. 104. A validade do negócio jurídico requer: I – agente capaz; II – objeto lícito, possível, determinado ou determinável; III – forma prescrita ou não defesa em lei."*.

De se observar, contudo, que a colaboração premiada não é apenas um *negócio jurídico*, mas sim, conforme a interpretação judicial, "negócio jurídico *processual*", pelo que se sujeita não apenas ao regime jurídico de direito material, mas também à satisfação de requisitos processuais. Em outras palavras, em matéria de *invalidades*, a perfilhar a orientação do Supremo Tribunal Federal, a colaboração premiada sujeita-se a um duplo regime: de direito material e processual.

VINÍCIUS GOMES DE VASCONCELOS, julgando temerária a transposição de categorias civilistas ao processo penal, propôs uma nova sistematização, assim dividida: *"1) pressupostos de admissibilidade, caracterizados*

[22] STF, Tribunal Pleno, **HC 127.483/PR**, Rel. Min. Dias Toffoli, j. 27/08/2015, Dje 04/02/2016.

[23] STF, Tribunal Pleno, **HC 127.483/PR**, Rel. Min. Dias Toffoli, j. 27/08/2015, Dje 04/02/2016.

como critérios que determinarão se a colaboração premiada pode ou não ser proposta, aceita e homologada; e, 2) requisitos de validade, definidos como elementos para verificação do real consentimento do acusado, o que pressupõe também a existência de elementos mínimos para suportar tal decisão e sua concordância com os fatos imputados.". Segundo o autor, são pressupostos de admissibilidade: i) adequação/idoneidade: a verificação da potencial colaboração e sua pertinência ao caso investigado, ii) necessidade, e iii) proporcionalidade; são requisitos de validade: i) voluntariedade, ii) inteligência/informação, iii) adequação/exatidão, e iv) assistência de um advogado."[24]

Na fase extrajudicial, da investigação, do meio de obtenção de prova, a proposta e as negociações são atos administrativos e, como tais, caracterizam-se por seus elementos (motivo, objeto, finalidade, atribuição e forma) e atributos (presunção de legalidade, imperatividade e auto executoriedade). O juiz não participará das negociações realizadas entre as partes para a formalização do acordo de colaboração, por expressa disposição do art. 4º, § 6º, primeira parte, da Lei 12.850/13, sob pena de comprometimento de sua imparcialidade e, por outro lado, os atos praticados nesta fase, pelos órgãos do Poder Executivo – o Ministério Público e a autoridade policial – são *atos de polícia*, sujeitos, portanto, ao regime jurídico do direito administrativo.

Já na fase judicial, o *acordo* de colaboração premiada, por sua natureza jurídica ambivalente, submete-se, como antes dito, ao duplo regime, de direito material e de direito processual.

Assim sendo, sem rechaçar os requisitos de existência (exteriorização, forma, motivação, assinatura das partes e do advogado), de validade (voluntariedade, inexistência de vícios de consentimento, prevalência da vontade do colaborador à de seu advogado) e eficácia (homologação judicial do acordo) – do direito material –, colhendo subsídios na Teria Geral do Processo propõe-se que o acordo de colaboração premiada, inclusive quanto às invalidades, sujeite-se à satisfação de determinadas requisitos processuais: condições e pressupostos, sem o rigor de extremar os pressupostos de existência e dos de validade.

As condições do acordo de colaboração premiada são: atribuição (para a propositura do acordo), interesse (que se traduz em necessidade, adequação e utilidade) e proporcionalidade em sentido estrito.

[24] Vasconcellos, Vinicius Gomes de. **Colaboração premiada...**, *op. cit.*, 2018, pp. 129-161.

Os pressupostos [de existência e validade] do acordo de colaboração premiada podem ser divididos em pressupostos objetivos e subjetivos. Os pressupostos objetivos são: a existência de um acordo, formal, por escrito; a regularidade procedimental, isto é, a observância do rito prescrito em lei, a existência de confissão e a ausência de retratação/desistência. São pressupostos subjetivos relativos ao juiz: a imparcialidade, a investidura legal e a competência, em suas diversas esferas; os subjetivos relativos às partes se referem à capacidade do colaborador e a presença de advogado.

Em síntese, firmada a natureza jurídica do acordo de colaboração premiada como negócio jurídico processual, resulta possível analisar sua *sindicabilidade*, isto é, o que compete ao juiz ou tribunal apreciar no juízo de homologação e de sentenciamento, e também as hipóteses de rescindibilidade do acordo ou, dito de outro modo, as invalidades (anulabilidade e nulidades), por ausência dos elementos de existência, validade ou eficácia (no plano do direito material) ou dos requisitos processuais (condições e pressupostos) (no plano do direito processual).

2.1. Condições do acordo de colaboração premiada

2.1.1. *Atribuição*

O art. 4º, §§ 2º e 6º, da Lei 12.850/13 conferiu ao Ministério Público, a qualquer tempo, e ao delegado de polícia, nos autos do inquérito policial – ouvido o Ministério Público – atribuição para formalização do acordo de colaboração premiada.

A Procuradoria Geral da República ajuizou a ação direta de inconstitucionalidade dos aludidos dispositivos legais, ao argumento de que faltaria legitimidade ao delegado de polícia para dispor da ação penal pública, à luz do art. 129, inciso I, da Constituição Federal.

O Plenário do Supremo Tribunal Federal, por maioria, julgou improcedente a ADI 5508, de relatoria do Ministro Marco Aurélio, para considerar constitucional a possibilidade de delegados de polícia realizarem acordos de colaboração premiada na fase do inquérito policial.[25]

Prevaleceu o entendimento do relator, Ministro Marco Aurélio, no sentido de que a formulação de proposta de colaboração premiada pela

[25] STF, Tribunal Pleno, **ADI 5508/DF**, Rel. Min. Marco Aurélio, j. 20/06/2018, Dje de 25/06/2018.

autoridade policial como meio de obtenção de prova não interfere com a titularidade exclusiva da ação penal pública do Ministério Público, porque, mesmo que o delegado de polícia proponha a redução da pena ou o perdão judicial, a efetividade desses benefícios dependerá do ajuizamento da ação penal por seu titular. De acordo com a decisão, embora não seja obrigatória a presença do Ministério Público em todas as fases da elaboração do acordo entre a autoridade policial e o colaborador e seu defensor, o Ministério Público deve necessariamente opinar, cabendo, contudo, exclusivamente ao juiz a homologação ou não do acordo, depois de avaliar a proposta e efetuar o controle das cláusulas desproporcionais, abusivas e ilegais.

Os ministros Edson Fachin, Rosa Weber e Luiz Fux divergiram parcialmente, por entenderem que a manifestação do Ministério Público sobre os termos da avença tem caráter vinculante e definitivo. Em sentido contrário se posicionou o Ministro Dias Toffoli, ao afastar o caráter vinculante da manifestação ministerial, legando somente ao juiz a apreciação quanto ao cabimento dos benefícios genericamente ofertados na proposta da autoridade policial, desde que previstos em lei, levando em consideração a efetividade da colaboração.

Em síntese, prevalece no Supremo Tribunal Federal o entendimento de que o art. 4º, §§ 2º e 6, da Lei 12.850/13 é constitucional, pelo que tanto o Ministério Público, a qualquer tempo, quanto o delegado de polícia, nos autos do inquérito policial, com a manifestação do Ministério Público, poderão requerer ou representar o juiz pela concessão de benefícios ao colaborador.

2.1.2. *Interesse (necessidade, adequação e utilidade)*

A orientação do Estudo Técnico 01/2017 da 5ª Câmara de Coordenação de Revisão do MPF, que trata da normativa sobre acordos de leniência, aplicável por analogia às colaborações premiadas, é de que "uma extensão irrestrita de seu alcance desvirtuaria o sentido do instituto, o qual, para ser válido e adequado, deve atender a contornos, objetivos e limites específicos, aptos a demonstrar sua *utilidade* e *necessidade* para cada apuração em curso, assim como se verifica no correlato modelo penal da delação premiada".[26]

[26] Disponível em: [http://www.mpf.mp.br/atuação-tematica/ccr5/publicações/estudos-e-notas-tecnicas/docs/Estudo%20Tecnico%2001-2007.pdf]. Acesso em: 27.11.2018, p. 127.

A *necessidade* deve ser compreendida como *subsidiariedade*, ou seja, a colaboração premiada somente deve ser admitida quando não for possível obter a prova por outro meio, por analogia ao art. 2º, inciso II, da Lei 9.296/96 (Lei de Interceptação Telefônica). Nos dizeres de Fábio Ramazzini Bechara, "a colaboração premiada deverá ser empregada na ausência de outros meios legais menos restritivos".[27]

A *adequação* expressa que a medida deve ser adequada à obtenção do fim pretendido. O que deve ser considerado, segundo Vinicius Gomes Vasconcellos, *"é a potencialidade da colaboração" para o "beneficiamento à persecução penal"*; a idoneidade do meio de obtenção de prova para se alcançar o fim perseguido no caso concreto.[28] Conforme Andrey Borges de Mendonça, *"o membro do MP e o Delegado de Polícia devem verificar a adequação da colaboração àquele caso concreto, à luz da estratégia investigativa e da persecução penal, sem olvidar a própria repercussão social do fato criminoso e sua gravidade"*.[29]

Exemplificativamente, no julgamento do *HC* 127.483 a adequação do acordo de colaboração premiada com acusado que já descumpriu acordo anterior. A posição firmada pelo Supremo Tribunal Federal foi a de que a personalidade do colaborador ou a sua confiabilidade não são impeditivos à homologação do acordo. Na mesma esteira, discute-se na doutrina, do ponto de vista da adequação, se a relevância dos motivos que levam o imputado a colaborar devem ser sopesados para a homologação do acordo (vantagem, vingança, etc.), sendo majoritária a orientação no sentido de refutá-los, por falta de previsão legal e impossibilidade de averiguação do elemento anímico, subjetivo ou psíquico.[30]

Por fim, a *utilidade* deve ser entendida do ponto de vista prático e prospectivo, ou seja, a medida deve ser potencialmente útil à obtenção de provas de autoria e materialidade de crimes graves, ao desmantelamento de organizações criminosas, à localização da vítima ou do produto ou proveito dos crimes.

[27] Bechara, Fabio Ramazzini, Colaboração processual: legalidade e valor probatório. **Boletim IBCCRIM**, São Paulo, ano 23, v. 269, 2015, p. 7.

[28] Vasconcellos, Vinicius Gomes. **Colaboração premiada**... *op. cit.*, 2018, p. 132.

[29] Mendonça, André Borges de. A colaboração premiada e a nova Lei do Crime Organizado (Lei 12.850/13). **Revista Custos Legis**, v. 4, 2013, p. 11.

[30] Badaró, Gustavo Henrique; Bottini, Pierpaolo. **Lavagem de dinheiro**. Aspectos penais e processuais. 2. ed. São Paulo: RT, 2013, p. 168.

2.1.3. *Proporcionalidade em sentido estrito*

A proporcionalidade em sentido estrito impõe uma reflexão analítica do "custo-benefício" da medida, ou seja, o sopesamento dos valores implicados, a saber se o valor dos bens jurídicos tutelados justifica o sacrifício dos direitos individuais implicados na colaboração premiada, no caso concreto. Sugere-se o manejo dos postulados da proporcionalidade, da razoabilidade e da igualdade, em busca de equilíbrio entre a eficiência e o garantismo, de modo a evitar o atropelamento de direitos individuais em busca de uma verdade fictícia. Afinal, a *verdade processual*, entendida como aquela humana e eticamente possível de ser obtida, deve ser buscada, no processo penal, com observância a balizas legais, a fim de que não se incorra no duplo desacerto de se supor haver alcançado a "verdade absoluta", pelo aniquilamento de direitos e garantias fundamentos.

A lei não prescreveu um rol de crimes que admitem colaboração premiada. À míngua de previsão legal, a proporcionalidade em sentido estrito tem levado a doutrina a rechaçá-la na apuração de infrações penais de menor gravidade. Pensamos que a regra do art. 2º, inciso III, da Lei 9.296/96 não nos socorre, por demasiadamente aberta. Para VINICIUS GOMES DE VASCONCELLOS, "*deve-se estabelecer limitação abstrata à admissibilidade do instituto*".[31] Antigo julgado da Corte Superior de Justiça já previa que "*(...) acordo de delação premiada é para crimes graves, não só do corréu colaborador como daquele corréu delatado, porque o acordo de delação premiada não foi feito para furto de galinha, não pode ser banalizado nem pode ser objeto de intermediários, de 'corretores' de delação premiada*".[32]

2.2. Pressupostos processuais

2.2.1. *Objetivos*

Os pressupostos processuais objetivos são: a existência de um acordo formal, a observância do rito prescrito em lei, a confissão e a ausência de desistência.

O acordo de colaboração premiada se formaliza por escrito, e consubstancia-se em dois instrumentos: o termo de acordo e seus respectivos anexos. Sobre o conteúdo, de que trata o art. 6º, da Lei 12.850/13, já se discorreu em tópico próprio.

[31] VASCONCELLOS, Vinicius Gomes. **Colaboração premiada...** *op. cit.*, 2018, p. 139.

[32] Vide voto do Min. Gilson Dipp no STJ, Quinta Turma, **HC 59.115/PR**, Rel. Min. Laurita Vaz, j. 12/12/2006, DJ 12/02/2007.

O rito se desenvolve em quatro fases bem distintas: i) a das negociações, ii) a do acordo e sua homologação judicial, iii) a da colaboração propriamente dita, e iv) a do sentenciamento. Um grande mérito da Lei 12.850/13 haver derivado a natureza penal do instituto para o processo foi o de lhe conferir segurança e previsibilidade. Os atos extrajudiciais e judiciais que compõem o rito previsto em lei são elementos de existência (as negociações e o acordo), de eficácia (a homologação), e de validade (a colaboração propriamente dita) do negócio jurídico processual.

O art. 4º, § 14, da Lei 12.850/13 impõe ao colaborador o dever de dizer a verdade e de renunciar ao direito ao silêncio, como pressuposto de validade do acordo. O dispositivo legal teve sua constitucionalidade contestada na ADI 5567-DF, relatada pelo Ministro Alexandre de Moraes, que foi julgada improcedente em 16/06/2020 (DJe-159, publicado em 24/06/2020), sendo-lhe conferida, contudo, interpretação conforme a Constituição Federal, a fim de declarar que o termo "renúncia" deve ser interpretado não como forma de esgotamento da garantia do direito ao silêncio, que é irrenunciável e inalienável, mas sim como forma de "livre exercício do direito ao silêncio e da não autoincriminação pelos colaboradores, em relação a fatos ilícitos que constituem o objeto dos negócios jurídicos".

Por fim, a retratação/desistência é pressuposto processual objetivo-negativo ou, dito de outro modo, sua inocorrência constitui pressuposto processual objetivo. Sobre a possibilidade de retratação, dispõe o art. 4º, § 10, da Lei 12.850/13: "*§ 10. As partes podem retratar-se da proposta, caso em que as provas autoincriminadoras produzidas pelo colaborador não poderão ser utilizadas exclusivamente em seu desfavor.*". A redação do dispositivo legal é criticável, pois dá a entender que, em caso de retratação, as provas autoincriminadoras podem ser utilizadas contra o colaborador que, ao renunciar ao direito ao silêncio, acabou por indicá-las, o que, a nosso ver, não seria possível, pois estariam eivadas de ilicitude, salvo quando puderem ser obtidas por uma fonte independente da colaboração (CPP, art. 157, § 1º). De outra parte, a lei nada dispôs sobre a possibilidade de *desistência* da colaboração premiada, após a homologação do acordo. Cremos que em se tratando de ato bilateral de vontade em que a voluntariedade constitui elemento de validade, a desistência – assim como a retratação –, é perfeitamente admissível, até mesmo por analogia à confissão, que é divisível e retratável, a teor do art. 200 do CPP.

O colaborador pode mudar de ideia e arrepender-se da colaboração após a sua homologação, comprometendo a efetividade do acordo, o que será sopesado na fase do sentenciamento, para medição do prêmio a ser concedido.

2.2.2. *Subjetivos*

a) capacidade

Evidentemente que a validade da colaboração premiada pressupõe a capacidade de fato ou processual do colaborador, ou seja, aptidão para a prática do negócio jurídico e o pleno gozo de suas faculdades mentais. Mais que isso, pressupõe que a aceite voluntariamente, com plena consciência da realidade, e o faça de maneira inteligente. Quanto à capacidade da parte (colaborador), como pressuposto processual de validade da colaboração premiada, VINICIUS GOMES DE VASCONCELLOS destaca os seguintes aspectos: i) voluntariedade, ii) inteligência, e iii) adequação/exatidão.[33] Pensamos, diferentemente, que a adequação constitui condição do acordo, pelo que já foi analisada no tópico 2.1.*b*. Além disso, o art. 4º, § 15, da Lei 12.850/13 exige a assistência de um defensor.

A *voluntariedade* do colaborador *"é um dos pontos mais sensíveis do instituto no plano prático, ante a real possibilidade de constrangimentos para que haja uma colaboração eficaz. Se são previsíveis ocorrências de excessos para a extração de uma confissão durante as investigações, nada impede que também possam ocorrer na busca de uma colaboração eficiente, o que conduzirá inevitavelmente à ilicitude da prova obtida (...)".*[34]

Questão tormentosa na doutrina diz respeito à validade da aceitação da proposta pelo preso, se estaria ou não comprometida a sua voluntariedade, quando a liberdade provisória ou outras medidas cautelares substitutivas da prisão são oferecidas como prêmio, na proposta de colaboração. Em decisão paradigmática sobre o tema, no julgamento do *HC* 127.483, o Supremo Tribunal Federal assentou: *"Destaco que requisito de validade do acordo é a liberdade psíquica do agente, e não a sua liberdade de locomoção (...). Portanto, não há nenhum óbice a que o acordo seja firmado com imputado que esteja custodiado, provisória ou definitivamente, desde que presente a voluntariedade dessa colaboração. Entendimento em sentido contrário importaria*

[33] VASCONCELLOS, Vinicius Gomes de. **Colaboração premiada**... *op. cit.*, 2018, p. 149.

[34] SILVA, Eduardo Araújo da. **Organizações criminosas**...*op. cit*, 2014, p. 57.

em negar injustamente ao imputado preso a possibilidade de firmar acordo de colaboração e de obter sanções premiais por seu cumprimento, em manifesta vulneração ao princípio da isonomia".[35] Mais recentemente, ao analisar a questão da imprescindibilidade ou não da revogação da liberdade provisória no caso de descumprimento do acordo que a concedeu, o Excelso Pretório decidiu que *"não se verifica relação necessária entre a celebração ou descumprimento do acordo de colaboração premiada e a prisão preventiva"* e que *"as consequências de eventual descumprimento de acordo de colaboração premiada estão previstas na Lei 12.850/13, sendo que, entre elas, não se inclui a imposição de prisão preventiva"*.[36] De qualquer modo, os vícios de consentimento recaem sobre as anulabilidades do negócio jurídico.

A *inteligência* impõe a necessidade de o colaborador conhecer a acusação que pesa contra ele, as consequências do acordo de colaboração premiada, bem como seus direitos e deveres legais (entre os quais o de dizer a verdade e renunciar ao direito ao silêncio) e, eventualmente, convencionais. A propósito, o Manual ENCCLA dispõe: "As autoridades responsáveis pela investigação devem informar ao colaborador, na presença de seu defensor: a) O seu direito constitucional ao silêncio; b) A colaboração implicará renúncia a esse direito e compromisso legal de dizer a verdade; c) Os benefícios previstos em lei; d) As informações devem ser completar, verdadeiras e úteis, do contrário, não terá direito ao benefício".[37] Conforme a Orientação Conjunta 1/2018 do MPF, o membro do MPF oficiante deve empregar todos os esforços a fim de bem esclarecer ao interessado e ao seu defensor, desde o início do procedimento, sua tratativas e antes de qualquer ato de colaboração, em que consiste o instituto da colaboração premiada, o respectivo procedimento previsto em lei e nesta Orientação Normativa, os benefícios possíveis em abstrato, a necessidade de sigilo e outras informações pertinentes, em ordem a viabilizar o consentimento livre e informado".[38]

[35] STF, Tribunal Pleno, **HC 127.483/PR**, Rel. Min. Dias Toffoli, j. 27/08/2015, Dje 04/02/2016.

[36] STF, Segunda Turma, **HC 138.207/PR**, Rel. Min. Edson Fachin, j. 25/04/2017, Dje 28/06/2017.

[37] Disponível em www.mpf.mp.br/atuação-tematica/sci/dados-da-atuacao/eventos-2/eventos-internacionais/conteúdo-banners-1/enccla/restrito/manual-colaboracao-premiada-jan14.pdf/view. Acesso em 29.11.2018, p. 3.

[38] Disponível em: [http://www.mpf.br/atuação-tematica/ccr5/orientações/orientação-conjunta-no-1-2018.pdf. Acesso em: 29.11.2018.

Por fim, o pressuposto processual da capacidade postulatória reclama a assistência de um defensor, como requisito de validade da colaboração premiada. Tem-se entendido que a assistência de um advogado não apenas é indispensável como também irrenunciável. Porém, em caso de conflito de vontade entre o colaborador e seu defensor, deve prevalecer a do primeiro, porque ele quem sofrerá as consequências do acordo celebrado.

b) competência

A *competência territorial* é firmada pelo *locus delicti comissi*. Juiz competente para a homologação da colaboração premiada e a concessão do prêmio em final sentença é o mesmo que detém a competência para o processo e julgamento da infração penal, em regra, o do lugar em que ela se consumou, ou no caso de tentativa, onde for praticado o último ato de execução (CPP, art. 70, *caput*).

Em caso de conexão ou continência entre crimes de *competência material* da Justiça Comum Federal e Estadual, incide a Súmula 122 do STJ, sendo o juiz federal competente para a homologação do acordo, o que, em termos de atribuição, não afasta a possibilidade de atuação conjunta e cooperada do Ministério Público Federal e Estaduais.

A incriminação feita a autoridade que goza de *foro especial por prerrogativa de função* desloca para o respectivo tribunal a *competência funcional* para a homologação do acordo de colaboração premiada, nada obstando a remessa dos autos ao foro de origem para a homologação do acordo com relação aos corréus que não tenham foro especial.

No Tribunal, questão importante que foi discutida no caso da Lava Jato, diz respeito à *competência funcional* para a homologação do acordo. Na QO na Pet 7074, o Ministro Edson Fachin decidiu que compete ao relator – e não ao órgão colegiado – a homologação do acordo de colaboração premiada, embora o prêmio prometido vincule o órgão fracionário na fase de sentenciamento[39]. Em sentido contrário, afirma AFRÂNIO SILVA JARDIM que, se se perfilhar o entendimento de que a homologação vincula o julgador na fase de sentenciamento, a homologação deveria ser realizada pelo órgão colegiado.[40]

[39] STF, Tribunal Pleno, **QO na Pet 7.074/DF**, Min. Rel. Edson Fachin, j. 29/06/2017, Dje 03/05/2018.

[40] JARDIM, Afrânio Silva. Nova interpretação...*op. cit.*, 2016, p. 39.

Por fim, discute-se se a homologação do acordo é causa de *prevenção* e, pois, de modificação da competência em casos de *conexão e continência* e de *descoberta de fatos fortuitos*. A orientação que tem prevalecido nos tribunais superiores é no sentido de que o acordo de colaboração premiada, como meio de obtenção de prova, não constitui critério de determinação ou modificação de competência.[41]

2.3. Retratação, desistência, renúncia, revogação e rescisão

Retratação e *desistência* consistem em manifestação unilateral de vontade no sentido de não prosseguir com a colaboração premiada. A *retratação* ocorre antes da homologação do acordo, e tem previsão legal (art. 4º, § 10). Chama-se *desistência* o ato de disposição de vontade do colaborador, manifestado após a homologação judicial do acordo de colaboração premiada, que não tem previsão legal, mas deve ser admitida, por analogia à retratabilidade da confissão judicial (CPP, art. 200). No direito civil, fala-se em *resilição*, que nada mais é que o *distrato*.

A *renúncia* atinge direitos do colaborador, e pode ser legal ou negocial. As hipóteses de renúncia legal estão previstas no art. 4º, § 14, da Lei 12.850/13, e implicam os direitos ao silêncio e contra autoincriminação de uma maneira geral.

Não há interesse prático em distinguir a *revogação* da *rescisão*. No direito civil, os atos jurídicos sujeitam-se a anulabilidades e nulidades. No campo contratual ou negocial, fala-se em *rescisão* (ou resolução) e *revogação*: a primeira, ocorre por inadimplemento ou descumprimento de cláusula contratual, por culpa da parte; a segunda, é ato unilateral de vontade, amparada por alguma justificativa prevista em lei ou no contrato. No direito administrativo, fala-se em *anulação* (ou invalidação) e *revogação* dos atos ou contratos administrativos: a primeira, é forma de desfazimento do ato administrativo por vício de legalidade; a segunda, também é forma de seu desfazimento, mas por conveniência ou oportunidade da Administração Pública. No direito processual, fala-se em requisitos do processo e dos recursos, que se desdobram em condições e pressupostos processuais, cuja falta acarreta *nulidades*.

[41] STF, Tribunal Pleno, Inq. **4.130 QO/PR**, Rel. Min. Dias Toffoli, j. 23/09/2015, Dje 03/02/2016; STF, Segunda Turma, **AgRg na Pet 6.840/DF**, Rel. Min. Edson Fachin, j. 30/06/2017, Dje 03/08/2017; STJ, Quinta Turma, **RHC 80.888/PR**, Rel. Min. Reynaldo Soares da Fonseca, j. 13/06/2017, Dje 21/06/2017.

Tendo em vista que a colaboração premiada é negócio jurídico processual, sujeita-se aos vícios ou invalidades do direito civil e processual. É necessário conjugar os dois regimes, inclusive em matéria de invalidades.

Especificamente na órbita do descumprimento (total ou parcial) do negócio jurídico – qualquer que tenha sido o motivo (desistência ou descumprimento involuntário ou voluntário, justificado ou por culpa, total ou parcial), a questão se resolve na fase de sentenciamento, na fixação do benefício ou prêmio a ser concedido.

2.4. Natureza jurídica da decisão homologatória do acordo e recurso cabível

Na fase de homologação do acordo, três decisões são possíveis: i) homologatória; ii) não homologatória; e iii) saneadora: vista às partes para aditamento/readequação do acordo (art. 4º, § 8º).

A lei não previu a natureza jurídica de cada ato judicial decisório, nem o recurso cabível, o que deu margem a discussão.

Há quem sustente que se cuida de decisões interlocutórias e que, pois, desafiam recurso em sentido estrito.[42] Quanto à decisão que homologa o acordo, em razão da natureza que lhe atribuiu o Supremo Tribunal Federal, no julgamento do *HC* 127.483/PR, o recurso cabível é a apelação, com fundamento no artigo 593, inciso II, e § 4º, do CPP, sujeitando-se, as demais decisões, a correição parcial.[43] Por outro lado, se o juiz declarar-se incompetente para a homologação do acordo, há previsão legal expressa quanto ao recurso cabível à hipótese (CPP, art. 581, II). Por fim, na competência originária dos tribunais, contra decisão proferida pelo relator caberá agravo interno para o respectivo órgão colegiado, observadas, quanto ao processamento, as regras do regime interno do tribunal (CPC, art. 1.021, *caput*).

[42] Nesse sentido: Bitencourt, Cezar Roberto; Busato, Paulo César. **Comentários à Lei de Organização Criminosa.** Lei 12.850/2013. São Paulo: Saraiva, 2014, p. 132; Pacelli, Eugênio. **Curso de processo penal.** 20 ed. São Paulo: Atlas, 2016, p. 873.

[43] Nesse sentido: De Carli, Carla Veríssimo. Principais questões sobre a competência para a homologação do acordo de colaboração premiada. In: Moura, Maria Thereza de Assis; Bottini, Pierpaolo Cruz. (Coord.). **Colaboração premiada.** São Paulo: Revista dos Tribunais, 2017, p. 116.

3. Sindicabilidade e rescindibilidade do acordo de colaboração premiada

No julgamento do *HC* 127.483/PR, o Supremo Tribunal Federal definiu a natureza jurídica da colaboração premiada como "negócio jurídico processual", sujeito a um duplo regime, inclusive em matéria de invalidades (substancial e processual). A partir desta definição, foram analisados os elementos de existência, validade e eficácia e os requisitos processuais (condições e pressupostos) do acordo de colaboração premiada. Por *sindicabilidade* do acordo, busca-se analisar o que compete ao juiz ou tribunal apreciar no juízo de sua homologação, o que, para além da "regularidade, legalidade e voluntariedade" (art. 4º, § 7º, da Lei 12.850/13), remete ao escrutínio daqueles elementos e requisitos. No julgamento da QO na Pet 7074, a Suprema Corte apreciou se é possível ao juiz ou tribunal, na fase de sentenciamento, reavaliar a legalidade do acordo – já analisada no momento da homologação – ou se sua atividade se limita à análise da efetividade da colaboração, para mensuração do benefício a ser concedido.

3.1. Sindicabilidade

Realizado o acordo, dispõe o art. 4º, § 7º, da Lei 12.850/13, que o respectivo termo, acompanhado das declarações do colaborador e de cópia da investigação, será remetido ao juiz para homologação, "o qual deverá verificar sua regularidade, legalidade e voluntariedade", podendo, para esse fim, sigilosamente, ouvir o colaborador, na presença de seu defensor.

Vinicius Gomes de Vasconcellos afirmou que *"uma função essencial no juízo homologatório é o controle das cláusulas previstas no termo do acordo"*.[44]

Pierpaolo Cruz Bottini anotou que não raro, cláusulas são glosadas pelo Poder Judiciário, podendo-se citar precedentes sobre dispositivos referentes à desistência de recursos (Pet. 57/09, Min. Teori Zavascki, com relação às cláusulas 12, segunda parte, 15 e 17), à falta de clareza sobre os regimes fixados e à previsão de suspensão de sigilos de dados por terceiros (QO na Pet 7074, Min. Dias Toffoli) ou a suspensão do prazo prescricional (QO na Pet 7074, Min. Ricardo Lewandowski).

Mas o controle do conteúdo, sob o aspecto da constitucionalidade e legalidade das cláusulas, não resume todo o objeto de *sindicabilidade* do acordo no juízo de homologação.

[44] Vasconcellos, Vinicius Gomes de. **Colaboração premiada**... *op. cit.*, 2018., p. 215.

Afinal, o que compete ao juiz apreciar nesta fase? Que se entende por regularidade, legalidade e voluntariedade? Existem outros aspectos que devam ser analisados no juízo delibatório de colaboração premiada?

3.1.1. *No juízo de homologação*

Sob o aspecto *material* ou *substancial*, ao homologar o acordo, compete ao juiz ou relator sindicar: na esfera da *existência*, os requisitos disciplinados no art. 6º, da Lei 12.850/13, que dizem respeito à forma e ao conteúdo, aspectos da *regularidade*, de modo a concluir que: *"Art. 6º. O termo de acordo da colaboração premiada deverá ser feito por escrito e conter: I – o relato da colaboração e seus possíveis resultados; II – as condições da proposta do Ministério Público ou do delegado de polícia; III – a declaração de aceitação do colaborador e de seu defensor; IV – as assinaturas do representante do Ministério Público ou do delegado de polícia, do colaborador e de seu defensor; V – a especificação das medidas de proteção ao colaborador e a sua família, quando necessário."*[45]; no plano da *validade*, na visão do Supremo Tribunal Federal, o aspecto da *voluntariedade*, ou seja, *"i) se a declaração de vontade do colaborador é a) resultante de um processo volitivo; b) querida com plena consciência da realidade; c) escolhida com liberdade e d) deliberada sem má-fé; e ii) se o seu objeto é lícito, possível e determinado ou determinável"*. Por fim, a homologação judicial do acordo lhe confere eficácia.

Antes, porém, sob o aspecto *adjetivo* ou *processual*, compete ao juiz ou relator apreciar, no juízo homologatório do acordo, se estão satisfeitos os requisitos processuais (condições e pressupostos), aspectos que dizem respeito à *legalidade* do acordo, detidamente analisados no item 2 deste trabalho. As *condições do acordo* de colaboração premiada são: atribuição (para a propositura do acordo), interesse (que se traduz em necessidade, adequação e utilidade) e proporcionalidade em sentido estrito. Os *pressupostos processuais [de existência e validade]* do acordo de colaboração premiada podem ser divididos em pressupostos objetivos e subjetivos. Os *pressupostos processuais objetivos* são: a existência de um acordo, formal, por escrito; a regularidade procedimental, isto é, a observância do rito prescrito em lei, a existência de confissão e a ausência de retratação/desistência. São *pressupostos processuais subjetivos* relativos

[45] STF, Tribunal Pleno, **HC 127.483/PR**, Rel. Min. Dias Toffoli, j 27.08.2015, DJe 04/02/2016.

ao juiz: a imparcialidade, a investidura legal e a competência, em suas diversas esferas; os subjetivos relativos às partes se referem à capacidade do colaborador e a presença de advogado.

3.1.2. *No juízo de sentenciamento*

A principal questão enfrentada pelo Plenário do Supremo Tribunal Federal por ocasião do julgamento da QO na Pet 7074, consistiu em saber se ao juiz ou tribunal é dado, no momento da sentença, reavaliar a *legalidade* do acordo – já apreciada na fase da homologação – ou se a sindicabilidade posterior se limita à verificação da efetividade e eficácia da colaboração.

Pela lei, cabe ao juiz, na sentença, apreciar os termos do acordo homologado e sua eficácia (art. 4º, § 11º, da Lei 12.850/13). Discute-se a extensão do termo *eficácia*, adotado pelo legislador.

A sindicabilidade no juízo de sentenciamento do acordo de colaboração premiada *"foi objeto de intensos debates no Plenário do Supremo Tribunal Federal, por ocasião do julgamento de questão de ordem na Petição (PET) 7.074/DF, rel. Min. Edson Fachin"*.[46]

Rodrigo Capez, em artigo intitulado "A sindicabilidade do acordo de colaboração premiada", publicado na coletânea coordenada por Maria Thereza de Assis Moura e Pierpaolo Cruz Bottini, analisou os votos de cada ministro do Excelso Pretório, no julgamento da Pet 7.074/DF.[47]

"Para o Ministro Lewandowski o juízo de homologação feito pelo relator é precário e efêmero, por se limitar à análise perfunctória da voluntariedade, da regularidade e da legalidade do acordo, requisitos que, em um segundo momento, deverão ser submetidos ao exame do juiz natural (Colegiado), como corolário do princípio da inafastabilidade da jurisdição. A seu ver, a decisão monocrática do relator não vincula o Colegiado, de modo que, no julgamento de mérito, haverá nova possibilidade de se sindicar o acordo homologado, em face de eventual ilegalidade. Destacou o Ministro Ricardo Lewandowski que cabe ao Colegiado, juiz natural da causa, a "última palavra relativamente à legalidade e a constitucionalidade das cláusulas e condições que foram ajustadas no acordo de colaboração premiada"".[48]

[46] Capez, Rodrigo. A sindicabilidade do acordo de colaboração premiada. In: Moura, Maria Thereza de Assis; Bottini, Pierpaolo C. (Coord.). **Colaboração premiada**. São Paulo: Revista dos Tribunais, 2017, p. 209.

[47] Capez, Rodrigo. A sindicabilidade...*op. cit.*, 2017, p. 201-236.

[48] Capez, Rodrigo. A sindicabilidade...*op. cit.*, 2017, p. 209.

Para o Ministro Gilmar Mendes, segundo RODRIGO CAPEZ, *"a homologação do acordo não tem eficácia preclusiva, de modo que que não afasta a possibilidade de sua revisão, por ocasião do julgamento"*.[49]

Conforme o Ministro Roberto Barroso, uma vez homologado o acordo de colaboração, *"as questões de legalidade estão superadas e, consequentemente, o que se vai verificar é se o acordo foi ou não cumprido, salvo, eventualmente, os fundamentos legítimos de invalidação de qualquer negócio jurídico, seja por vícios sociais ou por vício de vontade – sob coação, se houve suborno. São situações excepcionais, mas, como regra geral, só se vai verificar, a meu ver, o cumprimento do acordo"*.[50]

O Ministro Celso de Mello destacou que *"o acordo de colaboração premiada regularmente homologado, qualquer que tenha sido a instância perante a qual celebrado, qualifica-se como ato jurídico perfeito, revelando-se insuscetível de modificação, ressalvadas as hipóteses de seu descumprimento por parte do agente colaborador, ou da superveniência de causa legítima apta a desconstituí-lo (...) (inadimplemento, pelo gente colaborador, das obrigações pactuadas e/ou superveniência de causa legitimadora da invalidação do acordo de colaboração premiada). (...) apresenta-se revestido de força vinculante quanto a suas cláusulas, independentemente da instância (ou da esfera de Poder) em que pactuado, impondo-se, quanto à sua execução, por efeito do ajuste de vontades, à observância dos Poderes do Estado, notadamente do Judiciário, e do agente colaborador, que deverão cumpri-lo, obrigados que se acham a respeitá-lo em razão dos princípios da probidade e da boa-fé ("pacta sunt servanda")"*.[51]

O Ministro Dias Toffoli, em seu voto, *"ressaltou a soberania do Plenário do Supremo Tribunal Federal para reanalisar os termos do acordo de colaboração premiada, razão por que não admitiu a vinculação do Colegiado à homologação monocrática do acordo pelo relator. Ressalvou que por se tratar de um negócio jurídico, o acordo de colaboração, mesmo que tenha sido homologado judicialmente, poderá ser sindicado ulteriormente, no todo ou em parte, conforme o caso, se houver demonstração superveniente, v.g., de erro, dolo, coação, fraude ou simulação. (...) essa demonstração superveniente compreende não apenas os fatos novos, como também os fatos pretéritos ou contemporâneos ao acordo, e que somente venham a ser descobertos após sua homologação"*.[52]

[49] CAPEZ, Rodrigo. A sindicabilidade...*op. cit.*, 2017, p. 209.

[50] CAPEZ, Rodrigo. A sindicabilidade...*op. cit.*, 2017, pp. 209-210.

[51] CAPEZ, Rodrigo. A sindicabilidade...*op. cit.*, 2017, p. 210.

[52] CAPEZ, Rodrigo. A sindicabilidade...*op. cit.*, 2017, p. 210.

O Ministro Alexandre de Moraes defendeu *"a estrita observância, no julgamento colegiado da ação penal, dos termos do acordo de colaboração monocraticamente homologado pelo Relator, objetivando a outorga do prêmio na hipótese de ter havido o efetivo adimplemento das obrigações assumidas pelo colaborador, segundo a prova produzida. (...) todavia, excepcionou a vinculação absoluta do Colegiado, no julgamento de mérito, aos termos do acordo monocraticamente homologado, assentando a possibilidade de anulação do ato homologatório, com fundamento no art. 966, § 4º, do Código de Processo Civil, em razão de fatos supervenientes ou de conhecimento posterior à homologação, "nas mesmas hipóteses permissivas da rescisão da coisa julgada e dos defeitos do negócio jurídico"*[53].

A maioria do Supremo Tribunal Federal aderiu a essa tese, sintetizada na ementa da Petição (PET) 7.074/DF, de seguinte teor: *"Salvo ilegalidade superveniente apta a justificar nulidade ou anulação do negócio jurídico, acordo homologado como regular, voluntário e legal, em regra, deve ser observado mediante o cumprimento dos deveres assumidos pelo colaborador, sendo, nos termos do art. 966, § 4º, do Código de Processo Civil, possível ao Plenário analisar sua legalidade."*

Em suma, a orientação vigente no Plenário do Supremo Tribunal Federal, desde a decisão paradigmática proferida na Pet 7.074/DF, relatada pelo Ministro Edson Fachin, julgada em 29.06.2017, é no sentido da eficácia preclusiva da decisão homologatória do acordo de colaboração premiada não impede sua sindicabilidade posterior, na fase de sentenciamento, para controle de constitucionalidade e legalidade das cláusulas do acordo e, portanto, para eventual rescindibilidade em decorrência de invalidades (anulabilidades e nulidades).

3.2. Rescindibilidade do acordo de colaboração premiada

A orientação que prevaleceu no Supremo Tribunal Federal, no julgamento da Pet 7.074/DF, em 29.06.2017, foi no sentido da impossibilidade de revisão do acordo na fase de sentenciamento, salvo para o controle de legalidade e constitucionalidade de suas cláusulas.

No controle de legalidade, tendo em vista que o acordo de colaboração premiada se qualifica como um "negócio jurídico processual",

[53] Capez, Rodrigo. A sindicabilidade...*op. cit.*, 2017, p. 211-212.

compete ao juiz ou tribunal escrutinar o acordo sob o duplo regime, material e processual, em matéria de invalidades.

Sob o aspecto material, a sindicância, tanto na fase de homologação quanto na de sentenciamento, objetiva a verificação de eventuais defeitos do negócio jurídico, que o sujeita a anulabilidades (erro, dolo, coação, estado de perigo, lesão ou fraude) ou nulidades (incapacidade absoluta do colaborador, ilicitude do motivo, inobservância da forma ou das renúncias prescritas em lei, tiver por objetivo fraudar lei imperativa, taxativamente declarada por lei, sendo também nulo o negócio jurídico simulado, caso em que subsistirá o que se dissimulou, se válido for na substância e na forma) (CC, arts. 138-184).

Sob o aspecto processual, os requisitos processuais devem estar satisfeitos tanto na fase da homologação quanto na de sentenciamento, sob pena de nulidade.

As invalidades (anulabilidade e nulidades) comprometem o negócio jurídico processual em sua essência; devem ser sindicadas tanto na fase de homologação como na de sentenciamento, a perfilhar a orientação prevalente do Supremo Tribunal Federal.

Evidentemente que não cabe ao juiz ou tribunal imiscuir-se na análise do mérito do que foi pactuado, salvo para o controle de legalidade/constitucionalidade das cláusulas do acordo. Dito de outro modo, as cláusulas do acordo contrárias à lei ou à Constituição Federal, se não forem glosadas, obstarão a sua homologação ou a concessão do prêmio em final sentença.

Note-se que a desistência ou o descumprimento do pactuado condiciona a mensuração do prêmio a ser concedido na fase de sentenciamento.

Portanto, na fase de sentenciamento, compete ao juiz ou tribunal não somente apreciar a efetividade do acordo ou a eficiência da colaboração – para mensuração do benefício a ser concedido –, mas também sindicá-lo, novamente, sob o aspecto da legalidade do acordo, anulando ou nulificando, no todo ou em parte, as cláusulas contrárias à lei ou à Constituição Federal, ou quando ausente algum dos elementos de existência, validade e eficácia do acordo de colaboração premiada, ou algum de seus requisitos processuais, ou ainda, quando presente algum defeito do negócio jurídico [processual].

3.2.1. *Legitimidade para impugnar o acordo de colaboração premiada*

O Plenário do Supremo Tribunal Federal decidiu que o delatado não tem legitimidade para impugnar o acordo de colaboração premiada, por entender que se trata de um negócio jurídico processual personalíssimo.[54]

Entendeu-se que o acordo de colaboração premiada, *"como negócio jurídico personalíssimo, não vincula o delatado e não atinge diretamente sua esfera jurídica: res inter alios acta. Sua finalidade precípua é a aplicação da sanção premial ao colaborador, com base nos resultados concretos que trouxer para a investigação e o processo penal"*.

Para o Supremo Tribunal Federal:

"(...) a homologação do acordo, por si só, não produz nenhum efeito na esfera jurídica do delatado, uma vez que não é o acordo propriamente dito que poderá atingi-lo, mas sim as imputações constantes dos depoimentos do colaborador ou das medidas restritivas de direitos fundamentais que vierem a ser adotadas com base nesses depoimentos e nas provas por ele indicadas ou apresentadas – o que, aliás, poderia ocorrer antes, ou mesmo independentemente, de um acordo de colaboração. Tanto isso é verdade que o direito do imputado colaborador às sanções premiais decorrentes da delação premiada prevista no art. 14 da Lei n. 9.807/99; no art. 1º, § 5º, da Lei n. 9.613/98 (Lavagem de Dinheiro); no art. 159, § 4º, do Código Penal, na redação dada pela Lei n. 9.269/96 (extorsão mediante sequestro); no art. 25, § 2º, da Lei n. 7.492/86 e no art. 41 da Lei n. 11.343/06 (Lei de Drogas), independe da existência de um acordo formal homologado judicialmente. Ao disciplinarem a delação premiada, esses outros diplomas legais reputam suficiente, para a aplicação das sanções premiais, a colaboração efetiva do agente para a apuração das infrações penais, identificação de coautores ou partícipes, localização de bens, direitos ou valores auferidos com a prática do crime ou libertação da vítima, a demonstrar, mais uma vez, que não é o acordo propriamente dito que atinge a esfera jurídica de terceiros."

O delatado poderá exercer sua defesa pelo confronto, em juízo, das afirmações feitas pelo colaborador e pela contrariedade às provas por ele indicadas, bem como impugnar, a qualquer tempo, as medidas restritivas de direitos fundamentais eventualmente adotadas em seu desfavor com base no depoimento do colaborador e nas provas por ele indicadas, sustentando, inclusive, a inidoneidade dos mesmos para servir de lastro

[54] STF, Tribunal Pleno, **HC 127.483/PR**, Rel. Min. Dias Toffoli, j. 27/08/2015, DJe 04/02/2016.

para a decretação daquelas medidas – mas não tem legitimidade, repita-se, para impugnar os termos do acordo de colaboração premiada.[55]

Além disso, o art. 4º, § 16, da Lei nº 12.850/13 dispõe que nenhuma sentença condenatória será proferida com fundamento apenas nas declarações de agente colaborador.

3.2.2. *Aproveitamento (ou "utilizabilidade") das provas obtidas*

Discutiu-se a possibilidade de aproveitamento (ou "utilizabilidade") das provas obtidas pela colaboração premiada em caso de rescisão do acordo.

A respeito, dispõe o art. 4º, § 10, da Lei 12.850/13: "§ 10. As partes podem retratar-se da proposta, caso em que as provas autoincriminadoras produzidas pelo colaborador não poderão ser utilizadas exclusivamente em seu desfavor".

Da leitura do dispositivo legal infere-se, *a contrario sensu*, que em caso de retratação, desistência ou rescisão, é possível o aproveitamento das provas produzidas pelo colaborador ou por ele indicadas, inclusive em seu desfavor.

Evidentemente que o dispositivo legal não passou ao largo de duras críticas doutrinárias, levantadas à luz do princípio *nemo tenetur se detegere* que, em caso de retratação ou desistência do colaborador, impede o aproveitamento das provas indicadas ou produzidas por ele, em seu desfavor, salvo quando puderem ser obtidas por fonte independente. Mas o Supremo Tribunal Federal, no Inquérito 3.983/DF, relatado pelo Ministro Teori Zavascki, publicado no DJe de 12.05.2016, admitiu a "utilizabilidade" das mesmas contra terceiros sob os seguintes fundamentos: "(...) eventual desconstituição de acordo de colaboração tem âmbito de eficácia restrito às partes que o firmaram, não beneficiando e nem prejudicando terceiros. Mesmo em caso de retratação, o material probatório colhido em colaboração premiada pode ainda assim ser utilizado, naturalmente cercado de todas as cautelas, em face de terceiros, aos quais caberá, se for o caso, deduzir as razões de defesa nos procedimentos ou ações que em face a elas venham a ser promovidos".[56]

[55] STF, Tribunal Pleno, **HC 127.483/PR**, Rel. Min. Dias Toffoli, j. 27/08/2015, DJe 04/02/2016.

[56] STF, Tribunal Pleno, **Inq 3.983/DF**, rel. Min. Teori Zavascki, j. 03/03/2016, DJe 12/05/2016. No mesmo sentido: STF, Segunda Turma, **Recl 21.258/PR-AgRg**, Rel. Min. Dias Toffoli, j. 15/03/2016, Dje 20/04/2016, e STF, Segunda Turma, **Inq 3.979/DF**, Rel. Min. Teori Zavascki, j. 27/09/2016, Dje 16/12/2016.

CAPÍTULO 21
LEI N. 12.850/2013 E A COLABORAÇÃO PREMIADA NO BRASIL: REFLEXÕES A PARTIR DE SUA CONSTRUÇÃO JURISPRUDENCIAL

Reynaldo Soares da Fonseca
Humberto Barrionuevo Fabretti

1. Introdução

A Lei n. 12.850 promulgada em 2 de agosto de 2013 completa, em 2023, dez anos. Cerne de muitas discussões, o diploma legal define organização criminosa e disciplina sobre a investigação criminal, os meios de obtenção da prova, infrações penais correlatas e o procedimento criminal. Dentre as temáticas que disciplina, a colaboração premiada desponta como um dos institutos, cuja aplicação prática no processo penal assume notável relevo, dado seu destaque em casos midiáticos de combate à corrupção.

Expressão da justiça penal negociada ou consensual, a colaboração premiada consta como realidade jurídica brasileira desde a década de 1990, em especial sob a rubrica de "delação premiada".[1] Com a Lei

[1] A respeito das nomenclaturas, "delação premiada" e "colaboração premiada", não se desconhece que por vezes são usadas como sinônimos. No presente artigo, adota-se a expressão "colaboração premiada", dada a opção da paradigmática Lei n. 12.850/2013 em relação a previsões anteriores à Lei relacionadas à delação (item 1). A divergência entre as expressões

n. 12.850/2013, o instituto assume nova roupagem jurídica, com as balizas estabelecidas à "colaboração premiada", um instrumento colaborativo no processo penal. A negociabilidade no processo penal representa uma tendência mundial,[2] da qual a colaboração premiada é uma de suas manifestações mais latentes em solo brasileiro, em especial em "maxiprocessos"[3] e casos complexos e de grande repercussão.

É compreendida como um negócio jurídico processual e meio de obtenção de prova e está prevista entre os artigos 3º-A e 7º da Lei n. 12.850/2013, sendo objeto de decisões jurisprudenciais importantes sobre seu conceito, natureza, validade e requisitos de aplicação, que conformam o instituto no Brasil. Como síntese, pode-se afirmar que é que é "um acordo realizado entre acusador e defesa, visando ao esvaziamento da resistência do réu e à sua conformidade com a acusação, com o objetivo de facilitar a persecução penal em troca de benefícios

é, também, assentada pelo Superior Tribunal de Justiça: "A colaboração premiada é meio de obtenção de prova, disciplinada no ordenamento jurídico pátrio [...] Por sua vez, a delação premiada, espécie do gênero colaboração premiada, traduz-se na cooperação do acusado ou investigado, no sentido de inculpar a prática de infrações penais, por seus eventuais comparsas" (STJ, Primeira Turma, **AgInt no RMS n. 48.925/SP,** Rel. Min. Regina Helena Costa, j. 13/02/2018, Dje. 05/04/2018).

[2] O objeto do presente estudo não é a análise da colaboração premiada – e da negociabilidade processual penal – sob o marco do direito comparado, contudo estudos apontam para essa realidade cada vez mais frequente em Portugal, Espanha, Alemanha, Itália e Estados Unidos. Cf. Brandalise, Rodrigo da Silva. **Justiça penal negociada**: negociação de sentença criminal e princípios processuais relevantes. Curitiba, Juruá, 2016; Prado, Geraldo. **Estudos Jurídicos**. São Paulo: Editora Contracorrente, 2018, p. 146; ORTIZ, Juan Carlos. La delación premiada en España: instrumentos para el fomento de la colaboración con la justicia. **Revista Brasileira De Direito Processual Penal**, v. 3, n. 1, p. 39–70, 2017. Disponível em: https://rbdpp.emnuvens.com.br/RBDPP/article/view/38. Acesso em: 23 fev. 2023; Ferreira de Oliveira, André. Soluções negociadas de justiça penal no direito português: uma realidade atual numa galáxia distante? **Revista Brasileira De Direito Processual Penal**, v. 3, n. 1, p. 71–102, 2017. Disponível em: https://rbdpp.emnuvens.com.br/RBDPP/article/view/39. Acesso em: 23 fev. 2023.

[3] Para Diogo Malan, "maxiprocesso" ou "megaprocesso" constitui no "processo empregado (ainda que não declaradamente) comoinstrumento de luta contra a criminalidade organizada, em contexto cultural de emergência e práticas judiciárias de exceção, no qual acusador e julgador têm conotação partidária e há imputação de multiplicidade de delitos (de cariz associativo e crimes-fim) à quantidade considerável de acusados.". As "Operações" de combate à corrupção de grande repercussão nacional se inserem nesse conceito. Malan, Diego. Megaprocessos criminais e direito de defesa. **Revista Brasileira de Ciências Criminais**, v. 159, p. 52, 2019.

ao colaborador", operando uma redução de consequências punitivas à conduta delitiva.[4] Portanto, o instituto deve ser compreendido em sua natureza dúplice,[5] como um negócio jurídico bilateral e "modalidade de cooperação instrumental dirigida à obtenção ou à descoberta de fontes de prova".[6]

Ao longo desses anos, algumas alterações legislativas foram promovidas no âmbito da Lei, destacando-se o conjunto de alterações promovidas pela Lei n. 13.964, em 2019, conhecida como "Pacote Anticrime",[7] além de decisões jurisprudenciais relevantes que contribuíram para a conformação do instituto. No âmbito jurisprudencial, sobretudo no Supremo Tribunal Federal (STF) e no Superior Tribunal de Justiça (STJ), o diploma legal foi alvo de inúmeras decisões que conformaram a aplicação de alguns de seus institutos e melhor delinearam conceitos basilares de sua aplicação.

O artigo é um estudo da utilização da colaboração premiada, a partir da evolução jurisprudencial e legislativa no âmbito da Lei n. 12.850/2013 sobre esse meio de obtenção prova.Trata-se de assunto atual, tendo em vista a sua utilização no caso da Lava-Jato e seus limites de aplicação, considerando a experiência arbitrária na condução dos processos no âmbito dessa operação midiática. O instituto não restou isento de críticas, sobretudo por ser expressão dos "espaços de consenso no processo penal brasileiro", daquilo que se conhece por justiça penal consensual ou negociada.[8]

O objetivo primordial do artigo é a análise, a partir dos dez anos da Lei n. 12.850/2013, da aplicação jurisprudencial da colaboração premiada, seus limites, requisitos, condições e delimitações, a partir da análise das principais decisões do STF e STJ sobre o tema, compreensão de sua aplicação como meio de prova no Brasil e pontuar os avanços e

[4] Vasconcellos, Vinicius Gomes de. **Colaboração premiada no processo penal.** 5ª ed. rev. atual. São Paulo: Thomson Reuters Brasil, 2023, p. 70.

[5] Vasconcellos, Vinicius Gomes de. **Colaboração premiada**...*Ob. cit.*, 2023, p. 72.

[6] Prado, Geraldo. **Estudos Jurídicos**...*op. cit.*, 2018, p. 147.

[7] Fabretti, Humberto Barrionuevo; SMANIO, Gianpaolo Poggio. **Comentários ao Pacote Anticrime.** São Paulo: Atlas, 2020, pp. 251-274.

[8] Vasconcellos, Vinicius Gomes de. **Barganha e justiça criminal negocial**: análise das tendências de expansão dos espaços de consenso no processo penal brasileiro. São Paulo: IBCCRIM, 2015, p. 24.

desafios a partir da explanação feita no primeiro e segundo itens. Para tanto, utiliza-se a metodologia da revisão bibliografia sobre o instituto e análise jurisprudencial das principais decisões judiciais (STJ e STF) no marco dos 10 anos da Lei n. 12.850/2013, procedendo-se a uma síntese dos resultados obtidos.

Para a análise proposta, o artigo é dividido em três partes. Na primeira, propõe-se uma visão panorâmica da colaboração premiada, a partir de um resgaste legislativo. Trata-se de digressão valiosa, considerando que foi a Lei n. 12.850/2013 a primeira legislação que regulamentou o instituto cunhado por colaboração premiada, muito embora este instituto tenha aspectos em comum com a delação premiada – como, por vezes, é denominada – e com o acordo de leniência no âmbito do Conselho Administrativo de Defesa Econômica (CADE).

A regulamentação legal da colaboração premiada suscitou pontos para discussões jurisprudenciais ao longo desses 10 anos, tendo em vista as lacunas existentes na Lei n. 12.850/2013. A análise da jurisprudência tecida em torno desse importante instituto se revela imprescindível para a compreensão global da colaboração premiada no Brasil. O uso desse mecanismo negocial fomentou críticas, algumas abarcadas em 2019 pelo Pacote Anticrime. Contudo, apesar dos avanços, alguns desafios permanecem, assunto trabalhado na terceira e última parte do artigo.

Os acordos de colaboração premiada constituem campo fértil de estudo. Ao longo dos 10 anos que marcam a existência da Lei n. 12.850/2013, paradigma na pesquisa sobre o tema no Brasil, diversas decisões auxiliaram na interpretação e aplicação desse mecanismo negocial, além de uma alteração legislativa importante. No âmbito da Operação Lava-Jato, inúmeros acordos de colaboração premiada foram firmados e não foram poucas os apontamentos críticos em torno do arbítrio que caracterizou a Operação.

Alguns dos temas debatidos, é certo, foram abordados pela jurisprudência ou incorporados na Lei n. 12.850/2013. Outros temas, sensíveis ao instrumento colaborativo e ao processo penal brasileiro, ainda estão pendentes de discussão, o que demonstra que a colaboração premiada no Brasil, enquanto mecanismo negocial, ainda suscitará longos debates.

2. Breve histórico legislativo da colaboração premiada no Brasil

A Lei n. 12.850, no ano de 2013, representa o início da regulamentação processual sobre a colaboração premiada no Brasil, um instrumento colaborativo de obtenção de elementos probatórios sobre organizações criminosas e eventuais infrações cometidas. Ainda que apontando a insuficiência da regulamentação da colaboração premiada, a Lei n. 12.850/2013 "ampliou a negociação estatal, criando inclusive a prerrogativa da não persecução penal, estabeleceu direitos do colaborador e inovou ao criar o procedimento da colaboração".[9]

A Lei n. 12.850/2013 foi um marco paradigmático no tocante à colaboração premiada, o que não é sinônimo de que a criou. A colaboração já existia no país sob outras denominações, em leis diversas, de modo muito pouco ou quase nada regrado. O ineditismo da Lei foi a regulamentação processual do instituto, em uma "tentativa de esboço de regras para sua limitação".[10] Nesse norte, o instituto da colaboração premiada já havia antecedentes em legislações penais extravagantes diversas, com o uso da delação premiada e acordos de leniência – estes no contexto de investigações e sanções administrativas do Conselho Administrativo de Defesa Econômica (CADE).

Vale mencionar, contudo, que a delação premiada não continha uma disciplina detalhada enquanto meio de obtenção de prova e seu procedimento, tal qual a colaboração premiada, além de que o foco previsto era de cunho material e não processual.

Portanto, percebe-se um movimento, iniciado sobretudo na década de 1990, de consolidação de espaço no sistema processual penal brasileiro da justiça penal negociada ou consensual, tema que nos últimos anos assume notável relevância. Há pesquisas que denotam o caráter histórico da delação premiada no Brasil, desde a previsão nas Ordenações Filipinas no período colonial.[11]

O ano de 1990 marca o início da incorporação do mecanismo negocial no ordenamento jurídico brasileiro, com a Lei n. 8.072 daquele ano

[9] Cordeiro, Nefi. **Colaboração premiada**: caracteres, limites e controle. Rio de Janeiro: Forense, 2020, p. 23.

[10] Vasconcellos, Vinicius Gomes de. **Colaboração premiada**...*Ob. cit.*, 2023, p. 91.

[11] O artigo não pretende recorte tão longo. Para uma análise da delação em construto histórico, cf. Sontag, Ricardo. Para uma história da delação premiada no Brasil. **Revista Brasileira de Direito Processual Penal**, v. 5, n. 1, p. 441-468, 2019. Disponível em: https://revista.ibraspp.com.br/RBDPP/article/view/220. Acesso em: 24 fev. 2023.

– a Lei de Crimes Hediondos.[12] Prevendo a redução de pena àquele que denunciasse quadrilha ou bando envolvido na prática de infrações previstas como hediondas, não houve "qualquer preocupação com sua delimitação procedimental ou suas consequências processuais".[13]

Esse cenário de pouca regulamentação se manteve nas previsões que se seguiram. No contexto da criminalidade organizada, o ano de 1995 marcou a promulgação da Lei n. 9.034, primeira Lei da Organização Criminosa no Brasil, que continha a previsão da delação de modo genérico e sem maiores regulamentações, limites ou garantias ao delator.[14] Nesse mesmo ano, o instituto foi expandido para outras leis penais extravagantes, com a Lei n. 9.080, que acrescentou dispositivos às Leis n. 7.492/1986 (Crimes contra o Sistema Financeiro Nacional),[15] e 8.137/1990 (Crimes contra a Ordem Tributária, Econômica e relações de consumo).[16]

A Lei de Lavagem de Dinheiro – Lei n. 9.613/1998 – também contou com dispositivos sobre a delação premiada,[17] destacando-se por ter iniciado "a ampliação das possibilidades de benefícios ao colaborador,

[12] "Art. 8º. [...] Parágrafo único. O participante e o associado que denunciar à autoridade o bando ou quadrilha, possibilitando seu desmantelamento, terá a pena reduzida de um a dois terços."

[13] Vasconcellos, Vinicius Gomes de. **Colaboração premiada**...*Ob. cit.*, 2023, p. 88.

[14] A previsão da delação era em artigo único, sem a disciplina de procedimento específico, limites a serem seguidos, natureza de negócio jurídico processual a ser homologado pelo Poder Judiciário, direitos e eventuais garantias àquele que espontaneamente colaborasse. Nos termos do artigo 6º da Lei, "Nos crimes praticados em organização criminosa, a pena será reduzida de um a dois terços, quando a colaboração espontânea do agente levar ao esclarecimento de infrações penais e sua autoria".

[15] Artigo 25. [...] §2º. Nos crimes previstos nesta Lei, cometidos em quadrilha ou coautoria, o coautor ou partícipe que através de confissão espontânea revelar à autoridade policial ou judicial toda a trama delituosa terá a sua pena reduzida de um a dois terços.

[16] Art. 16. [...] Parágrafo único. Nos crimes previstos nesta Lei, cometidos em quadrilha ou co-autoria, o coautor ou partícipe que através de confissão espontânea revelar à autoridade policial ou judicial toda a trama delituosa terá a sua pena reduzida de um a dois terços.

[17] Já com a redação dada pela Lei n. 12.683/2012 ao artigo 1º, §5º da Lei n. 9.613/1998: § 5º "A pena poderá ser reduzida de um a dois terços e ser cumprida em regime aberto ou semiaberto, facultando-se ao juiz deixar de aplicá-la ou substituí-la, a qualquer tempo, por pena restritiva de direitos, se o autor, coautor ou partícipe colaborar espontaneamente com as autoridades, prestando esclarecimentos que conduzam à apuração das infrações penais, à identificação dos autores, coautores e partícipes, ou à localização dos bens, direitos ou valores objeto do crime".

que, nas legislações anteriores, limitavam-se à redução da sanção penal de um a dois terços".[18]

Em 1999, nova Lei relevante ao estudo da colaboração premiada. A Lei n. 9.807/99,[19] que previu normas para a organização e a manutenção de programas especiais de proteção a vítimas e a testemunhas ameaçadas, expandiu a colaboração premiada, na medida em que previu medidas de segurança específica aos colaboradores, embora ainda previsse o instituto a partir de um viés material e sem maiores detalhes quanto ao procedimento a ser utilizado.[20]

Nos anos 2000, a delação premiada contou com respaldo internacional, sendo certo que foi prevista na Convenção das Nações Unidas contra o Crime Organizado Transnacional, conhecida como Convenção de Palermo, internalizada no Brasil pelo Decreto n. 5.015, de 12 de março de 2004. Em seu artigo 26, prevê a possibilidade que os Estados-parte

[18] VASCONCELLOS, Vinicius Gomes de. **Colaboração premiada**...*Ob. cit.*, 2023, p. 89.

[19] Art. 13. Poderá o juiz, de ofício ou a requerimento das partes, conceder o perdão judicial e a conseqüente extinção da punibilidade ao acusado que, sendo primário, tenha colaborado efetiva e voluntariamente com a investigação e o processo criminal, desde que dessa colaboração tenha resultado:
I – a identificação dos demais coautores ou partícipes da ação criminosa;
II – a localização da vítima com a sua integridade física preservada;
III – a recuperação total ou parcial do produto do crime.
Parágrafo único. A concessão do perdão judicial levará em conta a personalidade do beneficiado e a natureza, circunstâncias, gravidade e repercussão social do fato criminoso.
Art. 14. O indiciado ou acusado que colaborar voluntariamente com a investigação policial e o processo criminal na identificação dos demais coautores ou partícipes do crime, na localização da vítima com vida e na recuperação total ou parcial do produto do crime, no caso de condenação, terá pena reduzida de um a dois terços.
Art. 15. Serão aplicadas em benefício do colaborador, na prisão ou fora dela, medidas especiais de segurança e proteção a sua integridade física, considerando ameaça ou coação eventual ou efetiva.
§ 1º Estando sob prisão temporária, preventiva ou em decorrência de flagrante delito, o colaborador será custodiado em dependência separada dos demais presos.
§ 2º Durante a instrução criminal, poderá o juiz competente determinar em favor do colaborador qualquer das medidas previstas no art. 8o desta Lei.
§ 3º No caso de cumprimento da pena em regime fechado, poderá o juiz criminal determinar medidas especiais que proporcionem a segurança do colaborador em relação aos demais apenados.

[20] VASCONCELLOS, Vinicius Gomes de. **Colaboração premiada**...*Ob. cit.*, 2023, p. 90.

firmem acordo com pessoa que coopere substancialmente com as autoridades para concessão de imunidades ou de redução de pena.[21]

Um outro diploma internacional que merece destaque nessa breve evolução legislativa da colaboração premiada, é a Convenção das Nações Unidas contra a Corrupção, ou Convenção de Mérida, internalizada no Brasil através do Decreto n. 5.687, de 31 de janeiro de 2006. Com semelhante previsão da Convenção de Palermo, a Convenção de Mérida igualmente incentivava que os Estados-parte firmassem acordos àqueles que prestassem substancial cooperação, prevendo, inclusive, proteção a essas pessoas.[22]

[21] Artigo 26. 1. Cada Estado Parte tomará as medidas adequadas para encorajar as pessoas que participem ou tenham participado em grupos criminosos organizados:
a) A fornecerem informações úteis às autoridades competentes para efeitos de investigação e produção de provas, nomeadamente
i) A identidade, natureza, composição, estrutura, localização ou atividades dos grupos criminosos organizados;
ii) As conexões, inclusive conexões internacionais, com outros grupos criminosos organizados;
iii) As infrações que os grupos criminosos organizados praticaram ou poderão vir a praticar;
b) A prestarem ajuda efetiva e concreta às autoridades competentes, susceptível de contribuir para privar os grupos criminosos organizados dos seus recursos ou do produto do crime.
2. Cada Estado Parte poderá considerar a possibilidade, nos casos pertinentes, de reduzir a pena de que é passível um argüido que coopere de forma substancial na investigação ou no julgamento dos autores de uma infração prevista na presente Convenção.
3. Cada Estado Parte poderá considerar a possibilidade, em conformidade com os princípios fundamentais do seu ordenamento jurídico interno, de conceder imunidade a uma pessoa que coopere de forma substancial na investigação ou no julgamento dos autores de uma infração prevista na presente Convenção.
4. A proteção destas pessoas será assegurada nos termos do Artigo 24 da presente Convenção.
5. Quando uma das pessoas referidas no parágrafo 1 do presente Artigo se encontre num Estado Parte e possa prestar uma cooperação substancial às autoridades competentes de outro Estado Parte, os Estados Partes em questão poderão considerar a celebração de acordos, em conformidade com o seu direito interno, relativos à eventual concessão, pelo outro Estado Parte, do tratamento descrito nos parágrafos 2 e 3 do presente Artigo.

[22] Art. 37. 1. Cada Estado Parte adotará as medidas apropriadas para restabelecer as pessoas que participem ou que tenham participado na prática dos delitos qualificados de acordo com a presente Convenção que proporcionem às autoridades competentes informação útil com fins investigativos e probatórios e as que lhes prestem ajuda efetiva e concreta que possa contribuir a privar os criminosos do produto do delito, assim como recuperar esse produto. 2. Cada Estado Parte considerará a possibilidade de prever, em casos apropriados, a mitigação de pena de toda pessoa acusada que preste cooperação substancial à investigação

No que concerne aos acordos de leniência, acordos entre a Superintendência-Geral do CADE e participantes de eventuais infrações à ordem econômica que confessam a participação,[23] destaca-se a Lei n. 12.529/2011 – Lei de Defesa da Concorrência –, que previu tais acordos e seus efeitos penais e administrativos no âmbito administrativo das investigações de carteis da Autarquia. Os acordos de leniência preveem garantias ao leniente: extinção da ação punitiva da Administração Pública ou redução de pena entre 1/3 e 2/3.

Em 2013, enfim, sobreveio a Lei objeto de estudo do presente artigo. Para Bechara e Smanio, a Lei n. 12.850/2013 "constituiu o principal esforço legislativo na adequação do ordenamento jurídico brasileiro a partir da ratificação da Convenção das Nações Unidas contra o Crime Organizado Transnacional (Convenção de Palermo)".[24] Trata-se de nova Lei de combate às organizações criminosas, que revogou integralmente a Lei n. 9.034/1995, com reforma importante no tocante ao instrumento colaborativo em debate. Se antes havia previsão genérica de delação premiada, a Lei n. 12.850/2013 previu e regulamentou processualmente a colaboração premiada, instituto que avança na normatização desse negócio jurídico processual penal.[25]

ou ao indiciamento dos delitos qualificados de acordo com a presente Convenção. 3. Cada Estado parte considerará a possibilidade de prever, em conformidade com os princípios fundamentais de sua legislação interna, a concessão de imunidade judicial a toda pessoa que preste cooperação substancial na investigação ou no indiciamento dos delitos qualificados de acordo com a presente Convenção. 4. A proteção dessas pessoas será, mutatis mutandis, a prevista no Artigo 32 da presente Convenção. 5. Quando as pessoas mencionadas no parágrafo 1 do presente Artigo se encontrem em um Estado Parte e possam prestar cooperação substancial às autoridades competentes de outro Estado Parte, os Estados Partes interessados poderão considerar a possibilidade de celebrar acordos ou tratados, em conformidade com sua legislação interna, a respeito da eventual concessão, por esse Estrado Parte, do trato previsto nos parágrafos 2 e 3 do presente Artigo.

[23] Forgioni, Paula. **Os fundamentos do antitruste.** 10 ed. rev. e atual. São Paulo: Thomson Reuters Brasil, 2018, p. 160.

[24] Bechara, Fábio Ramazzini; Smanio, Gianpaolo Poggio. Colaboração premiada segundo a teoria geral da prova nacional e estrangeira. **Caderno de Relações Internacionais**, v. 7, n. 13, 2017, p. 274. Disponível em: https://revistas.faculdadedamas.edu.br/index.php/relacoesinternacionais/article/view/415. Acesso em: 25 fev. 2023.

[25] Interessante é a observação de Bechara e Smanio quanto à aplicação da Lei n. 12.850/2013 às demais legislações que apresentam institutos correlatos à colaboração premiada – com nomes diversos –, mas que não preveem qualquer regulamentação. Com efeito, "É necessário que a Lei n. 12850/2013 seja tomada como uma lei geral em relação à colaboração

Além da redução de pena e substituição da pena de prisão por restritivas de direito, uma inovação da Lei apontada é o ineditismo da possibilidade de imunidade penal, "que impede a persecução penal do suspeito colaborador",[26] além de uma regulamentação processual nova quando comparada às anteriores, que estabeleceu nova forma como se procede a colaboração.[27] Além de ser um acordo escrito e subscrito pelas partes – o colaborador deve contar com defesa técnica para tanto –, há homologação judicial e a aferição de sua validade ou invalidade, aspectos que se diferenciam dos institutos correlatos que precederam a colaboração premiada, caracterizados pela insegurança e incerteza.

Pela própria localização topográfica nessa nova Lei, já havia a inclinação da colaboração premiada como meio de obtenção de prova, o que, desde logo, sinaliza a natureza processual penal do instituto. Contou com previsões sobre os direitos do colaborador e alguns limites à homologação judicial, bem como à atuação do proponente do acordo.

No ano de 2019, a Lei n. 13.964, conhecida por Pacote Anticrime operou novo e significativo pacote de medidas modificativas no instituto. As mudanças podem ser sintetizadas na inclusão dos artigos 3º-A, 3º-B e 3º-C, além de outras alterações nos dispositivos já existentes, regulamentando de forma mais detalhada e criando limites expressos ao instituto.[28]

Para que a colaboração premiada surta seus efeitos ao colaborador, é necessária a cumulação de três requisitos legais, previstos no art. 4º, *caput* e seu parágrafo 1º, quais sejam, a voluntariedade; que a personalidade do colaborador, a natureza, as circunstâncias, a gravidade e a repercussão social do fato criminoso recomendem a celebração do acordo;

premiada, notadamente no tocante ao procedimento, muito embora a incidência da lei esteja relacionada com o crime de organização criminosa e as infrações penais correlatas. Isso porque o instituto da colaboração é previsto em outras legislações em vigor, sob outras denominações correlatas, notadamente a Lei n. 9807/1999, que não dedicaram qualquer preocupação na definição do procedimento". BECHARA, Fábio Ramazzini; SMANIO, Gianpaolo Poggio. Colaboração premiada...*op. cit.*, 2017, p. 274. Acesso em: 25 fev. 2023.

[26] BOTTINO, Thiago. Colaboração premiada e incentivos à cooperação no processo penal: uma análise crítica dos acordos firmados na "Operação Lava Jato". **Revista Brasileira de Ciências Criminais**, v. 122, set-out/2016, p. 360.

[27] BOTTINO, Thiago. Colaboração premiada...*op. cit.*, 2016, p. 365.

[28] FABRETTI, Humberto Barrionuevo; SMANIO, Gianpaolo Poggio. **Comentários**...*op. cit.*, 2020, p. 254.

e, por fim, que a cooperação seja efetiva, ou seja, que sejam alcançados um ou mais dos seguintes resultados possíveis:

> I – a identificação dos demais coautores e partícipes da organização criminosa e das infrações penais por eles praticadas;
> II – a revelação da estrutura hierárquica e da divisão de tarefas da organização criminosa;
> III – a prevenção de infrações penais decorrentes das atividades da organização criminosa;
> IV – a recuperação total ou parcial do produto ou do proveito das infrações penais praticadas pela organização criminosa;
> V – a localização de eventual vítima com a sua integridade física preservada.

Não foram poucos os Acordos de Colaboração Premiada firmados entre órgão acusatório e colaboradores, no âmbito de megaoperações contra a corrupção no país. Segundo dados oficiais do Ministério Público Federal, no âmbito da Operação Lava-Jato, foram firmados o total de 309 acordos de colaboração premiada nas primeiras instâncias de Curitiba, Rio de Janeiro e São Paulo.[29] Dado seu uso extensivo, as previsões legais foram robustecidas por decisões jurisprudenciais, que enfrentaram aspectos não previstos pelo legislador, tema objeto de análise do próximo item.

3. Contornos jurisprudenciais sobre a colaboração premiada

O estudo da colaboração premiada demanda, necessariamente, analisar seus contornos jurisprudenciais definidores ao longo dos dez anos da existência da Lei n. 12.850/2013. O presente tópico não tem como objetivo esgotar a análise jurisprudencial sobre o tema, mas sim apontar as decisões basilares delineadoras desse instituto sempre comentado e utilizado, sobretudo em casos de grande repercussão nacional e internacional.

Como visto acima, a colaboração premiada foi prevista e disciplina em Lei no Brasil, pela primeira vez, com a Lei n. 12.850/2013. Não é

[29] Dados retirados do site do Ministério Público Federal sobre a Operação Lava-Jato. Disponível em: https://www.mpf.mp.br/grandes-casos/lava-jato/resultados. Acesso em: 23 fev. 2023.

novidade que os institutos jurídicos previstos em leis no Brasil são consubstanciados a partir de decisões jurisprudenciais, sobretudo do STJ e do STF, dada a relevância que essas Cortes assumem na unificação de jurisprudência em âmbito nacional. Com a colaboração premiada não foi diferente.

Abaixo são trabalhados alguns dos temas enfrentados pela jurisprudência do STF e do STJ.

3.1. Natureza Jurídica

O HC nº 127.483, de Relatoria do Ministro Dias Toffoli, julgado pelo Pleno do STF marcou o início de uma sequência de importantes decisões conformadoras do instituto. No âmbito dessa decisão, além de restou firmado pela Corte Superior que a colaboração premiada é um negócio jurídico processual, pois, além de ser qualificada expressamente pela lei como "meio de obtenção de prova", seu objeto é a cooperação do imputado para a investigação e para o processo criminal, atividade de natureza processual, ainda que se agregue a esse negócio jurídico o efeito substancial (de direito material) concernente à sanção premial a ser atribuída a essa colaboração.[30]

A primeira grande decisão judicial após a edição da Lei n. 12.850/2013 delimitou, portanto, a natureza jurídica do instituto como mecanismo negocial processual e meio obtenção de prova, como entendimento majoritário.[31] O STJ possui semelhante posição quanto à natureza jurídica da colaboração premiada, a distinguindo da delação premiada

[30] STF, Tribunal Pleno, **HC 127.483/PR**. Rel. Min. Dias Toffoli. Brasília, j. 27/08/2015, Dje 04/02/2016.

[31] Gustavo Henrique Badaró assinala posição em sentido contrário: "não é possível considerar que a colaboração premiada, como um todo, seja um meio de obtenção de prova. Já se viu que os meios de obtenção de prova não são diretamente valoráveis pelo juiz. E, se fosse pura e simplesmente um meio de obtenção de prova, a colaboração – enquanto conteúdo do que foi declarado pelo colaborador – em si não seria diretamente valorável pelo magistrado. O teor do que foi declarado apenas permitiria que, perante as informações dadas pelo colaborador, fontes ou elementos de prova pudessem vir a ser obtidos e, estes sim, seriam valorados e influenciariam o convencimento judicial". Badaró, Gustavo Henrique. A colaboração premiada: meio de prova, meio de obtenção de prova ou um novo modelo de justiça penal epistêmica? In Moura, Maria Thereza de Assis; Bottini, Pierpaolo Cruz (Coord). **Colaboração premiada**. São Paulo: Revista dos Tribunais, 2017, p. 136.

justamente por ser um negócio jurídico bilateral firmado entre as partes interessadas.[32]

Sobre a diferença entre meios de prova e meios de obtenção de prova, BADARÓ pontua que

> enquanto os *meios de prova* são aptos a servir, *diretamente*, ao convencimento do juiz sobre a veracidade ou não de uma afirmação fática (por exemplo, o depoimento de uma testemunha, ou o teor de uma escritura pública), os meios de obtenção de provas (por exemplo, a busca e apreensão) são instrumentos para a colheita de elementos ou fontes de provas, estes, sim, aptos a convencer o julgador [...]. Ou seja, enquanto o meio de prova se presta ao convencimento direto do julgador, os *meios de obtenção* de provas somente *indiretamente*, e dependendo do resulto de sua realização, poderão servir à reconstrução da história dos fatos.[33]

Justamente pela consolidação de sua natureza enquanto meio de prova – e não prova ou indício – é que o STJ firmou entendimento de que as informações prestadas pelo colaborador no bojo de um acordo de colaboração premiada não seriam suficientes para lastrear um decreto condenatório, como já previsto na redação original da Lei n. 12.850/2013, como também eventual recebimento da peça acusatória.[34]

Nesse sentido, ainda que com o compromisso de dizer a verdade, as informações prestadas pelos colaboradores não são provas ou indícios, "que possam ensejar o recebimento de uma acusação criminal, a imposição de medidas cautelares ou um decreto condenatório".[35] Em boa hora, avançou o legislador, expandindo a vedação da utilização apenas das palavras do colaborador para proferir sentença condenatória para outras duas situação: decretação de medidas cautelares reais ou pessoais; para decisão de recebimento de denúncia ou queixa-crime,[36] tal como assinalava a jurisprudência.

[32] STJ, Sexta Turma, **REsp 1.691.901/RS**, Rel. Min. Sebastião Reis Júnior, j. 26/09/2017, DJe 09/10/2017.

[33] BADARÓ, Gustavo Henrique. A colaboração premiada...*op. cit.*, 2017, p. 130.

[34] STJ, Sexta Turma, **AgRg no RHC 111.131/SP**, Rel. Min. Nefi Cordeiro, j. 26/11/2019, DJe 03/12/2019.

[35] BOTTINO, Thiago. Colaboração premiada...*op. cit.*, 2016, p. 371.

[36] Nova redação pelo Pacote Anticrime do parágrafo 16 ao artigo 4º da Lei n. 12.850/2013, positivando algo que, como visto acima, parte da doutrina já apontava como inviável, diante do desrespeito observado em acordos proferidos no âmbito da Lava-Jato.

Cumpre assinalar, ao final, que o Pacote Anticrime positivou a natureza de negócio jurídico processual,[37] tema melhor explorado na terceira parte do artigo, em razão dos desafios dos espaços consensuais no processo penal brasileiro na atualidade.

3.2. Impugnação à sentença de homologação ou rejeição do acordo de colaboração premiada

A Lei n. 12.850/2013, em sua redação original, foi silente quanto as aspecto recursal da colaboração premiada no contexto da homologação ou rejeição dos acordos. Competiu à jurisprudência o enfrentamento do tema. Com o Pacote Anticrime e sua vigência, em janeiro de 2020, foi sinalizado em lei que cláusulas no acordo que vedem o exercício recursal são nulas de pleno direito.

O silêncio da Lei não condiz à exegese de que à autoridade proponente que, em grande parte, era o Ministério Público, era permitido vedar qualquer espécie de impugnação seja dos termos do acordo e de sentenças condenatórias decorrente, seja da decisão homologatória, até mesmo porque tal interpretação seria manifestamente contrária ao duplo grau de jurisdição, devido processo legal e princípio do acesso à justiça que conformam o sistema processual penal brasileiro. Contudo, a prática na utilização dos acordos de colaboração premiada demonstrou o desrespeito aos postulados constitucionais, explícitos e implícitos.

No âmbito da Operação Lava-Jato a cláusula de vedação à impugnação, por qualquer meio, dos termos do acordo era bastante comum, na medida em que o colaborador adere à acusação e afasta-se de sua posição de resistência.[38] Trata-se de cláusula bastante problemática, por efetivar uma renúncia ao direito de recurso e ou a qualquer ação autônoma de impugnação e, por essa razão, devem ser tidas como nulas.

Sobre o tema, o STF se opôs à validade da cláusula que previa renúncia ao direito de impugnações no acordo de colaboração premiada firmada com Alberto Youssef (Operação Lava-Jato), já que "as cláusulas

[37] Nos termos do artigo 3º-A, incluído pela Lei n. 12.850/2013, "O acordo de colaboração premiada é negócio jurídico processual e meio de obtenção de prova, que pressupõe utilidade e interesse públicos".

[38] Vasconcellos, Vinicius Gomes de. **Colaboração premiada**...*Ob. cit.*, 2023, pp. 228-229.

do acordo não podem servir como renúncia, prévia e definitiva, ao pleno exercício de direitos fundamentais".[39]

A Lei n. 13.964/2019 sanou a questão e abarcou as acertadas críticas quanto à inconstitucionalidade e ilegalidade da vedação à impugnação à decisão homologatória do negócio jurídico processual colaborativo em análise. No artigo 7º-B da Lei n. 12.850/2013, incluído no Pacote Anticrime, estabeleceu-se a nulidade de pleno direito de eventuais cláusulas que prevejam renúncia ao direito de impugnar a decisão homologatória do acordo, cognição que deve ser interpretada inadmitindo, igualmente, renúncia prévia a toda e qualquer impugnação sobre eventuais sentenças condenatórias.[40] Um avanço nas novas previsões do mecanismo, a propósito.

Quanto à decisão que rejeita acordo de colaboração premiada, o STJ consolidou entendimento de que é impugnável através do Recurso de Apelação, previsto no artigo 593, inciso II, do Código de Processo Penal, na medida em que é dotada de conteúdo decisório "capaz de produzir modificação na esfera jurídica material e processual daqueles que o celebraram, bem como gerar prejuízos para as partes".[41] Assim, mesmo ausente previsão na Lei n. 12.850/2013, a jurisprudência consolidou aspecto processual sobre a colaboração premiada, avançando em sua regulamentação enquanto instituto processual.

A inexistência de previsão recursal na colaboração premiada trouxe, ainda, um outro debate fértil para discussão: a possibilidade de impugnação da decisão homologatória do acordo pelo delatado, assunto enfrentado pelo STF em algumas decisões paradigmáticas.

O HC 127.483 já mencionado firmou-se o entendimento de que o terceiro delatado não possui legitimidade e interesse para impugnar o acordo de colaboração premiada, tendo em vista sua natureza jurídica de "negócio jurídico personalíssimo".[42] Para o Relator Ministro Dias Toffoli, o acordo pactuado entre colaborador e Estado irradia efeitos apenas a essas partes, sem que a esfera jurídica de terceiro seja prejudi-

[39] STF, **Pet 5244/DF,** Rel. Min. Teori Zavascki. Brasília, 19/12/2014.

[40] Vasconcellos, Vinicius Gomes de. **Colaboração premiada**...*Ob. cit.,* 2023, p. 232.

[41] STJ, Sexta Turma, **REsp 1.834.215/RS**. Rel. Min. Rogério Schietti Cruz, j. 27/10/2020, Dje. 12/11/2020.

[42] STF, Tribunal Pleno, **HC 127.483/PR**, Rel. Min. Dias Toffoli, j.27/08/2015, Dje. 04/02/2016.

cada.[43] Via de regra, esse foi o entendimento majoritário na Corte, com ressalvas pontuais de alguns ministros.[44]

A 2ª Turma da Corte Superior, contudo, sinalizou divergência nessa compreensão na oportunidade de dois julgamentos de *habeas corpus*: HC 142.205 e HC 143.427, ambos com conclusão idêntica pela possibilidade de impugnação do acordo por terceiros delatados.[45] No entendimento da Turma, os acordos de colaboração premiada possuem potencial impacto à esfera de direitos de corréus delatados, por serem meio de obtenção de prova, havendo interesse e legitimidade recursal por terceiros potencialmente afetados.

Há, portanto, campo aberto para futuras decisões judiciais sobre o tema, sobretudo após a alteração legal promovida pela Lei n. 13.964/2013.

3.3. Proponentes do acordo

A redação do artigo 4º, parágrafo 2º e parágrafo 6º da Lei n. 12.850 preveem, respectivamente, que

> O juiz não participará das negociações realizadas entre as partes para a formalização do acordo de colaboração, que ocorrerá entre o delegado de polícia, o investigado e o defensor, com a manifestação do Ministério Público, ou, conforme o caso, entre o Ministério Público e o investigado ou acusado e seu defensor.
>
> Considerando a relevância da colaboração prestada, o Ministério Público, a qualquer tempo, e o delegado de polícia, nos autos do inquérito policial, com a manifestação do Ministério Público, poderão requerer

[43] De-Lorenzi, Felipe da Costa; Ceolin, Guilherme Francisco. A impugnação da colaboração premiada pelo delatado na jurisprudência do STF: uma análise de seus fundamentos e elementos para uma compreensão penal do negócio jurídico. **Revista do Instituto de Ciências Penais**, Belo Horizonte, v. 6, n. 2, p. 350-351, 2021.

[44] O entendimento foi acompanhado pelo STJ, que firmou entendimento de que "O acordo de colaboração premiada é negócio jurídico personalíssimo, que gera obrigações e direitos entre as partes celebrantes e não interfere, automaticamente, na esfera jurídica de terceiros, razão pela qual estes, ainda que expressamente mencionados ou acusados pelo delator em suas declarações, não têm legitimidade para questionar a validade do acordo celebrado". Cf. STJ, Corte Especial, **APn 843/DF**, Rel. Min. Herman Benjamin, j. 06/12/2017, Dje. 01/02/2018.

[45] STF, Segunda Turma, **HC 142.205/PR,** Rel. Min. Gilmar Mendes, j. 25/08/2020, DJe. 01/10/2020; STF, Segunda Turma, **HC 143.427/PR,** Rel. Min. Gilmar Mendes. Brasília, j. 25/08/2020, Dje. 30/09/2020.

> ou representar ao juiz pela concessão de perdão judicial ao colaborador, ainda que esse benefício não tenha sido previsto na proposta inicial, aplicando-se, no que couber, o art. 28 do Decreto-Lei nº 3.689, de 3 de outubro de 1941 (Código de Processo Penal).

Analisando o artigo, tanto o Ministério Público, quanto o Delegado de Polícia – com a manifestação do Ministério Público – podem firmar o acordo de colaboração premiada com o colaborador e sua defesa técnica, incluindo o requerimento ou representação pela concessão do perdão judicial.

A possibilidade de o Delegado de Polícia ser o proponente do acordo gerou debates acerca da inconstitucionalidade dessa previsão, no tocante à possibilidade de negociar os termos com a defesa, bem como conceder o perdão judicial, uma das possibilidades previstas na Lei n. 12.850/2013.[46] A constitucionalidade do art. 4º e seus parágrafos foi questionada perante o STF, em Ação Direta de Inconstitucionalidade (ADI 5.508) ajuizada pelo Procurador-Geral da República, considerando a titularidade do Ministério Pública da ação penal prevista na Constituição Federal.

Em mais uma decisão conformadora do instituto da colaboração premiada, o STF, por maioria de votos, considerou como constitucional a possibilidade de Delegados de Polícia realizarem acordos de colaboração premiada na fase de inquérito policial, por dois eixos argumentativos: de um lado, não há qualquer interferência na titularidade do Ministério Público para oferecimento de denúncia e, de outro, ainda que haja a proposta de redução de pena ou representação pelo perdão judicial, o Ministério Público deve se manifestar e a decisão, ao final, compete ao Poder Judiciário no ato de homologação ou rejeição do acordo.

Ainda com a decisão da ADI 5.508, o objeto em questão segue como ponto de inflexão no estudo da colaboração premiada. A doutrina aponta a incongruência da decisão, na medida em que a pretensão acusatória é de titularidade, por ordem constitucional, do Ministério Público, e os termos negociados da colaboração versam sobre ela.[47] No mais, aponta-se

[46] VASCONCELLOS, Vinicius Gomes de. **Colaboração premiada**...*Ob. cit.*, 2023, p. 118.
[47] VASCONCELLOS, Vinicius Gomes de. **Colaboração premiada**...*Ob. cit.*, 2023, p. 121.

para uma fragilidade, considerando que após a decisão acima, o STF tornou sem efeito acordo de colaboração premiada firmado pela autoridade policial federal sem a concordância do Ministério Público.[48]

3.4. Benefícios não previstos em lei

A Lei n. 12.850/2013 estabeleceu alguns benefícios ao colaborador e suas obrigações legais. Havia, portanto, um limite imposto legalmente, a ser respeitado nas negociações dos termos dos acordos. Contudo, não raras vezes, os benefícios legais e obrigações do colaborador foram expandidos pela autoridade proponente, atitude eivada de qualquer respaldo legal, representando um "fenômeno de completo esvaziamento de sua força normativa".[49]

No âmbito da Operação Lava-Jato, na qual grande parte dos acordos foram firmados sob a Lei n. 13.850/2013 sem as alterações promovidas pela Lei n. 13.964/2019, Thiago Bottino pontua o acordo firmado entre MPF e Alberto Youssef, em 24 de setembro de 2014, no qual foi concedido diversos benefícios não previstos pela Lei 12.850/2013, tais como:[50] a limitação do tempo de prisão cautelar comum (prisão preventiva), independentemente da efetividade da colaboração, em 30 (trinta) dias e fixação do tempo máximo de cumprimento de pena privativa de liberdade, independente das penas cominadas em sentença, em 2 (dois) anos, a ser cumprida em regime semiaberto.[51]

Outras previsões comuns dos acordos, além da fixação de regime, período em cada regime, limitação de tempo da prisão cautelar, benefícios estendidos aos familiares, cláusulas sobre a execução penal também chamavam a atenção pela inexistência de previsão legal. Como exemplo, destaca-se cláusula do acordo de colaboração premiada firmado pelo MPF com o colaborador Fernando Antônio Guimarães Hourneaux de Moura, em 2015, que previa base de cálculo em 15 anos para os direitos da execução penal.[52] Além de não haver qualquer previsão legal autori-

[48] STF, Tribunal Pleno, **Pet 8.482/DF AgR,** Rel. Min. Edson Fachin, j. 31/05/2021, DJe. 12/09/2021.

[49] Vasconcellos, Vinicius Gomes de. **Colaboração premiada...** *Ob. cit.,* 2023, p. 199.

[50] Bottino, Thiago. Colaboração premiada...*op. cit.,* 2016, p. 366.

[51] O acordo foi disponibilizado em https://www.estadao.com.br/blogs/blog/wp-content/uploads/sites/41/2015/01/acordodela%C3%A7%C3%A3oyoussef.pdf. Acesso em 21 fev. 2023.

[52] Segundo os termos do Acordo, Cláusula 5º, parágrafo único. Os benefícios previstos na execução penal, tais como remição de pena (seja pelo trabalho, frequência escolar ou

zadora do conteúdo da cláusula, há violação ao princípio do juiz natural, na medida em que a decisão quanto aos benefícios da execução penal compete ao Juízo da Execução e não ao Ministério Público (art. 66 a 68 da LEP), em violação ao juiz natural.

Para a jurisprudência do STF e do STJ, e para parte da doutrina, não havia qualquer impossibilidade de obrigações e benefícios atípicos. Em decisão da Corte Superior no Inquérito 4.405, o princípio da legalidade veda a imposição de penas mais graves do que as previstas em lei, mas não a fixação de pena mais favorável ao colaborador. Além disso, na cognição da Corte, se é possível o estabelecimento de "prêmio" máximo (perdão judicial), outros também seriam possíveis – Teoria dos Poder Implícitos.[53]

Mesmo com as alterações promovidas pelo Pacote Anticrime, que estabeleceu limitações às negociações e termos dos acordos de colaboração premiada, conforme explorado no item abaixo, decisão recente do STJ mantém a posição majoritária da jurisprudência: princípio da legalidade é garantia do acusado, interpretação de a Lei autoriza a fixação de benefícios mais amplos, além de que "deve ser superada a tradicional visão de que, por tratar de interesses indisponíveis, o processo penal encontra-se imune à autonomia privada da vontade".[54]

O argumento levantado pela Corte sobre a inaplicabilidade do princípio da legalidade é rechaçado pela doutrina crítica, justamente pelo fato de que o respeito à Lei n. 12.850/2013, já em sua redação original, se impunha como forma de limitação desse espaço consensual e garantia do respeito aos direitos fundamentais do colaborador, "fomentando um modelo limitado de acordos no âmbito criminal".[55] Sob um outro

estudo), saída temporária, anistia e indulto terão como base a pena privativa de liberdade de 15 anos. Disponível em: https://eduardomilitao.files.wordpress.com/2016/09/termo_acordo_fernandomoura.pdf. Acesso em: 22 fev. 2023.

[53] STF, Primeira Turma, **Inq 4405/DF, AgR,** Rel. Min. Roberto Barroso, j. 27/02/2018, DJe 05/04/2018.

[54] Em razão de segredo de justiça, o número do julgado não foi divulgado. As informações pode ser consultas na matéria divulgada pela Corte. Disponível em: https://www.stj.jus.br/sites/portalp/Paginas/Comunicacao/Noticias/2022/07102022-Corte-Especial-admite-fixacao-de-sancoes-penais-atipicas--mais-brandas--em-acordo-de-colaboracao.aspx. Acesso em 22 fev. 2023.

[55] Vasconcellos, Vinicius Gomes de. **Colaboração premiada**...*Ob. cit.*, 2023, p. 201.

ponto de vista, Bottini revela que o risco na celebração de acordos com previsões não previstas em lei

> não é moral, mas sim de eficiência do instituto da colaboração premiada, na medida em que aumentam de forma exponencial os benefícios aos colaboradores prejudicando o equilíbrio de custo e benefício estabelecido pelo legislador. Acredita-se que esse desequilíbrio pode ampliar significativamente os incentivos à cooperação, mas igualmente amplia os riscos de que tais colaborações não sejam verdadeiras nem úteis.[56]

4. Avanços e desafios na aplicação da colaboração premiada no Brasil

A disposição legal e disciplina jurisprudência em torno da colaboração premiada são relativamente recentes, considerando o paradigma firmado pela Lei n. 12.850/2013. Ainda que previsões legais sobre a delação exista desde a década de 1990, fato é que a Lei objeto de estudo do presente artigo alterou substancialmente as balizas jurídicas em torno do tema, na medida em que firmou o viés processual do instituto.

Como visto, o instrumento era previsto de forma esparsa e desregrada, com um caráter material e sem preocupações quanto à consolidação de uma disciplina para sua utilização, fomentando insegurança jurídica. A Lei n. 12.850/2013 foi, por si só, um avanço na temática da colaboração premiada, na medida em que regulamentou a colaboração premiada e conferiu maior segurança a esse instituto negocial penal.

Um dos desafios apontados pela doutrina era a imperiosa limitação do instituto, sob pena de se conduzir o acordo de forma arbitrária. Assim, ao mesmo tempo que a Lei n. 12.850/2013 proporcionou uma maior garantia na aplicação do instrumento colaborativo, por certo que deixou de assegurar limitações concretas, permitindo o abuso na condução dos acordos, ausência de previsibilidade dos "mecanismos premiais" e a própria desvirtuação de sua natureza, valorada como prova em si mesma, e não como elemento de investigação.

Exemplo claro dessa possível arbitrariedade é, como visto, a negociação de termos distantes dos aspectos regulamentados pela Lei n. 12.850/2013, que, distante de algo benéfico ao colaborador, apenas

[56] Bottino, Thiago. Colaboração premiada...*op. cit.*, 2016, p. 367.

esvazia garantias mínimas inseridas no processo penal. O Pacote Anticrime, nesse sentido, resolveu parcela do problema ao delimitar limitações mais objetivas, a partir das redações do artigo 4º, parágrafos 7º e 7º-A, que limitam a discricionariedade na fixação das penas, vedam cláusulas que violem o critério de definição do regime inicial de cumprimento de pena e progressão de regime, e a atenção à legalidade do acordo, de modo que a Lei n. 12.850/2013 deve ser respeitada para homologação.

Percebe-se que com as alterações promovidas pelo Pacote Anticrime, foram robustecidas as regulamentações sobre o mecanismo negocial, atestando sua natureza de negócio jurídico processual e meio de obtenção de prova e avançando na inclusão de parte da crítica ao texto legal. O sistema acusatório foi respeitado com a inclusão da vedação de que o próprio Judiciário proceda diretamente a eventuais adequações dos acordos ao caso concreto, tal como na previsão antiga.[57]

A jurisprudência descrita acima contribuiu para que o instrumento processual tivesse bases mais sólidas em sua aplicação. Algumas, inclusive, foram abarcadas pelas alterações do Pacote Anticrime, o que proporciona uma maior segurança jurídica aos acordos firmados, vez que Lei e jurisprudência estão alinhadas. Contudo, fortes críticas perduram como desafios no instituto frente ao ordenamento jurídico brasileiro.

Nesse sentido, ao lado dos avanços da lei, um outro desafio resiste no estudo da colaboração premiada. Pelo entendimento consolidado na jurisprudência e no artigo 3º-A da Lei n. 12.850/2013, constitui um negócio jurídico processual, mecanismo da justiça penal negocial[58] e, justamente nesse ponto, reside algumas de suas principais críticas que se comunicam com todas as limitações necessárias nos acordos no processo penal.[59]

A justiça penal negocial ou consensual possui críticas contundes, pelas próprias bases que a alicerçam. Esse modelo – em suas variadas vertentes – preconiza a eficiência e celeridade no processo penal, abdicando de direitos e garantias fundamentais ao acusado ou investigado,

[57] Fabretti, Humberto Barrionuevo; Smanio, Gianpaolo Poggio. **Comentários**...*op. cit.*, 2020, p. 264.

[58] Vasconcellos, Vinicius Gomes de. **Colaboração premiada**...*Ob. cit.*, 2023, p. 30.

[59] Vasconcellos, Vinicius Gomes de. **Colaboração premiada**...*Ob. cit.*, 2023, p. 203.

como o direito ao silêncio, à autodefesa (enquanto expressão da defesa técnica) e devido processo legal. Nas palavras de Vasconcellos,

> a justiça consensual (ou negocial) é o modelo que se pauta pela aceitação (consenso) de ambas as partes – acusação e defesa – a um acordo de colaboração processual com o afastamento do réu de sua posição de resistência, em regra impondo encerramento antecipado, abreviação, supressão integral ou de alguma fase do processo, fundamentalmente com o objetivo de facilitar a imposição de uma sanção penal com algum percentual de redução, o que caracteriza o benefício ao imputado em razão da renúncia ao devido transcorrer do processo penal com todas as garantias a ele inerentes. [...] Logo, esse modelo se pauta pelo incentivo à participação dos atores processuais, na busca de uma convergência de vontades.[60]

A legitimidade desses espaços consensuais advém de três argumentos: promover maior eficiência na justiça penal, maior celeridade em prol da duração razoável do processo e a autonomia individual do arguido nesse espaço negocial (maior participação no processo penal).[61] A resposta estatal seria mais rápida, a partir de acordos entabulados pela acusação, com cláusulas a serem cumpridas pelos investigados ou processados:

> No caso da delação premiada e das demais modalidades de justiça negociada há uma mitigação do *fair trial* [devido processo] em favor da eficiência: o réu mitiga a aplicação do *fair trial* em troca da colaboração e troca de vantagens recíprocas: para um lado, o Estado, a diminuição da impunidade com descoberta de outros crimes e para o outro a diminuição da pena.[62]

As "vantagens recíprocas" esbarram, contudo, no próprio desequilíbrio estruturante do processo penal negocial, no qual há uma "relação especial de poder".[63] A doutrina crítica aponta como maior celeuma da

[60] Vasconcellos, Vinicius Gomes de. **Barganha**...*op. cit.*, 2015, pp. 55-56.

[61] Brandalise, Rodrigo da Silva. **Justiça penal negociada**...*Ob. cit.*, 2016, pp. 30-56.

[62] Romero, Eneas. Colaboração premiada. In: Ambos, Kai; Romero, Eneas. **Crime organizado**: análise de Lei 12.850/2013. São Paulo: Marcial Pons; CEDPAL, 2017, p. 257.

[63] Prado, Geraldo. **Estudos Jurídicos**...*op. cit.*, 2018, pp. 149-151.

justiça penal negocial a inerente falta de equilíbrio nas concessões recíprocas existentes no acordo penal entre os participantes. Como enuncia Geraldo Prado, a genealogia do processo penal consensual é a "renúncia ao exercício de diversos direitos e garantias individuais", com a finalidade "de assegurar a maior eficácia possível ao pacto firmado".[64]

Para os críticos, a suposta voluntariedade que caracteriza esse espaço e consenso é esvaziada, diante da pressão existente entre uma redução de pena e punição agravada, fomenta "a escolha pela cooperação/confissão, inclusive para imputados inocentes, que poderiam ser absolvidos ao final do processo em seu transcurso normal".[65] Longe de ser um benefício aos investigados e acusados, o mecanismo negocial opera lógica inversa na garantia de direitos fundamentais, com a relativização do direito à não autoincriminação e com o "aniquilamento da presunção de inocência",[66] um dos princípios basilares do sistema processual penal brasileiro, sob o manto de pretensa "eficiência" do poder punitivo estatal para atingir o "melhor resultado".

O desafio que persiste é na delimitação do que seria "eficiência" no processo penal brasileiro e quais os limites para relativização ou supressão de garantias fundamentais. Para Aury Lopes Júnior, a instrumentalidade do processo penal é aquela que está "a serviço da máxima eficácia das garantias constitucionais",[67] o que está em descompasso com o inerente desequilíbrio do processo penal negocial.

A expansão dos espaços consensuais acompanha a expansão do direito penal e do clamor público punitivo frente à criminalidade organizada. E, por essa razão, o desafio primordial da colaboração premiada que permanece, em que pesem seus avanços, é o de estabelecer o equilíbrio na relação existente entre colaborador e autoridade proponente, a partir de limitações objetivas e concretas pautadas na ordem constitucional brasileira e previstas na legislação vigente.[68]

64 Prado, Geraldo. **Estudos Jurídicos**...*op. cit.*, 2018, pp. 147-148.

65 Vasconcellos, Vinicius Gomes de. **Colaboração premiada**...*Ob. cit.*, 2023, p. 52.

66 Vasconcellos, Vinicius Gomes de. **Colaboração premiada**...*Ob. cit.*, 2023, p. 55.

67 Lopes Júnior, Aury Lopes. **Fundamentos do processo penal**: introdução crítica. 5ª ed. São Paulo: SaraivaJur, 2019, p. 61.

68 Para Bechara e Smanio, "A maior dificuldade no processo negocial é o seu caráter opaco e não transparente, em que a vítima não faz parte e não tem voz, o que pode conduzir a uma situação paradoxal, na medida em que um dos objetivos do processo negocial deve ser igual-

Algumas das críticas e insuficiências apontadas na regulação da colaboração premiada foram introduzidas nos novos dispositivos da Lei n. 12.850/2013 sobre o tema. Trata-se de instituto legal que, ao longo de seus 10 anos de existência foi amplamente utilizado, sobretudo em operações midiáticas noticiadas nos últimos anos. Nesse decênio, com sua utilização intensa, aspectos problemáticos da utilização do mecanismo da colaboração premiada foram evidenciados, sendo certo que o instituto sofreu alteração substancial em 2019, além de todas as jurisprudências envolvidas, das quais algumas foram abordadas no segundo item do artigo.

Os estudos sobre esse intrigante mecanismo negocial não esgotam nos 10 anos da Lei n. 12.850/2013, senão permanecem e se acentuam frente aos novos desafios nos espaços consensuais no processo penal brasileiro e na aplicação das novas diretrizes legais promovidas em 2019.

5. Considerações finais

A colaboração premiada é uma realidade no Brasil. Manifestação de um modelo de justiça penal negociada, o instituto, que remonta à década de 1990 no país, ganha notória visibilidade nas repercussões midiáticas de grandes esquemas de corrupção, para os quais a Lei n. 12.850/2013 incide com especial vigor.

A Lei n. 12.850, que em 2023 completa 10 anos, foi a primeira que efetivamente regulamentou o instituto da colaboração premiada sob uma perspectiva processual, um acordo firmado entre colaborador e Ministério Público ou Delegado de Polícia, com o intento de obter dados concretos sobre o funcionamento e estrutura de organizações criminosas e por essa razão se afirmar constituir um meio de obtenção de prova. Em que pese a disciplina inicial promovida pela Lei da Organização Criminosa, que promoveu um avanço em relação às previsões esparsas de delação premiada, a aplicação prática do instrumento demonstrou lacunas não trabalhadas em lei.

Muito embora a Lei esteja completando seu primeiro decênio, a colaboração premiada é temática relevante de análise, por sua presença

mente a tutela do interesse da vítima. O controle durante todo o iter das tratativas constitui a forma de evitar a introdução da economia de mercado na administração da justiça". BECHARA, Fábio Ramazzini; SMANIO, Gianpaolo Poggio. Colaboração premiada...*op. cit.*, 2017, p. 278. Acesso em: 25 fev. 2023.

nos debates acerca dos meios de prova em casos de grande repercussão nacional. Um estudo sobre a colaboração premiada no marco dos seus 10 anos de existência, demanda, necessariamente, analisar o alicerce interpretativo construído pela jurisprudência do STJ e do STF. Não foram poucas e irrelevantes as questões trabalhadas pelas Cortes que até hoje ressoam no estudo do tema.

A própria natureza jurídica do acordo de colaboração premiada, hoje prevista no artigo 3º-A da Lei n. 12.850/2013 como negócio jurídico processual destinado processual destinado à obtenção de provas de infrações cometidas por organizações criminosas, já foi objeto de deliberação pelas Cortes. Além disso, a flexibilização dos termos legais no tocante às cláusulas dos acordos firmados, sobretudo na Operação Lava-Jato, foram acampadas por decisões jurisprudenciais, em que pese crítica contundente da doutrina nesse sentido.

A jurisprudência, ainda, enfrentou a viabilidade dos Delegados de Polícia nas negociações dos acordos de colaboração premiada, já com certa instabilidade frente aos avanços jurisprudenciais no tema. Tema de constante análise do STF e STF é o de impugnações no campo do mecanismo negocial, sensível aos direitos fundamentais do acusado e possibilidade do direito do delator. Esse assunto enfrentando pelas Cortes, independentemente das conclusões extraídas, foi de relevância inconteste, já que a Lei n. 12.850/2013, em sua redação original, nada dispunha sobre aspectos recursais.

Algumas das insuficiências da regulamentação proposta pela Lei n. 12.850/2013 foram trabalhadas em questões jurisprudenciais no decênio dessa lei, conformando o arcabouço exegético e prático desse negócio jurídico processual no Brasil. Algumas das posições firmadas na jurisprudência e das críticas a respeito da colaboração premiada foram incorporados com a alteração promovida pelo Pacote Anticrime. Contudo, alguns outros aspectos críticos resistem às decisões e modificações legislativas e constituem desafios a serem perquiridos nos estudos de colaboração premiada.

O estudo da jurisprudência revela um ponto nevrálgico nas discussões sobre a colaboração premiada: a manifestação do instituto como justiça penal negocial ou consensual. Não se trata de um contexto específico do Brasil. A justiça penal negocial é um fenômeno mundial, adaptando-se às especificidades de cada país. De todo modo, como visto, a doutrina aponta para aspectos da estrutura desse modelo que, em síntese, tem como base a eficiência no processo penal e na relativização ou, por vezes, supressão de direitos e garantias fundamentais existente nos sistemas processuais penais. Dessa forma, a crítica maior reside na incompatibilidade com o sistema acusatório e a instrumentalidade do processo penal frente à ordem constitucional brasileira.

CAPÍTULO 22
MEIOS DE INVESTIGAÇÃO DIGITAL, INTERNACIONALIZAÇÃO E ORGANIZAÇÕES CRIMINOSAS VIRTUAIS: O CASO DA PIRATARIA VIRTUAL

João Daniel Rassi
Pedro Luís de Almeida Camargo

1. Considerações iniciais

O fenômeno internacional da virtualização, entendida como a migração das condutas para o domínio virtual que transformou radicalmente o mundo contemporâneo em todos os domínios sociais, trouxe impactos notáveis para o Direito Penal e o Direito Processual Penal[1].

[1] Tudo conforme já tivemos a oportunidade de escrever: Rassi, João Daniel; Waltenberg, David; Camargo, Pedro Luís de Almeida; Labate, Victor; Negrão, Humberto. Ciberataque, crime e investigação no setor elétrico. In: COPE. **Advocacia criminal contemporânea e a interdisciplinariedade do Direito Penal Empresarial.** Belo Horizonte: D'Plácido, 2021; Rassi, João Daniel; Camargo, Pedro Luís de Almeida. A investigação criminal privada pela vítima e a Lei n. 13.964/2019. In: Pinto, Felipe Martins; Gomes, Carla Silene Cardoso Lisboa Bernardo; Silva, Gustavo Henrique Souza e (coords.). **20 Anos do Instituto de Ciências Penais**: Estudos em Homenagem à Professora Sheila Jorge Selim de Sales. Belo Horizonte: IAMG, 2020; Valério, Ygor; Rassi, João Daniel. O combate à pirataria por meios cibernéticos. **Valor Econômico.** 23 setembro 2020. Disponível em: <https://valor.globo.com/legislacao/noticia/2020/09/23/o-combate-a-pirataria-por-meios-ciberneticos.ghtml>. Acesso em: 13 março 2023.

Do ponto de vista do Direito Penal material, as discussões podem girar em torno da necessidade – ou não – da tipificação de condutas propriamente digitais ou a respeito dos impactos para a interpretação de conceitos da teoria do delito ou da legislação especial, destacando-se no presente trabalho o tema das organizações criminosas.

Já em relação ao Direito Processual Penal, os impactos podem ser considerados ainda mais notáveis, tendo em vista que esses fenômenos atingem desde elementos propriamente práticos – como a virtualização das audiências e a digitalização dos autos do processo – até conceitos fundamentais de competência e jurisdição, produção de provas digitais e investigação criminal.

Dentro desse último campo, encontram-se algumas das inovações mais relevantes do ponto de vista jurídico, com profícuos debates a respeito de novos meios de obtenção de prova propriamente do domínio digital ou a adaptação dos meios de obtenção de prova tradicionais para esse meio, por exemplo[2].

O presente trabalho possui o objetivo de analisar o relevante aspecto da internacionalização dos crimes e a proliferação de organizações criminosas transnacionais, facilitada pela disseminação da virtualização e da conectividade à internet, e seu contexto processual, especialmente no que se refere à investigação criminal.

Dentre esses crimes, pretende-se tratar da violação de direito autoral pela internet, que se operacionaliza pela distribuição ilegal de conteúdos audiovisuais por meio de *streaming*, *download* ou *torrent* e ocorre quase que inteiramente no âmbito virtual, com a dispersão espacial possibilitada pela instantaneidade das comunicações e transferências de dados.

Assim, o aspecto de direito material do crime de organização criminosa será analisado no que se refere ao critério da internacionalização e sua relação com a virtualização, que, no presente trabalho, terá como base os crimes de violação de direito autoral ou pirataria.

Em acréscimo, se observará quais são os desafios e as oportunidades que essa realidade proporciona em termos investigativos, incluindo uma

[2] Ver, por todos: QUITO, Carina. As quebras de sigilo telemático no processo penal e o paradoxo do acesso irrestritos às comunicações armazenadas. In: LUCON, Paulo Henrique dos Santos; WOLKART, Erik Navarro; LAUX, Francisco de Mesquita; RAVAGNANI, Giovani dos Santos (coords.). **Direito, Processo e Tecnologia**. São Paulo: Revista dos Tribunais, 2020.

exposição sobre os meios de obtenção de prova aplicáveis, a possibilidade do uso de investigação privada e a cadeia de custódia da prova digital.

2. O delito de organização criminosa e a transnacionalização

Dentre os complexos debates doutrinários a respeito do delito de organização criminosa[3], destaca-se como objeto do presente trabalho as organizações criminosas virtuais transnacionais dedicadas à pirataria. Para apresentar esse objeto, tem-se como pressuposto a exposição dos elementos legais dessas formas associativas e como essa espécie de organização se situa nesse contexto.

O conceito de organização criminosa é dado pelo art. 1º, §1º, da Lei nº 12.850/2013, que complementa o tipo penal do art. 2º da mesma Lei. A redação de referido parágrafo define que: "Considera-se organização criminosa a associação de 4 (quatro) ou mais pessoas estruturalmente ordenada e caracterizada pela divisão de tarefas, ainda que informalmente, com objetivo de obter, direta ou indiretamente, vantagem de qualquer natureza, mediante a prática de infrações penais cujas penas máximas sejam superiores a 4 (quatro) anos, ou que sejam de caráter transnacional"[4].

Dessa redação, extrai-se, portanto, que a configuração de organização criminosa depende de um vínculo associativo, com unidade de propósitos e compromisso subjetivo, estabilidade e permanência[5], assim como o antigo delito de quadrilha ou bando, tipificado no art. 288 do Código Penal – que com a Lei nº 12.850/2013 passou a ser chamado de associação criminosa.

[3] Ver, por todos: ESTELLITA, Heloisa. **Criminalidade de empresa, quadrilha e organização criminosa.** Porto Alegre: Livraria do Advogado, 2009.

[4] Sobre a definição de organização criminosa, comentando a revogada Lei nº 9.034/1995, ver: GRECO FILHO, Vicente; RASSI, João Daniel. **Lei de drogas anotada.** São Paulo: Saraiva, 3. Ed., 2009, pp. 79-80. Naquela oportunidade, defendeu-se um conceito fluido de organização criminosa que abarcasse requisitos como: i) estrutura organizacional; ii) especialização de tarefas; iii) vários níveis de hierarquia; iv) possibilidade de infiltração de membros em atividades públicas; v) tendência de durabilidade; vi) conexão com outras organizações; vii) coação de pessoas não participantes; viii) integrada por mais de três pessoas. Vários desses requisitos acabaram sendo abarcados pela definição da Lei nº 12.850/2013.

[5] BITENCOURT, Cezar Roberto. **Tratado de Direito Penal.** São Paulo: Saraiva, v. 4, cap. LXVII, e-book.

No caso das organizações criminosas, no entanto, o vínculo associativo nesse caso deve possuir alguns diferenciais em relação ao vínculo comum da associação criminosa. Ou seja, além da estabilidade e da unidade intersubjetiva – comuns a ambos os delitos – há critérios que filtram a incidência da organização criminosa apenas para vínculos mais elaborados e que se destinam a cometer determinados tipos de crimes.

O primeiro critério que pode ser destacado é aquele referente ao número de integrantes que participam do vínculo associativo. Enquanto o delito de associação criminosa exige o mínimo de três participantes, o delito de organização criminosa exige pelo menos quatro.

As diferenças do vínculo não se esgotam no número mínimo de integrantes. Enquanto o delito de associação criminosa tipifica associações de maneira geral – que podem ser caracterizados apenas pela unidade de propósitos delitivos e sem diferença significativa de papel desempenhado pelos integrantes – a organização criminosa depende de uma divisão de tarefas, ainda que informal. Isso significa que há uma exigência de algum nível de sofisticação no que se refere à função de cada membro da organização, ainda que não se exija que isso esteja formalmente consignado[6].

Outra característica do vínculo que diferencia o delito de organização criminosa que não é citada no delito do art. 288 do Código Penal é a finalidade especial dos integrantes. Enquanto o delito de associação criminosa cita apenas o "fim específico de cometer crimes", a organização criminosa deve possuir não essa mesma finalidade, mas sim a de obtenção de vantagem de qualquer natureza, de maneira direta ou indireta, por meio do cometimento dos crimes dotados de uma gravidade específica[7].

Em relação à gravidade dos crimes almejados, no caso de uma associação criminosa, não existe nenhum detalhamento de alguma espécie pré-determinada de crimes a serem praticados, evidenciando que o

[6] A "estrutura empresarial" é tida como o elemento diferenciador da organização criminosa em relação a outros tipos de associação criminosa. Pereira, Maria Clara Hage. **Infiltração policial e investigação da criminalidade organizada**: garantismo e eficiência. Dissertação (Mestrado em Direito) – Faculdade de Direito da Universidade de São Paulo, 2022, pp. 54-55.

[7] Ao adotar o uso da expressão "vantagem de qualquer natureza", o legislador quis incluir no tipo a finalidade de obtenção de vantagens que não se limitam ao lucro ou à vantagem econômica, Cf. Bitencourt, Cezar Roberto. Nossas primeiras reflexões sobre organização econômica. **Revista Acadêmica da Faculdade de Direito do Recife,** vol. 86, n. 1, 2014, p. 86.

vínculo associativo ganha reprovabilidade autônoma a partir do momento em que o propósito comum é, de fato, criminoso.

Já em relação à organização criminosa, a alta reprovabilidade depende do objetiva de praticar determinadas infrações penais que se revestem de especial gravidade. Para isso, há dois critérios estabelecidos pela lei: as infrações penais praticadas para a obtenção de vantagem pela organização devem possuir pena máxima superior a 4 anos ou serem dotadas de transnacionalidade[8].

Embora ambos os critérios possam ser considerados objetivos, o primeiro é de mais fácil compreensão: a maior quantidade de pena máxima é um indicativo objetivo de que o legislador destinou especial repressão àquela conduta, identificando sua gravidade[9]. Já a compreensão da gravidade atribuída a condutas transnacionais é mais complexa.

A existência da necessidade de repressão severa de uma associação delitiva que visa à prática de infrações transnacionais advém de uma compreensão sobre o impacto que a criminalidade organizada pode possuir quando cruza as fronteiras nacionais. Na visão do legislador, isso suplantaria a exigência de uma pena mínima e representaria uma gravidade autônoma.

Em primeiro lugar, é necessário definir o que seria essa transnacionalidade, especialmente pelos impactos punitivos que ela assume quando no contexto da criminalização das organizações criminosas.

A definição deve ser aquela derivada da Convenção de Palermo, que, no seu parágrafo 2º do art. 3º, lista quatro hipóteses de transnacionalidade ao afirmar que "a infração será de caráter transnacional se: a) For cometida em mais de um Estado; b) For cometida num só Estado, mas uma parte substancial da sua preparação, planejamento, direção e con-

8 O uso do termo "infrações penais" indica que a lei pode se aplicar, em tese, a organizações voltadas à prática de contravenções penais, ainda que inexista contravenção no ordenamento com pena máxima superior a quatro anos. Bitencourt, Cezar Roberto. Nossas primeiras reflexões...*Ob. cit.*, 2014, p. 74.

9 Nesse ponto, importa afirmar que o legislador nacional foi mais rigoroso do que a Convenção de Palermo na definição legal do que seria uma infração grave para a finalidade de conceituação de organização criminosa, tendo em vista que foi adotado o critério de pena máxima superior a quatro anos, e não ao menos desse montante, como na Convenção. Viana, Lurizam Costa. **A organização criminosa na Lei 12.850/2013.** Dissertação (Mestrado em Direito) – Faculdade de Direito da Universidade Federal de Minas Gerais, 2017, pp. 78-79.

trole tenha lugar em outro Estado; c) For cometida num só Estado, mas envolva a participação de um grupo criminoso organizado que pratique atividades criminosas em mais de um Estado; ou d) For cometida num só Estado mas produza efeitos substanciais noutro Estado.".

Essa definição significa, por exemplo, que infrações cuja parte do *iter criminis* ocorre no exterior são incluídas no conceito de transnacionalidade, em uma das duas primeiras hipóteses. Ainda, mesmo que a conduta em si seja cometida no Brasil, caso o resultado seja produzido no exterior, também haverá hipótese de transnacionalidade, nos termos da alínea "d".

Ainda, o art. 1º, §2º, I, da Lei nº 12.850/2013, também menciona que a lei se aplica "às infrações penais previstas em tratado ou convenção internacional quando, iniciada a execução no País, o resultado tenha ou devesse ter ocorrido no estrangeiro, ou reciprocamente". Ou seja, mesmo que não haja o cumprimento de todos os requisitos do *caput* do art. 1º, no caso de o Brasil ter assumido o compromisso internacional de repressão às condutas, os dispositivos da lei são aplicados.

Com essa definição, pode se verificar como a virtualização das condutas criminosas impactou a transnacionalidade das organizações criminosas e, por consequência, os meios de investigação disponíveis.

3. O caso das organizações criminosas virtuais dedicadas à pirataria

O grande grau de conectividade na sociedade contemporânea e o extenso uso de tecnologias de informação e comunicação digitais facilitou em muito a prática de diversos crimes previstos na legislação em formato transnacional[10].

Se antes a transnacionalidade criminosa dependia de complexas logísticas de transporte e comunicação, hoje é possível que uma empreitada criminosa se inicie ou se utilize de estruturas localizadas no exterior, ou ainda produza efeitos em território estrangeiro, com participantes

[10] Essa facilitação se dá tanto pelo intercâmbio facilitado de dados quanto pela própria possibilidade de fluxo monetário de maneira independente de fronteiras e limites territoriais. VIANA, Lurizam Costa. **A organização criminosa...**, *op. cit.*, 2017, pp. 69-70. Sobre a internacionalização das organizações criminosas, especificamente a respeito dos crimes sexuais, ver: GRECO, Alessandra Orcesi Pedro; RASSI, João Daniel. Crime organizado transnacional e o tráfico internacional de pessoas no direito brasileiro. In: MESSA, Ana Flávia; CARNEIRO, José Reinaldo Guimarães (coords.). **Crime Organizado**. São Paulo: Saraiva, 2012, pp. 617-648.

localizados fora do país ou não. A conexão por meio da internet permite a organizações criminosas se comunicarem instantaneamente por serviços sigilosos ou criptografados de mensagens de qualquer lugar do mundo com acesso à *internet*.

Dessa forma, pode-se considerar que a virtualização expande em muito a incidência do conceito penal de organização criminosa, especialmente para aquelas condutas que não necessariamente estariam abrangidas pelo critério de pena máxima estabelecido pela Lei nº 12.850/2013. Isso é especialmente verdadeiro se houver a previsão da infração em tratado ou convenção internacional da qual o Brasil seja signatário, nos termos do art. 1º, §2º, I, da Lei nº 12.850/2013.

Um exemplo paradigmático dessa maior incidência do tipo de organização criminosa é a violação de direito autoral, especialmente na forma da pirataria de produções audiovisuais. Isso porque os crimes de violação de direito autoral não possuem pena que seria, em princípio, compatível com a definição de organização criminosa[11]. Ainda, pode se citar que esses delitos são previstos em convenção internacional, especificamente na Convenção de Berna, promulgada no Brasil pelo Decreto n. 75.699/1975.

Nesse cenário, as organizações criminosas dedicadas à pirataria conseguem operar em nível transnacional com facilidade. Para tal finalidade, elas se utilizam, por exemplo, de conteúdos pirateados angariados no exterior, hospedados em servidores estrangeiros em nuvem, ou mesmo hospedando suas próprias páginas nesses servidores.

Ainda, é notável o uso de contas bancárias ou serviços de pagamentos sediados fora do Brasil para viabilizar a monetização e o lucro, redes sociais para divulgação ou hospedagem, contatos com indivíduos estrangeiros que providenciam os arquivos pirateados, entre outros aspectos do *iter criminis* que podem ser situados no exterior. Por outro lado, o fato de o conteúdo ser disponibilizado na internet o torna acessível a uma multiplicidade de indivíduos, inclusive fora do país[12].

[11] Mesmo as formas especiais do crime do art. 184, previstas nos parágrafos e dependentes de intenção de lucro, entre outros requisitos, possuem pena máxima de 4 anos, ou seja, logo abaixo do limite previsto pelo art. 1º da Lei nº 12.850/2013.

[12] Isso foi verificado no caso da chamada Operação Barba Negra, que desarticulou uma organização criminosa responsável pela administração do maior *site* pirata do país, conforme noticiado pela mídia à época. Disponível em: <https://g1.globo.com/sao-paulo/sorocaba-

Com isso, observa-se que o fenômeno da transnacionalidade transcende a necessidade de efetivo deslocamento entre as fronteiras nacionais e pode ocorrer de forma totalmente remota.

Diante dessa realidade, pode se conceituar que as organizações criminosas virtuais transnacionais, não obstante se enquadrem no conceito legal de organização criminosa, possuem características próprias, quais sejam: i) utilização de infraestrutura digital remota; ii) comunicações entre os integrantes de maneira virtual; iii) ausência de deslocamento físico entre fronteiras nacionais; e iv) produção de resultado no exterior por meio do oferecimento ilícito pela internet. Todos esses elementos estão presentes nas organizações dedicadas à violação de direito autoral *online*.

A investigação de organizações com essas características gera desafios específicos, principalmente em razão da ausência de substrato físico de boa parte das condutas, adstritas ao domínio digital, conforme se passa a expor.

4. Desafios na investigação das organizações criminosas virtuais dedicadas à pirataria

As novas características das organizações criminosas virtuais geram a necessidade de inovação investigativa. O fato de haver uma dispersão espacial das condutas e participantes, bem como de os rastros de toda a operacionalização criminosa se darem quase que inteiramente no ambiente virtual torna os métodos tradicionais de investigação criminal, no mais das vezes, obsoletos.

São necessários métodos propriamente digitais e cibernéticos de investigação, que consigam apreender dados, compreender o funcionamento da infraestrutura digital das páginas, bem como angariar a necessária prova da materialidade e autoria, o que somente pode ser feito com completude no próprio ambiente virtual.

Algumas dificuldades existem nesse contexto. A primeira se refere ao fato de que esses métodos exigem fluência nos espaços virtuais e infraestrutura adequada, que não necessariamente são encontradas nas

jundiai/noticia/2015/11/pf-prende-responsaveis-por-site-que-pirateava-filmes-e-series.html>. Acesso em: 13 março 2023.

agências de persecução penal do Brasil, seja por falta de investimento material, seja por falta de capacitação profissional específica.

Já as dificuldades legais se relacionam à ausência da regulamentação de meios de investigação e de obtenção de prova que sejam propriamente digitais[13]. Esse vácuo faz com que seja necessário criar parâmetros jurisprudenciais que não necessariamente estão amparados em uma legalidade estrita.

Há, ainda, que se citar o fato de a própria natureza volátil das provas digitais[14] criar dificuldades adicionais para a investigação dos fatos criminosos nesse domínio virtual[15]. No exemplo de organizações dedicadas à pirataria virtual, a conduta muitas vezes ocorre inteiramente de maneira virtual. Com efeito, a extração, hospedagem e disponibilização dos conteúdos é inteiramente feita pela internet, muitas vezes com o uso de serviços estrangeiros que dificultam a aplicação da lei nacional.

Esses fatores repercutem diretamente na prova da materialidade criminosa no caso específico tratado. Com efeito, em regra os conteúdos audiovisuais pirateados são transmitidos em forma totalmente digital e hospedados de maneira remota. Isso dificulta a comprovação da materialidade, já que dificilmente haverá a apreensão de mídias contendo os conteúdos pirateados, diferente do que ocorria em uma modalidade tradicional e física de pirataria.

Mesmo a comprovação da autoria ganha contornos especiais que ensejam desafios investigativos próprios quando as condutas tomam parte no meio virtual. Com efeito, a autoria da violação de direito autoral depende da comprovação do elo entre o indivíduo e o conteúdo

[13] Com efeito, a disciplina legal da prova digital e dos meios de obtenção relacionados à tecnologia e à internet não evoluiu no ritmo adequado para lidar com o avanço tecnológico. Quito, Carina. As quebras de sigilo telemático..., *op. cit.*, 2020, p. 163.

[14] Para uma maior precisão terminológica, a prova digital designa especificamente fonte de prova, e pode ser conceituada como "os dados em forma digital (no sistema binário) constantes de um suporte eletrônico ou transmitidos em rede de comunicação, os quais contêm a representação de fatos ou ideias" (Vaz, Denise Provasi. **Provas digitais no processo penal:** Formulação do conceito, definição das características e sistematização do procedimento probatório. Tese (Doutorado em Direito) – Faculdade de Direito da Universidade de São Paulo, 2012, p. 63).

[15] Exemplos dessa dificuldade incluem a possibilidade de fácil adulteração ou apagamento dos dados, ou ainda o a dispersão geográfica das provas. Almeida, Ivo de. **A Prova Digital.** Porto: Librum, 2018, pp. 42-43.

ilegal, como na forma de *uploads* e *downloads* dos arquivos pirateados, administração das páginas e dos servidores, entre outros. Ainda, tratando-se de organizações criminosas, também se afigura indispensável a presença de elementos de prova de comunicações entre os diferentes membros da organização e elementos que comprovem a divisão de tarefas, por exemplo.

A necessidade de investigação virtual, bem como de preservação e garantia da integridade dos dados digitais a serem apreendidos, gera a necessidade de se compreender como os meios de obtenção de prova adequados – sejam eles específicos à Lei nº 12.850/2013 ou não – são disciplinados para possibilitar a investigação dessas organizações.

5. Investigação das organizações criminosas virtuais dedicadas à pirataria

5.1. Meios de obtenção de prova virtual

O primeiro meio de obtenção de prova que pode ser analisado nesse cenário é a busca e apreensão. Na mencionada realidade digital, a busca e apreensão não se destina imediatamente à custódia daqueles objetos necessários para a prova da infração ou à defesa do réu, nos termos do art. 240, §1º, "e", do Código de Processo Penal, ou mesmo para a apreensão de instrumentos do crime em um sentido mais tradicional listados nas alíneas do referido artigo e parágrafo.

Quando se necessita analisar fatores como comunicações eletrônicas, históricos de navegação, arquivos de mídia armazenados local ou remotamente, contas de servidores de nuvem, painéis de administração de páginas na internet, é evidente que a busca e apreensão deve ser direcionada aos dispositivos informáticos contendo os dados e informações necessários[16].

Apesar de seguir os ditames ordinários da busca e apreensão no que se refere à necessidade de autorização judicial e exigência de mandado, além dos demais requisitos listados no Código de Processo Penal, há

[16] Tendo em vista que a busca e apreensão é medida destinada à apreensão de coisas físicas, até por sua disciplina ser a mesma desde os anos 1940, esse fundamento legal só pode ser estritamente aplicado quando os dados cuja apreensão se faz necessária na investigação criminal estejam armazenados em dispositivos que possam ser, eles mesmos, apreendidos e que possam constar em mandado. Quito, Carina. As quebras de sigilo telemático..., *op. cit.*, 2020, p. 172.

dificuldades adicionais na apreensão de dados eletrônicos, justamente porque a disciplina legal – a mesma desde que o Código entrou em vigência em 1941 – não abrange a realidade da criminalidade e da investigação digital.

A primeira dificuldade que pode ser listada se refere ao fato de que o grande volume de dados impede, muitas vezes, que haja uma seleção eficiente de maneira prévia à apreensão. Ou seja, enquanto a prática tradicional de busca e apreensão permite a seleção imediata daquilo que deve ser apreendido e é relevante para a persecução penal, a apreensão dos dispositivos informáticos não permitirá, na maior parte das vezes, que isso seja feito no próprio ato[17].

Ademais, tendo em vista a vastidão dos dados que podem ser contidos em dispositivos como computador de uso pessoal ou telefone celular, e o potencial de violação da privacidade[18], o método de seleção dos dados – automatizado ou não[19] – deve levar sempre em consideração os riscos envolvidos.

No caso de organizações criminosas dedicadas à pirataria virtual, brevemente examinado aqui, isso incluiria a busca de arquivos de mídia digital com conteúdos pirateados, de histórico de navegação em busca de painéis de administração de páginas dedicadas à pirataria, de contas utilizadas para hospedagem de páginas, entre outras.

[17] As dificuldades de busca em tempo real no grande volume de dados dos dispositivos apreendidos normalmente levarão à necessidade de fazer o espelhamento completo do disco rígido apreendido ou, caso isso seja de possível execução já na busca, utilizar palavras-chave para copiar somente arquivos individuais relacionados à infração penal investigada. MENDES, Paulo de Sousa. A privacidade digital posta à prova no processo penal. ***Quaestio facti.*** **Revista Internacional sobre Razonamiento Probatorio.** n. 2, 2021, p. 239.

[18] A utilização de dispositivos informáticos para a execução de tarefas e armazenamento de informações de toda a sorte pessoal e profissional levam à conclusão da necessidade de proteção da privacidade, sendo inadequado o tratamento equivalente com anotações em um pedaço de papel, por exemplo. A lesão à intimidade que pode ser trazida pelo acesso irrestrito a esses conteúdos é inegável. ZILLI, Marcos. A prisão em flagrante e o acesso de dados dispositivos móveis. Nem utopia, nem distopia. Apenas a racionalidade. In: ANTONIALLI, Dennys; ABREU, Jacqueline de Souza (eds.). **Direitos Fundamentais e Processo Penal na Era Digital: Doutrina e Prática em Debate,** Vol. 1. São Paulo: InternetLab, 2018, pp. 85-88

[19] A utilização de técnicas automatizadas para seleção e apreensão de arquivos apreendidos, utilizando palavras-chave, tem a vantagem de ser célere, mas pode gerar um número elevado de falsos positivos. MENDES, Paulo de Sousa. A privacidade digital...*op. cit.,* 2021, pp. 239-240.

De qualquer maneira, é indispensável que haja autorização judicial expressa para a extração e análise desses conteúdos, inclusive para que seja possível restringir o que efetivamente se está buscando e quais serão os métodos para filtragem. Isso é especialmente relevante no caso de dados de comunicação, tendo em vista que possuem proteção constitucional específica no art. 5º, XII, da Constituição e na disciplina legal do Marco Civil da Internet (Lei nº 12.965/2014) – que exige autorização judicial para tal acesso no art. 7º, inciso III[20].

Outro problema correlacionado que pode ser brevemente citado se refere ao uso de criptografia para proteger os conteúdos digitais pelos investigados. Caso não haja o fornecimento de senha, dificulta-se o acesso a conteúdos criptografados, não havendo a regulamentação de meios para "quebrar" a criptografia forte, como o *hacking* governamental[21].

No entanto, como visto, a obtenção de dados extraídos diretamente de dispositivos informáticos na posse dos investigados muitas vezes não será o suficiente para a extração de todos os elementos envolvendo uma organização criminosa transnacional que opera virtualmente. Com efeito, tendo em vista que a pirataria é cometida, em grande parte, utilizando dados de maneira remota e com hospedagem estrangeira, serviços em nuvem e comunicações virtuais, muitos dos dados relevantes sequer estarão armazenados em dispositivos informáticos fisicamente apreendidos.

Isso significa que há necessidade prática de buscar esses dados perante os provedores de aplicação que são responsáveis por seu armazenamento – empresas responsáveis por serviços de e-mail, servidores de armazenamento em nuvem, hospedagem, monitoramento de tráfico e monetização por meio de anúncios publicitários, ou mesmo redes sociais.

[20] A ausência de requisitos substantivos de padrão probatório e a falta de regulamentação específica fazem com que, na prática, haja menor proteção em relação às comunicações armazenadas do que em relação à interceptação de comunicações em fluxo, especialmente no que se refere ao limite temporal. Dessa forma, para mitigar violações à privacidade, a apreensão dos dados deve ser pautada por critérios de proporcionalidade. Quito, Carina. As quebras de sigilo telemático..., *op. cit.*, 2020, p. 171.

[21] O "*hacking* governamental", alternativa de quebra de criptografia que não passa por uma regulação que impossibilite a criptografia forte, pode ser definido como "a exploração de vulnerabilidades preexistentes no sistema, além de outras ferramentas de *hacking*, pelas autoridades, para acessar determinadas informações contidas em dispositivos eletrônicos, no contexto de investigações criminais" (Liguori, Carlos. **Direito e Criptografia:** Direitos Fundamentais, Segurança da Informação e os limites da regulação jurídica na tecnologia. São Paulo: Saraiva, 2022, pp. 250-251).

Os dados que podem ser obtidos por meio dos provedores de aplicação são diversos e abrangem desde aqueles diretamente disciplinados pelo Marco Civil da Internet, quanto os que não são mencionados diretamente pela legislação.

O Marco Civil trata expressamente de dados cadastrais, em seu art. 10[22] e de dados de acesso às aplicações que podem ser obtidos dos provedores, nos termos do art. 15, além de dados de comunicação, já mencionados e tratados no art. 7º, III. Para essas duas últimas espécies de dados, a autorização judicial é sempre indispensável, nos termos do art. 15, §3º, e do próprio art. 7º, inciso III. Já em relação aos dados cadastrais, não há necessidade de autorização judicial no caso de investigação envolvendo organização criminosa, nos termos do art. 15 da Lei nº 12.850/2013.

Outros dados, como arquivos armazenados em nuvem e dados de geolocalização, não são abrangidos pela lei, mas a jurisprudência vem evoluindo no sentido de aceitar essas medidas, desde que passem por um crivo de proporcionalidade e estejam amparadas em decisão judicial[23].

Nesses pontos, também ganha relevo a questão da cooperação jurídica internacional. Isso porque muitos desses dados estão armazenados em servidores no exterior e estão sob a custódia de empresas sediadas fora do país. Mesmo no caso de essas empresas possuírem representação no Brasil, muitas vezes os dados permanecem no exterior, impossi-

[22] Pela própria definição da Lei referida, no art. 11, §2º, I a III, os dados cadastrais incluem a filiação, o endereço, a qualificação pessoal do usuário (nome, prenome, estado civil e profissão). Os provedores que não coletam esses dados estão dispensados de fornecê-los, desde que informem tal circunstância.

[23] A título de exemplo, cita-se o precedente do Superior Tribunal de Justiça que considerou legal a obtenção de dados estáticos de geolocalização, amparado em decisão judicial e que não violou a proporcionalidade. Na fundamentação do voto do relator, percebe-se que houve a equiparação com as hipóteses de requisição de dados previstas no Marco Civil da Internet, ainda que a legislação não discipline expressamente essa espécie de dado. STJ, Quinta Turma, **AgRg no RMS n. 67.093/MT,** Rel. Min. Jesuíno Rissato, j. 21/09/2021, DJe 29/09/2021. Importante mencionar que há, na legislação, previsão legal do fornecimento de dados de geolocalização em tempo real, para o caso específico de crimes relacionados ao tráfico de pessoas, nos termos do art. 13-B do Código de Processo Penal, introduzido pela Lei nº 13.344/2016. Sobre a importância da proporcionalidade nos meios especiais de investigação e produção de prova no crime organizado, ver: Fernandes, Antonio Scarance. O equilíbrio na repressão ao crime organizado. In: Fernandes, Antonio Scarance; Almeida, José Raul Gavião de; Zanoide de Moraes, Maurício. **Crime organizado: aspectos processuais.** São Paulo: Revista dos Tribunais, 2009, p. 11-12.

bilitando que a comunicação direta com a sede nacional seja eficiente na extração dos dados[24].

Embora os procedimentos legais por excelência para a cooperação jurídica internacional sejam os previstos em MLAT (Tratado de Assistência Jurídica Mútua) eventualmente firmado com o país no qual a empresa é sediada, ou carta rogatório quando esse acordo bilateral não existe, o Supremo Tribunal Federal validou, no julgamento da Ação Declaratória de Constitucionalidade 51, a requisição direta dessas informações às empresas em questão quando existir representação no Brasil, sem necessidade de utilizar os procedimentos de assistência[25].

Além desses meios de obtenção de prova previstos na legislação para os crimes em geral – e sua adaptação para o meio virtual e às organizações criminosas nesse contexto – há ainda um meio especialmente adaptado para esse tipo de investigação previsto na própria Lei nº 12.850/2013: a infiltração de agente virtual.

A infiltração de agentes, prevista no art. 10 e seguintes da Lei nº 12.850/2013, é um meio de obtenção de prova que consiste na inserção encoberta de um agente policial na organização criminosa, passando-se como membro ou colaborador dela, para coletar elementos de informação aptos à comprovação das infrações penais.

A infiltração virtual é prevista especificamente no art. 10-A da referida Lei, que dispõe: "Será admitida a ação de agentes de polícia infiltrados virtuais, obedecidos os requisitos do *caput* do art. 10, na internet,

[24] O Superior Tribunal de Justiça possui precedente, inclusive citado em Informativo de Jurisprudência, no sentido de que empresas sediadas no exterior que disponibiliza seus serviços para indivíduos situados no território brasileiro se submete às leis e decisões judiciais brasileiras, tendo em vista que o art. 11 do Marco Civil da Internet dispõe que, para tal, basta que qualquer ato de coleta, armazenamento, guarda e tratamento de dados ocorra em território nacional, independente de onde estejam situados os dados em nuvem. STJ, Quinta Turma, **RMS 66.392/RS,** Rel. Min. João Otávio de Noronha, j. 16/08/2022, DJe 19/08/2022.

[25] No mesmo sentido do precedente já citado do Superior Tribunal de Justiça, o Supremo Tribunal Federal decidiu pela constitucionalidade "da possibilidade de solicitação direta de dados e comunicações eletrônicas das autoridades nacionais a empresas de tecnologia, nas específicas hipóteses do art. 11 do Marco Civil da Internet e do art. 18 da Convenção de Budapeste, ou seja, nos casos de atividades de coleta e tratamento de dados no país, de posse ou controle dos dados por empresa com representação no Brasil e de crimes cometidos por indivíduos localizados em território nacional", sem prejuízo dos mecanismos tradicionais de cooperação jurídica internacional. STF, Tribunal Pleno, **ADC 51/DF,** Ata de julgamento publicada no DJe 03 março 2023.

com o fim de investigar os crimes previstos nesta Lei e a eles conexos, praticados por organizações criminosas, desde que demonstrada sua necessidade e indicados o alcance das tarefas dos policiais, os nomes ou apelidos das pessoas investigadas e, quando possível, os dados de conexão ou cadastrais que permitam a identificação dessas pessoas.".

Há exigência expressa de autorização judicial no §4º do art. 10-A, bem como limitação temporal nesse mesmo dispositivo – até seis meses de infiltração, podendo ser renovada até atingir, no máximo, o total de 720 dias, desde que seja efetivamente necessário.

Ademais, outro dispositivo que limita a incidência desse meio de obtenção de prova é o §3º do mesmo art. 10-A, que delimita que o meio somente pode ser utilizado para a investigação dos crimes relacionados à organização criminosa e se a prova não puder ser feita por outros meios. Ainda, outro dispositivo de destaque específico para a infiltração virtual é a necessidade de registro, gravação e armazenamento de todos os atos eletrônicos praticados no decurso da operação.

No caso ora tratado, a infiltração de agentes pode ser um meio adequado para a investigação, especialmente caso se trate de uma organização pirata verdadeiramente transnacional, com indivíduos situados em múltiplas jurisdições ou com uma grande gama de envolvidos, ou ainda que se utilizem de sofisticados mecanismos de proteção virtual e criptografia.

Após essa exposição a respeito dos meios de obtenção de prova aplicáveis ao contexto analisado, é importante passar por dois temas intimamente relacionados às dificuldades investigativas dos delitos mencionados: a investigação privada e a cadeia de custódia das provas digitais.

5.2. Investigação privada

Tendo em vista a violação de direito autoral perpetrada sistematicamente por organizações criminosas dedicadas à pirataria, e que esses direitos possuem, muitas vezes, alcance transnacional, há um evidente interesse privado das vítimas na repressão e reparação por essas condutas[26]. Isso pode motivar o emprego de técnicas investigativas por parte

[26] Conforme já tivemos oportunidade de sustentar, é inegável o caminho do sistema processual penal brasileiro em direção ao reconhecimento da vítima como sujeito processual,

do próprio agente privado vítima das infrações, especialmente por meio de advogado constituído para tal finalidade, nos termos do Provimento n. 188/2018 do Conselho Federal.

Embora tal Provimento se destine primordialmente a regulamentar a atividade investigativa defensiva por parte de advogado, nada impede que os elementos colhidos se destinem a tutelar os direitos da vítima e seu interesse jurídico na persecução penal. Ao contrário, o próprio Provimento prevê que a investigação pode se destinar a colher elementos para pedido de instauração de inquérito policial, nos termos do art. 3º, I, ou para queixa, nos termos do parágrafo único do mesmo artigo[27].

O limite para a investigação é aquele referente à reserva da jurisdição ou atividades privativas das agências de persecução penal. Dessa forma, não há como a vítima, por meio de advogado constituído, proceder a medidas que restringem direitos fundamentais sem que haja representação ou requerimento perante o juiz e a devida autorização judicial[28]. Dessa forma, enquanto não houver uma regulamentação legal detalhadas das atividades de investigação privada, a investigação virtual ficará restrita ao exame de dados publicamente disponíveis na internet, em fontes abertas, por exemplo[29].

5.3. Cadeia de custódia da prova digital

Por fim, é possível fazer uma breve referência à questão da cadeia de custódia da prova digital. A cadeia de custódia é "o conjunto de todos

com interesses jurídicos reconhecidos pela legislação, de maneira que deve ser reconhecida a possibilidade de investigação privada na tutela desses direitos, especialmente diante da necessidade de alta especialização técnica ou tecnológica. Rassi, João Daniel; Camargo, Pedro Luís de Almeida. A investigação criminal privada...*op. cit.*, 2020, p. 268.

[27] Rassi, João Daniel; Camargo, Pedro Luís de Almeida. A investigação criminal privada..., *op. cit.*, 2020, p. 271.

[28] Rassi, João Daniel; Camargo, Pedro Luís de Almeida. A investigação criminal privada..., *op. cit.*, 2020, p. 271.

[29] As provas obtidas em fontes abertas *online* podem ser conceituadas como "aquelas extraídas de informações contidas em bancos de dados digitais abertos ao público na internet, ou seja, dados aos quais qualquer usuário pode ter acesso, ainda que mediante simples cadastro." (Nascimento, Bárbara Luiza Coutinho do. Provas digitais obtidas em fontes abertas na internet: conceituação, riscos e oportunidades. In: Lucon, Paulo Henrique dos Santos; Wolkart, Erik Navarro; Laux, Francisco de Mesquita; Ravagnani, Giovani dos Santos (coords.). **Direito, Processo e Tecnologia**. São Paulo: Revista dos Tribunais, 2020, p. 114-115).

os procedimentos utilizados para manter e documentar a história cronológica do vestígio coletado em locais ou em vítimas de crimes, para rastrear sua posse e manuseio a partir de seu reconhecimento até o descarte", nos termos do art. 158-A do Código de Processo Penal. Essa definição pode ser expandida para fazer referência à documentação da coleta, armazenamento e manuseio de todos os elementos relevantes para a prova da infração penal.

No caso específico das organizações criminais ora tratadas, pelos motivos já expostos, uma boa parte dos elementos colhidos é digital, na forma de dados armazenados localmente ou remotamente. Devido à natureza volátil da prova digital, facilmente sujeita a adulterações ou apagamento, a documentação da cadeia de custódia é de especial relevo nesse contexto.

Dessa forma, a coleta, armazenamento e análise dos dados precisa ser integralmente documentada, bem como feita seguindo as melhores práticas – o que, muitas vezes, escapa a um campo de regulamentação jurídica estrita e adentra o domínio técnico da informática e as normas técnicas e de padronização prática[30]. Essas práticas atingem desde o método de filtragem dos dados, até sua extração, espelhamento, prevenção de adulteração e análise, especialmente se o volume envolvido for massivo.

Apenas no caso de a documentação da cadeia de custódia demonstrar a fidelidade dos dados analisados e apresentados no processo com aqueles originalmente apreendidos é que se poderá preservar plenamente a validade e o potencial epistêmico dos elementos digitais[31].

6. Conclusões

Da exposição acima, podem ser extraídas as seguintes conclusões:

1. Uma organização criminosa transnacional virtual pode ser definida pelas seguintes características, específicas em relação àquelas que definem organizações criminosas em geral, sendo elas, em regra: i) utilização de infraestrutura digital remota; ii) comunicações entre os integrantes de maneira virtual; iii) ausência de deslocamento

[30] Badaró, Gustavo. Os *standards* metodológicos de produção na prova digital e a importância da cadeia de custódia. **Boletim IBCCRIM,** n. 343, 2021, p. 7-9.
[31] Badaró, Gustavo. Os *standards* metodológicos..., *op. cit.*, 2021, p. 9.

físico entre fronteiras nacionais; e iv) produção de resultado no exterior por meio do oferecimento ilícito pela internet.

2. A violação de direito autoral é o exemplo paradigmático de crime que passa a ser passível de cometimento por organizações criminosas transnacionais virtuais, que se beneficiam da internet para possibilitar a prática das infrações de maneira totalmente remota, oferecendo conteúdos pirateados por meio de tecnologias como *streaming*, *download* e *torrent*;

3. A busca e apreensão dos dispositivos informáticos deve ser seguida por cautelas específicas em relação à busca e extração dos dados, como a filtragem adequada do que pode ser extraído, a necessidade de autorização judicial específica, e os cuidados com a criptografia;

4. A apreensão de dados em nuvem, em geral necessária nessas investigações, deve ser igualmente precedida de autorização judicial, bem como é, em geral, intermediada pelas empresas provedoras das aplicações na internet, para as quais as informações podem ser diretamente requisitadas;

5. A infiltração virtual de agentes, entendida como modalidade de infiltração caracterizada pela inserção dos agentes em organizações criminosas por meio da internet, pode ser útil, especialmente em casos excepcionais de organizações especialmente sofisticadas e complexas;

6. A investigação privada pelas vítimas é possível para formar a prova das infrações nesses casos, mas está limitada às medidas que não necessitam de autorização judicial, ao menos até que haja uma regulamentação legal da investigação por advogado;

7. A cadeia de custódia das provas digitais é especialmente relevante em todas essas hipóteses e deve abranger todos os procedimentos de extração, armazenamento e análise de dados, de modo a preservar sua integridade e confiabilidade, bem como a validade e o valor probatório dos elementos colhidos.

CAPÍTULO 23
A CAPTAÇÃO AMBIENTAL DE SINAIS ELETROMAGNÉTICOS, ÓPTICOS OU ACÚSTICOS: DA LEI 9.034/1995 À LEI 13.964/2019. ENTRE EVOLUÇÕES E OMISSÕES

Gustavo Badaró

1. Introdução

A captação ambiental de sinais eletromagnéticos, ópticos ou acústicos não fora prevista na redação originária da revogada Lei nº 9.034, de 3 de maio de 1995, entre as técnicas de investigação especiais cabíveis na persecução penal da criminalidade organizada.

Posteriormente, a Lei nº 10.217, de 11 de abril de 2001, acrescentou o inciso V ao art. 2º da Lei nº 9.034/1995, incluindo entre os procedimentos de investigação de quadrilha ou bando e organizações criminosa: "a captação e a interceptação ambiental de sinais eletromagnéticos, óticos ou acústicos, e o seu registro e análise, mediante circunstanciada autorização judicial". Todavia, não estabeleceu uma disciplina mínima para tal meio de obtenção de prova, não atendendo a exigência de reserva de lei para toda e qualquer restrição de direito fundamental.

No mesmo erro incidiu o legislador ao editar a Lei 12.850, de 2 de agosto de 2013, que no inciso II do art. 3º, previu com um dos meios de obtenção de prova cabíveis na persecução penal de organização criminosa, a "captação ambiental de sinais eletromagnéticos, ópticos ou acústicos",[1] nas sem lhe dar um regime jurídico próprio. O seja, apenas nominou essa modalidade de interceptação ambiental, sem estabelecer seus requisitos legais, prazo de duração da medida, espécies etc.

Mais recentemente, a Lei 13.964/2019, acrescentou o artigo 8-A à Lei 9.296/1996, disciplinando, ainda que sucintamente, a denominada "captação ambiental de sinais eletromagnéticos, ópticos ou acústicos".

Sua inserção na Lei 9.296/1996 não decorre de sua natureza jurídica desse meio de obtenção de prova, na medida em que não envolve restrição ao direito assegurado no inciso XII do caput do art. 5º da Constituição.[2]

Todavia, como há grande semelhança entre os regimes da interceptação telefônica e telemática, de um lado, e da captação ambiental, de outro, inclusive com previsão de que as regras sobre as primeiras, se aplicam, subsidiariamente às segundas (Lei 9.296/1996, art. 8-A, § 5º), apenas formalmente, a interceptação ambiental, enquanto meio de obtenção de prova, foi disciplinada na mesma lei que rege a interpretação telefônica.

O presente artigo pretende analisar a captação ambiental à luz do direito constitucional afetado, bem como tendo em vista regimes semelhantes de alguns países, para propor uma interpretação conforme à Constituição, dada a excessiva amplitude com que foram regradas as hipóteses de cabimento pelo legislador. Além disso, buscará expor casos omissos, mas que deveriam ser disciplinados, vedando categoricamente a captação ambiental, sob pena de produção de prova ilícita.

2. Direito constitucional afetado: a liberdade de manifestação do pensamento

Todos têm do direito constitucional à liberdade de manifestação do pensamento (CR, art. 5º, caput, IV). A liberdade de manifestação de pensamento inclui o direito de escolher para quem se deseja manifestar

[1] Sobre os conceitos de sinais eletromagnéticos, ópticos e acústicos, cf. BADARÓ, Gustavo Henrique. **Processo Penal**. 11 ed. São Paulo: RT, 2023, item 10.14.1.

[2] Não estão sob a regência da Lei 9.296/1996: (i) a captação ambiental por um terceiro, mas com ciência dos interlocutores, que pode ser denominada "escuta ambiental"; e (ii) a gravação ambiental feita por um dos próprios interlocutores, sem o conhecimento dos demais, que pode ser denominada, a semelhança com a interceptação telefônica, de "gravação ambienta clandestina").

o pensamento e, até mesmo, o direito de não manifestar o pensamento para ninguém. Os aspectos positivo e negativo da liberdade de pensar e de manifestar um pensamento, como destaca PONTES DE MIRANDA, têm os seguintes desdobramentos: "liberdade de pensar, liberdade de não pensar, liberdade de emitir o pensamento, liberdade de não emitir o pensamento; liberdade de emitir o pensamento para todos, liberdade de só emitir para alguns ou para alguém, ou para sim mesmo". [3]

A razão de ser da garantia constitucional da inviolabilidade das comunicações postal, telegráfica, telefônica e de dados, sem a intromissão de terceiros que o autor da mensagem não deseja que participe do processo comunicativo, é direito à liberdade de manifestação e comunicação do pensamento de modo reservado.[4] O inciso XII do caput do artigo 5º da Constituição não tem por objeto de tutela os meios de comunicação à distância em si. A garantia da comunicação por tais meios reservados, em que cabe ao emitente da mensagem escolher quem será o receptor e, consequentemente, excluir todas as demais pessoas, protege o exercício do direito à liberdade de manifestação do pensamento.[5] Como explica MANOEL GONÇALVES FERREIRA FILHO, "correlativo à liberdade de expressão de pensamento é o direito de escolher o destinatário da transmissão. Para tanto, é necessário assegurar o sigilo das comunicações que não se dirige ao público em geral, mas a pessoa, ou pessoas certas e determinadas. Daí assegurar a Constituição

[3] PONTES DE MIRANDA, Francisco Cavalcanti. **Comentários à Constituição de 1967, com a Emenda n. 1**. 2.ed. São Paulo: Ed. RT, 1971, t. V, p. 170.

[4] GRINOVER, Ada Pellegrini. **Liberdades públicas e processo penal**: as interceptações telefônicas. 2. ed. São Paulo: Ed. RT, 1982, pp. 192-193 distingue a "liberdade de manifestação do pensamento", como gênero, do qual é espécie a "liberdade de manifestação do pensamento", tendo por critério de diferenciação o destinatário do pensamento manifestado: "a primeira concerne a uma difusão do pensamento que pode não ter destinatário certo, enquanto a segunda diz respeito a uma transmissão de pensamento com relação a determinado destinatário". No mesmo sentido: ARANTES FILHO, Márcio Geraldo Britto. **A interceptação de Comunicação entre Pessoas Presentes**. Brasília: Gazeta Jurídica, 2013, p. 105.

[5] No regime constitucional anterior, analisando o objeto da inviolabilidade das comunicações, Grinover (GRINOVER, Ada Pellegrini. **Liberdades públicas**...*op. cit., 1982*, pp. 190-191) explicava que o art. 153, § 9º, "quis *tutelar a vontade do sujeito no sentido de que determinadas notícias sejam conhecidas somente por parte daquele a quem se desejou comunicá-las*. Deriva daí que a tutela constitucional não depende do fato de as notícias comunicadas ou transmitidas serem secretas, mas decorre de uma presunção *iuris et de iure*, da vontade do sujeito, no sentido de *dar a conhecer alguma notícia apenas a outro sujeito, por ele determinado*" (destaquei)

a inviolabilidade das comunicações de pensamento que não visam a público indeterminado, seja por meio de carta, seja através do telefone, do telégrafo, ou por qualquer técnica que se inventar".[6] Em suma, o inciso XII do art. 5º da Constituição tutela a liberdade de comunicação do pensamento, enquanto mecanismo de salvaguarda do direito à liberdade de manifestação do pensamento de forma reservada, isto é, a riservatezza, a que se refere a doutrina italiana.

A mesma ideia que justifica a proteção constitucional do direito à liberdade de manifestação do pensamento à distância, por meios de comunicação – postal, telegráfica, de dados e telefônica – vale para o direito à liberdade de comunicação de pensamento entre pessoas presentes. Embora para essa situação não haja um dispositivo semelhante ao inciso XII do caput do art. 5º da Constituição, isso se deve ao fato de que não há meios em si específicos para assegurar o direito de reserva ou de exclusão de terceiros, nas conversas entre presentes. Mas, como os meios de obtenção de provas invasivos em tal situação – a captação ambiental de sons e imagens – também restringem um direito constitucional, de livre manifestação do pensamento, do art. 5º, caput, IV, seu regime jurídico tem que obedecer aos princípios de reserva de lei e de reserva de jurisdição. E foi nesse sentido que o artigo 8º-A da Lei 9.296/1996, acrescido pela Lei 13.964/2019, estabelece hipóteses, prazos, modo e necessidade de prévia autorização judicial para a "captação ambiental de sinais eletromagnéticos, ópticos e acústicos".[7]

[6] Ferreira Filho, Manoel Gonçalves. **Comentários à Constituição brasileira de 1988**. 2. ed. São Paulo: Saraiva, 1997, p. 37.

[7] Justamente por isso não é correta a utilização do regime jurídico próprio para a interceptação telefônica, para a captação ambiental de sinais eletromagnéticos, ópticos ou acústicos. E exatamente por implicar afetações a direitos constitucionais distintos, antes da Lei 13.964/2019 acrescentar o art. 8º-A para na Lei 9.296/1996, afirmávamos que não seria possível o emprego, por analogia, do regime legal das interceptações telefônicas para realização da "captação ambiental de sinais eletromagnéticos, ópticos ou acústicos": Badaró, Gustavo Henrique, Hipóteses que autorizam os meios excepcionais de obtenção de prova. In: Ambos, Kai; Romero, Enéas (Org.). **Crime Organizado** – Análise da Lei 12.850/2013. 1ed. São Paulo: Marcial Pons, 2017, p. 26. Em sentido contrário, também antes da mudança legislativa, Eduardo Araújo da Silva (Silva, Eduardo Araújo da. **Organizações criminosas**: aspectos penais e processuais da Lei nº 12850/13. São Paulo: Atlas, 2014, p. 110) sugeria, quando não existia um regime legal captação ambiental de sinais eletromagnéticos, ópticos ou acústicos, que "diante desse quadro precário, de duvidosa constitucionalidade, deverão os operadores do direito valer-se, por analogia e no que couber, do procedimento previsto

Por se tratar de captação de elementos de som e imagem de um acontecimento no qual os interlocutores (da conversa) ou agentes (da cena captada) estão no mesmo espaço físico em que é colocado o aparelho de captação e gravação, não há restrição do direito à liberdade de comunicação à distância. Não são afetadas, portanto, as liberdades de comunicação epistolar, telegráfica, de dados ou telefônica, asseguradas pelo inciso XII do caput do art. 5º da Constituição.

Já na interceptação ambiental, ou como denomina a lei, a "captação ambiental de sinais eletromagnéticos, ópticos ou acústicos", o que estará em jogo é o direito à liberdade de manifestação do pensamento (CR, art. 5º, caput, IV), na sua espécie de liberdade de comunicação do pensamento. Mais do que isso, a depender do conteúdo do que é comunicado, ou do local em que se dá tal comunicação, também poderão ser afetados o direito à intimidade e vida privada (CR, art. 5º, caput, X) e a garantia constitucional da inviolabilidade do domicílio (CR, art. 5º, caput, XI).[8] Por isso é fundamental distinguir as interceptações ambientais stricto sensu, de um lado, e interceptações domiciliares, de outro, sendo que nestas as hipóteses de cabimento da captação ambiental devem ser mais restrita, por também afetar, de modo muito intenso, a privacidade. De qualquer forma, em ambos os casos, será necessário obedecer a reserva de lei e a reserva de jurisdição, sendo necessária a prévia autorização judicial, nos casos e hipóteses previstos no art. 8º-A da Lei 9.296/1996, acrescido pela Lei 13.964/2019.

Por outro lado, é perfeitamente possível a realização de uma captação ambiental, com gravação de sons e imagens, em locais públicos nos quais o pensamento esteja sendo manifestado por sons ou atitudes, e sobre os quais não haja qualquer expectativa de reserva ou privacidade.

na Lei n. 9.296/96, que disciplina a interceptação das conversações telefônicas, meio de obtenção de prova que também implica violação da intimidade e da vida privada dos investigados".

[8] Por esse motivo, o § 2º do art. 8-A da Lei 9.296/1996, acrescido pela Lei 13.964/2019, estabelece que "a instalação do dispositivo de captação ambiental poderá ser realizada, quando necessária, por meio de operação policial disfarçada ou no período noturno, exceto na casa, nos termos do inciso XI do *caput* do art. 5º da Constituição Federal". Se a entrada no domicílio ocorrer no período noturno, mesmo que com ordem judicial, restará violada a garantia do inciso XI do *caput* do art. 5º da Constituição, que no período noturno somente admite o ingresso em casa alheia, "em caso de flagrante delito ou desastre, ou para prestar socorro".

Por exemplo, um pastor pregando em praça pública ou artistas de rua se exibindo em semáforos. Também não haverá qualquer violação à direitos constitucionais, incluindo a intimidade ou vida privada, na gravação de imagens de alguém numa arquibancada de um estádio de futebol. O mesmo se diga em relação à captação de imagens que são feitas indiscriminadamente, com finalidades preventivas, por câmeras de segurança em logradouros públicos. Se for captada a ocorrência de um crime, as imagens poderão ser utilizadas para fins de investigação criminal. Por exemplo, no caso de câmeras de segurança de um parque público registrarem um furto, ou de um estádio de futebol, que captem cenas de brigas ou outras infrações penais. Não havendo restrição da liberdade de manifestação de pensamento (CR, art. 5º, caput, IV) nem a intimidade e vida privada (CR, art. 5º, caput, X), sequer haverá necessidade de prévia autorização judicial para tal captação das imagens. Não são essas as captações ambientais que encontram disciplina no regime do art. 8º-A da Lei 9.296/1996.

Muito diversa será a situação em que, para uma investigação criminal haja necessidade de captação de conversas ou imagens de pessoa que manifesta um pensamento do modo reservado (CR, art. 5º, caput, IV). Terá incidência o art. 8-A da Lei 9.296/1996. O direito de comunicação do pensamento, de modo reservado, ainda será potencializado, nos casos em que tais comunicações digam respeito a fatos da intimidade ou vida privada do interlocutor, comunicados reservadamente, ou se o ato em si ocorrer em locais não abertos ao público, e especialmente nos domicílios que, por si sós, já denotam uma clara preocupação com a reserva da comunicação do pensamento. No primeiro caso, também estará envolvido o direito assegurado no inciso X do caput do art. 5º da Constituição, e no segundo, o direito do inciso XI, do mesmo dispositivo.

3. Espécies de Captações ambientais

Quando ao conteúdo do que é captado, com finalidade probatória, é possível distinguir as interceptações ambientais, ou captações ambientais, em "captação de imagens" e "captação de sons", podendo inclusive ocorrer as duas conjuntamente. As imagens, por sua vez, podem ser captadas estaticamente, na forma de fotografias, ou em sequência, como filmes ou vídeo. A distinção entre captação de sons e imagens parece ser o sentido em que a lei se refere à captação de sinais "acústicos" e à captação de sinais "ópticos".[9]

Sob outro enfoque, do local em que é realizada a captação, com vistas aos diversos regimes de proteção legal, o gênero interceptação de comunicação entre pessoas presentes,[10] pode ser dividido nas espécies captação ambiental e captação domiciliar. A captação ambiental, em sentido estrito, é aquela que se refere à captação de comunicação do pensamento de modo reservado, em locais que não são especialmente protegidos pela Constituição, podendo ocorrer até mesmo em espaços públicos. Por outro lado, a interceptação domiciliar é aquela que ocorre no âmbito protegido pela inviolabilidade do domicílio, tanto no que se refere à casa, propriamente dita, quanto em outros locais a eles equiparados, como locais não abertos ao público, escritórios profissionais, trailers etc.

Quando alguém decide comunicar um pensamento, ou realizar algum ato em um local reservado, não estando sob vigia dos ouvidos e olhares públicos, é possível extrair desse modo de manifestar o pensamento uma clara escolha pelo seu caráter reservado. Consequentemente, é correto considerar que o emitente exclui de tal ato comunicativo todos os demais indivíduos que não estejam presentes em tal ambiente ou espaço. Algo que se passa em locais não abertos ao público está protegido por a uma correta expectativa de privacidade.[11] Se este local é o domicílio, em relação ao qual cada indivíduo goza do máximo de proteção e intimidade, a possibilidade de captação de sons e imagens deve ser restritivíssima, porque ao direito de livre manifestação do pensamento

[9] Sobre a impropriedade da expressão "sinais ópticos", cf., BADARÓ, Gustavo Henrique. **Processo Penal**...*op. cit.*, 2023, item 10.14.1. A imagem não é captada por um sinal "óptico", mas por um sinal eletromagnético, decorrente da reflexão da luz nos objetos.

[10] A "interceptação de comunicação entre pessoas presentes", segundo conceito de Márcio Arantes Filho (ARANTES FILHO, Márcio Geraldo Britto. **A interceptação**...*op. cit.*, 2013, p. 157), "consiste na atividade de captação e registro de comunicações entre pessoas presentes de caráter reservado, por um terceiro, com o emprego de meios técnicos, utilizados em operação oculta e simultânea à comunicação, sem o conhecimento dos interlocutores ou com o conhecimento de um ou de alguns deles".

[11] Há locais que, potencialmente, evidenciam o desejo de que a manifestação do pensamento permaneça reservado. Por exemplo, quando um advogado realiza uma reunião em seu escritório com o cliente, ou quando um amigo chama o seu confidente, para conversar em sua casa, a reserva está ínsita.

(CR, art. 5º, caput, IV) se soma a proteção constitucional da intimidade e vida privada (CR, art. 5º, caput, X) e a garantia da inviolabilidade do domicílio (CR, art. 5º, caput, XI).

Mas o caráter reservado de uma conversa ou imagem não será determinado somente pelo local em que se realiza. Especialmente na comunicação verbal de pensamentos entre pessoas presentes – que poderá ser objeto de captação ambiental acústica – a forma e o modo de realizar a manifestação pode indicar que o emitente deseja excluir tal conteúdo do conhecimento de terceiros. Se as pessoas sentadas lado a lado em poltronas de um avião, com muitos passageiros, conversarem, falando baixo, e ao ouvido uma da outra, estará claro que o conteúdo da conversa não está aberto à captação de terceiros. O mesmo se diga de um diálogo de namorados, de um banco de jardim público, aos cochichos. Nesse caso, também haverá a proteção constitucional à liberdade de comunicação do pensamento (CR, art. 5º, caput, IV), mas por se tratar de um ambiente que não goza de especial proteção, não estarão envolvidos os direitos assegurados nos incisos X e XI do caput do art. 5º da Constituição.

Por haver situações variadas, no caso de afetação dos direitos constitucionais é preciso destacar as captações ambientais stricto sensu, de um lado, e captações domiciliares, de outro.[12]

Numa escala de intensidade, considerando a expectativa de proteção, a captação ambiental é menos restritiva que captação domiciliar. A interceptação telefônica, por sua vez, é menos restritiva do que ambas. Atualmente, todos sabem que é muito pouco seguro conversar ao telefone. As conversas pessoais, com cuidados para não serem escutadas por terceiros, são mais seguras que conversas telefônicas.

Na captação ambiental entre presentes, que se realize em locais diversos do domicílio, o regime deve ser mais restrito que o das interceptações telefônicas, seja quanto às hipóteses de cabimento, seja quanto aos requisitos exigidos quanto ao suporte probatório de probabilidade de participação criminosa da pessoa que sofrerá restrição em seu domicílio, nos fatos investigados.

[12] Na doutrina nacional, a distinção entre interceptação ambiental e interceptação domiciliar é feita por ARANTES FILHO, Márcio Geraldo Britto. **A interceptação**...*op. cit.*, 2013, pp. 180-185.

Nas captações domiciliares, em que são colhidas conversas dentro das residências, a invasão da privacidade é ainda maior que a da interceptação telefônica, pois são captadas todas as conversas ocorridas dentro do lar, sobre os assuntos mais íntimos, muitos deles que jamais seriam falados com interlocutores em conversas telefônicas. A situação é equivalente a atos e práticas que ocorrem no domicílio, com o desejo que seja absolutamente desconhecido das demais pessoas. Evidente que ninguém espera estar sendo filmado por estranhos, sem seu consentimento, quando está em seu dormitório.

4. Alguns regimes estrangeiros de captação ambiental e domiciliar

No direito estrangeiro, as exigências legais têm sido fortemente restritivas para autorização de captação domiciliar, devido ao seu elevado potencial de atingimento de aspectos da privacidade, não só do investigado, como de pessoas que com ele convivem. Bem diverso é o que se exige para uma captação ambiental em outros espaços, nos quais a expectativa de privacidade é mais reduzida. Se o indivíduo age sob os olhares de terceiro, evidentemente é menor a sua expectativa de privacidade e reserva.[13]

Na Alemanha, o tema foi objeto de muitas discussões.[14] Atualmente, segundo o regime da StPO, é possível a realização de interceptação

[13] Como destaca Francisco Muñoz Conde (Muñoz Conde, Francisco. **Valoración de las grabaciones audiovisuales en el proceso penal**. 2. ed. Buenos Aires: Hammurabi, 2007, p. 66) é necessário "distinguir lo que serían las manifestaciones privadas en espacios públicos, cuya captación filmada genérica puede admitirse bajo ciertas condiciones, de lo que es el núcleo estricto de la intimidad en domicilio particular, cuya filmación sólo puede admitirse excepcionalmente, y aun así de forma discutible, con una autorización específica de la autoridad judicial".

[14] A reforma constitucional de 1998 acrescentou incisos ao art. 13 da Constituição, passando a admitir, no inciso III, a utilização de meios técnicos de captação e transmissão sonora sem o conhecimento do morador, para tornar a persecução penal mais eficiente, com o que passou a ser possível uma autorização judicial para instalação de microfones dentro das residências ou a utilização de microfones externos capazes de captar as conversas ocorridas no interior do domicílio, por suspeitos da *prática de crimes especialmente graves*. O Tribunal Constitucional Federal alemão, na sentença de 3 de março de 2004 (BVerfGE 109, p. 279-391), considerou constitucional a Emenda Constitucional, mas inconstitucional a lei que inseriu novos dispositivos no Código de Processo Penal alemão (StPO). Destaque-se o seguinte passo da decisão, extraído do detalhado artigo de Leonardo Martins (Martins, Leonardo. Crime Organizado, Terrorismo e inviolabilidade do domicílio. Sobre o controle de constitucionalidade de novas regras de Direito Processual Penal alemão e sua relevância para a

domiciliar,[15] com regramento distinto da interceptação ambiental.[16] Com base nessa diferenciação do texto legal, a doutrina distingue as "grandes espionagens acústicas" (*grosser Lauschangriff*), no caso de escutas domiciliares, das "pequenas espionagens acústicas" (*kleiner Lauschangriff*), realizadas fora do domicílio privado,[17] que integram o gênero escutas intensivas (*Lauschangriff*).[18]

As grandes espionagens acústicas são realizadas no interior de domicílio privado que, em regra, deve ser o domicílio do investigado. No caso de domicílio de outra pessoa, a medida somente é admissível em caráter excepcional, desde que haja suspeita, fundada em circunstâncias fáticas

interpretação do art. 5º, XI, da CR. **Revista dos Tribunais**, n. 824, p. 401-437, jun./2004): "domicílio goza, 'enriquecido' com a dignidade humana e o mandamento constitucional da observância incondicional de uma esfera do desenvolvimento exclusivamente privado e personalíssimo, de uma proteção absoluta. A comunicação sigilosa necessita de uma proteção 'espacial' em que ela se dê e na qual o indivíduo confie. Ao indivíduo deve ser assegurado o real exercício do direito de ser deixado em paz, mormente em seus espaços privados e mesmo sem medo de que órgãos do poder de polícia estatal vigiem ou acompanhem o desenvolvimento de sua personalidade no núcleo da configuração privada da vida. Neste núcleo, a vigilância acústica do domicílio não pode intervir, ainda que seja no interesse da eficácia da persecução penal e investigação da verdade real. Neste mister, não ocorre uma ponderação norteada pelo critério da proporcionalidade entre a inviolabilidade do domicílio e o interesse estatal na persecução penal. Nem mesmo interesses muito importantes da coletividade têm o condão de justificar uma intervenção nesta liberdade para o desenvolvimento em questões personalíssimas que tenham ligação com a dignidade humana". Por outro lado, o TCF considerou que: "O conteúdo de conversas sobre crimes cometidos não pertence a este núcleo absolutamente protegido da administração privada da vida." (Martins, Leonardo. Crime Organizado... *op. cit.*, 2004, p. 408). Como explica Kai Ambos (Ambos, Kai. Las prohibiciones de utilización de pruebas en el proceso penal alemán. In Gómes Colomer, Juan Luis (Coord.). **Prueba y proceso penal**. Análisis especial de la prueba prohibida en el sistema español y en el derecho comparado, Valencia, Tirant lo Blanch, 2008, p. 339), para ser compatível com a exigência do Tribunal Constitucional Federal, que exigia uma proteção absoluta do "núcleo da vida privada", "o legislador excluiu explicitamente esse campo essencial da possibilidade de vigilância (§ 100c IV 1). As medidas de vigilância têm que ser interrompidas imediatamente (§ 100c V 1), e anular as respectivas gravações (§ 100c V 2), no podendo ser utilizados os respectivos conhecimentos (§ 100c V 3)".

15 StPO, §§ 101.c a 101.e.

16 StPO, § 101.f.

17 Roxin, Claus, **La prohibición de autoincriminación y de las escuchas domiciliarias**. Buenos Aires: Hammurabi, 2008, p. 75.

18 Ambos, Kai. **Las prohibiciones**...*op. cit.*, 2008, p. 338.

determinadas, de que o investigado se encontre em tal local;[19] ou quando a medida realizada, apenas no domicílio do investigado, não propicie, por si só, a investigação do fato ou a averiguação do paradeiro de outro investigado.[20]

Além disso, a escuta domiciliar somente pode ser ordenada com base em elementos objetivos, que indiquem, especialmente no que se refere ao local em que será realizada a medida, as relações entre as pessoas que serão vigiadas; bem como seja possível identificar que não serão registradas expressões relativas ao âmbito essencial da vida privada.[21] Quanto ao conteúdo da ordem judicial, é necessário que haja referências às circunstâncias do caso concreto, com indicação de elementos fáticos que fundamentam a suspeita em relação ao investigado, além da indicação de elementos objetivos que revelam a ligação entre as pessoas investigadas e o local onde devam ser realizadas as diligências.[22]

Na Itália, o Codice di Procedura Penale também distingue a interceptação entre presentes, de um lado, e da interceptação domiciliar, de outro. Os requisitos daquela são mais tênues que os desta. A interceptação entre presentes segue o mesmo regime da interceptação telefônica, exigindo "graves inícios de crime" previsto num rol de delitos graves e que "a medida seja absolutamente indispensável para o prosseguimento da investigação".[23] Já a interceptação domiciliar de comunicação de pessoas presentes exige que haja fundado motivo para considerar que no domicílio esteja se desenvolvendo atividade criminosa.[24]

Diferentemente, o ordenamento jurídico de Portugal não se distingue entre interceptação domiciliar e ambiental. A Lei n. 5/2002, de 11 de janeiro, que estabelece medidas de combate à criminalidade organizada e econômico-financeira, prevê o "registro de voz e imagem", por qualquer meio, mediante prévia autorização judicial, cabível somente em relação a um rol taxativo de crimes.[25] No regime geral do Código de Processo Penal português, o art. 189.1 prevê que, para as interceptações

[19] StPO, § 101.c III 1.

[20] StPO, § 101.c III 2.

[21] StPO, § 101.c IV.

[22] StPO, § 101.d III.

[23] CPP italiano, art. 266, comma 2º, primeira parte, c.c. art. 267, *comma* 1º.

[24] CPP italiano, art. 266, comma 2º, parte final, c.c. art. 267, *comma* 1º.

[25] Lei 5/2002, art. 6º.

das comunicações entre presentes, aplica-se, por extensão, o regime das interceptações telefônicas. No aspecto do suporte probatório, a medida somente será cabível "se houver razões para crer que a diligência é indispensável para a descoberta da verdade ou que a prova seria, de outra forma, impossível ou muito difícil de obter".[26]

Também no Chile, o Codigo Procesal Penal não faz distinção entre interceptação ambiental, de um lado, e domiciliar, de outro. É possível a obtenção de autorização judicial para que se fotografe, filme ou registre, mediante outro meio de reprodução de imagens, bem como se determine a gravação de comunicações entre presentes.[27] Há expressa remissão ao regime das interceptações telefônicas, que exige "fundadas suspeitas, baseadas em fatos determinados, de que uma pessoa tenha cometido ou participado de um crime".[28]

A legislação brasileira não se valeu dos melhores modelos de direito estrangeiro, e disciplinou, em regime único, a interceptação ambiental, como "captação ambiental de sinais eletromagnéticos, ópticos e acústicos". Além disso, como se verá, comparado com os regimes de outros países, o direito brasileiro estabelece requisitos mais amplos que a própria interceptação ambiental stricto sensu, dos outros países.

5. Requisitos legais para a captação ambiental

A Lei 13.964/2019 acrescentou o art. 8º-A à Lei 9.296/1996, estabelecendo um regime legal próprio entre nós para a captação ambiental. Até então, a revogada Lei do Crime Organizado – Lei 9.034/1995, bem como a atual Lei 12.850/2013, apenas nominavam o meio de obtenção de prova de "captação ambiental de sinais eletromagnéticos, ópticos ou acústicos" (respectivamente, art. 2º, caput, II, e art. 3º, II), sem qualquer previsão sobre hipóteses de cabimento, requisitos legais ou mesmo necessidade de autorização judicial.

Embora prevista na Lei de Interceptação Telefônica – Lei 9.296/ /1996 –, a captação ambiental de sinais eletromagnéticos, ópticos ou acústicos tem requisitos próprios (art. 8º-A, *caput*), diversos dos da interceptação telefônica e telemática (art. 2º, caput).

[26] CPP português, art. 187.1.

[27] CPP chileno, art. 226.

[28] CPP chileno, art. 222, n. 1.

O primeiro requisito é: "a prova não puder ser feita por outros meios disponíveis e igualmente eficazes" (Lei 9.296/1996, art. 8º-A, caput, I). A captação ambiental será cabível se os outros meios disponíveis (p. ex.: a busca e apreensão, a obtenção dos registros das ligações telefônicas etc.) forem menos efetivos ou de igual efetividade que a captação ambiental. Em outas palavras, a interceptação ambiental deve ser método mais eficaz para a investigação. Isso vale, inclusive, para em comparação com a própria interceptação telefônica ou telemática (Lei 9.296/1996, art. 2º). Se a interceptação telefônica ou a telemática for igualmente eficaz, será preferível à captação ambiental de sinais eletromagnéticos, ópticos ou acústicos. Em suma, o inciso I do caput do art. 8º-A da Lei 9.296/1996 deixa claro que a captação ambiental só deve ser utilizada como ultima ratio, mesmo em relação à interceptação telefônica ou telemática.

Obviamente, no requerimento e na fundamentação não basta repetir os termos da lei e afirmar que a investigação não poderia ser realizada por outros meios igualmente eficazes, o que não será uma fundamentação válida, nos termos do inciso I do § 2º do art. 315 do CPP. O inciso I do caput do art. 8º-A da Lei 9.296/1996 deve ser lido em conjunto com o art. 4º, caput, da mesma lei, que determina que pedido de captação ambiental contenha "a demonstração de que a sua realização é necessária à apuração de infração penal".[29] Devem ser expostos os motivos que justifiquem o porquê não será possível apurar as infrações penais por outros meios igualmente eficazes. Para tanto, será necessário apontar, com base nos elementos de informação já disponível que, dentre os diversos meios de prova e meios de meios obtenção de prova que possam vir a ser utilizados, o que terá melhor êxito, em termos de reconstrução histórica dos fatos, será a captação ambiental. Será necessário fazer um prognóstico, partir do estado da investigação e dos meios disponíveis, valendo-se de uma máxima de experiência sobre o que normalmente acontece nas investigações, justificando a inferência de que a realização de todos os demais meios provavelmente não terá como consequência

[29] Lênio Luiz Streck (STRECK, Lênio Luiz. **As interceptações telefônicas e os direitos fundamentais.** 2. ed. Porto Alegre: Livraria do Advogado, 2001, pp. 52-53) observa que os meios disponíveis não são o que, materialmente, a autoridade policial tenha à sua disposição, mas, sim, os *meios legais processuais.*

um resultado melhor que a captação ambiental de sinais eletromagnéticos, ópticos ou acústicos.

O segundo requisito é haver "elementos probatórios razoáveis de autoria e participação em infrações criminais cujas penas máximas sejam superiores a 4 (quatro) anos ou em infrações penais conexas" (artigo 8º-A, *caput*, II, da Lei 9.296/96).

A expressão "elementos probatórios razoáveis", do ponto de vista terminológico, não parece ser diversa da expressão "indícios razoáveis" do inciso I do art. 2º da Lei 9.296/1996, aplicável às interceptações telefônicas. Em ambos os casos, é aplicável um standard de prova simples probabilidade. Ou, seja a autoria é "mais provável que sim do que não". Serão insuficientes meras suspeitas ou simples possibilidade de o investigado ser autor do crime. Não se exige um standard de prova de elevadíssima probabilidade, que é necessário somente para a condenação penal.

É necessário, também, que o fato investigado constitua infração penal cuja pena máxima cominada seja superior a 4 anos, ou seja infração penal conexa.[30] Como se trata de artigo de lei que funciona como catálogo de crimes, não há que se considerar a "soma de penas máximas cominadas", no caso de investigação de mais de um delito de mesma espécie ou de espécies diversas. Uma lesão corporal leve, cuja pena máxima cominada é de um ano, não autoriza a interceptação ambiental, assim como também não a autoriza a investigação de cinco lesões corporais leves praticadas em concurso material. O número de crimes não altera a gravidade abstrata do delito, que é o fator considerado ao se pensar em um catálogo de delitos ou categoria de infrações penais.

A opção legislativa por infrações penais cuja pena máxima seja superior a quatro anos indica a necessidade de que se trate de crimes graves. Contudo, no ordenamento brasileiro, há vários crimes que têm penas máximas superiores a quatro anos, mas com penas mínimas de um ano,[31] o que permite, inclusive, a suspensão condicional do processo

[30] Trata-se de critério mais restrito que a interceptação telefônica, cabível para todo e qualquer crime punido com detenção (Lei 9.296/1996, art. 2º, III).

[31] Somente no Código Penal há os seguintes crimes: lesão corporal grave (CP, art. 129, § 1º), abandono de incapazes, qualificado pelo resultado lesão corporal (CP, art. 133, § 1º), estelionato (CP, art. 171, *caput*), fraude no comércio (CP, art. 175, § 1º), sonegação de estado de filiação (CP, art. 243), atentado contra a segurança de serviço de utilidade pública (CP, art.

(Lei 9.099/1995, art. 89). Em tais hipóteses, sendo possível dispensar a própria instrução processual, cabível ao final do período de prova, declarar extinta a punibilidade sem que haja o acertamento do fato, é rematado exagero admitir-se a interceptação ambiental, mormente se for aceita a espécie mais restritiva de interceptação domiciliar. Haverá flagrante desproporcionalidade entre a restrição do direito fundamental a ser realizada e o benefício a ser obtido. Assim sendo, para evitar situação de inconstitucionalidade, por contrariedade aos incisos IV e XI do caput do art. 5º da Lei Maior, o correto será dar ao inciso II do caput do art. 8º-A da Lei 9.296/1996 interpretação conforme a Constituição, para considerar que será cabível em tais casos a captação ambiental de sinais eletromagnéticos, ópticos e acústicos, desde que não seja cabível, em tese, a suspensão condicional do processo. Pela mesma razão, não se deve decretara a captação ambiental em investigação de crimes que tenham pena máxima cominada maior que 4 antos, mas seja "infração penal sem violência ou grave ameaça e com pena mínima inferior a 4 (quatro) anos", pois permitem, em tese, o acordo de não persecução penal, nos termos do art. 28-A do CPP. É absolutamente desproporcional admitir um meio de obtenção de prova, visando a correta reconstrução histórica de um fato, que pode ser objeto de um ato negocial que leva a uma solução consensuada, sem sequer haver oferecimento de denúncia.

Há mais a ser considerado, ainda sobre os crimes que admitem a interceptação ambiental. A parte final do inciso II do *caput* do art. 8º-A da Lei 9.296/1996, ao admitir a captação ambiental de "infrações penais conexas", deve ser lida restritivamente, sob pena de inconstitucionalidade. Não é proporcional admitir a interceptação ambiental para investigação de crimes de pequena e média gravidade. Haverá desproporcionalidade manifesta. Cabe considerar que, até a edição da Lei 13.964/2019, embora apenas nominada na lei, a "captação ambiental de sinais eletromagnéticos, ópticos ou acústicos" era meio de obtenção de prova somente cabível para persecuções penais envolvendo apenas organizações criminosas!

Nem mesmo em relação aos crimes praticados por organização criminosa faz sentido a admissão de que qualquer delito conexo, mesmo

265, *caput*), falsificação de documento particular (CP, art. 298), falsidade ideológica (CP, art. 299, *caput*), falso reconhecimento de firma (CP, art. 300), supressão de documento particular (CP, art. 305), exploração de prestígio (CP, art. 357, *caput*).

que de pequena ou baixa gravidade, possa ser investigado mediante captação ambiental. Embora haja a previsão da captação ambiental de sinais eletromagnéticos, ópticos e acústicos, no inciso II do art. 3º da Lei 12.850/2013, como um dos meios de obtenção de provas passíveis de utilização para a investigação de tais organizações, o próprio conceito de organização criminosa do art. 1º, § 1º, da mesma lei, exige, entre outros elementos, que tal associação obtenha vantagem mediante "a prática de infrações penais cujas penas máximas sejam superiores a 4 (quatro) anos". Em tais casos, é aceitável que se realize a interceptação ambiental não somente para provar o crime de participação em organização criminosa (Lei 12.850/2013, art. 2º), cuja pena máxima é de 8 anos, como também os crimes por ela praticados, e que lhe são conexos. Mas, estes crimes devem ser punidos com "penas máximas que sejam superiores a 4 (quatro) anos"!

Portanto, admitir a intercepção ambiental, além das infrações penais com pena máxima superior a 4 anos, também em relação às quaisquer "infrações penais conexas", independentemente das penas destas, seria utilizar tal meio de obtenção de provas até mesmo para contravenções penais conexas, o que não faz nenhum sentido. Ao mais, essa ampliação desmedida teria importantes reflexos na chamada "descoberta fortuita" de provas. Isso porque, em qualquer infração conexa que fosse descoberta, como em tese se admitiria, por si, "captação ambiental de sinais eletromagnéticos, ópticos ou acústicos", automaticamente a descoberta seria legitimamente utilizável.

Em suma, uma interpretação restritiva que se defende é que a hipótese legal a exigir "elementos probatórios razoáveis de autoria e participação em infrações criminais cujas penas máximas sejam superiores a 4 (quatro) anos ou em infrações penais conexas" (Lei 9.296/1996, art. 8º-A, caput, II) seria: em relação ao investigado contra o qual haja elementos probatórios que indiquem a probabilidade de ter praticado crime cuja pena máxima é superior a 4 anos, na investigação desse delito é admissível a interceptação ambiental e, se na realização de tal meio de obtenção de prova, forem captado elementos de que tal imputado também praticou crime conexo, com pena inferior a tal patamar, tais elementos também poderão ser valorados. Por outro lado, o juiz não poderá autorizar a interceptação ambiental contra quem haja somente elementos probatórios razoáveis de autoria e participação em infrações com pena máxima igual ou inferior a 4 anos, mesmo que estas sejam conexas com infrações praticadas por outras pessoas, cuja pena máxima seja superior a 4 anos.

6. Hipóteses inadmissíveis de captação ambiental: o sigilo profissional e o direito ao silêncio do imputado

O regime jurídico da "captação ambiental de sinais eletromagnéticos, ópticos e acústicos" devia expressamente vedar, considerando inadmissível a medida, no caso que envolva o sigilo profissional. A captação ambiental não pode ser autorizada para funcionar como meio sub-reptício para superar a garantia do sigilo profissional.

No plano constitucional, o dever de sigilo profissional deriva da proteção da privacidade e da intimidade.[32] Como explica José Afonso da Silva: "o titular do segredo é protegido, no caso, pelo direito à intimidade, pois o profissional, médico, advogado e também o padre-confessor (por outros fundamentos), não pode liberar o segredo, devassando a esfera íntima, de que teve conhecimento, sob pena de violar aquele direito e incidir em sanções civis e penais".[33]

Há determinadas profissões, atividades ou funções[34] que, para seu bom exercício,[35] exigem que lhes sejam revelados fatos que compõem a vida íntima das pessoas. É o caso, por exemplo, dos padres, dos médicos e dos advogados, a quem as pessoas recorrem para fazer confidências,

[32] Nesse sentido: Barros, Marco Antonio. **A busca da verdade no processo penal**. São Paulo: Ed. RT, 2002, p. 201; Sobrinho, Mário Sérgio e Lacavo, Thaís Aroca Datcho. O sigilo profissional e a produção da prova, In. Scarance Fernandes, Antonio, Gavião de Almeira, José Raul e Zanoide de Moraes, Maurício (Coords.). **Sigilo no processo penal**. Eficiência e garantismo. São Paulo: RT, 2008, p. 174.

[33] Silva, José Afonso da. **Curso de direito constitucional positivo.** 19 ed. São Paulo: Malheiros, 2001, pp. 210-211.

[34] A partir da redação do art. 154 do Código Penal, que tipifica o crime de violação de sigilo professional, Paulo José da Costa Júnior (Costa Júnior, Paulo José da. **Comentários ao Código de Processo Penal**. São Paulo: Saraiva, 1988, v. II, p. 121) explica que "função é o encargo recebido por lei, decisão judicial ou contrato (tutor, curador, inventariante, síndico, diretores de escola, hospitais ou empresas); ministério é o *mister* que tem origem em determinada condição social, de fato ou de direito (padre, freira, missionário, assistente social); ofício é a atividade remunerada, mecânica ou manual (sapateiro, ourives, cabeleireiro, costureiro etc.); profissão é a atividade remunerada, exercida com habitualidade, via de regra de cunho intelectual".

[35] Ceneviva, Walter. **Segredos profissionais**. São Paulo: Malheiros, 1996, p. 27.

tornando a relação de confiança e a obrigação de discrição inerentes aos profissionais.

Uma vez detentor desse segredo, o profissional que recebe tal informação não está autorizado a revelar o fato da intimidade de seu cliente, de que teve conhecimento, a terceiras pessoas. Para proteger o segredo, e a relação de confiança entre as partes, há o dever de sigilo profissional, cuja violação sem justa causa, caracteriza o crime do art. 154 do Código Penal.

Ao estabelecer tal sigilo aos confidentes necessários, o legislador assegura dupla proteção, como bem destaca João Bernardino Gonzaga: "ao impor o dever de sigilo aos confidentes necessários, a lei está, concomitantemente, tutelando estes dois aspectos da liberdade individual: poder conservar ocultos certos dados da vida íntima, isto é, imunes a indébitas interferências; e a liberdade de recorrer a determinados profissionais, cuja ajuda só se pode pedir com a garantia de que não trairão os segredos a eles transmitidos".[36]

Há, porém, outro aspecto que não pode ser ignorado no sigilo profissional: o interesse público no correto exercício de uma atividade relevante socialmente. A proteção do segredo profissional é também uma garantia institucional: "por via da proteção dispensada ao segredo particular, a norma busca também o seu escopo de garantir a confiança pública na lealdade dos confidentes necessários; o que, à sua vez, é indispensável na preservação da saúde coletiva, na distribuição da justiça, na moralidade dos negócios etc.".[37]

Médicos, jornalistas, psicólogos e advogados, por exemplo, têm o mesmo dever de resguardar o sigilo profissional não como obrigação para com o cliente que lhes depositou o segredo, ou como condição pessoal para o exercício profissional, mas sob um enfoque mais amplo, para resguardar a credibilidade da corporação profissional a que pertençam, pois esta é uma exigência ético-profissional.

Em suma, a razão de ser do sigilo profissional é a preservação do conteúdo do segredo em razão da necessidade de manutenção e respeito da relação de confiança que lhe é inerente.[38]

[36] Gonzaga, João Bernardino. **Violação de segredo profissional.** São Paulo: Max Limonad, 1976, p. 43.

[37] Gonzaga, João Bernardino. **Violação de segredo**...*op. cit.*, 1976, p. 44.

[38] Comentando o tipo penal do art. 154 do Código Penal, João Bernardino Gonzaga (Gonzaga, João Bernardino. **Violação de segredo**...*op. cit.*, 1976, p. 24) explica que "a lei objetiva,

A outra face do dever de sigilo profissional é o direito de não ser obrigado a revelar os fatos protegidos pelo sigilo. Trata-se de um direito-dever de todo profissional:[39] um dever perante o cliente, um direito perante o juiz.[40]

Por tal motivo, o art. 207 do Código de Processo Penal proíbe o depoimento de pessoas que, razão de função, ministério, ofício ou profissão, devam guardar segredo. De modo semelhante, o art. 448, inc. II, do Código de Processo Civil, prevê que a testemunha não é obrigada a depor sobre fatos a cujo respeito, por estado ou profissão, deva guardar sigilo.[41] E, por força do art. 388, inc. II, nem mesmo a parte não é obrigada a depor de fatos a cujo respeito, por estado ou profissão, deva guardar sigilo.[42]

aqui, garantir a tranquila utilização dos serviços de determinados profissionais, encorajando a convicção pública de que perante eles, podemos desvendar nossas intimidades".

[39] Nesse sentido, em relação ao sigilo profissional do advogado: SODRÉ, Ruy de Azevedo. **O Advogado, seu Estatuto e a Ética Profissional**. 2 ed. São Paulo, RT, 1967, p. 301; SODRÉ, Ruy de Azevedo. **A ética profissional e o Estatuto do Advogado**. São Paulo: Ltr, 1991, p. 396; CENEVIVA, Walter. **Segredos profissionais**...*op. cit.*, 1996, p. 18. No mesmo sentido, na doutrina estrangeira: CALVO, Mario Gómez. El secreto profesional de abogacía. **Revista de Ciencias Jurídicas**, n. 11, 1968, p. 231. Como explica Juan Manuel González Sabathié (Norma de Ética Profesional del Abogado, Colegio de Abogados de Rosario, 1982) "El secreto profesional constituye a la vez un deber y un Derecho del abogado. Es hacia los clientes un deber de cuyo cumplimiento ni ellos mismos pueden eximirle; es un derecho del abogado hacia los jueces, pues no podría escuchar expresiones confidenciales si supiese que podía ser obligado a revelarlas".

[40] CALVO, Mario Gómez. El secreto profesional ... *op. cit.*, 1968, p. 231.

[41] Além disso, o art. 166 do Código de Processo Civil, em relação às atividades de conciliação e mediação, prevê, na cabeça do artigo, que entre outros princípios, é governada pelo de confidencialidade. E os §§ 1º e 2º do referido dispositivo estabelecem: § 1º A confidencialidade estende-se a todas as informações produzidas no curso do procedimento, cujo teor não poderá ser utilizado para fim diverso daquele previsto por expressa deliberação das partes. § 2º Em razão do dever de sigilo, inerente às suas funções, o conciliador e o mediador, assim como os membros de suas equipes, não poderão divulgar ou depor acerca de fatos ou elementos oriundos da conciliação ou da mediação".

[42] Analisando regra semelhante no direito argentino, Hugo Alsina (ALSINA, Hugo. **Tratado de Derecho Procesal Civil y Comercial.** Buenos Aires, Cia. Argentina de Editores, 1941, t. III, p. 547) explica que "No es exacto que el dueño del secreto sea la parte, pues *media también una cuestión de ética profesional.* No es sólo a aquélla a quien interesa la reserva, sino también al testigo, en cuya probidad y *decoro confía la sociedad por razones de orden público.* Por consiguiente, ni la parte ni el juez pueden obligar al testigo a revelar un hecho que en su concepto *debe reservarlo por respeto a su dignidad profesional*" (destaquei).

Justamente por violar o sigilo profissional, não é admissível a autorização judicial de captação ambiental de manifestações do pensamento protegidas pelo sigilo profissional e, caso produzida, tratar-se-á de prova ilícita, que deverá ser desentranhada do processo. Não se pode autorizar a captação ambiental em escritório de advocacia, em consultórios médicos, em confessionários ou outros lugares em que se exerçam função, ministério, ofício ou profissão protegidos pelo sigilo profissional. Mas, independentemente no local em que se desenvolva a atividade, não se pode admitir a captação ambiental de conversas entre advogado e cliente, mesmo que esteja, por exemplo, em antessalas de audiência, num parlatório de presídio ou mesmo em um restaurante. Da mesma forma, um sigilo entre padre e seu fiel deve ser protegido independentemente do local em que ocorra a confissão.

Outro direito que pode ser indevidamente afetado pela captação ambiental é o direito ao silêncio e a garantia constitucional contra a autoincriminação (CR, art. 5º, *caput*, LXIII).

Implementando tal direito, o Código de Processo Penal estabelece que, antes do interrogatório, o acusado deveria ser advertido do seu direito de permanecer calado e de não responder perguntas que lhe forem formuladas (art. 186, *caput*), bem como de que o silêncio, que não importa em confissão, não poderia ser interpretado em prejuízo da defesa (art. 186, parágrafo segundo).

Justamente por isso, não é lícito buscar obter uma confissão de investigados ou acusados por meios sub-reptícios, ardilosos, sem o informar de que poderia permanecer calado. Uma autorização judicial de captação ambiental de sinais acústicos, por exemplo, em uma cela de penitenciária, num parlatório de presídio, ou mesmo em viaturas de transporte de presos, caracterizará prova ilícita, por violar o art. 5º, *caput*, LXIII, da CR, c.c. art. 186 do CPP.

Na Alemanha, Roxin posiciona-se contrariamente à utilização de confidentes que gravam conversas com investigados em celas de prisão, para depois ser utilizado como prova, por violação do *nemo tenetur se detegere*.[43] E, noutro estudo, afirma que o interrogatório por ardil deveria ser

[43] Roxin, Claus. "Nemo Tenetur" la jurisprudencia en la encrucijada, In. Roxin, Claus. **Pasado, presente y futuro del Derecho Procesal Penal**. Trad. Óscar Julián Guerrero Peralta, Buenos Aires: Rubinzal - Culzoni Ed., 2009, p. 167.

absolutamente proibido, independentemente da gravidade do crime, da maior ou menor complexidade das investigações ou de qualquer outra característica especial do caso, porque significa iludir a lei.[44] O direito ao silencio será afetado, se os métodos utilizados pelos agentes estatais "se afiguraram um sucedâneo funcional' do interrogatório formal".[45]

Trata-se de um imperativo de todo e qualquer Estado Democrático de Direito que acredite que, no processo penal, embora a obtenção da verdade seja muito relevante, não deve ser obtida a qualquer custo ou qualquer preço.

O STF já decidiu que é ilícita a prova nos casos de interrogatório formal, ou de "gravação clandestina de 'conversa informal' do indiciado com policiais", se em um ou outro, não houve a expressa advertência do direito ao silêncio.[46] Notadamente no caso de acusado preso, considerou que as "regras sobre a instrução quanto ao direito ao silêncio – as chamadas *Miranda rules* – hão de se aplicar desde quando o inquirido está em custódia ou de alguma outra forma se encontre significativamente privado de sua liberdade de ação".[47] Mais recentemente, também considerou ilícita as "entrevistas informais", realizadas em cumprimento de

[44] ROXIN, Claus. **La prohibición de autoincriminación y de las escuchas domiciliarias.** Buenos Aires: Hammurabi, 2008, p. 65. No mesmo sentido, na Espanha, também Muñoz Conde (MUÑOZ CONDE, Francisco. **Valoración de las grabaciones**...*op. cit.*, 2007, p. 43), considera que o direito "*a no se declarar contra sí mismo*" é violado: "cuando se utilizan agentes encubiertos o confidentes que graban conversaciones con el presunto responsable (con el que, por ejemplo, conviven en la misma celda) u luego esas grabaciones se utilizan como pruebas en el proceso, pues está claro que en estos casos la policía, o el agente estatal que sea, está incumpliendo su obligación de proporcionarle asistencia jurídica al sospechoso en su declaración y de advertirle a éste que todo lo que diga puede ser utilizado en su contra". No mesmo sentido, na doutirna italiana: CERVETTI, Fernanda. Captazione indebita di dialoghi tra imputati detenuti. **Rivista Italiana di Diritto Processuale Penale**, 1976, p. 1110.

[45] OLIVEIRA E SILVA, Sandra. **O Arguido como Meio de Prova contra si mesmo.** Considerações em torno do princípio *nemo tenetur se ipsum accusare.* Coimbra: Almedina, 2018, p. 316.

[46] STF, Primeira Turma, **HC 80.949-9/RJ**, Rel. Min. Sepúlveda Pertence, j. 30/10/01, Dj 14/12/01.

[47] STF, Segunda Turma, **RHC 122.279/RJ**, Rel. Min. Gilmar Mendes, j. 12/08/14, DJ. 30/10/14. Ou ainda, que "a Constituição Federal impõe a o Estado a obrigação de informar ao preso seu direito ao silêncio não apenas no interrogatório formal, mas logo no momento da abordagem, quando recebe voz de prisão por policial, em situação de flagrante delito. 4. Inexistência de provas independentes no caso concreto. Nulidade da condenação". (STF, Segunda Turma, **AgR no RHC 192.798/SP**, Rel. Min. Gilmar Mendes, j. 24/02/21, Dj 02/03/21)

mandados de busca e apreensão, quando o investigado não é advertido do seu direito ao silêncio.[48]

Em suma, como afirmava Ada Pellegrini Grinover: "o interrogatório sub-reptício do indiciado ou acusado, clandestinamente gravado, constitui, inequivocamente prova ilicitamente obtida, não só em face dos princípios gerais, mas ainda por contrariar frontalmente as regras de advertência quanto ao direito ao silêncio".[49]

Por fim, não teria valia o paralelo com a possibilidade de legalmente o Poder Judiciário autorizar a interceptação telefônica, telemática ou captação ambiental, em local público ou em residência, de um suspeito ou investigado. Evidente que em tais casos, a produção do meio de obtenção de prova não exige prévia advertência do direito ao silêncio. Se assim o fosse, tais técnicas de investigação seriam absolutamente ineficazes. Em tais hipóteses, contudo, os investigados que conversarem por telefone, ou trocam mensagens telemáticas, ou mesmo que conversarem pessoalmente em local público ou privado, estarão livres, expressando seus pensamentos e exercendo normalmente suas atividades rotineiras. Muito diferente é a situação de uma pessoa que esteja presa, sob a tutela do Estado, que tem o direito de ser alertado de que pode permanecer calado, como condição de validade para que qualquer declaração autoincriminatória possa ser utilizada contra si.

Em suma, constitui prova ilícita a "captação ambiental de sinais eletromagnéticos, ópticos e acústicos" de manifestações de pensamento de investigado sob tutela estatal, seja em celas de prisões, parlatórios de presídio ou viatura policial, por violar o direito de permanecer calado, assegurado pelo art. 5º, *caput*, inc. LXIII, da Constituição.

7. Conclusões

1. O direito constitucional atingido pela ambiental de "captação ambiental de sinais eletromagnéticos, ópticos e acústicos" é o direito à liberdade de comunicação de pensamento entre pessoas presentes, do art. 5º, caput, IV, da Constituição.

[48] STF, Segunda Turma, **Rcl 33.711/SP**, Rel. Min. Gilmar Mendes, j. 11/06/19, Dj 28/08/19.

[49] Grinover, Ada Pellegrini. As interceptações telefônicas e gravações clandestinas no Processo Penal. In. Grinover, Ada Pellegrini. **Novas Tendências do direito processual.** Rio de Janeiro: Forense Universitária, 1990, p. 67.

2. A legislação brasileira não distingue a captação ambiental *strito sensu*, da captação domiciliar. Deferia o fazer, pois nesse último caso há também a afetação do direito à inviolabilidade do domicílio (CR, art. 5º, *caput*, XI), que somente deveria ser admitida em hipóteses ainda mais restritas.

3. A expressão "elementos probatórios razoáveis", do inciso II do art. 8-A da Lei 9.296/1996, deve ser interpretada como sendo um *standard* de prova de prova simples probabilidade: é mais provável que o investigado seja autor do delito que não seja.

4. A previsão do inciso II do art. 8-A da Lei 9.296/1996, permitindo a captação ambiental no caso de crimes com pena máxima superior a quatro anos necessita de uma adequação, sendo exigida uma interpretação conforme a Constituição. A medida não deverá ser decretada em relação a crimes que, em razão da pena mínima cominada, admitam a suspensão condicional do processo ou acordo de não persecução penal, sob pena de uma ilegítima violação do direito a liberdade de manifestação do pensamento, porque desproporcional ao resulto obtido de efetividade da persecução penal.

5. A Lei admite a captação ambiental de "infrações penais conexas", sem qualquer limite de pena. O dispositivo deve receber uma interpretação conforme à Constituição, para que não seja admitido, por inconstitucionalidade, a decretação de tal meio de obtenção de prova crimes de pequena e média gravidade, por ser medida desproporcional em face dos resultados que podem.

6. Não é admissível a "captação ambiental de sinais eletromagnéticos, ópticos e acústicos" de manifestações do pensamento protegidas pelo sigilo profissional e, caso produzida, tratar-se-á de prova ilícita, que deverá ser desentranhada do processo.

7. Não deve ser admitida a "captação ambiental de sinais eletromagnéticos, ópticos e acústicos" de manifestações de pensamento de investigado sob tutela estatal, seja em celas de prisões, parlatórios de presídio ou viatura policial, por violar o direito de permanecer calado, assegurado pelo art. 5º, *caput*, inc. LXIII, da Constituição.

CAPÍTULO 24
CERCO DIGITAL ("*GEOFENCE*") E VARREDURA TERMINOLÓGICA: BALIZAS CONSTITUCIONAIS E LEGAIS

Vladimir Aras

1. Introdução

Em 26 de agosto de 2020, ao julgar um recurso em mandado de segurança, a 3ª Seção do Superior Tribunal de Justiça (STJ) decidiu por larga maioria que o Google devia cumprir uma ordem judicial proferida por um juiz de Direito fluminense, que determinou o fornecimento de dados estáticos (de tráfego e metadados) de usuários dos serviços *Google* e *Waze*, que passaram pela via expressa TransOlímpica, no Rio de Janeiro, num período de 15 minutos no dia 2 de dezembro de 2018.

Na mesma ocasião, o STJ validou duas outras decisões do mesmo juízo de primeira instância que determinaram ao Google entregar os IPs dos usuários de Internet que fizeram pesquisas de certas palavras ou expressões pouco antes de um duplo homicídio, ocorrido no Rio de Janeiro em 2018, assim como de usuários de Internet que percorreram certo trajeto no dia do crime e pouco antes.

O objetivo do Ministério Público (MPERJ) e da Polícia Civil do Rio de Janeiro (PCERJ) era identificar pessoas envolvidas nos crimes praticados contra a vereadora Marielle Franco, seu motorista Anderson Gomes e sua assessora Fernanda Gonçalves Chaves, em 14 de março de 2018. O ministro Rogério Schietti Cruz foi o relator dos três recursos: RMS 60.698/RJ, RMS 61.302/RJ e RMS 62.143/RJ.

No STJ, as decisões judiciais atacadas pelo Google foram consideradas proporcionais, fundamentadas e proferidas para um fim legítimo. O STJ também considerou que as ordens se basearam na Lei 12.965/2014, o Marco Civil da Internet (MCI), e atingiram apenas dados digitais de tráfego ou de conexão, não se equiparando à medida de interceptação telefônica, regulada pela Lei 9.296/1996.

Diante da não localização de testemunhas do crime, a estratégia de investigação tecnológica adotada pelo Ministério Público do Estado do Rio de Janeiro e pela PCERJ foi frutífera e permitiu identificar pelo menos dois dos executores do duplo homicídio, num contexto de criminalidade organizada.

Métodos de vigilância eletrônica e acesso a dados telemáticos e a inteligência de sinais (SIGINT)[1] são cada vez mais importantes para o enfrentamento da criminalidade grave e da delinquência organizada, cujo enfrentamento no Brasil é orientado principalmente pela Lei 12.850/2013. Apesar de sua relevância para lidar com fenômenos criminais cada vez mais violentos e entranhados nas estruturas do Estado, o emprego dessas técnicas especiais de investigação (TEI) ou meios especiais de obtenção de provas[2] traz riscos para direitos fundamentais previstos no ordenamento jurídico e no direito internacional, sobretudo os direitos ao respeito à vida privada e à proteção de dados pessoais.

É preciso ponderar os interesses em conflito para que a criminalidade grave, especialmente a violenta, não fique impune, sem prejuízo da adoção concomitante de cautelas e salvaguardas para mitigar ou minimizar as interferências estatais sobre direitos constitucionalmente protegidos.

O rastreamento digital – a partir de pegadas eletrônicas deixadas por um determinado suspeito no ciberespaço – já é largamente utilizado no Brasil há vários anos. Mas as técnicas conhecidas nos Estados Unidos como *tower dump*[3] e cerco digital (*geofence*) têm enfrentado fortes

[1] Acrônimo para a expressão *signals intelligence, que identifica* a coleta de inteligência por meio da interceptação de sinais de comunicação entre pessoas ou entre pessoas e dispositivos eletrônicos ou entre estes.

[2] Para um conceito abrangente, a principiologia e as espécies das técnicas especiais de investigação no direito brasileiro e no direito comparado, cf. ARAS, Vladimir. Técnicas especiais de investigação. In: CARLI, Carla Veríssimo de (org). **Lavagem de dinheiro: prevenção e controle penal.** Porto Alegre: Verbo Jurídico, 2013, pp. 503-582.

[3] Uma descarga ou varredura de dados de torres de telefonia (*cell tower dump*) é o acesso por órgãos de investigação aos dados de conexão de todos os terminais móveis que se vincularam

controvérsias, devido a possíveis choques com a proteção constitucional conferida pela Quarta Emenda. No contexto europeu, medidas dessa natureza integram o gênero da vigilância eletrônica (*electronic surveillance*), que tem sido objeto de atenção das cortes locais, do Tribunal de Justiça da União Europeia (TJUE) e do Tribunal Europeu de Direitos Humanos (TEDH), com exame de sua compatibilidade com os arts. 7º e 8º da Carta de Direitos Fundamentais da União Europeia e com o art. 8º da Convenção Europeia de Direitos Humanos (CEDH).

No Brasil, as técnicas mais avançadas de *tower dump*[4] e *geofence*, que alcançam um número indeterminado de pessoas, para posterior filtragem e determinação de autoria,[5] são consideradas meios especiais de obtenção de provas, regulados pelo art. 3º, incisos II e IV, e 17 da Lei

por *pings* a uma determinada torre de telefonia celular ou Estação Rádio Base (ERB) numa certa janela de tempo. Cf. Haas, Katie. Cell Tower Dumps: Another Surveillance Technique, Another Set of Unanswered Questions. ACLU, March 27, 2014. Disponível em: https://www.aclu.org/news/national-security/cell-tower-dumps-another-surveillance-technique. Acesso em: 11 mar. 2023.

[4] STF, Primeira Turma, **HC 124.322-AgR/RS**, Rel. Min. Roberto Barroso, j. 09/12/2016, DJe 19/12/2016. Neste julgado, talvez o primeiro sobre essa técnica, a Corte validou o acesso direto da Polícia aos números de telefones celulares (apenas os números das linhas) que se conectaram a uma certa Estação Rádio Base (ERB), no Município de Jaguarão/RS, na data e horário do crime sob investigação. A decisão do STJ que foi atacada nesse HC deixa claro que a Polícia gaúcha adotou a técnica de *tower dump* sem autorização judicial: "3. Não se constata ilegalidade no proceder policial, que requereu à operadora de telefonia móvel responsável pela Estação Rádio-Base o registro dos telefones que utilizaram o serviço na localidade, em dia e hora da prática do crime. (...) 6. In casu, a autoridade policial não solicitou à operadora de telefonia o rol dos proprietários das linhas telefônicas ou o teor do colóquio dos interlocutores, apenas os numerários que utilizaram a Estação de Rádio Base na região, em período adstrito ao lapso delitivo, não carecendo de anterior decisão judicial para tanto, sobressaindo, inclusive, a necessidade da medida policial adotada, que delimitou a solicitação para a quebra do sigilo das conversas dos interlocutores dos telefones e da identificação dos números que os contataram, feita perante o Juízo competente, que aquiesceu com a obtenção do requestado." (STJ, Sexta Turma, **HC 247.331/RS**, Rel. Min. Maria Thereza de Assis Moura, j. 21/08/2014, DJe 03/09/2014). Em sua decisão, o ministro Barroso citou o precedente STF, Tribunal Pleno, **RE 418.416/SC**, Rel. Min. Sepúlveda Pertence, j 10/05/2006, DJe 19/12/2006.

[5] Devido à sua natureza anônima, os crimes informáticos próprios e impróprios representam, mais do que um problema de prova da materialidade, uma questão de determinação de autoria. A indeterminação de autoria também é a nota marcante dos crimes de mando e das execuções extrajudiciais, delitos nos quais a assistência da tecnologia é fundamental para o êxito da investigação. Cf. Aras, Vladimir. Crimes de informática: uma nova criminalidade.

12.850/2013 (para a varredura de torres) e pelos arts. 10, 22 e 23 do Marco Civil da Internet (MCI), para o cerco digital (*geofence*),[6] respectivamente. O rastreamento de suspeitos a partir do acesso a termos de busca usados no *Google Search* também está na berlinda.[7] A constitucionalidade dessas medidas está em questão no Tema 1148 da Repercussão Geral do STF, por eventual contraste com o art. 5º da Constituição.[8]

No particular, o STJ já consolidou sua posição no âmbito da 3ª Seção – que reúne a 5ª e a 6ª Turmas – de que "inexiste ilegalidade na decisão de magistrado que determina somente a identificação de contas vinculadas ao Google (não de conteúdo) que, de alguma forma, pudessem ter algum ponto em comum com os fatos objeto de investigação".[9]

Numa sociedade cada vez mais imersa em dados pessoais e não pessoais (*data-driven society*), o papel dos provedores de acesso, dos provedores de conteúdo e dos provedores de aplicações de Internet – especialmente as plataformas digitais muito grandes (VLOP) e os grandes buscadores (VLOSE)[10] – tornou-se extremamente relevante

Revista Jus Navigandi, ISSN 1518-4862, Teresina, ano 6, n. 51, 1 out. 2001. Disponível em: https://jus.com.br/artigos/2250. Acesso em: 10 mar. 2023.

[6] STJ, Terceira Seção, **RMS 62.143/RJ**, Rel. Min. Rogério Schietti Cruz, j. 26/08/2020, DJe 08/09/2020; e STJ, Terceira Seção, **RMS 61.302/RJ**, Rel. Min. Rogério Schietti Cruz, j. 26/08/2020, DJe 04/09/2020. Esses dois recursos em mandado de segurança cuidaram de pedidos de *geofence warrants*.

[7] STJ, Terceira Seção, **RMS 60.698/RJ**, Rel. Min. Rogério Schietti Cruz, j. 26/08/2020, DJe 04/09/2020. Esta técnica é conhecida em inglês como *keyword search history warrants*. Esse recurso cuidou da pesquisa por meio do *Google Search* de termos ou palavras-chave na *Internet*.

[8] STF, Tribunal Pleno, **RE 1.301.250/RJ**, Rel. Min. Rosa Weber, ainda não julgado, na data que escrevo, 14 de março de 2023. A ementa do Tema 1148 é a seguinte: "Limites para decretação judicial da quebra de sigilo de dados telemáticos, no âmbito de procedimentos penais, em relação a pessoas indeterminadas." Trata-se do caso Marielle Franco. Outros dois recursos extraordinários foram interpostos pelo Google Internet Brasil Ltda e pela Google Inc, estão sobrestados na origem, aguardando a solução da controvérsia no RE 1.301.250/RJ, selecionado para a repercussão geral. São eles o RE 1.303.161/RJ e o RE 1.303.167/RJ.

[9] STJ, Sexta Turma, **AgRg no RMS 65.180/PE**, Rel. Min. Rogerio Schietti Cruz, j. 20/09/2022, DJe 06/10/2022.

[10] Vide o art. 2º, alíneas *i* e *j*, e o art. 33 do *Digital Services Act* (DSA) sobre os conceitos de plataformas digitais muito grandes (*Very Large Online Platforms*) e de buscadores digitais muito grandes (*Very Large Online Search Engines*) e seus respectivos deveres. Cf. UNIÃO EUROPEIA. Regulamento (UE) 2022/2065 do Parlamento Europeu e do Conselho, de 19 de outubro de 2022, relativo a um mercado único para os serviços digitais e que altera a

também no contexto criminal. Muitos delitos, inclusive a difusão de conteúdos ilegais, são cometidos por meio desses serviços digitais; muitos crimes também podem ser apurados com sua assistência.

Neste artigo examinaremos decisões de tribunais norte-americanos que lidam com o tema do rastreamento digital e também decisões do Tribunal Europeu de Direitos Humanos, do Tribunal de Justiça da União Europeia e de tribunais franceses sobre investigação por rastros eletrônicos produzidos em virtude do uso de dispositivos móveis. Veremos também as razões que nos fazem afirmar que os métodos de acesso a todos os dados de torres de telefonia móvel (*tower dumps*) para sua varredura, e de cerco digital por acesso a aplicativos de Internet (*geofence*) são compatíveis com a Constituição Federal e com os tratados internacionais de direitos humanos aos quais o Brasil se vincula.

2. Vigilância eletrônica e rastreamento remoto

Também conhecida como observação sistemática ou intensificada (*systematic or intensified observations*), a vigilância eletrônica (*surveillance*) é uma variação tecnológica da tradicional "campana" policial, do seguimento policial ou levantamento de campo. A campana destina-se a produzir conhecimento sobre os contatos pessoais e profissionais de um suspeito e os locais por ele frequentados, que podem revelar bens e documentos ocultos, locais de crime, vínculos pessoais e o paradeiro de vítimas de ilícitos ou do produto ou proveito do crime. Pode ocorrer mediante mera observação a distância, a olho nu, ou com o apoio de equipamentos, a exemplo de binóculos, câmeras, transmissores, drones e aparelhos termais e dispositivos de visão noturna.

Para o STJ, a campana realizada por policiais à espera do fato "não se amolda à figura do flagrante preparado", desde que não haja instigação e tampouco preparação do ato, mas apenas o exercício de vigilância da conduta do agente criminoso tão-somente à espreita, aguardando a prática da infração penal.[11] De fato, "não há falar em flagrante preparado quando a atividade policial não teve o condão de induzir a prática dos delitos."[12]

Diretiva 2000/31/CE (Regulamento dos Serviços Digitais). Disponível em: https://eur-lex.europa.eu/legal-content/PT/TXT/HTML/?uri=CELEX:32022R2065&from=EN. Acesso em: 14 mar. 2023.

[11] STJ, Quinta Turma, **HC 40.436/PR**, Rel. Min. Laurita Vaz, j. 16/03/2006, DJ 02/05/2006.

[12] TRF-4, Oitava Turma, **ACR 2006.72.11.002087-7/SC**, Rel. Des. Victor Luiz dos Santos – convocado, j. 03/08/2011, DE 12/08/2011.

O STJ considera a campana uma diligência policial prévia necessária à confirmação de elementos para eventual prisão em flagrante de suspeitos.

> A existência de denúncia anônima de tráfico de drogas no local associada ao avistamento de um indivíduo correndo para o interior de sua residência não constituem fundamento suficiente para autorizar a conclusão de que, na residência em questão, estava sendo cometido algum tipo de delito, permanente ou não. Necessária a prévia realização de diligências policiais para verificar a veracidade das informações recebidas (ex: "campana que ateste movimentação atípica na residência»).[13]

2.1. Espécies de vigilância eletrônica

A expressão vigilância eletrônica engloba uma série de técnicas presenciais e remotas para rastreamento de suspeitos já conhecidos ou cuja identidade é ainda ignorada, abrangendo campanas assistidas por equipamentos eletrônicos e rastreamento telemático de suspeitos determinados ou ainda mediante o acesso a dados de tráfego e de conexão de certos pontos de acesso à telefonia móvel ou à Internet, ou por meio do acesso aos dados de conexão a serviços de provedores ou de aplicações de Internet. Portanto, nessa categoria podemos considerar o rastreamento de suspeitos por drones, por satélites, por introdução ativa de transmissores de geoposicionamento ou pelo acesso a dados em massa de telefonia celular (*tower dumps*) e a dados GPS a partir de telefonia móvel, ou ainda a dados mais precisos, relacionados ao acesso a aplicativos de Internet (*geofence*).

Assim, a vigilância ou observação policial pode assumir sua forma convencional, de natureza física, como a campana e o seguimento policial. Pode também tomar a forma de monitoramento em tempo real de contas bancárias em investigações patrimoniais ou o monitoramento de aparelhos digitais em investigações cibernéticas. Estas últimas modalidades são mais invasivas, em relação ao direito à vida privada, que as primeiras, envolvendo gravações audiovisuais ambientais, rastreamento e exame de dados, a partir de diligências conduzidas em espaços públicos

[13] STJ, Quinta Turma, **AgRg no HC 770.572/GO**, Min. Reynaldo Soares da Fonseca, j. 06/12/2022, DJe 14/12/2022.

ou em locais privados e veículos particulares. Do ponto de vista do território, a vigilância pode ser doméstica (nacional) ou transfronteiriça, caso em que deve estar prevista em acordos bilaterais ou multilaterais.[14]

Segundo o Comitê Europeu para os Problemas Criminais, o termo "vigilância" abrange vários tipos de TEI, dando-se como exemplos em investigações de cibercrimes o uso de registradores de IPs (*IP loggers*), registradores de pressionamento de teclas (*key-loggers*) e outros métodos mais complexos.[15]

Na observação ou vigilância, é possível utilizar todos os meios tecnológicos existentes para coletar informações e provas de um crime. Faz-se pelo uso de câmeras de vídeo (com ou sem gravadores de áudio) ou de máquinas fotográficas manejadas a distância em locais públicos, ou por circuitos de TV (*closed-circuit television*) instalados em ambientes públicos (um aeroporto ou uma rua, por exemplo), em locais privados de livre acesso ao público (um shopping ou um clube) e em veículos oficiais ostensivos ou não. O videomonitoramento pode ser conjugado com aplicações (*softwares*) de reconhecimento facial biométrico.

A vigilância também pode ser executada à distância, mediante sistemas de navegação ou posicionamento por satélite, que, por meio de sinais eletromagnéticos, determinam com escassa margem de erro a latitude, a longitude e a altitude do alvo, velocidade de deslocamento e a hora local a partir de parâmetros UTC. Identificados pela sigla GNSS (*Global Navigation Satellite Systems*), o mais conhecido desses sistemas é o norte-americano *Global Positioning System* (GPS). Mas existem outros

[14] Vide, por exemplo, o art. 15 do Acordo entre o Brasil e o Uruguai de Cooperação Policial em Matéria de Investigação, Prevenção e Controle de Fatos Delituosos, concluído em Rio Branco em 2004: "No desenvolvimento da investigação de um delito ou na vigilância de uma ou mais pessoas que tenham presumivelmente participado de um fato delituoso e que possam ser objeto de extradição, as autoridades policiais de uma das Partes poderão atuar como observadores no território da outra Parte, mediante prévia solicitação, devidamente autorizada."

[15] CONSELHO DA EUROPA. European Committee on Crime Problems (CDPC Committee of Experts on the Operation of European Conventions on Co-Operation in Criminal Matters (PC-OC). Special Investigative Techniques: Assessing the Need for Additional Regulation in the Council of Europe's Instruments of Legal Assistance in Criminal Matters. Strasbourg, 19 August 2021. Disponível em: https://rm.coe.int/pc-ocmod-2021-04sit-pc-oc-litvishko/1680a38e0b. Acesso em: 11 mar. 2023.

como o russo *Glonass*, o europeu *Galileo* e o chinês *Beidou* (BDS), todos operando na faixa de radiofrequência em Gigahertz.

Em alguns países, podem ser utilizados equipamentos do tipo Veículos Aéreos Não-Tripulados (VANT) ou *Unmanned Aerial Vehicle (UAV)*, em sua capacidade de sensoriamento remoto, dotados de sensores eletromagnéticos, acústicos, visuais, biológicos e químicos. A Polícia Federal brasileira dispõe de unidades deste tipo (drones), que podem ser usados sem ordem judicial, quando a vigilância se der em espaços públicos, especialmente em regiões de fronteira.

A vigilância, ou observação, presta-se também à localização de pessoas, como rastreamento para trás ou em tempo real,[16] podendo-se realizar a partir de um ponto fixo ou em perseguição ou acompanhamento (campana móvel)[17], com a utilização de veículos descaracterizados, com placas "frias"[18], com drones, ou mediante a encenação de atividades ordinárias (histórias-cobertura). Como exemplo, os agentes policiais podem fazer-se passar por prestadores de serviços nas proximidades do local observado.

Segundo o art. 8º-A da Lei 9.296/1996, "a instalação do dispositivo de captação ambiental poderá ser realizada, quando necessária, por meio de operação policial disfarçada ou no período noturno, exceto na casa, nos termos do inciso XI do caput do art. 5º da Constituição Federal."

2.2. Legislação aplicável à vigilância eletrônica no Brasil

A vigilância eletrônica é objeto do art. 20.1 da Convenção das Nações Unidas contra o Crime Organizado Transnacional, promulgada no Brasil pelo Decreto 5.015/2004, compondo o regime jurídico internacional contra a delinquência organizada na forma de um mandado de adequação aos Estados Partes:

[16] Como no art. 13-A do CPP, para crimes relacionados ao tráfico de pessoas, uma expressão mais ampla do que parece a uma primeira leitura.

[17] Exemplo de caso que empregou esta TEI é a Operação Princesas do Sertão, sobre tráfico internacional de pessoas da Bahia para a Espanha e a Itália, conduzida pelo MPF e pela PF em Feira de Santana, em 2006. Vítimas e suspeitos foram submetidos a observação policial em seus trajetos.

[18] Desde a entrada em vigor da Lei 12.694/2012, o art. 115, §7º, do CTB passou a permitir que veículos do Ministério Público e do Poder Judiciário utilizem placas veladas, para impedir a identificação de seus usuários.

> Artigo 20 – Técnicas especiais de investigação
>
> 1. Se os princípios fundamentais do seu ordenamento jurídico nacinal o permitirem, cada Estado Parte, tendo em conta as suas possibilidades e em conformidade com as condições prescritas no seu direito interno, adotará as medidas necessárias para permitir o recurso apropriado a entregas vigiadas e, quando o considere adequado, o recurso a outras técnicas especiais de investigação, como a vigilância eletrônica ou outras formas de vigilância e as operações de infiltração, por parte das autoridades competentes no seu território, a fim de combater eficazmente a criminalidade organizada.[19]

O art. 3º, inciso IV, da Lei 12.850/2013 regula o acesso a registros de ligações telefônicas e telemáticas, a dados cadastrais constantes de bancos de dados públicos ou privados e a informações eleitorais ou comerciais. No entanto, o art. 15 limita-se a permitir o acesso direto do Ministério Público e da Polícia a dados cadastrais, inclusive os de telefonia; e o art. 17 manda as concessionárias de telefonia manterem, por 5 anos, os registros de identificação dos números dos terminais de origem e de destino das ligações telefônicas internacionais, interurbanas e locais.

Introduzido no CPP pela Lei do Tráfico de Pessoas, de 2016, o art. 13-B regula a vigilância eletrônica de suspeitos ou vítimas, por geolocalização a partir de sinais de GPS ou de torres de telefonia celular.

Esta técnica pode ser empregada sempre que necessário à prevenção e à repressão de crimes relacionados ao tráfico de pessoas, como os delitos dos arts. 149, 149-A, 206, 207, 232-A e 288 do Código Penal, assim como infrações previstas na Lei 12.850/2013 e na Lei 9.613/1998.

Com redação truncada, o dispositivo permite à Polícia e ao Ministério Público obter diretamente das prestadoras de serviços de telecomunicações e de plataformas digitais sinais,[20] informações de conexão e dados de tráfego que permitam a localização da vítima ou dos suspeitos de um delito em tempo real. É justamente o fato de o crime estar em curso que caracteriza a situação emergencial que justifica a dispensa de autorização judicial excepcionalmente para acesso a tais dados.

[19] Vide também o art. 50.1 da Convenção de Mérida, de 2003, que tem dispositivo similar.

[20] Sinais de GPS ou de torres de telefonia celular (ERBs), por exemplo.

Conforme o §1º do art. 13-B do CPP, sinal "significa posicionamento da estação de cobertura, setorização e intensidade de radiofrequência" e se distingue do conteúdo comunicacional, que somente pode ser obtido mediante autorização judicial, nos termos do inciso I do §2º, sem qualquer exceção.

Quando requisitados sem autorização judicial, tais sinais e dados de tráfego só podem ser fornecidos diretamente aos órgãos de persecução por até 60 dias (inciso II), enquanto houver indícios de que o crime está em curso. Para períodos superiores a dois meses, exige-se apresentação de ordem judicial (inciso III).

Contudo, como esclarece o §4º do art. 13-B, a requisição direta dessas informações às companhias telefônicas e às plataformas digitais só ocorrerá se a autoridade judiciária competente não responder ao pedido da Polícia ou do MP em 12 horas, a partir do recebimento da solicitação. Isto significa que o primeiro passo da autoridade de investigação é sempre dirigir-se ao juiz competente.

O arts. 10 e 22 do Marco Civil da Internet também viabilizam rastreamento eletrônico de suspeitos, dando origem a medidas especiais como o *geofence*. O dispositivo aplica-se no âmbito cível e penal. Diz-se que a parte interessada "poderá, com o propósito de formar conjunto probatório em processo judicial cível ou penal, em caráter incidental ou autônomo, requerer ao juiz que ordene ao responsável pela guarda o fornecimento de registros de conexão ou de registros de acesso a aplicações de internet". Para obter o acesso aos dados de tráfego armazenados pelas empresas provedoras de acesso ou de aplicações de Internet, a parte interessada deverá provar sua legitimidade e demonstrar a existência de fundados indícios da ocorrência de um ilícito; apresentar justificativa motivada da utilidade dos registros solicitados para fins de investigação ou instrução probatória; e delimitar o período ao qual se referem os registros.

2.3. O tratamento da vigilância eletrônica na Europa

No caso *Uzun vs. Alemanha*, de 2010, o TEDH considerou legal a vigilância eletrônica por sinais de satélites (*GPS surveillance*) de que se valeram órgãos de persecução criminal alemães para apuração de crimes graves atribuídos a Bernhard Uzun. O Ministério Público requisitou à Polícia (*Bundeskriminalamt*) a utilização do rastreador por satélite, que foi instalado no veículo do seu suposto cúmplice. Os tribunais alemães consideraram válida a técnica, e o TEDH afirmou que se trata de medida menos intrusiva que a interceptação telefônica, concluindo não ter havido ofensa ao art. 8º da CEDH. O aparato GPS pode ser instalado pelo próprio suspeito, na condição de cliente de um serviço qualquer de rastreamento de veículos (*vehicle tracking system*) e acessado pela Polícia, ou o dispositivo pode ser inserido deliberadamente pela Polícia.[21]

Em 2018, no caso *Ben Faiza vs. França*, o TEDH afirmou que a coleta de dados de telefonia celular a partir de ERBs não havia violado o art. 8º da Convenção Europeia em detrimento do requerente. A Polícia buscou obter a lista de torres de telefonia móvel que haviam sido vinculadas ao aparelho do suspeito, para rastreamento de seus deslocamentos. Para o Tribunal, o mandado judicial foi expedido conforme a lei francesa de 2014,[22] com o fim de elucidar crimes de tráfico internacional de drogas, associação criminosa e lavagem de dinheiro, objetivos legítimos e necessários numa sociedade democrática. Ademais, considerou o TEDH que posteriormente a sua coleta os dados obtidos foram submetidos a contraditório num julgamento justo, conforme o devido processo legal.[23]

A referida lei de 2014 foi examinada pelo Conselho Constitucional da França, que concluiu pela sua constitucionalidade em quase sua totalidade. Na decisão em questão, deu-se o conceito de geolocalização como uma técnica de vigilância eletrônica.

> 13. Considerando que a geolocalização é uma medida de polícia judiciária que consiste no acompanhamento de uma pessoa por meio de procedimentos técnicos, seguindo, em tempo real, a posição geográfica de um veículo que essa pessoa supostamente esteja usando ou de qualquer outro objeto, em particular um telefone, que ela poderia portar; que a

[21] Tribunal Europeu de Direitos Humanos. Case of Uzun v. Germany. Judgment 2 September 2010. Disponível em: https://hudoc.echr.coe.int/eng-press#{%22itemid%22:[%22003-3241790-3612154%22]}. Acesso em: 11 mar. 2023. Este foi o primeiro caso de vigilância eletrônica por GPS a ser decidido pelo TEDH.

[22] Loi nº 2014-372 du 28 mars 2014 relative à la géolocalisation, que introduziu um novo capítulo V no Título IV do Código de Processo Penal francês, composto dos arts. 230-32 a 230-44.

[23] TRIBUNAL EUROPEU DE DIREITOS HUMANOS. Affaire Ben Faiza c. France, Arrêt 8 Mai 2018. Disponível em: https://hudoc.echr.coe.int/eng-press#{%22itemid%22:[%22003-5999245-7685292%22]}. Acesso em: 11 mar. 2023.

> implementação dessa medida não envolve qualquer ato de coação sobre a pessoa ou lesão à sua integridade corporal, apreensão, interceptação de correspondência ou gravação de imagens ou sons; que a invasão de privacidade resultante da implementação deste sistema consiste na monitorização por localização contínua e em tempo real de uma pessoa, na monitorização dos seus movimentos em todos os locais públicos ou privados bem como no registro e tratamento dos dados assim obtido;[24]

Para a geolocalização, pode ser utilizado "qualquer meio técnico" destinado à localização em tempo real, em qualquer parte do território francês, de uma pessoa, mesmo sem o seu conhecimento; de um veículo ou de qualquer outro objeto, sem consentimento do seu proprietário ou possuidor, se tal diligência for necessária nas circunstâncias, para a apuração de um crime com pena de prisão não inferior a três anos; para investigação de desaparecimento de pessoas ou de causa de mortes de motivo ignorado, conforme a lei; e para a localização de fugitivos. A medida pode ser autorizada pelo procurador da República por um prazo de 8 a 15 dias, a depender da infração penal. Se o rastreamento for necessário por prazo superior, o procurador deve requerer sua implantação ao juiz das garantias (*juge des libertés et de la détention*), por até um mês, renovável por igual prazo. O juiz de instrução também pode deferi-la, por até quatro meses renováveis. A execução é de competência da Polícia Judiciária sob supervisão do magistrado (do Parquet ou judicial) que a ordenou. Segundo o art. 230-43 do CPP francês, as gravações dos dados de geolocalização devem ser destruídas, a pedido do procurador da República ou do procurador-Geral, decorrido o prazo de prescrição da ação penal pública, elaborando-se um relatório desse incidente de proteção de dados pessoais.[25]

Analisando o quadro legal anterior à lei de 2014, a Corte de Cassação francesa decidiu em dois casos julgados em 22 de outubro de 2013, que uma medida de geolocalização em tempo real de um aparelho celular

[24] FRANÇA. Conseil constitutionnel. Décision nº 2014-603 DC du 25 mars 2014. Disponível em: https://www.legifrance.gouv.fr/jorf/id/JORFTEXT000028790821. Acesso em: 11 mar. 2023.

[25] FRANÇA. Code de procédure pénale. Disponível em: https://www.legifrance.gouv.fr/codes/section_lc/LEGITEXT000006071154/LEGISCTA000028793411/#LEGISCTA000028793411. Acesso em: 11 mar. 2023.

"constitui uma interferência na vida privada, cuja garantia exige que seja executada sob a supervisão de um juiz". Ao aplicar essa premissa, a Corte francesa validou operações de geolocalização conduzidas sob controle de um juiz.[26]

Já no caso *P.G. e J.H. vs. Reino Unido*, de 2001, o TEDH concluiu que ao instalar uma escuta ambiental no apartamento do suspeito, a Polícia agiu com base na lei vigente e que as informações obtidas foram utilizadas numa investigação sobre o crime de conspiração para cometer roubos e nenhuma questão de quebra de proporcionalidade foi identificada. Entendeu a Corte que a medida foi devidamente justificada para a proteção da segurança pública, a prevenção do crime e a proteção dos direitos dos outros.[27]

Porém, apesar de entender que o direito à razoável expectativa de privacidade não é um fator determinante para macular uma prova obtida mediante a vigilância de um suspeito em locais públicos, o TEDH invalidou, por falta de previsão legal (*absence of statutory authority*), a instalação de dispositivo de vigilância (*covert surveillance device*) para gravação ambiental feita na delegacia de Polícia. O objetivo da medida foi obter amostras de voz dos suspeitos para fins de comparação em perícia de fonética forense.[28]

De todo modo, o monitoramento eletrônico de um sujeito-alvo que saia à rua não ofende o seu direito à privacidade, embora essa expectativa em certa medida possa existir mesmo em tais locais.[29] A Polícia pode registrar em vídeo tudo aquilo que normalmente pode ver, perceber ou detectar a olho nu.[30]

[26] FRANÇA. Cour de cassation, criminelle, Chambre criminelle, 22 octobre 2013, 13-81.949. Disponível em: https://www.legifrance.gouv.fr/juri/id/JURITEXT000028116556/. Acesso em: 11 mar. 2023.

[27] TRIBUNAL EUROPEU DE DIREITOS HUMANOS. Case of P.G. and J.H. v. the United Kingdom. Judgment 25 September 2001. Disponível em: https://hudoc.echr.coe.int/eng#{%22itemid%22:[%22001-59665%22]}. Acesso em: 12 mar. 2023.

[28] Em *P. G. e J. H. vs. Reino Unido*, o TEDH também deixou claro, mais uma vez, o alcance da garantia *nemo tenetur se detegere*, ao concluir que "as amostras de voz podem ser consideradas semelhantes a outros espécimes usados em análise forense, às quais não se aplica o privilégio da autoincriminação."

[29] GUIRGUIS, Max. Electronic visual surveillance and the reasonable expectation of privacy. In: **Journal of Technology, Law and Policy**. University of Florida: Gainesville, 2009, vol. 9.

[30] Vide o caso *Katz vs. United States*, da Suprema Corte dos Estados Unidos, e também o caso *Taketa vs. United States (9th Circuit Court)*, que interpretam a 4ª Emenda à Constituição dos

Interpretando a posição do TEDH quanto ao uso do GPS como técnica especial de investigação e como prova em juízo, ZANNONI entende que o Tribunal se satisfaz com uma abordagem mais genérica, no quadro de garantias, do que as exigidas para a intercepção de telecomunicações. O crime sob investigação deve ser grave, e a ingerência deve ter duração razoável. Além disso, deve haver controles *ex ante* e *ex post*, este último sempre a cargo de um juiz.[31]

> A vigilância por GPS deve derivar de uma necessidade concreta e efetiva para investigações de acordo com uma avaliação *ex ante*. Isso não significa que o pedido para esta técnica de investigação especial deve ser apoiado por evidências incriminatórias claras e fortes (*dringender Tatverdacht*). No entanto, é necessário que os indícios disponíveis forneçam ao menos motivos suficientes para suspeitar (*hinreichender Tatverdacht*) de que um crime foi, está sendo ou será cometido. Somente neste caso, a interferência sobre a vida privada de alguém será "necessária em uma sociedade democrática", conforme exigido pelo art. 8º da CEDH.[32]

2.4. Os vários usos da vigilância eletrônica

Como vimos, é possível realizar a vigilância eletrônica pelo acompanhamento de sinais de telefonia celular do suspeito a partir das Estações Rádio Base (ERB) ou por acesso a sinais de satélites de posicionamento global. Tais técnicas não se confundem com a interceptação de telecomunicações (*interception* e *eavesdropping*), pois não se trata de captar os diálogos do sujeito-alvo, mas sim de acompanhar os seus passos com os dados do GPS ou das ERBs ativadas pelo aparelho móvel por ele portado. É mero rastreamento de sinais (*tracing of telecommunications*).

Estados Unidos nesse contexto. Em *Katz*, de 1967, o precedente que introduziu o conceito de razoável expectativa de privacidade, a Suprema Corte invalidou gravação pela Polícia, sem mandado judicial, feita mediante a colocação de um grampo na parte externa de uma cabine telefônica usada pelo suspeito, numa técnica de *eavesdropping*. Também se afirmou que a invasão de privacidade podia ocorrer independentemente do acesso físico (*physical intrusion*) a determinado espaço no qual estiver o alvo.

[31] ZANNONI, Diego. GPS Surveillance from the Perspective of the European Convention on Human Rights, EuCLR, vl. 8, 2/2918, pp. 310-312. Disponível em: https://www.nomos-elibrary.de/10.5771/2193-5505-2018-2-294.pdf?download_full_pdf=1&page=1. Acesso em: 11 mar. 2023.

[32] ZANNONI, Diego. GPS Surveillance from...*op. cit.*, 2018, p. 310. Acesso em: 11 mar. 2023.

Por esse motivo, esta medida não se regula pela Lei 9.296/1996; orienta-se pelo art. 3º, inciso II, da Lei 12.850/2013 ("sinais eletromagnéticos"), pelo art. 13-B do CPP e pelos arts. 10 e 22 do Marco Civil da Internet.

No campo informático, a quebra de sigilo de dados de *Internet Protocol* (IP), que se distingue da interceptação telemática, pode servir à localização de suspeitos e à determinação de autoria de crimes. Essa espécie de diligência foi considerada legítima pelo STJ: "A obtenção de dados do usuário de determinado *Internet Protocol* (IP) consistente tão só na identificação da propriedade e do endereço em que instalado o computador do qual partiu o escrito criminoso não está resguardada pelo sigilo de que cuida o art. 5º, XII, da CF/1988, nem pelo direito à intimidade, que não é absoluto, prescrito no inciso X daquele mesmo artigo".[33]

Em procedimento cível, o STJ interpretou os arts. 10, §1º, e 22 do MCI e afirmou o dever jurídico de prestadores de serviços de acesso e de aplicações de Internet de armazenar dados cadastrais e de conexão e de informá-los à pessoa prejudicada, quando houver solicitação ou determinação judicial.

> Em relação ao dever jurídico em si de prestar informações sobre a identidade de usuário de serviço de internet, ofensor de direito alheio, o entendimento mais recente da Corte reconhece a obrigação do provedor de conexão/acesso à internet de, uma vez instado pelo Poder Judiciário, fornecer, com base no endereço de IP ("*Internet Protocol*"), os dados cadastrais de usuário autor de ato ilícito, sendo possível a imposição de multa no caso de descumprimento da ordem, "mesmo que seja para a apresentação de dados cadastrais".[34]

Assim, para o STJ, "havendo indícios de ilicitude e em se tratando de pedido específico voltado à obtenção dos dados cadastrais (como nome, endereço, RG e CPF) dos usuários cuja remoção já tenha sido determinada – a partir dos IPs já apresentados pelo provedor de aplicação –, a privacidade do usuário não prevalece. Conclui-se, assim, pela possibilidade de que os provedores de conexão/acesso forneçam os dados plei-

[33] STJ, Sexta Turma, **HC 83.338/DF**, Rel. Min. Hamilton Carvalhido, j. 29/09/2009, DJe 26/10/2009.

[34] STJ, Quarta Turma, **RESP 1.914.596/RJ**, Rel. Min. Luis Felipe Salomão, j. 23/11/2021, DJe 08/02/2022.

teados, ainda que não tenham integrado a relação processual em que formulado o requerimento para a identificação do usuário".[35]

Igualmente viáveis são o rastreamento e a localização de suspeitos mediante a utilização de dados fornecidos por instituições financeiras ou administradoras de cartões de crédito. A grande informatização dos serviços bancários de compras a débito e crédito no País, o surgimento do PIX e a vasta rede interligada de agências, *automated teller machines* (ATM) e agentes terceirizados (Correios, casas lotéricas, supermercados, etc) permitem que um determinado suspeito seja "seguido" ou localizado apenas com o uso dos dados de acesso aos serviços bancários, mediante *monitoramento financeiro*.[36] O objetivo da medida não é conhecer o valor de transações do suspeito, mas sim localizá-lo a partir dos estabelecimentos por ele frequentados ou dos equipamentos bancários por ele utilizados, ou ainda acompanhar suas movimentações financeiras, para fins de inteligência, no âmbito de procedimentos de investigação patrimonial ou de diligências de captura.[37]

Trata-se de estratégia muito útil para rastrear foragidos. Não se trata de quebra do sigilo bancário para devassa financeira. É aplicável a Lei Complementar 105/2001 – cujo §4º do art. 1º prevê um rol não taxativo de crimes –, mas cuida-se, em verdade, de técnica, dependente de autorização judicial, de *acesso a dados* para localização do suspeito, mediante monitoramento em "tempo real" de seus acessos à rede informática bancária. A diligência encontra suporte no art. 3º, incisos II e IV da Lei 12.850/2013.[38]

[35] STJ, Quarta Turma, **RESP 1.914.596/RJ**, Rel. Min. Luis Felipe Salomão, j. 23/11/2021, DJe 08/02/2022.

[36] Vide os arts. 13, 14 e 15 da Recomendação nº 6, de 2017, do Comitê de Ministros do Conselho da Europa.

[37] O art. 19 da Convenção de Varsóvia, de 2005, ou CETS 198, do Conselho da Europa, permite esse tipo de procedimento.

[38] STF, Tribunal Pleno, **ADI 1570/DF**, Rel. Min. Maurício Correa, j. 12//02/2004, DJe 22/10/2004. Nesta ação, o STF considerou que a Lei Complementar 105/2001 revogou implicitamente o art. 3º e não o art. 2º, inciso III, da Lei 9.034/1995, que dizia respeito ao acesso a dados bancários e financeiros diretamente pelo juiz. Não havia nenhuma incompatibilidade lógica entre a LC 105/2001 e o art. 2º, III, da antiga LCO. A LC 105/2001 não prevê expressamente a diligência de acesso a dados bancários para simples rastreamento (fazendo-o somente em relação à quebra de sigilo do conteúdo das operações). Na ADI 1570/DF, o STF não se manifestou sobre essa técnica menos intrusiva. Logo, os incisos II e

Essa TEI também serve para viabilizar o andamento do processo penal e a efetiva prestação jurisdicional, diante do incidente previsto no art. 366 do CPP, e/ou para garantir a aplicação da lei penal, exista ou não mandado de prisão em aberto contra o réu foragido ou que esteja em local incerto e ignorado. Como não há acesso ao conteúdo das transações financeiras, mas simplesmente aos nomes e endereços dos estabelecimentos comerciais e agências bancárias nos quais os cartões de crédito ou débito foram usados, ou aos dados das transferências PIX feitas, esta é uma ferramenta de investigação menos intrusiva que a interceptação de comunicações. Porém, sem aperceber-se desses traços distintivos, a 6ª Turma do STJ considerou que a "invocação da necessidade de localizar o réu não é, por si só, suficiente a justificar o afastamento da regra constitucional da inviolabilidade dos sigilos, principalmente na hipótese presente, quando a medida alcançou também os genitores do acusado"[39]. A solução dada pela Corte é equivocada, com a devida vênia, pois as restrições constitucionais ao mero rastreamento são menos severas que as relativas à devassa de transações financeiras. Ademais, a autorização prevista no art. 1º, §4º, da LCF 105/2001 tem por fim permitir a apuração da ocorrência de "qualquer ilícito", ou seja, a materialidade e a *autoria* do crime (art. 4º, do CPP), o que implica, necessariamente, a identificação e localização do acusado, para que venha defender-se presencialmente, em virtude da proibição do julgamento *in absentiam*.

Alguns sistemas informáticos permitem a identificação automática de placas e características (cor e modelo) de veículos para fins de ras-

IV do art. 3º da atual Lei 12.850/2013 podem ser aplicados. De fato, o que o STF fez foi vetar a coleta de dados diretamente pelo juiz investigador, na forma do art. 3º da Lei 9.034/1995, revogada em 2013. Este sim era o objeto da ADI proposta pelo PGR. O voto do relator evidencia que a decisão do STF não apontou qualquer vício na TEI do antigo inciso III do art. 2º em si mesma: "Constata-se, dessa forma, que em relação aos sigilos bancário e financeiro na apuração das ações delituosas praticadas por organizações criminosas, lei superveniente e de hierarquia superior regulou integralmente a questão, revogando, por incompatibilidade, a norma anterior, ora em julgamento. Na lição de Alberto Silva Franco, '...embora não tenha havido uma explícita revogação na Lei Complementar, força é convir, pelas razões mencionadas, que o texto do art. 3º da Lei 9.034/95 não tem mais condições de subsistência e o juiz inquisidor e arrebanhador de provas foi morto e sepultado". Assim, a TEI de acesso a dados para monitoramento financeiro, não foi objeto daquela ADI.

[39] STJ, Sexta Turma, **HC 133.347/PE**, Rel. Min. Og Fernandes, j. 10/11/2009, DJe 30/11/2009.

treamento. Na Inglaterra, a autoridade de trânsito de Londres utiliza um conjunto de câmeras de reconhecimento automático de placas veiculares (*automatic number plate recognition*) para controlar os automóveis que entram na zona de trânsito pedagiada da capital britânica (*London Congestion Charge*). Algumas cidades brasileiras valem-se de sistemas semelhantes para controle de regiões de tráfego restrito e para a alimentação de sensores de velocidade. Os sistemas de bilhetagem eletrônica em pedágios convencionais também podem ser utilizados para rastreamento de veículos, bens (ativos) e pessoas. Tais programas normalmente operam com sistemas de inteligência artificial.

No Brasil, o Sistema Nacional de Identificação de Veículos em Movimento (SINIVEM)[40], desenvolvido pela Federação Nacional das Empresas de Seguros Privados (Fenaseg), para minorar os prejuízos com veículos segurados roubados ou furtados e com fraudes em seguros (estelionato), pode ser utilizado para a mesma finalidade, já que é capaz de fotografar automóveis e identificar automaticamente suas licenças e confirmar seu status, mediante cruzamento de bases de dados publicamente disponíveis dos departamentos de trânsito. Ao longo dos anos, o sistema se ampliou e passou a ser usado largamente pela Polícia Rodoviária Federal e pela Receita Federal em suas atividades fiscalizatórias, mediante acesso pela Rede Infoseg, da Secretaria Nacional de Segurança Pública (SENASP).

Muito mais polêmicos são os sistemas automatizados de reconhecimento facial, por meio de modelos de *machine learning*. O Pacote Anticrime introduziu no art. 7º-C da Lei 12.037/2009 o Banco Nacional Multibiométrico, que pode conter amostras de impressões digitais, voz, íris e face de pessoas suspeitas e de acusados, para subsidiar inves-

[40] Criado em 2003, o Sinivem, também conhecido como "Projeto Fronteiras", foi utilizado com sucesso em algumas investigações do Ministério Público Federal em Foz do Iguaçu/PR, em 2003 e 2004. Na Operação Trânsito Livre, câmeras instaladas na BR-277 foram utilizadas para identificar veículos e ônibus ("dinos") envolvidos num esquema de contrabando, descaminho e facilitação a esses crimes, com a participação de policiais rodoviários federais. Veículos cujas placas eram mencionadas em escutas telefônicas foram localizados e fotografados pelas câmeras do SINIVEM instaladas no posto da PRF em Santa Terezinha de Itaipu/PR, naquela rodovia, próxima à fronteira Brasil/Paraguai. Numa atuação semelhante, em junho de 2010, a Delegacia da PRF em Ourinhos/SP descobriu que o caminhão de placa LZI-4944, que fora apreendido com um carregamento de maconha, veio de Santa Terezinha de Itaipu/PR, o que serviu de indício da origem paraguaia da droga.

tigações criminais federais, estaduais ou distritais. O acesso ao banco depende de autorização judicial, nos termos do §11 do art. 7º-C. Os *softwares* de reconhecimento facial automático também usam bases de dados públicas,[41] mas sua precisão é questionada, pela incidência de falsos positivos, especialmente em populações não caucasianas,[42] o que aumenta o risco de abordagens policiais e prisões indevidas, em virtude dos vieses algorítmicos.[43]

No contexto das técnicas de campana, não se pode relevar a importância da técnica denominada vigilância transfronteiriça (*cross-border observation*), permitida na Europa desde a Convenção de Schengen de 1990.[44] De acordo com o art. 40 do tratado, as autoridades da União Europeia podem prosseguir na campana móvel de um suspeito, mesmo se houver transposição das fronteiras nacionais. Uma previsão convencional desta ordem seria muito útil no Mercosul, devido à grande mobilidade de criminosos, especialmente narcotraficantes, coiotes e contrabandistas, nas extensas e mal vigiadas fronteiras do Cone Sul. Tal regra tem correspondência no plano doméstico, pois o art. 250 do CPP autoriza policiais a penetrar no território de "jurisdição" alheia, ainda que de outro Estado da Federação, quando, para o fim de apreensão, forem no seguimento de pessoa ou coisa. Como vimos, o Acordo de

[41] Segundo o § 5º do art. 7º-C da Lei 12.037/2009, podem "integrar o Banco Nacional Multibiométrico e de Impressões Digitais, ou com ele interoperar, os dados de registros constantes em quaisquer bancos de dados geridos por órgãos dos Poderes Executivo, Legislativo e Judiciário das esferas federal, estadual e distrital, inclusive pelo Tribunal Superior Eleitoral e pelos Institutos de Identificação Civil." Essa interoperabilidade deve observar o direito à proteção de dados pessoais e o direito à autodeterminação informacional.

[42] BUOLAMWINI, Joy; GEBRU, Timnit. Gender Shades: Intersectional Accuracy Disparities in Commercial Gender Classification. In: **Proceedings of Machine Learning Research** 81:1–15, 2018. Disponível em: http://proceedings.mlr.press/v81/buolamwini18a/buolamwini18a.pdf. Acesso em: 12 mar. 2023.

[43] ARAS, Vladimir. A inteligência artificial e o direito de ser julgado por humanos. In: PINTO, Henrique Alves; GUEDES, Jefferson Carús; CÉSAR, Joaquim Portes de Cerqueira. **Inteligência artificial aplicada ao processo de tomada de decisões**. Belo Horizonte: D'Plácido, 2020, pp. 85-130.

[44] UNIÃO EUROPEIA. Convenção de aplicação do Acordo de Schengen, de 14 de junho de 1985, entre os Governos dos Estados da União Económica Benelux, da República Federal da Alemanha e da República Francesa relativo à supressão gradual dos controlos nas fronteiras comuns, de 1990. Disponível em: https://eur-lex.europa.eu/legal-content/PT/TXT/HTML/?uri=CELEX:42000A0922(02)&from=GA. Acesso em: 11 mar. 2023.

Rio Branco, de 2004, permite a observação transfronteiriça entre o Brasil e o Uruguai. Além disso, o Acordo de Bento Gonçalves, de 2019, cuida da vigilância fronteiriça no seu art. 8º.[45]

As perseguições transfonteiriças em situação de flagrante (*hot pursuits*), que não são verdadeiramente uma TEI, também foram reguladas pela Convenção para Aplicação do Acordo de Schengen. Sua disciplina está no art. 41 daquele Tratado. No Mercosul, o Acordo de Bento Gonçalves, de 2019, regulara a perseguição transfronteiriça no seu art. 7º.[46]

Muito útil para a observação e o seguimento de suspeitos é o *Schengen Information System* (SIS), base de dados multinacional sobre a identificação e movimentação de pessoas e documentos, armas, veículos e instrumentos de crédito perdidos, furtados ou roubados. O SIS pode ser acessado pelos órgãos de persecução dos países do espaço de Schengen e também do Reino Unido, Irlanda, Noruega, Suíça e Islândia, respeitados as regras de proteção de dados pessoais. Mais modesto, o Sistema de Intercâmbio de Informação de Segurança (SISME), do Mercosul, tem função similar. Esse sistema passou a ser previsto no art. 4º do Acordo de Córdoba, de 2006.[47]

Em geral, a vigilância policial prescinde de autorização judicial. Somente quando realizada em recintos fechados, protegidos pela cláusula de inviolabilidade domiciliar e nos locais em que há razoável expectativa de privacidade, a observação e acompanhamento policiais devem ser precedidos de mandado da autoridade judiciária competente. É aí então que se fala na técnica denominada exploração de local, para entrada em determinados recintos e registro de fatos.

[45] MERCOSUL. Acordo de Cooperação Policial Aplicável aos Espaços Fronteiriços entre os Estados Partes do MERCOSUL. Bento Gonçalves, 5 de dezembro de 2019. Disponível em: https://concordia.itamaraty.gov.br/detalhamento-acordo/12376?page=2&s=india&tipoPesquisa=1. Acesso em: 12 mar. 2023. Este tratado ainda não está em vigor.

[46] Acordo de Cooperação Policial Aplicável aos Espaços Fronteiriços entre os Estados Partes do MERCOSUL, concluído em Bento Gonçalves, em 5 de dezembro de 2019. Este tratado ainda não está em vigor.

[47] MERCOSUL. Acordo-Quadro sobre Cooperação em Matéria de Segurança Regional entre os Estados Partes do Mercosul, a República da Bolívia, a República do Chile, a República do Equador, a República do Peru e a República Bolivariana da Venezuela, celebrado em Córdoba, em 20 de julho de 2006. Disponível em: https://www.camara.leg.br/proposicoesWeb/prop_mostrarintegra?codteor=1946683. Acesso em: 12 mar. 2023.

3. Cerco digital ou quebra de sigilo geográfico (*geofence*)

Como técnica especial de investigação, o *geofence*[48] é um mero mapeamento de presença digital, numa área delimitada num específico período de tempo, para fins investigativos. A autoridade competente estabelece um perímetro virtual de busca para descobrir pessoas implicadas num crime. Este cerco digital não prova a autoria de uma infração penal, mas permite identificar potenciais autores e também localizar eventuais testemunhas, mediante uma técnica de rastreamento de dispositivos conectados à Internet, especialmente celulares (*cell phone tracking*).

O rastreamento de uma pessoa usualmente é feito pelo acesso a informações de tráfego ou de itinerário (*roaming*) relacionado a torres de telefonia celular, também chamadas de Estações Rádio Base (ERBs) e conhecidas em inglês como *cell-site location information* (CSLI). Para precisar um local, o rastreador também adota sinais de sistemas de geoposicionamento que detectam ondas de rádio enviadas por satélites para a Terra (GPS, por exemplo), ou sinais de redes de conexão do tipo *wireless field* (Wi-Fi). No *geofence* em sentido estrito, a localização do usuário ocorrerá com base em sistemas que dependem da combinação dessas fontes de sinais, como é o caso do serviço chamado "Histórico de Localização do Google", que aumenta consideravelmente a precisão do georreferenciamento, justamente porque se vale de diversos *inputs* para determinar, com margem de erro de no mínimo 20 metros, a posição de um certo dispositivo conectado à Internet.[49] Aplicativos disponibilizados pelo Google, como o Gmail, o Google Maps, o Google Chrome, o Google Search e o YouTube também podem indicar a existência de um *login* e a localização do usuário, seja qual for o sistema operacional utilizado, como o Android ou o iOS.

[48] Palavra composta de "geo" (terra) e "fence" (cerca). Nesta última está também embutida a ideia de "georrefenciamento" (*georeferecing*). Pode ser traduzida como "busca por coordenadas geográficas" ou como "cerco digital" ou ainda como "quebra de sigilo locacional".

[49] GOOGLE. United States v. Chatrie: Google Declaration (Geofence Warrant), 11 March 2020, p. 4. Disponível em: https://www.eff.org/document/us-v-chatrie-google-declaration-geofence-warrant. Acesso em: 10 mar. 2023. Vide também: ESTADOS UNIDOS. Brief of Amicus Curiae Google LLC in Support of Neither Party Concerning Defendant's Motion to Suppress Evidence from a "Geofence" General Warrant, p. 10. December 20, 2019. In: ESTADOS UNIDOS. United States District Court for the Eastern District of Virginia, Richmond Division. United States v. Chatrie. Disponível em: https://www.eff.org/document/us-v-chatrie-google-amicus-brief-geofence-warrant. Acesso em 11 mar. 2023.

Mutatis mutandi, o cerco ou cercamento digital (*geofence*) é similar a uma diligência policial em que se busque obter o registro da portaria de um clube ou de um estabelecimento comercial de entrada controlada para saber os nomes de todas as pessoas que estiveram naquele ambiente em uma determinada janela de tempo, na qual ocorreu um crime, com o fim de identificar potenciais suspeitos.

Noutro exemplo, numa diligência policial ordinária, corresponderia a saber de uma concessionária de rodovia que veículos passaram pelos guichês de uma específica cabine de pedágio, em certo trecho de uma BR, no dia tal às tantas horas, período de interesse específico para uma investigação criminal.

Um terceiro exemplo também pode ser elucidativo. Câmeras de vigilância numa via pública ou num *shopping center* capturam a imagem de incontáveis pessoas durante sua operação regular. Se um determinado crime ocorre nesse local, a Polícia seguramente buscará obter acesso às imagens dessas câmeras, para identificar e rastrear o possível autor do crime, ainda que esses equipamentos capturem a imagem e revelem outras informações de inúmeros terceiros inocentes. Essa circunstância não torna inconstitucional o emprego desse meio de investigação policial.

Vale lembrar que, numa investigação tradicional, mesmo sem emprego de qualquer método tecnológico, pessoas sem qualquer envolvimento num certo crime poderão ser entrevistadas pela Polícia, como usualmente ocorre em delitos de autoria ignorada. Não será, portanto, o fato de uma pessoa comum inocente passar pelo aborrecimento de uma inquirição policial que tornará a diligência policial ilícita ou inidônea *ipso facto*. Por isso mesmo, investigações criminais devem ser conduzidas sob reserva, sem estardalhaço, para não expor prematuramente pessoas presumivelmente inocentes e outros indivíduos que realmente o sejam, por não terem qualquer ligação com o crime.

Os parâmetros para o cerco digital – "quebra de sigilo locacional" ou "quebra de dados geográficos" – podem corresponder ao dia, hora e local do crime, ou a coordenadas espaço-temporais de uma ação vinculada a esse crime grave, com indicação em latitude e longitude (para a dimensão espacial), formando um quadrante na casa da dezena ou da centena de metros; e o apontamento de coordenadas de tempo no formato Tempo Universal Coordenado – UTC (para a dimensão temporal). É nesse perímetro de busca – ou nessa área delimitada por um círculo de raio *n*[50] – que serão identificados os rastros digitais (*sinais*, no sentido técnico-jurídico) de aparelhos eventualmente portados pelo suposto autor do crime ou por testemunhas dele.

Contudo, nesse raio de busca delimitado por uma cerca virtual podem existir igrejas, hotéis, residências particulares, hospitais, sedes de agremiações políticas ou casas de massagem, o que torna ainda mais importante a determinação da justa causa para a medida intrusiva, a restrição espaço-temporal da busca e seu emprego apenas na apuração de crimes graves, tendo em conta o critério de limiar de pena, informado pelo princípio da proporcionalidade. Em 2010, a Corte Regional para o Distrito de Columbia nos Estados Unidos, decidiu o caso *Estados Unidos vs. Maynard*, no qual o réu teve o seu GPS monitorado por 28 dias consecutivos sem mandado. Na ocasião, o órgão judiciário norte-americano ponderou:

> A diferença não é de grau, mas de qualidade, pois um só deslocamento é incapaz de revelar os hábitos e padrões que marcam a distinção entre um dia na vida de uma pessoa e o seu modo de vida (...). Idas repetidas a uma igreja, a uma academia, a um bar ou a uma casa de apostas contam uma história não contada por uma única visita, assim como a de alguém que não frequentou nenhum desses lugares durante um mês. A sequência dos deslocamentos de uma pessoa pode revelar ainda mais; uma única ida ao ginecologista diz pouco sobre uma mulher, mas sua ida, algumas semanas depois, a uma loja de produtos para bebês conta uma história diferente. Uma pessoa que conhece o paradeiro de outra pessoa pode deduzir se ela frequenta a igreja semanalmente, bebe muito, vai à academia regularmente, se é um marido infiel, um paciente ambulatorial sob tratamento médico, um filiado a determinados indivíduos ou grupos políticos (...).[51]

[50] Esse círculo de busca é fixado no local do crime ou no local de avistamento do suspeito, por testemunhas ou por câmeras de vigilância, por exemplo.

[51] "Here the police used the GPS device not to track Jones's "movements from one place to another," *Knotts*, 460 U.S. at 281, 103 S.Ct. 1081, but rather to track Jones's movements 24 hours a day for 28 days as he moved among scores of places, thereby discovering the totality and pattern of his movements from place to place to place". Cf. ESTADOS UNIDOS. United States Court of Appeals, District of Columbia Circuit United States v. Maynard, 615 F.3d 544 (D.C. Cir. 2010). Disponível em: https://casetext.com/case/united-states-v-maynard-5. Acesso em: 8 mar. 2023.

Importante mitigar os riscos para a privacidade e estabelecer rigorosos mecanismos de controle e de escalonamento do acesso aos dados, tal como no procedimento trifásico adotado nos Estados Unidos para o *geofence*. Por isso, no primeiro passo do rastreamento digital, conhece-se um universo de usuários identificados apenas por códigos numéricos, e sem que haja o acesso ao conteúdo de diálogos. A partir daí, outros indícios já existentes na investigação serão usados para separar o joio (suspeitos da autoria) do trigo (terceiros não relacionados ao crime). Somente aqueles estarão sujeitos a pedidos de dados cadastrais e a outras medidas investigativas, mais densas, como buscas e apreensões, aprofundamento de quebras de sigilo de comunicações, interceptações, bloqueio de ativos ou prisões cautelares.

Empregado pela primeira vez para fins policiais, nos Estados Unidos, em 2016,[52] o *geofence*, também conhecido como pesquisa reversa de localização (*reverse location search*), é largamente utilizado por empresas comerciais como ferramenta de marketing digital direcionado a usuários específicos de dispositivos dotados de iOS ou Android, sem qualquer controle judicial ou interesse público (*GPS-based ad targeting*), também chamado de *location-based advertising*.[53]

Torres de telefonia móvel, tecnicamente chamadas de Estações Rádio Base (ERBs) também servem a esse mesmo propósito, para responder à pergunta: que aparelhos celulares estavam nas proximidades da cena do crime no momento do homicídio? Em ambos os casos se parte da premissa de que o suspeito portava algum dispositivo conectado ou conectável à Internet.

No rastreamento de ERBs, no seguimento de sinais de GPS e no *geofence* em sentido estrito, contudo, não há interceptação telefônica nem acesso ao conteúdo de diálogos realizados por meio das linhas que sejam plotadas naquela área, no horário indicado. Somente após a aferição de indícios sobre A ou B no universo mapeado, é que outras medidas

[52] NEW YORK TIMES. Tracking Phones, Google Is a Dragnet for the Police. NYC, 13 April 2019. Disponível em: https://www.nytimes.com/interactive/2019/04/13/us/google-location-tracking-police.html?. Acesso em: 7 mar. 2023.

[53] QAYUM, Owais; SOHAIL, Tahreem. FenceBook: a Geofencing based Advertisements Application Using Android. In: **Advances in Science, Technology and Engineering Systems Journal** Vol. 1, No. 5, 27-33 (2016). Disponível em: https://pdfs.semanticscholar.org/4594/0d8bffac35f47da118709e9259b69e3626ed.pdf. Acesso em: 8 mar 2023.

intrusivas podem ser adotadas contra pessoas determinadas, sempre com ordem judicial. Um *geofence* é, assim, uma forma de captação de sinais,[54] devido ao rastreamento de dados de conexão entre dispositivos móveis e torres de telefonia celular ou a sistemas de GPS ou a fontes de sinais Wi-Fi ou *Bluetooth*.

Medidas investigativas como o *geofence* são possíveis porque as plataformas digitais armazenam dados de localização de seus usuários, para várias finalidades operacionais e comerciais. Por exemplo, todos os dados dos usuários de aplicativos Google, como o Google Maps e o Gmail são coletados e mantidos numa grande base de dados global chamada *SensorVault*, que pode revelar o histórico de localização[55] e as movimentações dessa pessoa. Esse conjunto de dados indica um padrão comportamental a partir da geolocalização, de forma muito mais precisa do que o georreferenciamento por ERBs ou por GPS isoladamente, permitindo inferências sobre a atividade do indivíduo durante um deslocamento, como, por exemplo, se tal pessoa dirigia, se esquiava, se pedalava ou se caminhava em certo trajeto.[56]

Quem já usou um dispositivo vestível do tipo *smartwatch* sabe que tais aparelhos conseguem detectar automaticamente movimentos como corridas, caminhadas e passeios de bicicleta e sugerem ao usuário o seu registro no aplicativo de exercícios específico.

Como explica o próprio Google, o Histórico de Localização (HL) é uma ferramenta de adesão voluntária pelo usuário, sobre a qual ele

[54] Vide o art. 3º, inciso II, da Lei 12.850/2013, e o art. 13-B do CPP.

[55] O Histórico de Localização é um serviço *opt-in* do Google, isto é, de adesão voluntária, o que atende às leis de proteção de dados pessoais, quanto ao consentimento informado para o tratamento. Ao ativá-lo por sua própria vontade, o usuário tem acesso à sua Linha do Tempo do Google. Cf. GOOGLE. Linha do tempo do Google Maps. Disponível em: https://support.google.com/maps/answer/6258979?hl=pt-BR&co=GENIE.Platform%3DAndroid. Acesso em: 10 mar. 2023. Conforme o Google, "O Histórico de localização fica desativado por padrão na sua Conta do Google e só será ativado se você permitir. É possível pausar o Histórico de localização a qualquer momento nos Controles de atividade da sua Conta do Google. Você controla o que será salvo no Histórico de localização e pode excluí-lo da sua linha do tempo do Google Maps, que pode ser editada a qualquer momento e é onde ficam os lugares visitados." Cf. GOOGLE. Gerenciar o Histórico de localização. Disponível em: https://support.google.com/accounts/answer/3118687?hl=pt-BR. Acesso em: 10 mar. 2023.

[56] LYNCH, Jennifer. EFF Files Amicus Brief Arguing Geofence Warrants Violate the Fourth Amendment. **EFF**, July 2, 2020. Disponível em: https://www.eff.org/deeplinks/2019/04/googles-sensorvault-can-tell-police-where-youve-been . Acesso em: 8 mar 2023.

exerce controle e que, por isso mesmo, se distingue de outros métodos de posicionamento, que têm como referência torres de telefonia celular (ERBs) ou sistemas satelitais (como o GPS). A razão é simples. As Estações Rádio Base identificam automaticamente os celulares que a elas se conectam, produzindo informação de localização independentemente da vontade do portador, útil para que as companhias telefônicas completem chamadas e eventualmente cobrem por *roaming*. No caso do acesso a informações de telefonia celular, os órgãos de persecução criminal podem pedir esclarecimentos sobre se um determinado aparelho móvel se conectou a uma certa ERB, assim como solicitar informações sobre todos os celulares que se conectaram a essa mesma ERB em certa janela de tempo, técnica conhecida em inglês como "varredura de torre" (*tower dump*). As informações resultantes do acesso a ERBs não podem ser editadas ou apagadas pelo usuário.[57]

Segundo o art. 12 da Recomendação nº 6, de 2017, do COE, os Estados Membros devem assegurar que sua legislação leve em conta as novas tecnologias que possam impactar nas investigações criminais, de modo que as TEI possam ser executadas "em estreita colaboração com o setor privado para obter sua assistência a fim de garantir o uso mais eficaz das tecnologias existentes quando usadas em técnicas especiais de investigação".[58]

Apesar de sua grande utilidade para a potencial identificação de autores e testemunhas de crimes graves, o *geofence* põe em xeque o direito à privacidade locacional (*locational privacy*), na medida em que, nos raios de busca definidos pelo mandado judicial, terceiros em relação aos fatos ilícitos poderão ter a sua localização exposta, nos autos de um procedimento criminal. Esse choque de interesses exige do Poder Judiciário uma ponderação adequada dos interesses concorrentes, consoante os princípios da legalidade, necessidade e proporcionalidade em sentido

[57] ESTADOS UNIDOS. Brief of Amicus Curiae Google LLC in Support of Neither Party Concerning Defendant's Motion to Suppress Evidence from a "Geofence" General Warrant. December 20, 2019, pp. 5-9. In: ESTADOS UNIDOS. United States District Court for the Eastern District of Virginia, Richmond Division. United States v. Chatrie. Disponível em: https://www.eff.org/document/us-v-chatrie-google-amicus-brief-geofence-warrant. Acesso em 11 mar. 2023.

[58] Recommendation CM/Rec(2017)6 of the Committee of Ministers to member States on "special investigation techniques" in relation to serious crimes including acts of terrorism.

estrito. Importante lembrar que esse risco de intrusão pode ser minimizado se os dados pessoais vinculados aos aparelhos identificados em mais de um dos perímetros de busca só forem revelados no passo seguinte do procedimento judicializado de rastreamento digital, isto é, se isto ocorrer somente após o filtro dos dispositivos que tenham sido plotados no interior de mais de uma das cercas digitais indicadas pela autoridade investigante. Exemplifico.

No perímetro virtual *A* ocorreu um crime e uma pessoa foi vista ou filmada. No perímetro digital *B*, o suspeito foi visto ou filmado em fuga. Se os dados de GPS, ERBs ou *geofence* de um certo dispositivo ß forem detectados em ambos os locais (isto é, no interior das cercas virtuais *A* e *B*), na sequência temporal compatível com a do evento criminoso, haverá justa causa mais do que suficiente para a revelação do IMEI, do IP e do número do aparelho e dos dados cadastrais de seu usuário.

3.1. *Geofence* no direito brasileiro

O art. 13-B do CPP – introduzido pela Lei do Tráfico de Pessoas – tem conteúdo semelhante ao do *geofence*, porque também se busca o rastreamento digital de suspeitos (ou de vítimas) de crimes graves. Difere por exigir, no caso brasileiro, um rastreamento em tempo real de um crime em execução. A autoria pode ser ignorada, ou não. Mediante autorização judicial, a Polícia e o Ministério Público podem obter de empresas de telefonia ou de plataformas de Internet sinais e informações digitais que permitam a localização dos suspeitos desse delito em andamento, relacionado ao tráfico humano.[59]

Segundo o art. 22 do Marco Civil da Internet (Lei 12.965/2014), com o fim de formar conjunto probatório em processo cível ou criminal, pode o juiz cível ou criminal ordenar "ao responsável pela guarda o fornecimento de registros de conexão ou de registros de acesso a aplicações de internet." O pedido, em matéria civil ou penal, deve conter "fundados indícios da ocorrência do ilícito"; indicar a justificativa

[59] CPP: "Art. 13-B. Se necessário à prevenção e à repressão dos crimes relacionados ao tráfico de pessoas, o membro do Ministério Público ou o delegado de polícia poderão requisitar, mediante autorização judicial, às empresas prestadoras de serviço de telecomunicações e/ou telemática que disponibilizem imediatamente os meios técnicos adequados – como sinais, informações e outros – que permitam a localização da vítima ou dos suspeitos do delito em curso."

motivada da utilidade dos registros solicitados para fins de investigação ou instrução probatória; e delimitar o "período ao qual se referem os registros". Tal procedimento também se presta a regular medidas de rastreamento digital do tipo *geofence*, já que o acesso a dados de torres de telefonia e de sinais GPS costumava ser tratado no Brasil na categoria mais ampla de quebra de sigilo de dados, tal como prevista no art. 3º da Lei 12.850/2013.

Note-se que o art. 22 do MCI não exige a prévia individualização do sujeito-alvo da quebra de dados, de maneira que o cerco digital, se restrito no espaço e no tempo, não será abusivo ou desproporcional, nem poderá ser equiparado a uma *bulk data collection*. Conforme o TJUE, no caso *An Garda Síochána*, o direito comunitário europeu não é compatível com medidas legislativas nacionais que prevejam, "para efeitos da luta contra a criminalidade grave e da prevenção de ameaças graves contra a segurança pública, uma conservação generalizada e indiferenciada dos dados de tráfego e dos dados de localização".[60]

Se, por um lado, o TJUE declarou a incompatibilidade com o Regulamento Geral de Proteção de Dados (GDPR) e com a Carta de Direitos Fundamentais da UE de medidas preventivas de retenção massiva de dados, por outro lado, não fechou as portas para ações tópicas estatais, no curso de investigações de crimes graves. Confirmando sua jurisprudência, a Corte em Luxemburgo lembrou que o direito da União Europeia "não obsta medidas legislativas que prevejam, para o combate à criminalidade grave e a prevenção de graves ameaças à segurança pública, a retenção direcionada de dados de tráfego e de localização, que seja limitada, de acordo com certas categorias de pessoas ou conforme um critério geográfico; ou a retenção generalizada e indiscriminada de dados relativos a endereços IP designados a um ponto de conexão com a Internet; a retenção de dados de identificação civil (dados cadastrais) de usuários de sistemas de comunicações eletrônicas; e medidas de conservação emergencial (congelamento acelerado)[61] de dados de tráfego e de localização na posse de provedores de serviços de Internet.[62]

[60] UNIÃO EUROPEIA. Tribunal de Justiça da União Europeia. Judgment in Case C-140/20 Commissioner of An Garda Síochána and others, § 129.1. Disponível em: https://curia.europa.eu/juris/document/document.jsf?text=&docid=260001&pageIndex=0&doclang=PT&mode=req&dir=&occ=first&part=1&cid=1564714 . Acesso em: 11 mar. 2023.

[61] No particular, vide: STF, **HC 222.141/PR**, Rel. Min. Ricardo Lewandowski, d. em 01/12/2022, DJ. 05/12/2022. Nesse habeas corpus discutiu-se solicitação administrativa do

Por isso mesmo, o art. 16 da Recomendação nº 6, de 2017, do COE exorta os Estados Membros a assegurar mecanismos para a retenção e a preservação de dados de tráfego por prestadores de serviços de Internet, na forma da legislação nacional e dos tratados internacionais pertinentes, especialmente a Convenção Europeia sobre Direitos Humanos e a Convenção para a Proteção de Indivíduos em Relação ao Automático Tratamento de Dados Pessoais (ETS 108).[63]

É de se notar que o TJUE permitiu retenções preventivas de dados de tráfego e de localização a partir de critérios *geográficos*, com a peculiar característica de que essa coleta e armazenamento generalizado de dados pode-se dar *antes* da ocorrência do crime, tendo em conta o risco de condutas graves ocorrerem em locais específicos, como aeroportos, estações ferroviárias e em portos.

> 79. (...) uma medida de conservação seletiva dos dados de tráfego e dos dados de localização pode, segundo a escolha do legislador nacional e no estrito respeito do princípio da proporcionalidade, assentar igualmente num critério geográfico quando as autoridades nacionais competentes considerem, com base em elementos objetivos e não discriminatórios, que existe, numa ou em várias zonas geográficas, uma situação caracterizada por um risco elevado de preparação ou de prática de atos de criminalidade grave. Essas zonas podem ser, nomeadamente, locais caracterizados por um elevado número de atos de criminalidade grave, locais particularmente expostos à prática de atos de criminalidade grave, tais como locais ou infraestruturas frequentados regularmente

Ministério Público a plataformas digitais, com base no MCI, para conservação de dados de tráfego e de conteúdo, que poucos dias depois foram objeto de quebra de sigilo por decisão judicial. A ordem foi concedida pelo relator – a meu ver equivocadamente – na suposição de que o MP paranaense teria violado cláusula de reserva de jurisdição que estaria prevista no MCI para a hipótese de mera conservação de dados e que teria havido violação ao direito à autodeterminação informacional dos titulares dos dados momentaneamente congelados. Na verdade, a medida realizada pelo MP/PR tinha natureza pré-cautelar.

[62] UNIÃO EUROPEIA. Tribunal de Justiça da União Europeia. Judgment in Case C-140/20 Commissioner of An Garda Síochána and others, 27 September 2020, § 101. Disponível em: https://curia.europa.eu/juris/document/document.jsf?text=&docid=260001&pageIndex=0&doclang=PT&mode=req&dir=&occ=first&part=1&cid=1564714 . Acesso em: 11 mar. 2023.

[63] Recommendation CM/Rec(2017)6 of the Committee of Ministers to member States on "special investigation techniques" in relation to serious crimes including acts of terrorism.

por um número muito grande de pessoas, ou ainda locais estratégicos, como aeroportos, estações ou zonas de portagens (v., neste sentido, Acórdão de 6 de outubro de 2020, La Quadrature du Net e o., C511/18, C512/18 e C520/18, EU:C:2020:791, nº 150 e jurisprudência referida).

80. Importa sublinhar que, segundo esta jurisprudência, as autoridades nacionais competentes podem adotar, relativamente às zonas referidas no número anterior, uma medida de conservação seletiva baseada num critério geográfico, como, nomeadamente, a taxa média de criminalidade numa zona geográfica, sem disporem necessariamente de indícios concretos relativos à preparação ou à prática, nas zonas em causa, de atos de criminalidade grave. Na medida em que uma conservação seletiva baseada nesse critério é suscetível de afetar, em função das infrações penais graves visadas e da situação específica dos respetivos Estados-Membros, simultaneamente locais caracterizados por um elevado número de atos de criminalidade grave e locais particularmente expostos à prática de tais atos, também não é, em princípio, suscetível de dar lugar a discriminações, uma vez que o critério relativo à taxa média de criminalidade grave não apresenta, por si só, nenhuma ligação com elementos potencialmente discriminatórios.

81. Além disso, e sobretudo, uma medida de conservação seletiva dirigida a locais ou infraestruturas regularmente frequentados por um número muito elevado de pessoas ou a locais estratégicos, como aeroportos, estações, portos marítimos ou zonas de portagens, permite às autoridades competentes recolher dados de tráfego e, nomeadamente, dados de localização de todas as pessoas que utilizam, num determinado momento, um meio de comunicação eletrônica num desses locais. Assim, essa medida de conservação seletiva é suscetível de permitir às referidas autoridades obter, através do acesso aos dados assim conservados, informações sobre a presença dessas pessoas nos locais ou nas zonas geográficas visados por essa medida, bem como sobre as suas deslocações entre ou no interior destes e daí retirar, para efeitos da luta contra a criminalidade grave, conclusões sobre a sua presença e a sua atividade nesses locais ou zonas geográficas num dado momento durante o período de conservação.[64]

[64] UNIÃO EUROPEIA. Tribunal de Justiça da União Europeia. Judgment in Case C-140/20 Commissioner of An Garda Síochána and others, 27 September 2020, § 79-81. Disponível

Precisamos, portanto, colocar as coisas em seus devidos termos. Há de fato uma ingerência no direito à privacidade em medidas de vigilância e rastreamento eletrônicos, mas, diante de posições como esta do TJUE, não se sustenta a postura de que medidas como o *geofence* seriam essencialmente abusivos ou inconstitucionais, independentemente de qualquer outra consideração ou cautela.

Ao deferir um pedido de cerco digital, a autoridade investigante e o juiz competente devem observar o princípio da minimização[65] e, salvo expressa determinação em contrário, devidamente fundamentada, as companhias provedoras de serviços de conexão e de aplicações da Internet devem assegurar a anonimização[66] dos dados inicialmente fornecidos, na primeira etapa do procedimento escalonado.

A anonimização dos dados pessoais não deve ser absoluta, pois o objetivo de um mandado de cerco digital é exatamente determinar a autoria (quem é a pessoa do titular) do dado. Mas essa informação só deve ser revelada após a filtragem dos alvos sem interesse investigativo. Segundo o art. 5º, inciso II, da LGPD, dado anonimizado é o "dado relativo a titular que não possa ser identificado, considerando a utilização de meios técnicos razoáveis e disponíveis na ocasião de seu tratamento". Por anonimização, entende-se, conforme o inciso XI do art. 5º da LGPD a "utilização de meios técnicos razoáveis e disponíveis no momento do tratamento, por meio dos quais um dado perde a possibilidade de associação, direta ou indireta, a um indivíduo".

Mediante autorização judicial específica, a plataforma digital detentora dos dados deverá revelar os dados cadastrais de que disponha sobre o suspeito ou os suspeitos, ao final do procedimento escalonado, valendo-se do referido art. 22 do MCI ou ainda do art. 15 da Lei 12.850/2013.

em: https://curia.europa.eu/juris/document/document.jsf?text=&docid=260001&pageIndex=0&doclang=PT&mode=req&dir=&occ=first&part=1&cid=1564714 . Acesso em: 11 mar. 2023.

65 Art. 6º, inciso III, da Lei 13.709/2018: "III – necessidade: limitação do tratamento ao mínimo necessário para a realização de suas finalidades, com abrangência dos dados pertinentes, proporcionais e não excessivos em relação às finalidades do tratamento de dados".

66 Art. 18, inciso IV da Lei 13.709/2018: "Art. 18. O titular dos dados pessoais tem direito a obter do controlador, em relação aos dados do titular por ele tratados, a qualquer momento e mediante requisição: IV – anonimização, bloqueio ou eliminação de dados desnecessários, excessivos ou tratados em desconformidade com o disposto nesta Lei".

> Art. 15. O delegado de polícia e o Ministério Público terão acesso, independentemente de autorização judicial, apenas aos dados cadastrais do investigado que informem exclusivamente a qualificação pessoal, a filiação e o endereço mantidos pela Justiça Eleitoral, empresas telefônicas, instituições financeiras, provedores de internet e administradoras de cartão de crédito.[67]

Outros tipos de dados também podem ser acessados no interesse da investigação, com base no art. 3º, inciso IV, da Lei 12.850/2013. Ali se diz que, "em qualquer fase da persecução penal, serão permitidos, sem prejuízo de outros já previstos em lei, os seguintes meios de obtenção da prova", o acesso a registros de ligações telemáticas (o que abrange os dados de conexão) e o acesso a dados cadastrais constantes de bancos de dados públicos ou privados.

O art. 10 do MCI também deve ser levado em consideração, pois determina que a disponibilização dos registros de conexão e dados de acesso a aplicações de internet, assim como de dados pessoais e do conteúdo de comunicações privadas, deve "atender à preservação da intimidade, da vida privada, da honra e da imagem das partes direta ou indiretamente envolvidas". Chama a atenção a referência a pessoas indiretamente envolvidas, o amplia o conjunto de indivíduos que podem ser atingidos pela medida.

O § 3º do art. 10 do MCI também permite o acesso a dados cadastrais sobre qualificação pessoal, filiação e endereço, na forma da lei, pelas autoridades administrativas que detenham competência legal para a sua requisição.

O §1º do art. 10, por sua vez, diz que o provedor responsável pela guarda dos dados pessoais e dos dados não pessoais somente será obrigado a disponibilizar tais registros "de forma autônoma ou associados a dados pessoais ou a outras informações que possam contribuir para a identificação do usuário ou do terminal, mediante ordem judicial, na

[67] Nos termos do art. 21 da Lei 12.850/2013, é crime, punido com reclusão de 6 meses a 2 anos e multa "recusar ou omitir dados cadastrais, registros, documentos e informações requisitadas pelo juiz, Ministério Público ou delegado de polícia, no curso de investigação ou do processo". O art. 15 da Lei 12.850/2013 não estabelece a finalidade do acesso nem outras regras de tratamento de dados pessoais pelos requisitantes.

forma do disposto na Seção IV deste Capítulo"[68]. Em qualquer caso, deve ser respeitado o disposto no art. 7º do MCI, que estabelece os direitos do usuário da Internet no Brasil.

Entre esses direitos estão a inviolabilidade da intimidade e da vida privada; a inviolabilidade e sigilo do fluxo de suas comunicações pela internet, salvo por ordem judicial, na forma da lei; a inviolabilidade e sigilo de suas comunicações privadas armazenadas, salvo por ordem judicial; o não fornecimento a terceiros de seus dados pessoais, inclusive registros de conexão, e de acesso a aplicações de Internet, salvo mediante consentimento livre, expresso e informado ou nas hipóteses previstas em lei; e o direito a informações claras e completas sobre coleta, uso, armazenamento, tratamento e proteção de seus dados pessoais, que somente poderão ser utilizados para finalidades que justifiquem sua coleta, que não sejam vedadas pela legislação, e estejam especificadas nos contratos de prestação de serviços ou em termos de uso de aplicações de internet.

A legislação brasileira distingue dados cadastrais de dados de conexão. Conforme o art. 10-A, §1º, da Lei 12.850/2013, que disciplina a infiltração policial digital,[69] *dados de conexão* são "informações referentes a hora, data, início, término, duração, endereço de Protocolo de Internet (IP) utilizado e terminal de origem da conexão". O inciso II do mesmo artigo conceitua *dados cadastrais* como "informações referentes a nome e endereço de assinante ou de usuário registrado ou autenticado para a conexão a quem endereço de IP, identificação de usuário ou código de acesso tenha sido atribuído no momento da conexão".

Conforme o §2º do art. 11 do Decreto 8.771/2016, que regulamenta o MCI, são considerados dados cadastrais: a filiação; o endereço; e a qualificação pessoal, entendida como nome, prenome, estado civil e profissão do usuário. Quanto a esses dados, diz o §3º do art. 11, as requisições "devem especificar os indivíduos cujos dados estão sendo requeridos e as informações desejadas, sendo vedados pedidos coletivos que sejam

[68] A Seção IV do MCI diz respeito à Requisição Judicial de Registros e compreende os arts. 22 e 23.

[69] Aras, Vladimir. A infiltração de agentes como meio especial de obtenção de provas. In: Salgado, Daniel de Resende; Kircher, Luís Felipe Schneider; Queiroz. Ronaldo Pinheiro de (Orgs.). **Altos estudos sobre a prova no processo penal**. Salvador: JusPodivm, 2020, pp. 363-401.

genéricos ou inespecíficos." Exigência semelhante inexiste para a providência prevista no art. 22 do MCI, porque, em regra, os ilícitos praticados na Internet são cometidos por pessoas de autoria ignorada ou com o uso de pseudônimo. De fato, a criminalidade informática é mais um problema de autoria do que de materialidade.

O art. 1º, alínea *d*, da Convenção sobre Cibercriminalidade, concluída em Budapeste de 2001, especifica que a expressão *dado de tráfego* compreende "quaisquer dados de computador referentes a uma comunicação por meio de um sistema informatizado, gerados por um computador que seja parte na cadeia de comunicação, e que indiquem sua origem, destino, caminho, hora, extensão, duração ou tipo de serviço subordinado".[70]

No cerco digital, há necessidade de acesso a dados de conexão e a dados cadastrais, relativos à localização de suspeitos em certa área previamente delimitada por critérios de justa causa. Os dados de torres de telefonia celular (ERBs) ou de GPS que apontam essa localização são metadados ou dados de tráfego. De igual modo, os dados que resultam do Histórico de Localização de serviços Google têm a mesma natureza, não revelando conversações privadas. O conteúdo de comunicações telefônicas e telemáticas só pode ser interceptado e revelado aos órgãos de persecução, se presentes os requisitos do inciso XII do art. 5º da Constituição e da Lei 9.296/1996, a serem demonstrados pela Polícia ou pelo Ministério Público num pedido sucessivo endereçado ao juiz competente.

O § 2º do art. 10 do MCI segue a mesma toada, ao estabelecer que "o conteúdo das comunicações privadas somente poderá ser disponibilizado mediante ordem judicial, nas hipóteses e na forma que a lei estabelecer, respeitado o disposto nos incisos II e III do art. 7º", que, como vimos, asseguram a inviolabilidade e sigilo do fluxo das comunicações dos usuários pela internet, salvo por ordem judicial, na forma da lei; e a inviolabilidade e sigilo de suas comunicações privadas armazenadas, salvo por ordem judicial.

[70] A Convenção de Budapeste (CETS 185), atualmente com 68 Estados Partes, entrou em vigor internacional para o Brasil desde 1º de março de 2023, nos termos do seu art. 37.2. O tratado foi promulgado no Brasil pelo Decreto 11.491/2023. Cf. COUNCIL OF EUROPE. Chart of signatures and ratifications of Treaty 185. Disponível em: https://www.coe.int/en/web/conventions/full-list?module=signatures-by-treaty&treatynum=185. Acesso em: 8 mar. 2023.

Se os dados necessários à localização de suspeitos pudessem ser considerados conteúdo, para os fins do art. 5º, inciso XII, da Constituição, a base jurídica do pedido policial ou ministerial se deslocaria dos arts. 10 e 22 do Marco Civil da Internet para os arts. 2º e 8º-A da Lei 9.296/1996. No entanto, a 3ª Seção do STJ já afastou – e, a meu ver, corretamente – essa interpretação, de modo que a norma que regula o rastreamento para cerco digital (*geofence*) é o MCI.

> A quebra de dados informáticos estáticos, relativos a arquivos digitais de registros de conexão ou acesso a aplicações de internet e eventuais dados pessoais a eles vinculados, é absolutamente distinta daquela que ocorre com as interceptações das comunicações, as quais dão acesso ao fluxo de comunicações de dados, isto é, ao conhecimento do conteúdo da comunicação travada com o seu destinatário.[71]

3.2. *Geofence* e o precedente do caso Marielle Franco/Anderson Gomes

Os rastros digitais deixados por usuários de telefonia móvel e por usuários de aplicações de Internet podem levar à autoria de crimes graves ou à localização de testemunhas cruciais.

No caso Marielle, num dos pedidos feitos no Rio de Janeiro, pretendeu-se saber, pelo mapeamento digital de suspeitos (*geofence warrant*), quem estava no veículo *Cobalt*, de placas clonadas KPA-5923, no dia 2 de dezembro de 2018, na avenida TransOlímpica, no Rio de Janeiro. Meses antes, este carro fora usado na execução da vereadora Marielle Franco e de seu motorista, Anderson Gomes e na tentativa contra a vida de Fernanda Gonçalves Chaves.[72]

[71] STJ, Terceira Seção, **RMS 60.698/RJ**, Rel. Min. Rogério Schietti Cruz, j. 26/08/2020, DJe 04/09/2020. Neste recurso se discutiu a diligência que pretendeu "identificar IPs e Device IPs de um conjunto não identificado de pessoas que, entre 10/03/2018 a 14/03/2018, pesquisaram informações no buscador da Google a partir de certas palavras-chave (*keyword search history warrant*), mediante os seguintes parâmetros de pesquisa: 'Marielle Franco', 'Vereadora Marielle', 'Agenda Vereadora Marielle', 'Casa das Pretas', 'Rua dos Inválidos, 122' ou 'Rua dos Inválidos'."

[72] STJ, Terceira Seção, **RMS 62.143/RJ**, Rel. Min. Rogério Schietti Cruz, j. 26/08/2020, DJe 08/09/2020. Neste recurso se atacou a ordem judicial que mandou o Google informar identificadores dos aparelhos que se conectaram a serviços da plataforma numa área demarcada

Na primeira instância, também se pediu a quebra de dados de usuários de serviços Google que se encontravam no dia do crime, 14 de março de 2018, e nos dias imediatamente anteriores em áreas delimitadas por 8 polígonos em 29 janelas de tempo.[73]

O objeto da investigação é um duplo homicídio qualificado e uma tentativa também qualificada, tendo uma vereadora carioca e defensora de direitos humanos como uma das vítimas. Houve determinação judicial para o acesso aos dados, decisão esta controlada na instância recursal.

No caso Marielle, o Google impetrou três mandados de segurança contra decisões do juiz de Direito do Rio de Janeiro e levou a questão, sucessivamente, ao Tribunal de Justiça do Estado, ao STJ e depois ao STF em outros três recursos extraordinários. Na jurisdição norte-americana, onde tramitam vários pedidos de *geofence*, o Google também interveio em juízo, destacando-se, dentre estes, o caso *Estados Unidos vs. Chatrie*[74], no qual a empresa apareceu como *amicus curiæ*. Contudo, diferentemente de sua postura no caso Marielle Franco no Brasil,[75] em sua manifestação em *Chatrie*, a plataforma digital não tomou partido quanto à constitucionalidade ou inconstitucionalidade do *geofence* ou sobre a validade ou invalidade da prova obtida por meio dessa medida especial de obtenção de provas. Devido à natureza intrusiva da técnica investigativa e de sua potencial ingerência no direito de privacidade, a provedora de aplicações de Internet estadunidense insistiu na necessidade de prévia obtenção de um mandado judicial de busca (*warrant*) no qual deveriam

na via pedagiada TransOlímpica (coordenadas de espaço) num intervalo de 15 minutos, das 11h05min às 11h20min do dia 02/12/2018 (coordenada de tempo).

[73] STJ, Terceira Seção, **RMS 61.302/RJ**, Rel. Min. Rogério Schietti Cruz, j. 26/08/2020, DJe 04/09/2020.

[74] ESTADOS UNIDOS. Brief of Amicus Curiae Google LLC in Support of Neither Party Concerning Defendant's Motion to Suppress Evidence from a "Geofence" General Warrant. December 20, 2019. In: ESTADOS UNIDOS. United States District Court for the Eastern District of Virginia, Richmond Division. United States v. Chatrie, pp. 2 e 4. Disponível em: https://www.eff.org/document/us-v-chatrie-google-amicus-brief-geofence-warrant. Acesso em 11 mar. 2023. O caso diz respeito a um roubo majorado pelo emprego de arma de fogo, em Midlothian, Virgínia. Por meio do *geofence*, a Polícia identificou Okello Chatrie, que foi acusado do crime e impugnou a prova.

[75] Vide o RMS 62.143/RJ, julgado pelo STJ, e o RE 1.301.250/RJ RG, protocolado no STF pela GOOGLE BRASIL INTERNET LTDA e pela GOOGLE INC, tendo como recorridos o Estado do Rio de Janeiro e o Ministério Público do Rio de Janeiro.

ser demonstrados os requisitos de *probable cause* e *particularity*, conforme exige a Quarta Emenda à Constituição norte-americana.

No processo brasileiro, os recursos ordinários em mandado de segurança impetrados perante o STJ foram distribuídos ao ministro Rogério Schietti Cruz, que, invocando precedentes do sistema interamericano, ressaltou os deveres estatais do País de investigar, processar e punir graves violações de direitos humanos, o que se pode alcançar mediante a referida medida, que é prevista em lei.

Explicou o Ministério Público do Rio de Janeiro, nas contrarrazões a um dos recursos do Google, os motivos pelos quais se pediu o *geofence*, num lugar específico (um pedágio), numa janela de tempo muito curta, de 15 minutos, de uma data específica, 2 de dezembro de 2018, providência que nada tem de abusiva.

> (...) desde a data do crime, embora diversos atos de investigação tenham sido dinamizados, o fato é que o veículo Cobalt clonado e utilizado no crime, somente foi visto novamente no dia 02.12.2018 passando pelo pedágio da Transolímpica. Resulta do exposto, que é importante promover a identificação da pessoa que meses após o crime se encontrava em poder do carro clonado, ou seja, o veículo utilizado para ceifar a vida da Vereadora e do seu motorista. Seguindo tal alheta, a investigação realizada, de uma forma absolutamente restrita, traçou um polígono das coordenadas do local em que o veículo foi visto (pedágio da Transolímpica), naquela data específica, em um curto lapso temporal – apenas 15 minutos (11h05min até 11h20min). diversamente do afirmado pela Google.

Nos acórdãos dos RMS 60.698/RJ (*Google Search*), RMS 62.143/RJ (*geofence*) e RMS 61.302/RJ (*geofence*), relatados pelo ministro Rogério Schietti Cruz e não providos, a 3ª Seção da Corte ressaltou a importância da tutela à vida privada e à intimidade, inclusive no âmbito digital, lembrando, contudo, ser possível "afastar sua proteção quando presentes circunstâncias que denotem a existência de interesse público relevante", por decisão fundamentada proferida pelo juiz competente, "na qual se justifique a necessidade da medida para fins de investigação criminal ou de instrução processual criminal", informada por indícios da suposta ocorrência de um crime de ação penal pública.[76]

[76] STJ, Terceira Seção, **RMS 60.698/RJ**, Rel. Min. Rogério Schietti Cruz, j. 26/08/2020, DJe 04/09/2020. Os outros dois acórdãos nos RMS 61.302/RJ e 62.143/RJ são substancialmente

Para a Corte, a decisão judicial alcançou apenas dados estáticos de conexões digitais de usuários de aparelhos que podem ter alguma relação com os crimes de homicídio sob investigação e, sequencialmente, chegaria aos dados cadastrais de seus usuários. Portanto, "o acesso a esses dados registrados ou arquivos virtuais não se confunde com a interceptação das comunicações", não sendo aplicável a Lei 9.296/1996, sequer por interpretação extensiva, pois a hipótese fática encontra regulamento expresso nos arts. 10, 22 e 23 do MCI, que não exigem que "a ordem judicial especifique previamente as pessoas objeto da investigação". Segundo o STJ, não é necessário que "o magistrado fundamente a requisição com indicação da pessoa alvo da investigação, tampouco que justifique a indispensabilidade da medida, ou seja, que a prova da infração não pode ser realizada por outros meios" (subsidiariedade), inclusive porque "o objetivo precípuo dessa medida, na expressiva maioria dos casos, é justamente de proporcionar a identificação do usuário do serviço ou do terminal utilizado." [77]

Ao analisar o requisito da proporcionalidade, que informa o emprego de todas as TEI, o STJ afirmou sua adequação e necessidade, diante da gravidade do caso concreto e de sua complexidade, e constatou sua proporcionalidade em sentido estrito, porque a interferência sobre o direito à intimidade que a medida provocaria não era importante, já que os dados das pessoas atingidas não seriam tornados públicos, caso não constatada sua relação com os crimes. Assim, concluiu o STJ que "a ordem judicial para quebra do sigilo dos registros, delimitada por parâmetros de pesquisa em determinada região e por período de tempo", não se revelou desproporcional e não submeteu a "risco desmedido" a privacidade nem a intimidade das pessoas possivelmente alcançadas pelo pedido de *geofence*.[78]

Trata-se de uma decisão conjunta muito importante para legitimar técnicas de obtenção de provas digitais para o rastreamento e determinação de autoria de crimes graves, que não menospreza os alertas

muito parecidos. Vide também: STJ, RMS 64.941/RJ, Rel. Min. Rogério Schietti Cruz, d. em 27/05/2021, DJe 13/05/2021. Trata-se de mais um *geofence* relativo ao caso Marielle Franco.

[77] STJ, Terceira Seção, **RMS 60.698/RJ**, Rel. Min. Rogério Schietti Cruz, j. 26/08/2020, DJe 04/09/2020.

[78] STJ, Terceira Seção, **RMS 60.698/RJ**, Rel. Min. Rogério Schietti Cruz, j. 26/08/2020, DJe 04/09/2020.

do direito comparado.[79] A execução de Marielle Franco não é um caso ordinário, e os parâmetros da medida investigativa são muito precisos e foram devidamente justificados. O julgado do STJ contribuiu para o estabelecimento de balizas para investigações criminais por meios tecnológicos no Brasil, com base no MCI e noutros diplomas. Tais técnicas, cruciais para o enfrentamento da criminalidade grave – especialmente de grupos de extermínio, associações criminosas, grupos terroristas, delitos de tráfico humano, tráfico de armas, sequestro extorsivo, roubo e latrocínio – podem ser aperfeiçoadas pelo legislador, especialmente na perspectiva do tratamento de dados pessoais, mas seu emprego desde já não encontra óbice na Constituição nem nos tratados.

Que outros parâmetros deveriam estar no art. 22 do MCI? Critérios temporais, espaciais e de proporcionalidade poderiam ser claramente especificados pelo legislador. Além da exigência de decisão judicial, que ali já consta, o acesso a tais dados deveria ser limitado para fins penais, na investigação de crimes e atos infracionais "graves", identificados por um critério de limiar de pena (requisito de proporcionalidade). Tal medida não deveria ser possível na via cível. O acesso a dados para fins de mapeamento deveria ocorrer em relação a um período de tempo delimitado, devidamente justificado pelo contexto fático (requisito temporal). Além disso, o mapeamento digital deveria visar uma região devidamente referenciada, com fundamentação adequada ao objeto da investigação (requisito geográfico). Todos esses elementos devem ser considerados pela autoridade judicial ao decidir. Concluída a apuração, o investigado e os usuários (terceiros) atingidos pela medida devem ser cientificados de que suas informações foram tratadas numa investigação criminal e, em seguida, tais dados, quando não interessarem ao futuro processo penal, devem ser apagados, atendendo-se aos princípios gerais de proteção de dados pessoais, nos termos do art. 9º da Lei 9.9296/1996, analogicamente aplicada.

[79] "O uso abusivo e indiscriminado pelo governo dessa técnica de investigação em casos ordinários que não apresentam qualquer urgência ou risco iminente causa preocupações quanto ao nosso senso coletivo de privacidade e à confiança nos órgãos de persecução criminal". Cf. ESTADOS UNIDOS. United States District Court for the Northern District of Illinois Eastern Division. In the Matter of Information Stored at Premises Controlled by Google. Sealed Memorandum Opinion and Order, July 8, 2020. Disponível em: https://www.eff.org/document/re-search-information-stored-premises-controlled-google-no-20-m-297-de-4-nd-ill-july-8-2020. Acesso em: 11 mar. 2023.

A distinção entre rastreamento digital e interceptação telemática já se consolidou no STJ, como se vê de decisões posteriores ao precedente Marielle/Google.[80] Num caso oriundo de Porto Alegre, o Tribunal de Justiça do Rio Grande do Sul e o STJ denegaram pretensões do Google contra o atendimento a representação policial para a concretização de uma *geofence*. O fundamento principal das cortes foi o de que os fatos eram "reconhecidamente graves, tratando-se de sequestro e homicídio de menina de 9 anos de idade", e abrangiam "o fornecimento de dados tão-somente das pessoas cuja localização fosse compatível, simultaneamente, com a do sequestro da vítima e a do ponto em que encontrado seu corpo".[81] Tal procedimento de cruzamento locacional reduziu substancialmente o número de dispositivos atingidos e cumpriu perfeitamente os princípios da adequação, necessidade e proporcionalidade.

> 3. Em que pese a primeira área encontrar-se inserida em perímetro urbano, a segunda é local ermo, à beira de estrada, realizando-se a quebra de sigilo de dados daqueles sujeitos à intersecção de ambos os grupos, ou seja, presentes no local e horário do sequestro e do descarte do corpo da vítima.[82]

Noutro caso, este vindo de Goiás, o STJ voltou a validar um cerco digital, com base no art. 22 do MCI. Nesse julgado também se destacou a diferença entre acesso a dados estáticos (armazenados) e comunicações pessoais, prevalecendo o regulamento do MCI sobre o da Lei 9.296/1996. O STJ reformou a decisão do TJ/GO, que entendera aplicável esta última lei e que negara o acesso às "informações de dados cadastrais e histórico de localização de contas, salientando a generalidade da medida". O STJ recordou que o MCI "não exige que o magistrado

[80] Essa distinção pode ser facilmente percebida pelo exame dos arts. 18 e 20 da Convenção de Budapeste que tratam da ordem de exibição e da obtenção de dados de computador em tempo real, em comparação com o art. 21 do mesmo tratado, que cuida da interceptação de dados de conteúdo. O *geofence* do art. 22 do MCI se encaixa no art. 18 da Convenção de Budapeste, ao passo que a interceptação telemática da Lei 9.296/1996 se amolda ao art. 21 desse documento internacional.

[81] STJ, Sexta Turma, **AgRg no RMS 65.412/RS**, Rel. Min. Olindo Menezes, j. 18/05/2021, DJe 21/05/2021.

[82] STJ, Sexta Turma, **AgRg no RMS 65.412/RS**, Rel. Min. Olindo Menezes, j. 18/05/2021, DJe 21/05/2021.

fundamente a requisição com indicação daqueles que são alvos da investigação, nem (...) que justifique a indispensabilidade da medida requestada". Portanto, não se alcançaria "um número indeterminado de pessoas", tampouco haveria uma solicitação genérica, "pois o pedido de quebra alcança apenas os telefones móveis e contas do Google acessados no dia, hora e local dos fatos." Terceiros eventualmente atingidos pela medida não teriam sua intimidade violada "pois os dados requeridos se limitam à identificação dos equipamentos eletrônicos eventualmente utilizados naquelas regiões e naqueles intervalos de tempo, não se adentrando no conteúdo das comunicações.".[83]

O STJ já julgou vários pedidos semelhantes, com base no MCI, vindos de várias partes do País, sempre invocando os precedentes firmados no RMS 61.302/RJ e no RMS 62.143/RJ, a saber: RMS 66.668/MT (roubo e estupro), RMS 66.563/SP (roubo de joias), RMS 65.064/DF (furtos), RMS 61.419/SE (associação para o narcotráfico e homicídios), RMS 64.603/PE (homicídio qualificado), RMS 65.242/SP (furtos) e RMS 65.993/SP (homicídio).

3.3. O rastreamento de celulares na jurisprudência dos Estados Unidos

As técnicas mais usadas de rastreamento digital de suspeitos já foram submetidas ao crivo de autoridades judiciárias norte-americanas. Alguns desses casos chegaram à Suprema Corte, como se deu com *Riley vs. Califórnia*[84] e *Carpenter vs. Estados Unidos*.[85] Embora as técnicas de

[83] STJ, Quinta Turma, **AgRg no AREsp n. 1.779.786/GO**, Rel. Min. Joel Ilan Paciornik, j. 21/09/2021, DJe 24/09/2021.

[84] ESTADOS UNIDOS. United States Supreme Court. Riley v. California, 573 US 373 (2014). Decided June 25, 2014. Disponível em: https://www.oyez.org/cases/2013/13-132. Acesso em 8 mar. 2023. David Leon Riley foi preso em 2009 em San Diego na Califórnia por porte ilegal de arma de fogo. No flagrante, a Polícia teve acesso ao seu telefone, que continha provas de seu envolvimento com uma organização criminosa local. A pedido da defesa, essa prova foi invalidada pela Suprema Corte em decisão unânime, proferida em 2014, devido a inexistência de uma decisão judicial que permitisse aos policiais vasculhar o celular do flagranteado em busca de provas digitais de outros crimes.

[85] Numa decisão por 5 a 4, em 22 de junho de 2018, a Suprema Corte invalidou provas obtidas a partir dos dados de geoposicionamento de Timothy Carpenter, cujo envolvimento em quatro roubos foi comprovado por meio do acesso pela Polícia a informações das torres de telefonia celular (ERBs), em busca sem mandado judicial. Em *Carpenter*, a Suprema

tower dump e *geofence* ainda não tenham feito esse caminho até lá, cortes regionais e estaduais têm estabelecido os primeiros marcos interpretativos à luz da Quarta Emenda à Constituição norte-americana.

Em 2022, por exemplo, no caso *Comunidade vs. Perry*, a Corte Judicial Suprema do Estado de Massachusetts afirmou a constitucionalidade da obtenção de todos os dados de conexão de uma determinada torre de telefonia celular, num certo espaço de tempo, se houver justa causa (*probable cause*), reconhecida por uma autoridade judiciária.[86] O tribunal estadual orientou que, dali em diante, "antes de obter e analisar uma série de varreduras de torres (*tower dumps*), a Comunidade deverá obter um mandado de um juiz. Antes de expedir o mandado solicitado, o juiz deverá certificar-se de que se apresentou um protocolo para a eliminação de quaisquer dados que não se enquadrem no âmbito da busca".[87]

Contudo, naquele país, o emprego da outra técnica, o cerco digital (*geofence*), é um tema ainda envolto em controvérsias. Desde 2016, seu uso é cada vez mais constante pelos órgãos de persecução criminal, fundando-se os pedidos no *Stored Communications Act* (SCA), correspondente aos arts. 2701 e seguintes do Título 18 do *U. S. Code*.[88] Discute-se se tal medida violaria a Quarta Emenda à Constituição norte-americana,

Corte não aplicou a exceção construída nos casos *United States v. Miller*, e *United States v. Smith*, conhecida como "doutrina do terceiro custodiante" (*third-party doctrine*), e concedeu maior proteção aos dados de localização transferidos constante e automaticamente às companhias telefônicas, nas interações entre os celulares de seus clientes e as ERBs. Cf. ESTADOS UNIDOS. *Carpenter v. United States, 585 U.S. _ (2018). Decided June 22, 2018.* Disponível em: https://www.oyez.org/cases/2017/16-402 . Acesso em: 8 mar. 2023.

[86] ESTADOS UNIDOS. Massachusetts Commonwealth. Supreme Judicial Court. Commonwealth v. Perry, Opinion of April 1, 2022, pp. 51-52. Disponível em: https://www.eff.org/document/commonwealth-v-perry-massachusetts-supreme-judicial-court-opinion. Acesso em: 11 mar. 2023.

[87] ESTADOS UNIDOS. Massachusetts Commonwealth. Supreme Judicial Court. Commonwealth v. Perry, Opinion of April 1, 2022, pp. 51-52. Disponível em: https://www.eff.org/document/commonwealth-v-perry-massachusetts-supreme-judicial-court-opinion. Acesso em: 11 mar. 2023.

[88] ESTADOS UNIDOS. Brief of Amicus Curiae Google LLC in Support of Neither Party Concerning Defendant's Motion to Suppress Evidence from a "Geofence" General Warrant. December 20, 2019. In: ESTADOS UNIDOS. United States District Court for the Eastern District of Virginia, Richmond Division. United States v. Chatrie. Disponível em: https://www.eff.org/document/us-v-chatrie-google-amicus-brief-geofence-warrant. Acesso em 11 mar. 2023.

cujo conteúdo é a proteção da segurança individual da pessoa humana, a inviolabilidade domiciliar, de seus bens e de seus documentos contra buscas e apreensões abusivas ou sem justa causa.

> O direito de todos de estarem seguros em suas pessoas, casas, papéis e pertences, contra buscas e apreensões não razoáveis, não deve ser violado e nenhum mandado deve ser emitido, senão por justa causa, fundada em juramento ou em afirmação, particularmente descrevendo o local a ser revistado e as pessoas ou coisas a serem apreendidas.[89]

A Quarta Emenda protege o direito à privacidade e à inviolabilidade domiciliar, exigindo não apenas indícios suficientes (ou razoáveis) de uma prática criminosa, mas também a expedição de um mandado judicial (*warrant*) que atenda ao requisito da "particularização" (*particularity requirement*), isto é, a uma descrição suficiente do local da busca e das pessoas ou coisas buscadas e que estejam sujeitas a revista e apreensão.[90] Se redigido de forma muito ampla, vaga e genérica, um mandado de *geofence* poderá "cruzar o limiar da inconstitucionalidade devido à falta de causa provável e especificação (*particularity*)".[91]

O requisito de individualização é uma proteção contra interferências arbitrárias de autoridades de investigação no direito à privacidade, sendo compatível com a Quarta Emenda, cujo fim é exatamente esse.[92]

[89] The Fourth Amendment: "The right of the people to be secure in their persons, houses, papers, and effects, against unreasonable searches and seizures, shall not be violated, and no Warrants shall issue, but upon probable cause, supported by Oath or affirmation, and particularly describing the place to be searched, and the persons or things to be seized".

[90] ESTADOS UNIDOS. United States District Court for The Northern District of Illinois Eastern Division. In the Matter of the Search of: Information Stored at Premises Controlled by Google. Decision, August 24, 2020. Disponível em: https://www.eff.org/document/re-search-info-stored-premises-controlled-google-no-20-m-392-2020-us-dist-lexis-152712-nd. Acesso em: 8 mar. 2023.

[91] ESTADOS UNIDOS. United States District Court for the Northern District of Illinois Eastern Division. In the Matter of Search Warrant Application for Geofence Location Data Stored at Google Concerning an Arson Investigation ("Arson"), 497 F. Supp. 3d 345, 353 (N.D. Ill. 2020). Decision, October 29, 2020. Disponível em: https://casetext.com/case/in-re-search-warrant-application-for-geofence-location-data-stored-at-google-concerning-an-arson-investigation. Acesso em: 10 mar. 2023.

[92] ESTADOS UNIDOS. United States District Court for The Northern District of Illinois Eastern Division. In the Matter of the Search of: Information Stored at Premises Controlled

> Em *Carpenter* e *Riley*, a Suprema Corte reconheceu que, à medida que o uso de dispositivos eletrônicos móveis se torna cada vez mais onipresente, os interesses de privacidade das pessoas em geral que usam esses dispositivos, incluindo o interesse de privacidade na localização física de uma pessoa em um determinado momento, merece proteção.[93]

De fato, no caso *Carpenter vs. Estados Unidos,*[94] de 2018, a Suprema Corte dos EUA reafirmou sua posição de que a Quarta Emenda "resguarda a privacidade e a segurança das pessoas contra ingerências arbitrárias de autoridades públicas". A necessidade de mandados de busca específicos, sustentados em justa causa, tem por fim afastar a possibilidade de buscas genéricas ou devassas, comuns na prática colonial britânica, mesmo em incursões domiciliares. Contudo, o caso *Carpenter* não cuidou de *geofence*, mas do acesso pela Polícia a informações de ERBs, relativas ao suspeito.

Tal como a Suprema Corte decidiu em *Estados Unidos vs. Jones* (2012), num caso relativo ao rastreamento de um suspeito por meio de GPS, dados de georreferenciamento dão ao Poder Público capacidade quase perfeita de vigilância e permitem que se volte no tempo para rastrear o paradeiro de uma pessoa, num período de até cinco anos para trás, considerado o prazo de retenção de dados adotado pelas companhias de telefonia celular.[95]

A decisão do caso *Carpenter* (2018), que reconheceu uma violação à Quarta Emenda, por falta de um mandado judicial, e o precedente *Katz*

by Google. Decision, August 24, 2020. Disponível em: https://www.eff.org/document/research-info-stored-premises-controlled-google-no-20-m-392-2020-us-dist-lexis-152712-nd. Acesso em: 8 mar. 2023.

[93] ESTADOS UNIDOS. United States District Court for The Northern District of Illinois Eastern Division. In the Matter of the Search of: Information Stored at Premises Controlled by Google. Decision, August 24, 2020. Disponível em: https://www.eff.org/document/research-info-stored-premises-controlled-google-no-20-m-392-2020-us-dist-lexis-152712-nd. Acesso em: 8 mar. 2023.

[94] ESTADOS UNIDOS. *Carpenter v. United States, 585 U.S. _ (2018). Decided June 22, 2018.* Disponível em: https://www.oyez.org/cases/2017/16-402 . Acesso em: 8 mar. 2023.

[95] ESTADOS Unidos. Supreme Court. United States v. Jones. Disponível em: https://www.oyez.org/cases/2011/10-1259. Acesso em: 8 mar. 2023. O dispositivo de rastreamento colocado pela Polícia no veículo do suspeito permitiu seu monitoramento por vários dias seguidos.

vs. Estados Unidos (1967),[96] quanto à razoável expectativa de privacidade, foram citados pelo Tribunal de Virgínia no trecho em que se sustentou que os avanços tecnológicos potencializaram a capacidade do Estado de interferir em áreas da vida privada normalmente infensas a "olhares inquisitivos". Conforme a corte regional, tais novas tecnologias criaram um novo fenômeno: a capacidade das agências de persecução de estabelecer uma cronologia dos movimentos passados de um suspeito por meio do acesso aos registros dos sinais de telefonia celular.

Em *Carpenter*, a Suprema Corte dos EUA afirmou que "toda pessoa tem direito a uma expectativa de privacidade quanto à sua localização física e seus deslocamentos", tema que vem sendo reafirmado desde o caso *Estados Unidos vs. Jones* (2012), quando se tratou da (i)legalidade do uso de um dispositivo GPS em um carro para o rastreamento (*surveillance*) de um suspeito.

> Mapear a localização de um telefone celular ao longo de 127 dias fornece um registro abrangente do paradeiro do titular. Assim como as informações do GPS, os dados com registro de data e hora fornecem uma janela íntima para a vida de uma pessoa, revelando não apenas seus movimentos particulares, mas também suas "associações familiares, políticas, profissionais, religiosas e sexuais".[97]

Já em *Riley vs. Califórnia*, julgado em 2014, a Suprema Corte norte-americana decidiu ser necessário obter previamente uma decisão judicial para que a Polícia possa ter acesso ao conteúdo de um *smartphone* apreendido com o suspeito.

> Os telefones celulares modernos, como uma categoria, envolvem preocupações com a privacidade muito além daquelas que há quando da apreensão de um maço de cigarros, uma carteira ou uma bolsa. A conclusão de que inspecionar o conteúdo dos bolsos de um preso não causa nenhuma intrusão adicional substancial na privacidade além da prisão em si pode fazer sentido quando aplicada a itens físicos, mas qualquer

[96] ESTADOS UNIDOS. United States Supreme Court. Katz v. United States, 389 U.S. 347, 361 (1967).

[97] ESTADOS UNIDOS. *Carpenter v. United States, 585 U.S. _ (2018). Decided June 22, 2018.* Disponível em: https://www.oyez.org/cases/2017/16-402 . Acesso em: 8 mar. 2023.

> extensão desse raciocínio para dados digitais deve se basear em seu próprio fundamento. Os telefones celulares diferem tanto em sentido quantitativo quanto qualitativo de outros objetos que podem ser mantidos com a pessoa de um preso. O próprio termo "telefone celular" é uma abreviação enganosa; muitos desses dispositivos são na verdade minicomputadores que também podem ser usados como telefone. Eles poderiam facilmente ser chamados de câmeras, *players* de vídeo, agendas, calendários, gravadores, bibliotecas, agendas, álbuns, televisões, mapas ou jornais. Uma das características distintivas mais notáveis dos telefones celulares modernos é sua imensa capacidade de armazenamento. Antes dos telefones celulares, uma busca em uma pessoa era limitada por realidades físicas e tendia, de modo geral, a constituir apenas uma intrusão estreita na privacidade.[98]

Fica claro um ponto: na era tecnológica, os meios operacionais de que dispõe hoje a Polícia para o rastreamento de pessoas são muito mais intrusivos que outrora e, por isto mesmo, é preciso que haja maiores restrições ao seu emprego, de modo a não pôr em perigo a intimidade e a vida privada. Para isso, é essencial que esses mandados de acesso a comunicações e a dados sejam realmente particularizados e sejam fundados em suspeitas razoáveis.[99] Foi o que fez o STJ brasileiro no caso Marielle/Anderson.

Como se depreende de *Carpenter*, ao longo do tempo, o acesso da Polícia a detalhados históricos de deslocamentos e do paradeiro de um usuário de um celular é capaz de desvelar vários aspectos de sua privacidade, "abrindo uma janela para sua vida pessoal", inclusive quanto a seus hábitos, suas afinidades políticas, sociais, religiosas e sexuais e quanto a suas relações familiares. Tendo em conta que essa capacidade quase plena de rastreamento interfere nas razoáveis expectativas de privacidade dos cidadãos, fazê-lo exige um mandado judicial, com justa causa, nos termos da Quarta Emenda à Constituição norte-americana.

[98] ESTADOS UNIDOS. United States Supreme Court. Riley v. California, 573 US 373 (2014). Decided June 25, 2014. Disponível em: https://www.oyez.org/cases/2013/13-132. Acesso em 8 mar. 2023.

[99] HARVARD LAW REVIEW. Geofence Warrants and the Fourth Amendment. 134 Harv. L. Rev. 2508, May 10, 2021. Disponível em: https://harvardlawreview.org/2021/05/geofence-warrants-and-the-fourth-amendment/. Acesso em: 10 mar. 2023.

Pela similitude, embora não identidade, de situações, entre o rastreamento de torres de telefonia celular e o acesso a dados do Histórico de Localização, o Google sustentou em seu memorial em *Chatrie*, que os parâmetros adotados em *Carpenter* deveriam orientar o Poder Judiciário dos EUA nesse tipo de investigação tecnológica, que revelam uma detalhada cronologia de uma pessoa no seu dia-a-dia.[100]

A coleta de dados em massa dizia respeito a atividades de segurança pública em geral que, posteriormente, podiam revelar-se úteis para uma investigação criminal em particular. Só então seria possível falar-se em "*search*", no sentido da multirreferida emenda. Este ponto parece ser levado em conta na jurisprudência do Tribunal Europeu de Direitos Humanos, como se vê no caso *Big Brother Watch e Outros vs. Reino Unido* (2021), sobre interceptação de comunicações em massa (*bulk interception regimes*) para fins de inteligência de Estado, em confronto com o art. 8º da Convenção Europeia de Direitos Humanos, que exige requisitos rigorosos para sua operação.[101]

Uma democracia repudia, na persecução criminal, os mandados genéricos de busca e as medidas de busca e apreensão sem mandado. Estes sempre foram rechaçados pela Suprema Corte norte-americana, como se vê em *Go-Bart Importing Co. vs. Estados Unidos* (1931).[102] No caso de pedidos de *geofence*, a resistência de órgãos judiciários norte-americanos centra-se no caráter supostamente vago das descrições policiais; na extensão das janelas de tempo para as buscas; e na grande amplitude

[100] ESTADOS UNIDOS. Brief of Amicus Curiae Google LLC in Support of Neither Party Concerning Defendant's Motion to Suppress Evidence from a "Geofence" General Warrant. December 20, 2019, pp. 18-19. In: ESTADOS UNIDOS. United States District Court for the Eastern District of Virginia, Richmond Division. United States v. Chatrie. Disponível em: https://www.eff.org/document/us-v-chatrie-google-amicus-brief-geofence-warrant. Acesso em 11 mar. 2023.

[101] TRIBUNAL EUROPEU DE DIREITOS HUMANOS. *Big Brother Watch and Others v. the United Kingdom [GC]*. Judgment of 25 May 2021. Disponível em: https://hudoc.echr.coe.int/eng#{%22itemid%22:[%22001-210077%22]}. Acesso em: 8 mar. 2023. A conclusão do TEDH sobre a violação ao art. 8º da CEDH está nos §§ 424-427 da sentença.

[102] ESTADOS UNIDOS. Supreme Court. Go-Bart Importing Co. v. United States, 282 U.S. 344 (1931). Disponível em: https://supreme.justia.com/cases/federal/us/282/344/. Acesso em: 8 mar. 2023. Este é um caso de busca e apreensão realizada ilegalmente pelo *Bureau of Prohibition* para cumprimento da Lei Seca norte-americana, de 1919. A operação invalidada pela Suprema Corte teve lugar em Nova York, em 1929.

dos raios de detecção, isto é, do perímetro a ser vasculhado, a ponto de atingir, segundo esse entendimento, um número muito grande de terceiros não relacionados ao fato criminoso.[103]

Num dos casos mais recentes decididos em primeira instância sobre a validade de *geofence* nos EUA, a Corte Superior de San Francisco na Califórnia considerou inadmissível a prova resultante do rastreamento do celular de Laquan Dawes, suspeito de furtos qualificados em domicílios. Embora tenha determinado a exclusão da prova obtida por *geofence*, a corte californiana não determinou categoricamente que um pedido de cerco digital jamais passaria no crivo da Quarta Emenda,[104] e reconheceu a aplicação da exceção da boa-fé às *exclusionary rules*, tal como estabelecida no caso *Leon vs. Estados Unidos*, de 1984.[105]

No já mencionado caso *Estados Unidos vs. Chatrie*, o Tribunal Federal da Virgínia decidiu que um mandado de *geofence*[106] expedido contra o réu violou a Quarta Emenda à Constituição dos EUA, por falta de justa causa individualizada. Porém, o tribunal não declarou a inconstitucionalidade do procedimento em geral, sugeriu maior rigor na sua utilização, especialmente quanto ao quesito da individualização (*particularized*

[103] ESTADOS UNIDOS. United States District Court for the District of Kansas. In the Matter of the Search of Information that is Stored at the Premises Controlled by Google, LLC. Memorandum and order, June 4, 2021. Disponível em: https://www.eff.org/document/matter-search-information-stored-premises-controlled-google-no-21-mj-5064-d-kan-june-4-2021. Acesso em: 10 mar. 2023.

[104] ESTADOS UNIDOS. Superior Court of California. The People of the State of California v. Laquan Dawes. Order Granting Motion to Quash Geofence Search Warrant. Decided September 30, 2022. Disponível em: https://www.nacdl.org/getattachment/2513758c-f151-46d5-a325-035a92e5657c/Dawes-Order-Granting-MTS.pdf?lang=en-US. Acesso em: 8 mar. 2023.

[105] "The Fourth Amendment exclusionary rule should not be applied so as to bar the use in the prosecution's case in chief of evidence obtained by officers acting in reasonable reliance on a search warrant issued by a detached and neutral magistrate but ultimately found to be invalid (...) Indiscriminate application of the exclusionary rule – impeding the criminal justice system's truthfinding function and allowing some guilty defendants to go free – may well generate disrespect for the law and the administration of justice. Cf. ESTADOS UNIDOS. United States Supreme Court. *United States v. Leon*, 468 U.S. 897 (1984). Disponível em: https://supreme.justia.com/cases/federal/us/468/897/. Acesso em: 8 mar. 2023. No entanto, a afronta direta a uma lei estadual californiana impediu a concretização da regra de boa-fé, e a prova foi excluída.

[106] Para ler o mandado no caso *Chatrie*, ver: https://bityli.com/oLQpfK . Vide especialmente a conclusão da decisão, p. 49, linhas 21-23.

probable cause),[107] e maior limitação do escopo espaço-temporal, mas, no caso concreto, permitiu que o produto da busca fosse usado contra o réu com base na exceção de boa-fé (*good-faith exception*), estabelecida no precedente *Leon vs. Estados Unidos*, de 1984.[108] A decisão explica:

> A zona de *geofence* em Chatrie era um círculo de 300 metros de diâmetro, cobrindo uma parte de Richmond, Virgínia, que incluía uma igreja, um estacionamento e o banco que havia sido roubado. O mandado cobria um período de uma hora e permitia que a agência de aplicação da lei, ao executar a segunda etapa do mandado, determinasse ao Google fornecer mais dados de localização por mais trinta minutos antes e depois dessa hora.[109]

Contudo, no caso conhecido como *Arson*, a corte federal de Illinois considerou possível a emissão de mandados de *geofence*, esclarecendo o sentido do requisito da *particularity*, conforme a jurisprudência norte-americana.

[107] "Although the warrant gave the officers authority to search the premises and the bartender, it gave them no authority to invade the constitutional protections possessed individually by the tavern's customers". Cf. ESTADOS UNIDOS. Supreme Court of the United States. Ybarra v. Illinois, 444 U.S. 85 (1979). Disponível em: https://supreme.justia.com/cases/federal/us/444/85/. Acesso em: 8 mar. 2023. Neste caso, a Suprema Corte invalidou a abordagem policial de um cliente de um bar, contra o qual fora expedido um mandado de busca, que autorizava a Polícia a também fazer busca pessoal no *bartender*. A extensão da diligência de busca pessoal a esse terceiro por mera proximidade (*propinquinty*), sem justa causa específica, foi considerada inválida.

[108] "The Fourth Amendment exclusionary rule should not be applied so as to bar the use in the prosecution's case in chief of evidence obtained by officers acting in reasonable reliance on a search warrant issued by a detached and neutral magistrate but ultimately found to be invalid (...) Indiscriminate application of the exclusionary rule – impeding the criminal justice system's truthfinding function and allowing some guilty defendants to go free – may well generate disrespect for the law and the administration of justice. Cf. ESTADOS UNIDOS. United States Supreme Court. *United States v. Leon*, 468 U.S. 897 (1984). Disponível em: https://supreme.justia.com/cases/federal/us/468/897/. Acesso em: 8 mar. 2023.

[109] The United States District Court for the Eastern District of Virginia. United Staes v. Chatrie. Decided March 3, 2022. Disponível em: https://www.eff.org/files/2022/03/10/us_v_chatrie-opinion_on_suppression_motion.pdf. Acesso em: 8 mar. 2023.

> Embora os mandados "devam descrever os objetos da busca com 'especificidade razoável', a Constituição não exige que sejam 'elaboradamente detalhados'". *Archer v. Chisholm*, 870 F.3d 603, 616 (7ª Cir. 2017). É importante ressaltar que a particularidade gira em torno do que é realista ou possível para a investigação em questão. "Quando detalhes mínimos são impossíveis, descrições genéricas dos itens a serem apreendidos são suficientes, desde que particularizem os tipos de itens a serem apreendidos".[110]

Então, diante de decisões locais e regionais favoráveis e outras contrárias à medida, a questão da *geofence* ainda está em aberto nos Estados Unidos, porquanto não houve ainda pronunciamento da Suprema Corte sobre o assunto.

> Os mandados de cerco digital (...) são uma técnica investigativa relativamente nova usada pela Polícia para tentar identificar um suspeito. Ao contrário dos mandados comuns para obtenção de registros eletrônicos que identificam o suspeito antes da busca, os mandados de *geofence* funcionam essencialmente de trás para frente, coletando os dados de localização de todos os dispositivos que estiveram em uma área geográfica durante um período específico no passado. Os mandados, portanto, permitem que as autoridades examinem os dados de indivíduos totalmente alheios a qualquer atividade criminosa e usem seus próprios critérios para tentar identificar dispositivos que possam estar ligados ao crime.[111]

[110] ESTADOS UNIDOS. United States District Court for the Northern District of Illinois Eastern Division. In the Matter of Search Warrant Application for Geofence Location Data Stored at Google Concerning an Arson Investigation ("Arson"), 497 F. Supp. 3d 345, 353 (N.D. Ill. 2020). Decision, October 29, 2020. Disponível em: https://casetext.com/case/in-re-search-warrant-application-for-geofence-location-data-stored-at-google-concerning-an-arson-investigation . Acesso em: 10 mar. 2023. A Polícia suspeitava que os incêndios cometidos na região de Chicago vinham sendo cometidos por mais de uma pessoa em concurso, o que fazia supor que portavam celulares durante a execução dos crimes.

[111] Lynch, Jennifer; Sobel, Nataniel. New Federal Court Rulings Find Geofence Warrants Unconstitutional. **EFF**, 31 August 2020. Disponível em: https://www.eff.org/pt-br/deeplinks/2020/08/new-federal-court-rulings-find-geofence-warrants-unconstitutional-0. Acesso em: 7 mar. 2023.

3.4. O Tema 1148 da Repercussão Geral do STF

Na perspectiva brasileira, o cerco digital (*geofence*) e medidas correlatas, como a varredura completa de ERBs (*tower dumps*) e o rastreamento coletivo de sinais GPS, põem em questão o inciso X[112] e o inciso XI[113] do art. 5º da Constituição Federal, mas não o inciso XII,[114] já que não se busca, pelo emprego dessas técnicas especiais, o acesso ao conteúdo de comunicações telefônicas.

Ingressa na discussão também o inciso LXXIX do art. 5º da Constituição, que assegura, "nos termos da lei, o direito à proteção dos dados pessoais, inclusive nos meios digitais".[115] Apesar da ressalva do art. 4º da LGPD, no tocante as atividades de persecução penal, e até que venha a LGPD Penal, diversas leis podem ser invocadas para a proteção de dados pessoais no âmbito penal, listando-se o MCI (art. 3º, por exemplo), a Lei 9.296/1996 (art. 9º), a Lei 9.613/1998 (art. 17-F) e a Lei 12.527/2011 (Lei de Acesso à Informação).

O cerco digital (*geofence*), que também pode ser chamado de "quebra de sigilo locacional" ou de "quebra de dados geográficos", chegou ao STF por provocação do Google Brasil Internet Ltda e do Google Inc, em dois recursos extraordinários contra decisões do STJ no caso Marielle Franco/Anderson Gomes. Na Suprema Corte, em 2021, reconheceu-se a repercussão geral da matéria, e a ementa do Tema 1148 ficou assim redigida: "Limites para decretação judicial da quebra de sigilo de dados

[112] Constituição, art. 5º: "X – são invioláveis a intimidade, a vida privada, a honra e a imagem das pessoas, (...)".

[113] Constituição, art. 5º: "XI – a casa é asilo inviolável do indivíduo, ninguém nela podendo penetrar sem consentimento do morador, salvo em caso de flagrante delito ou desastre, ou para prestar socorro, ou, durante o dia, por determinação judicial". Com a evolução das novas tecnologias da informação e da comunicação, especialmente com a difusão da Internet e o surgimento dos *smartphones*, é de esperar que o inciso XI do art. 5º tenha uma leitura ampliada, mais próxima do inciso X do mesmo artigo, quanto à inviolabilidade pessoal ao arbítrio estatal. A posição dos tribunais superiores brasileiros e também da Suprema Corte norte-americana – ver *Riley v. California, 573 U.S. 373, 403 (2014)* –, que passaram a exigir mandados judiciais para acesso ao conteúdo de *smartphones*, é exemplo dessa evolução do direito à privacidade e da releitura do seu manto protetor.

[114] Constituição, art. 5º: "XII – é inviolável o sigilo da correspondência e das comunicações telegráficas, de dados e das comunicações telefônicas, salvo, no último caso, por ordem judicial, nas hipóteses e na forma que a lei estabelecer para fins de investigação criminal ou instrução processual penal".

[115] Incluído pela Emenda Constitucional 115, de 2022.

telemáticos, no âmbito de procedimentos penais, em relação a pessoas indeterminadas."[116]

No seu parecer no STF, que se cingiu ao tema das buscas no serviço *Google Search*, a Procuradoria-Geral da República opinou pelo provimento parcial do recurso, com a fixação das seguintes teses no Tema 1148:

> É permitido o afastamento de sigilo de dados telemáticos, no âmbito de procedimentos penais, ainda que em relação a pessoas indeterminadas, nos seguintes parâmetros:
> I – Aplica-se, no tocante aos requerimentos de registros de conexão ou acesso a aplicações de internet, os requisitos previstos no art. 22 da Lei nº 12.965/2014 (Marco Civil da Internet): a apresentação dos fundados indícios da ocorrência do ilícito; a justificativa motivada da utilidade dos registros solicitados para fins de investigação ou instrução probatória; e a delimitação do período ao qual se referem os registros.
> II – Quando os dados telemáticos solicitados forem associados a dados pessoais ou outras que possam contribuir para a identificação do usuário ou do terminal, cumpre à autoridade requerente também justificar fundamentadamente:
> a) A necessidade da medida para a investigação em concreto, que há de ser subsidiária em relação a outros meios de prova menos gravosos a direitos de terceiros;
> b) A pertinência das informações obtidas em relação ao fato investigado, que hão de ser especificadas no máximo possível com base em elementos identificativos e contextuais atinentes ao possível ilícito.
> III – A transferência de dados às autoridades requerentes há de ocorrer unicamente por meio de comunicações formais, com garantia de sigilo, certificação do destinatário e estabelecimento de instrumentos efetivos de apuração e correção de eventuais desvios. IV – Cumpre à autoridade

[116] STF, Tribunal Pleno, **RE 1.301.250/RJ**, Rel. Min. Rosa Weber, ainda não julgado. O RE 1.303.161/RJ e o RE 1.303.167/RJ, que tratam de *geofence*, ficaram obstados para a espera da definição do caso paradigma, que é focado na aplicação do MCI para acesso a dados de pessoas indeterminadas no contexto de busca por termos específicos no *Google Search*. Pelo que se pode depreender da decisão no agravo regimental no RE 1.303.161 AgR/ RJ (Rel. Min. Rosa Weber, d. em 08/09/2022), os assuntos versados nos três extraordinários serão objeto de decisão única com repercussão geral no Tema 1148.

> requerente providenciar ao final das investigações a inutilização dos dados obtidos de terceiros que sejam desnecessários para a continuidade do processo-crime, mediante requerimento ao juízo competente, na forma do art. 9º da Lei nº 9.296/96, com a oitiva prévia dos demais interessados.
> V – Incumbe aos interessados no processo-crime, sob pena de preclusão, caso pretendam a produção de prova para a qual seja imprescindível ter acesso aos dados telemáticos de terceiros coligidos nas investigações, postular sua realização até a intimação para manifestar-se sobre a inutilização dos dados, de modo fundamentado, a fim de serem preservados os elementos imprescindíveis à diligência.
> VI – É necessário para o oferecimento da denúncia que o dado telemático, possivelmente aleatório, seja corroborado por outros elementos colhidos na investigação.[117]

A questões principais dizem respeito à suposta indeterminação do alvo das pesquisas digitais (inexistência de individualização precisa e restrita da área a ser vasculhada e do suspeito, que é desconhecido), à alegada falta de justa causa para acesso aos dados de um número indeterminado de pessoas e a uma também suposta falta de proporcionalidade das medidas de rastreamento, e o risco para o tratamento de dados pessoais. Inequivocamente, o problema posto não é de legalidade, porque os arts. 10, 22 e 23 do MCI cobrem a matéria, com suficiência.

Para ser válido, o cerco digital deve abranger pedidos para acesso a dados de localização e aos números únicos de identificação de aparelhos conectáveis à Internet – como a *International Mobile Equipment Identity* (IMEI) e o endereço *Media Access Control* (MAC) – por um curto período de tempo (janela), em uma certa área bem delimitada, coordenadas que são especificadas prioritariamente a partir de sua vinculação ao tempo e ao lugar de uma infração penal grave. Nisso consiste a justa causa para a intervenção estatal na vida privada, diferenciando-se o *geofence* de buscas aleatórias e generalizadas e, por isso mesmo, arbitrárias de dados de terceiros, sem qualquer justificativa.

[117] MPF, RE 1.301.250/RJ, Parecer da Procuradoria-Geral da República, p. em 18/01/2021. Disponível em: https://www.mpf.mp.br/pgr/documentos/RE1301250_GB_PDX_LDCF.pdf. Acesso em: 14 mar. 2023.

No procedimento escalonado norte-americano, desenvolvido pelo próprio Google para reduzir os riscos de quebra de privacidade no tocante ao acesso ao Histórico de Localização (HL) de seus usuários – que poderia ser adotado no Brasil, por determinação judicial – há um protocolo de três etapas. Na primeira fase, a autoridade judicial determina à plataforma digital (como o Google, por exemplo) que informe à Polícia ou ao Ministério Público os dados não pessoais de dispositivos que estavam naquela determinada localização em certo intervalo de tempo (que deve ser curto). Tais dados são anonimizados para garantir a privacidade de indivíduos que não se encaixem como suspeitos e então enviados à autoridade investigante.

> Depois que o Google conclui essa pesquisa, ele reúne as informações de HL que correspondem à solicitação sem nenhuma informação de identificação da conta. Essa "versão de apresentação" anonimizada dos dados inclui um número de dispositivo anônimo, as coordenadas de latitude/longitude e o carimbo de data/hora das informações de localização relatadas, o raio de alcance do mapa e a fonte das informações de localização relatadas (ou seja, se a localização foi gerada via Wi-Fi, GPS ou torres de celular). O volume de dados produzidos nesta fase depende do tamanho e da natureza da área geográfica e do tempo abrangido pelo pedido de *geofence*, que variam consideravelmente de um pedido para outro.[118]

Na segunda etapa, após a análise probatória por comparação a outras provas já colhidas e exames de computação forense por peritos policiais, se necessário, as autoridades de investigação preparam um pedido adicional com uma lista de aparelhos conectáveis sobre os quais são necessárias informações complementares, sobre deslocamentos numa nova janela de tempo e em novo ambiente. Tais informações não se relacionam a conteúdos comunicacionais, e os alvos selecionados ainda têm os seus dados anonimizados.

[118] ESTADOS UNIDOS. Brief of Amicus Curiae Google LLC in Support of Neither Party Concerning Defendant's Motion to Suppress Evidence from a "Geofence" General Warrant. December 20, 2019, p. 13. In: ESTADOS UNIDOS. United States District Court for the Eastern District of Virginia, Richmond Division. *United States v. Chatrie*. Disponível em: https://www.eff.org/document/us-v-chatrie-google-amicus-brief-geofence-warrant. Acesso em 11 mar. 2023.

No terceiro e último passo, depois que a Polícia relacionou tais informações digitais a outras provas de que disponha, a autoridade policial pedirá à plataforma digital que informe os dados cadastrais disponíveis desse usuário, seu nome de tela, suas contas de e-mail, o identificador universal do dispositivo móvel, se for o caso, e as aplicações de internet às quais tais dispositivos estão ou estiveram vinculados.[119]

No Brasil, para que uma ordem judicial como esta cumpra os requisitos constitucionais, a Polícia e o Ministério Público devem demonstrar que há fundadas razões para crer que o suspeito do crime estava na área delimitada, no espaço de tempo indicado no pedido de cerco digital. Para maior proteção à privacidade, o procedimento também deve ser escalonado, com sucessivos pedidos complementares à plataforma digital, em atenção ao princípio da minimização, relativo à PDP.

Não se trata, portanto, de uma expedição de pesca predatória (*fishing expedition*), como pensa Lynch,[120] uma vez que deve haver um crime grave em apuração, cuja autoria é ainda ignorada, mas haverá justa causa para crer que o suspeito estava ou esteve em certo lugar, em determinado horário, e isso é suficiente para estabelecer uma barreira eletrônica para excluir pessoas não relacionadas ao crime e identificar o seu possível autor, especialmente quando há pedido de um *match* ou cruzamento quanto à presença do dispositivo móvel em dois ou mais perímetros virtuais.

Tomemos como exemplo um hotel em que ocorra um homicídio de autoria ignorada. A barreira policial para descobrir o autor poderia ser física, numa varredura presencial em local de crime em situação de flagrante, ou, posteriormente, ocorrer de maneira digital, com acesso a dados muito restritos de um universo também limitado de pessoas vinculadas àquelas dadas coordenadas de tempo e espaço. Aí está a nota de contenção e de proporcionalidade dessa medida de investigação tecnológica. Noutros termos, num crime de autoria ignorada, a Polícia estará diante de um sem-número de suspeitos, que serão examinados e eli-

[119] Lynch, Jennifer; Sobel, Nataniel. New Federal Court Rulings...*op. cit.* Acesso em: 7 mar. 2023. Vide também: ESTADOS UNIDOS. Brief of Amicus Curiae Google LLC in Support of Neither Party Concerning Defendant's Motion to Suppress Evidence from a "Geofence" General Warrant. December 20, 2019, p. 14.

[120] Lynch, Jennifer. Google's Sensorvault Can Tell Police Where You've Been. **EFF**, April 18, 2019. Disponível em: https://www.eff.org/deeplinks/2019/04/googles-sensorvault-can-tell-police-where-youve-been. Acesso em: 8 mar. 2023.

minados até se chegar à autoria. Normalmente, a Polícia estabelece sua hipótese investigativa e considera um número indeterminado de eventuais suspeitos, muitos dos quais nada terão a ver com crime e que somente serão excluídos da linha investigativa quando indícios apontarem firmemente para um ou outro indivíduo. A essa altura, porém, a inteligência policial terá testado várias hipóteses de autoria. Esse mesmo procedimento retrospectivo no "mundo físico" é empregado nas diligências de cerco digital, sendo o seu diferencial a assistência da tecnologia e a localização remota do alvo. Ou seja, não se quer achar algo que tenha sido cometido por alguém (*fishing expedition*). O objetivo é descobrir a autoria de um crime grave a partir de elementos que liguem uma ou mais pessoas à cena do crime ou à pessoa da vítima. Basta lembrar do caso que citei acima, ocorrido em Porto Alegre e julgado pelo STJ em 2021. A Polícia gaúcha pediu uma *geofence* para determinar quem estivera tanto no local *A* (onde a menina de 9 anos fora sequestrada) quanto no local *B* (onde seu corpo foi desovado). É este tipo de justa causa e de *particularity* que se exige nos pedidos de cerco eletrônico.

A quebra de dados locacionais ou cerco digital tampouco se confunde com os mandados genéricos de busca e apreensão, que costumavam ser deferidos para buscas em todos os domicílios de uma certa comunidade, comumente para a investigação de tráfico de drogas. E não se confunde pelo só fato de que o que se busca com o *geofence* é a determinação da autoria de um crime, para, só então, figurativamente "ingressar em seu domicílio", com outro mandado judicial, também devidamente particularizado. Ademais, não se tem uma verdadeira busca e apreensão, mas apenas um acesso a dados de tráfego ou de conexão, respeitando-se um escalonamento de intrusões.

Na especificação das coordenadas do pedido, a autoridade investigante deve levar em conta o impacto que uma medida como essa causa no universo de pessoas que podem ser atingidas pela coleta dos dados incialmente anonimizados. Uma coisa será pedir um cerco digital sobre áreas inóspitas, pouco urbanizadas ou em locais ermos de uma cidade; outra coisa será fazê-lo num estádio ou num *shopping center*, com grande afluxo ou movimentação de pessoas. Uma coisa será pedir uma *geofence* num certo ponto de um centro urbano, numa madrugada qualquer, ou pedi-la no mesmo local na hora do *rush*. Assim, deve-se aferir o impacto da medida no universo de terceiros possivelmente atingidos pelo compartilhamento de dados de conexão com a autoridade investigante e exigir salvaguardas compatíveis com a necessidade de tratamento adequado de dados pessoais. Por isso mesmo, a particularização da diligência (já que, em regra, não haverá condições de individualizar pelo nome o alvo da medida) deve ser feita de modo preciso e consciencioso.

Aplicando-se analogicamente o art. 243, inciso I, do CPP e o art. 8-A da Lei 9.296/1996[121] ao procedimento de cerco digital, a autoridade deve indicar o mais precisamente possível, as coordenadas de tempo e de local sujeitos à diligência de busca digital (§1º do art. 8º-A). Deverá também mencionar o motivo e os fins da medida, no contexto de um crime grave (inciso II do art. 8º-A). O princípio da necessidade deverá ser observado, de modo que o pedido de *geofence* só poderá ser deferido, se a prova não puder ser feita por outros meios disponíveis e igualmente eficazes (inciso I do art. 8º-A).

Por fim, é preciso ter em conta que, conforme se compreende da petição do Google no caso *Estados Unidos vs. Chatrie*, os usuários de Internet não estão indefesos e à mercê de um inevitável e indiscriminado acesso a seus dados pessoais nos casos de *geofence*. Segundo os termos de serviço da plataforma, esses usuários podem optar por aderir ao serviço "Histórico de Localização do Google" ou dele sair; podem ainda deletar todos os seus dados de localização ou parte deles.[122]

> 4. O Histórico de localização do Google (HL) é um serviço que os titulares de contas Google podem optar por usar para acompanhar os locais que visitaram enquanto portavam seus dispositivos móveis compatíveis. O Histórico de Localização não está disponível para usuários que não possuem uma conta Google. Os usuários devem aceitar explicitamente o serviço. (...) 7. (...) Quando a configuração de localização do dispositivo é ativada, o dispositivo móvel detecta automaticamente sua própria localização, que o dispositivo determina com base nos sinais de GPS e Bluetooth, conexões Wi-Fi e redes celulares. (...) 10. Em resumo, o Histórico de Localização funciona e salva um registro dos deslocamentos do usuá-

[121] Este dispositivo regula a captação ambiental de sinais eletromagnéticos, ópticos ou acústicos.

[122] GOOGLE. *United States v. Chatrie*: Google Declaration (Geofence Warrant), 11 March 2020, p. 5. Disponível em: https://www.eff.org/document/us-v-chatrie-google-declaration-geofence-warrant. Acesso em: 10 mar. 2023.

> rio somente quando o usuário opta pelo HL como uma configuração em sua conta do Google, ativa o recurso "Relatório de localização" para pelo menos um dispositivo móvel, ativa a configuração de localização do dispositivo nesse dispositivo móvel (e para dispositivos iOS fornece a permissão necessária de localização do aplicativo no nível do dispositivo), ativa e faz login em sua conta do Google nesse dispositivo e, em seguida, se desloca com ele. 11. Quando um usuário executa as etapas acima mencionadas, os dados resultantes são comunicados ao Google para processamento e armazenamento. O Google armazena esses dados em um banco de dados conhecido internamente como "Sensorvault". Apenas as informações de HL são armazenadas no Sensorvault.[123]

Por tais razões, entendo que o Tema 1148 do STF é uma oportunidade de ouro para assentar definitivamente a constitucionalidade de medidas de vigilância eletrônica (*surveillance*) que dependam de acesso a dados de torres de telefonia celular (ERBs), a sinais de GPS e a dados conjugados de plataformas digitais (*geofence*). Os limites desta última técnica especial de investigação foram bem traçados pelo STJ desde o precedente Marielle Franco, em 2020, com base no MCI e no princípio da proporcionalidade. O que se espera do STF é a sintonia fina em alguns tópicos, notadamente no tratamento dos dados pela Polícia e pelo MP, após o compartilhamento das informações pessoais.

3.5. Preservação de dados informáticos

Para que medidas como o *geofence* funcionem, obviamente, os dados do usuário devem estar disponíveis, tendo em conta o prazo máximo de retenção pelos provedores de acesso e de aplicações de Internet, consideradas as regras de tratamento de dados pessoais a que estão sujeitos.[124]

[123] GOOGLE. *United States v. Chatrie*: Google Declaration (Geofence Warrant), 11 March 2020, pp. 1-2. Disponível em: https://www.eff.org/document/us-v-chatrie-google-declaration-geofence-warrant. Acesso em: 10 mar. 2023.

[124] Lei 12.965/2014: "Art. 15. O provedor de aplicações de internet constituído na forma de pessoa jurídica e que exerça essa atividade de forma organizada, profissionalmente e com fins econômicos deverá manter os respectivos registros de acesso a aplicações de internet, sob sigilo, em ambiente controlado e de segurança, pelo prazo de 6 (seis) meses, nos termos do regulamento."

Para evitar que os dados de interesse da investigação sejam eliminados quando houverem cumprido sua finalidade, diante da política de tratamento de dados pelo provedor, será necessário preservá-los cautelarmente.[125] Do procedimento de conservação ou de preservação de dados para futuro acesso mediante ordem judicial, tratam os arts. 13 e 15 do MCI e o art. 16 da Convenção sobre Cibercriminalidade, concluída em Budapeste em 2001.[126] Uma vez congelados por solicitação da autoridade investigante em medida de natureza cautelar ou pré-cautelar, uma ordem judicial deve determinar sua posterior exibição ou revelação, nos termos do art. 18 da Convenção de Budapeste e do §3º do art. 13 do MCI.

Tem-se, portanto, um procedimento escalonado, previsto em lei e no referido tratado. Primeiro, faz-se a preservação, de cunho cautelar ou pré-cautelar, mediante solicitação administrativa do Ministério Público ou da Polícia Judiciária, endereçada ao provedor de Internet, para evitar o apagamento ou a destruição dos dados. Em seguida – e, na jurisdição brasileira, somente por ordem judicial – faz-se o acesso a esses mesmos dados.[127]

4. Varredura digital por termos de pesquisa

Uma técnica semelhante ao *geofence*, de busca de palavras-chave (*keyword search history warrants*)[128], também tem sido usada pela Polícia e pelo Ministério Público em crimes graves. A identificação de seletores

[125] Lei 12.965/2014: "Art. 15. (...). § 2º A autoridade policial ou administrativa ou o Ministério Público poderão requerer cautelarmente a qualquer provedor de aplicações de internet que os registros de acesso a aplicações de internet sejam guardados, inclusive por prazo superior ao previsto no caput, observado o disposto nos §§ 3º e 4º do art. 13.

[126] A Convenção de Budapeste foi aprovada pelo Decreto Legislativo 37/2021 e entrou em vigor internacional para o Brasil em 1º de março de 2023. A Convenção foi promulgada no Brasil pelo Decreto 11.491/2023. Cf. BRASIL. Câmara dos Deputados. Convenção sobre o Crime Cibernético, aprovada pelo Decreto Legislativo 37, de 16 de dezembro de 2021. Disponível em: https://www.camara.leg.br/proposicoesWeb/prop_mostrarintegra?codteor=1963474&filename=MSC%20412/2020 . Acesso em: 9 mar. 2023.

[127] Nesse sentido, cf. STJ, Sexta Turma, **HC 626.983/PR**, Rel. Des. Conv. Olindo Menezes, j. 08/02/2022 DJe 22/02/2022. Porém, o ministro Ricardo Lewandowski, do STF, em decisão monocrática de 1º de dezembro de 2022, no HC 222.141/PR, cassou esse acórdão, pois interpretou incorretamente os arts. 13 e 15 do MCI, na medida em que entendeu necessária, desde o início, uma ordem judicial mesmo que para a mera preservação dos dados.

[128] Podemos chamar essa técnica de busca digital terminológica.

inseridos em buscadores digitais permite identificar indícios de envolvimento de um usuário de Internet em um crime informático ou em um crime comum. Pesquisas sobre venenos, armas e outros métodos de matar, assim como buscas sobre dados pessoais da vítima, seus hábitos, seus trajetos e laços, numa certa janela de tempo, nas proximidades da data da ocorrência do crime, podem ligar esse usuário de Internet ao fato sob investigação.

O acesso a esse registro de buscas em aplicativos como o Google deve se dar mediante ordem judicial, quando uma determinada conta (uma *Google account*, por exemplo) estiver logada durante a pesquisa, ou mediante acesso físico a dispositivos móveis (celulares, iPads etc) ou a computadores pessoais do suspeito, ou ainda mediante a identificação do IP específico de conexão ao serviço.

A técnica de rastreamento de suspeitos mediante o acesso a termos de pesquisa inseridos em buscadores de Internet, num dado contexto temporal, foi adotada pelas autoridades de investigação do Rio de Janeiro no caso Marielle Franco. Num mandado de segurança impetrado pelo Google no Tribunal de Justiça do Rio de Janeiro[129] e num recurso em mandado de segurança, interposto em seguida no STJ, discutiu-se a diligência que pretendeu "identificar IPs e Device IPs de um conjunto não identificado de pessoas que, entre 10/03/2018 a 14/03/2018, pesquisaram informações no buscador da Google a partir de certas palavras-chave (*keyword search history warrant*), mediante os seguintes parâmetros de pesquisa: 'Marielle Franco', 'Vereadora Marielle', 'Agenda Vereadora Marielle', 'Casa das Pretas', 'Rua dos Inválidos, 122' ou 'Rua dos Inválidos'."[130]

A lógica é simples. Embora qualquer pessoa possa ter tido a curiosidade de pesquisar o nome ou a agenda da vereadora Marielle Franco em algum momento de sua vida parlamentar, a busca por esses termos – relacionados a outros que remetem ao lugar onde se iniciou a perseguição da vítima (Rua dos Inválidos, na Lapa) até a sua execução – tem grande importância para a identificação de autoria, quando eles estiverem referenciados no tempo. Isto é, a descoberta de que o usuário de

[129] TJ/RJ, 1ª Câmara Criminal, **MS 0072968-96.2018.8.19.0000**, Rel. Des. Katya Maria de Paulo Menezes Monnerat, j. 19/03/2019.

[130] STJ, Terceira Seção, **RMS 60.698/RJ**, Rel. Min. Rogério Schietti Cruz, j. 26/08/2020, DJe 04/09/2020. Esse acórdão levou à impetração do RE 1.301.250/RJ RG (Rel. Min. Rosa Weber), acolhido como Tema 1148.

que um certo número IP ou de uma certa *Google Account* realizou pesquisas sucessivas sobre essas palavras entre os dias 10 e 14 de março de 2018, sendo este último a data dos homicídios, pode seguramente levar à descoberta da autoria do crime. Desta correlação entre conteúdo e coordenadas temporais se extraem a justa causa e a determinabilidade (*particularity*) da medida especial de investigação, sempre dependente de autorização judicial motivada e de cautelas de proteção de dados pessoais, nos termos do art. 2º, inciso II; do art. 3º, incisos II e III; e do art. 23 do MCI.[131]

Em decisão de 2020, que se converteu em precedente na matéria, a 3ª Seção do STJ afirmou a legalidade da medida de busca terminológica para possível descoberta de autoria, expressando ser lícito ao juiz determinar a "quebra de dados informáticos estáticos, relativos a arquivos digitais de registros de conexão ou acesso a aplicações de internet e eventuais dados pessoais a eles vinculados", com base no art. 22 do MCI. A Corte afirmou ainda serem inaplicáveis à espécie as disposições da Lei 9.296/1996, que regula as interceptações, pois há uma "distinção conceitual entre a quebra de sigilo de dados armazenados e a interceptação do fluxo de comunicações".[132]

> Decerto que o art. 5º, X, da CF/88 garante a inviolabilidade da intimidade e da privacidade, inclusive quando os dados informáticos constarem de banco de dados ou de arquivos virtuais mais sensíveis. Entretanto, o acesso a esses dados registrados ou arquivos virtuais não se confunde com a interceptação das comunicações e, por isso mesmo, a amplitude de proteção não pode ser a mesma. (...) Logo, a quebra do sigilo de dados armazenados, assim entendida a requisição mediante ordem judicial de registros de conexão e acesso à internet, de forma autônoma ou associada a outros dados pessoais e informações, não obriga a autoridade judiciária a indicar previamente as pessoas que estão sendo investigadas, até porque o objetivo precípuo dessa medida, na expressiva maioria dos

131 Lei 12.965/2014: "Art. 23. Cabe ao juiz tomar as providências necessárias à garantia do sigilo das informações recebidas e à preservação da intimidade, da vida privada, da honra e da imagem do usuário, podendo determinar segredo de justiça, inclusive quanto aos pedidos de guarda de registro".

132 STJ, Terceira Seção, **RMS 60.698/RJ**, Rel. Min. Rogério Schietti Cruz, j. 26/08/2020, DJe 04/09/2020.

> casos, é justamente de proporcionar a identificação do usuário do serviço ou do terminal utilizado.[133]

Esse importante precedente do STJ está sujeito à apreciação do Supremo Tribunal Federal no RE 1.301.250/RJ RG, acolhido com repercussão geral como Tema 1148.[134]

5. Conclusões

O rastreamento digital de um suspeito pode ser feito mediante o acesso a informações de telefonia celular, coletadas automaticamente pelos aparelhos quando se conectam à rede móvel pelas Estações Rádio Base ou quando os sensores de tais aparelhos trocam sinais (*pings*) com satélites de geoposicionamento, como o sistema GPS. Pistas sobre o potencial autor de um crime ou de eventuais testemunhas ou o paradeiro da vítima também podem surgir a partir do acesso a informações do "Histórico de Localização do Google" (HL), ou serviços semelhantes em *apps* de outras plataformas digitais, que, sendo voluntários, permitem a reconstrução de uma linha do tempo do usuário, quanto a sua localização. No primeiro modelo, as informações são colhidas automaticamente; no segundo (HL), o tratamento dos dados somente ocorre mediante um modelo *opt-in,* de modo que não é irrecusável ou inescapável a localização do dispositivo.[135]

Podemos, assim, concluir que, embora o cerco digital (quebra de sigilo locacional ou *geofence*) não seja regulado pela Lei 9.296/1996 ou pela Lei 12.850/2013, a conjugação desses diplomas com os arts. 7º, 10, 22 e 23 do Marco Civil da Internet propicia a base jurídica adequada para viabilizar o deferimento de mandados de cerco digital (*geofence*

[133] STJ, Terceira Seção, **RMS 60.698/RJ**, Rel. Min. Rogério Schietti Cruz, j. 26/08/2020, DJe 04/09/2020.

[134] STF, Tribunal Pleno, **RE 1.301.250/RJ**, Rel. Min. Rosa Weber, não julgado na data que escrevo, 26/04/2023.

[135] ESTADOS UNIDOS. Brief of Amicus Curiae Google LLC in Support of Neither Party Concerning Defendant's Motion to Suppress Evidence from a "Geofence" General Warrant. December 20, 2019, p. 9. In: ESTADOS UNIDOS. United States District Court for the Eastern District of Virginia, Richmond Division. United States v. Chatrie. Disponível em: https://www.eff.org/document/us-v-chatrie-google-amicus-brief-geofence-warrant. Acesso em 11 mar. 2023.

warrants) no Brasil. O mesmo raciocínio se aplica às buscas digitais de autoria por pesquisas terminológicas.

Para viabilizar medidas dessa natureza, é preciso atender aos requisitos legais, sobretudo os dos arts. 22 e 23 do MCI e observar os princípios básicos que regem a execução de meios especiais de obtenção de provas, inclusive os da necessidade, da finalidade, da minimização e da responsabilidade (*accountability*).[136] Conforme o Tribunal Europeu de Direitos Humanos, no caso *Big Brother Watch e Outros vs. Reino Unido*, a legalidade da ingerência decorrente do emprego de medidas de vigilância eletrônica ou digital deve ser vista no contexto do princípio da necessidade (*necessity test*). Por isso mesmo, ao examinar a implementação de uma TEI, o Tribunal deve, ao mesmo tempo, considerar se a medida estatal foi executada "de acordo com a lei" e se passou pelo critério de "necessidade", que é inerente ao conceito de "qualidade da lei" (*quality of law*).[137] Nas palavras do TEDH, isso implica que o direito interno deve ser acessível, compreensível e previsível quanto a sua aplicação e que garanta que "as medidas de vigilância encobertas sejam empregadas apenas quando 'necessário numa sociedade democrática', em particular, ao prever salvaguardas e garantias adequadas e eficazes contra abusos."[138]

[136] Para conhecer em detalhe toda a principiologia das técnicas especiais de investigação no direito brasileiro, cf. ARAS, Vladimir. Técnicas especiais...*op. cit.*, 2013, pp. 503-582.

[137] O conceito de *quality of law* se desenvolveu na jurisprudência do TEDH a partir de 1979 no caso *Sunday Times v. United Kingdom*. A teoria, largamente adotada pelo Tribunal, está bem sumarizada no caso *Weber and Saravia v. Germany* (2006): "In its case-law on secret measures of surveillance, the Court has developed the following minimum safeguards that should be set out in statute law in order to avoid abuses of power: the nature of the offences which may give rise to an interception order; a definition of the categories of people liable to have their telephones tapped; a limit on the duration of telephone tapping; the procedure to be followed for examining, using and storing the data obtained; the precautions to be taken when communicating the data to other parties; and the circumstances in which recordings may or must be erased or the tapes destroyed". Cf. TRIBUNAL EUROPEU DE DIREITOS HUMANOS. Case of Weber and Saravia v. Germany, Judgment 29 June 2006. Disponível em: https://hudoc.echr.coe.int/fre#{%22itemid%22:[%22001-76586%22]}. Acesso em: 8 mar. 2023, §§ 92 a 102.

[138] TRIBUNAL EUROPEU DE DIREITOS HUMANOS. Big Brother Watch and Others v. the United Kingdom [GC]. Judgment of 25 May 2021. Disponível em: https://hudoc.echr.coe.int/eng#{%22itemid%22:[%22001-210077%22]}. Acesso em: 8 mar. 2023. O conceito de "qualidade da lei", que, como vimos, eclodiu no caso *Sunday Times v. United Kingdom* (1979), foi posteriormente desenvolvido nos casos *Silver and Others v. United Kingdom* (1983), *Malone v. United Kingdom* (1984), *Leander v. Sweden* (1984), *Olsson v. Sweden* (1988) e *Weber and*

O acesso a esses dados de conexão para rastreamento de suspeitos, contudo, só pode ocorrer mediante prévia decisão do juiz competente, em manifestação devidamente fundamentada (art. 93, inciso IX da Constituição), após provocação do Ministério Público ou da Polícia Judiciária, e nunca de ofício.

Os pedidos e os mandados judiciais de cerco digital (*geofence warrant*) e de busca digital terminológica a serem cumpridos por empresas provedoras de acesso e de aplicações de Internet devem indicar, com precisão as coordenadas de tempo e lugar, para a coleta de dados de conexão de aparelhos eletrônicos (*smartphones, smartwatches, connected vehicles* etc) e outros objetos da Internet das Coisas (IoT), ou o contexto terminológico-temporal das palavras inseridas num buscador de Internet.

Para o cerco digital ou quebra de sigilo locacional, o pedido também deve indicar a área a ser coberta em metros quadrados e por meio de um mapa, com a precisa delimitação dos polígonos de busca, referenciadas

Saravia v. Germany (2006) etc, apontando-se, entre outros elementos, os critérios de acessibilidade, compreensibilidade, previsibilidade, finalidade e determinabilidade (segurança/clareza) para a existência de *quality of law*. Van Der Sloot explica essa progressão: "around the 1980s, a new doctrine started to emerge, namely that laws should be accessible and foreseeable. One of the first cases in which the Court evaluated these elements was in the well-known case of Sunday Times (1979), in which the applicants argued, inter alia, that the law of contempt of court was so vague and uncertain and the principles enunciated in a decision at national level so novel that the restraint imposed on them could not be regarded as "prescribed by law". The Court stressed that the word 'law' in the expression 'prescribed by law' covered not only statute but also unwritten law, including established doctrines in common law. It recognised the slightly different formulations used throughout the Convention, such as 'in accordance with the law' (Art. 8 ECHR) and 'provided for by law' (Arts. 9-11 ECHR), and stressed that two requirements followed from the latter formulation (but not from the formulation used in Art. 8 ECHR). 'Firstly, the law must be adequately accessible: the citizen must be able to have an indication that is adequate in the circumstances of the legal rules applicable to a given case. Secondly, a norm cannot be regarded as a 'law' unless it is formulated with sufficient precision to enable the citizen to regulate his conduct: he must be able – if need be with appropriate advice – to foresee, to a degree that is reasonable in the circumstances, the consequences which a given action may entail. Those consequences need not be foreseeable with absolute certainty: experience shows this to be unattainable. Again, whilst certainty is highly desirable, it may bring in its train excessive rigidity and the law must be able to keep pace with changing circumstances." Cf. Sloot, Bart van der. The quality of law: how the European Court of Human Rights gradually became a European Constitutional Court for privacy cases, **Journal of Intellectual Property, Information Technology and E-Commerce Law**, 11 (2020) JIPITEC 160, §§ 13 a 19. Disponível em: https://www.jipitec.eu/issues/jipitec-11-2-2020/5098. Acesso em: 8 mar. 2023.

a uma janela horária, para evitar que o uso apenas das coordenadas de longitude e latitude induza as autoridades em erro quando de sua apreciação, no tocante ao tamanho da área a ser vasculhada, ou ao momento do cercamento virtual daquela área.

Deve-se atender, portanto, aos princípios da legalidade, da finalidade, da proporcionalidade da intervenção no domínio da vida privada, da necessidade dessa medida tendo em conta um certo grau de gravidade do delito em questão e as cautelas de minimização, eventual anonimização e de necessário apagamento de dados de terceiros, nos termos do art. 5º, incisos X, XI e LXXIX da Constituição. Essencial a cautela de minimização das informações pessoais, de modo que somente dados estritamente necessários para a finalidade almejada sejam capturados na diligência digital. Para isso a delimitação precisa e comedida de local, dia, horário e duração do cerco digital retrospectivo serão fundamentais para a aferição da proporcionalidade e, particularmente, da necessidade da ingerência no domínio da vida privada.

Em outros termos, para a garantia da privacidade e do direito à proteção dos dados pessoais, tomando-se como parâmetro o art. 8º-A da Lei 9.296/1996, por analogia, o *geofence* só deve ser permitido em casos graves, isto é, nos crimes hediondos e nos delitos cuja pena máxima seja superior a 4 anos de reclusão, não sendo permitidas buscas digitais indiscriminadas, sem o mínimo de lastro de justa causa e sem estrito controle externo do Ministério Público e da autoridade judiciária, seja *ex ante* – no momento do deferimento ou não da medida –, seja *ex post* – durante o contraditório e o reexame recursal.

Ademais, não se pode perder de vista o fato de que a quebra de sigilo locacional é apenas um meio de obtenção de prova, voltado à determinação da autoria. Logo, se alguém for *digitalmente* localizado na cena do crime, isso não dá ao Ministério Público *ipso facto* a justa causa necessária para o oferecimento de uma denúncia e, muito menos, para a obtenção de uma condenação criminal. O rastreamento digital propiciado pelo *geofence* é apenas um primeiro passo para a determinação da autoria, dependendo de confirmação por outras fontes de corroboração.

Essas providências restritivas e criteriosas e as cautelas acima postas, se adotadas na prática policial e no cotidiano forense, contribuem para que o cerco digital (*geofence*) e a busca terminológica se desenvolvam como ferramentas úteis para a elucidação de crimes graves, e não se transformem em instrumentos para devassar a intimidade, para fazer crônicas da vida privada e para transformar o mundo num panóptico benthamiano. Para isso, já bastam as grandes plataformas digitais e os grandes buscadores que tudo veem, tudo ouvem e tudo sabem.

CAPÍTULO 25
COOPERAÇÃO ENTRE ÓRGÃOS FEDERAIS, ESTADUAIS, MUNICIPAIS E DISTRITAIS: ANÁLISE CRÍTICA DO ART. 3º, VIII, DA LEI N. 12.850/2013

Fábio Ramazzini Bechara
Luiz Fernando Bugiga Rebellato

1. Introdução

A exponencial evolução tecnológica e o fenômeno da globalização trouxeram relevantes alterações nas relações sociais, especialmente com relação à dinâmica do processo integrativo entre os indivíduos, marcada pela rapidez e pela ausência de barreiras físicas ou geográficas.

Esta nova relação também impactou a própria maneira com a qual a criminalidade se desenvolveu[1], que passou a assumir contornos organizados, transnacionais e estruturas verdadeiramente empresariais, proporcionando um desafio para seu enfrentamento a partir dos meios de obtenção de provas clássicos e regularmente utilizados diante de uma criminalidade assimétrica[2].

[1] Taruffo, Michelle. **Il processo civile di civil law e di common law: aspetti fondamentali, in Sui confini: scritti sulla giustizia civile**. Bologna: Il Mulino, 2002, p. 90-2.

[2] Precisa a lição de Alfredo Chirino Sánchez, ao apontar que "(...) la investigación penal de hechos delictivos graves no puede dejar de tomar en cuenta los nuevos escenarios en que se producen los intercambios de información entre las personas. El uso de las tecnologías de la comunicación y la información han transformado, profundamente, nuestras vidas, y juegan

A criminalidade moderna exigiu uma releitura também na forma de integração e atuação entre os órgãos e instituições encarregados de fiscalização, controle e persecução[3], por vezes diante da sobreposição de atuação entre os referidos *players*, em um sistema punitivo complexo e marcado pela horizontalidade nas esferas de atuação[4].

Nessa linha, uma atuação insular de cada órgão, para além da não alcançar uma visão extensa e integral da intrincada conduta criminosa – inclusive em sua repercussão no plano extrapenal –, compromete a eficiência na prestação jurisdicional estatal e, por vezes, redundará em malferimento aos princípios da celeridade e eficiência, para além de provocar insegurança jurídica em razão de possíveis ações contraditórias entre os órgãos constitucionalmente incumbidos de atuar diante de um delito praticado por organizações criminosas.

Impôs-se, portanto, uma releitura quanto aos instrumentos para a investigação e persecução de delitos praticados em uma perspectiva de criminalidade organizada e complexa[5], sempre mirando-se em uma relação proporcional e equilibrada[6] entre a eficiência e o garantismo[7].

un importante papel para definir la forma, intensidad y contenido de los datos que intercambiamos com nuestros semejantes. La delincuencia organizada ha tomado estos nuevos medios de comunicación y de interacción social como medios para realizar sus planes, coordinar sus actividades y reconducir sus tareas en una amplia gama de opciones a nivel nacional e internacional (...)" (Sánchez, Alfredo Chirino. **Direito penal como crítica da pena. Estudos em homenagem a Juarez Tavares por seu 70º Aniversário em 2 de setembro de 2012**. Marcial Pons: 2012, p. 108).

[3] "(...) Não se pode olvidar que a troca de informações de inteligência é medida essencial para a prevenção e a repressão à criminalidade organizada. Assim, é fundamental que os diversos ramos do Ministério Público, as polícias (...)Receita Federal, Tribunais de Contas e, enfim, todos os demais órgãos e instituições que têm acesso a dados relevantes para a persecução criminal unam-se em torno desse objetivo comum de simbiose de informações e compartilhamento de provas" (Massom, Cleber; Marçal, Vinicius. **Crime Organizado**. 6. ed. Rio de Janeiro: Método, 2021. P. 469)

[4] De acordo com a National Alliance of Gang Investigators Associations (NAGIA), "(...) Whether organized on a state, regional, or federal level, task forces allow for immediate information sharing, increased resources to collect and analyze gang intelligence, and additional enforcement capacity in a specific region. Task forces have allowed agencies with differing strengths to collaborate and dismantle major gangs (...)" (National Alliance of Gang Investigators Associations, 2005, National Gang Threat Assessment).

[5] Para Rogério Sanches Cunha, "(...) alta complexidade das atividades que envolvem a criminalidade organizada exige uma perfeita sintonia entre os diversos órgãos públicos, de todo os níveis, que possam colaborar em sua investigação. (...)Por mais óbvio que possa

Sob essa lente, o artigo 3º da Lei nº 12.850/2013 nominou os "meios de obtenção de prova"[8] e estabeleceu, em seu inciso VIII, a "coopera-

parecer essa constatação, o certo é que, na prática, no mais das vezes tais órgãos "não se falam", isto é, não compartilham suas informações de modo a permitir um adequado enfrentamento à criminalidade". (Cunha, Rogério Sanches. **Leis Penais Especiais**. Salvador: Juspodivm, 2018, p. 1.805/1.806).

[6] Para Miren J. Pérez Estrada, "(...) a utilização habitual das novas tecnologias torna necessária a obtenção de prova de tipo tecnológico que, embora contribua para aprimorar a eficácia estatal na persecução dos delitos, em igual medida aumentará o risco de lesividade ao direito fundamental à autodeterminação informativa das pessoas investigadas (...)" (Pérez Estrada, Miren J. La protección de los datos personales en el registro de dispositivos de almacenamiento masivo de información. **Revista Brasileira de Direito Processual Penal**, vl. 5, n. 3, set./dez. 2019, p. 1308, tradução livre).

[7] Antônio Scarance Fernandes, em seu clássico artigo sobre a relação entre eficiência e garantismo, prevê que "(...) são dois direitos fundamentais do indivíduo que interessam especialmente ao processo criminal: o direito à liberdade e o direito à segurança, ambos previstos no art. 5º, 'caput', da CF/1988. Como decorrência desses dois direitos fundamentais, os indivíduos têm direito a que o Estado atue positivamente no sentido de estruturar órgãos e criar procedimentos que, ao mesmo tempo, lhes dêem segurança e lhes garantam a liberdade. Em outras palavras, têm direito a um sistema que faça atuar as normas do direito repressivo, necessárias para a concretização do direito fundamental à segurança, e atribua ao acusado todos os mecanismos essenciais para a defesa de sua liberdade. De forma resumida, um sistema que assegura 'eficiência' com 'garantismo' (...)" (Scarance Fernandes, Antônio. O equilíbrio entre a eficiência e o garantismo e o crime organizado, **Revista Brasileira de Ciências Criminais**, São Paulo, vl. 70/229, jan-fev, 2008, p. 744).

[8] Impende estabelecer uma distinção classificatória entre os "meios de prova" e os "meios de produção ou obtenção de prova". Com efeito, os meios de provas são os "instrumentos e atividades" (Gomes Filho, Antonio Magalhães. Notas sobre a terminologia da prova (reflexos no processo penal brasileiro). In Yarshell, Flávio Luiz; Moraes, Maurício Zanoide de (coord.). **Estudos em homenagem à professora Ada Pellegrini Grinover**. São Paulo: DPJ, 2005, p. 308), que servem de liame introdutório dos elementos de prova ao processo, visando sua produção a partir das fontes de provas, com o objetivo de se chegar ao resultado da prova. Para Cândido Rangel Dinamarco, são as "técnicas destinadas a atuar sobre fontes e delas se extrair o conhecimento dos fatos relevantes para a causa" (Dinamarco, Cândido Rangel. **Instituições de Direito Processual Civil**. São Paulo: Malheiros, 2001, vol. III, p. 47). Seriam "(...) todos los elementos que pueden servir para producir el convencimento judicial (...)" (Romero Coloma, Aurelio. **Estudios de la prueba procesal**. Madrid: Colex, 1986, p. 39), vale dizer, "(...) todo aquello que permite conocer los hechos relevantes de la causa; es decir, lo que 'permite formular o verificar' enunciados asertivos que sirven para reconstruir esos hechos (...)" (Gascón Abellán, Marina, **Los hechos en el Derecho**. Bases argumentales de la prueba. Madrid: Marcial Pons, 1999, pp. 83-86).
Os meios de prova, todavia, não se confundem se distinguem de outro conceito semelhante, consistente nos meios de pesquisa (também chamados de meios de investigação e meios de

ção entre instituições e órgãos federais, distritais, estaduais e municipais na busca de provas e informações de interesse da investigação ou da instrução criminal".

Diferentemente dos outros meios de obtenção de provas nominados no artigo 3º da Lei nº 12.850/2013, o legislador deixou de regular o procedimento[9] para a referida cooperação, de modo que a norma, nesse sentido, possui um conteúdo essencialmente programático[10].

busca da prova), uma distinção conceitual que fora objeto de expressão previsão no Código de Processo Penal Italiano, mas que não se repetiu no ordenamento processual pátrio. Sobre o tema, confira-se: TONINI, Paolo; CONTI, Carlotta. **Il diritto delle prove penali**. Milano: Ed. Giuffrè, 2011, pp. 379-380.
Assim, enquanto os meios de prova se referem a "(...) uma atividade endoprocessual que se desenvolve perante o juiz, com o conhecimento e participação das partes, visando a introdução e a fixação de dados probatórios no processo (...)", os meios de pesquisa ou investigação estão relacionados aos procedimentos, geralmente anteriores à formação da relação jurídica processual, com "(...) *o objetivo de conseguir provas materiais, e que podem ser realizados por outros funcionários* (...)" (GOMES FILHO, Antonio Magalhães. Notas sobre a terminologia da prova.... *op. cit.*, pp. 309-310).

9 O procedimento compreende a projeção externa por intermédio do qual o processo se instaura, desenvolve e termina, atingindo o fim predeterminado e visando a satisfação do interesse tutelado. Trata-se do meio pelo qual a lei determina como os atos devem se desenvolver, em seu conjunto, observando-se fórmulas predefinidas, numa relação de coordenação lógica antecedente através do qual os atos anteriores se relacionam como pressuposto para os atos subsequentes. Assim, para se obter uma decisão justa e adequada, o procedimento deve ser válido e justo, permitindo-se a participação das partes envolvidas e a possibilidade de, à sua medida, trazerem elementos de informação que possam auxiliar na formulação do convencimento do julgador (GRINOVER, Ada Pellegrini; SCARANCE FERNANDES, Antônio; GOMES FILHO, Antônio Magalhães. **As nulidades no processo penal**. 7.ed. São Paulo: Editora RT, 2001. pp. 249-250). Especialmente no processo penal, o procedimento demanda a observância das formalidades prescritas em lei e, ainda, a obediência irrestrita aos princípios constitucionais e à garantia do devido processo legal (TUCCI, Rogério Lauria. **Direitos e garantias individuais no processo penal brasileiro**. São Paulo: Editora Saraiva, 1993. pp. 91-94).

10 Paulo César Busato e Cezar Roberto Bittencourt assinalam que "(...) a própria previsão legal de cooperação entre órgãos públicos consiste em uma expressa confissão de incapacidade de realização do controle social penal por parte do Estado. Não é concebível que seja necessário constar de disposição legal tamanha obviedade. Aliás, a obstrução de investigação criminal, seja por agente público ou por particular, constitui crime previsto no Código Penal desde 1940, pois resulta necessariamente em um favorecimento real ou pessoal (arts. 348 e 349 do CP). Assim, a colaboração entre os órgãos públicos para fins de investigação criminal é medida de rigor e – ao menos deveria ser – a regra em tais casos. Trata-se, por conseguinte, de uma previsão meramente programática, que corresponde quase que perfeitamente à

Isso não implica o esvaziamento da norma, mas exige um esforço criativo na busca por parâmetros que auxiliem na definição dos respectivos meios de implantação e limites, enquanto necessária projeção da garantia do devido processo legal[11].

O estudo sobre a cooperação entre instituições e órgãos perpassa pelo modelo de integração e interação a ser assumido, seja lá qual for a denominação ("força-tarefa", "grupo especial", etc.) e seu respectivo modo de implementação, visando assegurar a transparência, legalidade, impessoalidade e celeridade nas relações entabuladas.

A colaboração e a cooperação entre diferentes órgãos pressupõem, ainda, uma mudança na forma de atuação dos agentes envolvidos na persecução penal, que deverão estar abertos ao diálogo, sempre respeitando a esfera de atribuição de cada órgão e instituição e sua respectiva independência funcional.

O objetivo do texto é identificar os possíveis parâmetros normativos que devem orientar o modelo e o procedimento de cooperação entre órgãos públicos na investigação da criminalidade organizada, de modo a resguardar a legalidade e o devido processo legal, compreendida a sua formação, execução, compartilhamento de informações e provas, e, principalmente, controle.

A construção proposta pressupõe, como premissa, o reconhecimento do procedimento como uma garantia decorrente da legalidade, a identificação de preceitos normativos e jurisprudenciais que possam auxiliar a busca por parâmetros para a regulação da cooperação e, por fim, das competências e fatores que são determinantes para a sua (in)efetividade.

redação do art. 7º, b, da Convenção de Palermo, o que serve para revelar, também, o quanto a legislação interna brasileira absorve de influência internacional (...)" (Bittencourt, Cezar Roberto; Busato, Paulo Cesar. **Comentários à Lei de organização criminosa: Lei nº 12.850/2013**. São Paulo: Saraiva, 2014, p. 47).

[11] O "devido processo legal" constitui expressão com múltiplas definições, podendo ser entendido como o "(...) "conjunto de garantias constitucionais que, de um lado, asseguram as partes o exercício de suas faculdades e poderes processuais e, do outro, são indispensáveis ao correto exercício da jurisdição (...)" (Cintra, Antônio Carlos de Araújo; Grinover, Ada Pellegrini; Dinamarco, Candido Rangel. **Teoria Geral do Processo**. São Paulo: Malheiros, 2001, p. 89).

2. Fatores de eficiência e incentivos para a cooperação

A cooperação entre países e entre agência nacionais e internacionais é apontada pela literatura como a forma mais adequada de responder para as alianças e fusões cada vez mais frequentes entre as organizações criminosas, nacionais e transnacionais[12], que assim como as empresas, incluem nas suas divisões de trabalho os especialistas em lavagem de dinheiro, segurança e transporte, como também os químicos para regular a quantidade e o volume dos produtos da droga, por exemplo[13].

A cooperação não pode se limitar à ampliação da atuação dos órgãos policiais nacionais para além das fronteiras, nem mesmo à criação de instituições internacionais e regionais de polícia e de justiça criminal, que expandam referidas fronteiras[14].

A efetividade da cooperação no controle do crime organizado, tendo em vista o seu caráter interinstitucional, impõe, para além da formalização de instrumentos normativos, a construção de um modelo de governança colaborativa que compatibilize as diferenças, neutralize as ameaças e potencialize a produção de resultados[15].

Os desafios estão relacionados a diferentes fatores que dificultam ou impossibilitam a cooperação interinstitucional, tais como: (1) as significativas mudanças no ambiente político e governamental; (2) as rivalidades jurisdicionais entre os órgãos; (3) as culturas burocráticas e administrativas dos órgãos; (4) a cultura organizacional dos órgãos envolvidos; (5) a autonomia individual dos integrantes; (6) a seleção de um órgão ou agente líder por meio de acordos de coordenação; (7) o apoio para a colaboração interagência *versus* o apoio para a autonomia do órgão; (8) a competição do ambiente colaborativo com outras missões, planos estratégicos e políticas prioritárias entre e nos

[12] ROSE-ACKERMAN, Susan e outro. **Corruption and Government. Causes, Consequences and Reform**. New York: Cambridge University Press, 2016, pp. 1-618.

[13] ALBANESE, J. S. (2000). The Causes of Organized Crime: Do Criminals Organized Around for Crimes or do Criminal Opportunities Create New Offenders? **Journal of Contemporary Criminal Justice,** vl 15, 2000, pp. 409-423.

[14] MACDONALD Willian F. **The longer arm of the Law**. International Crime and Justice. New York: Edited by Mangay Natarajan. Cambridge, 2011., p. 443.

[15] STEPHEN, Matthew D. Emerging Power and Emerging trends in Global Governance. **Global Governance 23**, 2017, pp. 483-502. WILLIANS, P. and VLASSIS, D. eds. (2001). Combating Transnational Crime: Concepts, Activities and Responses. International Security and Professional Advisory Council of the United Nations.

órgãos participantes; (9) as expectativas sobre o que deve ser alcançado e a definição sobre a extensão dessas expectativas para o projeto e para os participantes; (10) a falta de incentivos e os custos da participação; (11) a habilitação para liderar e as práticas dos participantes; (12) a confiança no profissionalismo, competência e integridade dos participantes[16].

Ressente-se de um projeto de cooperação que contemple um novo modelo de interação e governança institucional voltado para a correção das causas do problema crime organizado, a partir da complexidade exposta, e não somente para os seus efeitos.

Isso porque as empresas criminosas estão interessadas na criação de um ambiente operacional que facilite a exploração econômica ilegal, que se caracteriza pela livre ou facilitada circulação de recursos ilícitos e cooptação de agentes públicos.

Embora a gestão do problema imponha não somente esforços de curto prazo, direcionados à prisão e acusação como medidas necessárias para desmantelar as operações do crime organizado, também impõe esforços de longo prazo, com foco na redução da demanda de produtos e serviços que o financiam, na redução do suporte às vítimas vulneráveis e aos mercados disponíveis através de pressões sobre criminosos e os seus produtos[17].

Há um grande espaço de indefinição em relação às bases sobre as quais o modelo de cooperação interinstitucional deve ser concebido e estabelecido, notadamente no que se refere ao compartilhamento de informações e produção de conhecimento, de modo a superar os efeitos causados pelas barreiras da diversidade entre os sistemas jurídicos nacionais, as diferenças culturais, corporativas, políticas, sociais e econômicas.

No plano regulatório, destacam-se as Convenções no âmbito da Organização dos Estados Americanos (OEA) e da Organização das Nações Unidas (ONU), sobre temas como corrupção, crime organizado, tráfico de drogas, lavagem de dinheiro e terrorismo.

[16] KAISER, Frederick M. Interagency Collaborative Arangements and Activities: Types, Rationales, Considerations. **Congressional Research Service**. Report for Congress. 2011, pp. 25-26.

[17] ALBANESE, J. S., and Philip L. Reichel, eds. **Transnational Organized Crime: An Overview from six Continents**. Thousand Oaks, CA: Sage, 1. ed, 2014.

Já do ponto de vista institucional, da governança colaborativa propriamente dita, diferentemente do marco regulatório, ainda remanescem inúmeros desafios a serem enfrentados, principalmente para auxiliar a construção e/ou manutenção e/ou expansão de modelos que já foram testados, principalmente em grandes eventos, como Copa do Mundo de Futebol e Jogos Olímpicos.

Corrupção, lavagem de dinheiro, segurança, defesa, crime organizado são problemas complexos, submetidos a um regime de competência concorrente e fragmentado dada a sua interdisciplinaridade e que, portanto, pressupõem o engajamento de pessoas e instituições, um modelo de governança colaborativa que seja capaz de reduzir o risco do conflito de decisões e potencializar a geração de resultados, mais segurança jurídica, do controle à regulação, da prevenção à repressão. Grupos criminosos organizados não se formam ou sobrevivem, nem mercados ilegais prosperam, se não houver cooptação de agentes públicos e capital de giro que os financie[18].

Não há dúvida que as reformas legislativas são necessárias, assim como o aumento da transparência e do controle, o monitoramento financeiro e a inteligência de dados. Mas o que efetivamente pode fazer a grande diferença é mudar o patamar da cooperação e interação dos órgãos.

Chris Ansell e Alison Cash[19], pesquisadores da Universidade da California, Berkeley, ao analisarem 137 casos de modelos de governança colaborativa em diferentes setores públicos (saúde, educação, segurança), apontaram quais são as variáveis críticas que influenciam no sucesso ou não da iniciativa: desequilíbrio de poderes e recursos; falta de incentivos; histórico de antagonismo e cooperação entre os órgãos; liderança facilitadora; desenho institucional por meio de protocolos e regras básicas de cooperação; processos colaborativos que contemplem diálogo face a face, construção de confiança, comprometimento com o processo, alinhamento de entendimento, pequenas e rápidas vitórias.

Outro fator de risco importante apontado por Frederick M. Kaiser[20], em relatório produzido para o Congresso americano, são as significativas mudanças no ambiente político e governamental.

[18] Levy, Michael. **Journal of Law and Society** 36 (4), pp. 589-591.

[19] Collaborative Governance in Theory and Practice. **Journal of Public Administration Research and Theory**: J-PART, vl. 18, n. 4, Oct., 2008, pp. 543-571.

[20] Kaiser, Frederick M. Interagency Collaborative Arrangements...*op. cit.*, 2011, pp. 25-26.

Dentre todos os elementos apontados na literatura, num processo de mudança efetivo como o aspirado a partir de agora no Brasil, a liderança facilitadora, forte e ativa é que pode induzir à construção da desejada cultura do engajamento. Trata-se de algo além da boa vontade, do desejo por mudanças e resultados, da competência técnica, dos acordos de cooperação e das normas.

É representada, portanto, por uma liderança que consiga, em linhas gerais, traduzir para todos os atores envolvidos o receio da perda de poder e espaço em oportunidade de fortalecimento e crescimento, reafirmar a comunhão de propósitos, construir a confiança mútua, dissuadir as resistências corporativas, construir a sinergia, o consenso e o alinhamento adequado na tomada de decisão, inspirar pela energia e visão.

Experiências estrangeiras nos Estados Unidos (*National Counter Terrorism Center; Organized Crime Drug Enforcement Task Force*) e no Reino Unido (*Economic Crime National Center*), e internacionais, na União Europeia (*EUROPOL, EUROJUST*), nas Américas (*AMERIPOL*) e nas Nações Unidas e Banco Mundial (*STAR – Stolen Asset Recovery Initiative*), são iniciativas de referência, construídas a partir do reconhecimento de problemas complexos que demandavam grande esforço cooperativo e que podem auxiliar a construção da agenda brasileira nesse sentido.

Os fatores que influenciam a sustentabilidade do modelo são, dentre outros, a: cooperação virtual; eliminação da redundância; construção de redes confiáveis; compartilhamento de informações; integração de dados; infraestrutura técnica de interoperabilidade; repetição, omissão, divergência, contra produção.

O padrão de colaboração compreende os seguintes fatores contextuais: expectativas e limitações; reconhecimento da necessidade de colaborar; identificação de uma base legítima de colaboração; acesso a capacidade colaborativa; articulação pelo senso comum quanto à intenção de colaborar; construção de confiança a partir de uma conduta transparente; certeza de uma ampla apropriação pela organização; proteção ou apoio aos relacionamentos frágeis; seleção de uma relação de colaboração apropriada; seleção de um caminho que gera resultados.

As barreiras ou riscos a serem administrados são:

a) Estruturais: fragmentação das responsabilidades através das linhas divisórias entre as agências ou dentro de cada agência; complexidade interna da organização; não sobreposição das esferas de competência;

b) Procedimentais: diferenças dos ciclos e horizontes de planejamento; diferenças dos ciclos e procedimentos orçamentários;

c) Financeiras: diferenças de bases e mecanismos de financiamento; diferenças de estoques e fluxos de recursos;

d) Profissionais: diferenças de ideologias e valores; interesse profissional próprio ou individual; ameaças de segurança no trabalho; visões conflitantes sobre interesses e papéis;

e) Status e legitimidade: interesse pessoal da própria organização (corporativo); preocupações com ameaças à autonomia e domínio; diferenças de legitimidade entre agências designadas e eleitas;

f) Análise das relações de poder

g) Espaço de criatividade para as ações

h) Problema da informalidade

i) Infraestrutura tecnológica misturada

A necessidade da cooperação no sistema de justiça criminal decorre das seguintes constatações: sistema justiça criminal é fragmentado; inteligência inadequada, considerando as atividades do crime organizado; difusão da responsabilidade; ausência de esforços de coordenação; polícias locais fracas ou confusas; interferência política na administração policial; corrupção de oficiais públicos e policiais; preocupação no nível estadual insuficiente com a questão policial local; disponibilidade da população para aceitar as coisas ou serviços do crime organizado a despeito da sua ilegalidade.

Já as condições adequadas para controlar o crime organizado implicam: compreensão das autoridades policiais que eles realmente estão tentando controlar; saber o que e como fazer; ter informação adequada para tomar decisão e agir; disposição para trabalhar em conjunto, a despeito das divisões e confusões organizacionais e jurisdicionais.

Os esforços concentrados devem estar orientados para a fragmentação organizacional com o acompanhamento da falta de coordenação, a ausência de planos para atacar o crime organizado ao invés dos seus sintomas ou manifestações, a ausência de inteligência estratégica para dar suporte aos planos e a ausência de mecanismos de compartilhamento de informações pertinente para o planejamento e controle do crime organizado.

O processo passa a nosso ver, pela criação de um grupo interjurisdicional para coordenar o plano estratégico, para que as estimativas em relação ao crime organizado possam ser coordenadas e revistas, bem como para que se estabeleçam os meios para o compartilhamento de dados através das linhas de organização e jurisdição. Implica, ainda, uma clara definição da política de incentivos para as agências e o agente (econômicos, institucionais e profissionais).

Entra em jogo a complexa configuração normativa do direito brasileiro (regime federativo, diversas esferas institucionais de controle, divisão de atribuições entre os órgãos de fiscalização e controle, divisão de competências jurisdicionais, consequências dos atos e fatos ilícitos em planos distintos, etc.), indicativa da existência de uma série de barreiras a vencer para que os acordos sejam alcançados e tenham efetivo potencial para equacionar as situações a que se referem.

Somam-se a todas as questões outros fatores apontados pela literatura em relação aos esforços colaborativos, que constituem variáveis críticas a serem consideradas[21]: desequilíbrio de poderes e recursos; falta de incentivos; histórico de antagonismo e cooperação entre os órgãos; liderança facilitadora; desenho institucional por meio de protocolos e regras básicas de cooperação; processos colaborativos que contemplem diálogo face a face, construção de confiança, comprometimento com o processo, alinhamento de entendimento, pequenas e rápidas vitórias.

3. Marcos legais de referência para a cooperação entre instituições

A previsão normativa da cooperação interinstitucional, embora não estivesse contemplada na antiga legislação sobre organizações criminosas (Lei nº 9.034/1995), encontra eco nos documentos internacionais relacionados à criminalidade organizada transnacional.

A Convenção das Nações Unidas contra o Crime Organizado Transnacional[22] fomenta a capacidade de cooperação e troca de informações

[21] Ansell, Chris Ansell e Alison Cash. Collaborative Governance in Theory and Practice. In **Journal of Public Administration Research and Theory**: J-PART, Vol. 18, No. 4, Oct., 2008, pp. 543-571. No mesmo sentido: Kaiser, Frederick M. Interagency Collaborative Arrangements...*op. cit.*, 2011, p. 25-26.

[22] A Convenção das Nações Unidas contra o Crime Organizado Transnacional, popularmente conhecida por "Convenção de Palermo", foi promulgada no ordenamento jurídico brasileiro através do Decreto nº 5.015/2004.

entre as autoridades competentes (artigo 27, 1, alínea *a*[23]), inclusive como medida para combate e prevenção à lavagem de dinheiro (artigo 7, 1, alínea *b*[24]).

De igual sorte e mimetizando as previsões contidas na "Convenção de Palermo", a Convenção das Nações Unidas contra a Corrupção[25] também previu a necessidade de se estabelecer a cooperação e intercâmbio de informações para combate e prevenção à lavagem de dinheiro (artigo 14, 1, alínea *b*[26]), além de estimular a cooperação internacional e entre organismos nacionais, juntamente com o setor privado (artigos 38, 39 e 43).

[23] 1. Os Estados Partes cooperarão estreitamente, em conformidade com os seus respectivos ordenamentos jurídicos e administrativos, a fim de reforçar a eficácia das medidas de controle do cumprimento da lei destinadas a combater as infrações previstas na presente Convenção. Especificamente, cada Estado Parte adotará medidas eficazes para:
a) Reforçar ou, se necessário, criar canais de comunicação entre as suas autoridades, organismos e serviços competentes, para facilitar a rápida e segura troca de informações relativas a todos os aspectos das infrações previstas na presente Convenção, incluindo, se os Estados Partes envolvidos o considerarem apropriado, ligações com outras atividades criminosas;

[24] 1. Cada Estado Parte:
b) Garantirá, sem prejuízo da aplicação dos Artigos 18 e 27 da presente Convenção, que as autoridades responsáveis pela administração, regulamentação, detecção e repressão e outras autoridades responsáveis pelo combate à lavagem de dinheiro (incluindo, quando tal esteja previsto no seu direito interno, as autoridades judiciais), tenham a capacidade de cooperar e trocar informações em âmbito nacional e internacional, em conformidade com as condições prescritas no direito interno, e, para esse fim, considerará a possibilidade de criar um serviço de informação financeira que funcione como centro nacional de coleta, análise e difusão de informação relativa a eventuais atividades de lavagem de dinheiro.

[25] A Convenção das Nações Unidas contra a Corrupção, de 31 de outubro de 2003, foi promulgada no ordenamento jurídico brasileiro através do Decreto nº 5.687/2006.

[26] 1. Cada Estado Parte:
b) Garantirá, sem prejuízo à aplicação do Artigo 46 da presente Convenção, que as autoridades de administração, regulamentação e cumprimento da lei e demais autoridades encarregadas de combater a lavagem de dinheiro (incluídas, quando seja pertinente de acordo com a legislação interna, as autoridades judiciais) sejam capazes de cooperar e intercambiar informações nos âmbitos nacional e internacional, de conformidade com as condições prescritas na legislação interna e, a tal fim, considerará a possibilidade de estabelecer um departamento de inteligência financeira que sirva de centro nacional de recompilação, análise e difusão de informação sobre possíveis atividades de lavagem de dinheiro.

Já a Convenção Interamericana contra o Terrorismo[27] prevê, em seu artigo 4º, 1, alínea *c*[28], a cooperação através de grupos de tarefa para o combate ao terrorismo no continente americano.

Em uma perspectiva legislativa interna, há previsões normativas expressas relacionadas ao compartilhamento de informações entre órgãos e instituições.

A título de exemplo, a Lei Complementar nº 105/2001, que regulamenta o sigilo das operações de instituições financeiras, prevê a existência de mecanismos de cooperação informacional entre instituições financeiras (artigo 1º § 3º, inciso I), e também perante o COAF (artigo 2º, § 6º), além da necessidade de comunicação, às autoridades competentes, da prática de ilícitos penais ou administrativos, abrangendo o fornecimento de informações sobre operações que envolvam recursos provenientes de qualquer prática criminosa (artigo 1º, § 3º, inciso IV).

Já a Lei nº 9.613/1998 (Lei de Lavagem de Dinheiro), alterada pela Lei nº 12.683/2012, estabeleceu que o Conselho de Controle de Atividades Financeiras (COAF) tem atribuição de coordenar e propor mecanismos de cooperação e troca de informações para ações rápidas e eficientes no combate à ocultação ou dissimulação de bens, direitos e valores (artigo 14, § 2º), podendo requerer aos órgãos da Administração Pública as informações cadastrais bancárias e financeiras de pessoas envolvidas em atividades suspeitas, além de comunicar às autoridades competentes para a instauração dos procedimentos cabíveis, quando

[27] A Convenção Interamericana contra o Terrorismo, conhecida por "Convenção de Barbados", foi assinada em 3 de junho de 2002 e promulgada no ordenamento jurídico brasileiro através do Decreto nº 5.639/2005.

[28] 1. Cada Estado Parte, na medida em que não o tiver feito, deverá estabelecer um regime jurídico e administrativo para prevenir, combater e erradicar o financiamento do terrorismo e lograr uma cooperação internacional eficaz a respeito, a qual deverá incluir:

(...)

c) Medidas que assegurem que as autoridades competentes dedicadas ao combate dos delitos estabelecidos nos instrumentos internacionais enumerados no Artigo 2 tenham a capacidade de cooperar e intercambiar informações nos planos nacional e internacional, em conformidade com as condições prescritas no direito interno. Com essa finalidade, cada Estado Parte deverá estabelecer e manter uma unidade de inteligência financeira que seja o centro nacional para coleta, análise e divulgação de informações relevantes sobre lavagem de dinheiro e financiamento do terrorismo. Cada Estado Parte deverá informar o Secretário-Geral da Organização dos Estados Americanos sobre a autoridade designada como sua unidade de inteligência financeira.

concluir pela existência de crimes previstos nesta Lei, de fundados indícios de sua prática, ou de qualquer outro ilícito (artigo 14, § 3º e artigo 15, ambos do mencionado Diploma Legal).

Igualmente, o artigo 4º, parágrafo único, da Lei nº 9.883/1999 previu que os órgãos componentes do Sistema Brasileiro de Inteligência fornecerão à ABIN, nos termos e condições a serem aprovados mediante ato presidencial, para fins de integração, dados e conhecimentos específicos relacionados com a defesa das instituições e dos interesses nacionais.

É importante destacar que a Resolução CNMP nº 181, de 7 agosto de 2017, estabeleceu as bases regulamentares sobre instauração e tramitação do procedimento investigatório criminal a cargo do Ministério Público, adotando a possibilidade expressa e instauração, de forma conjunta, por meio de força tarefa ou por grupo de atuação especial composto por membros do Ministério Público (artigo 6º)[29].

Infere-se, portanto, que os diplomas internacionais aos quais o Brasil se vincula enquanto signatário, aliado às previsões normativas existentes, autorizam e estimulam o compartilhamento de informações e elementos de prova, nos moldes que vieram a ser expressamente autorizados no artigo 3º, inciso VIII, da Lei nº 12.850/2003.

4. Modelos de cooperação interinstitucional e a regulamentação normativa: padrões mínimos

As cooperações interinstitucionais, em razão da ausência de previsão normativa específica, podem ser desenvolvidas sob modelos relacionados ao objeto da cooperação, seu âmbito, duração e abrangência[30].

[29] Igualmente, a Estratégia Nacional de Combate à Lavagem de Dinheiro (ENCCLA) aprovou, como meta em dois anos, a regulamentação das forças-tarefas, conforme Meta 15 da ENCCLA/2016: Elaborar projeto de decreto disciplinando as regras gerais para a alocação de recursos humanos e materiais do poder executivo para forças-tarefas interinstitucionais, com o objetivo de combater a criminalidade organizada em geral. Órgão Responsável: DPF Prazo: 30 de junho de 2006. Outros Órgãos Envolvidos: CGU; MPF; CNPG; SRF; MPS; MD; GSI; PGFN; AGU; BACEN."

[30] Sobre o tema, confira-se: GUALTIERI, Lucas de Morais. Cooperação Interinstitucional na visão dos Tribunais Superiores: Mecanismo de maximização da eficácia investigativa. In PAULINO, Galtiênio da Cruz; SCHOUCAIR, João Paulo Santos; BALLAN JÚNIOR, Octahydes; MAIA, Tiago Dias (org). **Técnicas avançadas de investigação.** vl.2, Brasília: ESMPU, 2021, pp. 176-180.

Dentre as modalidades mais comuns de cooperação, destacam-se as "forças-tarefas" e os "grupos especiais".

As "forças-tarefas", de caráter temporário, excepcional e determinado[31], compreendem a conjugação de recursos materiais e humanos, destinadas ao enfrentamento de uma situação jurídica criminal complexa ou de padrões repetidos de criminalidade em determinada área geográfica, justificando-se a atuação conjunta e coordenada o aparelho persecutório estatal[32].

Os "grupos especiais", por sua vez, são formações permanentes criadas para enfrentamento de ameaças contínuas e duradouras, geralmente representadas pela atuação sequencial e estável de organizações criminosas[33].

[31] Mendroni, Marcelo Batlouni. **Os grupos de força-tarefa. Caderno Jurídico**. São Paulo: ESMP, ano 1, n. 3, outubro de 2001, pp. 115-126.

[32] Recomenda-se a leitura de importante artigo sobre o tema, baseado no sucesso da "Força-Tarefa CC-5", da lavra de Januário Paludo, Carlos Fernando dos Santos Lima e Vladimir Aras. Os integrantes do Ministério Público Federal resgatam a história das forças-tarefas a partir de uma visão de direito comparado, bem como se debruçam sobre a legislação aplicável e questões estruturais e logísticas, ressaltando a importância da referida cooperação interinstitucional.

O texto destaca as modalidades de "forças-tarefas", inclusive sob a perspectiva de formação binacional ou multilateral, a partir de protocolos de entendimento que regulam o funcionamento das *joint investigative teams.*

De maneira sintética, para registrar a importância das "forças-tarefas" e os ideais que as inspiram, os autores pontificam que estas "(...) favorecem as ideias de concentração, mobilidade, especialização, coordenação, interdisciplinaridade, eficiência, versatilidade, organicidade, interoperabilidade, comunicação plena e instantânea, planejamento tático e estratégico e prontidão reativa diante de uma determinada "janela de oportunidades". Esses grupos servem como multiplicadores de força, permitindo, mediante a utilização de técnicas especiais de investigação26 e de contrainteligência; a seleção de alvos processuais precisos e viáveis; a eleição de profissionais especialistas para a execução de tarefas específicas; a acessibilidade à informação e a dados de inteligência, a preservação do sigilo operacional; e, mais importante, a tempestividade da reação persecutória (...)" (Paludo, Januário; Santos Lima, Carlos Fernando dos; ARAS, Vladimir. Forças-Tarefas: direito comparado e legislação aplicável. **Manuais de Atuação ESMPU**, vl. 8. Brasília: Escola Superior do Ministério Público da União, 2011, p. 49.).

[33] O "GAECO", grupo especial de combate à criminalidade organizada e que foi estruturado em âmbito estadual e federal, é o modelo representativo destes grupos especiais permanentes, obedecendo normativas que regulamentam a atuação dos grupos e a obediência ao princípio do "promotor natural".

Entretanto, conforme já mencionado, a previsão normativa da cooperação interinstitucional, prevista no artigo 3º, inciso VIII, da Lei nº 12.850/2013, deixou de estabelecer uma regulamentação própria.

A relevância da definição do procedimento de cooperação institucional pauta-se pela necessidade de preservação da legalidade, legitimidade por parte de quem coopera, transparência, impessoalidade e, principalmente, a possibilidade do controle, seja do ponto de vista disciplinar ou de mérito propriamente dito.

4.1. Garantia do procedimento e legalidade

De acordo com Antônio Scarance Fernandes, "todo procedimento forma um modelo unitário composto por atos sucessivos, ou seja, constitui uma realidade, uma unidade de formação sucessiva"[34].

O procedimento revela a gestão funcional do processo, seja do ponto de vista da segurança jurídica, do respeito às liberdades e da correta compreensão da lógica racional do processo.

Contudo, ao mesmo tempo em que o procedimento possui uma dimensão unitária e sucessiva, de interdependência entre os atos com vistas à obtenção de determinado objetivo, há que se ter o cuidado necessário no sentido de evitar que a forma assuma um papel preponderante, negando-se a natureza instrumental do processo.

Assim, prossegue Scarance apontando que "o direito a um sistema de regras e princípios que conjuguem eficiência e garantia não representa direito a um procedimento certo, determinado, delineado, com todos os seus atos e fases, em sequência predeterminada, mas o direito a um procedimento assentado em alguns paradigmas extraídos de normas constitucionais do devido processo legal"[35].

É correto afirmar que o procedimento não possui uma conotação meramente organizacional do processo, mas de garantia deste. Mas também é igual acertado afirmar que nem todo ato do procedimento constitui expressão das garantias processuais, da mesma forma que nem toda diferença de procedimento revela uma incompatibilidade insuperável.

[34] Scarance Fernandes, Antonio. **Teoria geral do procedimento e procedimento no processo penal.** São Paulo: RT, 2005. p. 32.

[35] Scarance Fernandes, Antonio. **Teoria geral do procedimento**...*op. cit.*, 2005, p. 43.

Dentre desse contexto, a previsão do artigo 3º, VIII, da Lei nº 12850/2013, que dispõe sobre a cooperação entre instituições e órgãos federais, distritais, estaduais e municipais na busca de provas e informações de interesse da investigação ou da instrução criminal, é programática e não pragmática, na medida em que não define o roteiro como a assistência mútua entre as instituições deve se operar.

Se de um lado é correto afirmar que a redação sob exame reconhece a essencialidade da cooperação interinstitucional para responder aos crimes de que trata a lei, por outro lado há um vácuo regulatório na definição e delimitação sobre como deve operar a cooperação em si.

4.2. Meio de produção de prova e sua regulamentação: a formação de bases procedimentais a partir de precedentes jurisprudenciais

A classificação da cooperação interinstitucional como "meio de obtenção de prova", conforme artigo 3º, *caput,* da Lei nº 12.850/2013, despertou críticas doutrinárias, já que a medida deveria ser a regra[36] no âmbito de investigações criminais e constitui ação positiva de colaboração, sem qualquer pretensão de reconstrução histórica de uma hipótese a ser provada[37].

Entretanto, assumindo como correta a literalidade do dispositivo, imperioso se reconhecer que a cooperação interinstitucional prevista no artigo 3º, inciso VIII, da Lei nº 12.850/2013 constitui meio de produção de provas atípico[38].

[36] Bittencourt, Cezar Roberto; Busato, Paulo Cesar. **Comentários**...*op. cit.,* 2014, p. 47.

[37] Guilherme Nucci aponta que "(...) O disposto pelo art. 3º, VIII, da Lei 12.850/2013 não concerne ao cenário dos meios de prova. A cooperação entre instituições e órgãos federais é decorrência lógica do funcionamento da máquina estatal, além de constituir uma ação positiva de colaboração e não um mecanismo de demonstração da verdade de um fato (...)" (Nucci, Guilherme de Souza. **Organização Criminosa**. São Paulo: Editora Forense, 5ª ed., 2021, p. 64).

[38] Para Aury Lopes Jr., "(...) como regra, somente podem ser admitidas as provas tipificadas no CPP. Excepcionalmente, podem ser admitidas provas atípicas ou inominadas, desde que não constituam subversão da forma estabelecida para uma prova nominada e, ainda, guardem estrita conformidade com as regras constitucionais e processuais atinentes à prova penal (...)" (Lopes Jr., Aury. **Direito Processual Penal**. São Paulo: Editora Saraiva, 2020, pp. 425-426). A livre produção de provas também é princípio adotado pela legislação francesa. Conforme leciona Michèle-Laure Rassat, "(...) on sait que la question des différents modes

Os meios de produção de prova atípicos, para serem admissíveis, estão condicionados[39] à licitude da prova a ser produzida, em observância ao disposto no artigo 5º, inciso LVI, da Constituição Federal e artigo 157, *caput,* do Código de Processo Penal.

Assim, não se admite que o meio atípico constitua afronta a qualquer direito fundamental, bem como às regras de proibição de prova[40], devendo ainda respeitar o direito de defesa e os valores da dignidade da pessoa humana[41], além de serem idôneos à produção de um resultado útil ao processo[42].

Todavia, especialmente no que tange à cooperação interinstitucional, a experiência prática revela ser inviável a fixação de bases procedimentais inflexíveis e minuciosas, mormente tendo em conta as peculiari-

de preuve utilisable dans un procès pénal est régie par deux principes fondamentaux et apparemment contradictoires déjà énoncés : le principle de la liberté de la preuve que autorise le recours à n'importe quel mode de preuve et le principle de la légalité de la preuve qui ne permet d'utiliser celle-ci qu'autanto qu'elle n'est pas proscrite et a été recueille et présentée selon les modes procéduraux qui lui sont propres, compte tenu de sa nature et du stade de la procédura auquel on se trouve. Il y a, en effet, un lien étroit entre chaque type de preuve et une procédure de rassemblement et de production spécifiques (...) " (Rassat, Michèle-Laure. **Procédure pénale,** 3ª éd. Paris: Ellipses, 2017, p. 284).

39 Dezem, Guilherme Madeira. **Da prova penal**: tipo processual, provas típicas e atípicas (Atualizado de acordo com as Lei 11.689/08, 11.690/08 e 11.719/08). Campinas: Ed. Millenium, 2008, pp. 275 e ss.

40 Dezem, Guilherme Madeira. **Curso de processo penal**. 6ª ed., São Paulo: Editora Revista dos Tribunais, 2020, p. 777.

41 Marques, José Frederico. **Elementos de Direito Processual Penal**. 3ª atual, vl. II, Campinas: Millenium Editora, 2009, pp. 270-271.

42 Como bem define Guilherme Madeira Dezem, as regras a serem observadas para a produção da prova atípica são, necessariamente, "(...) a) a prova, como regra, deve ser praticada em juízo, sob o pálio do contraditório. Somente se admite sua produção fora dele quando a natureza do meio de prova o exigir; b) somente se admite a produção da prova atípica no inquérito policial quando houver cautelaridade a justificar tal medida ou quando a própria lei indica esta possibilidade; c) a vontade pode atuar no meio de prova quando for elemento diretamente a ele ligado; d) somente se afastar a parte da produção da prova quando houver cautelaridade a justificar esta medida ou, então, quando a ciência da parte for contrária à medida, tornando-a ineficaz. Nesta situação, não haverá naturalmente a incidência da regra de discussão com as partes do modelo probatório a ser seguido (...)" (Dezem, Guilherme Madeira. Curso de processo penal... *op. cit.*, 2020, p. 779). O autor defender, ainda, a necessidade de as partes serem consultadas acerca do procedimento de produção de prova a ser observado, em homenagem ao contraditório, ainda que não haja previsão legal expressa.

dades de cada integração estabelecida entre os órgãos e institucionais cooperadas, à luz do seu objeto[43].

Entretanto, para se conjugar a necessidade de se estabelecer um rito procedimental mínimo com a impossibilidade de se fixar bases inflexíveis que tornariam disfuncional a própria cooperação, é importante um olhar sobre a formação jurisprudencial acerca da legalidade das cooperações interinstitucionais, que poderão estabelecer requisitos mínimos a serem observados, em prestígio às liberdades e à dignidade da pessoa humana.

No âmbito do Recurso Extraordinário nº 1.055.941/RJ, o Supremo Tribunal Federal (STF) apreciou, em repercussão geral (Tema 990), a constitucionalidade do compartilhamento, com o Ministério Público e para fins penais, dos dados bancários e fiscais do contribuinte, obtidos pela Receita Federal no legítimo exercício de seu dever de fiscalizar, sem autorização prévia do Poder Judiciário.

Em decisão de 4 de dezembro de 2019, a Suprema Corte reconheceu, por intermédio de duas teses, ser constitucional o compartilhamento dos relatórios de inteligência financeira da Unidade de Inteligência Financeira (UIF) e da íntegra do procedimento fiscalizatório da Receita Federal do Brasil – em que se define o lançamento do tributo – com os órgãos de persecução penal para fins criminais, sem prévia autorização judicial, devendo ser resguardado o sigilo das informações em procedimentos formalmente instaurados e sujeitos a posterior controle

[43] O Conselho Nacional do Ministério Público (CNMP), no âmbito do Procedimento Interno de Comissão nº 0.00.000.001210/2009-61, instituído para a elaboração de estudos visando regulamentar os grupos especiais e as forças tarefas no Ministério Público brasileiro, concluiu em 19 de novembro de 2013 que "(...) as realidades dentro do nosso País são muito distintas, não sendo prudente uniformizar a atuação do Ministério Público para a criação de grupos especiais ou forças-tarefas. Ademais, cada força tarefa é criada em razão de um fato distinto, que pode variar desde um grupo especial de investigação de crimes organizados até um grupo para acompanhar mutirão promovido pelo Poder Judiciário. Dessa forma, verifica-se que a regulamentação deve se dar caso a caso, respeitando-se as peculiaridades da situação concreta apresentada e da região do País (...)", concluindo-se pela "impossibilidade de edição de resolução padronizando a criação de grupos especiais e forças tarefas pelas unidades ministeriais, nada impedindo que elas próprias, no âmbito de sua autonomia, criem seus regramentos específicos (...)" (Disponível em: https://www.mpsp.mp.br/documents/portlet_file_entry/20122/2408121.pdf/72a44d7e-70f4-b96d-0a32-493f247a75f6. Acesso em 5 de março de 2023.

jurisdicional, bem como que o compartilhamento pela Unidade de Inteligência Financeira (UIF) e pela Receita Federal do Brasil deve ser feito unicamente por meio de comunicações formais, com garantia de sigilo, certificação do destinatário e estabelecimento de instrumentos efetivos de apuração e correção de eventuais desvios[44].

Em outro julgamento sobre o tema, o Supremo Tribunal Federal (STF), na Ação Direta de Inconstitucionalidade (ADI) nº 6529, analisou a constitucionalidade do artigo 4º, parágrafo único, da Lei nº 9.883/1999, bem como de outros dispositivos, relacionados ao intercâmbio de informações entre a ABIN e os órgãos componentes do Sistema Brasileiro de Inteligência, bem como outras autoridades públicas.

No julgamento realizado em sessão virtual no mês de outubro de 2021, o Supremo Tribunal Federal (STF) firmou posição pela licitude do compartilhamento de informações, inclusive de inteligência, com as ressalvas[45] de que os órgãos componentes do Sistema Brasileiro de Inteligência somente podem fornecer dados e conhecimentos específicos à ABIN quando comprovado o interesse público da medida, afastada qualquer possibilidade de o fornecimento desses dados atender a interesses pessoais ou privados; que toda e qualquer decisão de fornecimento desses dados deverá ser devida e formalmente motivada para eventual controle de legalidade pelo Poder Judiciário; que mesmo quando presente o interesse público, os dados referentes às comunicações

[44] Repercussão geral. Tema 990. Constitucional. Processual Penal. Compartilhamento dos Relatórios de inteligência financeira da UIF e da íntegra do procedimento fiscalizatório da Receita Federal do Brasil com os órgãos de persecução penal para fins criminais. Desnecessidade de prévia autorização judicial. Constitucionalidade reconhecida. Recurso ao qual se dá provimento para restabelecer a sentença condenatória de 1º grau. Revogada a liminar de suspensão nacional (art. 1.035, § 5º, do CPC). Fixação das seguintes teses: 1. É constitucional o compartilhamento dos relatórios de inteligência financeira da UIF e da íntegra do procedimento fiscalizatório da Receita Federal do Brasil – em que se define o lançamento do tributo – com os órgãos de persecução penal para fins criminais sem prévia autorização judicial, devendo ser resguardado o sigilo das informações em procedimentos formalmente instaurados e sujeitos a posterior controle jurisdicional; 2. O compartilhamento pela UIF e pela RFB referido no item anterior deve ser feito unicamente por meio de comunicações formais, com garantia de sigilo, certificação do destinatário e estabelecimento de instrumentos efetivos de apuração e correção de eventuais desvios (STF, Tribunal Pleno, **RE 105.5941/SP**, Rel. Min. Dias Toffoli, j. 04/12/2019, Dje. 18/03/2021).

[45] STF, Tribunal Pleno, **ADI 6.529/DF**, Rel. Min. Carmen Lúcia, j.11/10/2021, DJe. 22/10/2021.

telefônicas ou dados sujeitos à reserva de jurisdição não podem ser compartilhados na forma do dispositivo, em razão daquela limitação, decorrente do respeito aos direitos fundamentais; que nas hipóteses cabíveis de fornecimento de informações e dados à ABIN, são imprescindíveis procedimento formalmente instaurado e a existência de sistemas eletrônicos de segurança e registro de acesso, inclusive para efeito de responsabilização em caso de eventual omissão, desvio ou abuso à ABIN, acerca de dados e conhecimentos específicos relacionados com a defesa das instituições e dos interesses nacionais.

Nessa perspectiva, a despeito da impossibilidade de se adotar padrões minuciosos e específicos envolvendo os órgãos e instituições cooperadas, os requisitos fixados pelo Supremo Tribunal Federal (STF), no âmbito dos referidos julgamentos, podem colaborar na formação de um modelo procedimental em perspectiva macro, visando regulamentar o artigo 3º, inciso VIII, da Lei nº 12.850/2013.

Dessa feita, a partir da leitura jurisprudencial firmada e com o intuito de aprimoramento das bases do instituto, a cooperação interinstitucional de informações de interesse da investigação ou da instrução criminal exigirá:

> i) a existência de um procedimento formal previamente instaurado, mediante portaria ou ato oficial, em relação ao qual serão produzidos os elementos de informação e provas compartilhados entre as autoridades e órgãos públicos cooperados, sujeito a posterior controle jurisdicional;
>
> ii) a necessidade de resguardo do sigilo das informações entre as instituições;
>
> iii) que as informações compartilhadas atendam ao interesse público na apuração dos fatos praticados e para o qual foi instituída a cooperação:
>
> iv) que o fornecimento das informações entre os órgãos cooperados observe a existência de cláusula de reserva legal e constitucional de jurisdição, à exemplo de dados bancários, fiscais e telefônicos.
>
> v) que sejam adotados procedimentos oficiais e sindicáveis para o intercâmbio de informações, adotando-se padrões de segurança[46] e

[46] Na mesma perspectiva, a ENCCLA 202/2022 estabeleceu, nas Ações nº 01/2021 e 01/2022, a criação de mecanismos para o compartilhamento direto e contínuo de bancos de dados,

registro, com garantia de sigilo e certificação do destinatário, inclusive para fins de eventual responsabilização em caso de eventual omissão, desvio ou abuso.

Com a observância destas regulamentações, pode-se assegurar que o compartilhamento de informações, em regime de cooperação interinstitucional, atenderá a eficiência e maximização dos esforços nas atividades investigativas e, ao mesmo tempo, assegurará o respeito ao sigilo e aos direitos constitucionais dos investigados.

Sob essa perspectiva, o Superior Tribunal de Justiça (STJ) reconheceu a legitimidade da cooperação interinstitucional entre a Secretaria Especial da Receita Federal, a Polícia Federal e o Ministério Público Federal, em inquérito no qual se apura a prática dos crimes de organização criminosa, lavagem de dinheiro e corrupção ativa e passiva[47], bem como o compartilhamento de informações com a Controladoria-Geral da União, para apuração de procedimento administrativo visando a identificar a responsabilidade de pessoas físicas e jurídicas, a partir de infrações penais investigadas no curso de um inquérito[48].

em ambiente seguro, entre os atores estatais responsáveis pela prevenção, detecção e repressão à corrupção, à lavagem de dinheiro e ao financiamento do terrorismo.

[47] PROCESSUAL PENAL - AGRAVO REGIMENTAL - COOPERAÇÃO INTERINSTITUCIONAL - SUPOSTA PRÁTICA DE CRIMES DE ORGANIZAÇÃO CRIMINOSA, LAVAGEM DE DINHEIRO E CORRUPÇÃO ATIVA E PASSIVA - ART. 3º, VIII, DA LEI N. 12.850/13 - CONVENÇÕES DE PALERMO E DE MÉRIDA.

1. Insurgência contra decisão que autorizou a cooperação interinstitucional entre a Secretaria Especial da Receita Federal, a Polícia Federal e o Ministério Público Federal, nos autos de Inquérito em que se apura a suposta prática dos crimes de organização criminosa, lavagem de dinheiro e corrupção ativa e passiva.

2. A questionada cooperação encontra respaldo no art. 3º, VIII, da Lei n. 12.850/13 e nas Convenções de Palermo e de Mérida, promulgadas, respectivamente, pelos Decretos de nºs 5.015/2004 e 5.687/2006.

3. Agravo regimental não provido.

(STJ, Corte Especial, **AgRg na CauInomCrim n. 69/DF**, Rel. Min. Nancy Andrighi, j. 07/12/2022, DJe 14/12/2022).

[48] PROCESSUAL PENAL - AGRAVO REGIMENTAL - COOPERAÇÃO INTERINSTITUCIONAL - SUPOSTA PRÁTICA DE CRIMES DE ORGANIZAÇÃO CRIMINOSA, LAVAGEM DE DINHEITO E CORRUPÇÃO ATIVA E PASSIVA - ART. 3º, VIII, DA LEI N. 12. 850/13 - CONVENÇÕES DE CARACAS, PALERMO E DE MÉRIDA.

1. Insurgência contra decisão que autorizou o compartilhamento de informações coletadas em Inquérito com a Controladoria-Geral da União.

5. Conclusões

O objetivo do artigo consistiu em apresentar uma proposta de padronização mínima a ser observada na efetivação da cooperação interinstitucional prevista no artigo 3º, VIII, da Lei nº 12.850/2013, dentre outros dispositivos normativos[49], considerando a ausência de regulamentação específica do respectivo procedimento.

Esse vácuo legislativo, sob o prisma do procedimento, pode acarretar a disfuncionalidade do processo, seja no tocante à segurança jurídica ou à preservação das liberdades individuais.

A nosso ver, o entendimento firmado pelo Supremo Tribunal Federal (STF) no Recurso Extraordinário nº 1.055.941/RJ e na Ação Direta de Inconstitucionalidade (ADI) nº 6529 deve contribuir para a formação de um parâmetro que vise suprir o vácuo regulatório apontado.

A análise de ambos os precedentes permite que se definam as seguintes bases procedimentais para a cooperação de informações de interesse da investigação ou da instrução criminal:

a) a existência de um procedimento formal previamente instaurado, mediante portaria ou ato oficial, em relação ao qual serão produzidos os elementos de informação e provas compartilhados entre as autoridades e órgãos públicos cooperados, sujeito a posterior controle jurisdicional;

b) a necessidade de resguardo do sigilo das informações entre as instituições;

c) que as informações compartilhadas atendam ao interesse público na apuração dos fatos praticados e para o qual foi instituída a cooperação;

2. A CGU instaurou procedimento administrativo, a fim de apurar a responsabilidade de pessoas físicas e jurídicas relacionadas a eventuais infrações penais investigadas no curso do Inq. n. 1.475/DF.
3. O questionado compartilhamento encontra respaldo no art. 3º, VIII, da Lei n. 12.850/13 e nas Convenções de Caracas, Palermo e de Mérida, promulgadas, respectivamente, pelos Decretos de nºs 4.410/2002, 5.015/2004, e 5.687/2006.
4. Agravo regimental não provido.
(STJ, Corte Especial, **AgRg na Pet n. 15.270/DF**, Rel. Min. Nancy Andrighi, Corte Especial, j. 15/2/2023, DJe 23/2/2023).

[49] Lei Complementar nº 105/2001, da Lei nº 9.613/1998 (Lei de Lavagem de Capitais) e da Lei nº 9.883/1999, além de atos infralegais, tal como a Resolução CNMP nº 181, de 7 de agosto de 2017, que estabeleceu bases regulamentares sobre o procedimento investigatório criminal a cargo do Ministério Público, adotando a possibilidade expressa por meio de "força-tarefa" ou por "grupo de atuação especial", composto por membros do Ministério Público.

d) que o fornecimento das informações entre os órgãos cooperados observe a existência de cláusula de reserva legal e constitucional de jurisdição, à exemplo de dados bancários, fiscais e telefônicos;

e) que sejam adotados procedimentos oficiais e sindicáveis para o intercâmbio de informações, adotando-se padrões de segurança e registro, com garantia de sigilo e certificação do destinatário, inclusive para fins de eventual responsabilização em caso de eventual omissão, desvio ou abuso.

Soma-se ao esforço regulatório para a definição do respectivo procedimento de cooperação, a adoção de um novo olhar por parte das agências cooperantes, na busca por um modelo de governança colaborativa, marcado pelo diálogo e espírito conciliador, estimulados por lideranças facilitadoras, movidas pelo propósito de se desburocratizar as relações, gerenciar os eventuais obstáculos jurídicos e políticos que podem desincentivar a interação.

A experiência advinda de iniciativas estrangeiras na formação de modelos cooperativos interinstitucionais permitiu que se identificasse os fatores contextuais que estimulam a colaboração, dentre os quais se compreende o reconhecimento da necessidade de se colaborar e a formação de uma articulação em prol da relação cooperada, permitindo-se uma dosagem das expectativas e limitações visando a escolha de uma relação de colaboração apropriada destinada à produção de resultados.

CAPÍTULO 26

O ART. 5º, LXXIX, DA CONSTITUIÇÃO FEDERAL E O ART. 3º, VIII, DA LEI 12.850/2013: LIMITES AO LEVANTAMENTO, AO COMPARTILHAMENTO E À UTILIZAÇÃO SECUNDÁRIA DE DADOS PESSOAIS NO ENFRENTAMENTO AO CRIME[1]

DANIEL DE RESENDE SALGADO

1. Introdução: a dupla tutela dos direitos fundamentais

Potenciais agressões ou ameaças a direitos fundamentais não são provenientes apenas de agentes públicos. Também o são de *outros centros de poder*[2]. Se é assim, ao tempo em que os direitos fundamentais, numa concepção clássica, possuem o escopo de conter as ações estatais dirigidas à liberdade do cidadão, há a dimensão das obrigações positivas a ser observada pelo Estado visando à proteção de bens jurídicos constitucionalmente respaldados contra agressões provenientes de atores privados[3].

[1] Agradeço a Vladimir Aras por ter doado parte de seu tempo (um dos nossos ativos mais preciosos) para discutir alguns aspectos do presente tema e a Danilo Dias e Andrey Borges de Mendonça pela leitura atenta do texto.

[2] BALTAZAR JUNIOR, José Paulo. **Crime Organizado e proibição de insuficiência.** Porto Alegre: Livraria do Advogado, 2010, p. 49.

[3] BALTAZAR JUNIOR, José Paulo. **Crime Organizado** ... *op. cit.*, 2010, pp. 52-54.

Reconhece-se, portanto, uma espécie de dupla tutela aos direitos fundamentais[4]: uma, a proteger os indivíduos dos excessos estatais e, outra, a escudar os membros da comunidade das práticas espúrias perpetradas por particular. Dito de outra forma, o Estado também poderá desproteger direitos fundamentais assegurados pela Carta Política ao atuar de forma insuficiente[5]. Dessarte, sob uma perspectiva, o Estado, possuidor do monopólio legítimo da força, é potencial violador de direitos fundamentais, mas, sob outra, considerando-se que valores constitucionais mais transcendentes à coexistência humana são constantemente ameaçados, apresenta-se como garante ativo desses direitos contra potenciais danos oriundos de particulares[6].

Nos dizeres de PAULO BALTAZAR JUNIOR, a relação entre a proibição do excesso e a proibição da proteção deficiente, contudo, é simbiótica e complementar[7]. Não há incompatibilidade entre os princípios. Aquilo que, por exemplo, na perspectiva da vítima, é proteção, poderá ser considerado por quem atua contra o indigitado ofendido como uma limitação à sua liberdade individual. É dever do Estado, entretanto, alcançar a máxima eficácia possível de ambos, equilibrando-os, em um juízo de ponderação, conforme regras constituídas para a aferição da colisão en-

[4] STRECK, Lenio Luiz. A dupla face do princípio da proporcionalidade: da proibição de excesso (*Übermassverbot*) à proibição de proteção deficiente (*Untermassverbot*) ou de como não há blindagem contra normas penais inconstitucionais. Porto Alegre, **Revista da Ajuris: Associação dos Juízes do Rio Grande do Sul,** n. 97, março de 2005, p. 180.

[5] SCHÄFER STRECK, Maria Luiza. **Direito Penal e Constituição: a face oculta da proteção dos direitos fundamentais.** Porto Alegre: Livraria do Advogado, 2009, p. 92.

[6] Tal abordagem também foi desenvolvida em SALGADO, Daniel de Resende. A limitação à liberdade por ato judicial e o crime de abuso de autoridade. In BECHARA, Fabio; FLORÊNCIO FILHO, Marco Aurelio (coord). **Abuso de Autoridade.** Reflexões sobre a Lei 13.869/2019. São Paulo: Almedina, 2020, pp.75-112, p. 75. O direito à segurança (e o consequente dever de tutela estatal), a ser alcançado mediante uma proteção eficiente, encontra-se inserido no art. 3º da Declaração Universal dos Direitos do Homem e do Cidadão de 1948; no art. 5º da CEDH; no item 7 da Declaração de Princípios e Programas de Ação das Nações Unidas; no art. 5º e 144 da Constituição Federal Brasileira. Em uma visão crítica, ao aduzir que a construção é artificial, porquanto não se pode extrair do dever de proteção um direito fundamental de segurança da população que se contraponha ao direto fundamental daquele que é afetado pelo processo, vide WOLTER, Jürgen. Dignidade humana e liberdade no processo penal. In. WOLTER, Jürgen. **O inviolável e o intocável no direito processual:** reflexões sobre dignidade humana, proibições de prova, proteção de dados (e separação informacional de poderes) diante da persecução penal. São Paulo: Marcial Pons, 2018, pp. 83-108, p. 97.

[7] BALTAZAR JUNIOR, José Paulo. **Crime Organizado** ... *op. cit.*, 2010, p. 61.

tre os princípios, *"na busca da concordância prática entre a proteção da liberdade e as necessidades da persecução penal*[8]*"*.

Nos contextos em que se afastam de práticas unipessoais de crime, geralmente consumado de forma artesanal, e se aproximam de estruturas profissionais ou de modernos aparatos organizados de poder, a instrumentalização clássica da ação persecutória, concebida e dirigida tradicionalmente à criminalidade ocasional, é insuficiente. Se o processo penal eficiente[9] é aquele que permite, por um lado, o uso de mecanismos aptos a uma persecução penal adequada, e, por outro, uma também eficiente atuação para assegurar ao imputado as garantias fundamentais[10], então esse equilíbrio, quando se trata de criminalidade organizada, fonte de violação mais incisiva a direitos humanos, está em dotar o Estado de meios adequados para exercer sua atividade persecutória considerando, em um viés, a sofisticação desse aparato criminoso, sem

[8] Baltazar Junior, José Paulo. **Crime Organizado** ... *op. cit.*, 2010, p. 210. Em uma outra perspectiva, Jügen Wolter sustenta que "é evidente que o Estado tem de importar-se com o bem-estar e a segurança do indivíduo não afetado pelo processo penal informacional. É assim que a teoria liberal dos direitos fundamentais é complementada por considerações referidas ao *Estado social de direito*. Continua, entretanto, decisivo o fato de que o princípio da proporcionalidade deriva dos direitos de liberdade dos envolvidos no processo" (Wolter, Jürgen. Proteção de dados no processo penal – sobre a relação entre o direito de polícia e o direito processual penal. In. Wolter, Jürgen. **O inviolável e o intocável no direito processual:** reflexões sobre dignidade humana, proibições de prova, proteção de dados (e separação informacional de poderes) diante da persecução penal. São Paulo: Marcial Pons, 2018, pp. 159-210, pp.201-202).

[9] Aqui, valemo-nos dos escólios de Antonio Scarance Fernandes ao buscar esclarecer o significado do vocábulo *eficiência*: "Mede-se a eficiência pela aptidão do meio utilizado para atingir o resultado ou gerar o efeito (...) a verificação abstrata ou concreta da eficiência, eficácia ou efetividade de algo depende, essencialmente, da fixação de sua finalidade, da determinação do que dela se espera. Transpondo essas ideias para o processo penal, para estudar sua eficácia, eficiência e efetividade, é preciso determinar previamente a sua finalidade (...) apontou-se, preponderantemente, como finalidade do processo a de permitir a todos os seus sujeitos o exercício de suas faculdades, de seus direitos, de suas garantias, de seus poderes. Será eficiente o sistema legal composto por procedimentos que assegurem a todos os participantes do processo oportunidade para atuarem em consonância com as suas missões específicas e, no tocante às partes, que proporcionem os meios para exercerem suas atividades, defenderem seus direitos e fazerem respeitar suas garantias" (Scarance Fernandes, Antonio. **O equilíbrio na repressão do crime organizado.** In Scarance Fernandes, Antonio; Zanoide de Moraes, Mauricio; Gavião de Almedia, José Raul. Crime organizado: aspectos processuais. São Paulo: Revista dos Tribunais, 2009, pp. 9-29, pp. 10-11).

[10] Scarance Fernandes, Antonio. **O equilíbrio na repressão...**, *op. cit.* 2009, p. 10.

descuidar, em outro viés, do respeito ao núcleo essencial do sistema de garantias individuais erigido pela Carta Constitucional. Para cumprir tal desiderato, mister um cuidadoso exercício da já mencionada ponderação a partir do manejo adequado do princípio da proporcionalidade, com seus pressupostos e requisitos[11].

A considerar essa realidade, o legislador, em vista de seu dever de proteção, estabeleceu um regramento singular dirigido à persecução das organizações dinamicamente articuladas para perpetração de crimes capazes de corroer os alicerces do Estado ou de arrostar o poder constituído, considerando, sobretudo, as acentuadas dificuldades probatórias decorrentes das características e do aparelhamento complexo desses grupos criminosos. Assim, com o condão de dotar os atores da persecução penal com dispositivos legais suficientes para viabilizar uma ação eficaz, municiou-os de meios especiais de pesquisa de fontes de prova ou de elementos de informação[12]. Nos dizeres de Vladimir Aras, essas técnicas investigativas conferem eficácia a uma das vertentes do princípio da proibição da proteção deficiente, *"no sentido de que, com elas, o Estado (Ministério Público e Polícia) terá ferramentas para tutelar os direitos*

[11] Scarance Fernandes, Antonio. **O equilíbrio na repressão...**, *op. cit.* 2009, p. 11. Assim resume Gustavo Torres Soares: "São pressupostos dessa análise de proporcionalidade a verificação de i) previsão legal da medida; ii) finalidade pública constitucionalmente legítima; iii) fundamentação; iv) satisfatório controle jurídico (o qual, nas situações em que o Poder Constituinte ou Legislativo considerem especialmente invasivas, deve ser *judicial*). Obedecidos os pressupostos, o exame da proporcionalidade se compõe de três análises encadeadas sobre a medida interventiva em direito fundamental, referentes à sua: i) adequação (utilidade para a consecução do fim desejado); ii) necessidade (impossibilidade ou exagerada dificuldade de alcançar o fim desejado por outra via); e iii) proporcionalidade em sentido estrito (ponderação entre a profundidade do sacrifício imposto ao direito fundamental e o grau de benefício público trazido pela medida interventiva)" (Soares, Gustavo Torres. **Investigação criminal e inovações técnicas e tecnológicas.** Belo Horizonte: Editora D'Plácito, 2016, p. 307).

[12] A compensar as dificuldades na obtenção de fontes de prova e de elementos de informação, a Convenção de Palermo recomenda a utilização de técnicas especiais de investigação em seu art. 20, item 1, *verbis:* "1. Se os princípios fundamentais do seu ordenamento jurídico nacional o permitirem, cada Estado Parte, tendo em conta as suas possibilidades e em conformidade com as condições prescritas no seu direito interno, adotará as medidas necessárias para permitir o recurso apropriado a entregas vigiadas e, quando o considere adequado, o recurso a outras técnicas especiais de investigação, como a vigilância eletrônica ou outras formas de vigilância e as operações de infiltração, por parte das autoridades competentes no seu território, a fim de combater eficazmente a criminalidade organizada".

fundamentais à segurança pessoal (art. 5º da CF) e à segurança pública (arts. 6º e 144 da CF) de forma eficiente (art. 37 da CF)[13]*"*.

No conjunto dos dispositivos, encontra-se regra incentivadora de uma atuação menos fragmentada e disfuncional entre os próprios órgãos de segurança pública e entre estes e as agências de fiscalização[14], a estimular a maior articulação na busca mais célere e eficiente dessas fontes de prova ou dos elementos de informação, como o é o art. 3º, VIII, da Lei 12.850/13, dispositivo que replica o texto contido no art. 7º, "b", da Convenção de Palermo.

Tal regra pode ser abordada sob algumas perspectivas. O dispositivo, ao prever a cooperação entre as instituições e órgãos das diversas esferas do Estado, aparentemente se direciona ao viés repressivo do enfrentamento ao crime[15], uma vez que se reporta expressamente às etapas da persecução penal, quais sejam, a primeira fase (fase investigatória) e a segunda fase (fase instrutória em juízo). Contudo, a Lei 12.850/13 não detalha os seus pressupostos autorizadores e nem os seus limites procedimentais. Daí, nesse aspecto, a mútua cooperação entre entes públicos poderá ser entendida de forma ampla, como a possibilidade tática de articulação *interagências* que se estende desde a montagem e atuação conjunta e uniforme de grupos de trabalho ou forças tarefas interestatais, compostas por órgãos de persecução, de segurança pública em sentido estrito e de fiscalização dos entes federais, estaduais, distritais ou municipais detentores de atribuições variadas, até o auxílio para o cumprimento de medidas invasivas após autorização judicial para busca de fontes de prova ou de diligências para auxiliar na localização de testemunhas, por exemplo. É de se notar, contudo, que a cooperação prevista no artigo 3º, VIII, da Lei 12.850/13, em si considerada, não é meio especial de obtenção de prova, *"mas um facilitador da realização de meios de*

[13] Aras, Vladimir. Técnicas Especiais de Investigação. In De Carli, Carla Veríssimo (org). **Lavagem de dinheiro:** prevenção e controle penal. 2. ed. Porto Alegre: Verbo Jurídico, 2013, pp. 503-582, p. 513.

[14] Essa atuação disfuncional e fragmentada possui fatores diversos, que vão desde a competição por fundos e prestígio até discordâncias relacionadas à doutrina de atuação.

[15] Importa ressaltar que o enfrentamento ao crime pode ser visto sob o viés da polícia preventiva (segurança pública em sentido estrito), para soluções prospectivas, e da persecução penal, para soluções retrospectivas, ou seja, para esclarecimento de uma prática espúria erigida à categoria de delito.

prova (p.e., tomada de depoimento) ou meio de investigação (p.e., localização de testemunhas)[16]*"*.

As reflexões do presente estudo, entretanto, serão mais restritas. Partindo-se da leitura do art. 3º, VIII, da Lei 12.850/13, este texto abordará algumas linhas gerais, sem pretensão de esgotar todas as nuances, dos lindes das seguintes formas de tratamento de dados pessoais[17] para fins específicos de investigação criminal[18]: levantamento[19], utilização e compartilhamento entre órgãos relacionados à segurança pública[20], sob a perspectiva da necessidade de um fluxo célere e eficiente de informações, mas, ao mesmo tempo, valendo-se da premissa de que não há mais dados pessoais, mesmo os menos representativos, sem relevância[21], o que parece ter sido constitucionalmente reconhecida pela inserção do inciso LXXIX no art. 5º da Carta Política, em 10 de fevereiro de 2022, por meio da Emenda Constitucional n. 115.

[16] SOARES, Gustavo Torres. **Investigação criminal...**, *op. cit.*, ,2016, p. 209, nota de rodapé 572.

[17] O tratamento de dados, conforme art. 5º, X, da Lei 13.709/18 (Lei Geral da Proteção de Dados- LGPD), é definido como "toda operação realizada com dados pessoais, como as que se referem a coleta, produção, recepção, classificação, utilização, acesso, reprodução, transmissão, distribuição, processamento, arquivamento, armazenamento, eliminação, avaliação ou controle da informação, modificação, comunicação, transferência, difusão ou extração".

[18] Não há dúvidas de que o tratamento de dados deve se dar, com escopos diversos, no âmbito da segurança pública (em sentido estrito) e no da inteligência de Estado. O intercâmbio de informação é importante para o controle da criminalidade e para realizar prospecções. Contudo, não discutiremos, neste estudo, a proteção ou tratamento de dados para fins de inteligência de Estado e de segurança pública em sentido estrito.

[19] Entende-se por levantamento "toda forma de obtenção de dado, seja de forma dirigida a um alvo específico ou de forma indiscriminada" (GLEIZER, Orlandino; MONTENEGRO, Lucas; VIANA Eduardo. **O direito de proteção de dados no processo penal e na segurança pública.** Rio de Janeiro: Marcial Pons, 2021, p. 28). Em vez da utilização da palavra *coleta* prevista no art. 5º, X, da Lei 13.709/18, opta-se pela expressão sugerida pelos mencionados autores, sobretudo em face da distinção que a doutrina de inteligência faz entre *busca* e *coleta* de dados. A primeira, refere-se ao procedimento de levantamento de dados negados. A segunda, refere-se ao levantamento de informações a partir de fontes abertas (GONÇALVES, Joanisval Brito. **Atividade de inteligência e legislação correlata.** Niterói: Editora Impetus, 2013, p. 63). Busca e coleta, portanto, são espécies de levantamento de dados.

[20] Não trataremos neste estudo dos problemas advindos do armazenamento (retenção de dados em um uma base), do apagamento (eliminação de dados) ou das alterações de dados (mudança de seu conteúdo para inclusão de novas informações).

[21] GLEIZER, Orlandino; MONTENEGRO, Lucas; VIANA Eduardo. **O direito de proteção de dados...**, *op. cit.*, 2021, p. 23.

Iniciaremos a abordagem com a apresentação de uma base conceitual sobre dados, adentrando ao tema relativo a suas estruturas. Em seguida, trataremos da evolução do pensamento nacional sobre os fundamentos da proteção de dados pessoais. No item subsequente, buscaremos discutir uma conciliação possível entre a perspectiva atual de proteção de dados pessoais e o enfrentamento ao crime, em especial abordagem ao compartilhamento de informações entre os órgãos que compõem o sistema de segurança pública.

2. A proteção de dados: breves estruturas conceituais básicas

Nesse ponto, mister explicitar o que se entende por *dado pessoal.* A Lei 13.709/18 (Lei Geral de Proteção de Dados – LGPD) estabelece, em seu art. 5º, I, que o dado pessoal é tido como uma *informação* relacionada à pessoa natural[22] identificada ou identificável[23]. São, em suma, elementos que *"representam atributo de uma pessoa identificada ou identificável e, portanto, mantêm ligação concreta e viva com a pessoa que é titular desses dados[24]"*.

Note-se, assim, que somente os dados – entendidos, em si mesmos, como sinais ou símbolos em estado bruto, ou seja, ainda sem processamento a lhe conferirem um significado[25] – capazes de agregar um conteúdo informativo em relação a indivíduo identificado ou identificável, por mais aparentemente irrelevantes que sejam, devem ser passíveis de proteção[26].

[22] Para uma discussão sobre a inserção da pessoa jurídica no polo subjetivo do direito de proteção a dados pessoais e outros direitos fundamentais a ela relacionados, vide Sarlet, Ingo Wolfgang. Fundamentos Constitucionais: o direito fundamental à proteção de dados. In Mendes, Laura Schertel; Doneda, Danilo; Sarlet, Ingo Wolfgang; Rodrigues Junior, Otavio Luiz. **Tratado de proteção de dados pessoais.** Rio de Janeiro: Forense, 2021, pp. 21-59, pp. .47-49.

[23] A mesma definição foi dada em 1981 pelo art. 2º da Convenção 108 do Conselho da Europa para a Proteção das Pessoas Singulares no que diz respeito ao Tratamento Automatizado de Dados Pessoais. A característica é também repetida no art. 5º, I, do Anteprojeto de Lei de Proteção de Dados para Segurança Púbica e Persecução Penal.

[24] Doneda, Danilo. Proteção de dados pessoais: contornos da formação de um novo direito. In Francoski, Denise de Souza Luiz; Tasso, Fernando Antonio (coord). **A lei geral de proteção de dados pessoais:** aspectos práticos e teóricos relevantes no setor público e provado. São Paulo: Revista dos Tribunais, 2021, pp. 671-685, p. 678.

[25] Sarlet, Ingo Wolfgang. Fundamentos Constitucionais..., *op. cit.,* 2021, p. 40.

[26] Para uma distinção entre dado e informação vide Sarlet, Ingo Wolfgang. Fundamentos Constitucionais...*op. cit.,* 2021, pp. 39-41.

Em um exemplo bem singelo, caso seja obtida, em busca e apreensão, uma tabela com nome de servidores, outra com seus respectivos setores de trabalho e outra com montantes correspondentes a uma espécie de pagamento, os valores nesta tabela, observados isoladamente, não agregam nada, mas, em cruzamento com os demais dados obtidos em outras tabelas, pode-se ter a informação de que o montante corresponde à determinada pessoa que exerce suas atividades em um específico setor. Possui, portanto, potencial para agregar conteúdo informativo se cotejado com dado indicando um indivíduo. Contudo, dados sem quaisquer reflexos, mesmo potenciais, em pessoas físicas, como o são, por exemplo, alguns dados estatísticos por si mesmos, não são submetidos à proteção normativa, podendo ser considerados dados não pessoais[27].

Por seu turno, a LGPD trata, em seu art. 5º, IV, de *banco de dados* como um "conjunto *estruturado* de dados pessoais"[28]. É possível, assim, o processamento de informações pessoais por meio de dados arquivados. Ao tratar de conjunto estruturado de dados pessoais, pode-se entender que neste conjunto estariam contidos dados, em si mesmos, estruturados e não estruturados.

De forma bem simples, enquanto os dados estruturados possuem arranjos mais rígidos e padronizados, os dados não estruturados não possuem padrões definidos, podendo conter, em seu bojo, elementos diversos[29]. Imagine o envio de dados bancários aos órgãos de persecução, após autorização judicial, em forma planilhada. Nesse caso, os dados são classificados como estruturados e, dessa forma, o seu tratamento, com cruzamentos automatizados, pode ser viabilizado por ferramentas

[27] São dados não pessoais "aqueles que não possuem informações pessoais identificáveis, como o número de pessoas de determinado município que moram de aluguel, ou dados em relação a indústrias, como agronegócio, transporte, clima, entre outros" (Feigelson, Bruno; Castro, Flávia; Coutinho, Tatiana. Como proteger dados não pessoais. **Portal Jota**, 21 de maio de 2022. Disponível em: https://www.jota.info/opiniao-e-analise/colunas/regulacao-e-novas-tecnologias/como-proteger-dados-nao-pessoais-21052022). Acesso em 05 de fevereiro de 2023.

[28] A definição é repetida pelo art. 5º, V, do Anteprojeto de Lei de Proteção de Dados para Segurança Púbica e Persecução Penal.

[29] Monteiro, Leandro Pinho. Dados Estruturados e Não Estruturados. Universidade da Tecnologia, 2019. Disponível em https://universidadedatecnologia.com.br/dados-estruturados-e-nao-estruturados. Acesso em 16/02/2023.

tecnológicas mais simples. Já no caso de dados sem padrão[30] (não estruturados), como imagens (com milhares de pixels únicos nela inseridos) apreendidas em uma busca e apreensão, por exemplo, a análise é bem mais complexa e, assim, a máquina deve ser *ensinada* a compreender as características daquilo que deve ser interpretado. Caso deseje-se saber se, no conjunto de fotografias sobre ambientes, qual corresponde à residência de um investigado, uma ferramenta tecnológica deve ser treinada para transformar uma equação matemática em algo interpretável e com acurácia estatística suficiente para determinar a correlação comparativa entre uma imagem de um endereço residencial localizada na internet e outra encontrada durante a execução da medida invasiva.

Em razão da maior dificuldade de análise automatizada, é possível que em alguns casos de dados não estruturados exista uma *dissociação* entre os dados em si e o indivíduo: haveria um distanciamento entre a pessoa a qual, potencialmente, o dado se refere. Entretanto, mesmo que, em determinado momento, o agente de tratamento de dados possa considerar não ter identificado uma chave associativa que se permita conhecer a quem se refere a informação, caso seja possível individualizá-la, ainda que com maior esforço, o dado não deixa de ser classificado como dado pessoal. Em suma, qualquer dado suscetível de tratamento, estruturado ou não estruturado, independentemente da associação imediata a um indivíduo, mas desde que seja potencialmente possível associá-lo, insere-se na classificação de dados pessoais.

Dessa forma, os dados sobre um indivíduo podem ser passíveis de, combinando-os e comparando-os com outros em determinado contexto e com escopos definidos, se tornarem *conhecimento*[31]. E o dado transformado em conhecimento, como alguns alertam[32], intensifica o poder

[30] Monteiro, Leandro Pinho. Dados Estruturados e Não Estruturados. Universidade da Tecnologia, 2019. Disponível em https://universidadedatecnologia.com.br/dados-estruturados-e-nao-estruturados. Acesso em 16/02/2023.

[31] Silva, Carlos Bruno Ferreira da. **Proteção de dados e cooperação transnacional.** Teoria e prática na Alemanha, Espanha e Brasil. Belo Horizonte: Arraes Editores, 2014, p. 22. A doutrina de inteligência, entretanto, conceitua conhecimento como "a representação de um fato ou de uma situação, real ou hipotética, de interesse para a atividade de inteligência de segurança pública, com exame e processamento pelo profissional de inteligência" (Gonçalves, Joanisval Brito. **Atividade de inteligência**..., *op. cit.*, 2013, p. 18).

[32] Silva, Carlos Bruno Ferreira da. **Proteção de dados**..., *op. cit.*, 2014, p. 24.

informacional do Estado, ainda mais diante das atuais condições tecnológicas que permitem a automação no seu processamento, o aumento exponencial da inserção de dados em bases informatizadas e a intensificação do tratamento massivo de grandes volumes de informações eletrônicas[33].

3. Os fundamentos à proteção de dados pessoais

É certo que o cidadão, por interesse público, possui o dever de compartilhar os mais diversos tipos de dados pessoais para o exercício de atividades próprias da administração. Inclusive, há, não se nega, interesse legítimo do Estado no levantamento de dados relacionados à sua população, especialmente para realizar a implementação adequada de serviços que visam à proteção geral, como a segurança pública ou a vigilância sanitária[34]. Isso não passou despercebido pela LGPD, conforme se pode aferir de seus arts. 7º, III, 23 e ss., a compreender que *"o tratamento de dados torna-se importantíssima ferramenta para o desenho, implementação e monitoramento de políticas e de serviços públicos essenciais*[35]*"*.

Contudo, as mudanças tecnológicas, próprias da sociedade da era da informação, a intensificar o tratamento agregado de dados individuais, potencializam a avaliação de aspectos relacionados à personalidade do indivíduo por aquele que é responsável pelo gerenciamento das bases nas quais tais dados se encontram armazenados, o que viabiliza, apesar de incrementar a eficiência estatal, eventuais novos riscos e ameaças à esfera individual. Em suma, ao tempo em que o exercício da cidadania, no seio da coletividade, é intensificado pelo tratamento de dados pessoais pelo Estado, a expansão do volume e da pluralidade de dados sob a custódia de órgãos estatais eleva os riscos de intervenções espúrias nos direitos individuais[36], especialmente por oportunizar várias práticas de

[33] Gleizer, Orlandino; Montenegro, Lucas; Viana Eduardo. **O direito de proteção de dados...**, *op. cit.*, 2021, p. 23.

[34] Silva, Carlos Bruno Ferreira da. **Proteção de dados...**, *op. cit.*, 2014, p. 19.

[35] Decisão monocrática na STF **ADPF 695/DF MC**, Rel. Min. Gilmar Mendes, j. 24/06/2020, DJe 26/06/2020.

[36] Wimmer, Miriam. O regime jurídico do tratamento de dados pessoais pelo poder público. In Mendes, Laura Schertel; Doneda, Danilo; Sarlet, Ingo Wolfgang; Rodrigues Junior, Otavio Luiz. **Tratado de proteção de dados pessoais.** Rio de Janeiro: Forense, 2021, pp. 271-288, p. 273.

tratamento de informações que, manualmente, seriam impossíveis[37] ou extremamente trabalhosas.

A consequência disso é o incentivo à expansão da esfera protetiva de determinados direitos fundamentais *"que conformam o livre desenvolvimento da personalidade"*[38], como, por exemplo, os direitos à intimidade e à vida privada, para alcançar e se associar ao direto à proteção de dados pessoais. A se conectar a tais direitos, também compreendido no bojo do *direito geral de personalidade*[39], passou a ser reconhecido o denominado direito fundamental à autodeterminação informativa[40], a alargar, ainda mais, o espectro de proteção aos dados pessoais.

Fundada no direito ao livre desenvolvimento da personalidade e eixo estruturante à proteção de dados pessoais, a ideia de autodeterminação informativa consiste, justamente, *"[n] o direito de cada indivíduo poder controlar e determinar (ainda não de modo absoluto) o acesso e uso de seus dados pessoais"*[41]. Enquanto, por exemplo, o direito à privacidade busca tutelar a informação e o sigilo[42], a autodeterminação informativa abarca o controle do uso e acesso à informação – denota-se, com isso, que o direito

[37] DONEDA, Danilo. Proteção de dados pessoais...*op. cit.*, 2021, p. 677.

[38] GLEIZER, Orlandino; MONTENEGRO, Lucas; VIANA Eduardo. **O direito de proteção de dados...**, *op. cit.*, 2021, p. 38.

[39] GRECO, Luís. Introdução. In. WOLTER, Jürgen. **O inviolável e o intocável no direito processual:** reflexões sobre dignidade humana, proibições de prova, proteção de dados (e separação informacional de poderes) diante da persecução penal. São Paulo: Marcial Pons, 2018, pp. 21-82, pp. 33.34.

[40] Há quem prefira a expressão *autodeterminação informacional* (vide, nesse sentido, GLEIZER, Orlandino; MONTENEGRO, Lucas; VIANA Eduardo. **O direito de proteção de dados...**, *op. cit.*, 2021, p. 23, nota de rodapé 12). Manteremos, entretanto, a expressão utilizada pela Lei 13.709/18 (art. 2º, II) e pelo Anteprojeto de Lei de Proteção de Dados para Segurança Púbica e Persecução Penal (art. 2º, II).

[41] SARLET, Ingo Wolfgang. Fundamentos Constitucionais...*op. cit*, 2021, p. 26.

[42] SARLET, Ingo Wolfgang. Fundamentos Constitucionais...*op. cit.*, 2021, p. 33. Corretamente aduz Jacqueline de Souza Abreu que a nossa tradição jurídica compreende que somente as informações não disponíveis ao público estavam inseridas no conceito de privacidade, a serem protegidas contra ações de terceiros: "sendo 'privadas', quanto mais 'íntimas' as informações, maior a preocupação em protegê-la" (ABREU, Jacqueline de Souza. Tratamento de dados pessoais para segurança pública: contornos do regime jurídico pós-LGPD. In MENDES, Laura Schertel; DONEDA, Danilo; SARLET, Ingo Wolfgang; RODRIGUES JUNIOR, Otavio Luiz. **Tratado de proteção de dados pessoais.** Rio de Janeiro: Forense, 2021, pp. 583-603, p. 584).

à proteção de dados vai além da tutela à privacidade[43]. Dessa forma, ao reconhecer a autodeterminação informativa como um direito fundamental[44], todo tratamento de dados pessoais, por menos representativos que tais elementos sejam, é considerado uma intervenção.

Todavia, é recente no Brasil a sedimentação de entendimentos que conduziram à estruturação mais sofisticada de uma *fenomenologia jurídica* dirigida a situações em que o elemento norteador fundamental é relacionado à proteção dos dados pessoais em si considerados[45].

Deveras, mesmo com a inovadora previsão do *habeas data* (art. 5º, LXXII), o reconhecimento dos direitos à vida privada e à intimidade (art. 5º, X) e a tutela das comunicações telefônicas, telegráficas e de dados (art. 5º, XII) previstos na Carta Política de 1988, o Supremo Tribunal Federal, ao interpretar essas normas, não identificou um direito à proteção de dados pessoais em toda sua abrangência e completude, independentemente de qual seara da vida se relacionam.

Após os debates do sempre lembrado RE 418.416/SC[46], a Suprema Corte entendeu, para fins de persecução penal, que o âmbito de proteção conferido aos *dados* pelo inciso XII do art. 5º da Carta Constitucional alcançaria apenas a sua *comunicação*, não os dados *em si mesmo* considerados[47]. Contudo, durante as discussões desenvolvidas no bojo do mencionado julgado, o Ministro Ricardo Lewandowski, ao enfrentar o caso sob a perspectiva do direito à intimidade e à vida privada (art. 5º, X), chamou atenção para um *extravasamento indevido de informações*, a par-

[43] Sarlet, Ingo Wolfgang. Fundamentos Constitucionais...*op. cit.*, 2021, p. 33.

[44] Inclusive, a Carta de Direitos Fundamentais da União Europeia determina, em seu art. 8.1, que "todas as pessoas têm direito à proteção dos dados de caráter pessoal que lhes digam respeito".

[45] Doneda, Danilo. Panorama histórico da proteção de dados pessoais. In Mendes, Laura Schertel; Doneda, Danilo; Sarlet, Ingo Wolfgang; Rodrigues Junior, Otavio Luiz. **Tratado de proteção de dados pessoais.** Rio de Janeiro: Forense, 2021, pp. 3-20, pp. 10-11.

[46] STF, Tribunal Pleno, **RE 418.416/SC**, Rel. Min. Sepúlveda Pertence, j. 10/05/2006, DJe de 19/12/2006.

[47] Na mesma linha, o STF, Segunda Turma, **HC 91.867/PA**, Rel. Min. Gilmar Mendes, j. 24/04/2012, DJe 20/09/2012, ao aduzir, em sua ementa, que "2.2. Não se confundem comunicação telefônica e registros telefônicos, que recebem, inclusive, proteção jurídica distinta. Não se pode interpretar a cláusula do art. 5º, XII, da CF, no sentido de proteção aos dados enquanto registro, depósito registral. A proteção constitucional é da comunicação de dados e não dos dados".

tir do compartilhamento com órgãos de fiscalização (Receita Federal e INSS), uma vez que os dados, mesmo estáticos, deveriam, em seu entender, ser utilizados exclusivamente para *fins* de persecução penal. Ressalvada a adesão dos Ministros Marco Aurélio e Celso de Mello, a tese não encontrou ressonância entre a maioria dos membros da Corte. O Ministro apresentou, entretanto, o esboço do princípio da finalidade (a ser desenvolvido adiante), como norteador do compartilhamento de dados.

A abordagem desenvolvida pelo professor Tércio Sampaio Ferraz Junior vai no mesmo sentido do mencionado julgado. Sua tese, inclusive, influenciou o *leading case*, ao defender, em análise ao art. 5º, XII – que, em seu entender, se correlaciona ao art. 5º, X – que a Carta Constitucional protege a *comunicação*, não as bases físicas dos dados em si considerados. Em suma, em seu clássico estudo, o autor defende que *"o objeto protegido no direito à inviolabilidade do sigilo não são os dados em si, mas a sua comunicação restringida (liberdade de negação). A troca de informações (comunicação) privativa é que não pode ser violada por sujeito estranho à comunicação[48]"*.

No ano de 2020, contudo, após as discussões no Referendo na Medida Cautelar na ADI 6.387[49], ao tratar do compartilhamento de dados pessoais (nome, telefone e endereço) custodiados por serviços de telefonia com o Instituto Brasileiro de Geografia e Estatística (IBGE), o Supremo Tribunal Federal, em evolução à sua jurisprudência e em verdadeira mutação jurídica, vaticina que esses dados pessoais também se encontram inseridos no âmbito de proteção das cláusulas constitucionais da liberdade individual (art. 5º, *caput*, da CF), do direito fundamental à dignidade humana (art. 1º, III, da CF), da privacidade e do livre desenvolvimento da personalidade (art. 5º, X e XII, da CF), ampliando, em consequência, o seu eixo de proteção para além do fluxo comunicacional e do sigilo. A Suprema Corte admite, assim, a inexistência de

[48] Ferraz Junior, Tercio Sampaio. Sigilo de dados: o direito à privacidade e os limites à função fiscalizadora do Estado. **Revista da Faculdade de Direito da Universidade de São Paulo.** São Paulo, vl. 88, jan/dez. de 1993, pp. 439-459, p. 447. Para uma visão crítica à posição do professor Tércio Ferraz Sampaio, vide Vieira, Renato Stanziola. Dados cadastrais na Lei 12.850. In: Romero, Eneas; Ambos, Kai. **Crime organizado:** análise da Lei 12.850/2013. São Paulo: Marcial Pons, 2017, pp. 111-162, pp. 124-125.

[49] STF, Tribunal Pleno, **ADI 6.387/DF MC-Ref**, Min. Rel. Rosa Weber, j. 07/05/2020, DJe 12/11/2020.

dados pessoais insignificantes, irrelevantes ou neutros, em especial em face das transformações suportadas pelo avanço das técnicas de processamento eletrônico de dados. Passa a reconhecer, ademais, o já mencionado direito à autodeterminação informativa, então positivado na LGPD (art. 2º, II), como direito fundamental autônomo projetado pelo direito geral de personalidade.

Em harmonia com tal entendimento, o próprio professor Tércio Sampaio Ferraz Junior passa a assentir que a *"confluência tecnológica – caso ostensivo do celular – acabou, então, por alterar a percepção tradicional no que se refere a relação entre fluxo e dados armazenados"*[50]. Sinaliza, dessa forma, para uma perspectiva de proteção que suplanta e se projeta para além dos fluxos comunicacionais.

Finalmente, em 10 de fevereiro de 2022, por meio da Emenda Constitucional n. 115, houve a inserção, no catálogo de direitos fundamentais de nossa Carta Política, do direto à proteção de dados pessoais.

A presença do direito fundamental no corpo da LGPD, o reconhecimento desse direito pela Corte Constitucional e, mais adiante, a inserção do inciso LXXIX no art. 5º da Constituição Federal, conduz a consolidação da proteção de dados pessoais como um direito fundamental autônomo que se vincula, mas não se resume, ao direito à autodeterminação informativa e ao direito à privacidade[51].

Com isso, erige-se uma dupla dimensão em seu âmbito de tutela. Em um viés, tais direitos compõem instrumentos de contenção ao poder estatal, a conferir proteção intrínseca dos dados contra os riscos de ingerência do Estado[52] (proibição do excesso) e, sob outra perspectiva, conferem norte à postura ativa dos poderes públicos para a efetiva concretização da tutela suficiente de tais dados pessoais, tanto de natureza

[50] Ferraz Junior, Tercio Sampaio. O Alcance da proteção do sigilo das comunicações no Brasil. In Brito Cruz, Francisco; Simão, Bárbara (eds.). **Direitos Fundamentais e Processo Penal na Era Digital: Doutrina e Prática em Debate**. vl. IV. São Paulo. InternetLab, 2021.

[51] Sarlet, Ingo Wolfgang. Fundamentos Constitucionais...*op. cit.*, 2021, pp. 34-35. Em outro sentido, Carlos Bruno Ferreira da Silva aparenta considerar o direito à proteção de dados como sinônimo da autodeterminação informativa (Silva, Carlos Bruno Ferreira da. **Proteção de dados...**, *op. cit.*, 2014, p. 1).

[52] Gleizer, Orlandino; Montenegro, Lucas; Viana Eduardo. **O direito de proteção de dados...**, *op. cit.*, 2021, p. 39.

fática, quanto normativa[53], estruturando as condições aptas a garantir o exercício do direito fundamental (proibição da proteção deficiente).

A reforçar a sedimentação do regime de proteção de dados pessoais sob essa dupla vertente, pode-se sublinhar, com base na Diretiva 2016/680 da União Europeia – diploma que reconhecidamente influi no modelo nacional de regulação do tratamento de dados nas searas da segurança pública e processo penal[54] –, alguns importantes subprincípios derivados do mencionado direito fundamental e do princípio da autodeterminação informativa, como o princípio da vinculação à finalidade, segundo o qual os dados só podem ser tratados aos propósitos para os quais foram levantados (art. 4º, item 1, "b" da Diretiva 2016/680): o tratamento do dado não deve exceder o seu escopo primário, salvo se autorizado por lei; o princípio da proporcionalidade, representado pelos subprincípios da adequação e necessidade (art. 4º, item 1, "c", da Diretiva 2016/680); e o princípio da segurança física e lógica, a instar os controladores a observarem medidas técnicas ou administrativas adequadas contra riscos (art. 4º, item 1, "f", da Diretiva 2016/680).

Esse baldrame principiológico foi reconhecido pela LGPD. Embora a mencionada lei, em seu art. 4º, III, "d", escusa sua incidência ao tratamento de dados para atividades de investigação e repressão de infrações penais, a mesma principiologia geral de proteção deve servir como parâmetro à ação dos órgãos de persecução[55], conforme estatui o § 1º do mencionado dispositivo, agregado ao fato de a proteção de dados pessoais e, em consequência, os princípios a ela relacionados, terem sido

[53] Sarlet, Ingo Wolfgang. Fundamentos Constitucionais...*op. cit.*, 2021, p. .41. Ingo Sarlet elenca, considerando a dupla função do direito à proteção de dados com direito negativo (defesa) e positivo (prestação), as seguintes posições jurídicas: "a) o direito ao acesso e ao conhecimento dos dados pessoais existentes em registros (banco de dados) públicos ou privados; b) o direito ao não conhecimento, tratamento e utilização e difusão de determinados dados pessoais pelo Estado ou por terceiros, aqui incluído um direito de sigilo quanto aos dados pessoais; c) direito ao conhecimento da identidade dos responsáveis pela coleta, armazenamento, tratamento e utilização dos dados; d) o direito ao conhecimento da coleta e da eventual utilização dos dados; e) o direito à retificação e, a depender do caso, à exclusão de dados pessoais armazenados em bancos de dados" (Sarlet, Ingo Wolfgang. Fundamentos Constitucionais...*op. cit.*, 2021, p. 42).

[54] Vide, nesse sentido, a exposição de motivos do Anteprojeto de Lei de Proteção de Dados para Segurança Púbica e Persecução Penal.

[55] Abreu, Jacqueline de Souza. Tratamento de dados pessoais...*op. cit.*, 2021, pp. 597-598.

erigidos à categoria constitucional expressa de direito fundamental (art. 5º, LXXIX, da CF). É fácil perceber, dessa forma, que as discussões sobre a proteção de dados pessoais, na perspectiva persecutória, não podem mais se limitar a fluxo informacional e vão muito além dos clássicos debates sobre sigilo/revelação.

4. Proteção de dados e enfrentamento ao crime: a conciliação possível

4.1. Algumas premissas a serem observadas

A Carta Constitucional não assegura direitos ou garantias que se revistam de caráter absoluto e irrestrito. Dessarte, eventuais ações interventivas ao direito à proteção de dados em prol do interesse geral e da convivência em sociedade, desde que devidamente justificadas, devem ser toleradas, *"dadas a inserção e a responsabilidade comunitária e social do ser humano*[56]*"*. Como já referido alhures, há um dever de proteção estatal que, por exigir uma ação interventiva vinculada à necessidade de tutela de outros direitos fundamentais, acaba por restringir âmbitos de direitos que podem ter reflexo na liberdade de um determinado indivíduo em prol da maximização da proteção de outros valores sociais, como a segurança pública e o processo penal efetivo[57], ou da tutela de bens jurídicos de hierarquia constitucional[58].

Em suma, o direito à proteção de dados não pode inviabilizar o funcionamento da justiça criminal ou olvidar a manutenção de condições para afastar as ameaças à segurança da sociedade. O escopo das garantias individuais não é servir de proteção a práticas espúrias. A própria eficiência persecutória é decorrente de princípios que alicerçam a noção de Estado de Direito, ancorada no dever estatal de enfrentamento ao crime[59]. E, na era da informação, não há dúvidas de que o tratamento

[56] SARLET, Ingo Wolfgang. Fundamentos Constitucionais...*op. cit.*, 2021, p. 31.

[57] O preâmbulo da Carta Constitucional também ajuda a entender a base de possível ação interventiva estatal para fins de persecução penal. Anote-se: "(...) um Estado Democrático, destinado a assegurar o exercício dos direitos sociais e individuais, a liberdade, *a segurança*, o bem-estar, o desenvolvimento, a igualdade e *a justiça como valores supremos* de uma sociedade fraterna, pluralista e sem preconceitos, fundada na harmonia social e comprometida, na ordem interna e internacional, com a solução pacífica das controvérsias (...)".

[58] SARLET, Ingo Wolfgang. Fundamentos Constitucionais...*op. cit.*, 2021, p. 45.

[59] A jurisprudência alemã assim aduz, segundo Luis Greco: "O limite que a jurisprudência recorre com maior frequência no âmbito do processo penal é a chamada *capacidade de*

de dados em detrimento da vontade ou do conhecimento do indivíduo afetado, desde que devidamente justificado, revela-se essencial ao cumprimento dos misteres constitucionais dos órgãos de persecução penal no enfrentamento de crimes, em especial dos perpetrados por grupos criminosos organizados.

Contudo, os deveres-poderes impostos aos atores estatais para a investigação de práticas criminosas não lhes conferem, de forma automática e livre, absoluta permissão para intervir em direitos fundamentais resguardados constitucionalmente, sem atendimento a justificações específicas[60]. Mister, assim, o equilíbrio entre as posições individuais dignas de proteção e os imperativos de interesse público. Ao reconhecer o princípio da autodeterminação informativa, a regra passa a ser o controle dos dados por seu titular e, dessa forma, as diversas etapas de tratamento do dado pessoal pelos órgãos de persecução, intervenções que são no âmbito de proteção direito fundamental, precisariam estar fundadas, via de regra, em lei (art. 5º, II e LXXIX, da CF) – que substitui, como expressão da vontade popular, o consentimento do particular, já que a persecução penal, para ser eficiente, necessita de uma fase não ostensiva – e na observância dos critérios relacionados ao princípio da proporcionalidade[61], quais sejam, a adequação, a necessidade e a proporcionalidade em sentido estrito[62].

funcionamento da justiça penal (*Funtiontüchtigkeit der Strafrechtpflege*) (...). Esse princípio não imporia apenas um dever de abster-se de violar direitos fundamentais, que em geral funcionaria como uma barreira à persecução penal, como também um dever de realizar a justiça e, portanto, de cuidar para que a crime não permaneça impune. 'O Estado de Direito só pode realizar-se se houver a garantia de que os criminosos serão, nos limites das leis vigentes, perseguidos, julgados e conduzidos a sua justa punição' (BVerfGE 46, 214 [222]. Uma justiça penal capaz de cumprir essa tarefa de justiça seria, assim, um imperativo inerente à própria noção constitucional de Estado de Direito, a qual operaria, portanto, de forma ambivalente, não apenas em favor, mas também contra o imputado" (Greco, Luís. Introdução...*op. cit.*, 2018, p. 49). Com uma visão crítica à jurisprudência, no sentido de que a eficiência da administração da justiça não deve vergastar direitos do imputado, vide Wolter, Jürgen. Dignidade humana...*op. cit.*, 2018, pp. 93-94.

[60] Greco, Luís. Introdução...*op. cit.*, 2018, pp. 38-39.

[61] Gleizer, Orlandino; Montenegro, Lucas; Viana Eduardo. **O direito de proteção de dados...**, *op. cit.*, 2021, p. .47.

[62] No caso concreto, ao ser submetido ao teste da proporcionalidade, do ponto de vista da adequação, avalia-se se a medida é apta ao atingimento do fim. Quanto à necessidade, verifica-se a existência de medida menos invasiva para atingimento do resultado visado. Já na

Em suma, os diversos aspectos das operações de tratamento de dados pessoais, seja na forma de levantamento, uso ou compartilhamento, são intrusões específicas no âmbito de proteção do direito fundamental e, dessarte, cada nova etapa desse processamento de informações deve ser justificada, ou seja, demanda avaliação separada e precisaria estar baseada em lei. Como bem alerta Luis Greco, uma norma autorizativa do levantamento de dados não faculta, em face do já abordado princípio da vinculação finalística, o compartilhamento automático de dados submetidos a uma finalidade real e concreta especificada na norma[63], para um outro propósito.

O princípio da vinculação a um fim determinado também afasta a concepção do Estado como uma espécie de unidade informacional. A partir de um conceito de *divisão informacional de poderes*, estatui-se que o escopo do tratamento de dados pessoais por cada ente público *"circunscreve-se à estrita definição de sua competência legal, sendo vedado o uso para outra finalidade dentro da administração*[64]*"*. Isso tem reflexo na autorização de compartilhamento de dados entre órgãos públicos, ainda que integrantes da mesma estrutura federativa, mas que procederam levantamento de dados para finalidades diversas. Dessarte, a observância ao princípio da vinculação finalística, a conferir efeito prático ao princípio da autodeterminação informativa, sustenta a restrição do compartilhamento de dados pessoais, sem autorização legal e sem demonstração da real e concreta necessidade, entre entes públicos com competências[65] variadas[66]. A título de exemplo, um conjunto de dados pessoais geridos

aferição da proporcionalidade em sentido estrito, deve ser examinado se o interesse público prevalece ao interesse individual relacionado à proteção de dados.

[63] Greco, Luís. Introdução...*op. cit.*, 2018, p. 44.

[64] Maranhão, Juliano; Campos, Ricardo. A divisão informacional de Poderes e o Cadastro Base do Cidadão. **Portal Jota**, 18 de outubro de 2019. Disponível em: https://www.jota.info/paywall? redirect_to=//www.jota.info/opiniao-e-analise/art.s/a-divisaoinformacional-de-poderes-e-o-cadastro-base-do-cidadao-18102019. Acesso em 05 de fevereiro de 2023.

[65] Na esfera pública, competência é o nome que se dá "ao círculo compreensivo de um plexo de deveres públicos a serem satisfeitos mediante o exercício de correlatos e demarcados poderes instrumentais, legalmente conferidos para a satisfação de interesses públicos" (Bandeira de Mello, Celso Antônio. **Curso de Direito Administrativo.** 34ª ed. São Paulo: Malheiros, 2019, p. 150).

[66] Nesse diapasão caminha o Supremo Tribunal Federal. A título de exemplo, vide a decisão monocrática na STF **ADPF 695/DF MC**, Rel. Min. Gilmar Mendes, j. 24/06/2020, DJe

pelo Tribunal Superior Eleitoral, cuja propósito primário é dirigido ao desempenho de sua competência de cadastrar eleitores e organizar as eleições, não deve ser compartilhado, de forma ampla, irrestrita e sem justificação concreta, com a polícia federal, para uso secundário pelo órgão de persecução, ou seja, para utilização em finalidades gerais e distintas daquelas que justificaram o levantamento inicial desses dados pessoais.

Não há que se concordar, portanto, com autores que sustentam, com base no art. 3º, VIII, da Lei 12.850/13, a unificação e o compartilhamento irrestrito, sem amparo legal, de base de dados entre as agências de segurança pública e de persecução penal, sob o fundamento do risco de "*feudalização*" de dados e de que "*as informações que são públicas pertencem ao Estado como um todo e não podem ser consideradas informações 'particularizadas' ou 'inacessíveis' entre os distintos órgãos estatais*[67]".

Isso não quer dizer, entretanto, que a vinculação inicial a uma determinada finalidade implica em proibição do tratamento de dados para outros fins, mas sim que a alteração de finalidade exige um baldrame legal que autorize, sob certas condições, o tratamento para essa outra finalidade que atenda o interesse público, somado à análise dos critérios de proporcionalidade para nova intervenção. Em suma, a mudança da finalidade que originariamente sustentou o levantamento do dado, dessarte, por ser uma intervenção adicional, deve ser legalmente regrada[68],

26/06/2020 que, ao tratar do fluxo livre, genérico e irrestrito de dados pessoais entre o Detran e a Agência Brasileira de Inteligência, reconheceu que não há amparo legal, bem como não passa pelo teste da proporcionalidade, o compartilhamento de dados entre a Abin e outro órgão ou entidade que não integra o Sistema Brasileiro de Inteligência. No mesmo sentido, o STF, Primeira Turma, **MS 36.150/DF**, Rel. Min. Roberto Barroso, j. 10/10/2022, DJe 14/10/2022, cujo voto condutor vaticina que a transmissão a outro órgão do Estado de informações para finalidade diversa da declarada inicialmente, subverte a autorização daqueles que forneceram seus dados, em violação ao dever de sigilo e da garantia da inviolabilidade da intimidade. Na mesma linha, por exemplo, a CEDH, *Caso Weber e Saravia v. Alemanha*, n. 54934/00, julgado em 29/06/06.

[67] Bitencourt, Cezar Roberto; Busato, Paulo César. **Comentários à Lei de organizações criminosas.** São Paulo: Saraiva, 2014, pp. 108-109.

[68] Valendo-se da lição do direito administrativo, "para cada finalidade que a administração pretende alcançar existe um ato definido em lei (...) cada ato tem a finalidade em vista da qual a lei o concebeu" (Bandeira de Mello, Celso Antônio. **Curso de Direito Administrativo...**, *op. cit.*, 2019, p. 413).

mesmo existindo um interesse legítimo derivado da nova necessidade de tratamento de dados[69].

Por óbvio, no caso de intervenções em direitos fundamentais, a exigência da reserva da lei mantém *"legítima as estruturas democráticas de formação da vontade política"*[70]. A questão que se coloca é qual a amplitude que se exige na lei para sustentar a intervenção. Luis Greco, com base em parte da doutrina e jurisprudência alemã, defende que, para ser lícita a intrusão, é necessário que a lei específica preveja *"de forma relativamente clara a intervenção e lhe imponha limites materiais e procedimentais"*[71].

Não há dúvidas de que as decisões essenciais em relação a intrusões sobre direitos fundamentais precisam ser tomadas pelo legislativo. Isso não quer dizer, entretanto, que a lei precise de um detalhamento tal que praticamente inviabilize a ação persecutória do Estado. É certo que se faz necessária a *"a busca de um adensamento normativo em prol do máximo de clareza e precisão"*[72]. O norte, entretanto, sempre deve ser a intensidade da intrusão: quanto mais grave e invasiva, mais restritiva a autorização para intervenção e mais rigorosas as exigências protetivas e os critérios legais de precaução; quanto mais próxima a intervenção do núcleo essencial do direito fundamental e mais distantes do conceito *bagatelar* de dados (ou seja, aqueles com baixo grau interventivo, geralmente armazenados em bases acessíveis ao público em geral), maior a proteção e, em consequência, mais detalhada deve ser a lei quanto aos meios, ao reforço procedimental e às formas do cumprimento da função interventiva do Estado.

[69] Para uma distinção entre finalidade e interesse vide Blum, Renato Opice; Furtado, Tiago Neves. Legítimo interesse: nuances e limites para aplicações práticas no âmbito da LGPD. In Francoski, Denise de Souza Luiz; Tasso, Fernando Antonio (coord). **A lei geral de proteção de dados pessoais:** aspectos práticos e teóricos relevantes no setor público e provado. São Paulo: Revista dos Tribunais, 2021, pp. 301-317, pp. 304-306.

[70] Silva, Carlos Bruno Ferreira da. **Proteção de dados**..., *op. cit.*, 2014, p. 136.

[71] Greco, Luís. Introdução...*op. cit.*, 2018, p. 37.

[72] Silva, Carlos Bruno Ferreira da. **Proteção de dados**..., *op. cit.*, 2014, pp. 136-137. Na mesma linha, a Corte Europeia de Direitos Humanos reza que a lei, nos termos do art. 8º, n. 2, da Convenção Europeia dos Direitos Humanos, precisa ter *qualidade suficiente (quality of law)*, ou seja, deve ser acessível ao cidadão, além de ser consideravelmente clara e detalhada para que o indivíduo preveja as consequências de sua ação e, assim, possa autorregular a sua conduta (Por todos, CEDH, *Caso Weber e Saravia v. Alemanha*, n. 54934/00, julgado em 29/06/06, § 84, 93-94).

Em face dos diferentes níveis de proteção, uma normativa mais geral pode autorizar intrusões de baixa intensidade, enquanto medidas de maior grau interventivo exigem um regramento mais detalhado. A título de exemplo, a previsão legal de acesso a dados pessoais estáticos registrados em uma base gerida por um órgão público, como o Tribunal Superior Eleitoral, embora relevante, não necessita ter o mesmo detalhamento quanto à forma, procedimento e restrições daquela prevista para interceptação do fluxo de dados telemáticos, cujos lindes de intrusão, inclusive, se encontram tutelados pela reserva constitucional de jurisdição (art. 5, XII, da CF).

Por outro lado, em que pese somente a lei ser passível de indicar as restrições a direito fundamental e o legislador não poder delegar decisões essenciais referentes a intervenções a tais direitos[73], não há impedimento à edição, pelos órgãos públicos, de normas regulatórias decorrentes da lei que autorizou a intrusão, destinadas a conferir a operacionalização do ato normativo formalmente emanado do Poder Legislativo e uma maior densidade protetiva a tais direitos fundamentais, a partir de um melhor detalhamento ou especificação da disciplina legal, como, por exemplo, o formato de gestão, de proteção e o modo de instrumentalização técnica no tratamento dos dados pessoais. Assim o fez, de forma legítima, o Conselho Nacional de Justiça ao editar a Resolução CNJ 59/2008, normativa que uniformizou as rotinas procedimentais referentes às interceptações telefônicas e de sistemas de informática e telemática. Em suma, o óbice, por falta de fundamento constitucional, é que tais órgãos baixem regras *"inovadoras"* autorizativas de quaisquer intervenções a direitos individuais, substituindo-se ao legislador.

[73] Gleizer, Orlandino; Montenegro, Lucas; Viana Eduardo. **O direito de proteção de dados...**, *op. cit.*, 2021, p. .43. Na mesma linha, ao tratar do princípio da legalidade em uma concepção estrita, assevera Celso Antônio Bandeira de Mello que "(...) A administração não pode proibir ou impor comportamento algum a terceiro, salvo se estiver previamente embasada em determinada lei que lhe faculte proibir ou impor algo a quem quer que seja. Vale dizer, não lhe é possível expedir regulamento, instrução, resolução, portaria ou seja lá que ato for para coatar a liberdade dos administrados, salvo se *em lei* já existir delineada a contenção ou imposição que o ato administrativo venha a minudenciar. (...) A função do ato administrativo só poderá ser a de agregar à lei nível de concreção; nunca lhe assistirá instaurar originariamente qualquer cerceio a direitos de terceiros" (Bandeira de Mello, Celso Antônio. **Curso de Direito Administrativo...**, *op. cit.*, 2019, pp. 105-106).

É certo, ademais, que, em face à impossibilidade de a lei prever todas as situações a ela supervenientes, os princípios relacionados à proteção de dados pessoais devem ser utilizados para orientar a atuação dos órgãos de persecução penal.

Isso se faz ainda mais intenso na realidade brasileira, na qual há uma insuficiência legislativa no que tange à normatização do tratamento de dados pessoais para fins de persecução penal. Um singelo exemplo ilustra tal afirmação: o art. 15 da Lei 12.850/13 trata do acesso a dados cadastrais, para fins de persecução penal, que se encontram sob a gestão de órgãos que os levantaram para finalidades diversas do escopo persecutório. Contudo, a intervenção se encontra regulamentada de forma insatisfatória, ao não estabelecer com clareza mínima os lindes de seu tratamento, como, por exemplo, as balizas de transferência dos dados, se eles podem ser recompartilhados sem conhecimento do controlador primário e, após compartilhamento, quais os cuidados, os limites de utilização e prazo de armazenamento e de apagamento em repositórios, já que, conforme afirmado, qualquer forma de tratamento caracteriza uma nova ação interventiva do Estado no direito fundamental.

Como enfatizado alhures, há pouco tempo a proteção de dados pessoais foi erigida pelo Supremo Tribunal Federal, em evolução constitucional, como direito fundamental, até passar a ser expressamente reconhecida como tal em nossa Carta Política com a inserção, no início do ano de 2022, do inciso LXXIX em seu art. 5º[74]. Apesar de um anteprojeto de lei de proteção de dados para segurança pública e persecução penal se encontrar nos escaninhos do Congresso Nacional, discussões ainda serão desenvolvidas com os órgãos afetados e com outros atores do direito até a consolidação de um texto definitivo. Portanto, não surpreende a insatisfatória normatização da matéria e a pendência legislativa.

Contudo, para que esquemas criminosos complexos não venham a ser imunizados da repressão estatal e, ao mesmo tempo, o núcleo essencial do direito fundamental seja preservado, desenha-se a possibilidade

[74] Interessante observação de Maria Sylvia Zanella Di Pietro dirigida ao direito administrativo, mas com aplicação a outras searas jurídicas: "Se for analisada a fundo a evolução do direito administrativo brasileiro, poder-se-á caminhar no seguinte sentido: trabalho da doutrina (...), acolhido pela jurisprudência e consagrado no direito positivo. Doutrina, jurisprudência e direito positivo. Esse foi o sentido da evolução" (Di Pietro, Maria Sylvia Zanella. **Direito Administrativo.** 30ª ed. Rio de Janeiro: Editora Forense, 2017, p. 30).

de a lacuna legislativa poder vir a ser colmatada pela força decisional do Poder Judiciário a, obedecendo os critérios de proporcionalidade, compensar *provisoriamente*, em técnica integrativa, a deficiência legal, complementando o conteúdo da norma e estabelecendo balizas por meio de uma espécie de regulamentação por método judicial[75], tendo como

[75] Ao tratar das inovações investigativas, Gustavo Torres Soares, mencionando diversos ordenamentos jurídicos europeus, sustenta que "é tolerável a inovação investigativa sem satisfatória regulamentação jurídica, ainda que causa significativo impacto em direitos fundamentais, desde que, obedecido o mandamento da proporcionalidade, seja compensado seu déficit de regulamentação por método judicial que trate como *praeter legem*, excepcional, temporária, decorrente de interpretação extensiva ou aplicação analógica e inserida em contexto de evolução legislativa progressiva" (Soares, Gustavo Torres. **Investigação criminal...**, *op. cit.*, ,2016, p. 306). A premissas e a base principiológica sustentadas pelo autor são aplicáveis nos casos de intervenção estatal no direito à proteção de dados pessoais para fins de persecução penal, mormente em razão de seu atualíssimo reconhecimento como um direito fundamental. Entretanto, Gustavo Torres Soares propõe, em conciliação entre a legalidade e a inovação investigativa não prevista em lei, que a Suprema Corte se pronuncie quanto à transitoriedade e à excepcionalidade da técnica investigativa. Assim sugestiona: "Nesse segundo momento de controle de legalidade, todo juízo ou tribunal que conhecer da causa deverá pronunciar expressa e detalhadamente a situação de mora legislativa, ficando consignado que a medida inovadora (ou insatisfatoriamente regulamentada) restou tolerada, mas em nível de legalidade aquém do ideal. Uma vez chegando a causa ao Supremo Tribunal Federal, a ele competirá, além da pronúncia sobre a mora legislativa: i) estabelecer parâmetros mínimos para o suficiente resguardo dos direitos fundamentais envolvidos; ii) estipular prazo que considere razoável para a deliberação legislativa sobre o tema, o qual nunca poderá ser superior a uma legislatura; iii) comunicar a mora ao Poder Legislativo (que é independente para purga-la ou não) e dizer-lhe oficialmente que, uma vez expirado certo prazo sem que a medida investigativa tenha recebido tratamento legislativo satisfatório, o Poder Judiciário não mais a tolerará em seu âmbito; iv) sinalizar como deverão ser recebidas novas implementações da medida inovadora (ou insatisfatoriamente regulamentada), no período entre a pronúncia da mora legislativa pelo STF e o final do prazo comunicado ao Poder Legislativo" (Soares, Gustavo Torres. **Investigação criminal...**, *op. cit.*, ,2016, p. 321). Maria Sylvia Zanella Di Pietro, inclusive, reconhece que a jurisprudência passou a "ocupar um lugar de destaque com fonte de direito". A autora menciona diversos exemplos de criação jurisprudencial de institutos não previstos no direito positivo (Di Pietro, Maria Sylvia Zanella. **Direito Administrativo...**, *op. cit.*, 2017, p. 29). A crítica que se faz é sobre os limites da postura da Suprema Corte como legislador positivo. Em seu voto no bojo do STF, Tribunal Pleno, **ADI 1351/DF**, Rel. Min. Marco Aurelio, j. 07/12/2006; DJe 29/06/2007, o Ministro Gilmar Mendes, todavia, aduz: "Portanto, é possível antever que o Supremo Tribunal Federal acabe por se livrar do vetusto dogma do legislador negativo e se alie à mais progressiva linha jurisprudencial das decisões interpretativas com eficácia aditiva, já adotadas pelas principais Cortes Constitucionais europeias. A assunção de uma atuação criativa pelo Tribunal poderá ser determinante para a solução de antigos problemas relacionados à

norte os princípios e valores extraídos implícita e explicitamente do texto constitucional, mormente quando o conceito de legalidade ganha um sentido mais amplo no Estado Democrático de Direito, a abranger, não só atos normativos provenientes do parlamento (legalidade estrita[76]), como também os princípios constitucionalmente consagrados[77]. No julgamento do RE 1.055.941/SP[78] assim esboçou a Suprema Corte, a aparentemente ajustar o enunciado legislativo a mutações fático-sociais decorrentes da era da informação e estabelecer parâmetros mínimos para suficiente resguardo e zelo ao direito fundamental à proteção de dados, colmatando lacunas decorrentes da insuficiência legislativa.

No mencionado julgado, o Supremo Tribunal Federal, em apertada síntese, entendeu constitucional o compartilhamento de relatórios de inteligência financeira e da íntegra das representações fiscais para fins penais produzidas pela Receita Federal, instruídas com dados fiscais e bancários, com os órgãos de persecução, sem necessidade de prévia autorização judicial. Contudo, em um aparente reconhecimento da insuficiência legislativa[79], decidiu, a ponderar o enfrentamento à crimi-

inconstitucionalidade por omissão, que muitas vezes causa entreves para efetivação de direitos e garantias fundamentais assegurados pelo texto constitucional".

[76] O anteprojeto de lei de proteção de dados para segurança pública e persecução penal, em sua exposição de motivos, sustenta, por exemplo, que a legalidade estrita é exigida somente nas hipóteses cuja repercussão e o dano são mais sensíveis (nos casos de dados sensíveis, dados sigilosos e na utilização de tecnologia de monitoramento e/ou tratamento de dado de elevado risco), justificada "à luz dos diferentes riscos gerados à esfera de direitos do cidadão e está alinhado com uma moderna e atual concepção de proteção de dados pessoais".

[77] Di Pietro, Maria Sylvia Zanella. **Direito Administrativo**...*op. cit.*, 2017, p. 258.

[78] STF, Tribunal Pleno, **RE 1.055.941/SP**, Min. Rel. Dias Toffoli, j. 04/12/2019, DJe 18/03/2021.

[79] Em algumas manifestações dos julgadores, o reconhecimento da omissão legislativa é expresso. O voto do Ministro Dias Tofolli, afirma que "as normas legais que tangenciam a matéria - notadamente o art. 198 do CTN, o art. 83 da Lei nº 9.430/96 e o § 3º do art. 1º da LC nº 105/01 - não descem a minúcias para disciplinar i) quais informações sigilosas sobre a situação econômica ou financeira do contribuinte em face das quais foi formalizada a representação fiscal para fins penais (RFFP) - inclusive sobre a natureza e o estado de negócios ou atividades por ele realizados. -; e, muito menos, ii) quais informações de terceiros protegidas por sigilo fiscal ou bancário, está a Secretaria da Receita Federal do Brasil autorizada a transferir ao Ministério Público Federal, sem a necessária supervisão do Poder Judiciário". Por seu turno, o Ministro Gilmar Mendes, no mesmo julgado, aduz "Esse quadro de laconismo e atonia legislativa reforça ainda mais a necessidade de este STF, na presente assentada, debruçar-se sobre a constitucionalidade do compartilhamento de informações

nalidade e os postulados constitucionais relacionados ao direito geral de personalidade, estabelecer, objetivamente, o molde para funcionamento do sistema de compartilhamento, ao condicionar a transferência de dados à existência de procedimento prévio formalmente instaurado sujeito à controle judicial *a posteriori* e a sua execução por meio de comunicações formais, sigilosas e seguras, com destinatário certificado e a criação de instrumentos para apuração e correção de eventuais desvios. Ao que parece, passa a Suprema Corte a endossar a possibilidade de restrição ao direito à proteção de dados pessoais, desde que concretizadas salvaguardas a direitos fundamentais com alicerce no princípio da segurança (princípio este, inclusive, derivado do princípio da autodeterminação informativa, como já aduzido alhures).

Assentadas as premissas, mister a análise do tratamento de dados a partir da aplicação dos critérios e da principiologia ora expostos. Contudo, em razão dos lindes estreitos do presente texto e da amplitude de possíveis abordagens sobre o tema, nos limitaremos aos aspectos gerais[80] relacionados ao compartilhamento, para uso secundário, de dados pessoais que se encontram sob a responsabilidade dos próprios órgãos cuja atribuição é restrita à persecução penal e entre os órgãos de segurança pública com atribuição preventiva e aqueles com atribuição persecutória.

4.1.1. *O compartilhamento de dados pessoais entre órgãos de segurança pública para fins de persecução penal*

Grande parte do labor dirigido ao desvelamento do crime envolve as mais variadas formas de tratamento de dados pessoais e, como já aduzido, cada atividade interventiva dos órgãos de persecução afeta, de uma forma ou de outra, no mínimo, o direito à autodeterminação informa-

sensíveis, tendo-se como parâmetro tanto a atuação da Receita Federal quanto a atuação da UIF/COAF".

[80] Discutiremos os aspectos gerais do tema proposto, uma vez que os estudos sobre a proteção de dados pessoais podem ser desenvolvidos de forma diferente a depender, por exemplo, das características dos indivíduos envolvidos na persecução penal: suspeito, investigado, acusado, réu, vítima, informante, testemunhas (vide art. 7º do Anteprojeto de Lei de Proteção de Dados para Segurança Pública e Persecução Penal); ou, até mesmo, dos tipos de dados tratados. Contudo, os lindes estreitos do texto não permitem uma abordagem do tema a partir dos sujeitos do processo ou o desenvolvimento de especificidades a partir da classificação mais minudente dos dados.

tiva. Em suma, o levantamento, o uso e o compartilhamento dos elementos de investigação representam, no geral, uma intrusão em direitos fundamentais.

À vista disso, algumas abordagens são passíveis de serem estruturadas em relação ao compartilhamento de dados pessoais que se encontram sob a tutela dos órgãos ligados à segurança pública, para utilização em investigação criminal. A primeira discussão que se pode colocar é sobre a possibilidade, com alicerce nos princípios ora desenvolvidos, do compartilhamento de dados entre órgãos que possuem a mesma finalidade repressiva. Outra, é se saber qual o limite do compartilhamento de dados pessoais entre órgão de segurança pública que atuam com viés preventivo com entes que operam na vertente persecutória.

Ressalte-se que o compartilhamento, dentro de uma perspectiva de circulação de dados durante a primeira fase da persecução penal[81], pode ser entendido como o traslado ou intercâmbio de elementos informativos entre órgãos[82] ou, em um panorama mais amplo, *"qualquer tomada de conhecimento de dados pessoais por terceiros estranhos ao âmbito de responsabilidade de execução da tarefa que fundamentou o levantamento dos mesmos dados[83]."* Assim, se um ator da atividade persecutória levanta um dado pessoal para uma investigação específica, o intercâmbio desse dado para outra investigação é considerado, nessa perspectiva, compartilhamento de dado. O que se pode questionar é se, nessa hipótese, o traslado se caracteriza por uma nova intrusão a direito fundamental.

Não é simples a resolução do problema dos lindes interventivos. Se, por um lado, o intercâmbio de dados pode ser essencial ao enfrentamento repressivo à criminalidade, por outro lado o acesso indistinto a dados pessoais, em uma linha pragmática ou utilitária, caso considerada a divisão informacional de poderes, pode violar, no mínimo, o direito à

[81] Para uma distinção entre empréstimo probatório e circulação de elementos de informação, espécies do gênero compartilhamento de dados, vide SALGADO, Daniel de Resende; QUEIROZ, Ronaldo Pinheiro de. O compartilhamento de dados obtidos por meio de interceptação telefônica. In SALGADO, Daniel de Resende; KIRCHER, Luis Felipe Schneider; QUEIROZ, Ronaldo Pinheiro de. **Altos estudos sobre a prova no processo penal.** Salvador: Ed. Juspodivm, 2020, pp. 307-335, pp. 311-312.

[82] SALGADO, Daniel de Resende; QUEIROZ, Ronaldo Pinheiro de. O compartilhamento de dados...*op. cit.*, 2020, p. 312

[83] GLEIZER, Orlandino; MONTENEGRO, Lucas; VIANA Eduardo. **O direito de proteção de dados...**, *op. cit.*, 2021, p. .135.

autodeterminação informativa, como aduzido alhures. Um direcionamento à solução da questão, entretanto, poderá ser encontrado a partir da análise do princípio da vinculação finalística.

4.1.1.1. *O compartilhamento de dados pessoais entre órgãos de persecução penal*

Caso seja sedimentada a leitura do princípio de finalidade em um espectro lato[84], pode-se entender que o traslado de dados de uma investigação para outra, desde que essencial e motivadamente necessário ao esforço investigativo, é mais livre. Nesse caso, além de idênticas atribuições (identidade funcional), não há dúvidas de que o uso que se objetiva possui o mesmo propósito (persecutório) para os quais os dados foram primariamente levantados. Em suma, percebe-se uma clara relação entre os meios (tratamento de dados) e os fins (desvelamento do crime). Assim, sob a perspectiva do princípio da finalidade, o compartilhamento em si considerado não gera propriamente uma nova intervenção ao direito fundamental à proteção de dados, uma vez que o vínculo à finalidade primária que autorizou o seu levantamento é mantido.

Em suma, como já defendido em outros escritos, não há óbices, regra geral, na circulação de elementos de informação de um procedimento investigatório a outro, em especial quando há correspondência entre as investigações, cujas características se baseiam, diga-se de passagem, na amplitude da formulação das hipóteses[85], a ponto de a interlocução e traslado de informações poderem ser, com base em princípios como o da celeridade investigativa e da economia processual, essenciais para reescrever, confirmar ou refutar as proposições fáticas erigidas durante o

[84] Uma vertente mais restritiva do princípio vinculará o tratamento de dados à finalidade específica da persecução que se desenvolve no bojo de uma determinada investigação. Por exemplo, o princípio da finalidade, em uma concepção restritiva, restaria violado se um dado pessoal levantado para uma investigação "x" fosse compartilhado e utilizado para investigação "y".

[85] O raciocínio do investigador não progride linearmente do enunciado fático ao elemento de informação e deste a novas hipóteses, mas, ao contrário, é bidirecional, transitando para frente e para trás, no sentido de que a descoberta de um determinado dado o incline a uma conclusão que, muitas vezes, produzirá a revisão de sua percepção original. Nesse sentido, vide Ho, Hock Lai. The legal concept of evidence. *In*: Zalta, Edward (Ed.). **The Stanford Encyclopedia of Philosophy** (Winter 2015 Edition). Disponível em: https://plato.stanford.edu/archives/win2015/entries/evidence-legal/. Acesso em: 21 de outubro de 2022.

curso do esforço investigativo[86]. É nesse sentido, inclusive, que se mostra mais claro o incentivo à cooperação entre órgãos estatuído no art. 3º, VIII, da Lei 12.850/13.

Contudo, o uso secundário de dados obtidos por intermédio de meios especiais de investigação submetidos à reserva constitucional de jurisdição, como as interceptações telefônicas e telemáticas, em outro procedimento de investigação criminal, necessita, em face da gravidade da intrusão inicial ao direito fundamental, de expressa autorização do juízo competente gestor da prova, responsável pelas decisões restritivas de direitos fundamentais proferidas no curso das investigações primárias, para que passem a ter eficácia no procedimento *ad quem* (investigações de destino)[87]. Tal conclusão é adequada para estabelecer um sistema mais robusto de proteção, especialmente em face do déficit legislativo referente ao traslado, nessas hipóteses, de dados.

Aqui, uma vez autorizado judicialmente o levantamento dos dados pelo juízo competente, a sua transmigração para outro procedimento investigativo criminal, desde que adequada e necessária, parece também não caracterizar claramente uma nova intrusão ao direito fundamental à proteção de dados pessoais, especialmente (mas não só[88]) quando as investigações forem *"conexas e relacionadas com o perfil objetivo e probatório do crime para o qual o meio de obtenção de prova foi autorizado"* [89], uma vez que, além de permitido o compartilhamento com órgãos que possuem o

[86] Inclusive, o direito italiano vai na mesma toada. Assim aduzimos: "No mesmo sentido, o direito italiano, ao que parece, autoriza expressamente a possibilidade de transmigração de atos de conteúdo investigativo entre órgãos do Ministério Público em investigações coligadas, com a possibilidade de ser solicitada, nos termos do art. 117 do CPP, cópia de atos referentes a outros procedimentos penais. O art. 371 do CPP, por seu turno, prevê expressamente, em investigações relacionadas, alicerçado em princípios como da economia processual e eficácia investigativa, a coordenação e viabilidade de trocas de informação entre membros diversos do Ministério Público" (SALGADO, Daniel de Resende; QUEIROZ, Ronaldo Pinheiro de. O compartilhamento de dados...*op. cit.*, 2020, pp. 312-313).

[87] SALGADO, Daniel de Resende; QUEIROZ, Ronaldo Pinheiro de. O compartilhamento de dados...*op. cit.*, 2020, p. 313.

[88] Quanto à possibilidade de compartilhamento de dados resultante de conhecimento fortuito, mas com restrições quanto à sua força inferencial, vide SALGADO, Daniel de Resende; QUEIROZ, Ronaldo Pinheiro de. O compartilhamento de dados...*op. cit.*, 2020, pp. 324-333.

[89] SALGADO, Daniel de Resende; QUEIROZ, Ronaldo Pinheiro de. O compartilhamento de dados...*op. cit.*, 2020, p. 318.

mesmo escopo, há uma vinculação/compatibilidade ao propósito persecutório análogo[90].

Nessa hipótese, todavia, apesar de o compartilhamento em si considerado não aparentar uma nova intervenção ao direito fundamental à proteção de dados pessoais[91] em razão da identidade de propósitos (persecutórios), a necessidade de prévia autorização de traslado dos

[90] É o que parece entender o Supremo Tribunal Federal. Contudo, a Corte confere uma interpretação mais ampla. Entende o STF, sob a perspectiva de proteção do fluxo comunicacional (e não dos dados pessoais em si considerados), que, uma vez autorizado licitamente o acesso a dados que se encontram sob reserva de jurisdição, não justifica qualquer tipo de condicionante ao compartilhamento, inclusive com outros procedimentos instaurados na esfera cível ou administrativo-disciplinar, desde que necessários para provar o mesmo fato (vide STF, **Inq. 2.424/RJ**, Tribunal Pleno, Rel. Min. Cezar Peluso, j. 26/11/2008, DJe 26/03/2010; STF, **HC 102.293/RS**, Segunda Turma, Rel. Ministro Ayres Brito, j. 24/05/2011, DJe 19/12/2011; STF, **Inq.3.965/DF**, Segunda Turma, Rel. Ministro Teori Zavascki, j. 22/11/2016, DJe 06/12/2016; STF **HC 114.074/SC**, Primeira Turma, Rel. Ministro Rosa Weber, j. 07/05/2013, DJe 27/05/2013). Os julgados, entretanto, não enfrentam a questão sob o prisma do princípio da autodeterminação informativa e seus corolários. Note-se que nos casos de investigações cíveis ou administrativas disciplinares, os órgãos não persecutórios, potencialmente recebedores dos dados, não têm atribuição para, por si mesmos, valerem-se de tais medidas interventivas para levantamento dos dados, porquanto a Carta Política restringe o pleito a investigações criminais. Daí, há dúvidas se, realmente, sem previsão legal que autorize o compartilhamento para outros propósitos que não os persecutórios-criminais, seria possível a transmigração de dados. Em entendimento contrário aos julgados do STF, a advogar a impossibilidade de compartilhamento de dados nessas hipóteses, vide Gleizer, Orlandino; Montenegro, Lucas; Viana Eduardo. **O direito de proteção de dados...**, *op. cit.*, 2021, p. 143. O presente estudo, contudo, em face de seus lindes estreitos, não entrará nessa discussão.

[91] Na Questão de Ordem no já mencionado Inquérito 2.424/RJ, o STF aparentou considerar (contudo, sem adentrar em discussões sobre o direito à proteção de dados pessoais) que o compartilhamento de dados não é, nessas hipóteses, uma nova intervenção à direito fundamental. Assim já abordamos em outros escritos: "Em voto condutor no mencionado *leading case*, o Ministro Cezar Peluso sustentou que a interpretação do art. 5º, XII, da Constituição Federal e art. 1º da Lei 9.296/96 deve discernir dois âmbitos semânticos correspondentes a duas regras distintas: o da *"produção da prova"* inerente aos resultados documentais da interceptação e o do seu *"uso processual"*. Aduz o magistrado que, no aspecto da *"produção"* da prova, a restrição constitucional tem por escopo preservar a intimidade, que não se confunde com o *"uso"* lícito da prova consistente nos dados retóricos obtidos com a violação lícita de tal direito individual. Afirma, ademais, que não se pode conceber insultoso à Constituição Federal nem à lei o entendimento de que o dado oriundo de interceptação telefônica lícita, autorizada e realizada em procedimento criminal, possa ser devidamente trasladado a outros procedimentos (...)" (Salgado, Daniel de Resende; Queiroz, Ronaldo Pinheiro de. O compartilhamento de dados...*op. cit.*, 2020, pp. 314-315).

dados cognitivos desvelados de uma investigação a outra pelo juiz gestor da fonte de prova é justificada: i) pela anterior intervenção drástica à privacidade do cidadão implementada por meio de decisão judicial autorizativa da interceptação das comunicações; ii) pela proteção ao processamento de informações e dados que se segue mesmo após o conhecimento pelo Estado das comunicações protegidas; iii) pela expansão dos atores que terão conhecimento das informações comunicacionais relevantes; vi) pela necessidade de o uso confidencial dos meios de comunicação dever ser assegurado em todos os seus aspectos. Importa ressaltar que a presente conclusão se sustenta pelo menos enquanto se aguarda uma legislação que venha a estabelecer os lindes do compartilhamento, para outras investigações, de dados já desvelados em casos de autorização judicial de interceptação do fluxo comunicacional.

4.1.1.2. *O compartilhamento de dados pessoais entre órgãos de segurança pública com atribuição preventiva com órgãos com atribuição persecutória*

A questão mais complexa é referente à transmigração de dados produzidos pelas polícias que atuam para fins preventivos, com os órgãos de persecução penal.

De início, importa assentar que a segurança pública em sentido global (art. 144 da Constituição Federal) pode dividir sua atividade em repressiva e preventiva. A atividade persecutória-repressiva é desenvolvida predominantemente pelas polícias de investigação, civil e federal, cuja finalidade principal é a apuração de infrações penais (art. 144, § 1º, I e § 4º da Constituição Federal). Já a atividade preventiva, de segurança pública em sentido estrito, é exercida pela polícia ostensiva, cuja finalidade predominante é a de patrulhamento e de preservação da ordem pública (art. 144, §§ 3º, 5º, 5º-A, 6º, da Constituição Federal), sem atribuição, em regra, para realização de atos de investigação criminal.

Note-se, dessa forma, que as funções são diferentes e, assim o sendo, o levantamento de dados possui alicerce em parâmetros diversos[92]: enquanto os limites intervencionais dos órgãos de persecução estão baseados na materialização de um fato determinado e potencialmente

[92] Gleizer, Orlandino; Montenegro, Lucas; Viana Eduardo. **O direito de proteção de dados...**, *op. cit.*, 2021, p. .52-53.

definido como crime (a ser esclarecido), os dos órgãos policiais de segurança pública em sentido estrito estão alicerçados na precaução contra ameaças. Dito de outra forma, a atividade da polícia ostensiva insere-se no domínio da tutela contra perigos, a procurar proteger determinados valores de uma violação iminente e, em consequência, prevenir danos, ao passo que com o processamento de infrações penais, o Estado procura punir uma violação a bem jurídico que já não pode mais ser evitada, por ter ocorrido previamente. Resta clara, portanto, a existência de atividades com propósitos distintos, que terá reflexo nos lindes de levantamento, compartilhamento e uso (primário e secundário) de dados.

Caso consideremos os princípios delineados, a alteração do propósito que alicerça a intrusão ao direito fundamental, por ser uma atividade interventiva autônoma, conduz à conclusão de que o acesso indiscriminado e irrestrito dos órgãos de persecução à base de dados geridas pelas polícias administrativas, sem a observância de necessidades persecutórias concretas, pode ser violador do direito à proteção de dados pessoais[93] e, em consequência, da tutela do livre desenvolvimento da personalidade[94].

Deveras, pela base principiológica ora desenhada, o uso da informação obtida é limitado ao propósito que justifica a coleta dos dados. O seu potencial traslado da polícia ostensiva às autoridades de persecução, para utilização secundária em investigação criminal, é uma clara mudança de escopo para o qual foi condicionado o levantamento desses dados. Se assim o é, não seria possível, caso consideremos o princípio do vínculo à finalidade, dar aos dados um propósito diverso, sem justificação concreta e específica, daquele que o fundamentou, mormente quando, conforme já aduzido alhures, a alteração do propósito a que

[93] A CEDH, por exemplo, considera que o compartilhamento de dados pessoais obtidos por medidas gerais de vigilância sem qualquer suspeita prévia específica, a fim de permitir a instauração de processos criminais contra os monitorados, constitui uma interferência bastante grave no direito do cidadão ao sigilo das telecomunicações (vide CEDH, *Caso Weber e Saravia v. Alemanha*, n. 54934/00, julgado em 29/06/06, § 125).

[94] A par disso, a Lei 13.675/18, que institui o Sistema Único de Segurança Pública (SUSP) incorporando órgãos de polícia preventiva e repressiva, prevê, em seu art. 10, IV, que a integração entre os participantes do SUSP se dará por meio do compartilhamento de informações. O §4º do mesmo dispositivo prevê, como cláusula genérica, acesso recíproco (e, aparentemente, irrestrito) à base de dados para fins de compartilhamento de informações.

está vinculado o levantamento do dado pode ser considerado um ato intrusivo autônomo.

Apesar de ser comum, na prática, a transmigração indiscriminada de dados entre órgãos de segurança pública que possuem escopos diversos[95], é claro o déficit legislativo quanto a autorização, a forma e os lindes de compartilhamento dos dados pessoais levantados para fins preventivos com os órgãos de persecução penal. Contudo, a insuficiência legal pode ser compensada, especialmente em razão de ainda ser recente reconhecimento da nova estrutura principiológica a partir do art. 5º, LXXIX, da CF, conforme já ressaltamos (cf. item 4.1), pelo método de integração à ordem jurídica[96], valendo-se, como base, dos mandamentos oriundos do princípio da proporcionalidade. Em suma, como referido, quanto mais próximo ao núcleo essencial do direito à proteção de dados, mais grave a intervenção e, em consequência, mais rigorosa deve ser a análise sobre a atividade intrusiva – que se deve voltar, durante o processo de colmatação, a uma perspectiva mais protetiva ao direito fundamental. Forçoso, portanto, buscar estabelecer, judicialmente, balizas para o compartilhamento dos dados[97], que hoje ainda se dá sem

[95] Na leitura que fazemos do Considerando 4 da Diretiva 2016/680, reconhece-se que, de fato, existe uma livre circulação de dados entre as autoridades responsáveis pela prevenção. Em razão disso, a normativa exorta que é necessário existir o estabelecimento de regras mais rigorosas referentes ao regime de proteção de dados. Anote-se o considerando: "A livre circulação de dados pessoais entre as autoridades competentes para efeitos de prevenção, investigação, deteção ou repressão de infrações penais ou execução de sanções penais, incluindo a salvaguarda e a prevenção de ameaças à segurança pública a nível da União, e a sua transferência para países terceiros e organizações internacionais deverão ser facilitadas, assegurando simultaneamente um elevado nível de proteção dos dados pessoais. Este contexto obriga ao estabelecimento de um regime de proteção de dados pessoais sólido e mais coerente na União, apoiado por uma aplicação rigorosa das regras".

[96] Possibilidade reconhecida pelo art. 4º da lei introdução às normas do direito brasileiro – Decreto-lei 4.657/42 –, por exemplo.

[97] Um caso interessante de análise dos limites de compartilhamento, mas entre órgão de fiscalização e de persecução, é o já mencionado julgamento do RE 1.055.941/SP. Ao tratar da transmigração de dados fiscais e bancários sob a responsabilidade da Receita Federal com o Ministério Público em caso de desvelamento de crime tributário, o voto do Ministro Dias Toffoli reconhece que o art. 83 da Lei 9.430/96, apesar de prever o envio da representação fiscal para fins penais (RFFP) ao órgão persecutório, nada diz sobre as informações e os documentos que deveriam alicerça-la. Entendeu, assim, em interpretação restritiva, que os dados fiscais e bancários, acobertados por sigilo, não deveriam instruir a RFFP a ser encaminhada pela administração tributária ao órgão de persecução. Em consequência, só seria

critérios pré-definidos, *pelo menos até a edição de uma lei estabelecendo os lindes dessa transmigração*[98].

autorizado o acesso a esses dados após prévia autorização judicial. Entretanto, o Ministro, mais adiante, aderiu a voto vencedor do Ministro Alexandre de Moraes, que sustentou, corretamente, que a RFFP, cujo envio ao Ministério Público é imposição legal à administração tributária e consequência lógica do enunciado de súmula 24 do Supremo Tribunal Federal, deve ser instruída com todos os dados que possam demonstrar ao órgão de persecução, titular da ação penal, substrato mínimo para iniciar a segunda fase da persecução penal. Inclusive, tal interpretação seria consentânea com o art. 198, § 3º, I, do Código Tributário Nacional, ao estatuir que não é vedada a divulgação, em representações fiscais para fins penais, dos dados que as embasaram. Por outro lado, apesar de o voto do Ministro Gilmar Mendes restringir a transferência dos dados protegidos por sigilo fiscal e bancário especificamente aos crimes previstos no art. 83 da Lei 9.430/96, quais sejam, de contrabando ou descaminho (arts. 334 e 334-A do Código Penal); contra a ordem tributária (arts. 1º e 2º da Lei nº 8.137/90); contra a Previdência Social (arts. 168-A e 337-A do Código Penal), não houve aprofundamento por parte da Suprema Corte no que se refere à possibilidade de os dados referentes a possíveis outros delitos revelados a partir das ações fiscais da Receita Federal, como, por exemplo, lavagem de dinheiro ou evasão de divisas, instruírem as representações para fins penais (RFP), instrumento no qual a autoridade fiscal comunica ao Ministério Público a existência de delitos diversos dos expostos no art. 83 da Lei 9.430/96. A portaria 1.750/18 da Receita Federal, alterada pela portaria 199/2022, em razão do vazio legislativo quanto aos limites de sua atuação no cumprimento de seu dever legal de formalizar a RFFP, entretanto, aparentemente acabou por fazer tal distinção. O § 4º do art. 17 da mencionada portaria parece vedar que as autoridades fiscais incluam informações e documentos acobertados por sigilo fiscal ou bancário nas RFP, diferenciando-as, nesse aspecto, da RFFP, estas últimas instruídas com dados fiscais e bancários (art. 5º, Parágrafo Único, V, da mencionada Portaria).

[98] A servir de exemplo, vide a Lei Orgânica espanhola n. 7/2001, que legislou sobre o compartilhamento, armazenamento e preservação de dados captados por videomonitoramento: "Videovigilancia: Artículo 18. Tratamiento y conservación de las imágenes. 1. Realizada la filmación de acuerdo con los requisitos establecidos en esta Ley Orgánica, si la grabación captara la comisión de hechos que pudieran ser constitutivos de infracciones penales, las Fuerzas y Cuerpos de Seguridad pondrán la cinta o soporte original de las imágenes y sonidos en su integridad, a disposición judicial a la mayor brevedad posible y, en todo caso, en el plazo máximo de setenta y dos horas desde su grabación. De no poder redactarse el atestado en tal plazo, se relatarán verbalmente los hechos a la autoridad judicial, o al Ministerio Fiscal, junto con la entrega de la grabación. 2. Si se captaran hechos que pudieran ser constitutivos de infracciones administrativas relacionadas con la seguridad pública, se remitirán al órgano competente, de inmediato, para el inicio del oportuno procedimiento sancionador. 3. Las grabaciones serán destruidas en el plazo máximo de tres meses desde su captación, salvo que estén relacionadas con infracciones penales o administrativas graves o muy graves en materia de seguridad pública, sujetas a una investigación policial en curso o con un procedimiento judicial o administrativo abierto".

Assim, para alcançar uma compatibilização entre a afetação dos princípios decorrentes da proteção de dados e outros valores dignos de tutela em um Estado Democrático de Direito, como o interesse público no enfrentamento ao crime, na eficácia e efetividade das investigações, na prossecução da verdade e no restabelecimento da tranquilidade comunitária abalada pela prática criminosa[99], mister, em face da insuficiência legislativa referente à matéria e da pretensão de completude do ordenamento jurídico, que o vazio normativo venha a ser integrado com alicerce na ponderação desses mencionados valores e princípios constitucionais, até a matéria vir a ser totalmente contemplada pelo legislador federal[100].

[99] Ao apresentar diversos valores como fundamentais a um Estado de Direito, destaca-se o posicionamento do Tribunal Constitucional Federal Alemão, conforme coletânea em língua portuguesa organizada por Leonardo Martins: "A *Grundgesetz* confere ao direito de livre desenvolvimento da personalidade uma grande importância. Medidas públicas que o prejudiquem são admissíveis, quando o são, apenas sob estrita observância do princípio da proporcionalidade. Por outro lado, a *Grundgesetz* confere também uma importância especial às condições de uma jurisdição eficiente. O Tribunal Constitucional Federal, por isso, destacou repetidamente as inevitáveis necessidades de uma efetiva persecução penal e do combate ao crime (BVerfGE 19, 342 [347]; 20, 45 [49], 144 [147]), o interesse público na averiguação mais completa possível no processo penal – para provar a culpa de criminosos, como também para livrar inocentes – (BVerfGE 32, 373 [381]), apreciou o esclarecimento efetivo de delitos graves como uma tarefa essencial de uma coletividade de Estado de Direito (BVerfGE 29, 183 [194]), e destacou a manutenção de uma jurisdição eficiente sem a qual a Justiça não pode ser feita (2 BvL 7/71, p. 21 s. = BVerfGE 33, 367 [382 s.])" (Martins, Leonardo (org). **Cinquenta anos de jurisprudência do Tribunal Constitucional Federal alemão.** Montevideo: Konrad Adenauaer Stiftung, 2005, p. 198).

[100] A Emenda Constitucional 115 introduziu dispositivo que confere à União a competência privativa para legislar sobre proteção e tratamento de dados pessoais (art. 22, XXX, da CF). Contudo, algumas legislações estaduais, antes da mencionada Emenda, já previam, em algumas hipóteses mais sensíveis, possibilidades de compartilhamento de dados. A Lei 19.891/17 do Estado de Goiás, por exemplo, apesar de não detalhar as diretrizes do compartilhamento de dados para fins repressivo, permite a transmigração direta de dados obtidos de videomonitoramento com órgãos de persecução. Assim reza o seu art. 2º: "Os órgãos da Administração Pública direta, indireta e fundacional do Estado de Goiás, que possuam imagens e/ou sistemas de videomonitoramento próprios ou terceirizados, compartilharão com a Secretaria de Estado de Segurança Pública e Administração Penitenciária do Estado de Goiás, mediante instrumento jurídico específico a ser regulamentado, o acesso em tempo real e às gravações destes sistemas, com o objetivo de auxiliar as Polícias Militar, Civil e Técnico-Científica no trabalho ostensivo, de prevenção e repressão criminal". Nesses casos, em face do novel art. 22, XXX, da CF, a matéria referente à recepção da norma editada pelo

Isso porque a simples conveniência da investigação, na busca célere e eficiente de dados pessoais referentes para o enfrentamento do crime, não é adequada, por si só, para justificar, de forma incondicionada, uma nova intrusão ao direito informacional. Mesmo em uma perspectiva de proteção a liberdades, contudo, pode ser permitida uma alteração da finalidade na utilização de dados, mas deve pressupor, como salvaguardas à sua proteção, determinados propósitos legítimos, específicos e justificadamente necessários à execução das tarefas dos órgãos de persecução.

Em suma, se, por um lado, mister garantir a fluidez dos dados necessários à persecução penal para eficiente e eficaz enfrentamento à criminalidade (em especial à organizada), por outro é necessária uma mais adequada proteção informacional. Faz-se importante, portanto, que o compartilhamento de dados vinculados a uma finalidade primária (preventiva), mas relevantes para subsidiar a confirmação de uma hipótese investigativa, como novo ato interventivo autônomo, leve-se em consideração a extensão de intrusão no direito fundamental. Em assim sendo, haverá casos nos quais o acesso e a transferência de dados precisarão ser efetivados por autorização judicial, pelo menos até que a lei regulamente a matéria. Em outros, se dará por requisição, quando, por exemplo, se reconhece ser a intervenção mais distante do núcleo essencial do direito à proteção de dados pessoais. Aliás, nessa última hipótese, após sopesar os interesses em conflito, passa-se a favorecer uma maior agilidade e eficiência na persecução penal, por não se vislumbrar grande afetação ao direito fundamental[101]. Além disso, a transmigração de

legislativo estadual é controversa. Daniel Sarmento e Claudio Pereira de Souza Neto apresentam duas linhas dogmáticas. A primeira, entende que as normas editadas por entidades políticas menores (estados) deixam de valer quando houver alteração de competência em favor de entidade política maior (União). A segunda já sustenta que a norma do ente político menor, então competente, continuaria valendo no âmbito de seu território até ser ab-rogada pela edição da lei pelo ente político maior, atualmente competente para disciplinar a matéria. Os autores advogam um meio termo. Asseveram que, em regra, é possível a recepção provisória da lei editada pelo ente político menor, em face do princípio da continuidade de ordem jurídica, até a sua regulamentação pelo ente político maior. Contudo, se houver quebra de isonomia com a permanência da norma, deve-se ponderar se é mais danoso "a discriminação injustificada, decorrente da recepção, ou o vazio normativo, resultante da não recepção" (Souza Neto, Claudio Pereira; Sarmento, Daniel. **Direito Constitucional**. Teoria, história e métodos de trabalho. 2ª ed. Belo Horizonte: Fórum, 2014, pp. 559-560).

101 Pode-se tomar por base para análise de compartilhamento de dados entre polícia ostensiva e autoridades de persecução penal, por exemplo, o disposto no já mencionado art.

dados para efetivação de ações próprias de impulso investigativo, consideradas, em alguns aspectos, medidas interventivas bagatelares[102], podem ser sustentadas, por possuírem baixo grau intrusivo, por cláusulas gerais contidas em regras que estruturam as atribuições requisitórias amplas dos órgãos de persecução, como o art. 26, I, "b" e II, da Lei 8.625/93, o art. 8º, II, e § 2º, da Lei Complementar 75/93 ou o art. 2º, § 2º da Lei 12.830/13, por exemplo[103]. Em todas as hipóteses, contudo, o traslado de dados deve se restringir ao estritamente necessário.

Por fim, mesmo quando o compartilhamento de dados levantados pela polícia ostensiva se dá a partir do poder de requisição dos órgãos persecutórios, a motivação da necessidade de intrusão, ainda que sem

15 da Lei 12.850/13 que, embora insuficiente e pouco detalhado quanto às intervenções e responsabilidades do controlador secundário, prevê que a autoridade policial e o Ministério Público terão acesso, independentemente de autorização judicial, aos dados cadastrais do investigado, com informações de qualificação pessoal, filiação e endereço. Não há dúvidas da relevância dos dados: o acesso a um simples endereço, cruzando-os com outros dados levantados, pode viabilizar a descoberta de relacionamentos entre as pessoas, estabelecendo, em uma investigação, o liame entre elas. Nessas hipóteses, entretanto, não há, diferentemente das inviolabilidades domiciliares e de fluxos comunicacionais (art. 5º, XI e XII da Constituição Federal), previsão taxativa de cláusula *constitucional* de reserva de jurisdição para intrusão ao direito fundamental. Em outros termos, embora a intimidade, a vida privada e, agora, o direito à proteção de dados pessoais, sejam direitos fundamentais de elevada relevância, não estão tuteladas pela reserva constitucional de jurisdição (vide, nesse sentido, voto do Ministro Celso de Mello no STF, Tribunal Pleno, **MS 23.452/RJ**, Rel. Min. Celso de Mello, j. 16/09/1999, Dj. 12/05/2000). Portanto, os lindes da violação a tais direitos são estabelecidos pela lei, atendendo-se a critérios de ponderação. À vista disso, no exercício de sua mais ampla liberdade de conformação, o legislador optou, após sopesar os interesses em conflito, por favorecer a maior agilidade e eficiência à persecução penal em relação à criminalidade organizada, pela possibilidade de requisição de dados cadastrais pelos órgãos de persecução penal, situação em que não se vislumbra tão afetada a esfera individual (Silva, Carlos Bruno Ferreira da. **Proteção de dados**..., *op. cit.*, 2014, p. 240. Defendendo a inconstitucionalidade do dispositivo, vide Vieira, Renato Stanziola. Dados cadastrais...*op. cit.*, 2017, p. 149).

[102] Greco, Luís. Introdução...*op. cit.*, 2018, p. 39.

[103] A título de exemplo, assim caminhou o antigo acórdão STJ, Primeira Seção, **MS 5.370/DF**, Rel. Min. Demócrito Rinaldo, j. 12/11/1997, Dj 15/12/1997, que determinou à Aeronáutica o envio de dados e informações ao Ministério Público para poder dispor, no interesse público e com base na cláusula geral de requisição, de instrumentos eficazes à continuidade das diligências para apuração dos fatos investigados em inquérito policial específico, tudo no exercício das atribuições que lhes foram constitucionalmente conferidas. Em uma visão mais restritiva do uso de cláusulas gerais, vide Gleizer, Orlandino; Montenegro, Lucas; Viana Eduardo. **O direito de proteção de dados**..., *op. cit.*, 2021, p. 47-48.

a necessidade de desvelar e indicar as linhas investigativas, é de importância salutar: ao exercerem suas atribuições, a polícia de investigação e o Ministério Público precisam apontar os fundamentos de direito e de fato que os motivaram a assim agir[104] e a pertinência lógica entre eles, vinculando a requisição de dados a uma necessidade persecutória formal, real e concreta, circunscrita a uma finalidade específica e legítima, tudo com o escopo de viabilizar o controle defensivo e judicial *a posteriori* sobre a validade do compartilhamento e neutralizar alegações de acesso inadequado, desnecessário ou desproporcional. Não é possível, em suma, um compartilhamento, espécie de tratamento de dados, para propósitos indetermináveis ou indeterminados[105].

5. Conclusões

O recente reconhecimento constitucional da proteção de dados pessoais (art. 5º, LXXIX, da CF), como um direito fundamental autônomo para além do fluxo comunicacional e da tutela da intimidade e da vida privada, demanda, em face das implicações causadas pelas ações interventivas do Estado, uma urgente readequação legislativa e a construção de uma nova postura por parte dos atores da persecução penal.

Em face do aumento exponencial do fluxo de dados e do desenvolvimento de ferramental tecnológico que permite a automação do cruzamento e da análise de informações, toda espécie de dado pessoal, por menos representativo que seja, passa a ser merecedor de proteção. A par disso, somente o levantamento, a transmigração e o uso efetivo de dados poderão dar uma resposta razoável ao enfrentamento à prática de delitos, em especial aos perpetrados pela criminalidade organizado.

Com o reconhecimento do princípio da autodeterminação informativa, outros limites devem ser observados para respaldar o levantamento, uso e compartilhamento de dados pessoais durante investigações. Cada espécie de tratamento de dados é uma intrusão e, para que se possa justificá-la, mister, em especial no caso de deficiência legislativa que ora

[104] É certo que nenhuma medida restritiva de direitos pode ser adotada pelo poder público sem a devida motivação. Para o Ministério Público, por exemplo, a exigência está estatuída no art. 129, § 4º, da Constituição Federal, especialmente em relação a atos que afetem direitos e garantias individuais.

[105] O art. 11, §2º, do Anteprojeto de Lei de Proteção de Dados para Segurança Pública e Persecução Penal vai no mesmo sentido.

se observa, ter como referência outros subprincípios que se relacionam ao princípio da autodeterminação informativa, como os da vinculação à finalidade e o da segurança.

Não se nega, repisa-se, a urgente necessidade de adequação normativa fundada nesses novos valores, com vistas a complementar e preencher, de forma clara e precisa, o conteúdo de legalidade em relação às múltiplas espécies de tratamento de dados pessoais. Enquanto há inércia do legislador federal, entretanto, para que esquemas criminosos complexos não venham a ser imunizados e, ao mesmo tempo, o núcleo essencial do direito fundamental seja preservado, evitando-se a circulação irrestrita de dados, as lacunas existentes devem ser colmatadas por meio da força decisional do Poder Judiciário a, obedecendo os critérios de proporcionalidade, compensar *provisoriamente*, em técnica integrativa, a deficiência legal, tomando sempre o cuidado de dirigir sua análise a uma perspectiva mais protetiva ao direito fundamental.

À vista disso, o art. 3º, VIII, da Lei 12.850/13, que prevê a interlocução entre os diversos órgãos para fins de persecução penal, precisa ser lido, no que se refere à transferência e consequente uso secundário de dados, com olhos voltados ao art. 5º, LXXIX, da CF. Reitere-se que o direito fundamental previsto em tal dispositivo constitucional impede a circulação ilimitada, indiscriminada e sem critérios objetivos de dados pessoais, mesmo em nome da eficiência à persecução penal. Em suma, deve-se procurar o equilíbrio entre os interesses persecutórios e as liberdades individuais: ao tempo em que são necessárias condições para afastar as ameaças à segurança da sociedade, esse interesse necessita ser compatibilizado com o novo desenho constitucional, a reconhecer as salvaguardas e os limites estatuídos pelos novéis valores derivados do direito fundamental à proteção de dados pessoais.